Elogios para el libro
más de 1.3 millones

"*Qué Se Yo de Historia* le devuelve el picante a la historia."
—*Washington Post Book World*

"Peculiar, sardónico, acertado, rudimentario y muchas veces divertido . . . Este libro es una amena sesión de preguntas y respuestas que lejos está de enormes tomos de historia que alguna vez tuvimos que cargar en nuestros bolsos de colegio."
—*Atlanta Journal-Constitution*

"Un manual de referencia increíblemente útil. Es el libro ideal para cuando sus insistentes hijos colegiales intenten hacerle preguntas imposibles mientras hacen sus deberes."
—*Dallas News*

"Divertido, apasionante e importante . . . La historia, en manos de Davis es fuerte, dura, chistosa, irreverente y . . . memorable."
—*San Francisco Chronicle*

"Un libro que no solo llena los vacíos que hay en el conocimiento histórico, sino que adem*s de todo es divertido. . . . ¡Genial!"
—*Orlando Sentinel*

"Davis escribe con humor y tiene un verdadero don para las palabras . . . Si siempre se enseñara la historia de esta manera, ¡no tendríamos que preocuparnos por el achicamiento de la mente americana!"
—*Booklist*

Kenneth C. Davis, aparece con frecuencia en programas de televisión y de radio a nivel nacional. Escribe una columna semanal en *USA Weekend* que es leída por millones de personas en todo el país. Además de sus libros para adultos, Davis escribe una serie de libros para niños. Vive en la ciudad de Nueva York con su esposa y dos hijos.

¿ QUÉ SÉ YO DE®

HISTORIA

TODO LO QUE NECESITA SABER ACERCA DE LA HISTORIA DE LOS ESTADOS UNIDOS

KENNETH C. DAVIS

Traducido del inglés por
Santiago Ochoa

rayo

Una rama de HarperCollins*Publishers*

Este libro fue publicado originalmente en inglés en 2003 en los Estados Unidos por HarperCollins Publishers.

PRIMERA EDICIÓN RAYO, 2005

Library of Congress ha catalogado la edición en inglés.

ISBN 10 0-06-082080-2

05 06 07 08 09 DIX/RRD 10 9 8 7 6 5 4 3 2 1

NOV 1 8 2005

A mis hijos Jenny y Colin

ÍNDICE

Introducción a la Presente Edición   xv

Prólogo   xvii

Nota del Autor   xxix

Capítulo 1
Un Mundo Nuevo y Valiente
1

Capítulo 2
Digamos Que Se Está Gestando una Revolución
51

Capítulo 3
El Crecimiento de una Nación
115

Capítulo 4
Hacia la Guerra Civil y la Reconstrucción
199

Capítulo 5
Cuando los Monopolios No Eran Nigún Juego
275

CAPÍTULO 6

Del Boom a la Bancarrota y de Nuevo al Gran Boom
349

CAPÍTULO 7

Los Comunistas, la Contención y la Guerra Fría
435

CAPÍTULO 8

La Antorcha Es Entregada
481

CAPÍTULO 9

Del Imperio del Mal al Eje del Mal
587

EPÍLOGO   647

APÉNDICE 1

La Carta de Derechos y Otras Enmiendas Constitucionales
653

APÉNDICE 2

¿El Colegio Electoral es un Partido Escolar?
Introducción a las Elecciones Presidenciales
679

APÉNDICE 3

Presidentes De Los Estados Unidos Y Sus Administraciones
685

Bibliografía   693
Agradecimientos   719
Índice   721

INTRODUCCIÓN A
LA PRESENTE EDICIÓN

Cuando *Don't Know Much About*® *History* fue publicado por primera vez en 1990, simplemente me proponía ofrecer una nueva versión sobre la historia norteamericana. El libro, que derribaba mitos apelando al humor y a personajes y acontecimientos reales, fue concebido como un antídoto contra los textos escolares monótonos e insípidos que tuvimos que padecer en la secundaria o en la universidad. Nadie se sorprendió tanto como yo cuando el libro permaneció 35 semanas en la lista de los más vendidos del *New York Times* y se convirtió en el "anti-texto escolar" que ha vendido ya 1.3 millones de copias. Este libro demuestra al menos que los americanos no odian la historia, sino que simplemente rechazan la forma insulsa en que se les ha enseñado.

La presente edición, que sigue fiel al estilo de preguntas y respuestas, ha sido actualizada, revisada y aumentada. Incluye el juicio a Bill Clinton y las extrañas elecciones del año 2000. Asimismo, se abordan aspectos controvertidos como la relación entre Jefferson y Hemmings, los casos de Hiss y de los Rosenberg, y la aventura Irán-contras apelando a nuevos descubrimientos, revelaciones y teorías sobre el pasado de nuestra nación. El lector también hallará nuevas preguntas, muchas de las cuales han sido formuladas por los lectores a través de los años.

Para quienes aman y odian la historia, para los seguidores de vieja data y las nuevas generaciones que desconocen el pasado de nuestro país, este libro ofrece "todo lo que necesita saber sobre la historia norteamericana," ¡y mucho más!

Kenneth Davis
AGOSTO DE 2002

PRÓLOGO

En los años sesenta, cuando todavía era joven, había una tonada que decía, "¿Qué dijo Washington cuando cruzó el río Delaware?" La respuesta se cantaba al ritmo de *tarantella* de las bodas italianas y era algo así como: "Marta, Marta, no habrá pizza esta noche." Está claro que la letra es absurda, pues todos sabemos que Washington prefería el pastel de cereza.

Aquella noche de diciembre de 1776, es probable que Washington hubiera deseado con todas sus fuerzas que el ataque al campo enemigo en Trenton, Nueva Jersey, fuera efectivo, pues de lo contrario se vería obligado a pedir su última cena antes de ser ejecutado por los británicos. Sin embargo, el comentario que hizo el general mientras atravesaba el río con sus tropas harapientas fue mucho más divertido. Se puso de pie en el bote, le dio un pequeño puntapié al general Henry Knox ("El Buey") y le dijo: "Mueve tu gordo trasero, Harry. Pero hazlo despacio, pues de lo contrario voltearás el bote."

Según dice A. J. Langguth en *Patriots*, la fascinante historia de la Revolución, esa fue la forma en que el mismo Knox se refirió a esta anécdota luego de la guerra. Yo nunca escuché hablar de esta anécdota en mi época de estudiante. Y es una lástima, porque dice más acerca de la verdadera naturaleza de Washington que todas las falsas historias sobre el árbol de cerezas y las plegarias en Valley Forge que han inventado acerca de él. De eso se trata este libro: de demostrar que gran parte de lo que recordamos sobre nuestra historia es falso o ha sido inventado (en caso de que recordemos algo.)

Para muchas personas que hayan tomado el curso básico de historia norteamericana, el "Mayflower Compact"* podría ser un auto pequeño. La Reconstrucción, algo relacionado con implantes de silicona. Y la Compra de Louisiana, ir a un restaurante de comida cajún. Cuando la primera edición de este libro apareció hace ya más de doce años, varios escritores habían obtenido un gran éxito señalando el poco conocimiento que tenemos acerca de nuestro pasado. Libros como *Cultural Literacy* y *The Closing of the American Mind* desnudaron nuestra ignorancia en este campo.

No obstante, lo más probable es que no seamos tan ignorantes como sostienen estos libros, aunque la triste realidad es que no somos un país de expertos en lo que a historia se refiere. Mientras escribía la primera edición, apareció una demostración de nuestro "analfabetismo histórico," la cual fue ampliamente divulgada. Se trataba de una encuesta realizada en 1987 a estudiantes de la secundaria que revelaba los enormes vacíos que tenían estos jóvenes de 17 años en materia de historia y literatura norteamericanas. La tercera parte de los estudiantes no pudo indentificar la Declaración de Independencia como el documento que marcó la separación formal de las trece colonias de Gran Bretaña. Sólo el 32 por ciento de los estudiantes pudo ubicar la Guerra Civil en la mitad de siglo correcta.

Infortunadamente, hay que decir que las cosas no han cambiado mucho durante los últimos 15 ó 20 años. Tal parece que cada poco tiempo aparece una nueva encuesta que deja al descubierto la ineptitud de los estudiantes en materia de historia. Es posible que parte del problema se deba a que aquellos estudiantes a quienes no les fue nada bien en la encuesta de 1987 sean profesores en la actualidad.

Pero, ¿por qué culpar a los chicos? Aunque abundan los señalamientos sobre los grandes abismos que hay en el sistema educativo del país, tendríamos que hacernos otra pregunta: ¿les iría mejor a los padres y hermanos mayores de estos chicos? Muchas personas de 37 o de 47 años no pasarían esa prueba. El comediante Jay Leno ha comprobado a través de "Jaywalk," el segmento de su *Tonight show*, que los

---

* El Pacto de Mayflower.

norteamericanos somo incapaces de responder las preguntas más elementales de historia. Cuando Bill Clinton fue a Normandía para el aniversario del Día D, tuvieron que explicarle qué había sucedido allí.

La razón de nuestra ignorancia en este campo es simple: para la mayoría de nosotros, la historia era aburrida, y como si esto fuera poco, muchos tuvimos como profesores de historia a entrenadores de fútbol a quienes les asignaban esta materia para que estuvieran ocupados. Muchos también aprendimos la historia de libros que describían el pasado como si se tratara de un drama de Hollywood. Los textos escolares de historia más antiguos muestran a los Padres Fundadores con sus verrugas retocadas. También disfrazaron la esclavitud: según estos libros, era simplemente una práctica incorrecta de los rebeldes sureños, hasta que los "progresistas" del Norte les enseñaron cómo eran las cosas. Los indios eran mostrados de la misma forma en que lo hacen los *westerns* de Hollywood. Las mujeres eran excluidas, con la excepción de Betsy Ross o de Dolly Madison sacando la vajilla de la Casa Blanca.

La verdad no es perfecta en apariencia. Con mucha frecuencia, nuestro sentido de la historia está sesgado, distorsionado o completamente trastocado por los mitos y los prejuicios, muchos de los cuales son promovidos por las imágenes simplistas de la historia que nos ofrece la escuela. Ha existido una tendencia a esconder los momentos más sustanciosos de nuestro pasado, así como se retira la foto de alguna tía loca del álbum familiar.

Y como si esto fuera poco, los grandes vacíos que tenemos en nuestros conocimientos históricos han sido reforzados por imágenes que nos ofrece la cultura popular. Infortunadamente, las películas de ficción como *JFK*, de Oliver Stone, o *Pocahontas*, de Disney, causan un impacto mucho más fuerte en millones de personas que un documental con una gran dosis de investigación, veraz en términos históricos, pero quizá aburrido. Sin embargo, de tanto en tanto aparecen películas como *Gloria*, o *Rescatando al Soldado Ryan*, que pueden despertar interés por la historia de una forma que pocos profesores o libros pueden hacerlo. Desde que escribí este libro ha habido toda una profusión de canales de televisión por cable como el *History Channel*, *Discovery* y el *Learning Channel*, los cuales ofrecen documentales de muy buena calidad. Pero en términos generales, las películas y las cadenas de tele-

visión han magnificado los mitos y las invenciones. Es necesario entender la importancia de analizar estos mitos. La historia verdadera es
mucho más interesante que la historia maquillada. Y la verdad siempre
será más importante que la propaganda. Lo más seguro es que alguien
lea estas líneas y se pregunte: ¿Y qué? ¿Para qué molestarnos en profundizar en la historia? ¿Qué diferencia hay si nuestros chicos saben o
no qué dice la Declaración de la Independencia? ¿Qué importa si la
mayoría de las personas cree que Watergate sólo es una noticia vieja?

La respuesta es simple, pues el propósito de la historia es saber cuáles son las consecuencias de nuestros actos—tanto los magníficos como
los insignificantes. Y esto ha sido más evidente que nunca después de
los atentados terroristas del 11 de septiembre de 2001. Esta edición
revisada fue escrita luego de esa fecha tan terrible, y lo cierto es que
estos atentados alteraron la percepción que los norteamericanos tenemos sobre el pasado y su relación con el presente.

Pero tal vez más importante aún, la historia puede explicarnos
cómo fue que llegamos a donde estamos. Puede servirnos para relacionar el pasado con el presente. Tomemos por ejemplo el Tratado de
Versalles. Hasta las palabras suenan ABURRIDAS. Ya me imagino
cómo los ojos de los lectores se vuelven pesados mientras leen las palabras "Versalles" y "Tratado." Pero basta con consecuencias tuvo este
Tratado, además de ponerle fin a la Primera Guerra Mundial en 1919:
es evidente que también sentó las bases para que se desatara otra guerra
mundial sólo veinte años después.

Tratemos de mirar un poco más allá. Podemos trazar una línea
recta desde el Tratado de Versalles hasta el Oriente Medio actual, a
Irán e Irak, a las naciones balcánicas de Europa, e incluso a Vietnam.
Todas estas naciones, en donde sucedieron tantos conflictos durante las
décadas pasadas, fueron creadas por el Tratado de Versalles, cuando las
potencias europeas se repartieron el mundo en colonias que creían
poder gobernar a su voluntad.

Cuando la CIA depuso al gobierno iraní en 1953, durante el mandato de Eisenhower, nadie pensó qué sucedería 25 años después. En
aquella época, los norteamericanos sólo se preocupaban por Rusia y
por las compañías petroleras. ¿Qué importaba lo que pensaran los iraníes? El gobierno de Estados Unidos pensaba que sería conveniente
reemplazar al gobierno hostil de Irán por el sha, pero en 1979, el pue-

blo iraní decidió lo contrario y comenzó la primera oleada de revoluciones islámicas que terminaron por alterar la historia reciente. Otro ejemplo más inmediato es el de COINTELPRO, un programa ya casi olvidado del FBI, que apeló a grabaciones ilegales, jugadas sucias y calumnias contra individuos, que estuvo dirigido inicialmente a los sospechosos de ser comunistas y que luego se extendió a los integrantes de los movimientos por los derechos civiles y en contra de la guerra de Vietnam. Hoy en día, cuando en el país se debate el futuro de las agencias de inteligencia y de espionaje, es necesario recordar operaciones como COINTELPRO y otras que se caracterizaron por los abusos cometidos. Algunos funcionarios del gobierno estadounidense—muchos de ellos con las mejores intenciones—han violado los derechos y destruido a muchas personas por perseguir metas a corto plazo. Como dijo alguna vez George Kennan, diplomático norteamericano y artífice de la política de contención. "Lo peor que podían hacernos los comunistas y lo que más temíamos, era ser como ellos." Esta es la razón de ser del aprendizaje de la historia. ¿Pero cómo podemos aprender de nuestro pasado si tenemos vacíos tan grandes?

Este libro pretende llenar esas lagunas que tenemos sobre nuestra historia, a través de preguntas básicas y respuestas sencillas. Este texto no es una historia enciclopédica de Norteamérica. Para efectos de simpleza, utilizo un método de pregunta-respuesta. Existen decenas de libros sobre cada una de las preguntas incluidas en éste. Mi intención es refrescar los recuerdos vagos, derribar mitos y rectificar los prejuicios por medio de respuestas sencillas, así como mostrar el camino a respuestas más complejas en algunos casos. Quiero que este libro sea la primera palabra sobre un tema y no la última.

¿Cuáles son las novedades de esta versión? En primer lugar, incluye un nuevo capítulo en el que abordo varios acontecimientos acaecidos después de terminar la edición original en 1989, entre los que figuran algunos de los eventos más destacados de la historia norteamericana. Al igual que en la edición original, ésta también está organizada cronológicamente, comenzando con el "descubrimiento" de América por los europeos hasta llegar a acontecimientos más recientes, como la guerra del Golfo, el fin de la Guerra Fría y los acontecimientos que condujeron a la gran tragedia nacional del 11 de septiembre de 2001. En estos momentos, todavía estamos tratando de descubrir la "verdad" sobre los ataques terroristas de aquel día, y nos preguntamos qué sabía el gobierno antes de los ataques, qué hizo y dejó de hacer. Las respuestas a estas preguntas aún están en el aire y algunos de estos eventos son difíciles de evaluar en términos históricos. Sin embargo, podemos aventurarnos a descifrar por qué sucedió ese acto tan terrible.

Además del nuevo material que cubre los acontecimientos sucedidos a fines de la década de los ochenta, he incluido varias preguntas nuevas en cada capítulo. Algunas surgieron después de algunos descubrimientos recientes, como la excavación arqueológica en la que se encontró el fuerte de Jamestown, Virginia. Asimismo, respondo preguntas que me han formulado los lectores durante los últimos doce años. Muchas veces las preguntas han surgido durante mis intervenciones en la radio o en mis conferencias. Algunas de ellas son: "¿Los hombres de Colón llevaron la sífilis a Europa?" "¿Por qué hay una estatua de la bota de Benedict Arnold?" "¿Cuál es la diferencia entre la Constitución confederada y la de Estados Unidos?"

Los medios también han ayudado a crear nuevas preguntas —y mitos— cuando se ocupan brevemente de alguna revelación de carácter histórico y no se establece la veracidad de los hechos. Muchas personas —por ejemplo— dan por sentado que J. Edgar Hoover, quien fuera director del FBI durante muchos años, era un travesti, porque así lo han difundido los medios. No obstante, este rumor está basado en una acusación realizada por un solo testigo a quien le pagaron para difundir este rumor. Ninguna fuente adicional ha confirmado esta historia, y los medios tienden a omitir este tipo de detalles. Sabemos muy bien cuáles fueron los métodos que utilizó J. Edgar Hoover durante medio siglo en el FBI, como si esta oficina fuera de su propiedad. Y de hecho, es mucho más importante entender el abuso de poder cometido por este personaje, que saber si usaba o no tacones altos. Otro ejemplo de la simplificación extremada a que es sometida la historia es el conocido rumor de que Thomas Jefferson tuvo un hijo con Sally Hemings, su esclava. La historia —que fue ampliamente divulgada— de que las pruebas de ADN habían confirmado este rumor sólo se limitó a los titulares de las noticias. Las pruebas de ADN demostraron que cualquiera de los hombres de la familia Jefferson pudo haber sido el padre, pero los medios prefieren dejar los aspectos de fondo a un lado y apresurarse a publicar titulares sensacionalistas. Existen muchas pruebas circunstanciales e historias orales que comprueban esta teoría, y lo cierto es que el tema de Jefferson y sus esclavos es apasionante, pero merece un tratamiento más honesto y veraz.

He visto también que el público tiene una gran afición por preguntas sobre temas como la religión, el control de las armas y otros temas polémicos. He incluido este tipo de inquietudes por medio de preguntas como, "¿cuál es la palabra de cuatro letras que no aparece en la Constitución?" (una pista: empieza con "D" y termina en "S") y un apéndice que analiza las enmiendas a la Constitución y el papel que éstas han desempeñado en los importantes debates políticos y sociales de la actualidad sobre temas como la pena de muerte, el control a las armas y las oraciones religiosas en las escuelas públicas.

En la primera edición traté de centrarme en la clase de preguntas más elementales que pudieran tener los lectores, haciendo énfasis en nombres, lugares y acontecimientos que recordamos vagamente pero de los cuales hemos olvidado su importancia, y que son los que yo defino como los aspectos más conocidos de la historia. Los lectores pueden leer este texto como una historia narrativa, o utilizarlo como referencia y profundizar en algún período o pregunta en particular. Debido a que las guerras han sido acontecimientos fundamentales que han forjado nuestra historia, he incluido algunas series cronológicas denominadas "HITOS," en las que se resumen los hechos ocurridos durante los grandes conflictos de la historia norteamericana. El lector también encontrará una serie titulada "Voces americanas" que reúne citas, fragmentos de cartas, libros, discursos y veredictos judiciales que reflejan el espíritu de la época. Aunque muchas de estas "Voces americanas" pertenecen a muchos de los personajes más famosos de la nación, otras voces son de individuos que el lector no conoce—aunque debería hacerlo.

Luego de la aparente ambivalencia de la opinión pública respecto a las elecciones del 2000 y al caos que desencadenaron, me pareció apropiado incluir una introducción a las elecciones que explicara algunos de los aspectos más misteriosos del proceso, desde los "caucus" y los cómputos de delegados, hasta el casi místico Colegio Electoral. El Apéndice 3 ofrece una guía breve de los presidentes de Estados Unidos.

Una prueba indiscutible de que a los norteamericanos sí les interesa la historia, sólo que quieren aprenderla de una forma más amena a como la vieron en la escuela secundaria, es el éxito de varios libros de gran calidad que se han convertido en *best-sellers*, entre los que figuran los escritos por Stephen Ambrose sobre la Segunda Guerra Mundial, o *John Adams*, la magistral biografía de David McCullough. He intentado señalar la importancia de estos textos por medio de una bibliografía recomendada para cada capítulo. De los libros que aparecen citados, unos son reconocidos, mientras que otros son obras recientes que ofrecen nuevas perspectivas o revisiones de los hechos aceptados popularmente. También he tratado de destacar libros muy elogiados por la crítica, y que están dirigidos al lector general antes que al especializado. Algunos ejemplos son *Battle Cry of Freedom*, una historia magistral sobre la Guerra Civil, o *Liberty*, el libro de Thomas Fleming que es el complemento de una historia sobre la Revolución norteamericana, realizada por PBS, el canal público de televisión. La presente edición incluye un cambio: muchos de estos libros aparecen en las secciones "Lecturas recomendadas," mientras que la bibliografía que se encuentra al final incluye libros sobre temas y períodos más amplios que ofrecen valiosos recursos.

En algunos casos, estas fuentes ofrecen puntos de vista muy específicos en términos políticos. Aunque he procurado ofrecerle al lector opiniones diferentes en los casos en los que no existe un consenso amplio, he tratado de no tomar una posición particular. No deja de parecerme interesante que mi obra haya sido a veces catalogada como "liberal." Lo que quise hacer en la primera edición y continuar haciendo en esta versión revisada y actualizada, es referirme con la verdad a demócratas y republicanos, a liberales y a conservadores. Si estoy parcializado, espero que esto se deba al hecho de narrar aspectos de la historia que tanto los libros sobre esta materia como los medios convencionales suelen ignorar. Y si la palabra "liberal" significa creer en los postulados norteamericanos tal como están enunciados en la Declaración de la Independencia y en la Constitución—ideas como "Todos los hombres fueron creados iguales," "Nosotros, el pueblo," "Una unión más perfecta" (ya saben a qué me refiero)—entonces me declaro culpable. Lo cierto es que me considero como una persona que siempre está dispuesta a revelar los desaciertos de los dos lados del establecimiento político.

Algún crítico señaló que la primera edición de este libro era "anti-corporativa." Hay que admitir que hubo y sigue habiendo un fuerte debate sobre las prácticas corruptas y delictivas de las grandes empresas a lo largo de la historia de nuestra nación, y en esto es en lo que he enfatizado. Enron es tan americana como el pastel de manzana. En ese sentido me identifico plenamente con el crítico de los hombres de empresa que denunció a "hombres adinerados, quienes ven en los políticos comprados el instrumento de corrupción más eficaz;" hombres que fueron "los miembros más peligrosos de las esferas del crimen: los criminales con una gran fortuna." Quien dijo estas palabras, mucho antes de que existieran empresas como Enron, Tyco, Global Crossing y WorldCom, fue un ferviente liberal llamado Theodore Roosevelt. (A propósito, Roosevelt también intentó eliminar la frase *"En Dios con-fiamos"* de la moneda americana. No sólo pensaba que era inconstitu-cional, sino que como crisitiano devoto, pensaba que se trataba de un sacrilegio.)

Sería maravilloso defender a un país que supuestamente está dedi-cado a "un gobierno del pueblo, para el pueblo y por el pueblo." Sin embargo, a través de la historia norteamericana y ciertamente bajo nuestra democracia respaldada por las corporaciones, se puede afirmar con justicia que Norteamérica es y ha sido un gobierno de, para y por intereses especiales. Fue esto lo que permitió la aparición del movi-miento progresista a finales del siglo XIX, las reformas del *New Deal* (Nuevo Trato) de los años 30, el Partido Reformista de Ross Perot en los ochenta y la campaña presidencial del senador John McCain (cam-pañas que no fueron muy liberales). Si existe una idea de fondo, es que la esencia de la historia es una lucha continua por el poder. En este sentido, las batallas entre quienes detentan el poder (bien sea a través del dinero, la Iglesia, la tierra o los votos) y los que no tienen nada (los pobres, los débiles, los que no pueden votar), son un componente fun-damental del tejido de la historia norteamericana.

También es necesario señalar que muy pocos movimientos sociales o acontecimientos cruciales en la historia de nuestro país se han dado de manera vertical. Nos gusta creer que los funcionarios elegidos para los cargos públicos son nuestros líderes, pero lo cierto es que general-mente sólo siguen las políticas del estado. Casi todos los movimientos reformistas importantes en la historia norteamericana, desde la Abolición hasta la Prohibición, pasando por los movimientos en pro del derecho al voto y de los derechos civiles, han surgido generalmente de la base popular, mientras los políticos se mueven a regañadientes para estar en sintonía con el pueblo. Este es un aspecto que nuestros libros de historia han pasado por alto, y es también una razón valiosa para que estudiemos la historia. Muchas personas creen que no tienen poder, lo cual es una idea peligrosa; el poder individual puede transformarse en una poderosa fuerza de cambio.

Una segunda característica de este libro, así como de todos los pertenecientes a la serie *Don't Know Much About (Qué Sé Yo)* es algo que infortunadamente olvidan nuestras escuelas y textos académicos: en muchos momentos decisivos, fue el liderazgo de un individuo—Washington, Lincoln, Frederick Douglass, los Roosevelt, Susan B. Anthony, para nombrar sólo algunos—lo que determinó el curso de los acontecimientos, antes que la fuerza de una idea o movimiento. En otras épocas, esto tuvo el efecto opuesto. Por ejemplo, si antes de la Guerra Civil hubiera surgido un presidente de carácter dominante en lugar de los presidentes mediocres que fueron elegidos, es probable que no hubiera emergido un personaje como Lincoln y que tampoco se hubiera dado la Guerra Civil. Cuando cursaba sexto grado, recuerdo que presenté ante todos mis compañeros un informe sobre las últimas noticias sobre las elecciones en la ciudad de Nueva York. Aunque no recuerdo con mucha precisión lo que dije, sí tengo presente que la profesora me humilló tan pronto terminé. No recuerdo sus palabras exactas, pero me puso en ridículo ante mis compañeros, y comentó que yo había transformado una noticia importante en algo simple e irrelevante. No sé por qué se ensañó conmigo, pero lo cierto es que me sonrojé y me sentí avergonzado.

Sin embargo, ese día aprendí dos lecciones importantes que siempre trato de recordar. La primera es que los profesores no deben humillar a los alumnos cuando éstos hablen frente a todo el salón. Ningún niño aprenderá nada con sentirse avergonzado. La segunda lección es que probablemente mi profesora tenía razón en este sentido: si voy a hablar de una noticia importante, debería hacerla interesante.

Esto es lo que he tratado de hacer en este libro. Desde hace mucho tiempo he creído que la única forma de hacer que la política y la historia sean atractivas es por medio de historias de personas de carne y hueso que hacen cosas reales. Durante el tiempo que he hablado con el público de todo el país a través de la radio, en las librerías, en salas de conferencias y en aulas escolares, la respuesta abrumadora que tienen muchísimos americanos acerca de la historia es una sola palabra: "¡ABURRIDA!" Durante muchos años les hemos dado a los estudiantes los libros más aburridos que podamos imaginar —libros sumamente monótonos escritos por profesores para que sus colegas los lean— y que le extirpan la vida a un campo tan humano como la historia.

Casi siempre las historias tienen un aspecto desconocido o humano. Queremos que nuestros héroes sean puros e inmaculados, pero lo cierto es que sólo son seres humanos con defectos y contradicciones. En muchas ocasiones miramos a personajes como Washington, Lincoln y Roosevelt como héroes santificados, pero la realidad es diferente. La historia norteamericana no es tan simple; tiene aspectos que pueden despertar sentimientos de rechazo y desconfianza, pero hay otros que despiertan orgullo y admiración. Sin embargo, es la humanidad de estos personajes, y el hecho de que obtuvieran grandes logros a pesar de sus fallas y contradicciones, lo que en mi opinión los hace tan fascinantes.

En términos generales, los norte-americanos se han comportado peor de lo que dicen nuestros más acérrimos defensores. Estados Unidos no ha "escrito todo el libro" sobre la limpieza étnica, pero sí hemos escrito algunos de los capítulos más macabros. Es por esto que la historia se detiene en acontecimientos como el Sendero de las Lágrimas, Wounded Knee y My Lai, entre muchos otros. Por otra parte, los norteamericanos han demostrado la capacidad para superar las peores expectativas de sus enemigos. Norteamérica no tiene el monopolio sobre la virtud ni sobre la maldad. Todas las naciones han pasado por momentos tenebrosos que quisieran olvidar o borrar, pero mi trabajo como historiador es mantener vivos esos recuerdos desagradables.

Norteamérica, que ya tiene un poco más de 200 años, todavía es joven en el sentido más amplio de la historia, aunque el ritmo de ésta se haya acelerado radicalmente, toda vez que la revolución tecnológica del siglo XX ha transformado los medios, los viajes y las comunicaciones. (Me asombra pensar que cuando este libro fue escrito, el fax, los teléfonos celulares y el Internet prácticamente no existían para muchas personas, incluído yo!). La historia de esta nación no siempre ha sido una suave transición hacia una república ideal. Para ser más exactos, la historia ha actuado como un péndulo que ha tenido oscilaciones prolongadas, creando un cambio continuo en uno y otro sentido. Norteamérica todavía está sorprendentemente dividida en términos raciales y económicos. Quien sea consciente de esta fisura puede sentir cierto pesimismo. Sin embargo, los optimistas también señalan la gran distancia que ha recorrido el país en un período tan breve. Obviamente, este es un consuelo inútil para quienes han llevado la peor parte.

Más importante quizá sea que nos comprometamos a reconocer cuál es el verdadero sueño americano. No el de la casa con dos autos en el garaje y un asador en el patio trasero, sino el sueño que Jefferson expresó hace más de 200 años. Aunque su visión de que "todos los hombres fueron creados iguales" probablemente sea diferente a nuestra comprensión actual, continúa siendo el más noble de los sueños y la más grande de nuestras aspiraciones. La lucha para cumplir este sueño es un viaje largo y extraño que nunca termina.

NOTA DEL AUTOR

En esta época políticamente correcta, son muchos los estamentos que se resisten a aceptar el calificativo que Colón les dio a los pueblos que encontró en este continente. Algunos prefieren el término "primeros americanos," "americanos nativos," "amerindios" e incluso "aborígenes." En este libro utilizaré la palabra "indio," siguiendo la costumbre de historiadores tan eminentes como Dee Brown, cuyo libro seminal *Bury My Heart at Wounded Knee* tiene como subtítulo "Historia india del Oeste norteamericano."

Asimismo, el uso del término "negro" ha sido objetado y muchos escritores prefieren utilizar el de "afroamericano." Por supuesto que ni "negro" ni "afroamericano" son términos muy precisos para describir a un grupo de pueblos tan diferentes entre sí. Utilizaré entonces el término "negro," puesto que es una palabra ampiamente aceptada. No pretendo ofender a nadie y espero que nadie se ofenda.

CAPÍTULO UNO

UN MUNDO NUEVO Y VALIENTE

¿Quién descubrió realmente América?

Si Colón no estaba interesado en las Bahamas, ¿qué buscaba entonces?

¿Los hombres de Colón llevaron la sífilis a Europa?

Si Colón no descubrió América, ¿quién fue?

Está bien: los indios descubrieron América. ¿Quiénes eran y cómo llegaron?

Si Colón fue tan importante, ¿por qué no vivimos en los Estados Unidos de Colón?

¿Qué fue de Cristóbal Colón?

¿Cuáles fueron los primeros asentamientos europeos en el Nuevo Mundo?

¿Por qué fue importante Jamestown si los españoles llegaron primero?

¿Cuál era el Paso del Noroeste?

¿Cuál fue la Colonia Perdida?

¿Cómo y cuándo surgió Jamestown?

¿Es cierto que Pocahontas le salvó la vida a John Smith?

¿Cuál era la Casa de los Burgueses?

¿Quiénes comenzaron el tráfico de esclavos?

¿Quiénes eran los puritanos y qué querían?

¿En qué consistió el Pacto del Mayflower?

¿Los puritanos llegaron realmente a Plymouth Rock?

Hitos en el desarrollo de Nueva Inglaterra

¿Quién fundó Nueva York?

¿Es cierto que los indios vendieron a Manhattan por 24 dólares?

¿Cómo fue que Nueva Amsterdam pasó a llamarse Nueva York?

¿Cuándo llegaron los franceses al Nuevo Mundo?

¿Por qué Pennsylvania es considerado el estado cuáquero?

¿Cuáles fueron las trece colonias originales?

Pocas épocas en la historia norteamericana están envueltas en un velo de tantos mitos y misterio como el extenso período que comprende el descubrimiento y colonización de América. Esto se debe quizá a que fueron muy pocos los observadores que registraron tantos hechos de manera objetiva. Nadie estuvo allí para filmar cuando los pueblos primitivos cruzaron el puente terrestre que une a Asia con lo que más tarde se conocería como Alaska. No había corresponsales a bordo cuando las naves de Colón llegaron al continente. En vez de esto, los historiadores se han visto obligados a apelar a las descripciones realizadas por los participantes de los hechos, testigos cuyas opiniones pueden ser consideradas como llenas de prejuicios. Por ejemplo, mucho de lo que se ha pensado y enseñado sobre la historia de Pocahontas se basa en la colorida autobiografía del capitán John Smith. Peor aún, actualmente los profesores de historia se enfrentan a una generación de estadounidenses pre-adolescentes que han aprendido un nuevo mito gracias a la versión de *Pocahontas* realizada por Disney, en la que una sensual y bien dotada doncella india se enamora perdidamente de John Smith, quien parece un surfista con la voz de Mel Gibson. ¡Qué le vamos a hacer!

Este capítulo comprende algunos de los eventos más importantes que sucedieron durante varios milenios. Sin embargo, se centra en el desarrollo de lo que más tarde sería Estados Unidos y termina con las trece colonias originales.

¿Quién descubrió realmente América?

Todos sabemos que "en el año de mil cuatrocientos noventa y dos, Colón navegó el océano azul." Pero, ¿realmente fue él quien descubrió América? La mejor respuesta es "realmente no, pero más o menos." Un día festivo nacional y dos siglos de textos escolares han dejado la impresión de que Cristóbal Colón fue un navegante intrépido y un hombre de Dios (su nombre significa "portador de Cristo") y que fue la primera persona en llegar a América, desmintiendo así la noción de que la Tierra era plana. Los ítalo-americanos creen que Colón también era italiano y celebran el Día de Colón como un día festivo especial, al igual que los latinos, quienes celebran el Día de la Raza como el día del descubrimiento del continente americano. Bien sea que lo amen o que lo odien, tal como lo hacen muchas personas luego de las opiniones revisionistas que han aparecido recientemente sobre Colón, es imposible desestimar la importancia de su viaje, el increíble heroísmo y tenacidad que exigió su empresa. Incluso los astronautas que viajaron a la luna sabían muy bien lo que encontrarían, pero Colón viajó "hacia donde ningún hombre había viajado antes," como dicen en el programa *Star Trek*.

Sin embargo, los hechos sugieren que este evento fue más complejo de lo que parece. Después de tratar de venderles su plan a los reyes de Portugal, Inglaterra y Francia, Colón se empecinó en acudir de nuevo a Fernando e Isabel de España, quienes ya lo habían rechazado en una ocasión. Un ministro convenció a los reyes de que los riesgos eran pocos y los beneficios serían cuantiosos. Exacerbados por la codicia del oro y el temor del creciente dominio que la vecina Portugal estaba teniendo en la exploración, los monarcas españoles finalmente aceptaron, y desmintiendo los mitos que existen sobre este episodio, la reina Isabel no tuvo que empeñar ninguna de las joyas para financiar el viaje de Colón.

Colón zarpó el 3 de agosto de 1492 de Palos de Moguer, España, a bordo de tres naves, la *Niña*, la *Pinta* y la *Santa María*, siendo esta última su nave insignia. A Colón (bautizado como Cristoforo Colombo) le fue prometido el diez por ciento de las ganancias, la gobernación de las tierras descubiertas y el imponente título de "Almirante del Océano." A las 2 de la mañana del 12 de octubre, justo cuando la tripulación amenazaba con amotinarse y regresar a España, un vigía a bordo de la *Pinta*, llamado Rodrigo de Triana, divisó el resplandor de la luna en un acantilado o en la arena. Habiendo prometido una cuantiosa recompensa al primer hombre que avistara tierra firme, Colón arguyó que él había visto la luz la noche anterior y se quedó con la recompensa. Llamó a ese sitio San Salvador (los nativos la llamaban Guanahani). Aunque durante mucho tiempo se creyó que el San Salvador de Colón era la isla Watling en las Bahamas, teorías recientes que han contado con la ayuda de computadores, apuntan hacia

Samana Cay. Posteriormente, Colón llegó a Cuba y a una isla de tamaño considerable que bautizó como La Hispaniola (actualmente conformada por Haití y la República Dominicana).

Aunque encontró algunos nativos desnudos que bautizó como *indios*, tras creer erróneamente que había llegado a las así llamadas Indias o Islas indonesias, el único oro que encontró fue el de los aretes que los pobladores llevaban en sus orejas. En lo que a especias se refiere, encontró una planta llamada *tobacos*, que los arawak fumaban enrollada en cigarrillos. No transcurrió mucho tiempo para que toda Europa fumara esta nociva planta. El tabaco fue llevado por primera vez a España en 1555. Tres años después, los portugueses introdujeron el hábito de inhalar rapé. La importancia económica que tuvo el tabaco en la historia de América no puede ignorarse. Aunque tendemos a pensar que los documentos y las decisiones tuvieron mucha importancia para las colonias inglesas, éstas sobrevivieron gracias al cultivo de tabaco. En otras palabras, los poderosos grupos tabacaleros no son nada nuevos, pues han influido en el gobierno prácticamente desde que los primeros europeos llegaron a estas tierras.

Creyendo que había llegado a puestos insulares de avanzada de la China, Colón dejó a algunos voluntarios en Natividad, un fuerte construido con la madera de la *Santa María*, nave que había naufragado, y regresó a España. Aunque nunca alcanzó el actual territorio de Estados Unidos en ninguno de sus tres viajes posteriores, su llegada al Caribe marcó el nacimiento de una inigualable y sorprendente época de descubrimientos, conquistas y colonización del continente americano. Aunque su valor, perseverancia y destreza como navegante le han otorgado merecidamente un lugar en la historia, los textos escolares han omitido también que la llegada de Colón marcó el comienzo de uno de los episodios más crueles en la historia de la humanidad.

VOCES AMERICANAS
Diarios de CRISTÓBAL COLÓN. Luego de su
encuentro con los arawak el 12 de octubre de 1492
(Citado por Bartolomé de las Casas).

Ellos deben ser buenos servidores y de buen ingenio, que veo que muy presto dicen todo lo que les decía. Y creo

que ligeramente se harían cristianos, que me pareció que ninguna secta tenían. Yo, placiendo a Nuestro Señor, llevaré de aquí al tiempo de mi partida seis a Vuestra Alteza para que aprendan a hablar. Ellos no traen armas ni las conocen, como podrá ver Vuestra Alteza cuando conozca los siete hombres que llevaré. Bastarían cincuenta hombres para someterlos a todos y hacer lo que os plazca.

Si Colón no estaba interesado en las Bahamas, ¿qué buscaba entonces?

El arribo de las tres naves a tierras del Caribe marcó lo que probablemente sea la "metida de pata" más afortunada en la historia universal. En lugar de un mundo nuevo, lo que Colón buscaba era una ruta marítima directa hacia la China y las Indias. Desde que Marco Polo regresó de Oriente cargado de especias, oro y narraciones fantásticas sobre tierras tan extrañas y misteriosas, los europeos ambicionaron las riquezas de la Cathay (China) descrita por Marco Polo. Este apetito se hizo insaciable cuando los cruzados abrieron rutas comerciales por tierra entre Europa y Oriente. Sin embargo, cuando Constantinopla cayó en manos de los turcos en 1453, se puso fin a la ruta de las especias, que era la cuerda de salvación económica de la Europa mediterránea.

Desde la Edad Media, la economia europea, básicamente agraria y de trueque, comenzó a transformarse rápidamente en una nueva economía capitalista en la que el oro era la moneda predominante. Los "*yeppies*" (jóvenes príncipes europeos) medievales adquirieron una predilección por bienes exquisitos como el oro, las joyas costosas y las especias, que fueron toda una sensación y que literalmente valían su peso en oro. Después de comer venado cocido durante varios siglos, se desató una enorme demanda por las nuevas especias orientales: canela de Ceilán, pimienta de India e Indonesia, nuez moscada de las islas Célebes y clavos de las Molucas. Los nuevos príncipes mercaderes también se aficionaron a las sedas japonesas, a los algodones, a las tinturas y piedras preciosas de la India.

Liderados por el príncipe Enrique el Navegante, fundador de un gran escuela marítima en la costa de Portugal, marineros como Bartolomé Días (quien llegó al cabo de la Buena Esperanza en 1488) y Vasco da Gama (quien navegó hasta la India en 1495) asumieron el liderazgo en la explotación de África y en la ruta de navegación hacia las Indias. Al igual que muchos de sus contemporáneos, Colón creía que un paso directo a Oriente por el oeste no sólo era posible, sino que también era más rápido y sencillo. A pesar de lo que más tarde dijeron sus "representantes de relaciones públicas," la idea de que la tierra era plana ya era cosa del pasado cuando Colón zarpó con sus naves. De hecho, la teoría de la circunferencia del globo terráqueo existe desde la época de la Grecia antigua. El mismo año en que Colón partió hacia América, un geógrafo de Nuremberg elaboró el primer mapamundi. La prueba física sobre la redondez de la Tierra se hizo evidente cuando 18 sobrevivientes de la tripulación de Magallanes, compuesta por 266 hombres, completaron la circunnavegación del globo en 1522.

Colón creía que una ruta en dirección oeste por los 28 grados de latitud lo llevaría a la fabulosa Cipango (Japón) de Marco Polo. Como sabía que nadie estaba lo suficientemente loco como para patrocinarle un viaje de más de tres mil millas, calculó la distancia basado en antiguas teorías griegas, en algunos mapas especulativos realizados luego del regreso de Marco Polo y en algunas cifras producto de su propia imaginación. Finalmente, calculó que la distancia era de 2,400 millas.

Sin embargo, ¡la distancia que Colón pensaba recorrer equivalía a 10,600 millas en avión!

¿Los hombres de Colón llevaron la sífilis a Europa?

Una de las leyendas más persistentes sobre Colón, probablemente no figura en los textos escolares de historia. Surgió luego del regreso de Colón y de su tripulación, que coincidió con un brote masivo de sífilis que azotó a Europa. La primera epidemia de sífilis apareció por vez primera durante una guerra que tuvo lugar en Nápoles, en 1494. El ejército de Carlos VIII, rey de Francia, se retiró de Nápoles y la enfermedad se extendió rápidamente por Europa. Más tarde, en el transcurso de la "Época de los Descubrimientos," los navegantes portugueses llevaron esta enfermedad a África, India y Asia, donde aparentemente era desconocida. Alrededor de 1539 y según William H.

McNeill: "Los coetáneos creyeron que era una nueva enfermedad contra la cual los pueblos euroasiáticos no tenían ninguna defensa. La época y el lugar donde apareció el primer brote de sífilis en Europa parecen coincidir con lo que pensamos de esta enfermedad si hubiera sido llevada a Europa por Colón y sus tripulantes. Esta teoría fue aceptada casi universalmente . . . hasta hace muy poco."

Durante varios siglos, esta "leyenda" fue considerada por algunos como una especie de "venganza" involuntaria de los indios, en respuesta a los males que Colón y los primeros europeos les hicieron.

Una de las pruebas más antiguas de sífilis en los humanos data alrededor de dos mil años atrás, en restos encontrados en Norteamérica.

Pero otras causas también han sido señaladas como las culpables del flagelo de la sífilis. El término fue acuñado en 1530 por Girolamo Fracastoro, un médico y poeta italiano. Este personaje publicó un poema titulado *Syphilis sive Morbus Gallicus* que significa "Sífilis, o la enfermedad francesa." Aparentemente, Syphilus, un pastor mencionado en el poema es la primera víctima de la enfermedad, que en el siglo XV era mucho más virulenta y devastadora que la modalidad de sífilis conocida en la actualidad. Por supuesto, esto ocurrió mucho antes de que aparecieran los antibióticos. La fuente original del nombre *syphilus* es incierta, pero posiblemente proviene de la poesía de Ovidio. En otras palabras, los italianos culparon a los franceses por la sífilis. Y en España, la enfermedad se atribuyó a los judíos, quienes fueron expulsados, también en el memorable año de 1492.

Según McNeill, muchos investigadores modernos rechazan la llamada versión del "intercambio colombino" de la sífilis ya que existen muchas evidencias de sífilis precolombina en el Viejo Mundo. Por ejemplo, los esqueletos precolombinos exhumados recientemente en Inglaterra muestran claros indicios de esta enfermedad. Y mientras una respuesta concluyente sobre el origen del flagelo de Venus sigue siendo un misterio, la creencia de que fueron los indios americanos los causantes de la plaga sifilítica europea, parece ser mucho menos plausible de lo que antes fue.

Si Colón no descubrió América, ¿quién fue?

Así como la discusión sobre la sífilis, el debate acerca de quién llegó a América antes que Colón se remonta casi a la época del primer viaje de este navegante. Se han escrito tantos libros sobre el tema de los "descubridores" anteriores, que con estos se podría conformar una pequeña biblioteca. Existen suficientes evidencias que permiten confirmar las aseveraciones hechas en nombre de numerosos viajeros que pudieron llegar a territorio americano, bien fuera accidental o deliberadamente, mucho antes de que Colón llegara a las Bahamas.

Entre éstas, la mejor respaldada por pruebas arqueológicas es la que señala a navegantes escandinavos comandados por el capitán Leif Eriksson, quien no sólo llegó a América sino que también estableció una colonia en lo que actualmente es Terranova, alrededor del año 1000, es decir, quinientos años antes que Colón. El emplazamiento de una aldea escandinava fue descubierto en L'Anse aux Meadows, cerca del actual St. Anthony, y fue considerado por la UNESCO (la entidad educativa y cultural de las Naciones Unidas), como el primer "patrimonio mundial." Aunque la arqueología ha respondido algunas preguntas, muchas otras sobre la estadía de los escandinavos en América aún siguen sin respuesta.

La mayoría de lo que se ha concluido acerca de la colonia escandinava en Norteamérica se deriva de dos épicas islandesas tituladas *Las sagas de Vinland*. Probablemente, los escandinavos visitaron tres lugares: Stoneland, que quizá se trate de la costa árida de Labrador; Woodland, que tal vez sea Maine, y Vinland. Mientras que a Leif el Afortunado se le atribuye el mérito histórico y se bautizan calles y festivales con su nombre, fue otro escandinavo, Bjarni Herjolfsson, el primer europeo en divisar a Norteamérica en 985 o 986. Pero fue Leif quien supuestamente construyó algunas chozas y pasó un invierno en esta tierra donde las uvas silvestres —era más probable que se tratara de bayas, pues no existían uvas en ninguno de estos territorios— crecían antes de regresar a Groenlandia. Pocos años después, otro groenlandés, llamado Thorfinn Karlsefni, llegó al mismo sitio visitado por Eriksson y permaneció allí por espacio de dos años. Uno de los problemas que tuvieron que enfrentar eran las tribus locales hostiles, a quienes los escandinavos llamaron *skrelings*, término despectivo que significa "desgraciado" o "enano." Durante un ataque, una mujer escandinava que estaba embarazada se golpeó los pechos desnudos con su espada. Aterrorizados por semejante espectáculo, los *skrelings* huyeron de nuevo hacia sus botes.

En su fascinante libro *Cod*, Mark Kurlansky pregunta: "¿De qué se alimentaron esos escandinavos durante las cinco expediciones que realizaron a América entre los años de 986 y 1011, que fueron registradas en las sagas? Ellos pudieron viajar a estas costas áridas y lejanas porque habían aprendido a conservar el bacalao, el cual colgaban al viento helado de invierno hasta que perdiera cuatro quintas partes de su peso y quedara tan duro como una tabla. Desprendían pedazos y los masticaban . . ."

Otros sostienen que existieron descubridores anteriores. Durante muchos años circularon historias de viajeros irlandeses comandados por el mítico San Brandano, quien supuestamente llegó a América en el siglo IX o X, a bordo de pequeños botes llamados *curraghs*. Sin embargo, no existe ninguna prueba arqueológica ni de otro tipo que respalde esta teoría. Otro mito popular y completamente infundado sostiene que un escocés llamado Modoc estableció una colonia y les enseñó la lengua escocesa a los pobladores locales. Una teoría más reciente ofrece un giro interesante sobre la idea de que "los europeos navegaron en dirección a Asia." Un experto británico en navegación, quien ha estudiado antiguos mapas chinos, sostiene que un almirante chino pudo haber circunnavegado el globo y llegado a América cien años antes que Colón. Una prueba convincente sobre ese viaje implicaría una sorprendente revisión de la historia. Pero como dice una anécdota: si los chinos llegaron primero pero nadie supo de ellos, ¿puede decirse que fueron los primeros en llegar?

Un descubrimiento significativo pertenece a Giovanni Caboto, otro compatriota de Colón, navegante al servicio de la corona británica. En 1496, Caboto y su hijo Sebastián recibieron una comisión del rey Enrique VII de Inglaterra para encontrar una nueva ruta comercial que condujera a Asia. Zarpando de Bristol a bordo de *Matthew*, Caboto llegó a una costa extensa y rocosa en la que abundaba el bacalao. Reportó las vastas riquezas de aquel lugar, al cual llamó Terranova y que reclamó para Enrique VII, reivindicando un derecho que eventualmente les sirvió a los ingleses como punto de entrada al Nuevo

Mundo. En 1498, Caboto regresó con cinco naves, pero se encontró con un mar bastante turbulento. Uno de los veleros logró regresar a un puerto irlandés, pero Caboto y los otros cuatro navíos desaparecieron.

Sin embargo, Caboto y otros marineros no navegaron en aguas desconocidas. Muchos pescadores habían frecuentado las costas norteamericanas durante varios años en busca de bacalao, entre ellos los barcos pesqueros vascos. Sin embargo, era evidente que éstos tenían muy claro que aquel era un buen lugar para pescar, pero no para vivir. Y que también tardaron en comprender que aquellas costas no pertenecían a Asia. Según sostiene Mark Kurlansky en su libro *Cod*, incluso en el siglo XVI, Terranova aún era clasificada como una isla de la China.

Puede decirse entonces que los pescadores de bacalao fueron los primeros europeos en descubrir a "América." Ellos—al igual que generaciones de pescadores que se reservan los mejores sitios—querían mantener sus sitios de pesca en secreto, y el honor de ser el primer europeo que puso sus pies en lo que más tarde serían los Estados Unidos generalmente se le atribuye a Juan Ponce de León, el aventurero español que conquistó Puerto Rico. Queriendo investigar rumores acerca de una gran isla al norte de Cuba que contenía una "fuente de la eterna juventud," cuyas aguas podían devolver la juventud y el vigor, Ponce de León encontró y bautizó a Florida en 1513 y "descubrió" México durante ese mismo viaje.

Finalmente, está el viaje que en 1524 realizó Giovanni de Verrazano, otro navegante italiano al servicio de la corona francesa y que tenía el respaldo de mercaderes de seda ansiosos por comerciar con Asia. Verrazano buscaba un estrecho en el Nuevo Mundo que lo llevara al Oriente y navegó hacia el oeste. Tocó tierra en cabo Fear, en Carolina del Norte y navegó por la costa Atlántica hasta llegar a Terranova, regresando luego a Francia. Verrazano no se detuvo en la bahía de Chesapeake ni en la de Delaware y arribó a la bahía de Nueva York (donde llegó hasta el estrecho y puente que llevan su nombre) y a la bahía Narragansett, así como a una península con forma de brazo que llamó Pallavasino en honor a un general italiano. Frustrado en su intento por encontrar un paso hacia el Oriente, Verrazano regresó a Francia, pero insistió en que las "7,000 leguas de costas" que había encontrado constituían un Nuevo Mundo. Setenta años más tarde, el británico Bartholomew Gosnold seguía buscando una ruta hacia Asia que por supuesto no pudo encontrar. No obstante, encontró aguas poco profundas ricas en bacalao y rebautizó el Pallavasino de Verrazano como cabo Cod en 1602. Sin embargo, los navegantes ingleses que trataron de establecerse allí—cerca de Bristol, Maine—encontraron que el lugar era "demasiado frío."

Todos aquellos pescadores europeos de bacalao y navegantes perdidos en busca de Asia no eran más que simples advenedizos en este continente. De hecho, América había sido "descubierta" mucho antes de estos viajes. Los verdaderos "descubridores" de América fueron los pueblos cuyas culturas y sociedades ya se habían establecido aquí en la época en que Europa vivía en la "Edad de las Tinieblas," es decir, los llamados "indios," quienes irónicamente habían caminado desde Asia hacia América.

Lectura Recomendada: *Cod: A Biography of the Fish That Changed the World*, de Mark Kurlansky.

Está bien: los indios descubrieron América. ¿Quiénes eran y cómo llegaron?

Hasta hace relativamente poco, se pensaba que los humanos comenzaron a habitar el continente americano hace doce mil años aproximadamente, luego de caminar desde Asia. Sin embargo, las nuevas evidencias sugieren que los pueblos que eventualmente serían denominados como "indios" pudieron haber llegado a América 30,000 o 40,000 años atrás. El método de radiocarbono utilizado para establecer la antigüedad de fragmentos de carbón vegetal encontrados en el sur de Chile y el descubrimiento de un esqueleto en el actual estado de Washington en 1977, no sólo han reforzado la teoría de que el hombre llegó a América mucho antes de lo que se ha aceptado, sino que también ha revolucionado la idea que se tiene acerca de quiénes fueron y cómo llegaron a nuestro continente.

La versión más aceptada durante mucho tiempo, gracias a los hallazgos arqueológicos, es que los pueblos prehistóricos que poblaron el continente americano fueron cazadores que perseguían grandes hordas de mamuts. Durante una glaciación, cuando el nivel del mar era mucho más bajo debido a la gran cantidad de agua que quedaba sepultada bajo la capa de hielo, los viajeros caminaron desde Siberia y cruzaron por un puente terrestre hasta llegar a la actual Alaska. Aunque el "puente terrestre" nos hace pensar en una estrecha franja entre el mar, probablemente tenía alrededor de una milla de ancho. Cuando llegaron a América, comenzaron a dirigirse hacia el sur, en busca de climas más cálidos (matando de paso a los mamuts). Más tarde, cuando los glaciares se derritieron, el nivel del océano aumentó y cubrió el puente terrestre, creando así el actual Estrecho de Bering, que separa a Alaska de Rusia. Los artefactos conocidos de mayor antigüedad de estos pueblos fueron descubiertos en Clovis, Nuevo México, y su edad ha sido fijada en 11,500 años.

Pero numerosas evidencias sugieren otras posibilidades, más complejas y sorprendentes:

- La ruta de la Costa Pacífica: De acuerdo con esta teoría, pueblos de Asia septentrional migraron a lo largo de la Costa Oeste norteamericana a pie y en botes forrados con pieles antes de la formación del Estrecho de Bering. Esta teoría se basa parcialmente en utensilios encontrados en las costas de Perú y de Chile que datan de 12,500 años atrás. Estos utensilios ofrecen pruebas de pueblos con grandes conocimientos de navegación asentados en el continente americano. Entre los artefactos encontrados en Monte Verde, Chile, figuran herramientas de madera, huesos de animales y huellas humanas.

  El descubrimiento del llamado Hombre de Kennewick en el estado de Washington contribuyó a crear una mayor confusión. Con una antigüedad de entre 8,000 y 9,300 años, estos restos hicieron que los científicos se preguntaran si este hombre americano realmente provenía de Asia.

- La ruta del Atlántico Norte: El descubrimiento de varios emplazamientos en la Costa Este de Norteamérica ha sugerido que pudo existir una ruta marítima muy diferente. Los artefactos encontrados en los estados de Pennsylvania, Virginia y Carolina del Sur datan de 10,000 a 16,000 años atrás, lo que los hace mucho más antiguos que los de Clovis. Teóricamente, los antiguos europeos navegaron alrededor de las masas de hielo que circundan a Islandia y a Groenlandia hasta llegar a Norteamérica.

- La ruta australiana: Otra teoría, más controvertida y menos aceptada en términos generales, es la modificación de la teoría propuesta por Thor Heyerdal en su libro *Kon Tiki*. Heyerdal sostenía que el continente americano pudo haber sido poblado por pueblos del sudeste asiático que cruzaron el Océano Pacífico hacia Sudamérica. Aunque muchos científicos consideran que esta teoría es exagerada, un esqueleto encontrado en Brasil respalda parcialmente dicha teoría, pero algunos científicos piensan que probablemente el esqueleto perteneció a alguna rama de un pueblo del sudeste asiático que viajó por la costa asiática hacia el norte y luego cruzó el Estrecho de Bering.

Es probable que alguna o todas estas teorías puedan ser correctas y que varios pueblos hayan migrado al Nuevo Mundo. Es posible que algunos de ellos se hayan extinguido y hayan sido reemplazados por otros pueblos, o que hayan sufrido considerables cambios físicos a lo largo de los varios milenios que han transcurrido desde su llegada.

Lo que es mucho más cierto es que, para la época en que Colón llegó a América, había decenas de millones de los que podrían ser llamados los "primeros americanos" o amerindios que poblaban el continente americano. Estos pueblos estaban divididos en centenares de sociedades tribales, siendo las más avanzadas las civilizaciones maya y azteca en México y los incas en el Perú. Todas estas sociedades se convirtieron en carne de cañón bajo el reino del terror impuesto por los conquistadores. Muchos libros de historia solían representar a estos indios americanos como una serie de civilizaciones semisalvajes. Una versión más reciente y romántica nos muestra a unos pueblos que vivían en armonía con ellos mismos y con la naturaleza, pero ninguna de estas dos visiones es realista.

Antes que todo, hay que anotar que existieron muchas culturas desperdigadas por el continente americano, desde los esquimales y los inuit del norte, hasta las avanzadas sociedades mexicanas y sudamericanas. Aunque ninguna de ellas se desarrolló de acuerdo con los parámetros europeos, realizaron logros notables en agricultura, arquitectura, matemáticas y otras áreas. Por otra parte, tampoco pudieron alcanzar algunos logros importantes. Fueron muy pocas las culturas que inventaron un alfabeto y tampoco fueron ajenos al salvajismo, como se comprueba con los sacrificios humanos que realizaban los aztecas y en los que morían alrededor de mil personas diarias en Tenochtitlán (en la actual Ciudad de México), o las prácticas iroquesas, que elevaron la tortura de los enemigos capturados a un arte sofisticado pero horrendo.

Durante las últimas décadas, los cálculos existentes sobre la población indígena a la llegada de Colón han sufrido una profunda revisión, especialmente luego de numerosos estudios que salieron a la luz en 1992, con motivo de los 500 años del primer viaje de Colón. Inicialmente se pensaba que la población indígena del continente americano fluctuaba entre 8 y 16 millones de habitantes. Esta cifra ha aumentado a 100 millones o más de indígenas que se cree estaban distribuidos a través del continente. Aunque el intento de Hitler para exterminar a los judíos europeos fue un programa calculado, metódico y genocida, de igual manera, la destrucción de los indios a manos de los europeos tampoco se detuvo ante nada, pues mataron tal vez al 90 por ciento de la población aborigen en nombre del progreso, de la civilización y del cristianismo. Aunque los europeos eran técnicamente más avanzados en muchos aspectos que los nativos que encontraron, lo que realmente llevó a la conquista de este continente no fue el poderío militar ni la cultura superior de los españoles. El factor más importante para exterminar a las poblaciones nativas fue la introducción de enfermedades epidémicas contra las que los nativos no tenían inmunidades naturales.

VOCES AMERICANAS
AMÉRICO VESPUCCIO, en una carta a
Lorenzo de Medici, 1504.

Días pasados muy ampliamente te escribí sobre mi vuelta de aquellos nuevos países, los cuales, con la armada y a expensas y por mandato de este Serenísimo Rey de Portugal hemos buscado y descubierto; los cuales Nuevo Mundo nos es lícito llamar, porque en tiempo de nuestros mayores de ninguno de aquellos se tuvo conocimiento y para todos aquellos que lo oyeran será novísima cosa. Pero que esta opinión es falsa y totalmente contraria a la verdad lo he atestiguado con esta mi última navegación ya que en aquellas partes meridionales yo he descubierto el continente habitado por más multitud de pueblos y animales que nuestra Europa.

Si Colón fue tan importante, ¿por qué no vivimos en los Estados Unidos de Colón?

El nombre de América fue una de las jugadas más crueles de la historia y es tan inexacto como el calificativo de "indios." Américo Vespuccio fue otro italiano que llegó a España y le ayudó a Colón a organizar sus viajes, pues era proveedor de navíos. En 1499, navegó por Sudamérica con Alonso de Ojeda, quien había sido uno de los capitanes de Colón y llegó a la desembocadura del río Amazonas. Realizó otros tres viajes a lo largo de la costa de Brasil. En 1504 aparecieron en Italia unas cartas supuestamente escritas por Vespuccio, en las que éste decía haber sido el capitán de los cuatro viajes y en las que las palabras *Mundos Novus* (Nuevo Mundo) fueron utilizadas por primera vez para referirse a las tierras que habían encontrado. Lo cierto es que los viajes de Vespuccio fueron más famosos que los de Colón. Algunos años después, en una nueva edición de Tolomeo, estas nuevas tierras, que aún se consideraban parte de Asia, fueron llamadas América en honor a Vespuccio.

¿Qué fue de Cristóbal Colón?

Colón regresó a España en marzo de 1493, luego de un viaje accidentado. Los reyes Fernando e Isabel le ofrecieron una magnífica recepción, pero él tenía pocas cosas para mostrarles, salvo algunas baratijas y a los indios taínos que sobrevivieron el viaje a España. Sin embargo, los monarcas españoles le pidieron al Papa que les permitiera reclamar su dominio sobre esas tierras para predicar la fe cristiana. El Papa aceptó, pero los portugueses protestaron inmediatamente y las dos naciones comenzaron a negociar la repartición del Nuevo Mundo. Finalmente acordaron una línea divisoria que le permitió a Portugal establecer su propiedad sobre el territorio brasileño, razón por la cual en Brasil se habla portugués, mientras que en Centroamérica, Sudamérica y México se habla español.

Colón recibió 17 navíos para su segundo viaje y una tripulación de 1,500 hombres que se enlistaron voluntariamente con la esperanza de encontrar enormes riquezas. Cuando regresó a Hispaniola, Colón descubrió que todos los hombres que había dejado en un fuerte desaparecieron, tal vez asesinados por los taínos. Colón construyó otro fuerte, pero era evidente que esa no era la tierra abundante en oro y en riquezas que los españoles esperaban encontrar. Partió hacia Cuba, convencido de que se encontraba en el continente asiático y luego llegó a Jamaica. De regreso en Hispaniola, Colón y sus hombres obligaron a los taínos a llevarles oro y establecieron altas cuotas y castigos crueles a quienes no las cumplieran. A los más afortunados les amputaban la mano. Los que corrían con peor suerte eran crucificados en filas de a trece: uno por Jesús y el resto por los doce discípulos. **← JESUS)**

Muy pronto, los indios comenzaron a perecer debido a las enfermedades infecciosas transmitidas por los españoles. Varios informes que describían la desastrosa situación que se vivía en las colonias llegaron a España y Colón tuvo que regresar para defenderse. Su reputación se vio seriamente perjudicada, pero finalmente le autorizaron que viajara por tercera vez. Zarpó de España en mayo de 1498 a bordo de seis naves y con unos tripulantes menos entusiastas. Los presos que quisieran viajar fueron indultados. Navegó hacia el sur y llegó a la costa de lo que hoy es Venezuela.

Luego de una rebelión en La Hispaniola, se levantaron tantas quejas sobre Colón que éste regresó encadenado a España. Aunque el rey y la reina ordenaron su liberación, Colón perdió la mayoría de sus títulos y la gobernación de las islas. Sin embargo, le dieron la oportunidad de hacer otro viaje, al que llamó el "alto viaje."

Zarpó de España en 1502, con cuatro naves y con Hernando, su hijo de catorce años, quien registró los acontecimientos del viaje. Aunque Colón llegó al istmo de Panamá y recibió información de que a pocos días de marcha había una gran cantidad de agua (el Océano

(JESUS)

Pacífico), el navegante no llegó hasta allá. Completamente exhausto, abandonó su empeño por encontrar a Asia y partió hacia Jamaica víctima de la malaria. Hambriento y enfermo, se dice que Colón predijo un eclipse para que los locales le dieran alimentos. Después de permanecer un año allí, regresó a España en noviembre de 1504. La reina Isabel había muerto y el rey Fernando intentó persuadir a Colón para que se retirara. Pasó sus últimos días en una casa modesta en Valladolid y murió el 20 de mayo de 1506. Contrario a lo que dice la leyenda, no murió pobre. Sus restos fueron trasladados a Sevilla y luego a Santo Domingo (en la actual República Dominicana.) Algunos creen que fueron llevados posteriormente a Cuba; otros sostienen que su cuerpo reposa en Santo Domingo. Actualmente, varios científicos tratan de obtener permiso para someter sus restos a pruebas de ADN.

¿Cuáles fueron los primeros asentamientos europeos en el Nuevo Mundo?

Aunque se habla mucho sobre los puritanos y sobre Jamestown, los españoles ya habían recorrido una buena parte del continente americano cuando los ingleses llegaron. De hecho, si la Armada española que pretendía atacar a la Inglaterra de la reina Isabel no hubiera sido destruida en 1588 por fuertes tormentas y por los "piratas" ingleses, esta nación se llamaría *Estados Unidos* (en español) y todos comeríamos tacos y asistiríamos a corridas de toros.

Luego del intrépido liderazgo ejercido por Colón, los españoles (y en menor grado, los portugueses) comenzaron un siglo de exploraciones, colonización y dominio con el pretexto de conseguir más oro para la Corona española. Los conquistadores amasaron enormes fortunas tanto para ellos como para los reyes, a la vez que diezmaron a las poblaciones indígenas que encontraron. Muchos conquistadores murieron de la misma forma en que vivieron: violentamente, a manos de los indios con quienes combatieron, o de sus compañeros sedientos de oro y poder. Algunos de los hechos más destacados de la exploración española son:

1499   Américo Vespuccio y Alonso de Hojeda (u Ojeda) navegan por Sudamérica y llegan a la desembocadura del río Amazonas.

1502 Luego de su segundo viaje, Vespuccio concluye que América del Sur no es parte de la India y la llama *Mundus Novus*.

1505 Juan Bermúdez descubre a Bermuda, la isla que lleva su nombre.

1513 Después de caminar durante 25 días a través de la selva tropical de América Central, Vasco Núñez de Balboa cruza el istmo de Panamá y divisa por primera vez el Océano Pacífico. Lo bautiza "Mar del Sur" y cree que es parte del Océano Índico. Posteriormente, sus rivales políticos lo acusan de traición y es decapitado en una plaza pública junto a cuatro de sus seguidores. Sus restos son arrojados a los buitres.

1513 Juan Ponce de León comienza su búsqueda de la legendaria "Fuente de la Eterna Juventud," un manantial que tiene poderes rejuvenecedores. Ponce de León, quien participó en el segundo viaje de Colón y conquistó a Borinquen (Puerto Rico), amasando una fortuna en oro y en tráfico de esclavos, bautiza a La Florida y la reclama para España luego de descubrirla. (Ponce de León muere a causa de las heridas de flechas luego de un combate con los indígenas.)

1519 Hernán Cortés entra a Tenochtitlán (Ciudad de México). Aprovechando que los nativos creen que el dios azteca Quetzalcoatl ha regresado, Cortés captura al emperador Moctezuma y comienza la conquista del imperio azteca. Su triunfo señala el comienzo de 300 años de dominio de México y América Central.

1522 Pascual de Andagoya descubre el Perú.

1523 Se funda un asentamiento español en Jamaica. (Los indios arawac, quienes fueron los primeros en establecerse en Jamaica, bautizaron a la isla Xaymaca, que significa tierra de agua y madera.)

1531 Francisco Pizarro, huérfano, analfabeto y uno de los comandantes de Balboa, invade a Perú, asesina a miles de nativos y conquista el imperio inca, el más grande y poderoso de América del Sur. Los incas, quienes están devastados por una guerra civil, son diezmados por la viruela, enfermedad llevada por los españoles. Pizarro captura y ejecuta al emperador inca Atahualpa. (A finales de la década de 1530, la disputa entre Pizarro y Almagro—otro español—para ver quién gobernaría el territorio del Cuzco, desata una guerra. Las fuerzas de Pizarro resultan victoriosas en 1538 y Almagro es ejecutado. Los seguidores del hijo de Almagro asesinan a Pizarro en 1541.)

1533   Pizarro funda la ciudad de Lima (Perú).

1536   Colonos españoles fundan Buenos Aires (Argentina), pero se ven forzados a abandonarla luego de ataques indígenas. Un grupo de colonos provenientes de Paraguay, comandados por un soldado español llamado Juan de Garay, vuelve a fundar Buenos Aires en 1580.

1538   Gonzalo Jiménez de Quesada, un militar español que ha conquistado el territorio de los chibchas, funda la ciudad de Bogotá (Colombia).

1539   Hernando de Soto, veterano de la guerra contra los incas; explora Florida. Recibe autorización para conquistar y colonizar la región que actualmente comprende el Sudeste de los Estados Unidos.

1539   Se establece en Ciudad de México la primera imprenta en el Nuevo Mundo.

1540   El Gran Cañón es descubierto.

1541   De Soto descubre el río Mississippi; Coronado parte desde Nuevo México y explora Texas, Oklahoma y el este de Kansas. El 21 de mayo de 1542, de Soto muere de fiebre a orillas del río Mississippi. Luis de Moscoso asume el liderazgo del grupo y llegan a Nueva España (el actual México) al año siguiente.

1549   Los misioneros jesuitas llegan a Sudamérica.

1551   Se fundan universidades en Lima y en Ciudad de México.

1565   San Agustín, el asentamiento europeo permanente más antiguo en los Estados Unidos, es fundado por el explorador Pedro Menéndez de Avilés. (Los protestantes franceses—o hugonotes—establecieron una colonia en Carolina del Sur, pero la abandonaron en

1563.) La ciudad es atacada en 1586 por Francis Drake. España mantiene el dominio de San Agustín hasta 1763, cuando los ingleses logran su control. España ejerce el dominio sobre esta población desde 1783 hasta 1821, fecha en que Florida pasa a ser parte de los Estados Unidos.

1567 Fundación de Río de Janeiro (Brasil).

1605 Santa Fe, es fundada como la capital de la colonia española en Nuevo México (fecha en discusión, algunos sostienen que fue en 1609). Es la capital más antigua de los Estados Unidos. Los habitantes de Nuevo México dicen con orgullo que la primera celebración del Día de Acción de Gracias (*Thanksgiving*) se realizó en Santa Fe.

¿Por qué fue importante Jamestown si los españoles llegaron primero?

Se sabe que la historia es escrita por los vencedores y aunque los españoles dominaron el Nuevo Mundo durante casi un siglo antes de que los primeros colonos ingleses llegaran a Jamestown, los españoles fueron expulsados de Norteamérica, lo que dio comienzo a una nueva era de supremacía inglesa. Así como la vida moderna está demarcada por sucesos globales, los eventos internacionales también comenzaron a jugar un papel cada vez más importante en esa etapa de la historia. A mediados del siglo XVI, España se había convertido en una nación corrupta y perezosa, y el rey vivía de la riqueza proveniente de las minas de oro de América, lo que impidió el desarrollo de un espíritu emprendedor en aquella nación: como el oro llegaba en grandes cantidades, había pocos incentivos para fomentar avances en el comercio o para desarrollar nuevos inventos.

Sin embargo, es probable que la revolución que se conoce como la Reforma protestante hubiera jugado un papel más importante aún. El rey de España, Felipe II, quien era un católico muy devoto, consideraba a Isabel, la reina protestante de Inglaterra, no sólo como una rival militar y política, sino también como una hereje. Las políticas del monarca español obedecían a su deseo de defender la fe católica y éstas incluían su apoyo a la reina católica María de Escocia, contra la reina de Inglaterra. Por su parte, Isabel creía que el conflicto religioso era la excusa perfecta para consolidar el poderío inglés a expensas de España. Les ordenó a sus famosos "lobos marinos" o caballeros piratas que atacaran a las naves españolas, a la vez que ayudaba a los holandeses en su guerra contra España. Entre tanto, los holandeses consolidaban la marina mercante más grande de Europa.

En 1588, los ingleses, favorecidos por una violenta tormenta, hundieron los acorazados españoles y su Armada se fue a pique. Fue un golpe del cual España no pudo recuperarse, que marcó el inicio del poderío marítimo de Inglaterra, permitiéndole a esa pequeña nación asumir de manera más agresiva su campaña de colonización y la consolidación de su imperio.

¿Cuál era el Paso del Noroeste?

Quien responda: "Es una película de Alfred Hitchcock," está completamente equivocado. Casi un siglo después del primer viaje de Colón, los europeos seguían convencidos de que pronto descubrirían una ruta más corta hacia China y que el Nuevo Mundo no era más que un obstáculo molesto, así España estuviera comprobando que dicho "obstáculo" era bastante rentable. Algunos navegantes intentaron llegar a China a través del "Paso del Nordeste" recorriendo el norte de Rusia. En 1533, Sebastián Caboto organizó una expedición en busca de este paso. Caboto también había intentado la otra ruta en 1509, pero el viaje fracasó cuando la tripulación se amotinó.

En 1576, Sir Humphrey (o Humfrey) Gilbert fue el primero en utilizar la expresión "el Paso del Noroeste" para describir una ruta marítima alrededor de Norteamérica y siguió buscando esa ruta hacia la China. Gilbert, quien era soldado, cortesano y empresario que había estudiado en Oxford, también había desempeñado un papel importante en otros intentos exploratorios realizados anteriormente por los ingleses. En 1578, otro inglés llamado Martin Frobisher, salió en busca de la legendaria ruta, llegó a la costa nororiental de Canadá y exploró la isla de Baffin.

Otro de los navegantes que buscaron esta ruta de Europa a Asia a través del Ártico fue Henry Hudson, navegante inglés al servicio de los holandeses que viajó a Norteamérica a bordo del *Half Moon* en 1609, viaje en el que descubrió la bahía y el río que llevan su nombre. Hudson llegó hasta lo que hoy en día es la ciudad de Albany, encontrando a su paso indios delaware y mohicanos. Se dice que Hudson organizó una gran fiesta en la que los líderes indios se embriagaron, y más tarde concluyó que esa ruta no conducía a China. Al igual que muchos exploradores famosos, Hudson pasó a la posteridad, pero su suerte distó de ser la mejor. En 1610, un grupo de mercaderes ingleses establecieron una compañía que le suministró un barco bautizado *The Discovery*. Al llegar a un lugar de aguas turbulentas (que se llamaría el Estrecho de Hudson) y que conducía a la bahía que más tarde sería bautizada con su apellido, el navegante creyó haber llegado por fin al Océano Pacífico. Tratando de abrirse paso a través de una masa de hielo compacto, se dirigió hacia el sur, a lo que actualmente se conoce como James Bay. Pero como estaban perdidos, frustrados y pasando mucho frío, Hudson y sus acompañantes finalmente encontraron una salida en el extremo sur de ésta bahía. Viéndose obligados a llevar su nave a tierra y a pasar el invierno muy cerca al Ártico, Hudson y sus hombres—a quienes les habían prometido que llegarían al Pacífico del Sur, una zona con un clima mucho más amable—padecieron muchísimos sufrimientos a causa del frío, el hambre y las enfermedades. En la primavera de 1611, la tripulación de Hudson perdió la paciencia. Se amotinaron y lo dejaron a él, a su hijo John y a siete tripulantes leales, en un pequeño bote a la deriva en alta mar. Los amotinados regresaron a Inglaterra y la información que suministraron permitió que se siguiera creyendo que había un paso entre la bahía de Hudson y el Océano Pacífico. Sin embargo, los empleadores no se molestaron en enviar a nadie a buscar a Hudson. Inglaterra basaba sus derechos de petición sobre la extensa región de la bahía de Hudson en el último viaje realizado por este navegante y muy pronto, la Hudson Bay Company empezó a comerciar con pieles, actividad que les dejó ganancias semejantes a las que esperaban obtener si descubrían una ruta hacia Asia. Hudson y sus acompañantes nunca fueron encontrados, aunque existen leyendas indígenas que hablan de hombres blancos encontrados en un bote.

Aunque existe un paso por el noroeste, es necesario navegar por aguas muy septentrionales y lejanas que permanecen congeladas durante gran parte del año. Sin embargo, los científicos temen que el calentamiento global podría hacer que las cosas cambien.

¿Cuál fue la Colonia Perdida?

En 1578 y de nuevo en 1583, Humphrey Gilbert zarpó con un grupo de colonos luego de ser bendecido por la reina Isabel de Inglaterra. La primera expedición no obtuvo mayores logros y la segunda se perdió en una tormenta al llegar a Terranova. Entre los desaparecidos estaba Sir Humphrey Gilbert.

Pero Sir Walter Raleigh (o Ralegh, como lo escriben otros historiadores), un medio-hermano de Gilbert, de 31 años y favorito de la reina Isabel, heredó la patente real y continuó con la empresa que había comenzado su hermano. Despachó naves para que exploraran Norteamérica y bautizó aquella tierra como Virginia en honor a la reina Isabel, "la reina virgen." En 1585 participó en un intento fugaz por establecer una colonia en Roanoke Island (en Carolina del Norte), donde actualmente se encuentran los "Outer Banks." En 1585, Sir Francis Drake se encontró con los colonos, quienes estaban hambrientos y dispuestos a regresar a Inglaterra. Al año siguiente, Raleigh envió otro grupo compuesto de 107 hombres, mujeres y niños a Roanoke. Dicha expedición fue mal planeada y tuvo un final trágico. La isla era pantanosa, e inhóspita como los indios que vivían allí. Los navíos que llevaban las provisiones se atrasaron debido a los ataques de la Armada española, no pudiendo llegar en 1588 y cuando finalmente lo hicieron en 1590, los pioneros habían desaparecido sin dejar ningún rastro.

Lo único que se encontró fueron algunos escombros oxidados y la palabra *croatan*, el nombre que los indios le daban a la isla cercana donde se encuentra el cabo Hatteras, grabada en un árbol. Se ha especulado bastante acerca de lo que sucedió con la "Colonia Perdida," pero su suerte final sigue siendo un misterio. El hambre y los asaltos indígenas probablemente acabaron con la mayoría de los colonos, y los sobrevivientes fueron adoptados quizá por los indios, cuyos descendientes todavía dicen que los colonos de Raleigh eran sus antecesores. En su libro *Set Fair for Roanoke,* el historiador David Beers Quinn ofrece una teoría muy interesante y sugiere que los colonos no se perdieron, sino que se dirigieron a Virginia, se establecieron en medio de indios pacíficos y aún vivían cuando se fundó Jamestown, pero luego fueron asesinados en una masacre perpetrada por Powhatan, un jefe indio que ocupa un lugar destacado en los anales de Jamestown.

¿Cómo y cuándo surgió Jamestown?

Tuvieron que transcurrir quince años y que hubiera un nuevo monarca en Inglaterra para que se realizara un nuevo intento de colonización. Pero hubo una gran diferencia: la empresa privada ya había entrado en escena. Los costos que suponía una colonia eran demasiado elevados para ser asumidas por una sola persona o incluso por la realeza. En 1605, dos grupos de comerciantes, quienes habían formado sociedades en las que se reunían las inversiones realizadas por pequeños accionistas, levantaron una petición al rey Jacobo I para que les diera el derecho a colonizar Virginia. La primera de estas compañías, la Virginia Company of London, obtuvo una cédula para el sur de Virginia; a la segunda, la Plymouth Company, le fue otorgada una cédula para colonizar el norte de Virginia. Sin embargo, ese estado comprendía en aquella época la totalidad del continente norteamericano, de costa a costa. Aunque con el otorgamiento de dichas cédulas se pretendía propagar el cristianismo, el verdadero objetivo era la búsqueda de tesoros y las cédulas estipulaban el derecho a "cavar, explotar y buscar cualquier tipo de minas de oro, plata y cobre."

El 20 de diciembre de 1606, varios colonos, entre quienes figuraban hombres y niños, zarparon a bordo de tres naves—*Susan Constant, Goodspeed* y *Discovery*—al mando del capitán John Newport. El viaje fue bastante accidentado: se extraviaron, las provisiones se agotaron, y varias decenas de pasajeros murieron. Llegaron a la bahía de Chesapeake en mayo de 1607 y en menos de un mes construyeron un fuerte de madera de forma triangular y lo bautizaron James Fort—que más tarde sería Jamestown—, siendo el primer asentamiento permanente que los ingleses construyeron en el Nuevo Mundo. En uno de los hallazgos más importantes de la arqueología reciente, la ubicación de James Fort fue descubierta en 1996.

Jamestown ha sido considerado durante mucho tiempo como "el lugar de nacimiento de América," un reducto de colonos valientes que se enfrentaron a las dificultades del Nuevo Mundo. Sin embargo, los hechos parecen contradecir la versión ofrecida en los textos escolares de historia, los cuales nos dicen que la vida en Jamestown era muy armónica. Aunque los primeros colonos de Jamestown soportaron grandes dificultades—ataques perpetrados por los algonquinos y diversas enfermedades—muchos de los problemas, como las disputas políticas, fueron obra de los mismos colonos. Jamestown estaba localizada en medio de un pantano infestado de malaria. Los colonos llegaron demasiado tarde para cultivar la tierra. Muchos de ellos eran caballeros que no estaban acostumbrados a trabajar y sus sirvientes tampoco estaban habituados a la difícil labor que entraña la fundación de una nueva colonia. En pocos meses murieron 51 personas y algunos de los sobrevivientes se fueron a vivir con los indios, cuya tierra habían invadido. Entre 1609 y 1610, durante el "período de hambruna," los colonos de Jamestown vivieron momentos más difíciles aún. Solo sobrevivieron 60 colonos de los 500 iniciales. Las enfermedades, la hambruna causada por la sequía y los continuos ataques de los indios cobraron numerosas víctimas. Enloquecidos en su afán por encontrar alimentos, algunos de los colonos se volvieron caníbales y una historia de aquella época dice que algunos hombres "fueron impulsados, luego de una hambruna insoportable, a comer aquellas cosas que la naturaleza aborrece" y saquearon tumbas de ingleses e indígenas. En un caso extremo, un hombre mató a su esposa mientras ésta dormía y "se alimentó de su carne hasta devorar todas sus partes, a excepción de la cabeza."

Voces Americanas
John Smith, de las famosas memorias narradas en tercera persona (Enero de 1608).

Después de haber comido con sus modales bárbaros, se realizó una consulta prolongada y se determinó llevarle dos rocas grandes a Powhatan. Luego, una gran cantidad de ellos lo apresaron [a Smith], se lo llevaron consigo, le

pusieron la cabeza contra el suelo y cuando estaban pres-
tos a golpearlo, Pocahontas, la hija predilecta del rey, una
vez que sus súplicas fueran infructuosas, se aferró a su
cabeza y la puso en su regazo para evitar que muriera; y el
emperador le concedió la vida . . . Dos días después, Powhatan se vistió con los atuendos más horrendos y ordenó
que el capitán Smith fuera conducido a una gran casa en
el bosque y dejado solo en una estera, al lado del fuego.
Poco después, de un lugar del cual se divisaba la casa, provino el ruido más horrible que hubiera escuchado y Powhatan, que más parecía un demonio que un ser humano,
se dirigió hacia él acompañado por 200 hombres tan
negros como él y le dijo que ya eran amigos . . .

¿Es cierto que Pocahontas le salvó la vida a John Smith?

Las nuevas generaciones de niños norteamericanos que llevan lonche-
ras de Walt Disney con la imagen de Pocahontas al colegio, creen que
ella era una doncella bien dotada y preocupada por la naturaleza que
se enamoró de un galán llamado John Smith, quien tenía una voz
igual a la de Mel Gibson.

A las personas que sean un poco mayores probablemente les enseñaron la siguiente versión: el capitán John Smith, el valiente líder de la
colonia de Jamestown, fue capturado por los indios de Powhatan. El
nombre real de este jefe era Wahunsonacock, pero lo llamaban Powhatan por su aldea preferida, situada muy cerca de la actual Richmond,
Virginia. Smith tenía su cabeza contra una piedra y pronto lo decapi-
tarían, pero Pocahontas (apodo que significa algo así como "jugue-
tona," pues su verdadero nombre era Matowaka), la hija de once años
del jefe Powhatan, "tomó la cabeza de Smith en sus brazos" y le
suplicó a su papá que le perdonara la vida. Esta leyenda está basada en
la versión que el mismo Smith narra en tercera persona en sus memorias, pero hay que tener en cuenta que él no fue precisamente un
testigo imparcial de la historia. David Beers Quinn especula
que Smith se enteró de la masacre que Powhatan cometió contra los
"colonos perdidos" a través del jefe indio, pero que mantuvo esto en

secreto a fin de preservar la paz con los nativos. Esa "ejecución" realmente fue una ceremonia iniciática en la que Smith fue recibido por los indios.

El capitán John Smith, quien tenía una estatura descomunal, era un aventurero inglés que llevó una vida extraordinaria antes de llegar a Jamestown. Soldado adinerado, participó en la guerra del Sacro Imperio Romano y en la turca, ascendió al rango de capitán y según parece, fue capturado por el pashá turco y vendido como esclavo a una mujer joven y atractiva. Logró escapar, fue recompensado por sus servicios en la guerra y elevado al rango de caballero. Fue corsario en el mar Mediterráneo y regresó a Londres en 1605 para unirse a la nueva expedición que Bartholomew Gosnold se disponía a realizar en Virginia.

Aunque existen muchos interrogantes acerca del rico pasado de Smith (el cual está basado en su autobiografía, poco confiable), es indudable que su contribución fue fundamental para que Jamestown no desapareciera prematuramente. Cuando este asentamiento estuvo a punto de sumergirse en la anarquía, Smith se convirtió prácticamente en un dictador militar e instituyó una especie de ley marcial que contribuyó a salvar la colonia. Fue un forrajero experto y un comerciante muy exitoso con los indios. Los colonos de Jamestown habrían perecido si no hubieran contado con la ayuda de los súbditos de Powhatan, quienes compartieron sus alimentos con los ingleses y les enseñaron a plantar maíz, papas dulces y a conocer la naturaleza norteamericana. Sin embargo, y siguiendo un patrón de conducta que habría de repetirse en todas partes, los colonos se fueron en contra de los indios y los enfrentamientos entre los dos grupos fueron frecuentes y violentos. Smith, a quien los indios respetaban inicialmente, pasó a ser temido por éstos. Permaneció dos años en Jamestown y luego realizó un viaje exploratorio en el que se trazaron valiosos mapas de la costa norteamericana, en los que figuraban las tierras septentrionales conocidas como "North Virginia." En 1614 navegó en dirección norte, esperando amasar una fortuna con la caza de ballenas o con el hallazgo de oro. Como esto no sucedió, ordenó a su tripulación que se dedicara a la pesca de bacalao. Tras explorar los brazos de la bahía Chesapeake, recorrió la costa desde Maine hasta cabo Cod y bautizó esa región con un nuevo nombre: Nueva Inglaterra. Se dice que Smith consiguió una gran fortuna con la pesca y conserva de bacalao. Persuadió a 27 nativos para que abordaran su barco, los llevó a Europa y los vendió como esclavos en España.

Sin embargo, la marca que dejó en la colonia fue indeleble. ¿Podría considerársele como un héroe del pasado americano? Sí, pero como la mayoría de los héroes, no estuvo libre de faltas.

Luego de su viaje, Pocahontas, su supuesta salvadora, siguió desempeñando un papel importante en la vida de la colonia. Durante las batallas ocasionales entre colonos e indios, Pocahontas, quien para ese entonces tenía 17 años, fue raptada por los colonos y mantenida como rehén. Mientras estaba en calidad de prisionera, llamó la atención de John Rolfe, un colono que se casó con la princesa india para "el bien de la plantación," como dice alguna fuente. En 1615, Rolfe se fue con la princesa y con su hijo para Londres, donde Pocahontas se convirtió en tal sensación que hasta le fue ofrecida una audiencia real. Volvió a encontrarse con John Smith, quien le había hecho creer que estaba muerto. Fue bautizada como Lady Rebecca y murió de viruela en Inglaterra. Aparte de su matrimonio, la otra distinción de Rolfe se debió a su papel en el evento que realmente salvó a Jamestown y que cambió el curso de la historia americana. En 1612, cruzó semillas de tabaco oriundas de Virginia con semillas de una variedad jamaiquina más suave, y en muy poco tiempo había tabaco sembrado en todas las tierras cultivables de Virginia.

VOCES AMERICANAS
POWHATAN a John Smith, 1607.

¿Tomarán por la fuerza lo que hubieran podido ganar con amor? ¿Por qué quieren destruir a quienes les procuran el sustento? ¿Qué pueden obtener con la guerra? . . . En estas guerras, mis hombres deberán montar guardia y gritar, al menor crujido de ramas, "¡Ahí viene el capitán Smith!" y mi vida miserable llegará a su fin. Llévate tu espada y tus armas; son la causa de nuestro recelo, o morirás de igual manera.

¿Cuál fue la Casa de los Burgueses?

Jamestown estuvo a punto de desaparecer a pesar de las ganancias producidas por el tabaco, que era controlado por un monopolio de Londres. La supervivencia era un asunto de todos los días y las intrigas políticas de Londres redefinieron el destino de la colonia. Los accionistas de la Virginia Company estaban disgustados porque su inversión se estaba convirtiendo en un fracaso y creían que el "magazine," un pequeño grupo de miembros de la compañía, se estaba quedando con todas las ganancias. Se instituyeron entonces algunas reformas. La más importante de éstas estipulaba que los colonos podían ser dueños de su tierra en lugar de limitarse a trabajar para la compañía, y las leyes arbitrarias del gobernador fueron reemplazadas por la constitución inglesa.

A partir de 1619, la Virginia Company contó con una nueva administración y Yeardley, gobernador de Virginia, convocó a elecciones para nombrar una Asamblea Legislativa—la Casa de los Burgueses—que se realizó ese año en Jamestown. (Un burgués es una persona investida con todos los derechos ciudadanos y proviene de la misma raíz que la palabra francesa *bourgeois*.) Además del gobernador, estaba constituída por seis consejeros nombrados por éste, por dos representantes elegidos por cada granja privada y dos por cada una de las plantaciones o propiedades de la compañía. (Los varones de 17 años que poseyeran tierras podían votar.) La primera reunión se vio frustrada por el intenso calor de julio y por una epidemia de malaria. Aunque cualquier decisión que tomaran debía contar con la aprobación de la compañía en Londres, puede decirse que esta figura fue la verdadera semilla de la que nacería el gobierno representativo de los Estados Unidos.

La pequeña Asamblea tuvo un comienzo incierto, empezando por la plaga de malaria. En primer lugar, la Casa de los Burgueses no fue la solución instantánea a los fuertes problemas que azotaban a los colonos de Jamestown. Aunque el flujo de inmigrantes a las colonias era considerable, Jamestown entró en decadencia. Unos seis mil colonos se fueron a Virginia en 1624, atraídos por la posibilidad de poseer tierras. Sin embargo, un censo realizado ese año mostró que solo quedaban 1,277 colonos con vida. Durante un Consejo Real en Inglaterra, alguien preguntó: "¿Qué sucedió con los cinco mil colonos desaparecidos de Su Majestad?"

Muchos de ellos habían muerto de inanición. Otros perecieron en violentos combates con los indios, incluidos 350 colonos que fueron ultimados en una masacre acaecida en 1622. Cuando los indios vieron que los ingleses se estaban apoderando de sus tierras, por poco obligan a los colonos a replegarse en la bahía de Chesapeake. En respuesta a los problemas de Jamestown y a la mala administración de la colonia, el rey anuló la cédula de la Virginia Company en 1624 y Virginia pasó a ser una colonia real. Bajo el mando de Thomas Wyatt, el nuevo gobernador, la Casa de los Burgueses logró sobrevivir y ejerció una gran influencia en los años posteriores.

Pero, en realidad, esta Casa no era muy representativa, pues las mujeres no podían votar. Antes de 1619 había pocas mujeres en Jamestown y en el año en mención, llegaron "noventa doncellas" para ser ofrecidas como esposas a los colonos. El precio de cada novia eran 120 libras de tabaco, como pago por el transporte desde Inglaterra. Irónicamente, en el mismo año en que el gobierno representativo se estableció en América, un cargamento de pasajeros arribó al puerto de Jamestown. Al igual que las mujeres, los nuevos inmigrantes no podían votar y también tenían precio: eran los primeros esclavos africanos en ser vendidos a las colonias americanas.

¿Quiénes comenzaron el tráfico de esclavos?

Aunque todos los protagonistas se apresuraron a reclamar su papel en el descubrimiento de América, seguramente nadie quiso ser conocido por comenzar el tráfico de esclavos. La infortunada distinción probablemente le pertenece a Portugal, adonde diez esclavos negros fueron llevados desde África, casi 50 años antes de que Colón realizara su primer viaje. Pero esto no quiere decir que los portugueses hubieran monopolizado esta actividad. Los españoles no tardaron en llevar esta mano de obra barata a tierras americanas. En 1562, el navegante inglés John Hawkins comenzó a comerciar con esclavos entre Guinea y las Indias Occidentales. Para 1600, los holandeses y franceses ya estaban dedicados también al "tráfico de hombres" y en la época en la que llegaron los primeros veinte africanos a Jamestown a bordo de un barco holandés, un millón o más de esclavos negros ya vivían en las colonias españolas y portuguesas del Caribe y Sudamérica.

¿Quiénes eran los puritanos y qué querían?

Un año después de la primera reunión celebrada por la Casa de los Burgueses, los puritanos a bordo del *Mayflower* fundaron el segundo asentamiento inglés de carácter permanente en Norteamérica. Su llegada en 1620 siempre ha sido considerada como otro de los accidentes afortunados de la historia. Pero, ¿realmente fue así?

Si Christopher Jones—el capitán del *Mayflower*—hubiera desviado el barco cuando debía hacerlo, el pequeño grupo hubiera llegado al destino que buscaba—a la desembocadura del Hudson, el futuro emplazamiento de Nueva York—y se habría establecido dentro de los territorios y autoridad de la Virginia Company. En cambio, el barco mantuvo un rumbo en dirección oeste—decían en Londres que debido a un soborno que recibió el capitán—y el grupo de pioneros arribó sin problemas a la bahía de cabo Cod y desembarcó en lo que actualmente es Provincetown, en noviembre de 1620. De los 102 hombres, mujeres y niños que iban a bordo de la nave, 50 eran puritanos y se autodenominaban como "santos" o "los primeros en llegar."

Tal como sucedió en los tiempos de la reina Isabel, en este caso la Reforma protestante cumplió un papel fundamental en el desarrollo de los acontecimientos. Luego del gran "cisma" del catolicismo que dio lugar a la creación de la Iglesia Anglicana, el tema de la reforma religiosa fue bastante álgido en Inglaterra. Muchos ingleses continuaron siendo católicos. Otros creían que la Iglesia Anglicana era demasiado "papista" y querían distanciarse aún más de Roma a fin de "purificarla" y por eso se les llamó puritanos. Pero incluso en el seno de los puritanos existían profundas diferencias y muchos creían que la Iglesia Anglicana era corrupta. Querían autonomía para sus congregaciones y separarse de la Iglesia Anglicana. Las autoridades pensaban que esta secta de "separatistas," que en su época era vista de la misma forma que los grupos religiosos extremistas en la actualidad, se estaban convirtiendo en una amenaza y fueron obligados a esconderse o a marcharse de Inglaterra.

Los puritanos, quienes eran una pequeña facción de estos separatistas, se dirigieron a Leyden, Holanda, donde sus ideas reformistas fueron acogidas. Pero, desligados de sus tradiciones inglesas, sus miembros decidieron tomar otro camino y comenzar de nuevo en las tierras inglesas de Norteamérica. Los puritanos zarparon de Plymouth en 1620, con el permiso de la Virginia Company y el respaldo de los comerciantes londinenses que cobraban un elevado interés sobre los préstamos que hacían. Entre los emigrantes se encontraban las familias de William Brewster, John Carver, Edward Winslow y William Bradford. John Alden, el tonelero del barco y el capitán Miles Standish, eran dos de los "forasteros," o pasajeros que no eran puritanos (personas fieles a la Iglesia de Inglaterra, pero que habían decidido emigrar con la esperanza de conseguir tierras en el Nuevo Mundo).

¿En qué consistió el Pacto del Mayflower?

Cuando los pasajeros se vieron forzados a regresar a cabo Cod debido a las aguas turbulentas de Nantucket y decidieron desembarcar fuera de los límites de la Virginia Company, los "forasteros" declararon que no acatarían ninguna orden. Los puritanos reaccionaron con rapidez a esta amenaza de motín y redactaron una breve declaración de autogobierno, que fue firmada por casi todos los hombres adultos.

Este acuerdo, el Pacto del Mayflower, es justamente considerado como la primera constitución escrita de Norteamérica. En términos retrospectivos, tanto la redacción de este pacto, como la labor desempeñada por la Casa de los Burgueses, no estaban exentas de cierta dosis de cinismo. Los "nobles" pioneros asesinaron indios sin sentir remordimiento, tuvieron siervos y esclavos y trataron a las mujeres como se trata al ganado. Fueron hombres imperfectos cuyos errores deben ser equiparados a su sorprendente intento por crear en América un lugar diferente a cualquiera de Europa. Como dice el historiador Samuel Eliot Morison en *The Oxford History of the American People:* "Este pacto es una especie de revelación sorprendente sobre la capacidad que tenían los ingleses de aquella época para ejercer el autogobierno. De hecho, fue el segundo ejemplo de la determinación de los ingleses de vivir en las colonias bajo los postulados de las leyes."

A pesar de sus faltas, los pasos inciertos que dieron los primeros colonos hacia el autogobierno marca un fuerte contraste con otras colonias, incluso con las inglesas localizadas en otras partes del mundo, donde la ley era simplemente la voluntad del rey o de la Iglesia.

VOCES AMERICANAS
DEL PACTO DEL MAYFLOWER (firmado en
diciembre de 1660).

> **Los suscritos . . . por la presente, solemne y mutuamente, en presencia de Dios y uno a uno, pactamos y nos reunimos en un cuerpo civil y político, para nuestro mejor orden, conservación y apoyo de los propósitos antes mencionados; y en virtud de lo cual, se promulguen, establezcan y ejecuten todas las leyes, ordenanzas, decretos, constituciones y funciones, justas y equitativas que, oportunamente, se estimen como las más convenientes para el bienestar general de la Colonia y a las cuales prometemos la debida sumisión y obediencia . . .**

¿Los puritanos llegaron realmente a Plymouth Rock?

Los pasajeros del *Mayflower* encontraron un puerto amplio y circular luego de una breve exploración del cabo Cod, que reconocieron como Plimoth (Plymouth) gracias a los mapas de John Smith. Los indios la llamaban Patuxet. El 16 de diciembre, los pasajeros del *Mayflower* llegaron a su nuevo hogar. Plymouth Rock, la roca que actualmente puede verse en Plymouth y en la que está inscrito el año 1620, no figura en ninguna narración histórica. La idea de que los puritanos desembarcaron muy cerca de la piedra y grabaron la fecha surgió al menos 100 años después y posiblemente haya sido idea de algún miembro astuto de la primera Cámara de Comercio de Plymouth.

Al igual que los primeros desembarcos realizados en Jamestown, los puritanos y "forasteros" llegaron a Plymouth en una época que distaba de ser la mejor para fundar una colonia. La neumonía y las privaciones del crudo invierno cobraron la vida de 52 de los 102 inmigrantes. Pero al igual que en Virginia, fueron los indios quienes salvaron a estos colonos, particularmente Squanto, un indio que hablaba inglés y que estableció contacto con los ingleses durante la primavera. Quién era él y cómo aprendió inglés son algunos de los misterios que encierra la historia. Una teoría sostiene que se trataba de un indio llamado Tisquantum, quien había sido capturado en 1615 por un esclavista inglés. Otra dice que su nombre era Tasquantum y que fue llevado a Inglaterra en 1605. Lo cierto es que vivió en la casa de William Bradford, el gobernador de la colonia de Plymouth y se convirtió en el salvador de los puritanos, hasta que murió de fiebre en 1622. Otro indio de una ayuda invaluable a los primeros puritanos que llegaron a América fue Samoset, un jefe que también hablaba inglés y que les presentó a los ingleses a Wasamegin, más conocido por su título: Massasoit, el gran jefe de los wampanoags. Los indios acataron las órdenes de su jefe, acogieron los puritanos y los guerreros fueron invitados a la fiesta que los puritanos realizaron en octubre para festejar su primera cosecha. Durante tres días, los colonos y sus aliados indios comieron pavo y venado, calabaza y maíz. Fue el primer Día de Acción de Gracias, que se celebró por primera vez y de manera oficial en 1864, durante la presidencia de Abraham Lincoln. (Este día pasó a ser un festivo y su actual fecha de celebración fue decretada por Franklin D. Roosevelt.)

Aunque la vida no mejoró mucho después del primer año, los puritanos llevaron una vida decorosa y pudieron pagar las deudas que habían adquirido en Londres e incluso comprarles acciones a los comerciantes de esta ciudad gracias al comercio con los indios. Su éxito provocó una verdadera oleada de inmigración a Nueva Inglaterra, que se conoció como la "gran migración puritana." Entre 14,000 y 20,000 colonos salieron de Inglaterra hacia las Indias Occidentales y Nueva Inglaterra, la mayoría de los cuales eran puritanos anglicanos, quienes fueron transportados por la Massachusetts Bay Company, una compañía de accionistas. Estas personas emigraron de Inglaterra porque la vida se les había vuelto insoportable bajo el reinado de Carlos I de Inglaterra. Aunque los recién llegados demostraron tener una asombrosa capacidad para pelear entre ellos mismos—generalmente por

asuntos religiosos—estas disputas dieron pie a los asentamientos y desarrollo de Nueva Inglaterra.

HITOS EN EL DESARROLLO DE NUEVA INGLATERRA

1629   Naumkeag, más tarde llamada Salem, es fundada para recibir a
los primeros mil colonos puritanos.

1630   John Winthrop trayendo el Massachusetts Bay Charter, desembarca en Naumkeag y luego funda Boston, llamada así en honor a
la ciudad puritana más grande de Inglaterra. (En 1635, se funda la
English High and Latin School, la primera escuela secundaria en
los Estados Unidos. Al año siguiente, se funda en Cambridge una
universidad para la formación de clérigos que en 1639 recibió el
nombre de Harvard en honor a su benefactor.)

1634   Doscientos colonos, la mitad de ellos protestantes, llegan a
la bahía de Chesapeake y fundan Saint Mary, en la nueva colonia
de Maryland, otorgada a Cecil Calvert, Lord Baltimore, quien le
ordena a su hermano, el líder de los puritanos, que admita a los
Protestantes. La "colonia católica," en honor a la reina Enriqueta
de Francia, esposa de Carlos I, en realidad fue llamada así en honor
a la virgen María y cuenta desde sus comienzos con una población
mayoritariamente protestante.

1636   El reverendo Thomas Hooker se establece con otros colonos en
Connecticut y funda Hartford. Muy pronto se fundan otras ciudades en ese estado.

1636   Roger Williams, un fanático religioso desterrado de Boston por
el gobernador Winthrop, funda Providence, en Rhode Island. Propone una separación radical entre la Iglesia y el estado y el pago por
las tierras de los indios.

1638   Anne Hutchinson, desterrada de Boston por las interpretaciones
heréticas de los sermones que atraían a un público multitudinario y
entusiasta, se establece cerca a Providence y funda Portsmouth.
Newport es fundada casi en la misma época. En 1644, Rhode Island
recibe una cédula colonia real.

1638 Se funda New Haven.

1643 Connecticut, New Haven, Plymouth y Massachusetts Bay Company conforman la Confederación de Nueva Inglaterra con el propósito de resolver problemas fronterizos.

VOCES AMERICANAS

NATHANIEL MORTON, testigo de las peticiones
realizadas por Roger Williams para que la colonia
de la bahía de Massachusetts les concediera
la libertad religiosa (1634).

Con lo cual [Williams] nunca volvió a asistir a la Asamblea de la Iglesia, tras profesar la separación de ella como anticristiana, además de negarles la Comunión religiosa a quienes lo hicieran en la mencionada Iglesia, puesto que él no ora ni agradece durante las comidas con su propia esposa ni familiares, pues ellos asisten a las Asambleas de la Iglesia.

Los prudentes magistrados, luego de comprender y ver que la situación se encaminaba hacia la división general y a múltiples problemas, y de constatar que todas las medidas eran infructuosas, le impusieron una sentencia que estipulaba su destierro de la colonia de Massachusetts Bay por perturbar la paz, tanto de la Iglesia como de la Mancomunidad. Entonces, Mr. Williams se estableció en un lugar llamado Providence ... y muchos miembros de la Iglesia de Salem lo siguieron, se adhirieron fervorosamente a él y objetaron la Persecución de que estaba siendo objeto, esgrimiendo el principio que dice, *"todos deberían tener la libertad de adorar a Dios según el dictado de sus conciencias."* [En cursivas, en el original.]

Roger Williams (1609?–83) fue un clérigo londinense que proclamó la libertad religiosa y política. Proponía que las personas tuvieran el derecho a determinar su libertad religiosa, en lugar de la simple tolerancia religiosa que podía ser rechazada según la voluntad del gobierno.

Williams se graduó en la Universidad de Cambridge en 1627. Inconformista religioso, estaba en desacuerdo con los postulados de la Iglesia Anglicana (la iglesia oficial de Inglaterra). Por aquella época, el rey Carlos I y William Laud, arzobispo de Londres, perseguían a los disidentes, y Williams estableció vínculos con los inconformistas que querían emigrar a Nueva Inglaterra.

En 1631 llegó a la colonia de la bahía de Massachusetts acompañado por su esposa. Rechazó una oferta para ser ministro de la Iglesia de Boston, pues se oponía a los vínculos que ésta tenía con la Iglesia Anglicana y asumió como ministro de la iglesia en Salem. En esta ciudad, mucha gente quería una iglesia independiente de la Iglesia Anglicana y del gobierno colonial. Pero Williams adquirió fama de agitador tras afirmar que las cédulas reales no justificaban tomar tierras que pertenecían a los indios y que las personas no debían ser perseguidas por sus creencias religiosas. Amenazado por las autoridades, huyó a los bosques en 1636 y los indios Narragansett le regalaron tierras localizadas fuera de los límites de Massachusetts, donde fundó Providence, que más tarde sería la capital de Rhode Island. Allí, Williams estableció un gobierno basado en una absoluta libertad religiosa que contó con la aprobación de los colonos. En 1643, los colonos americanos establecieron la Confederación de Nueva Inglaterra, que decidió no incluir a los asentamientos de Providence ni de Rhode Island, pues se oponía a su sistema de gobierno y libertad religiosa.

En *The Bloudy Tenent of Persecution* (1644), su libro más famoso, Williams exponía sus razones para la separación entre la Iglesia y el estado. El libro fue escrito como parte de una larga disputa que sostuvo con John Cotton, el líder puritano de la colonia de la bahía de Massachusetts y proponía que la Iglesia tenía que ser espiritualmente pura a fin de preparar a los seres humanos (quienes estaban corrompidos) para la eternidad, mientras que los gobiernos debían ocuparse exclusivamente de los asuntos mundanos. Williams fue presidente de la colonia de Rhode Island desde 1654 hasta 1657, año en que instó a sus habitantes a recibir a los cuáqueros, quienes habían sido expulsados de otras colonias y a pesar de estar en desacuerdo con sus creencias religiosas. Williams vivió de la agricultura y del comercio con los indios, organizó viajes misioneros en territorios indígenas y recopiló un diccionario de sus lenguas. Aunque siempre fue un buen amigo de los indios, sirvió como capitán de la milicia de Providence y los combatió durante la guerra del "rey Philip" (ver Capítulo Dos). Williams murió en 1683.

¿Quién fundó Nueva York?

Los ingleses que poblaban masivamente la costa atlántica, desde las Carolinas hasta Nueva Inglaterra, no tenían un monopolio sobre el Nuevo Mundo. Los exploradores franceses y holandeses también se ocuparon de demarcar sus territorios en Norteamérica. Los holandeses fundaron la Nueva Holanda en el valle de Hudson, en el actual estado de Nueva York, y basaron sus derechos en las exploraciones realizadas por Henry Hudson en 1609.

Hudson, quien era inglés, fue contratado por una compañía holandesa que buscaba el Paso del Nordeste, la ruta marítima hacia China a lo largo de la costa septentrional asiática. En 1609, Hudson zarpó a bordo del *Half Moon* y decidió buscar un paso por el noroeste. Navegó en dirección sur por el Océano Atlántico hasta alcanzar la bahía de Chesapeake, dio un giro de 180 grados, se dirigió otra vez hacia el norte y remontó el río Hudson hasta llegar a la actual Albany. Tras observar que no había mareas, concluyó acertadamente que esa ruta no conducía al Pacífico.

Aunque Inglaterra empezó a mostrar su poderío naval a comienzos del siglo XVI, la verdadera potencia marítima mundial era Holanda, que tenía la flota mercante más grande del mundo. No existía prácticamente un lugar en la Tierra donde los holandeses no tuvieran negocios. Amsterdam era la ciudad más rica y dinámica de Europa. En 1621 se fundó la Compañía Holandesa de las Indias Occidentales, cuyo objetivo era dominar el comercio entre Europa y el Nuevo Mundo y muy pronto, los holandeses le arrebataron a los portugueses el control del lucrativo comercio de azúcar y esclavos. Fort Orange, donde actualmente está Albany, se estableció en 1624 como un centro de comercio de pieles. Dos años después se fundó la aldea comercial de Nueva Amsterdam, que más tarde sería la ciudad de Nueva York, en la desembocadura del río Hudson. La Compañía Holandesa de las Indias Occidentales no se limitó a comerciar ni a establecer colonias.

En 1628, el almirante holandés Piet Hein capturó una flota española que llevaba un tesoro y consiguió tanta plata que le alcanzó para darles dividendos del 75 por ciento a los accionistas de esta compañía.

¿Es cierto que los indios vendieron a Manhattan por 24 dólares?

Los primeros colonos holandeses que llegaron a Manhattan, la estrecha isla que tiene 27 millas de longitud, no se molestaron en pagarle a los indios por la tierra en la cual decidieron establecerse. Pero en la primavera de 1624, año en que llegó Peter Minuit, quien fue escogido como líder del asentamiento, se produjo un encuentro entre el holandés y los jefes indios. Minuit les propuso comprarles la isla de Manhattan por 60 florines holandeses y darles dos cajas con diversos objetos, que probablemente contenían hachas, tejidos, vasijas metálicas y cuentas brillantes. En aquel entonces, esta suma eqivalía a 2,400 centavos ingleses, cifra que ha pasado a la historia como los famosos 24 dólares.

Desde el comienzo, la Nueva Amsterdam holandesa era mucho menos piadosa y mucho más bulliciosa que la Nueva Inglaterra puritana. Como puesto comercial, atrajo a una clase diferente de colonos y a diferencia de Boston, el número de tabernas en Nueva Amsterdam no tardó en superar al de iglesias. La compañía recibió inmigrantes de muchas naciones, pues fueron muy pocos los colonos holandeses que se sintieron atraídos de trabajar en las tierras de la Compañía Holandesa de las Indias Occidentales a cambio de un salario bajo. En 1640, se hablaban en Nueva York unas 18 lenguas, tradición políglota que ha caracterizado a la historia de esta ciudad.

¿Cómo fue que Nueva Amsterdam pasó a llamarse Nueva York?

Nueva York le salió muy barata a los holandeses. Pero los ingleses los superaron, pues se apoderaron de ella a cambio de nada. ¿Para qué pagar por algo que podían robar? El dominio holandés en Norteamérica fue efímero, pero marcó una gran influencia en el futuro de Nueva York. Los holandeses levantaron un muro en la parte baja de

Manhattan para defenderse de los indios, muro del que Wall Street ha tomado su nombre. ¿Qué pensaría un burgués holandés si se encontrara con el actual Bowery en lugar de las *bouweries* o granjas, que habían sido trazadas ordenadamente, siguiendo los planos realizados en Amsterdam? Además del asentamiento en la isla de Manhattan, los holandeses también fundaron aldeas como Breukelen y Harlem. Y entre los primeros colonos holandeses y valones (protestantes belgas) figuraban los antepasados del clan Roosevelt.

Nueva Amsterdam tuvo un desarrollo muy diferente al de las colonias inglesas, que les prometían a algunos de sus colonos la posibilidad de poseer tierras. Algunos terratenientes holandeses bastante prósperos prometieron traer más de 50 colonos para que trabajaran la tierra y adquirieron así grandes extensiones en las márgenes del río Hudson, implantando un sistema que se parecía más al feudalismo medieval europeo que a otra cosa. Este sistema se mantuvo vigente después de la Revolución y contribuyó a la fama que tuvo Nueva York como un bastión aristocrático (y realista durante la Revolución).

Nueva Amsterdam pasó a llamarse Nueva York en una de las pocas batallas de la historia de los Estados Unidos en la que no se derramó una sola gota de sangre. Hubo guerras esporádicas entre Inglaterra y Holanda, pues a comienzos del siglo XVI eran las dos naciones más poderosas. El rey Carlos II reclamó el trono en 1661, fecha en que el Protectorado de Oliver Cromwell llegó a su fin, y reafirmó los derechos ingleses sobre Norteamérica. Este rey le dio a su hermano, el duque de York, la cédula real más grande y rica otorgada por algún rey inglés para explotar territorios. Estos territorios comprendían Nueva York, toda la región situada entre los ríos Connecticut y Delaware, Long Island, Nantucket, Martha's Vinyard y el actual estado de Maine. En 1644, cuatro fragatas inglesas con mil soldados a bordo desembarcaron en el puerto de Nueva York. Los holandeses y otros colonos, que estaban descontentos con la administración ejercida por la Compañía Holandesa de las Indias Occidentales, aceptaron gustosamente las condiciones establecidas por los ingleses, a pesar de los fuertes llamados a la resistencia realizados por Peter Stuyvesant. Lo cierto es que Nueva Amsterdam pasó a llamarse Nueva York sin que se hubiera lanzado un solo disparo.

En señal de agradecimiento, el duque de York tuvo un gesto de generosidad y creó una nueva colonia que se estableció en un extenso territorio de su propiedad, la cual dividió en dos partes donadas a sus amigos George Carteret y Lord John Berkeley, un territorio que más tarde sería el actual Nueva Jersey. Como parte de esta anexión también recibieron un asentamiento llamado Nueva Suecia, que había sido fundado en 1638 por Peter Minuit (quien había sido destituido como gobernador de Nueva Amsterdam y que para ese entonces estaba al servicio de los suecos). Este asentamiento estaba localizado en el actual emplazamiento de Wilmington, Delaware, y en 1655 había caído en poder de los holandeses comandados por Stuyvesant. (Aunque esta colonia no tuvo mayor impacto en la historia de Norteamérica, los suecos hicieron una enorme contribución: trajeron las cabañas de troncos, el método de construcción que se convertiría en el estilo de vivienda predominante durante la expansión de las fronteras norteamericanas en el siglo XVIII.) Los ingleses instauraron unas políticas sorprendentemente tolerantes en su dominio de la antigua Nueva Amsterdam y durante mucho tiempo la vida continuó igual a la vivida bajo el dominio holandés.

VOCES AMERICANAS
JACQUES CARTIER (1491–1557), explorador francés,
refiriéndose a los hurones.

La tribu no tiene ninguna creencia en un Dios verdadero; pues creen en un dios llamado *Cudouagny* y aseguran que éste se comunica con ellos y les dice cómo será el clima. También dicen que les lanza polvo a los ojos cuando se enfada con ellos. Creen que cuando mueren van a las estrellas y se ocultan en el horizonte como éstas . . . Después de habernos explicado esto, les dijimos que estaban en un error, que *Cudouagny* es un espíritu malvado que los engaña y que solo hay un Dios que está en el Cielo, que nos provee de todo lo que necesitamos, que es el Creador de todas las cosas y que sólo hay que creer en Él. También les dijimos que quien no reciba el bautismo perecerá en el infierno . . .

¿Cuándo llegaron los franceses al Nuevo Mundo?

Los intentos de los franceses por obtener una parte de las riquezas del Nuevo Mundo realmente comenzaron con el viaje realizado por Jacques Cartier en 1534, durante otra expedición más en busca de la ruta hacia China. Cartier llegó a Terranova, que había sido descubierta casi 40 años antes por Caboto y navegó por el golfo de St. Lawrence, llegando a los poblados que los indios hurones tenían en Stadacona (en el Québec moderno) y Hochega (Montreal). En 1541, Cartier falló en su intento de establecer una colonia y regresó a Francia. Aunque los pescadores de bacalao provenientes de Francia, Inglaterra y Portugal continuaron estableciendo asentamientos temporales alrededor de Terranova, los franceses también empezaron a comerciar pieles con los indios, actividad que le dio a esta nación el impulso económico para adelantar sus proyectos colonizadores. En 1600 se fundó Tadoussac, un asentamiento comercial en St. Lawrence. Pero el verdadero protagonista de la era exploratoria francesa fue Samuel de Champlain, quien fundó a Québec en 1608, un año después del establecimiento de Jamestown.

Champlain se hizo amigo de los indios hurones y algonquinos que vivían en los alrededores y empezó a comerciar pieles con ellos. Estas dos tribus buscaban el apoyo de los franceses en la guerra contra los poderosos indios iroqueses, quienes eran sus mayores enemigos. En 1609, Champlain y otros dos comerciantes franceses de pieles les ayudaron a sus aliados indios a derrotar a los iroqueses. Luego de esa batalla, los franceses se convirtieron en enemigos de la poderosa tribu. Los hurones vivían en una zona que los franceses llamaban Huronea, y Champlain los persuadió para que dejaran entrar misioneros católicos a sus territorios y les enseñaran su religión. Los misioneros, especialmente los jesuitas, exploraron casi toda la parte sur del actual Ontario. Al igual que los holandeses en Nueva Amsterdam, los exploradores franceses que establecieron la Nueva Francia estaban interesados básicamente en el comercio, en marcado contraste con los colonos ingleses asentados en Nueva Inglaterra y en Virginia, quienes establecieron asentamientos permanentes y se dedicaron a la agricultura. El inevitable enfrentamiento entre Francia e Inglaterra—las dos potencias europeas—por la soberanía del Nuevo Mundo, se dio casi desde el comienzo del período colonial. Una expedición escocesa tomó un fuerte francés en Acadia y fue rebautizado como Nova Scotia (Nueva Escocia). Luego, en 1629, un pirata inglés tomó posesión de Québec, aunque por poco tiempo. Mientras que Nueva Inglaterra y las otras colonias inglesas recibían miles de nuevos colonos durante la gran ola inmigratoria a mediados del siglo XVI, los franceses tardaron en establecer una presencia colonial y en poblar a Nueva Francia. Los iroqueses, la poderosa confederación de cinco tribus indias de Nueva York que era el grupo tribal más poderoso y organizado de Norteamérica en aquella época, eran una amenaza más seria para los franceses que la misma Inglaterra. Los iroqueses eran enemigos declarados de los hurones y de los algonquinos, quienes eran socios comerciales de los franceses.

Pero si bien es cierto que los franceses fracasaron como fundadores de colonias, también es cierto que se destacaron como exploradores. Comandados por los *coureurs de bois*—los jóvenes comerciantes y cazadores galos—los franceses comenzaron a adentrarse en el interior del territorio norteamericano. Uno de ellos fue Medard Chouart, quien trazó los mapas de la región del lago Superior y de la bahía de Hudson y se los vendió a los ingleses, que establecieron la Hudson Bay Company para explorar dichos territorios. Un viaje más significativo aún fue el realizado en 1673 por Louis Jolliet y el sacerdote jesuita Jacques Marquette. Partieron del lago Michigan y llegaron al Mississippi, dejando que la corriente los llevara en dirección sur hacia el río Arkansas. En 1671, los franceses se basaron en estas expediciones para reivindicar los derechos—en nombre de Luis XIV, el rey Sol—sobre toda la parte occidental de Norteamérica, reivindicación que en 1682 volvió a proclamar La Salle, un joven y noble francés que bautizó a Louisiana en honor a su rey. Desde el comienzo, los ingleses se opusieron a esta reivindicación. En otras palabras, Inglaterra y Francia comenzaron a disputarse el jugoso botín que era Norteamérica. La Salle, al igual que Hudson, fue otro de los perdedores más famosos de la historia. En 1684, confundió la entrada de la bahía Matagorda en Texas con la desembocadura del Mississippi mientras comandaba otra expedición. Pasó dos años buscando en vano el gran río. Cansados de tantos padecimientos, sus tripulantes se rebelaron y lo asesinaron en 1687.

VOCES AMERICANAS

PADRE JACQUES MARQUETTE, describiendo sus viajes por el Mississippi (17 de junio de 1673).

Henos aquí, entonces, en este famoso río, cuyas singularidades he estudiado atentamente. El Mississippi nace en varios lagos del Norte. Su canal es muy angosto en la boca de Mesconsin [Wisconsin] y corre en dirección sur hasta encontrarse con montañas de gran altura. Su corriente es lenta debido a su profundidad. . . . Ocasionalmente nos hemos encontrado con unos peces tan enormes y que han golpeado nuestras canoas con tanta fuerza, que los hemos confundido con largos troncos que amenazaban con derribarnos. También vimos un horrible monstruo; su cabeza era semejante a la de un tigre, su hocico era puntiagudo y recordaba al de los gatos salvajes; tenía barbas largas, orejas erguidas; el color de su cabeza era gris y su cuello negro. Nos miró durante un buen tiempo y cuando nos acercamos huyó asustado de nuestros remos . . . Pensamos que nuestra nación no obtendría los beneficios obtenidos con nuestros viajes si cayésemos en manos de los españoles, de quienes no esparábamos otra cosa que la muerte o la esclavitud.

Jacques Marquette (1635–75) fue un explorador francés y misionero católico. Navegó hacia la desembocadura del Mississippi en compañía del explorador franco-canadiense Louis Jolliet. Probablemente fueron los primeros hombres blancos en explorar la parte superior de ese río, así como varias regiones de Illinois y Wisconsin. Los indios hablaban de un río llamado Mississippi, que en su lengua significa "gran río." En aquella época, solo se conocía una pequeña fracción de Norteamérica, y Marquette creyó que el río desembocaba en el Océano Pacífico.

En mayo de 1673, Marquette, Jolliet y cinco hombres más llegaron en dos canoas al Mississippi y advirtieron que corría hacia el sur. Concluyeron que era muy probable que no desembocara en el Océano Pacífico sino en el golfo de México. Encontraron muchos indios amigables durante el viaje, pero se encontraron con tribus hostiles cuando llegaron a la desembocadura del río Arkansas. Un indio amigo le dijo a Marquette que mucho más al sur vivían hombres blancos a las orillas del río. Los exploradores pensaron que debía tratarse de los españoles que se habían establecido a lo largo del golfo de México. Marquette y Jolliet creyeron que podrían ser atacados por los españoles o por los indios. Como ya conocían el curso, remontaron el Mississippi hasta llegar al río Illinois y de allí pasaron al río Kankakee. Viajaron por tierra desde el Kankakee hasta el río Chicago y luego llegaron al lago Michigan, en un viaje que duró casi cinco meses.

En 1674, Marquette partió desde la actual Green Bay, en Wisconsin, hacia Ottawa, Illinois, con el propósito de establecer una misión entre los indios kaskaskia, pero murió en la primavera de 1675.

¿Por qué Pennsylvania es considerado el estado cuáquero?

Mientras que los franceses reivindicaban sus derechos, los ingleses se hicieron con otro extenso territorio en 1682, completando así los terrenos de lo que más tarde serían las trece colonias originales, gracias al "santo experimento" de William Penn, uno de los personajes más fascinantes de la historia de los Estados Unidos. Aunque la colonia (llamada así en honor a su fundador) y Filadelfia, su ciudad principal (la ciudad del Amor Fraternal), muy pronto se convirtió en un vibrante centro comercial y cultural, fue fundada para ofrecerle a la Sociedad de Amigos—o cuáqueros—un lugar para practicar su religión y permitir la libertad de cultos para todos.

Esta secta protestante y liberal fue fundada en Inglaterra alrededor de 1650 por George Fox y tuvo una influencia muy superior en los Estados Unidos al número de sus integrantes. Sin embargo, sus miembros pasaron grandes dificultades en Inglaterra y en las colonias. Fox pensaba que no se necesitaban ministros ni clérigos para la práctica religiosa y que la palabra religiosa no se encontraba necesariamente en la Biblia sino en el alma humana, eliminando así casi cualquier vestigio de una religión organizada, incluyendo la liturgia formal y la existencia de las iglesias. Durante sus reuniones, los "amigos" se sentaban a meditar en silencio hasta que una "luz interior," es decir, la comunicación directa con Dios, hacía que el cuerpo del creyente temblara o se sacudiera.* Fox también acató el mandamiento que dice "no matarás," iniciando así una larga tradición pacifista que desde entonces ha caracterizado a los cuáqueros.

Como era de esperarse, estos principios no fueron aceptados por las autoridades religiosas ni políticas, y los cuáqueros fueron intensamente perseguidos. Tres mil cuáqueros ingleses fueron encarcelados durante el reinado de Carlos II. En los Estados Unidos, donde la libertad de cultos había sido la mayor atracción para la inmigración de colonos, todas las colonias—salvo la Rhode Island de Roger Williams—tenían leyes en contra de los cuáqueros. La situación más crítica se vivía en Massachusetts, enclave puritano, donde varios cuáqueros fueron condenados a la horca por haber regresado a Boston luego de ser desterrados de allí. William Penn, hijo de un poderoso y destacado almirante regresó a Inglaterra en 1667 y se convirtió en un fanático seguidor de Fox. Su devoción, que expuso abiertamente en un folleto titulado *The Sandy Foundation Shaken*, le valió a Penn una estadía en la Torre de Londres, que en ese entonces era una prisión. Fue liberado gracias a la influencia de su padre y regresó a América. Se desempeñó como dirigente de la comunidad cuáquera en West Jersey, gracias a su herencia y a una cédula de posesión otorgada por el Duque de York (en pago por deudas que tenía con el padre de Penn) y tomó posesión del territorio que más tarde sería Pennsylvania.

Así como sucedió con otras cédulas de propiedad sobre territorios coloniales, Pennsylvania ya tenía dueños: los indios que vivían allí. Pero Penn, a diferencia de muchos colonizadores, era partidario de los derechos de los indios y en un viaje que realizó a América en 1682, negoció un precio por Pennsylvania. Al igual que muchos eventos que sucedieron durante el período colonial, la negociación entre Penn y los indios está rodeada de mitos. En un cuadro famoso, Penn aparece realizando un negocio a la sombra de un olmo en Shackamaxon, algo que nunca sucedió. Una parte de esa transacción se conoció como "Walking Purchase" (la Compra de la Caminata), en la que Penn se comprometió a tomar tanta tierra como pudiera caminar una persona en tres días. (Los sucesores de Penn no fueron tan honestos. Su hijo contrató a tres

---

* "Shake" en inglés, y de ahí el nombre "cuáqueros."

atletas para que corrieran rápidamente y los indios fueron obligados a ceder mucho más que sus territorios de caza.)

La nueva colonia enfrentó muy pocas de las privaciones padecidas por los primeros colonos. En primer lugar, el territorio ya había sido poblado por los suecos que habían establecido Nueva Suecia y la comida abundaba. La colonia también atrajo a muchos cuáqueros holandeses y alemanes, además de otras sectas que llegaron atraídas por la libertad de cultos prometida por Penn y por las condiciones generosas que éste había puesto para la adquisición de extensas tierras en la nueva colonia. En 1683, un grupo de familias menonitas provenientes del Rin fundaron el poblado de Germantown. En 1685, la población era de casi nueve mil personas.

Las ideas liberales que tenía Penn en materia religiosa se reflejaron también en sus ideas políticas. Penn elaboró un programa que contemplaba la unión colonial y su "Plan de Gobierno" fue una constitución bastante progresista para aquella época, que incluía la elección de un gobernador (que inicialmente fue el mismo Penn), por medio de una votación. En 1700, Filadelfia era el segundo centro cultural de los Estados Unidos—después de Boston—y tuvo la segunda imprenta colonial, el tercer periódico colonial, la Penn Charter School y el mejor hospital e instituciones benéficas, todo ello gracias a la conciencia cuáquera de Penn.

Sin embargo, éste no corrió con muy buena suerte. Se vio enredado en escándalos políticos y financieros, y fue acusado incluso de traición por los reyes Guillermo y María. Perdió posesión temporal de la colonia, aunque la recobró en 1694. Los problemas financieros lo llevaron a la prisión para deudores morosos y un infarto lo dejó incapacitado. Pero gracias a su legado de idealismo práctico, Penn es considerado como uno de los primeros héroes de los Estados Unidos, y las tradiciones cuáqueras de no-violencia y de justicia social que estableció, dejaron huellas indelebles en la historia norteamericana, pues los cuáqueros fueron precursores de movimientos como el abolicionismo, la Prohibición, el sufragio universal y el pacifismo.

¿Cuáles fueron las trece colonias originales?

Luego de la rápida conformación de Pennsylvania, doce de los trece futuros estados ya estaban consolidados al final del siglo XVI. En orden cronológico, las trece colonias fueron:

1607 Virginia (Jamestown)

1620 Massachusetts (Plymouth y la colonia de la bahía de Massachusetts)

1626 Nueva York (inicialmente Nueva Amsterdam, anexada por los ingleses)

1633 Maryland

1636 Rhode Island

1636 Connecticut

1638 Delaware (inicialmente Nueva Suecia, anexada por los holandeses y luego por los ingleses)

1638 New Hampshire

1653 Carolina del Norte

1663 Carolina del Sur

1664 Nueva Jersey

1682 Pennsylvania

1732 Georgia, la última de las trece colonias originales, fue fundada por James Oglethorpe, un humanista que reclutaba colonos en las prisiones para deudores morosos. La colonia se convirtió en otro santuario para los protestantes perseguidos y tuvo una destacada importancia estratégica ya que sirvió como barrera entre Carolina del Sur y los ataques que pudieran realizar los españoles desde Florida, y los franceses desde Luisiana.

CAPÍTULO DOS

DIGAMOS QUE SE ESTÁ GESTANDO UNA REVOLUCIÓN

¿Cuál fue la guerra del "rey Philip?"

¿Cuál fue la rebelión de Nat Bacon?

¿Quiénes fueron las brujas de Salem?

¿En qué consistió el Gran Despertar?

¿Por qué juzgaron a John Peter Zenger?

¿Quiénes participaron en la Guerra Francesa e India?

¿Qué relación tienen el azúcar y los timbres con las revoluciones?

¿En qué consistió la Masacre de Boston?

¿Cúal fue la Fiesta del Té de Boston?

¿Cuál fue el Primer Congreso Continental, quién eligió a sus miembros, quiénes fueron y qué hicieron?

¿Cuál fue el "disparo que se escuchó en todo el mundo?"

Hitos de la Revolución norteamericana

Los patriotas

Los soldados

¿Qué es *El Sentido Común*?

¿Qué dice exactamente la Declaración de la Independencia?
¿Qué omitió el Congreso?

¿Por qué existe una estatua con la bota de Benedict Arnold?

¿Cuáles eran los Artículos de la Confederación?

¿Betsy Ross diseñó la bandera norteamericana?

¿Cómo ganaron la guerra las colonias?

¿Qué ganó Estados Unidos?

Alguien lanzó té a las aguas del puerto de Boston. Otro instaló luces en el campanario de una iglesia. Paul Revere cabalgó por el campo a medianoche. Jefferson firmó la Declaración de la Independencia. Hubo algunas batallas y un crudo invierno en Valley Forge. Y George Washington expulsó a los ingleses.

Este es el resumen de la idea que mucha gente tiene sobre la Revolución norteamericana. Sin embargo, las cosas no fueron así de fáciles ni de simples. Este capítulo narra algunos de los sucesos más importantes que acontecieron durante el período colonial y que desembocaron en a la Guerra de la Independencia, así como los hechos más destacados de la victoria política y militar sobre Inglaterra.

VOCES AMERICANAS
Aparte de *History of the Plymouth Plantation*,
libro del GOBERNADOR WILLIAM BRADFORD,
sobre la batalla contra los indios pequodas.

Era un espectácuo horrible verlos achicharrarse en el fuego y con ríos de sangre consumiéndose igual y eran horribles el olor y el hedor que se desprendían de ahí, pero la victoria parecía un dulce sacrificio y la ofrecían a Dios, que tanto había hecho por ellos.

¿Cuál fue la guerra del "Rey Philip"?

Nos inclinamos a pensar que el período colonial que siguió a los primeros tiempos de "hambrunas" fue relativamente apacible, una época en que la recursividad yanqui y la ética laboral puritana detonaron para forjar así el nuevo carácter americano materializado en la nacionalidad obtenida en 1776.

Sin embargo, esta imagen ignora el genocidio cometido por los primeros puritanos y por muchos otros colonizadores contra los indios. Los ingleses, franceses y holandeses fueron tan crueles y sanguinarios como los más despiadados conquistadores españoles. En 1643, por ejemplo, y luego del asesinato de un agricultor holandés, el gobernador de Nueva Amsterdam ordenó la masacre de los wappinger, una tribu pacífica que había acudido a los holandeses en busca de refugio. Ochenta indios fueron asesinados mientras dormían. Luego fueron decapitados y sus cabezas empaladas en varios postes de Manhattan. Una dama holandesa pateó varias de las cabezas. Un indio fue castrado, despellejado y obligado a comerse su piel mientras el gobernador holandés lo observaba en medio de risas.

En Nueva Inglaterra, la primera de las dos guerras indias se libró contra los pequodas, un poderoso clan mohicano a quienes los ingleses consideraban una amenaza. Instigados por los predicadores bostonianos y utilizando como pretexto una falsa acusación por asesinato, los puritanos les declararon la guerra a los pequodas en 1637. Esta guerra no se caracterizó por seguir los ideales caballerescos estipulados por los europeos. Los puritanos saquearon e incendiaron aldeas indias durante la noche. Respaldados por los indios narragansett y por los mohicanos—quienes eran sus aliados—se tomaron un poblado pequoda empalizado y situado cerca al río Mystic, asesinaron a sus 600 habitantes y luego quemaron el poblado. Un grupo fue emboscado en la única confrontación adicional de esta guerra. Los hombres fueron asesinados, los niños vendidos a los comerciantes de esclavos y las mujeres y niñas convertidas en esclavas por los puritanos. La tribu pequoda fue prácticamente exterminada.

Los ingleses mantuvieron la paz durante casi 40 años, gracias a sus antiguos aliados, los wampanoag, liderados por Massasoit—quien había salvado a los puritanos—y los narragansett, comandados por Canonicus (quien le ofreció refugio a Roger Williams luego de ser desterrado de Boston). Los ingleses se dispusieron a finiquitar la rendición total de los indios de Nueva Inglaterra una vez que los dos jefes fallecieron, pero Metacom, hijo de Massasoit—a quien los ingleses le decían "Rey Philip" por sus ropas y costumbres europeas—opuso resistencia.

La batalla sucedió en el verano de 1676 y los colonizadores pasaron más aprietos que en sus batallas contra los pequodas. El combate fue el más encarnizado en la historia de Nueva Inglaterra y mucho más sangriento que la mayoría de las batallas de la Revolución. Metacom era un líder bastante aguerrido y sus súbditos contaban con armas de fuego y armaduras. El resultado de esta guerra no era seguro para ninguna de las dos partes, por lo menos al comienzo. Pero los colonizadores tenían muchas ventajas a su favor: eran más numerosos—contaban con 500 pistoleros mohicanos, eternos rivales de los wampanoag—y con unas tácticas de guerra devastadoras, como por ejemplo, masacrar a las personas que no combatían.

El "Rey Philip" fue finalmente asesinado y su cabeza empalada en un poste. Su esposa e hijo—el nieto del jefe que había salvado a los puritanos—fueron vendidos como esclavos en las Indias Occidentales, lo que según los clérigos puritanos, fue un acto de misericordia.

¿Cuál fue la Rebelión de Nat Bacon?

Los colonos de Nueva Inglaterra aprendieron una dura lección por parte de Metacom y vieron que el "problema indio" no era fácil de resolver. Como las confrontaciones masivas eran riesgosas, apelaron a nuevas estrategias. Una de las más efectivas fue la "recompensa por cabelleras," una innovación holandesa que consistía en pagar un precio por el cuero cabelludo de los indios. La creencia más generalizada que se tiene es que los indios les quitaban el cuero cabelludo a sus víctimas, cuando en realidad fueron los colonos los que apelaron a este procedimiento para contenerlos y que luego se convirtió en una práctica rentable. En 1703, una cabellera costaba 12 libras esterlinas en Bay Colony, precio que aumentó a 100 libras en 1722. Incluso en Pennsylvania, el estado más tolerante y progresista de todas las colonias, una cabellera se pagaba a buen precio, y Benjamin Franklin presionó a la Asamblea Legislativa de Pennsylvania para que aprobara el pago de recompensas por cabelleras de indios, con el propósito de evitar una rebelión que los "chicos de Paxton" estuvieron a punto de realizar en 1763.

En 1676, mientras Nueva Inglaterra luchaba contra el "rey Philip," el asunto de los indios en Virginia derivó en algo diferente. Este episodio olvidado, conocido como la rebelión de Nat Bacon, puede considerarse como otro más en la serie de atropellos cometidos contra los indios. Pero también fue una demostración del nuevo sentimiento antiautoritario que se vivía en Norteamérica, un presagio del espíritu revolucionario. Primo del científico y filósofo Sir Francis Bacon, Nathaniel Bacon era un joven hacendado y miembro ascendente de la clase dirigente de Virginia. En esa época, los indios susquehannock atacaban esporádicamente a los virginianos, pues éstos habían violado algunos pactos con los indios. Cuando mataron al capataz de su plantación, Bacon se rebeló contra las políticas del gobernador Berkeley hacia los indios, pues consideraba que eran muy débiles. Sin el permiso del gobernador, conformó una milicia compuesta por 500 hombres y descargó su furia sobre los indios. Bacon atacó con su pequeño ejército a los pacíficos occaneechee (y no a los susquehannock, que eran más beligerantes), y se convirtió de immediato en un héroe local, especialmente entre los colonizadores que detestaban a los indios y que abogaban por penetrar en los territorios occidentales. En su *Declaración del Pueblo*, redactada exactamente 100 años antes de que otro virginiano escribiera otra declaración, Bacon criticó a la administración de Berkeley por cobrar impuestos elevados, por darles altos cargos a sus amigos y por no proteger de los ataques indios a los agricultores que vivían en tierras occidentales. El gobernador Berkeley consideró a Bacon como un traidor, pero instauró algunas de las reformas que éste exigía y lo perdonó cuando Bacon pidió disculpas.

Más tarde, Bacon consideró que el gobernador había roto su compromiso con la persecución de los indios y el aguerrido rebelde dirigió su furia contra el gobierno colonial. En lo que se considera como la primera rebelión popular en la Norteamérica colonial, Bacon comandó tropas compuestas por agricultores de clase baja, sirvientes y algunos negros libres y esclavos, se dirigió a Jamestown y la incendió. El gobernador Berkeley huyó y un escuadrón naval inglés fue enviado con el propósito de capturar a Bacon, quien murió de disentería antes de ser capturado. Su pequeño ejército fue emboscado y 24 de sus integrantes terminaron en prisión.

La rebelión de Nat Bacon fue la primera de las casi 20 rebeliones menores que se realizaron contra el gobierno colonial, incluyendo el levantamiento llevado a cabo en Pennsylvania por los "chicos de Paxton," la rebelión de Leisler en Nueva York en 1689 y la "rebelión reguladora" en Carolina del Sur en 1771. Todas estas fueron revueltas en contra de los colonizadores prósperos, quienes eran dueños de la gran mayoría del territorio norteamericano y poseían todas las riquezas, mientras que los desposeídos eran a menudo provincianos o agricultores de clase baja que luchaban por la subsistencia. Si se suman estos violentos estallidos producto del resentimiento popular contra el "establecimiento" colonial, a los numerosos disturbios y revueltas de esclavos del período pre-revolucionario, antes que creer que la época colonial fue apacible, es probable que hagamos a un lado la imagen de una época apacible y más bien constatemos que fue un período sombrío, pródigo en problemas irresueltos que estaban a un paso de estallar.

¿Quiénes fueron las Brujas de Salem?

Actualmente, Salem saca buen provecho al promoverse con desenfado como la capital del Halloween. Es posible que en esta ciudad haya más adivinos y lectores del tarot per cápita que en cualquier otra ciudad norteamericana. Pero para las personas que murieron allí en 1692, los acontecimientos no fueron nada divertidos. Al igual que en el resto de Nueva Inglaterra, en Salem se desató la histeria debido a las luchas religiosas internas. Nueva Inglaterra era una teocracia: un estado eclesiástico en el que la Iglesia y el gobierno estaban estrechamente relacionados. Y como el puritanismo controlaba la política y la economía en casi toda la región, la controversia religiosa no fue asunto de poca monta.

La aldea de Salem fue fundada en 1672 por un grupo de familias rurales que deseaban contar con su propia iglesia en vez de tener que asistir a las ceremonias religiosas que se oficiaban en la vecina Salem, una pujante ciudad comercial. Durante varios años se presentaron muchas discusiones sobre los ministros, hasta que Samuel Parris, un antiguo comerciante que había suspendido sus estudios en Harvard, fue llamado a Salem en 1689. Parris, quien no era nada conciliador, no pudo contener a sus parroquianos, que estaban bastante alterados, y luego de dos años las cosas se salieron de control. En enero de 1692, Betty, la hija del ministro, y la sobrina de éste, Abigail, quienes tenían respectivamente nueve y once años, así como Ann Putnam, de doce años e hija de uno de los hombres más poderosos de la aldea, comen-

zaron a comportarse de un modo extraño. Lo mismo sucedió con otras
cinco niñas. Un médico concluyó que estaban embrujadas y bajo la
influencia "del mal." Las sospechas recayeron de inmediato en Tituba,
la esclava de Parris, proveniente de las Indias Occidentales, quien les
había enseñado juegos de adivinanzas. Inicialmente, Tituba, Sarah
Good y Sarah Osburn—dos ancianas de la ciudad—fueron arrestados
el 29 de febrero de 1692, acusados de brujería por una corte. El juicio
despertó muchas acusaciones y tres de las niñas, tal vez aprovechán-
dose de su fama repentina, generaron una tormenta de miedo satánico
en la colonia de Massachusetts Bay. El gobernador William Phips
dispuso una corte especial que entabló cargos formales contra más de
150 personas.

Los testigos principales eran las tres niñas de la aldea de Salem y
los juicios continuaron a pesar de ellas admitir que habían inventado esa historia para divertirse. Se vivía un ambiente tan irracional
que la corte parecía sacada de *Alicia en el país de las maravillas*.
Los acusados, presas del pánico, se declararon "culpables" para escapar a la horca. Dijeron haber volado en palos de escobas, tener sexo
con el demonio y hacer otras cosas. Las confesiones de inocencia o
las críticas a los procedimientos de los juicios eran sinónimo de culpabilidad. Negarse a denunciar a un vecino acarreaba la pena de
muerte.

Estos juicios fueron muy diferentes a los que solían realizarse en el
país. De hecho, Norteamérica había estado relativamente exenta de los
atropellos ocasionados por la cacería de brujas que asolaron a Europa
durante varios siglos, donde entre 1300 y 1700, miles de personas—
especialmente mujeres—fueron ejecutadas. Finalmente, 28 presuntas
brujas fueron declaradas culpables. Cinco de ellas "confesaron" y fueron dejadas en libertad y una mujer embarazada fue perdonada. Sin
embargo, 19 "brujas" fueron ahorcadas y el esposo de una de ellas "presionado," muriendo sepultado bajo piedras tras negarse a aceptar los
cargos. Tres de los ejecutados admitieron haber participado en "prácticas maléficas" o magia negra. Luego de las peticiones tardías realizadas
por Increase Mather (1639–1723), presidente de Harvard, y por otros
ministros, el gobernador Phips suspendió los juicios que, literalmente,
estaban poniendo en juego la estabilidad de la colonia. Es muy proba-

ble que el hecho de que la esposa del gobernador fuera una de las acusadas influyera en la suspensión de los juicios.

¿Qué fue entonces lo que originó semejante paroxismo? Supongamos que las niñas estuvieran poseídas. La creencia cristiana en la existencia del demonio es ampliamente aceptada actualmente en los Estados Unidos. Existe información que afirma que el mismo Papa Juan Pablo II realizaba exorcismos. De este modo, el concepto de la posesión satánica es completamente plausible o incluso científicamente demostrable para algunas personas. ¿Será que las niñas "hicieron teatro?" Existen pocas dudas de que se trataba de niñas cuyas historias fantásticas fueron utilizadas para llamar la atención, pero que luego se salieron de control. Es una explicación posible, especialmente cuando se tiene en cuenta que en aquella época, las personas estaban más que dispuestas a aceptar que el diablo se paseaba por Nueva Inglaterra, frase que escuchaban todos los días, sobre todo desde el púlpito de las iglesias.

Pero esa teoría no explica por completo la extraña conducta que pareció ir más allá de la "representación teatral." Tal vez las niñas descubrieron de forma involuntaria lo que se conoce como "hongos mágicos." Una curiosa explicación a su conducta fue ofrecida por Linda Caporeal, una psicóloga conductista, quien asoció el comportamiento de las niñas con el que tienen las personas que consumen LSD. Aunque en la Massachusetts de aquella época no existía el LSD, sí existía el ergo, sustancia natural con la que se elabora el LSD y que también se encuentra en el centeno. Los toxicólogos saben muy bien que los alimentos contaminados con ergo pueden producir convulsiones, delirio, alucinaciones y muchos otros síntomas que figuran en los registros de los juicios de Salem. En aquellos tiempos, el centeno era un alimento que formaba parte de la dieta básica de aquella población. Y las "brujas" vivían en un región pantanosa donde pudo haberse inoculado el hongo. Aunque la teoría de Caporeal está basada en evidencia circunstancial que no puede comprobarse, de todos modos no deja de ser intrigante.

También hay otra explicación de carácter médico. ¿Las niñas estaban mentalmente desequilibradas? ¿Sufrían de una condición neurótica que médicos como Freud denominaron histeria? Frances Hill dice: "No existe ninguna duda de que las niñas Goodwin, Elizabeth Knapp y las demás, estuvieron afectadas por una histeria clínica. Las posturas corporales tan extrañas, los dolores inexplicables, la sordera, la pérdida del habla, la ceguera, los desvaríos mentales, el rechazo a los alimentos, la conducta destructiva y autodestructiva se presentaron en los tres casos. Igual sucede con el exhibicionismo, el autocontrol incluso en medio de los arrebatos y el poder total sobre los padres . . ." Según Hill, actualmente la histeria clínica se entiende de un modo diferente y uno de sus síntomas más frecuentes es la anorexia, trastorno alimenticio que afecta principalmente a niñas adolescentes. También sostiene que la histeria afecta principalmente a personas con bajos niveles de educación que viven en áreas rurales. Cualquiera que hubiera sido la verdadera causa, el incidente de Salem no tuvo un impacto duradero en la historia norteamericana. Sin embargo, sí puso en evidencia la intolerancia y la mojigatería a ultranza del espíritu puritano de Nueva Inglaterra. El incidente también demostró los peligros de un Estado-Iglesia, institución que fue rechazada de plano por los "Padres de la Constitución." El hecho de que toda una comunidad no hubiera impedido toda esa demencia fue un triste homenaje a la cobardía moral, un rasgo que, en la historia estadounidense, no se limita a Nueva Inglaterra ni al período colonial. (Otra "cacería de brujas" con un parecido inquietante al caso de Salem pero mucho más nocivo fue llevado a cabo por el senador Joseph McCarthy contra los supuestos comunistas en los años cincuenta, que se describirá en el Capítulo Siete. *Las Brujas de Salem* la pieza teatral escrita por Arthur Miller en 1953 en respuesta a la "amenaza roja" denunciada por McCarthy, obra que fue filmada en 1997 y protagonizada por Winona Ryder y Daniel Day-Lewis, ofrece un tratamiento dramático y persuasivo del incidente de Salem.)

Quizá más importante aún, el incidente de Salem subraya la necesidad de que los acusados cuenten con algún tipo de protección, cláusula que los "Padres de la Constitución" plasmarían en la Constitución y que sería descrita más detalladamente en el Bill of Rights proclamada casi cien años después de los juicios de Salem. Esta estipulación legal—la presunción de la inocencia, la existencia de jurados en los juicios, el derecho a la asesoría legal y otros instrumentos de protección que fueron clasificados como derechos inalienables de los estadounidenses y que son la base del sistema legal americano—se desconocieron por completo en 1691. Lo cierto es que muchas vidas inocentes hubieran podido salvarse. Esta es una lección importante que debemos recordar cuando el pánico amenace con derrumbar los principios que gobiernos y personas se ven tentados a ignorar en nombre de la seguridad.

Lectura Recomendada: A *Delusion of Satan: The Full Story of the Salem Witch Trials,* de Frances Hill.

VOCES AMERICANAS
COTTON MATHER, líder puritano, en carta al reverendo John Williams, capturado por los franceses luego de una incursión de franceses e indios en el asentamiento de Deerfield, Massachusetts, en 1704.

Querido hermano:

Serás llevado a la tierra de los canadienses por tu propio bien. Dios te ha llamado para que lo glorifiques en esas tierras. Tu paciencia, constancia y resignación ante tu gran aflicción le traerán más gloria a Él que tu desempeño en otro servicio. Visitas al cielo con tus plegarias y el cielo te visita con consuelo. Nuestras plegarias se unen a ti. Eres recordado continuamente y con cariño en las plegarias de Nueva Inglaterra. Los piadosos de toda la nación te recuerdan de manera pública, privada y secreta.

Williams era ministro de una iglesia en Deerfield, una aldea colonial en el occidente de Massachusetts. Unas 48 personas, entre las que se encontraban hombres, mujeres y niños, fueron masacradas durante una incursión perpetrada por franceses e indios. El objetivo de esta incursión era tomar a Williams como rehén y cambiarlo por un prisionero francés capturado por los ingleses en Boston. Williams fue liberado luego de varias negociaciones, pero su hija Eunice, que tenía siete años, siguió en poder de los indios. Para horror de su familia puritana, Eunice se convirtió al catolicismo que los jesuitas franceses le habían enseñado a los indios, y se casó con un indio mohawk.

Lectura Recomendada: *The Unredeemed Captive: A Family Story from Early America,* de John Demos.

¿En qué consistió el Gran Despertar?

En 1740, una oleada de fervor religioso más benévola se extendió por la región central, por Nueva Inglatera y por el resto de las colonias. El Gran Despertar, un renacimiento del protestantismo fundamental y ortodoxo que se sintió en todas las colonias, se debió principalmente a dos evangelistas poderosos y carismáticos, que aunque no contaban con las ventajas de las cruzadas por televisión ni con los parques temáticos religiosos, seguramente hubieran opacado a "televangelistas" modernos como Pat Robertson, Jimmy Swaggart, Jim y Tammy Bakker y Oral Roberts.

Jonathan Edwards, nacido en América, era el pastor de una iglesia en Northampton, Massachusetts, y se hizo famoso por sus sermones apocalípticos e infernales que producían una especie de histeria a quienes los escuchaban. Edwards reaccionó a la flexibilización de las actitudes religiosas que se estaba dando en las colonias. Gracias a la prosperidad de la época, muchas personas abandonaron la costumbre de guardar las fiestas religiosas y se dedicaron a perseguir asuntos terrenales, como por ejemplo, la adquisición de propiedades, el comercio de esclavos o de ron, y otras empresas económicamente rentables. En el más famoso de sus sermones: "Los pecadores a merced de un Dios iracundo," Edwards comparó a sus feligreses pecadores con arañas pendiendo de las llamas. Posteriormente, su popularidad e influencia disminuyeron, Edwards se convirtió en misionero de los indios y luego fue nombrado presidente de Princeton, pero murió antes de asumir el cargo.

George Whitefield, un ministro anglicano que estudió en Oxford, fue una de las personas influidas por Edwards. Whitefield, quien era un orador consumado, lograba congregar a miles de personas. En sus emotivos sermones reprendía a su audiencia y luego le prometía la salvación. El mismo Benjamin Franklin, quien no era muy religioso, se conmovió con sus discursos y señaló que transformaban a quienes los escuchaban. Pero Edwards y Whitefield tuvieron una influencia que trascendió el ámbito religioso. Sus fervientes seguidores eran básicamente de clase media o baja y no tenían mucha educación. La élite poderosa y rica de Norteamérica, la nueva clase dirigente, prefería los cultos tradicionales y las diferencias entre estas dos facciones amenazaron con hacerse radicales. Aunque el Gran Despertar llegó a su fin, tuvo un impacto considerable y duradero en Norteamérica. En términos prácticos, la división entre las diversas facciones impulsó la fundación de varias universidades como Princeton, Brown, Rutgers y Dartmouth. En términos políticos, las divisiones generadas por el Gran Despertar contribuyeron a un nuevo espíritu de tolerancia y secularismo. Los puritanos de la vieja guardia dejaron de tener el control absoluto sobre los asuntos políticos y religiosos. Los nuevos movimientos religiosos contribuyeron al debilitamiento de los vínculos entre la Iglesia y el estado, dando paso así a un nuevo espíritu laico que más tarde estaría presente en la Constitución.

VOCES AMERICANAS
ANDREW HAMILTON, en defensa de Zenger.
Agosto de 1735.

Es una previsión antigua y sabia que cuando la casa del vecino se está incendiando, debemos tener cuidado con la nuestra. Gracias a ti, Dios bendito, vivo en un gobierno donde la libertad es bien entendida y libremente disfrutada; aunque la experiencia nos ha mostrado a todos que los malos precedentes en los asuntos de gobierno pronto son suplantados por la autoridad en otros y por lo tanto, no puedo menos que pensar que es mi deber y el de todos los ciudadanos que ... debemos estar atentos al poder, dondequiera que sospechemos que pueda afectarnos a nosotros y a nuestros conciudadanos ...

Creo que es mi deber, si fuere necesario, llegar hasta el último confín del territorio, donde mi servicio pueda contribuir a sofocar las llamas de las persecuciones basadas en informaciones, las cuales han sido puestas en práctica por el gobierno, para privar a las personas de su derecho a protestar (y a quejarse) cuando quienes están en el poder se comporten de manera arbitraria.

¿Por qué juzgaron a John Peter Zenger?

En 1732, Lewis Morris, un rico terrateniente, fundó el *New York Weekly Journal*. Así como otros periódicos, el *Journal* contribuyó a forjar una tradición periodística en los Estados Unidos que no se limita a la simple presentación de las noticias, sino también a demoler y difamar a los adversarios políticos. En este caso, el objetivo era William Cosby, gobernador de Nueva York, y sus aliados, entre quienes figuraba el destacado comerciante James DeLancey.

John Peter Zenger era un impresor nacido en Alemania, quien fue contratado para editar y publicar el mencionado periódico. La línea editorial estaba en manos de James Alexander, un abogado aliado de Morris. En la primera página de este periódico generalmente aparecía algún artículo sobre el derecho que tenían las personas a criticar a sus gobernantes. Sin embargo, el gobernador Cosby no toleró unos pequeños "avisos" que aparecían en la última página, que realmente eran ataques velados en los que se comparaba al gobernador con un mono y a sus seguidores con perros falderos. Cosby cerró el periódico, acusó a Zenger de calumnia sediciosa y lo hizo encarcelar durante diez meses.

Durante el juicio, Andrew Hamilton (el abogado defensor de Zenger que no tiene ningún parentesco con el célebre Alexander Hamilton), arguyó que los artículos en mención eran verídicos y que por lo tanto no podían ser considerados como injuriosos. Aunque los jueces desestimaron el argumento de Hamilton, los jurados dieron su veredicto. La defensa de Hamilton fue exitosa y Zenger fue exonerado de los cargos. Más tarde, Hamilton se refirió al jurado con estas palabras: "Ustedes han sentado las bases para garantizarnos aquello que la naturaleza y las Leyes de nuestra nación nos han dado: el derecho —y la Libertad— tanto a expresar como a oponernos, verbalmente y por escrito, a las arbitrariedades del Poder."

Para una colonia real que estaba a más de 40 años de alcanzar la independencia, la decisión del jurado marcó un verdadero precedente. Aunque eran súbditos de la Corona británica, un jurado compuesto por norteamericanos había demostrado su inquebrantable decisión de no regirse por las leyes civiles de Inglaterra.

Otra consecuencia no menos importante fue que el juicio y absolución de Zenger marcó el nacimiento de la libertad de prensa, una noción algo radical en aquel entonces y que se convirtió en ley tras la Primera Enmienda a la constitución. Esto también tuvo una consecuencia en la práctica. De allí en adelante, esta libertad se convirtió en un arma importante en medio de la guerra verbal que precedió a la batalla por la Independencia.

VOCES AMERICANAS
GEORGE WASHINGTON, describiendo su primera
noche en los bosques, en marzo de 1748
(*The Diaries of George Washington*).

Cenamos y fuimos a un cuarto, pero como no soy un leñador tan avezado como el resto de mi Compañía, me quité la ropa de manera ordenada y me dirigí a lo que ellos llamaban cama, pero para mi sorpresa sólo era una pequeña estera sin cobijas ni nada excepto una sábana de hilo con el doble de su peso en insectos como piojos, pulgas, etcétera. Sentí alivio al levantarme tan pronto se hizo de día, me vestí y me recosté al igual que mis compañeros. De no haber estado tan cansados, creo que no hubiéramos dormido esa noche, y prometí no hacerlo en aquel lugar, prefiriendo más bien dormir al aire libre al lado del fuego . . .

Cuando en la Norteamérica colonial se decía, "no dejes que te piquen las pulgas," realmente se hablaba en serio. Esto fue lo que descubrió Washington, quien en esa época tenía 17 años, en su primera incursión a lo que en aquel entonces era una región boscosa situada entre las montañas de Blue Ridge y el valle de Shenandoah en Virginia. Este fragmento, además de ilustrar lo que significó para Washington la vida en el "Oeste," también demuestra que al igual que muchos americanos de aquella época, Washington tampoco sabía mucha ortografía ni gramática, la cual podía variar notablemente de una región a otra.

¿Quiénes participaron en la Guerra Francesa e India?

Esta no fue una guerra entre franceses e indios.

A finales del siglo XVI, Norteamérica era una región de un valor incalculable. Los castores abundaban y sus pieles eran muy apetecidas por los fabricantes de sombreros europeos. Estas tierras eran reclamadas por holandeses, franceses, españoles y por el rey de Inglaterra, y los habitantes de Norteamérica eran simples peones en aquel juego de ajedrez. Entre 1689 y la Guerra por la Independencia, las potencias europeas se enfrascaron en una serie de guerras bajo el pretexto de disputas sobre sucesiones a los diferentes tronos. Pero, en realidad, estas guerras se debieron a las expansiones coloniales, a la búsqueda de territorios, de materias primas y de nuevos mercados para sus productos.

GUERRAS EUROPEAS EN LAS COLONIAS

Fecha	Nombre europeo	Nombre colonial
1689–97	Guerra de la Liga de Augsburgo	Guerra del rey Guillermo
1702–13	Guerra de la Sucesión española	Guerra de la reina Ana
1740–48	Guerra de la Sucesión austríaca	Guerra del rey Jorge
1756–63	Guerra de los Siete Años	Guerra francesa e india

Los colonos desempeñaron un papel secundario en las primeras de estas tres guerras. La mayoría de las escaramuzas consistieron en ataques sorpresivos y esporádicos por parte de alguno de los dos bandos, que contaban con el apoyo de los respectivos aliados indios. Las bajas fueron altas, especialmente en Nueva Inglaterra y en Canadá, y los costos de estas guerras generaron un grave problema inflacionario, particularmente en Massachusetts, donde por primera vez se imprimió papel moneda para financiar las guerras. Cuando estos tres conflictos llegaron a su fin, Inglaterra y Francia eran los dos rivales más poderosos de Europa, e Inglaterra le había comprado a Francia una parte considerable de Canadá. Sin embargo, en la Guerra Francesa e India, los dos rivales lucharon por el dominio absoluto de Norteamérica. Y fue precisamente esta guerra la que tuvo el mayor impacto en el futuro del subcontinente norteamericano.

El conflicto tuvo un comienzo desfavorable para la causa angloamericana. En 1753, Dinwiddie, gobernador de Virginia, despachó a un joven de esta región a una zona boscosa de Pennsylvania para advertirle a los franceses que estaban traspasando los límites del estado. Durante una noche en la que los franceses tomaron brandy y el virginiano permaneció sobrio, éste se enteró que no tenían intenciones de abandonar el territorio. El joven, quien llevaba este importante mensaje, tuvo un viaje difícil y tardó algunas semanas en regresar a Virginia, donde entregó dicha información. Posteriormente, escribió un pequeño libro, *The Journal of Major George Washington*, en el que describía este incidente. En Londres no tardaron en reconocer que el joven autor era un hombre valiente e inteligente.

Poco después, el inexperto virginiano de 22 años, hijo de un hacendado, fue ascendido a oficial y regresó acompañado de 150 hombres armados con la misión de construir un fuerte. Desconcertado, el joven teniente coronel constató que los franceses habían ocupado un fuerte llamado Duquesne (donde actualmente está Pittsburg). Aunque contaba con menos hombres que sus oponentes, el joven oficial, en compañía de algunos aliados indios, atacó a los franceses, capturó a varios de ellos y en poco tiempo construyó un fuerte que atinadamente llamó "Necesidad." Pero los franceses lo acorralaron, Washington se rindió y fue devuelto a Virginia, donde fue considerado como un héroe por haberse enfrentado a los enemigos de Inglaterra. Sin darse cuenta, George Washington había ordenado los disparos que dieron comienzo a la Guerra Francesa e India.

Washington tuvo su primera experiencia militar durante el enfrentamiento con los franceses y le escribió a su hermano Jack: "Te aseguro que escuché el sonido de los disparos y créeme, era un sonido encantador." Cuando el rey Jorge II se enteró de esta anécdota, comentó: "No habría dicho eso si hubiera escuchado muchos disparos." La historia mundial hubiese sido muy diferente si los franceses hubieran eliminado al joven militar cuando tuvieron los motivos y la oportunidad de hacerlo. No obstante, veintidós años más tarde, los franceses apoyarían a George Washington en su guerra revolucionaria contra Inglaterra.

Las cosas empeoraron para los ingleses y aliados durante los primeros años de la guerra. Aunque eran ampliamente superados por el millón y medio de colonos ingleses, los 90,000 franceses que vivían en Norteamérica estaban mejor organizados, eran guerreros más experimentados y tenían más aliados indios. Los nativos pensaban que los franceses eran el menos letal de los dos males, pues eran menos numerosos que los ingleses y parecían estar más interesados en adquirir pieles de castor que en despojarlos de sus territorios, costumbre que sí tenían los ingleses. Los indios se valieron de la guerra para vengarse de la traición cometida por éstos últimos. La práctica de quitarle el cuero cabelludo a los indios asesinados era una táctica británica y el general Edward Braddock, comandante de las fuerzas inglesas, ofreció a sus aliados indios cinco libras esterlinas por el cuero cabelludo de un soldado francés, cien libras por el de un misionero jesuita y doscientos libras por la cabellera de Shinngass, el poderoso jefe indio delaware.

Los ingleses sufrieron una estruendosa derrota cuando 1,400 casacas rojas al mando del general Braddock atacaron Fort Duquesne en 1755. El ataque fue mal planeado y los franceses, inferiores en número, mataron a mil ingleses. George Washington, quien era el edecán de Braddock, huyó desmoralizado con 500 sobrevivientes. Los ingleses también sufrieron bajas similares en Nueva York.

Esta guerra colonial, que fue la primera en tener un carácter realmente internacional, estuvo relacionada con un conflicto global que comenzó en 1756. Los ingleses sufrieron derrotas en todos sus frentes hasta que se realizó un cambio de liderazgo en Londres. William Pitt asumió el mando de la guerra en 1758. Su estrategia hacía énfasis en la guerra naval y en la conquista de Norteamérica, que consideraba fundamental para la victoria general. Pitt aumentó el número de tropas y contó con el apoyo de James Wolfe y Jeffrey Amherst, dos comandantes talentosos. Este último se valió de una táctica novedosa: mientras negociaba con unos indios que lo estaban atacando, les obsequió unas mantas contaminadas con viruela traídas del hospital. Una serie de triunfos obtenidos entre 1758 y 1760 les permitió a los ingleses lograr el control de las colonias americanas y de todo Canadá, gracias a la caída de Montreal en 1760.

En 1763, el Tratado de Paris selló la paz y con ésta, el triunfo total de los británicos. Estos ya eran dueños de todo Canadá, de todos los territorios al este del Mississippi, de Florida y de algunas islas del Caribe. Francia perdió sus colonias americanas, salvo algunas islas pequeñas en las Indias Francesas Occidentales, mientras que el comercio exterior francés se vio notablemente reducido gracias al poderío naval inglés.

Los colonos americanos, quienes ya estaban completamente involucrados en un conflicto armado de grandes proporciones, se sintieron orgullosos y se alegraron de la victoria que le habían ayudado a conseguir a Jorge III, su nuevo rey, que había asumido el trono en 1760. George Washington, quien cumplió un papel secundario en la guerra, regresó a Williamsburg, Virginia, para renunciar a su cargo. La carrera militar había dejado de interesarle.

¿Qué relación tienen el azúcar y los timbres con las revoluciones?

¿Qué sucedió para que en el breve lapso de trece años, las colonias pasaran de ser súbditos leales del rey Jorge III y de regocijarse con la derrota de los franceses, a convertirse en rebeldes capaces de derrotar a la nación más poderosa de la tierra?

Es obvio que un solo factor no puede alterar el curso de la historia. Y varios historiadores sostienen que la Revolución obedeció a varios factores. La noción tradicional que se tiene es que los norteamericanos hicieron la Revolución para luchar por las libertades que creían tener como ciudadanos británicos. La teoría más radical en términos políticos y económicos sostiene que la Revolución fue simplemente una transferencia del poder desde la lejana élite británica a la poderosa clase económica nacida en Norteamérica, la cual quería consolidar su dominio sobre la riqueza del subcontinente.

La historia es lo suficientemente amplia como para aceptar ambos puntos de vista y la combinación de las dos perspectivas constituye una aproximación a la verdad. Se puede decir que las desacertadas políticas económicas de Inglaterra, la profunda revolución filosófica que supuso la Ilustración y la inexorabilidad histórica influyeron en el nacimiento de los Estados Unidos.

Inglaterra quedó con una deuda enorme luego de la Guerra de los Siete Años. En Londres pensaban que era apenas natural que las colonias asumieran algunos de los costos ocasionados por la defensa de Norteamérica, así como los costos anuales que suponía la administración de las colonias. Para este fin, el Parlamento aprobó un impuesto que consideró muy razonable. Era la Ley del Azúcar de 1764, la cual gravaba productos como el azúcar, el café, el vino y otros productos que Norteamérica importaba en grandes cantidades. La depresión colonial luego de la guerra—el desajuste económico que suele seguir a los cuantiosos gastos ocasionados por las guerras—hizo que la ley tuviera un doloroso efecto entre los comerciantes y consumidores americanos. Casi de inmediato se presentó una respuesta negativa a este impuesto que se vio resumida en el eslogan "Sin representación no hay impuestos." James Otis, uno de los líderes más expresivos y radicales de Massachusetts, escribió que todas las personas deberían "estar libres de impuestos, a excepción de aquellos que consientan pagarlos personalmente o a través de su representante."

En términos reales, el tema de la representatividad era una cortina de humo, un lema eficaz para fomentar las protestas populares y no lo que verdaderamente quería la nueva casta de líderes coloniales, quienes fueron lo suficientemente sabios para percatarse de que conseguir unas pocas sillas en el Parlamento en representación de las colonias no tenía mucho sentido en términos políticos. Un número cada vez mayor de políticos americanos percibió que se estaba abriendo una brecha entre las colonias y la "Madre Inglaterra," pero fijaron su atención en el mayor de los premios.

El rechazo al impuesto del azúcar por medio de protestas redactadas por las asambleas legislativas de las colonias y por boicots que no tuvieron mayor impacto, no logró su objectivo. La Ley de Sellos de 1765 imponía impuestos elevados sobre cualquier clase de material impreso desde periódicos y documentos legales, hasta cartas de naipe. Un miembro del Parlamento, quien protestó por los nuevos impuestos, utilizó la frase "Hijos de la Libertad" para referirse a los colonos, quienes no tardaron en adoptarla. Aunque la Ley del Azúcar reflejaba el poder del Parlamento para gravar el comercio, la Ley de Sellos fue algo diferente. Consistía en un impuesto directo y las protestas en América hicieron más fuertes, contundentes y violentas. Estallaron varios disbios y los más violentos sucedieron en Boston. La casa del gobernaThomas Hutchinson fue destruida por una multitud enardecida. Nueva York, la casa de un oficial encargado de los sellos también queada. Acto seguido, América decretó el boicot a estos timbres y luego a todos los productos británicos. Los comerciantes londinenses se vieron duramente afectados por este bloqueo y la ley fue revocada en 1766.

Pero eso fue como cerrar las puertas del establo cuando los caballos ya han salido. Las fuerzas americanas comenzaron a unirse, pero la mayoría de los políticos londinenses eran demasiado petulantes como para reconocerlo.

¿Cuál fue la Masacre de Boston?

Aunque ya había sido "pateado por la mula colonial," el Parlamento británico no entendió el mensaje implícito en el boicot a la Ley de Sellos y en 1767 promulgó las Leyes de Townshend, un nuevo conjunto de impuestos. Una vez más, los ingleses se pusieron debajo de las patas de la mula. Los americanos redujeron la importación de productos británicos a la mitad. La respuesta inglesa fue la típica de una superpotencia: enviaron sus tropas a América.

Muy pronto, había más de 4,000 casacas rojas en Boston, que tenía 16,000 habitantes y era el centro de las protestas coloniales. Sin embargo, estas tropas no se limitaron a vigilar a la población. En esta ciudad, donde los empleos escaseaban, los soldados británicos empezaron a disputarles el trabajo a los estibadores. A comienzos de marzo de 1770, unos fabricantes de sogas se enfrascaron en una pelea con un destacamento de soldados, pues éstos los habían despojado de sus trabajos. Lo cierto es que los enfrentamientos entre soldados y bostonianos fueron cada vez más frecuentes. La tensión aumentó el 5 de marzo, cuando varios estibadores embriagados se enfrentaron a un destacamento de nueve soldados británicos, les lanzaron piedras y los amenazaron. Como era de esperarse, los soldados se pusieron nerviosos. La gota que rebasó la copa fue la palabra "¡Fuego!," seguramente proferida por uno de los estibadores. Los soldados dispararon y cinco trabajadores murieron. La primera víctima fue Crispus Attucks, un hijo de padre africano y de madre natick —una tribu de Massachussets— que había permanecido 20 años en alta mar para escapar a la esclavitud.

Los propagandistas, especialmente Samuel Adams, no tardaron en aprovecharse de la situación. En pocos días, el incidente se conoció como la Masacre de Boston y las víctimas fueron elevadas a la categoría de mártires. Henry Pelham, hermano medio del pintor John Copley, realizó un grabado del incidente. Un platero llamado Paul Revere le pidió el grabado en préstamo y realizó una nueva versión del incidente que salió primero de la imprenta y pronto se convirtió en un símbolo patriótico. Por lo menos 10,000 personas asistieron a los funerales (la población de Boston era de 16,000 habitantes). Los ingleses decidieron retirar sus tropas de la ciudad. Las Leyes de Townshend fueron eliminadas (casualmente el mismo día de la matanza) y luego de la masacre y del juicio a los soldados—quienes fueron defendidos por John Adams, quien pedía un juicio imparcial—, en el que dos fueron exonerados y otros dos fueron dados de baja, se vivió un período de calma relativa.

¿Cuál fue la Fiesta del Té de Boston?

Durante un momento álgido de la campaña presidencial de 1988, el candidato George Bush se valió del puerto de Boston para socavar la reputación de Michael Dukakis, el candidato demócrata. Bush denunció que ese lugar era una zona de desastre ecológico y responsabilizó a Dukakis—quien era gobernador de Massachusetts—de esa situación. Muchos años atrás, el puerto desempeñó un papel en la historia y en ese entonces los resultados fueron sorprendentes. Si George Bush creyó en 1988 que el puerto de Boston era un desastre, tendría que haber visto lo que fue en 1773.

La paz que surgió luego de la Masacre de Boston y el final del boicot americano a las importaciones, le infundieron una nueva prosperidad a las colonias y con ello, un respiro a sus frecuentes altercados con Londres. Temiendo que este período de calma debilitara la resistencia, Samuel Adams y sus aliados trataron de encender las llamas sobre asuntos locales, como el traslado de la Asamblea de Massachusetts fuera de Boston, o quién debería pagar el salario del gobernador. Estos asuntos tenían una importancia jurídica pero no eran ofensas que terminaran con la expulsión violenta del gobierno.

La tensión aumentó de manera considerable cuando un grupo de patriotas de Rhode Island quemó el *Gaspee*, un barco de la Marina

Real británica que los americanos aborrecían por los patrullajes que realizaba para combatir el contrabando.

Los responsables del incendio huyeron y la corona británica amenazó con juzgar a los culpables en Londres, echando por tierra la tradición inglesa del derecho a un juicio que contara con un jurado compuesto por miembros de la comunidad. Eso era justamente lo que Samuel Adams necesitaba para aumentar la intensidad del conflicto. En Virginia, la Casa de los Burgueses nombró un Comité de Correspondencia conformado por Patrick Henry, Thomas Jefferson y Richard Henry Lee. En 1774, doce de las colonias ya contaban con este tipo de comités para que la información circulara entre colonos con ideas afines.

Pero faltaba una llama—o una gota—que rebasara la copa y Samuel Adams la encontró. En 1773, el Parlamento le otorgó el monopolio del transporte del té a la East India Company, que estaba al borde de la bancarrota y dejó el negocio en manos de comerciantes leales a Inglaterra, entre quienes figuraban los hijos de Hutchinson, gobernador de Massachussets. De este modo, la East India Company pudo vender el té a un precio más bajo que el ofrecido por los comerciantes americanos, así fuera de contrabando. Entonces, los colonos se preguntaron: "Ahora es el té, ¿qué seguirá después?"

En noviembre de 1773, tres barcos que llevaban un cargamento de té llegaron al puerto de Boston. Los patriotas, liderados por Samuel Adams y John Hancock—un poderoso aliado ya que era uno de los hombres más ricos de América y uno de los mayores perjudicados en caso de que Londres concediera monopolios comerciales—juraron que no permitirían que el té fuera desembarcado. Hutchinson opuso resistencia, pues sus hijos serían los mayores beneficiados si el té lograba ser desembarcado. Luego de dos meses de interminables discusiones, los patriotas de Boston decidieron arrojar el té al mar. En la noche del 16 de diciembre de 1773, unos 150 hombres de todas las clases sociales se tiznaron las caras con corchos quemados, se vistieron como indios mohawk y subieron a los tres barcos. Pidieron las llaves de las bodegas y mientras una gran multitud y los miembros de la Marina británica contemplaban el espectáculo, pasaron tres horas rompiendo las cajas de té y arrojándolas al mar.

Este acto, llamado la Fiesta del Té de Boston, fue seguido de actos similares en otras colonias y contribuyó a que tanto Inglaterra como Norteamérica endurecieran sus posiciones. Los patriotas se volvieron más osados; los *tories* (fieles a la corona) se volvieron más recalcitrantes; y el Parlamento británico endureció su posición. Los "Hijos de la Libertad" les dieron un golpe suave a los ingleses; el rey Jorge respondió con mano de hierro y le dijo a Lord North, su primer ministro: "La suerte está echada. Las colonias deberán someterse o triunfar."

¿Cuál fue el Primer Congreso Continental, quién eligió a sus miembros, quiénes fueron y qué hicieron?

El camino a la Revolución fue muy corto desde el momento en que el té fue arrojado al agua. Durante el fervor que siguió a éste incidente, el Parlamento aprobó una serie de leyes conocidas como las Leyes Coercitivas. La primera de estas fue la Ley del Puerto, que decretó el cierre del puerto de Boston hasta que los responsables pagaran el té que habían arrojado al mar. Esta ley fue seguida por la Ley de Administración de la Justicia, por la Ley Reguladora de Massachusetts (que prácticamente anulaba la cédula de la colonia) y por la Ley de Québec que establecía un sistema de gobierno centralizado en Canadá y extendía los límites de ese territorio hasta el sur del río Ohio. El Parlamento complementó estas medidas con el envío a Boston de cuatro mil tropas comandadas por el general Thomas Gage. En adición a esto, las estipulaciones de la Ley de Acuartelamiento fueron aumentadas, lo que le dio al Ejército británico el derecho a solicitarles alimentos y albergue a los colonos.

En respuesta a estas "leyes intolerables" —como las llamaron los colonos— las asambleas acordaron un encuentro entre las diferentes colonias y cada Asamblea eligió a un grupo de delegados. El Primer Congreso Continental se reunió en Filadelfia desde el 5 de septiembre hasta el 26 de octubre de 1774 y estuvo conformado por 56 delegados de todas las colonias, salvo Georgia. Los delegados representaron todo el espectro ideológico de las colonias: desde moderados y conservadores como John Jay, representante de Nueva York y Joseph Galloway, representante de Pennsylvania, quienes querían llegar a un acuerdo que conservara los lazos con Inglaterra, hasta rebeldes aguerridos como

Samuel Adams y Patrick Henry de Virginia (Thomas Jefferson no fue elegido para asistir al Congreso). Durante el Congreso, John Adams comentó en privado: "No tenemos los hombres apropiados para las circunstancias. Carecemos de inteligencia, educación, mundo, riquezas . . . carecemos de todo."

Pero cambió de opinión cuando comenzó el debate y advirtió que se encontraba en compañía de muchos hombres destacados. El Primer Congreso actuó con cautela, pero finalmente aprobó una resolución que manifestaba su oposición a las Leyes coercitivas, creó una asociación para boicotear los productos británicos y aprobó diez resoluciones que estipulaban los derechos de los colonos y de sus asambleas.

Los impuestos y la representatividad solo fueron una parte del problema, como lo afirma Theodore Draper en su libro A *Struggle for Power*: "La intención que tenían los estamentos del poder británico de impedir que el Parlamento controlara los impuestos supuso inicialmente un golpe en sus colonias y luego se extendió a otros asuntos." Antes de levantar sesiones, el Congreso Continental acordó un segundo encuentro si los ingleses no atendían sus peticiones. Aunque todavía no habían declarado la Independencia, el Primer Congreso supuso un paso determinante en esa dirección. En cierto sentido—bastante real—la Revolución había comenzado. Solo se necesitaban los disparos para que estallara.

Lectura Recomendada: A *Struggle for Power*, de Theodore Draper.

¿Cuál fue "El Disparo que se Escuchó en Todo el Mundo?"

El general Gage, quien asumió como gobernador de Massachusetts, quería suprimir la rebelión antes de que ésta comenzara. Su primera medida fue allanar depósitos clandestinos de armas patriotas y arrestar a John Hancock y a Samuel Adams, a quienes los ingleses consideraban como los jefes de la rebelión. Los "Hijos de la Libertad" suponían que los británicos tomarían estas medidas y los granjeros y ciudadanos patriotas de Massachusetts comenzaron a ensayar sus mosquetes y se prepararon para entrar en acción en "un minuto," por lo que se les llamó *Minutemen*. Mientras Boston se quedaba desierto, Paul Revere, platero y fabricante de dientes postizos, vigiló los movimientos de los británicos. Diseñó una serie de señales con la ayuda de un sacristán de la Iglesia de Cristo, localizada en Boston, para avisarles oportunamente a los patriotras de Concord. Si una linterna dispuesta en el campanario se encendía, significaba que las tropas de Gage venían por tierra; dos linternas significaban que navegaban por el río Charles. Tal como lo habían esperado, se encendieron dos linternas en la noche del 18 de abril de 1775. Revere y Billy Dawes se dirigieron a Lexington para avisarles a Hancock, a Adams y a los milicianos que las tropas ingleses se aproximaban. Luego se dirigieron a Concord, donde un joven médico patriota llamado Samuel Prescott se les unió. Minutos después, una patrulla británica los detuvo. Revere y Dawes fueron arrestados y permanecieron en prisión durante poco tiempo, pero Prescott logró escapar y les advirtió a los patriotas de Concord sobre el avance de las tropas inglesas.

Mientras tanto, un grupo de 77 milicianos de Lexington se dispuso a enfrentar a las tropas inglesas. Éstas decidieron pasar de lado, pero alguno de los milicianos ordenó abrir fuego. Los soldados británicos rompieron filas y devolvieron los disparos. La situación fue caótica y cuando cesaron los disparos, siete milicianos yacían sin vida en el suelo. Los milicianos de Concord fueron avisados por Prescott y se prepararon. Los granjeros de las zonas aledañas escucharon las campanas de la iglesia y se dirigieron a Concord. La resistencia adquirió una mayor organización y los milicianos de Concord atacaron a una tropa británica que se había tomado un puente que conducía a esta ciudad. Los milicianos se apostaron detrás de graneros, casas, muros y árboles y les dispararon a los ingleses, quienes se mantuvieron en sus formaciones habituales y lograron llegar a Lexington, donde recibieron refuerzos. Sin embargo, era la primera vez que se enfrentaban a unas fuerzas que les disparaban mientras permanecían ocultas.

Al final de aquel día, 73 ingleses murieron y 174 quedaron heridos.

El Segundo Congreso Continental reunido en Filadelfia el 10 de mayo de 1775, abordó la crisis que se vivía. La matanza de Lexington equivalía a la guerra. Si actuaban con rapidez, los patriotas podían cercar a las tropas inglesas que se encontraban en Boston. John Adams creía que el único objetivo era conseguir la unión del Congreso y que eso se lograría si los delegados del Sur se adherían a su causa. La solución consistió en nombrar a un sureño como comandante del nuevo Ejército Continental. El 15 de junio de 1775, George Washington, delegado por Virginia y que había demostrado querer ese cargo al vestir su antiguo uniforme militar, recibió ese nombramiento.

HITOS DE LA REVOLUCIÒN NORTEAMERICANA

1775

18 al 19 de abril Una tropa británica compuesta por 700 hombres llega a Concord para confiscar un arsenal rebelde. Una pequeña fuerza de colonos milicianos se les interpone en Lexington, donde un disparo a mansalva—el "Disparo que se Escuchó en Todo el Mundo"—deja ocho americanos muertos. Los ingleses sufren varios hostigamientos y fuertes pérdidas en una batalla campal en Concord y en su regreso a Boston.

10 de mayo Una milicia colonial comandada por Ethan Allen y Benedict Arnold se apodera de un arsenal británico en Fort Ticonderoga, Nueva York, en el que se guardan cañones y otras armas. En otro ataque, los milicianos se toman una guarnición inglesa localizada en Crown Point, en el lago Champlain.

15 de junio El Segundo Congreso Continental decide formar un ejército y nombra como comandante a George Washington.

17 de junio Los ingleses sufren fuertes bajas en la batalla de Bunker Hill (que realmente tuvo lugar en Breed's Hill). Más de 10,000 soldados británicos mueren o son heridos antes que los rebeldes emprendan la retirada. Nathanael Greene, un comandante americano, comentó: "Quisiera haberles vendido otra colina por el mismo precio," Debido a esta victoria tan costosa, Howe reemplaza al general Gage como comandante de las fuerzas británicas en América.

1776

Enero Tom Paine publica *Sentido Común*, un panfleto persuasivo en el que expone sus razones para la Independencia y que alcanza una gran difusión.

4 al 17 de marzo   Las fuerzas rebeldes capturan a Dorchester Heights, alrededor del puerto de Boston. Los cañones que los americanos han confiscado en Fort Ticonderoga son llevados a Boston, y los ingleses son obligados a retirarse de la ciudad.

Mayo   El rey Luis XIV de Francia autoriza la donación secreta de armas y de municiones a los rebeldes americanos.

11 de junio   El Congreso nombra un comité para redactar la Declaración de la Independencia.

28 de junio   Bajo el mando del general Charles Lee, las fuerzas americanas destacadas en Charleston, Carolina del Sur, repelen un ataque británico y le causan grandes daños a la fuerza naval inglesa. Los ingleses suspenden operaciones en el Sur de los Estados Unidos durante dos años.

2 de julio   El general británico Sir William Howe llega a Staten Island con un ejército de 32 mil hombres, incluídos 9,000 mercenarios alemanes.

4 de julio   El Congreso proclama formalmente la Declaración de la Independencia.

27 al 29 de agosto   Batalla de Long Island. Howe obliga a George Washington a trasladarse de Brooklyn Heights hacia Manhattan. Washington y sus hombres se retiran y se salvan milagrosamente, pues poco faltó para que Howe lograra aniquilarlos. Washington sale de Nueva York.

22 de septiembre   Nathan Hale es capturado por los ingleses en Long Island y ejecutado sin juicio previo bajo la acusación de espionaje. Asume su destino con valor y se dice que exclamó: "De lo único que me arrepiento es de haber tenido una sola vida para darla en nombre de mi patria."

Octubre a noviembre   Luego de sufrir fuertes derrotas en las batallas de White Plains (Nueva York) y Fort Lee (Nueva Jersey), Washington se ve obligado a dirigirse hacia el oeste a través de Nueva Jersey y Pennsylvania. Howe fracasa por segunda vez en capturar a Washington, quien se salva de nuevo.

25 de diciembre Washington dirige sus tropas a lo largo del río Delaware y ataca a los británicos por sorpresa en Trenton, Nueva Jersey. Aunque es una pequeña victoria, les levanta la moral a las tropas americanas. Una segunda victoria tiene lugar en Princeton.

Lectura Recomendada: *The Winter Soldiers*, de Richard M. Ketchum.

1777

27 de abril Benedict Arnold derrota a los ingleses en Ridgefield, Connecticut.

Junio El navegante John Paul Jones asume el comando de un barco llamado *Ranger* y comienza una serie de ataques a las naves inglesas.

6 de julio Los británicos recapturan a Fort Ticonderoga.

27 de julio El marqués de Lafayette, quien en ese entonces tenía 20 años, viaja a Norteamérica para ofrecer su servicio voluntario por la causa de la Revolución.

16 de agosto Batalla de Bennington (Vermont). Los americanos aniquilan a una columna del general Burgoyne.

9 al 11 de septiembre Batalla de Brandywine (Pennsylvania). Howe obliga al ejército de Washington replegarse en Filadelfia. Los miembros del Congreso se ven obligados a huir.

19 de septiembre Primera batalla de Saratoga, ganada por los americanos.

26 de septiembre El general Howe invade Filadelfia.

4 al 5 de octubre Batalla de Germantown (Pennsylvania). Los americanos sufren una derrota considerable pero Howe no consigue aniquilar a Washington.

7 al 17 de octubre Segunda batalla de Saratoga. Los ingleses son rodeados y 5,700 soldados se rinden. Momento decisivo para la causa norteamericana, pues Europa comienza a apoyar la Revolución, mientras que la Independencia Norteamericana es reconocida por Francia.

17 de diciembre   El Ejército Continental de Washington se acuartela en Valley Forge, Pennsylvania, y permanece allí hasta junio de 1778. Las cifras no dan una idea del sufrimiento padecido por los rebeldes, pero se calcula que de los 10,000 soldados, 2,500 murieron durante ese período. Las muertes se debieron principalmente a la mala administración, a la corrupción, a la especulación y a la desidia. Los agricultores de Pennsylvania les vendieron productos a los ingleses y lo mismo sucedió en Nueva Inglaterra y en Nueva York, pues querían pago con dinero en efectivo.

1778

Febrero   Francia y Norteamérica firman tratados comerciales y de cooperación.

23 de febrero   El barón prusiano von Steuben llega a Valley Forge para ayudar a Washington en el entrenamiento militar de sus tropas. Al término del crudo invierno, el Ejército Continental es una fuerza militar unida y disciplinada.

8 de mayo   Henry Clinton reemplaza a Howe como comandante inglés en América.

8 de julio   El Ejército Continental establece su sede en West Point.

9 de julio   Los Artículos de la Confederación son firmados por el Congreso.

10 de julio   Una flota naval francesa llega a Norteamérica. Francia le declara la guerra a Inglaterra.

29 de diciembre   Los ingleses ocupan Savannah, Georgia, ciudad que estaba en manos del general americano Robert Howe.

1779

10 de enero   Los franceses le dan un barco averiado a John Paul Jones. Éste lo repara y lo bautiza *Bonhomme* en honor a Benjamin Franklin, conocido internacionalmente como "El Pobre Richard."

29 de enero   Las fuerzas británicas se toman a Augusta, Georgia.

25 de febrero   Los americanos al mando de George Rogers Clark derrotan a los ingleses en Vincennes.

10 de mayo   Los británicos capturan e incendian a Portsmouth y a Norfolk en Virginia.

16 de junio   España le declara la guerra a Inglaterra, pero no se declara aliada de los americanos.

15 de julio   El general americano Anthony Wayne retoma el control de Stony Point, Nueva York, y captura a unos 700 prisioneros ingleses, sufriendo apenas quince bajas.

19 de agosto   El general americano Henry Lee expulsa a los ingleses de Paulus Hook, Nueva Jersey.

29 de agosto   Los generales americanos John Sullivan y James Clinton derrotan a las fuerzas conjuntas realistas e indias en Newton (Elmira, Nueva York).

3 de septiembre al 28 de octubre   Las fuerzas combinadas franco-americanas sufren una estruendosa derrota tras intentar de nuevo el control sobre Savannah.

23 de septiembre   John Paul Jones captura el acorazado británico *Serapis* luego de una batalla en aguas de Inglaterra, aunque pierde su barco *Bonhomme*. Los franceses capturan un buque inglés.

27 de septiembre   El Congreso designa a John Adams para negociar la paz con Inglaterra.

17 de octubre   Las tropas del Ejército Continental regresan a su cuartel de invierno en Morristown, Nueva Jersey, donde sufren un invierno más severo aún que el del año anterior en Valley Forge. El frío inusual causa un sufrimiento indescriptible.

1780

28 de enero   Se construye un fuerte en el río Cumberland para defender a Carolina del Norte de ataques indios (posteriormente recibirá el nombre de Nashville).

1 de febrero   Una flota inglesa que transporta a 8,000 hombres desde Nueva York y Newport, Rhode Island, desembarca en Charleston, Carolina del Sur.

6 de mayo   Fort Moultrie y Charleston caen en manos de los ingleses. En su peor derrota de la guerra, 5,400 americanos son capturados con barcos, municiones y alimentos.

25 de mayo   Un motín de grandes proporciones es sofocado en Morristown por las tropas de Pennsylvania. Dos de los líderes de la revuelta son condenados a la horca.

22 de junio   El general Horatio Gates, quien se encuentra en Carolina del Norte, recibe los refuerzos enviados por George Washington, pues la guerra se centra en el Sur.

11 de julio   Cinco mil tropas francesas al mando de Rochambeau desembarcan en Newport, Rhode Island, pero son bloqueadas por los ingleses.

3 de agosto   Benedict Arnold es designado comandante de West Point. Arnold le ha pasado información al comandante británico Henry Clinton sobre los movimientos de George Washington.

16 de agosto   Fuerzas americanas bajo el mando del general Gates sufren una estruendosa derrota en Camden, Carolina del Sur, propinada por el comandante británico Henry Clinton.

23 de septiembre   El mayor inglés John André es capturado con información que demuestra que esperaba que Benedict Arnold le entregara West Point. André es acusado de espionaje y condenado a la horca. Arnold huye a bordo de un barco británico y el Ejército inglés le confiere el grado de brigadier general.

7 de octubre   Una milicia fronteriza captura a 1,100 hombres realistas en Kings Mountain, Carolina del Norte, obligando al general Cornwallis a abandonar su propósito de invadir éste estado.

14 de octubre   El general Nathanael Greene sustituye al general Gates como comandante del Ejército sureño. Greene comienza una guerra de guerrillas contra los ingleses.

1781

17 de enero   Batalla de Cowpens (Carolina del Sur). Las fuerzas americanas al mando del general Daniel Morgan consiguen una victoria decisiva.

15 de marzo   A pesar de ganar la batalla de Guilford Courthouse (Carolina del Norte), Cornwallis sufre fuertes pérdidas y emprende la retirada para esperar refuerzos.

10 de junio   Las fuerzas americanas al mando de Lafayette reciben refuerzos del general Anthony Wayne en Virginia para combatir a Cornwallis.

14 de agosto   Washington recibe la noticia que el almirante francés de Grasse comanda una flota con 3,000 hombres que se dirige a la bahía de Chesapeake. Washington abandona secretamente sus planes de atacar a Clinton en Nueva York y se dirige hacia el sur.

31 de agosto   Las tropas francesas comandadas por de Grasse desembarcan en Yorktown, Virginia, y se unen a las fuerzas de Lafayette, bloqueando así la retirada de Cornwallis.

5 a 8 de septiembre   Los franceses ganan la batalla naval de Yorktown y reciben refuerzos provenientes de Newport, Rhode Island.

14 al 24 de septiembre   Las tropas americanas de Washington son transportadas a Virginia en los barcos de de Grasse.

28 de septiembre   Una fuerza combinada de 9,000 americanos y 7,000 franceses comienzan el sitio de Yorktown.

19 de octubre   Cornwallis y 8,000 hombres se rinden en Yorktown, poniendo fin a cualquier esperanza de una victoria inglesa en América. Enterado de la situación de Cornwallis, Clinton decide no enviar refuerzos británicos a tiempo y opta por regresar a Nueva York.

1782

1 de enero En América, los realistas emigran a Nova Scotia y a New Brunswick, pues temen venganzas y la confiscación de sus bienes.

27 de febrero La Casa de los Comunes proclama que no volverá a atacar a América. La Corona británica es autorizada para iniciar negociaciones de paz. El primer ministro Lord North es reemplazado en marzo por Lord Rockingham, quien inmediatamente comienza negociaciones con América.

19 de abril Los Países Bajos reconocen la independencia de los Estados Unidos.

27 de agosto Una escaramuza en Carolina del Sur es el último enfrentamiento de la guerra en la Costa Este.

30 de noviembre Se firma en París un tratado preliminar de paz.

20 de enero Se firman tratados preliminares de paz entre Inglaterra y Francia, así como entre Inglaterra y España.

4 de febrero Gran Bretaña declara oficialmente el cese de hostilidades en América.

11 de abril El Congreso declara formalmente el final de la Guerra Revolucionaria.

13 de junio Se desintegra la facción principal del Ejército Continental.

3 de septiembre Se firma el Tratado de París, que declara el final formal de la guerra. El tratado es ratificado por el Congreso en enero de 1784.

LOS PATRIOTAS

John Adams (1735–1826) Nació en Braintree (Quincy), Massachusetts. Abogado graduado en la Universidad de Harvard y primo de Samuel Adams. Patriota íntegro pero cauteloso, Adams sorteó con éxito los riesgos políticos que corrió al defender a los soldados ingleses acusados de la Masacre de Boston. Miembro destacado del Congreso Continental, fue una de las personas elegidas para redactar la Declaración de la Independencia, la cual firmó posteriormente. Su labor como emisario en Francia y Holanda fue decisiva para que América obtuviera la ayuda exterior de ambos países. Fue uno de los negociadores del Tratado de París que señaló el fin de la guerra.

Al término de ésta, Adams fue el primer ministro de Estados Unidos en Gran Bretaña y luego regresó para ser vicepresidente de Washington durante sus dos mandatos. Sucedió a Washington y se constituyó en el segundo presidente en 1796, pero fue derrotado por Thomas Jefferson en 1800. Adams y Jefferson murieron el 4 de julio de 1826, en el cincuentenario de la Declaración de la Independencia.

Lectura Recomendada: *John Adams*, de David McCullough.

Samuel Adams (1722–1803) Luego de dilapidar una herencia, de arruinar la cervecería de su padre y de fracasar como recaudador de impuestos, Samuel, el más aguerrido de los Adams, encontró su verdadera vocación como agitador. En varias ocasiones estuvo a un paso de ir a la prisión para deudores morosos y fue uno de los patriotas más radicales. Asimismo, fue el principal arquitecto político de las maquinaciones que generaron la Fiesta del Té de Boston. Fue tutor de John Adams, su primo menor, y uno de los firmantes de la Declaración de la Independencia. Desapareció del panorama nacional luego del fin de la guerra, desempeñando algunos cargos estatales y permitiendo que su primo John ocupara un lugar destacado.

Dr. Benjamin Church (1734–78) Aunque no fue tan famoso como Benedict Arnold, Church tuvo la infausta distinción de ser el primer americano arrestado por espionaje a favor de los ingleses. Este bostoniano ganó fama de ser un patriota consumado y fue el primer médico en atender a los heridos de la Masacre de Boston. Pero en 1775 le fueron interceptados unos documentos codificados que les había estado enviando a los británicos. Fue juzgado por espionaje y encontrado culpable, pero contrario a lo que Washington pedía, no fue condenado a la horca.

Benjamin Franklin (1706–90) De todas las figuras de la Revolución, quizá sólo Washington haya inspirado más mitos que Franklin. Impresor, filósofo, científico, político, diplomático, todos los adjetivos le pertenecen. Pero ninguno define a uno de los hombres más famosos en todo el mundo.

Nacido en Boston, fue el decimoquinto hijo de los 17 que tuvo su padre, un fabricante de velas. Su breve educación formal se vio interrumpida cuando pasó a ser ayudante de su medio-hermano mayor, James, impresor del *New England Courant y* uno de los jóvenes radicales de Boston. Benjamin se mudó a Filadelfia pues no se entendió con James. Comenzó a trabajar en una imprenta y rápidamente se ganó la confianza de los hombres más poderosos de aquella ciudad cosmopolita. En 1724 viajó a Londres, pero el apoyo financiero que le había prometido el gobernador de Pennsylvania se vio interrumpido y Franklin tuvo que buscar trabajo como impresor.

Regresó a Filadelfia en 1726 y tuvo un ascenso profesional y económico realmente sorprendente. En 1748 se retiró y para ese entonces ya había fundado un periódico, un club de comerciantes llamado *The Junto*, la primera biblioteca por suscripción de Norteamérica, trabajado en la Asamblea Legislativa de Pennsylvania, fundado la Sociedad Filosófica de América y lanzado el *Poor Richard's Almanac*, una recopilación de frases ingeniosas y de consejos económicos que publicó durante 25 años.

Posteriormente se dedicó a la ciencia y a la política. Realizó experimentos eléctricos con los cuales demostró que los rayos y la electricidad eran fuerzas similares, e inventó el pararrayos. A su lista de inventos pertenecen también los lentes bifocales y la estufa Franklin, reconocida por su eficiencia. Fue uno de los artífices de la Asamblea Legislativa de Pennsylvania y en 1764 fue enviado a Inglaterra como agente de la colonia, convirtiéndose en el líder de la oposición a la Ley de Sellos. (William, su hijo ilegítimo, quien le ayudara en su famoso experimento con la cometa, fue un realista convencido y gobernador colonial de Nueva Jersey. En 1776 fue arrestado y declarado "enemigo virulento de su país." Fue intercambiado por un prisionero patriota y pasó el resto de sus días en

Londres. Franklin crió a su nieto Temple, pero permaneció distanciado de su hijo William.)

Franklin regresó a América un mes antes de las batallas de Lexington y de Concord. Durante la guerra, asistió al Segundo Congreso Continental y fue miembro de un comité encargado de redactar la Declaración. Más tarde fue enviado a negociar la alianza con los franceses y permaneció en Europa para concertar las condiciones para la paz.

Lectura Recomendada: *The First American: The Life and Times of Benjamin Franklin*, de H.W. Brands.

Nathaniel Hale (1755–76) Este profesor de escuela nacido en Connecticut se unió al ejército de Washington pero no participó en acciones militares. Se ofreció como voluntario para reunir información sobre las tropas británicas, pero fue reconocido y delatado por un pariente suyo que era leal a la causa inglesa. Fue arrestado con ropas de paisano, cuando llevaba mapas que mostraban las posiciones de las tropas. Hale fue ahorcado luego de confesar. Aunque su dignidad y valor despertaron una profunda admiración, sus famosas declaraciones finales probablemente son un invento de la mitología producto de la Revolución, pues su autenticidad no ha podido demostrarse.

John Hancock (1736–93) El hombre más rico de Nueva Inglaterra antes de la guerra era aliado de los Adams y comerciante heredero de la fortuna que un tío adquirió con el contrabando. Su dinero le aseguró un lugar destacado entre los patriotas, cuya causa financió. Asistió al Congreso Continental y fue presidente del Congreso. Hancock aspiraba a dirigir el Ejército Continental a pesar de no tener ninguna experiencia en asuntos militares y se molestó cuando Washington fue nombrado como comandante. Fue el primero en firmar la Declaración, pero prestó un servicio discreto durante la guerra. Al final de ésta fue elegido como gobernador de Massachusetts.

Patrick Henry (1736–99) Henry tuvo un difícil comienzo debido a su origen humilde. Era hijo de un agricultor y gracias a amigos influ-

yentes obtuvo una licencia para ejercer el derecho, logrando prestigio y ganando una silla en la Casa de los Burgueses. Radical, precoz
y empresario hábil, representó los intereses de los colonos en oposición al establecimiento y se hizo famoso por sus discursos enardeci-
dos. Asistió a los dos Congresos Continentales y luego del primero
regresó a Virginia, donde pronunció su discurso más famoso el 20
de mayo de 1755.

Fue elegido como el primer gobernador de Virginia y comi-
sionó a George Rogers Clark para expulsar a los ingleses. Luego de
la guerra se opuso a la Constitución, pero más tarde enmendó su
posición. Debido a su precaria salud, no pudo aceptar un cargo que
le fue ofrecido durante la administración de Washington.

VOCES AMERICANAS
PATRICK HENRY, dirigiéndose a la
Casa de los Burgueses.

¿Es la vida tan preciada y la paz tan dulce para ser com-
prada al precio de las cadenas y la esclavitud? . . . Ignoro
el camino que otros puedan tomar, pero en lo que a mí
concierne, ¡dénme la libertad o dénme la muerte!

Thomas Jefferson (1743–1826) Nacido en el seno de una familia acomodada en el condado de Albermarle, Virginia, el autor de la
Declaración pronto se distinguió como erudito y en 1767 recibió la
licencia para ejercer como abogado en Virginia. Aunque el estilo
rimbombante de Henry no era muy de su agrado, Jefferson se vin-
culó al círculo patriota liderado por éste, luego de ser elegido como
miembro de la Casa de los Burgueses, donde de acuerdo con la
tradición colonial, a los votantes se les daba ponche de ron. Su
destreza literaria, plasmada en sus panfletos políticos, hizo que John
Adams encomendara a Jefferson redactar la Declaración, cosa que
éste aceptó sin mucho entusiasmo.

Pasó la mayoría de los años de la guerra en Virginia, donde se
desempeñó como legislador y gobernador. Luego de la muerte de
su esposa, acaecida en 1783, asistió al Congreso Continental y fue

embajador en Francia, donde tuvo la ocasión de observar directamente la Revolución Francesa que él mismo había ayudado a inspirar. Regresó a América en 1789 para desempeñarse como secretario de Estado de Washington y se opuso al gobierno central que surgió luego de la Constitución, pues le parecía demasiado poderoso. Esta posición le valió un enfrentamiento con John Adams, su antiguo colega y con Alexander Hamilton, jefe de los federalistas, con quien tuvo una disputa más fuerte aún.

En 1796 ocupó el segundo lugar después de Adams y fue vicepresidente, pero se disgustó por el papel mayoritariamente ceremonial de aquel cargo. En 1800, Jefferson y su colega demócrata republicano Aaron Burr lograron igual número de votos en el Colegio Electoral, pero Jefferson asumió la presidencia luego de la votación realizada en la Cámara. Sirvió dos términos y regresó a su propiedad de Monticello para terminar su última empresa, la Universidad de Virginia, que fue una obra maestra de la arquitectura. Durante su agonía, Jefferson preguntaba la fecha y al igual que John Adams, murió el 4 de julio de 1826, día en que se celebró el cincuentenario de la Declaración.

Richard Henry Lee (1732–94) Miembro de una de las familias más distinguidas de Virginia y de la Casa de los Burgueses, Lee fue un valioso aliado de Patrick Henry y de Samuel Adams. Asistió al Congreso Continental en 1776, donde propuso la Resolución de la Independencia y fue uno de los firmantes de la Declaración.

James Otis (1725–83) Este abogado, escritor y orador de Boston fue uno de los hombres más brillantes de su época, pero el deterioro mental que padeció más tarde le impidió ocupar un lugar más destacado en la historia de la Revolución. Fue el primer aliado de Samuel Adams y el más fogoso de los radicales de Boston. En sus panfletos expresó los derechos de los colonos y acuñó la frase "Sin representación no pueden cobrarse impuestos." Aunque asistió al Congreso de la Ley de Sellos celebrado en 1765, comenzó a mostrar síntomas de su deterioro mental en 1771. Caminaba por las calles de Boston disparando su pistola y rompiendo ventanas, y su familia tuvo que recluirlo en una granja rural. Estuvo internado en varios asilos y murió en su granja fulminado por un rayo.

Thomas Paine (1737–1809) Uno de los personajes más idealistas de la Revolución, este inglés era implacable con sus enemigos. Sus ideas radicales le causaron problemas en Londres y emigró a América con la ayuda de Benjamin Franklin, quien lo instó a que escribiera *Sentido Común*. Paine jugó un papel importante en la independencia de las colonias.

Mientras el Ejército Continental estaba replegado, Paine escribió una serie de panfletos solicitados por Washington, que más tarde conformarían *La Crisis*. Viajó a Francia en 1781 y consiguió un cargamento de oro para la causa rebelde. Luego de la guerra regresó a Inglaterra y escribió *Los Derechos del Hombre*, libro por el que fue acusado de traición. Se refugió en Francia, donde sus ideas contra la monarquía fueron bien recibidas ya que en este país se estaba gestando la grandiosa Revolución. Pero Paine se opuso a sus principios y fue enviado a prisión, donde escribió *La Edad de la Razón*, mientras esperaba ser condenado a la guillotina. Fue perdonado y regresó a América. Famoso por sus críticas implacables, escribió la *Carta a Washington*, que le valió el distanciamiento de todas las autoridades. Murió pobre y solo.

Voces Americanas
Del libro *La Crisis*, de Thomas Paine.

Estos son los tiempos que ponen a prueba las almas de los hombres. El soldado del verano y el patriota del sol brillante, en esta crisis van a abjurar del servicio a su patria . . . La Tiranía, como el infierno, no se conquista fácilmente.

Paul Revere (1735–1818) Es probable que el verso más conocido de la literatura "barata" norteamericana sea: "Escuchen a mis hijos y todos oirán . . ." Pero como la mayoría de los poemas épicos, el homenaje de Longfellow al platero de Boston acomoda los hechos a su antojo. Este bostoniano era hijo de un hugonote (protestantes expulsados de Francia). Su verdadero nombre era Apollos Rivoire pero se lo cambió tras llegar a América. Platero al igual que su padre, Paul Revere también fabricó dientes postizos. Fue veterano de la Guerra Francesa e India y pertenecía al círculo rebelde de Samuel Adams, donde se desempeñó como mensajero. Participó activamente en todos los acontecimientos que desembocaron en la guerra y su famoso grabado de la Masacre de Boston, que realizó inspirado el grabado de otro artista, se convirtió en un símbolo para todos los patriotas. Pero fue su viaje a Lexington lo que le dio fama nacional, aunque en realidad hizo dos viajes. En el primero, les advirtió a los patriotas que ocultaran sus municiones en Concord y el segundo fue el famoso "paseo de medianoche." Revere y sus dos acompañantes se marcharon después de recibir las señales provenientes de la Iglesia del Sur. Fue capturado, pero logró llegar a Lexington y avisarle a John Hancock, a Samuel Adams y a los milicianos que las tropas británicas estaban acercándose.

Su historial de guerra también se vio empañado. A pesar de su labor como mensajero de confianza, Revere no recibió ninguna comisión de parte del Congreso y además formó parte de una milicia durante la guerra. En una de sus pocas acciones, Revere recibió instrucciones de ordenarles a sus hombres que atacaran a los ingleses en Penobscot. Regresó a Boston con sus tropas cuando los barcos americanos fracasaron en su intento de interceptar a los británicos. Fue destituido como comandante y acusado de cobardía, lo que afectó seriamente su reputación. Fue absuelto de los cargos en 1782.

Joseph Warren (1741–75) Este médico bostoniano fue uno de los protegidos y favoritos de Samuel Adams. Activo participante en los eventos previos a la guerra que tuvieron lugar en Boston, Warren se convirtió en un héroe luego de penetrar en las filas inglesas para curar a los heridos americanos. Su fama se vio interrumpida por su muerte prematura, convirtiéndose en uno de los primeros mártires patriotas. A pesar de su falta de experiencia, fue nombrado general y murió durante la batalla de Breed's Hill.

Mercy Otis Warren (1728–1814) Hermana del líder patriota James Otis, Mercy superó los grandes obstáculos que tenían las mujeres en el siglo XVII y se convirtió en una escritora de influencia considerable. Esta dramaturga no pudo ver la representación de ninguna de sus obras, pues estaban prohibidas en la Boston puritana. Fue una crítica declarada de la Constitución y autora de varios escritos que proponían impedir su ratificación. En 1805 publicó la primera historia de la Revolución, un libro llamado *Rise, Progress and Termination of the American Revolution,* compuesto de tres tomos. Aunque rico en material anecdótico y en los detalles de este período, tenía una fuerte carga anti-federalista y fue escrito con todo el fervor del sentimiento patriótico que se vivió al finalizar la guerra.

LOS SOLDADOS

Ethan Allen (1738–89) Veterano singular de la Guerra Francesa e India y de estatura descomunal, conformó un ejército privado en Vermont, llamado los Chicos de Green Mountain, durante una disputa fronteriza con la colonia vecina de Nueva York. Después de la batalla de Lexington, Allen y sus hombres—a quienes se unió Benedict Arnold—capturaron Fort Ticonderoga, que estaba pobremente custodiado, pero Allen fue relevado del mando de su ejército. En 1775 fue capturado durante un ataque a Montreal y enviado a Inglaterra para ser enjuiciado. Estuvo preso durante dos años y más tarde intentó negociar un tratado de paz con Inglaterra por separado. Se unió a Washington en Valley Forge en mayo de 1778 y regresó a Vermont, donde luchó para que este estado se independizara de Nueva York y de New Hampshire. Se rumora que Allen trató de negociar con los ingleses para que Vermont fuera aceptada como una provincia canadiense. Murió de apoplejía antes de que su estado fuera admitido como el estado número catorce.

George Rogers Clark (1752–1818) Topógrafo y colonizador, dirigió las exitosas operaciones militares contra los ingleses y sus aliados indios en la frontera Oeste, en lo que actualmente es Kentucky.

Horatio Gates (c. 1728–1806) Este soldado británico sufrió graves heridas durante la Guerra Francesa e India. Gates se sumó a la causa patriota y dirigió las fuerzas americanas que ganaron la decisiva batalla de Saratoga en 1777. Ese mismo año tomó parte en un intento frustrado por arrebatarle el control del ejército a George Washington. Fue nombrado comandante del ejército sureño en

1780, pero fue relevado de su cargo después de sufrir una fuerte derrota en Camden, Carolina del Sur. Fue reincorporado como el segundo hombre más poderoso del ejército tras el fin de la guerra.

Nathanael Greene (1724–86) Cuáquero de Rhode Island sin experiencia militar, fue un autodidacta en historia militar y se destacó como uno de los estrategas más exitosos de la guerra, siendo ascendido al rango de general. Comandó los tres regimientos de Rhode Island desde el comienzo de la guerra, pero fue llamado por Washington para realizar un avance rápido. Estuvo a su lado en las derrotas de Long Island y de Manhattan así como en la victoria de Trenton y su mayor contribución la realizó en calidad de comandante del Ejército sureño. Atacó a Cornwallis desde las Carolinas utilizando tácticas de guerrillas. Lo obligó a replegarse en Virginia y luego lo enfrentó en Yorktown. Al término de la guerra era el hombre más famoso después de Washington. Tuvo grandes dificultades económicas, pues había puesto casi toda su fortuna en manos de un socio que se declaró en bancarrota. En 1785 se estableció en una propiedad cercana a Savannah, Georgia, confiscada a un realista, pero murió a causa de una insolación al año siguiente.

Alexander Hamilton (1757–1804) Nacido en las Indias Occidentales, demostró que un origen humilde no era ningún impedimento en la América de aquella época. Hijo ilegítimo de una tendera y abandonado por su padre, Hamilton recibió ayuda de benefactores adinerados, quienes lo enviaron a estudiar a King's College (la actual Universidad de Columbia) en Nueva York. Se convirtió en un ferviente patriota y dirigió una compañía de artillería en esta ciudad a los 19 años.

Favorito de Washington, fue su secretario privado y ayudante durante su estadía en Trenton y posteriormente fue comandante. Su matrimonio con la hija de Philip Schuyler, un neoyorquino muy poderoso, le permitió codearse con la alta sociedad.

Luego de la guerra ejerció como abogado en Nueva York, logrando un éxito aún mayor y se convirtió en una de las principales figuras de la Convención Constitucional de 1787. Hamilton fue uno de los Padres de la Constitución de *Los Documentos Federalistas*, en los que se proponía la ratificación de la Constitución. (Ver el

Capítulo Tres.) Fue secretario del Tesoro durante el gobierno de Washington y figura crucial durante sus dos primeras administraciones, ya que estableció las políticas económicas de la Nación. Más tarde se vio envuelto en intrigas políticas y amorosas que afectaron su carrera.

Volvió a ejercer el derecho y fue una de las principales figuras del Partido Federalista. Sus ideas le valieron la enemistad de Aaron Burr, con quien tuvo un duelo fatal.

John Paul Jones (1747–92) Este escocés fue el primer héroe naval de América y aventurero incansable que comenzó su carrera en un barco de esclavos. Llegó a América luego de asesinar a un tripulante del barco en que viajaba y agregó el Jones a su nombre. Cuando el Congreso encargó la formación de una pequeña fuerza naval, se ofreció como voluntario y recibió una nave llamada *Providence*, con la que atacó a los británicos. Navegó a bordo del *Ranger* y realizó ataques en aguas inglesas. Más tarde, los franceses le dieron un barco que reacondicionó y bautizó como *Bonhomme Richard*, con el que atacó al *Serapis*, un barco británico mucho más grande, en una batalla que ganó, aunque también perdió su nave. Los franceses lo consideraban un verdadero héroe y fue enviado a ese país como emisario, donde fue condecorado en 1787. Terminó su carrera marítima al servicio de la Armada de la emperatriz rusa Catalina y murió en París. Sus restos fueron trasladados a Annapolis, Maryland, en 1905.

VOCES AMERICANAS
JOHN PAUL JONES, durante la batalla contra
el *Serapis*.

Todavía no he empezado a combatir.

Henry Knox (1750–1806) Este librero que presenció la Masacre de Boston se convirtió en el general que comandó la artillería de Washington y fue uno de los ayudantes favoritos del comandante en jefe. Le decían "Ox" (El buey) debido a su gran estatura y complexión—medía seis pies, tres pulgadas y pesaba doscientas ochenta libras—y porque utilizó una carreta tirada por bueyes para llevar a Boston los cañones confiscados a los británicos en Fort Ticonderoga. Durante el primer combate de Washington en calidad de comandante, estas armas fueron utilizadas en Dorchester Heights, gracias a lo cual obligaron al ejército del general Howe a evacuar la cuidad sin que los patriotas hubieran lanzado un solo disparo.

En Yorktown, Knox comandó el bombardeo a las fuerzas del general Cornwallis y sirvió en el Congreso tras el fin de la guerra. Fue nombrado secretario de Guerra tras los Artículos de la Confederación, asesor cercano de Washington y fue también el primer secretario de Guerra luego de la elección de Washington. Knox fundó la Sociedad de Cincinnati, organización conformada en 1783 por antiguos oficiales del Ejército Continental. Aunque inicialmente esta sociedad no tenía vínculos políticos, más tarde se alió con el Partido Federalista y fue criticada por ser de una nobleza militar y aristocrática. A fin de contrarrestar esta sociedad, varios veteranos pertenecientes a la clase trabajadora establecieron una serie de sociedades "Tammany" en ciudades como Nueva York y Filadelfia, que muy pronto se convirtieron en una fuerza antifederalista. (La ciudad de Knoxville y el Fort Knoxville fueron bautizados en honor a este personaje.)

Marqués de Lafayette (1757–1834) Uno de los personajes más idealistas de la Revolución, este francés llegó a América a la edad de 19 años. Su fortuna le permitió viajar en un barco de su propiedad. Así como otros jóvenes aristócratas europeos para quienes la guerra era un asunto de honor personal y de posición social, Lafayette llegó a América en busca de gloria y aventura. Se ofreció a trabajar voluntariamente a cambio de ser nombrado general y muy pronto se ganó el cariño de Washington, quien estableció con el francés una relación de padre e hijo. Aunque le fue dada una misión de poca importancia, Lafayette demostró ser un comandante capaz y leal.

Realizó un viaje a Francia y jugó un papel fundamental para que Francia ofreciera la ayuda militar con la que los americanos consiguieron la victoria en Yorktown. Durante la rendición, la banda de Lafayette interpretó *Yankee Doodle Dandy*, una canción que los ingleses utilizaban para burlarse de los americanos. Después de la guerra, Lafayette regresó a Francia y llevó tierra norteamericana con la que fue sepultado en el momento de su muerte.

Charles Lee (1731–82) Soldado inglés que llegó a ser general del Ejército patriota, Lee combatió en la Guerra Francesa e India al lado de Braddock, habiendo combatido también en Europa. Era un soldado profesional con mayor experiencia que la mayoría de los comandantes americanos, incluido Washington, por quien más tarde sintió un profundo desprecio. Fue nombrado general mayor, cargo del que hizo honor con su defensa de Charleston al comienzo de la guerra. Fue capturado por los ingleses, quienes lo mantuvieron cautivo durante quince meses. Se dice que les ofreció a sus captores un plan para derrotar a los americanos. En la batalla de Monmouth, Lee ordenó la retirada de sus tropas, una decisión confusa y costosa, por la que fue juzgado por una corte marcial y destituido de su cargo. Regresó a Virginia y murió en una taberna antes de que se firmara el Tratado de Paz.

Francis Marion (1732?–95) Conocido como "El zorro de los pantanos," llevó a cabo una exitosa guerra de guerrillas contra los británicos y contra los *tories* al mando del general Cornwallis, en las Carolinas. Gracias a los esfuerzos emprendidos en las colonias sureñas por Marion y otras guerrillas entre las que figuraban las de Charles Sumter, los ingleses vieron frustrada su intención de controlar el Sur. Un oficial inglés dijo que Marion "no combatía como un cristiano."

Daniel Morgan (1735–89) Veterano que sufrió una estruendosa derrota en la Guerra Francesa e India en compañía de Braddock, Morgan se había desempeñado como conductor de trenes de carga, por lo que recibió el apodo de "El vagonero." Durante la mencionada guerra, recibió 500 latigazos luego de pelear con un oficial británico, lo que despertó un profundo rencor en Morgan. Era uno de lo comandantes más valiosos de Washington y lideró una tropa de rifleros, compuesta por colonos fronterizos vestidos con ropas de gamuza, quienes jugaron un papel crucial en la victoria de Saratoga. Fue ascendido a general, comandó la mitad de las tropas sureñas, dirigió la importante victoria de Cowpens y fue uno de los Padres de la Constitución del triunfo en la sangrienta batalla de Guilford Court. En ella, el general Cornwallis sufrió tantas bajas que tuvo que abandonar sus planes de controlar a las Carolinas, viéndose obligado a retirarse a Virginia.

Molly Pitcher (1754–1832) Durante el intenso verano que se vivió en la batalla de Monmouth (1778), Mary McCauley Hays le dio agua al soldado John Hays—su esposo—y a sus compañeros, por lo que recibió el apodo de "Molly Pitcher." Su esposo fue herido en combate y Molly se unió al resto de la tropa. Una historia apócrifa—que no aparece en ningún texto de historia—sostiene que le pasó una bala de cañón por entre las piernas, rasgándole las enaguas, y que ella les dijo a los soldados que afortunadamente la bala no había sido más alta, pues le hubiera rasgado otra parte. Al finalizar la guerra, Mary trabajó haciendo limpiezas y la Asamblea de Pennsylvania le otorgó una pensión anual de 40 dólares.

Israel Putnam (1718–90) Este coronel de una milicia de Connecticut abandonó su oficio como agricultor y se dirigió a Boston después de los incidentes de Lexington. Fue uno de los comandantes de la batalla de Breed's Hill y la orden que les dio a sus soldados: "No disparen hasta que les vean la parte blanca de los ojos," lo catapultó a la fama. Fue un consejo militar bastante popular en su época.

Cuando las tropas británicas rompieron filas luego de sufrir numerosas bajas, Putnam cometió el error de persuadir a las suyas de permanecer en el mismo lugar. Pero debido a su desacertada labor para reforzar las posiciones del Ejército patriota, éste perdió una batalla que hubiera podido ganar con facilidad y Putnam estuvo a un paso de ser juzgado por una corte marcial. No obstante, el Congreso lo ascendió a general por razones de políticas regionales. Aunque no fue un estratega ni un comandante destacado, fue un asesor leal a Washington durante la guerra.

Conde de Rochambeau (1725–1807) Comandante de las 7,000 tropas francesas que fueron enviadas para auxiliar a los rebeldes, Rochambeau era un militar mucho más experimentado que Washington. Coordinó la estrategia de la armada francesa bajo el mando del almirante de Grasse y fue uno de los mayores responsables del ataque a los ingleses en Yorktown, precisamente cuando Washington era partidario de atacar a Nueva York.

Deborah Sampson (1760–1827) Esta antigua sirviente que se hacía llamar Robert Shurtleff se enlistó en el Ejército Continental en 1782 y fue la única mujer en combatir formalmente durante la Revolución. Combatió en el Fourth Massachusetts y logró camuflar su identidad, aunque sus compañeros le llamaban "Molly" debido a su cara lampiña. Su verdadera identidad fue descubierta tras sufrir una fiebre y fue dada de baja en 1783. Se casó al año siguiente y recibió una pequeña pensión militar. Comenzó a dar conferencias en 1802—fue una de las primeras mujeres en hacerlo—en las que comentaba su experiencia como soldado y el ocultamiento de su verdadera identidad. En 1838, el Congreso otorgó a sus herederos una pensión militar completa.

George Washington (1732–99) Su anécdota del cerezo fue uno de los muchos inventos de Parson Weems, "biógrafo" de Washington, quien también dijo que había sido rector de una parroquia—que nunca existió—en Mount Vernon. La moneda que Washington lanzó al río Rappahannock—y no al Potomac—, fue otra de las invenciones de Weems. El "Padre de la patria" se vio envuelto en más rumores y leyendas que cualquier otro personaje de la historia norteamericana y casi todas provienen de la pluma de Mason Locke Weems, cuyo libro *Memorable Actions of George Washington* fue publicado en 1800. Muchas de las historias fueron inventadas por este autor para resaltar las grandes cualidades de Washington.

Nació en el seno de una familia de origen humilde aunque próspera. Su fortuna familiar se vio reducida tras la muerte de su padre, quien cultivaba tabaco, pero logró recuperarse gracias a la ayuda de familiares e incluso heredó la propiedad familiar localizada en Mount Vernon. Asistió por poco tiempo a la escuela primaria pero no cursó estudios universitarios. Sus parientes pensaban enviarlo a la Marina Real, pero su madre se opuso, arguyendo—tal vez acertadamente—que un joven americano nunca llegaría lejos en la Marina británica, que era conservadora y aristocrática. Ella tenía un carácter recio, y fumaba en una pipa elaborada con mazorca de maíz. Su hijo la respetaba pero no tuvieron una relación muy cariñosa, y Washington prefirió vivir con un medio-hermano desde una edad muy temprana.

Era un jinete consumado y tenía una gran facilidad para las matemáticas. De niño solía contar los cristales de las ventanas y los peldaños de las escaleras. Combinó su amor por la naturaleza con su talento para las matemáticas. Se hizo topógrafo y pudo comprar algunas de las tierras que media. Lo más notable del comienzo de su carrera militar es que pudo sobrevivir a ésta. Sin embargo, al término de la Guerra Francesa e India ya se había convertido en una especie de héroe militar.

Consiguió casi toda su fortuna al casarse con Martha Dandridge Custis, la joven viuda de uno de los hombres más ricos de Virginia. Washington era uno de los hombres más adinerados de América en la época de la Revolución, aunque gran parte de su fortuna consistía en tierras y en esclavos y no en dinero. Tal como era costumbre entre miembros de su clase, se postuló para la Casa de los Burgueses y fue enviado a los dos Congresos Continentales. Luego de trabajar como voluntario sin sueldo, fue elegido por unanimidad como comandante del Ejército Continental pues se necesitaba a un sureño para este cargo por motivos de orden político.

Existen diferentes opiniones acerca de sus capacidades como comandante militar. Los tradicionalistas sostienen que estuvo al mando de un ejército harapiento, pobremente armado, que combatió valerosamente, que eligió acertadamente a sus comandantes y que tuvo que dedicar mucho tiempo y energías a que el Congreso le diera dinero para armar a su ejército. También afirman que fue un maestro de las retiradas estratégicas y que engañó exitosamente a los ingleses, haciéndoles creer que los atacaría en Nueva York, cuando en realidad lo hizo en Yorktown.

Los revisionistas arguyen que fue un líder excesivamente duro, que mantuvo una férrea disciplina en sus tropas, que estuvo al borde de perder la guerra en varias ocasiones, que se salvó gracias a la enorme incompetencia de los británicos, que era más político que militar y que los franceses lo llevaron a Yorktown en contra de su voluntad. Varios historiadores señalan que Charles Lee o Horatio Gates eran más audaces que él, y que si el Ejército americano hubiera estado comandado por alguno de ellos, se hubiera ganado la guerra con mayor rapidez. Es una teoría curiosa y que nunca tendrá respuesta, aunque por otra parte, el desempeño de Lee en el campo de batalla y la ayuda que les brindó a los ingleses mientras permaneció cautivo no contribuyen precisamente a consolidar su imagen como hombre capaz.

Es evidente que Washington no era un genio militar como César o Napoleón. Combatió en nueve batallas y sólo gano tres. Pero esto no quiere decir que no haya sido un gran líder. Un incidente que supuestamente tuvo lugar al comienzo de la guerra dice mucho de su carácter. Cuando unos rebeldes americanos se enfrentaron en Boston, Washington llegó en su caballo y se encontró en medio de la trifulca. Dotado de una presencia física imponente, se dice que agarró a dos hombres que estaban peleando, los levantó del suelo y les gritó ciertas órdenes a los demás. El general mayor John Sullivan, nativo de New Hampshirey testigo del incidente, comentó después: "Desde el momento en que vi a Washington saltar de su caballo, tuve la certeza de que contábamos con el hombre apropiado para liderar la causa de la libertad norteamericana."

Lo cierto es que Washington jugó bien sus cartas, se sobrepuso a las limitaciones de un ejército débil y mal entrenado, a las intrigas políticas, a numerosas traiciones, a una oposición muy bien organizada y logró sus objetivos. Siempre alcanzaba lo que se proponía y ésta era tal vez la cualidad que en ese entonces necesitaba tener el líder de la Nación. Sin embargo, no parece haber sido muy apreciado por sus soldados. Éstos se rebelaron en varias ocasiones, y Washington tuvo que reprimirlos con unas milicias bien entrenadas y alimentadas que tenía expresamente para ese fin. Inspiraba una lealtad sin límites entre sus oficiales y quizá sea ésa la verdadera fortaleza de un comandante. Los americanos lo consideraron como el primer héroe de proporciones míticas de la Nación, algo que los países nacientes necesitan para poder consolidarse.

Después de la guerra, el pintor americano Benjamin West sostuvo un encuentro con el rey Jorge III en Londres y éste le preguntó a qué se dedicaría George Washington. West le respondió que el general iba a renunciar para dedicarse a sus asuntos privados, y el rey exclamó sorprendido: "Si lo hace, será el hombre más célebre del planeta." Luego de su emotiva despedida en la Taberna Fraunces en Nueva York, hizo precisamente eso: se retiró a Mount Vernon hasta que fue llamado para ser presidente, en una época en la que tal vez ningún otro líder hubiera podido unir al país bajo el nuevo gobierno.

¿Qué es el *Sentido Común*?

Cuando el Congreso Continental se reunió por segunda vez en mayo de 1775, el ambiente era muy diferente. El Primer Congreso había sido cauteloso e incluso conciliador, y prevalecieron las opiniones conservadoras y moderadas. Pero el péndulo giraba hacia las posiciones radicales, pues había nuevos delegados. Benjamin Franklin, que antes se comportaba con cautela, ahora se mostraba rebelde, al igual que Thomas Jefferson.

Todo sucedía muy rápidamente. Las batallas de Lexington y de Concord, la fácil victoria de Ticonderoga, las numerosísimas bajas sufridas por los ingleses en Breed's Hill y la evacuación de Boston por parte de las tropas británicas en marzo de 1776 ofrecían muchas esperanzas a la causa de los *whigs* (patriotas). Pero el acontecimiento final—la Independencia—era todavía una idea radical para muchos. Es importante recordar que en aquella época, la inmensa mayoría de los americanos era de primera o segunda generación. Sus vínculos familiares, su cultura, e identidad nacional eran inglesas.

Muchos americanos tenían parientes y amigos en Inglaterra y las relaciones comerciales entre las dos naciones eran bastante estrechas.

Las fuerzas que promovían la Independencia necesitaban un estímulo que se manifestó a través de diversos factores. El primero se debió a una serie de graves errores de cálculo por parte de los ingleses. Inicialmente, el rey decretó la suspensión del comercio con las colonias. Luego, y a falta de tropas suficientes, la comandancia británica decidió incorporar mercenarios alemanes que fueron vendidos por sus príncipes al rey Jorge. La mayoría eran de la región de Hesse-Cassel, por lo que fueron conocidos como los "hessianos" o "salvajes de Hesse."

Casi una tercera parte de las fuerzas británicas que combatieron en las colonias estaban compuestas por hessianos. Su fama de temibles combatientes se sumaba a la escalofriante percepción que de ellos se tenía como saqueadores y violadores, y que seguramente había sido difundida por los ingleses. Irónicamente, muchos de ellos se establecieron en América. Benjamin Franklin le entregó a George Washington un proyecto que contemplaba la concesión de tierras a los mercenarios que desertaran de las filas británicas. La noticia de la llegada de 12,000 hessianos tuvo un fuerte impacto en Norteamérica y redujo notablemente las posibilidades de negociación con Inglaterra. En respuesta a esta noticia, una convención realizada en Virginia dio instrucciones a sus delegados al Congreso para que declararan la libertad e independencia de las Colonias Unidas.

El segundo factor fue de carácter literario. En enero de 1776, una imprenta patriota publicó un panfleto anónimo titulado *Sentido Común*. Thomas Paine —su autor— exponía las razones para la Independencia de una forma simple, elocuente y decidida. Paine decía que la sucesión hereditaria al trono era una idea absurda. Asimismo, el autor derribaba todos los argumentos a favor de una reconciliación con Inglaterra, exponía los beneficios económicos que traería la Independencia, e incluso planteaba la creación de una comisión que evaluara la posibilidad de crear una fuerza naval norteamericana.

Thomas Paine llegó a América con la ayuda de Benjamin Franklin y consiguió trabajo con un librero de Filadelfia. Franklin le sugirió a Paine —quien llevaba pocos meses en América— que escribiera una breve historia del levantamiento contra Inglaterra. Es casi imposible exagerar la importancia y el impacto que tuvo su panfleto *Sentido Común*. Todos los miembros del Congreso lo leyeron, así como el general Washington, quien comentó el gran efecto que había tenido en sus hombres. Fue leído también por una gran cantidad de personas. Las primeras 150,000 copias se vendieron con rapidez y el panfleto tuvo numerosas reimpresiones hasta llegar a los 500,000 ejemplares. (Teniendo en cuenta que la población norteamericana de ese entonces era de unos tres millones incluyendo a los esclavos, hoy en día el panfleto hubiera vendido más de 35 millones de copias.) Así, la opinión pública se había unido por vez primera a la causa de la Independencia.

VOCES AMERICANAS

Carta escrita por ABIGAIL ADAMS a su esposo John,
quien asistió al Congreso Continental
(31 de marzo de 1776).

En el nuevo Código de Leyes que según creo ustedes necesitan elaborar, desearía que se acordaran de las mujeres y que sean más generosos y justos con nosotras que sus antepasados. No les confieran poderes ilimitados a los esposos. Recuerda que todos los hombres serían tiranos si pudieran. Si las mujeres no somos tratadas con respeto y justicia, estamos dispuestas a rebelarnos y a no obedecer unas leyes en las que no tenemos voz ni representación.

Luego de recibir esta carta, John Adams le respondió sorprendido: "Cuenta con eso. Los hombres somos incapaces de reprimir nuestros instintos masculinos."

¿Qué dice exactamente la Declaración de la Independencia? ¿Qué omitió el Congreso?

El 7 de junio de 1776, Richard Henry Lee, delegado de Virginia y miembro de una de las familias más poderosas de la colonia, propuso una resolución que constara de tres partes: (1) Declarar la independencia de las colonias; (2) Establecer alianzas con otras naciones; (3) Elaborar un proyecto para una confederación. El Congreso aceptó las propuestas luego de un debate que duró varios días. Pero siguiendo la tradición de postergar los asuntos importantes, el órgano legislativo decidió formar un comité para cada una de las propuestas.

El comité encargado de elaborar un documento que declarara que Norteamérica se independizaría de Inglaterra estaba lógicamente conformado por John Adams y por Benjamin Franklin, quien ya era un escritor de fama mundial. También pertenecían a este comité Robert Livingstone, un conservador de Nueva York, así como Roger Sherman, de Connecticut. Se necesitaba un sureño para que el comité fuera equilibrado y John Adams apoyó decididamente a Thomas Jefferson, cuya elección era considerada riesgosa. Jefferson había alcanzado prestigio como escritor y redactado un panfleto para el Congreso, titulado *A Summary View of the Rights of British America*. Aunque Adams era su rival político, aquél lo respetaba mucho porque reconocía que escribía mucho mejor que él.

Jefferson no quería dedicarse a otros asuntos pues estaba preocupado por la salud de su esposa y prefería trabajar en la nueva Constitución de Virginia que se estaba redactando en Filadelfia. Pero finalmente cambió de parecer, armó un escritorio portátil diseñado por él, y en poco tiempo redactó un borrador que presentó a su comité, el cual recomendó algunos cambios y que luego lo presentó al Congreso para su debate. Los delegados solicitaron unos cambios que Jefferson consideró deplorables. El punto más controvertido fue la afirmación realizada por Jefferson en el sentido de que el rey era el responsable del comercio de esclavos. Los delegados sureños, a quienes se les unieron los norteños que se beneficiaban de ese negocio al que Jefferson definió como "execrable," eliminaron dicha cláusula.

Considerada en términos retrospectivos, la posición del Congreso y de Jefferson no era nada coherente y cabe preguntarse: ¿Cómo es posible que un hombre producto de la "Ilustración," que escribió con elocuencia que "todos los hombres fueron creados iguales" y "a quienes el Creador les confirió el derecho a ser libres," pudiera tener, al igual que Washington y que otros congresistas, un gran número de esclavos? No existe ninguna respuesta satisfactoria. Años atrás, cuando era abogado y miembro de la Casa de los Burgueses, Jefferson había atacado sin éxito varios aspectos de la esclavitud. Es probable que creyera que los esclavos no fueran humanos, idea que no era inusual en aquel entonces. Además, fue un hombre de su época y al igual que todos los humanos de toda condición, no era perfecto.

La resolución de Lee fue aprobada por el Congreso el 2 de julio. En la noche del 4 de julio se adoptó la Declaración de la Independencia, en la que se exponían los motivos de ésta. Se dice que John Hancock hizo un llamado a la unión mientras la firmaba: "No podemos tomar caminos diferentes. Debemos permanecer unidos," dijo.

"Sí," le replicó el inagualable Franklin. "Debemos permanecer unidos, pues de los contrario nos colgarán por separado." (Aunque no se sabe si la anécdota es cierta, la mayoría de los biógrafos coincide en señalar que es muy propia de la sabiduría y agudeza que lo caracterizaban.)

Aunque Jefferson tuvo muchas dudas debido a las enmiendas que se vio obligado a realizar, varias de las cuales los historiadores sostienen que fueron para el bien de la Nación, finalmente terminó el documento, que fue muy bien recibido en las colonias, y en el que Jefferson plasmó todas las frustraciones que los patriotas habían acumulado durante varios años.

Lectura Recomendada: *American Scripture: Making the Declaration of Independence,* de Pauline Maier.

¿Por qué existe una estatua con la bota de Benedict Arnold?

Benedict Arnold (1741–1801), quien había sido admirado y considerado como una persona confiable, se convirtió en el traidor más famoso en la historia de los Estados Unidos. Sin embargo, uno de los monumentos más extraños de Norteamérica es una bota en su honor, localizado en Saratoga, Nueva York.

Nacido en Norwich, Connecticut, Arnold fue un boticario que estableció una farmacia y una librería en New Haven en 1762, a la vez que se dedicó al comercio con las Indias Occidentales. En 1774 era uno de los hombres más ricos de New Haven y capitán de una milicia de su estado. Fue nombrado como coronel de las fuerzas patriotas poco después de comenzar la guerra. En compañía de Ethan Allen lideró la captura de Fort Ticonderoga, Nueva York, el 10 de mayo de 1775, considerada como una de las victorias más importantes del Ejército rebelde.

Ese mismo año comandó una tropa conformada por 1,100 soldados que se dirigió a Canadá, entre la que figuraban tres destacadas compañías de rifleros del Oeste al mando del coronel Daniel Morgan. Esa campaña, que pretendía persuadir a los canadienses de unirse a las colonias en su lucha por la libertad, tuvo resultados desastrosos luego del ataque a Québec. Arnold sufrió una herida de consideración pero se hizo famoso por su audacia y valor, lo que le valió el ascenso a brigadier general, a pesar de las críticas que le hacían por su exceso de audacia que rayaba en la imprudencia.

Arnold sufrió varias decepciones. En febrero de 1777 el Congreso ascendió a cinco nuevos generales y no lo promocionó como había anunciado. Arnold, quien tenía más jerarquía que cualquiera de los cinco hombres ascendidos, por poco abandona el ejército. El general Washington lo convenció para que permaneciera en él y en mayo de 1777 el Congreso lo ascendió a mayor general en recompensa por expulsar a las fuerzas británicas de Connecticut. Pero el Congreso no le restauró su jerarquía y Arnold se disgustó. De nuevo, Washington lo instó a permanecer en las filas.

Más tarde, Arnold combatió al mando del general Horatio Gates contra las fuerzas inglesas comandadas por el general John Burgoyne. En octubre de 1777, durante dos días de fieros combates cerca de Saratoga, Arnold demostró una gran valentía y sufrió heridas en la misma pierna afectada en el ataque a Québec. Los patriotas ganaron estos combates y obligaron al general Burgoyne a rendirse pocos días después. El general Gates se llevó los honores por la victoria, pero el Congreso felicitó oficialmente a Arnold y le sugirió a Washington que lo restituyera en su cargo. La estatua de la bota de Arnold, uno de los monumentos históricos más curiosos de América, rinde homenaje al importante papel desempeñado por Arnold en una batalla que cambió el curso de la guerra y también de la historia norteamericana. Si Arnold hubiera muerto en aquella ocasión a causa de sus heridas, probablemente sería uno de los mártires más destacados de la Revolución. En el parque histórico de Saratoga se encuentra también un obelisco que honra la memoria del general Philip Schuyler, del general Horatio Gates y del coronel Daniel Morgan. El nicho de Arnold está vacío, fiel testimonio de lo que muchos americanos piensan cuando escuchan el nombre de Arnold: que es el mayor traidor en la historia de los Estados Unidos. Fue comandante de la zona de Filadelfia en 1778 y se casó con Margaret (Peggy) Shippen, una joven perteneciente a una familia influyente. Llevaron una vida suntuaria e incurrieron en varias deudas. Arnold comenzó a discutir con las autoridades locales. El Concejo Ejecutivo de Pennsylvania lo acusó de utilizar a los soldados para que le hicieran favores personales y la corte marcial terminó por absolverlo, pero le ordenó a Washington que lo reprendiera, cosa que éste hizo a regañadientes. Arnold concluyó que en respuesta a sus servicios a favor de la causa patriota le pagaban con ingratitud e injusticia y estableció correspondencia con Sir Henry Clinton, amigo de su suegro, un juez acaudalado que respaldaba la causa británica.

Arnold fue nombrado comandante de West Point (que luego sería la sede de la Academia Militar de los Estados Unidos) y que en ese entonces era un lugar de gran importancia estratégica, pues desde allí se observaba y controlaba el río Hudson. Arnold planeó entregarle esa importante base militar al comandante inglés, pero el mayor John André, director de inteligencia de Clinton, fue capturado en 1780 por milicianos americanos.

André llevaba en su bota los planes para la entrega de la base y Arnold huyó a la ciudad de Nueva York, mientras que André fue condenado a la horca por espionaje. Éste le solicitó al Congreso que lo fusilaran, pero Washington rechazó su pedido. Se rumora que André les dijo a sus captores: "Lo único que les pido es que sean testigos de que moriré como un hombre valiente."

Aunque Washington realizó varios planes para capturar a Arnold luego de haber desertado, éstos fallaron y Arnold fue nombrado brigadier general en el Ejército británico. Les pidió 20,000 libras a los ingleses por las pérdidas que según él había sufrido tras unirse a ellos, pero sólo recibió 6,315 libras. Comandó los ataques británicos que produjeron los incendios en Richmond, Virginia y New London, Connecticut. También le sugirió a Henry Clinton, el comandante general de las fuerzas inglesas en América, que apoyara a las tropas británicas que se encontraban en Yorktown. Clinton hizo caso omiso de la sugerencia y los ingleses sufrieron una gran derrota.

Arnold viajó a Inglaterra en 1782 y el rey Jorge III le dio una cálida bienvenida, pero no faltaron quienes le hicieran críticas. En 1797 el gobierno británico le dio 13,400 acres (5,423 hectáreas) en Canadá, pero Arnold sacó poco provecho de esa propiedad. Pasó casi todo el resto de sus días dedicado al comercio con las Indias Occidentales. Murió en 1801 en Londres agobiado por las deudas, desilusionado y mirado con desconfianza.

Lectura Recomendada: *Saratoga: Turning Point of America's Revolutionary War*, de Richard M. Ketchum

¿Cuáles eran los Artículos de la Confederación?

El Congreso había inventado una maquinaria increíble, equipada con bandera y ejército, pero no sabía operarla. Benjamin Franklin, que era inventor por naturaleza, había contemplado la idea de establecer una confederación colonial desde 1754, pero sus intentos fueron en vano. Los representantes locales del poder colonial estaban interesados en que el poder continuara siendo local y en sus manos, no en las de la "chusma." Pero una dosis de maquinaria gubernamental era una idea adecuada teniendo en cuenta que la independencia había sido declarada, que los barcos de guerra ingleses se dirigían a América y que sufrían la amenaza de quedar con la soga al cuello si fallaban en su propósito.

El Congreso comenzó a debatir en agosto lo que más tarde serían los Artículos de la Confederación, es decir, la primera forma de gobierno organizada. Los temas de la representatividad y de los votos generaron controversia. ¿Deberían estar basados los votos de acuerdo con la población, o más bien debería cada estado recibir un voto en el Congreso? Obviamente, los estados grandes querían que la población determinara los votos, mientras que los estados pequeños querían un voto por estado. La guerra hizo que los miembros del Congreso se concentraran en salvar sus propias vidas. Los Artículos fueron sometidos a los estados para su ratificación en 1777 y fueron ratificados en 1781. Los Artículos tenían muy poca solidez si se considera que eran los fundamentos de un gobierno nacional. Según éstos, la presidencia era una institución sin ningún poder y el Congreso no tenía facultades para cobrar impuestos. Además, los Artículos no ofrecían ninguna solución para establecer la clase de poder que debería tener el gobierno. No obstante, éste sobrevivió a la guerra y más tarde adquirió una forma menos imperfecta.

¿Betsy Ross diseñó la bandera norteamericana?

El primero de enero de 1776, George Washington izó una nueva bandera entre sus filas rebeldes que se encontraban en Boston. No era la de franjas y estrellas. La primera bandera norteamericana fue un estandarte con trece franjas rojas y blancas dispuestas alternativamente, con las cruces de San Jorge y San Andrés en la parte superior izquierda. Tenía simbolos del trono británico y plasmaba la esperanza de establecer una figura política que mantuviera algún vínculo entre América y la corona inglesa. En aquella época, muchos americanos eran leales a Inglaterra. John Adams estimaba que la tercera parte de la población lo era. Muchos otros se consideraban ingleses y esa bandera—la de la gran Unión—representaba ese vínculo.

La imposibilidad de dicha reconciliación se hizo evidente en junio de 1777 y el Congreso decidió que la bandera de Estados Unidos constara de "trece franjas alternas rojas y blancas y de trece estrellas en un fondo azul que representara la nueva constelación." No existe información acerca de quién tomó estas decisiones o haya sido responsable por el diseño de la bandera, pero lo cierto es que no fue Betsy Ross. Elizabeth Griscom Ross era una costurera de Filadelfia, casada con John Ross, un tapicero que murió en 1776 durante una explosión. Ella se hizo cargo del negocio y vivía en la calle Arch, no muy lejos de la Casa Estatal de Chestnut, donde el Congreso Continental realizaba sus sesiones. Según la leyenda popular, Washington solía frecuentar la casa de los Ross antes de ser nombrado como comandante del ejército, y Betsy Ross le cosía los volantes de sus camisas. Se dice que más tarde, el nuevo comandante del ejército fue a la casa de Betsy acompañado por dos miembros del Congreso y le pidieron que les confeccionara una bandera a partir del diseño que llevaban en un papel. Betsy le sugirió a Washington que realizara un nuevo diseño y que las estrellas tuvieran cinco puntas en vez de seis. (Esta versión de la creación de la bandera con franjas y estrellas fue formulada por William J. Canby, uno de los nietos de Betsy, en 1870. En su libro *The Evolution of the American Flag*, publicado en 1909, Canby sostiene que Betsy Ross diseñó la bandera norteamericana. Sin embargo, la teoría de Canby no se ha comprobado. Se sabe que Betsy Ross se encargaba de la pintura de los barcos estatales de Pennsylvania, pero el resto de la historia es tan sólo un mito familiar. Luego del término de la guerra, se dijo que Francis Hopkinson, un poeta de Filadelfia, había sido el creador de la bandera, pero nadie lo creyó. De este modo, algunos miembros anónimos del Congreso parecen ser los responsables del diseño de la bandera norteamericana.

¿Cómo ganaron la guerra las colonias?

La nación más poderosa del mundo se ve envuelta en una guerra de guerrillas. Esta superpotencia tiene que reabastecer a sus tropas, que se encuentran a miles de millas de distancia, una empresa muy costosa. A nivel doméstico, el apoyo a la guerra es incierto, lo que divide a la población y a la clase dirigente de la Nación. Los rebeldes reciben ayuda financiera y militar del enemigo más poderoso de la superpotencia. A medida que la guerra se prolonga y que las bajas aumentan, los generales caen en desgracia y los rebeldes cobran nuevos ímpetus, incluso luego de sufrir alguna derrota.

¿Le suena familiar esto? ¿Cree que se trata de Estados Unidos en Vietnam? Podría ser. Pero también es la historia de la derrota que sufrieron los ingleses en sus colonias americanas. Existen varias semejanzas entre los dos conflictos. Basta con reemplazar a Estados Unidos por la Inglaterra durante el reinado de Jorge III. La nación más poderosa de ese entonces se vio enfrascada en un conflicto colonial que terminó por diezmar sus recursos. Reemplacemos al Vietcong por el Ejército colonial al mando de Washington, una mezcolanza de combatientes como pocas veces ha existido, que utilizaba tácticas tan novedosas como disfrazarse con uniformes británicos y atacar por la retaguardia. Los generales ingleses, que estaban acostumbrados a formaciones precisas durante las batallas, sufrieron tantas sorpresas como los comandantes americanos en Vietnam, cuya experiencia y formación se limitaba a las guerras con tanques durante la Segunda Guerra Mundial. En asuntos de ayuda exterior, reemplacemos a Francia, el principal adversario de Inglaterra (además de España y Holanda) por los soviéticos (y la China comunista) que respaldaron al Vietcong.

No existe la menor duda de que las fuerzas americanas no hubieran podido triunfar sin las tropas, el dinero y las provisiones francesas (casi el 90 por ciento de la pólvora que utilizaron los americanos durante la guerra era francesa). ¿Por qué los franceses ayudaron a los rebeldes americanos? El rey Luis XVI y su encantadora esposa, María Antonieta, no sentían ninguna simpatía por aquella plebe democrática y antimonárquica. Las motivaciones detrás de su ayuda, que era producto de la estrategia del conde de Vergennes (un ministro proamericano) era muy sencilla: hostigar a Inglaterra como fuera posible y tal vez recuperar una parte del territorio que habían perdido en la Guerra de los Siete Años.

Si la monarquía y la aristocracia francesas hubieran sabido que sus propios súbditos se inspirarían en gran medida en la Revolución norteamericana algunos años después, la realeza francesa seguramente habría pensado más detenidamente acerca de la conveniencia de ayudar a los americanos. De hecho, si estos hubieran perdido, es muy probable que los monarcas y aristócratas franceses se hubieran salvado ¡*C'est la vie*!

Otro factor igualmente decisivo para la victoria norteamericana fue la gran cantidad de errores que cometieron los altos mandos británicos, a quienes parecía molestarles la guerra. Los británicos pudieron alterar el curso de la guerra en muchas oportunidades si sus generales hubieran sido más agresivos antes que los franceses se involucraran en ella. Se pueden suponer muchas cosas. . . . Si el Ejército de Washington hubiera sido aniquilado en Long Island o en Germantown. . . . Si los miembros del Congreso hubieran sido capturados y enjuiciados en Inglatera (seguramente habrían sido condenados a la horca) . . .

¿Y qué si Inglaterra hubiera ganado la guerra? ¿Habría podido mantener la soberanía sobre una América próspera, inmensa, diversa, en continuo crecimiento y mucho más rica en recursos que Inglaterra? Seguramente no. La Independencia era algo inevitable en términos históricos, una idea propia de su época y la de América no fue la única, como más tarde se comprobaría con las revoluciones europeas.

Los ingleses tenían que sopesar los costos que implicaba mantener su dominio con las ventajas obtenidas. Seguramente se habrían dado cuenta, al igual que América durante su guerra con Vietnam y que los soviéticos en la guerra con Afganistán, de que el precio del dominio colonial suele ser más de lo que una nación está dispuesta o es capaz de pagar. Lamentablemente, los líderes políticos y militares de los Estados Unidos nunca han aprendido esta lección del pasado, hecho que pone de manifiesto la arrogancia propia del poder.

¿Qué ganó Estados Unidos?

El Tratado de París, negociado por Benjamin Franklin, John Adams y John Jay en representación de Estados Unidos, fue firmado formalmente el 3 de febrero de 1783. Simultáneamente, Inglaterra firmó tratados de paz con España, Francia y Holanda, países aliados de los americanos. La consecuecia más importante del tratado fue el reconocimiento de la independencia de Estados Unidos de América, y el establecimiento de los límites del nuevo país.

Los Estados Unidos pasaron a comprender todos los territorios entre el océano Atlántico y el río Mississippi, salvo Nueva Orleáns y Florida. Los ingleses cedieron de nuevo esta región a los españoles, como parte de la Nueva España, el gran imperio que iba desde Sudamérica hasta el norte, que incluía buena parte del actual estado de California y casi todo el sudoeste de Estados Unidos, limitando al este con la península de Florida. La frontera norte fue establecida en los Grandes Lagos y a lo largo de los territorios fronterizos de Québec y Nova Scotia.

Durante los ocho años que duró la Revolución norteamericana hubo más de 1,300 batallas terrestres y marinas. Los cálculos conservadores estiman que 25,384 americanos murieron durante la guerra. De estos, sólo 6,284 perecieron en acción. Más de 10,000 fueron víctimas fatales de enfermedades como la viruela y la disentería, y 8,500 fallecieron mientras eran prisioneros de los ingleses.

La victoria dejó a los Estados Unidos con una deuda externa considerable. Varios años después, en un informe al Congreso, Alexander Hamilton dijo que la deuda ascendía a 11,710,379 de dólares (a la que se sumaban las deudas domésticas estatales que ascendían a más de 65 millones de dólares). Esta enorme deuda fue uno de los problemas que amenazaron a la nueva nación durante sus primeros años de independencia. Los trece estados actuaron como si fueran países independientes e imprimieron grandes cantidades de papel moneda. Nueva York, por ejemplo, empezó a cobrarles impuestos a todos los botes que cruzaban el río Hudson desde Nueva Jersey.

Lecturas Recomendadas: *Liberty!: The American Revolution*, de Thomas Fleming; *Patriots: The Men who Started the American Revolution*, de A.J. Langguth; *The Creation of America: Through Revolution to Empire*, de Francis Jennings, libro donde el autor sostiene que la Revolución fue el producto de una élite privilegiada que soñaba con establecer un imperio.

Voces Americanas
George Washington, en carta dirigida a Robert
Morris en 1786.

No existe un ser viviente que ansíe con tanta sinceridad como yo el plan adoptado para la abolición gradual de la esclavitud.

Dr. Harris, veterano negro de la Revolución,
dirigiéndose a la Sociedad Congregacional y
Antiesclavista de Francestown, New Hampshire.

Serví en la Revolución, en el ejército del general Washington . . . He estado en batallas donde las balas me rozaban como si de lluvia se tratara. Un hombre que estaba a mi lado recibió un disparo y su sangre salpicó mis ropas, que tuve que llevar puestas durante varias semanas. Mi sangre, excepto la que corre por mis venas, fue derramada por la libertad. Mi hermano fue asesinado durante la Revolución. La libertad es cara a mi corazón, pues no puedo soportar la idea de que mis compatriotas sean esclavos.

Unos 5,000 hombres de raza negra combatieron durante la Revolución. (Y cerca de otros mil lo hicieron en las filas británicas, especialmente los esclavos fugitivos a quienes les habían prometido la libertad.) Cuando Washington asumió el comando del Ejército, ordenó a los reclutadores que no enlistaran más africanos. Los miembros sureños del Congreso, temerosos de una insurrección de esclavos, se oponían a que los negros portaran armas y recibieran instrucción militar. Pero cuando el número de soldados comenzó a disminuir, Washington tuvo que retractarse y le pidió al Congreso que buscara una solución. El Congreso decidió que cualquier negro que hubiera combatido podría enlistarse de nuevo. Pero como dice Thomas Fleming en su historia de la Revolución: "Si no hubieran existido las barreras de color, el Ejército Continental habría sido más integrado que cualquier otra fuerza norteamericana, a excepción de las tropas que combatieron en las guerras de Vietnam y del golfo Pérsico."

EL CRECIMIENTO DE UNA NACIÓN

De la Creación de la Constitución al Destino Manifiesto

¿Cuál fue la Rebelión de Shays?

¿Cuál fue la Convención Constitucional?

¿En qué consiste el "equilibrio de poderes?"

Controles y Poderes básicos

¿Cuál es la palabra de cuatro letras que no aparece en la Constitución?

¿Qué significa *e pluribus unum*?

¿Quiénes eran los federalistas y cuáles eran los documentos federalistas?

¿Quién eligió a Washington como primer presidente?

¿Qué es la Carta de Derechos?

El censo de 1790

Garantías estipuladas por la Carta de Derechos

¿Por qué Jefferson no apreciaba a Hamilton?

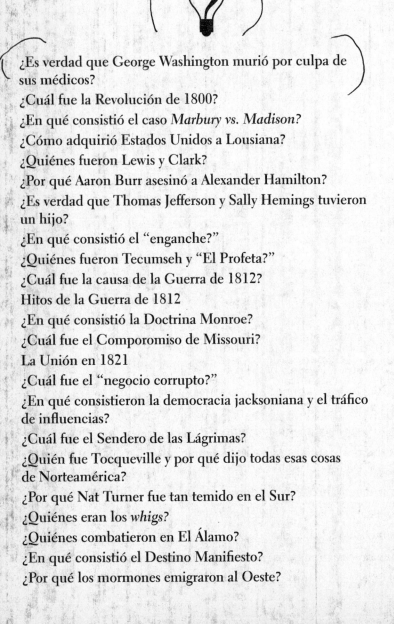

¿Es verdad que George Washington murió por culpa de sus médicos?

¿Cuál fue la Revolución de 1800?

¿En qué consistió el caso *Marbury vs. Madison*?

¿Cómo adquirió Estados Unidos a Lousiana?

¿Quiénes fueron Lewis y Clark?

¿Por qué Aaron Burr asesinó a Alexander Hamilton?

¿Es verdad que Thomas Jefferson y Sally Hemings tuvieron un hijo?

¿En qué consistió el "enganche?"

¿Quiénes fueron Tecumseh y "El Profeta?"

¿Cuál fue la causa de la Guerra de 1812?

Hitos de la Guerra de 1812

¿En qué consistió la Doctrina Monroe?

¿Cuál fue el Comporomiso de Missouri?

La Unión en 1821

¿Cuál fue el "negocio corrupto?"

¿En qué consistieron la democracia jacksoniana y el tráfico de influencias?

¿Cuál fue el Sendero de las Lágrimas?

¿Quién fue Tocqueville y por qué dijo todas esas cosas de Norteamérica?

¿Por qué Nat Turner fue tan temido en el Sur?

¿Quiénes eran los *whigs*?

¿Quiénes combatieron en El Álamo?

¿En qué consistió el Destino Manifiesto?

¿Por qué los mormones emigraron al Oeste?

Una vez cesaron los disparos, los Estados Unidos de América fueron reconocidos por todos los países poderosos como una nación independiente. Pero esta nueva nación era como el patito feo de las naciones, ya que estaba conformada por varios estados regidos por los Artículos de la Confederación, pero aún no era una nación realmente soberana. La pregunta más frecuente era: ¿Y ahora qué? Después de ocho años de guerra, la nueva entidad tenía que enfrentar las realidades propias de un gobierno. Como era de esperarse, diferentes personas de estados diferentes tenían ideas diferentes acerca de lo que se debería hacer.

Pero durante los próximos 70 años —que fueron peculiares— Norteamérica creció de una manera rápida y agresiva, impulsada por fuerzas dinámicas. No obstante, durante esa expansión y debido a la forma en que la nueva nación se consolidó, se sembraron las semillas de la gran crisis que atravesaría el país. Este capítulo describe los hitos del desarrollo de Norteamérica desde el fin de la Revolución hasta el preámbulo de la Guerra Civil.

¿Cuál fue la Rebelión de Shays?

Tal como los Padres de la patria descubrirían muy pronto, la rebelión podía ser contagiosa.

Además de la Independencia, el fin de la guerra produjo un caos económico en Norteamérica. Al igual que la mayoría de las guerras, la Revolución estadounidense había sido un buen negocio. Durante las guerras hay empleo, los soldados gastan dinero, las fábricas producen barcos y armas y los ejércitos compran provisiones. Ese es el lado positivo. El lado negativo es que después de las guerras se presentan problemas como la inflación y la depresión económica y los años inmediatamente posteriores a la Revolución no fueron ajenos a estos problemas. Norteamérica vivió momentos económicos difíciles. El comercio establecido se fue a pique. Los Artículos de la Confederación estipulaban que el Congreso no tenía facultades para decretar impuestos. Las diferentes monedas utilizadas en los trece estados donde estaba concentrado el poder originaron un caos económico.

Aunque la situación económica era desastrosa prácticamente en todos los estados, en Massachusetts, cuna de los Adams y estado donde nació la causa patriota, los trastornos económicos desembocaron en un baño de sangre entre americanos. Al igual que la Rebelión de Bacon, el "movimiento regulador" en las Carolinas y los Chicos de Paxton en Pennsylvania (ver el Capítulo Dos), esta "pequeña rebelión," como la hubiera llamado Jefferson, era señal de un serio conflicto de clases, un síntoma de las tensiones económicas que siempre habían existido en América. A un lado estaban los agricultores de tierras lejanas, pertenecientes a la clase popular, los trabajadores de las ciudades, los sirvientes, los pequeños comerciantes y los negros libres; y al otro lado estaban los "acomodados," los propietarios de tierras y esclavos, así como los comerciantes internacionales de las grandes ciudades.

En 1780 se aprobó en Massachusetts una constitución estatal que tuvo muy poca acogida entre las clases baja y media a la que pertenecían muchos de los veteranos del Ejército Continental, quienes seguían esperando las recompensas prometidas. Éstos debieron preguntarse para qué habían combatido cuando se enteraron de que no podían votar ni ocupar cargos públicos. Muchas granjas fueron confiscadas por el estado para poder pagar las deudas ocasionadas por el agravamiento de la crisis económica. Los milicianos se aliaron con los agricultores cuando los sheriffs locales consiguieron milicianos para que custodiaran las cortes que ordenaban el pago de estas deudas.

Durante el verano de 1786, un veterano del ejército llamado Daniel Shays apareció en el panorama. Shays realizó una protesta en las calles de Springfield en compañía de 700 agricultores y personas pobres. Samuel Adams, quien antes había sido radical, pero que ya formaba parte del poder de Boston, estableció la Ley contra los Motines, que habilitaba a las autoridades para encarcelar a cualquier persona sin necesidad de juicio. Adams dijo que el levantamiento contra la monarquía era una cosa, pero que contra una república era un delito que podía ser castigado con la pena de muerte.

En poco tiempo, Shays conformó una fuerza de mil hombres, con los que se dirigió a Boston, centro de la riqueza y del poder. El general Benjamin Lincoln, uno de los comandantes de guerra del general

Washington, armó un ejército financiado por los comerciantes de Boston. Hubo un intercambio de artillería que dejó muertos en ambos bandos y los hombres de Shays se dispersaron. El ejército de Lincoln persiguió a los rebeldes, pero se abstuvo de atacarlos cuando la derrota parecía segura. El fuerte invierno los afectó considerablemente y la fuerza de Shays se desintegró, pues estaba poco entrenada. Algunos de los rebeldes fueron capturados, enjuiciados y colgados. Otros fueron perdonados. Shays escapó a Vermont, fue perdonado, pero murió en 1788, sumido en la miseria.

Thomas Jefferson, quien en ese entonces estaba en París, escribió sobre el levantamiento: "Una pequeña rebelión ocasional es provechosa . . . El árbol de la libertad debe renovarse de cuando en cuando con la sangre de patriotas y tiranos."

El ejército de Shays se desintegró debido a la falta de cohesión y liderazgo. Sin embargo, varias de las reformas que solicitaron fueron realizadas, entre las que se encontraban el fin a la gravación de impuestos por parte del estado, la reducción en los costos judiciales y la exención de las herramientas de los trabajadores y de las necesidades del hogar de los procesos de deuda.

VOCES AMERICANAS
GEORGE MASON, delegado por Virginia, escribiendo
sobre la víspera de la Convención Constitucional,
en mayo de 1787.

Tengo razones para pensar que, salvo por los estados pequeños, habrá mayor unanimidad y menor oposición que la estipulada inicialmente. La idea predominante en los estados principales parece ser una completa alteración del actual sistema federal, que consiste en reemplazarlo por un gran concejo o parlamento nacional compuesto por dos ramas legislativas, basadas en los principios de una representación equitativa y proporcional, que tenga plenos poderes sobre todas las instancias de la Unión, así como una rama ejecutiva. Esta última tendría un poder negativo que todas las leyes deberán juzgar contrarias a los intereses de la unión federal. Es fácil prever que será muy difícil organizar un gobierno basado en este esquema y al mismo tiempo reservarle a las asambleas estatales suficiente poder como para promover y asegurar la prosperidad y felicidad de sus respectivos ciudadanos; aunque con la debida serenidad, liberalidad y candor (valores éstos no muy abundantes hoy en día), no tengo la menor duda de que esto podría efectuarse.

George Mason (1752–92), un estadista de Virginia que redactó la Carta de Derechos de Virginia de 1776, es decir, la primera Carta de Derechos, no es tan conocido como el resto de los Padres Fundadores, y aunque ocupó pocos cargos públicos, fue uno de los hombres más importantes e influyentes de su época.

Aparte del papel que desempeñó en la Revolución, su contribución más importante fue la Carta de Derechos de Virginia, en la que Jefferson se basó para redactar la Declaración de la Independencia. Mason fue uno de los creadores de la Constitución, pero se negó a firmar el borrador final de la Constitución de los Estados Unidos tras rechazar algunos de sus puntos.

Una de sus principales objeciones era la ausencia de una Carta de Derechos que protegiera las libertades personales. Mason, quien rechazaba la esclavitud pero que al mismo tiempo era dueño de varios esclavos, se disgustó por la irresolución de algunas de estas inquietudes y fue uno de los pocos delegados que se negaron a firmarla.

¿Qué fue la Convención Constitucional?

Aunque el levantamiento de Massachusetts fue de poca magnitud y no desencadenó una insurrección armada en otros estados, de todos modos sacudió a la nueva clase dirigente de Norteamérica. Se necesitaba un instrumento más fuerte que los Artículos de la Confederación. Los estados tenían poca capacidad para controlar las rebeliones locales y mucho menos un ataque de una nación extranjera, amenaza que era muy probable, pues España e Inglaterra tenían tropas en América. Otra amenaza igualmente preocupante eran los indios del Oeste, mucho más numerosos que las milicias estatales. Así mismo, los estados eran incapaces de controlar otros dos problemas que afectaban a América: el deterioro del comercio internacional y el colapso monetario y financiero que se había presentado después de la guerra.

La Convención se realizó el 25 de mayo de 1787 en Filadelfia con diez días de retraso, pues los delegados tardaron en llegar. Su propósito era formular un nuevo plan de gobierno. Salvo Rhode Island, todos los estados enviaron delegados y George Washington fue elegido por unanimidad para presidir la Convención. Cuatro meses más tarde, estos delegados crearían la Constitución. (Aunque Washington presidió la Convención y es reconocido como el primer presidente, Norteamérica tuvo varios presidentes anteriores. De acuerdo con los Artículos de la Confederación, John Hanson, representante de Maryland, fue elegido "Presidente de los Estados Unidos" luego de la reunión del Congreso.)

Los 55 delegados se reunieron varias veces durante los cuatro meses en el actual "Independence Hall" de Filadelfia, pero casi nunca estuvieron juntos. Cuarenta y cinco de ellos habían servido en el Congreso y 30 en la guerra. Patrick Henry, uno de los delegados, dijo que los asistentes eran "los más grandes, mejores y más iluminados de nuestros ciudadanos." John Adams estuvo ausente, al igual que Thomas Jefferson, quien dijo desde París que la Convención era "una asamblea de semidioses." En su libro *The Vinyard of Liberty*, James McGregor Burns definió acertadamente a este grupo como "los bien criados, bien alimentados, muy leídos y bien casados," es decir, la nueva aristocracia de América. Uno de sus miembros era Robert Morris, de Pennsylvania, uno de los hombres más ricos de América y artífice de la Revolución. Otros historiadores modernos sostienen que ellos no representaban a las masas, sino a los comerciantes adinerados del Norte y a los propietarios acaudalados de plantaciones y esclavos del Sur.

El más famoso y anciano de estos hombres era Benjamin Franklin, quien en ese entonces tenía 81 años, mientras que el más joven era John Dayton, de 27 años y natural de Nueva Jersey. La edad promedio era de 43 años. De los miembros, 31 tenían educación universitaria, e igual número eran abogados. Diecisiete de los delegados, quienes se proponían "hacer justicia . . . y asegurar la libertad para nosotros mismos y para nuestra posteridad" (según decía en el preámbulo), eran dueños de varios miles de esclavos negros. John Rutledge (Carolina del Sur), George Mason (Virginia) y George Washington (Virginia) eran algunos de los mayores propietarios de esclavos en Norteamérica.

Después de habernos regido por la Constitución durante 200 años, tendemos a pensar que éste es un documento perfecto en términos ideológicos e idealistas, redactado por un grupo de genios en asuntos legislativos. Se ha dicho en repetidas ocasiones que ninguna nación, ni antes ni desde entonces, ha contado con un grupo de políticos más expertos que quienes redactaron la Constitución. Sería conveniente pensar en ellos como un grupo de legisladores con intereses especiales que pensaban en términos regionales. Casi todos los Padres de la Constitución fueron políticos brillantes. Y en política, tanto en aquella época como en la actualidad, el arte de concertar es el secreto del éxito.

La Constitución es eso mismo: una creación política que se logró gracias a una serie de acuerdos negociados de una forma admirable, en la que el idealismo y las conveniencias políticas lograron equilibrarse. Los conflictos abundaban: entre los estados pequeños y los grandes, entre el Norte y el Sur, entre los estados esclavistas y los abolicionistas. Aunque existía casi una unanimidad total en lo referente a que el gobierno federal era necesario, había muchas divergencias acerca de su estructura. El primer bosquejo de la Constitución provino de Virginia, en la que el joven James Madison tuvo un papel predominante, y que se conoció como el Plan de Virginia. Sus puntos principales eran una legislatura bicameral, un poder ejecutivo elegido por la legislatura y un poder judicial también elegido por ésta. Los estados pequeños se inclinaban por un plan alternativo, conocido como el Plan de Nueva Jersey. El debate se prolongó a lo largo del fuerte verano y la Convención se vio enfrentada a la posibilidad de llegar a un punto muerto sobre dos asuntos fundamentales.

El primero de ellos era la representatividad. ¿Debería basarse la representación en el Congreso en la población, de tal manera que los estados más poblados obtuvieran más votos, o debería cada estado recibir la misma representación?

El segundo asunto era el de la esclavitud. Los estados del Sur querían recibir una parte del ponqué. Aunque se enfrentaban a un sentimiento creciente a favor del abolicionismo, los delegados sureños rechazaron de plano cualquier decisión que aboliera la esclavitud y se negaron también a otorgarles el poder del voto a los negros libres. Por otra parte, querían que los esclavos fueran contados a fin de establecer la representación en el Congreso. En otras palabras, era algo así como "para unas cosas sí pero para otras no." En vista de que estaban próximos a llegar a un *impasse*, Roger Sherman propuso lo que se conoce como el Compromiso de Connecticut, o el Gran Compromiso. En términos retrospectivos, era la solución lógica al problema de la representatividad ya que proponía la misma representación en la cámara alta (el Senado) y una representación proporcional en la cámara baja (la Cámara de Representantes).

El asunto de la esclavitud y de los esclavos—palabras que no aparecen en la Constitución—, fueron "solucionados" mediante dos acuerdos. Eufemismos floridos como "ninguna persona mantenida en servicio" y "el resto de las personas" fueron acuñados en concordancia con la fluida prosa legal de la Constitución.

Según estos dos acuerdos, se le prohibió al Congreso tomar medidas relacionadas con el control de la esclavitud por un período de 20 años (hasta 1808), aunque los congresistas acordaron que el comercio de esclavos podía ser gravado con impuestos. (Aparentemente, los antiesclavistas pensaron algo así como: "Puede que no nos guste, pero por lo menos saquémosle un poco de dinero.") Y a fin de determinar la representatividad, los esclavos—"el resto de las personas"—serían contados como las tres quintas partes de su población total. Este fue un pequeño avance para ellos. Por lo menos pasaron de ser ignorados a ser considerados como tres quintas partes de humanos. ¡Solo faltaban 70 años para que obtuvieran la libertad! A su vez, los estados sureños aceptaron admitir un máximo de tres estados futuros que abolieran la esclavitud.

Uno de los últimos debates importantes fue sobre el Ejecutivo y el papel del presidente. Los delegados miraban con recelo el que un solo hombre tuviera demasiado poder. A fin de cuentas, habían combatido varios años para deshacerse de un monarca. El Plan de Virginia estipulaba que el Congreso eligiera un jefe del Poder Ejecutivo. George Mason propuso la existencia de tres presidentes. Elbridge Gerry, líder de la oposición al fuerte gobierno federal, quería que el presidente fuera elegido de por vida. Otra propuesta proponía que nadie que tuviera menos de cien mil dólares —es decir, un multimillonario— podría postularse a la presidencia. La solución fue ofrecida por Gouverneur Morris, representante por Nueva York, quien se hospedaba en la misma casa de George Washington. Morris propuso que el Ejecutivo fuera elegido por el pueblo y que también fuera el comandante en jefe de las fuerzas armadas. Como señala Thomas Fleming en su libro *Liberty*: "Uno sospecha que cuando Gouverneur Morris habló, los demás escucharon las sugerencias de Washington." Y que como afirmó Pierce Butler, representante por Carolina del Sur: "Allí se encontraba Washington, el hombre que seguramente sería el primer presidente. No se podía pensar que se convirtiera en un tirano."

Y en la última demostración del acuerdo alcanzado, los hombres que redactaron la Constitución reconocieron que ésta podría sufrir cambios, logrando así la posibilidad de corregir este documento. Los cambios no serían fáciles, pero eran posibles.

Al igual que otros aspectos de la historia norteamericana, éste también tenía su buena dosis de cinismo. Por otra parte, es justo reconocer los méritos. Los Padres de la Constitución fueron hombres inteligentes e incluso brillantes y la Constitución que redactaron fue el pináculo de miles de años de evolución política. Estos hombres cultos y recurrieron a los filósofos griegos, a la República Romana y a la evolución de la tradición democrática inglesa, pasando por la Carta Magna, el Parlamento y la Carta de Derechos británica de 1689. Pero ante todo, plasmaron en la Constitución y —anteriormente en la Declaración— el triunfo de la Ilustración, ese gran torrente de ideas que tuvo lugar en los siglos XVII y XVIII que elevaba los poderes de la razón humana y que clamaba por nuevas formas de gobierno, libres de la tiranía. Las filosofías que los Padres de la Constitución querían poner en práctica habían sido expuestas por filósofos tan importantes como Hume, Locke, Rousssseau, Voltaire y Kant. Todos los Padres de la Constitución habían leído a estos filósofos, cuyas ideas contribuyeron al acalorado debate que se centró en la pugna entre la libertad y la democracia, dos conceptos que a menudo suelen estar en conflicto.

Los debates fueron numerosos. Aunque en términos generales se lograron acuerdos, las diferencias surgían una y otra vez. Se necesitaron casi 600 votaciones separadas para alcanzar un acuerdo definitivo. A fin de cuentas, los asuntos que trataron no eran de poca importancia, sino temas fundamentales que podían alterar el futuro de la Nación. Por ejemplo, Alexander Hamilton, uno de los más acérrimos defensores de un gobierno central y poderoso y el principal representante de los intereses comerciales del Norte—fue uno de los fundadores del Bank of New York—quería que el Senado y el presidente fueran elegidos de por vida. También reclamó que se le diera una parte considerable y permanente del gobierno a la "primera clase," es decir, a los hombres más ricos de América, y él era uno de ellos.

La petición de Hamilton fue rechazada, pero la Constitución no contemplaba las elecciones directas, salvo por la Cámara de Representantes, donde los estados tenían la facultad para decidir quiénes votaban. El requisito principal en casi todos los estados era la posesión de propiedades. Y por supuesto, las mujeres, los indios y los negros—fueran libres o esclavos—no podían votar. Se puede descartar fácilmente esa decisión como producto del sexismo y del racismo y se debe tener en cuenta la naturaleza de aquella época. En este período, las diferencias de clase eran muy marcadas—aunque un poco menos en América que en Europa—y a estos hombres seguramente les pareciera inconcebible la simple posibilidad de que los mencionados segmentos de la población pudieran votar. Ellos creían firmemente que para participar responsablemente en una democracia se necesitaba tener educación y propiedades, condiciones necesarias para poder leer y pensar. Pero también es cierto que estos hombres hicieron todo lo posible para que las mujeres, los indios, los negros y los blancos indigentes no tuvieran acceso a la educación ni a la propiedad privada.

La forma final de la Constitución, preparada por Gouverneur Morris, fue sometida a votación el 17 de septiembre de 1787. Treinta y nueve de los delegados presentes votaron a favor y tres lo hicieron en contra. Trece delegados se ausentaron, pero se cree que siete de ellos se inclinaban a favor de la Constitución. Ésta fue enviada al Congreso, el cual decidió someter el documento a los estados para su ratificación. Se necesitaba el visto bueno de nueve estados para que la Constitución fuera aprobada.

VOCES AMERICANAS
Preámbulo a la Constitución de los
Estados Unidos de América.

Nosotros, el Pueblo de los Estados Unidos, a fin de formar una Unión más perfecta, establecer la justicia, garantizar la tranquilidad nacional, atender a la defensa común, fomentar el bienestar general y asegurar los beneficios de la libertad para nosotros y para nuestra posteridad, por la presente promulgamos y establecemos esta Constitución para los Estados Unidos de América.

A pesar de todas las fallas de la Constitución y de los hombres que la redactaron, este documento fue y sigue siendo un logro notable. Como sostiene Leonard W. Levy en su libro *Original Intent and the Framers' Constitution*: "La Constitución carece de la elocuencia y pasión de la Declaración de la Independencia, aunque la primera frase del preámbulo 'Nosotros el Pueblo,' resume la idea radicalmente democrática en aquel entonces, de que el gobierno de los Estados Unidos existe para servir al pueblo y no el pueblo para servir al gobierno. Esto es esencial a la intención original de los Padres de la Constitución, así como también lo es otra idea relacionada con ésta, según la cual el gobierno de Estados Unidos no puede ordenarnos qué debemos pensar o creer en asuntos políticos, religiosos, artísticos científicos literarios ni de ningún otro orden. Los ciudadanos estadounidenses tienen el deber y el derecho de evitar que el gobierno cometa errores y no al contrario."

¿En qué consiste el "equilibrio de poderes?"

El equilibrio de poderes, que se conoce en inglés como *checks and balances* no tiene nada que ver con extractos bancarios. Bien fuera por sabiduría o temor, los arquitectos de la Constitución crearon un principio fundamental inherente a las fortalezas y tensiones propias del gobierno federal. El temor era obvio, pues ningún delegado quería que una persona tuviera demasiado poder. Entonces, por cada dosis de poder que le otorgaron a una rama del gobierno, le otorgaron un poder semejante a las otras dos ramas.

El Congreso podía "controlar" el poder del presidente, la Corte Suprema podía "controlar" el poder del Congreso y así sucesivamente, manteniendo una simetría o "equilibrio" entre las tres ramas.

PODERES Y CONTROLES BÁSICOS

PODERES DEL EJECUTIVO (PRESIDENTE)

- Aprueba o veta las decisiones federales.
- Ejecuta las leyes federales.
- Nombra jueces y otros altos cargos oficiales.
- Firma tratados internacionales.
- Puede perdonar o indultar a quienes hayan cometido delitos federales.
- Es el comandante en jefe de las fuerzas armadas.

LÍMITES A LOS PODERES DEL EJECUTIVO

- El Congreso puede invalidar los vetos con dos tercios de los votos.
- El Senado puede rechazar nombramientos o tratados.
- El Congreso puede impugnar o destituir al presidente.
- El Congreso puede declararle la guerra a otra nación.
- La Corte Suprema puede declarar la inconstitucionalidad de las medidas que tome el Ejecutivo.

PODER LEGISLATIVO (CONGRESO)

- Aprueba leyes federales.
- Establece cortes federales de menor jerarquía y el número de jueces federales.
- Puede invalidar el veto del presidente con dos tercios del voto.

LÍMITES DEL PODER LEGISLATIVO

- El presidente puede vetar decisiones federales.
- La Corte Suprema puede declarar la inconstitucionalidad de las leyes.
- Las dos cámaras del Congreso deben votar para aprobar leyes y examinar el poder de la legislatura.

PODER JUDICIAL

- Interpreta y aplica la ley al juzgar los casos federales.
- Puede declarar la inconstitucionalidad de las leyes aprobadas por el Congreso y los actos del Ejecutivo.

LÍMITES DEL PODER DEL JUDICIAL

- El Congreso puede proponer enmiendas constitucionales a fin de invalidar decisiones judiciales. (Se requiere una mayoría de dos tercios del voto de las dos cámaras y la ratificación de las tres cuartas partes de los estados.)
- El Congreso puede impugnar o destituir a jueces federales.
- El Senado confirma a los jueces nombrados por el presidente.

¿Cuál es la palabra de cuatro letras que no aparece en la Constitución?

En los últimos años se ha vivido un drama en las convenciones del Partido Demócrata. Generalmente, un republicano conservador perteneciente a la derecha cristiana ataca a la plataforma del Partido Demócrata porque no menciona a Dios. Luego, si las cosas suceden según la tradición, un vocero de este partido replicará que en la Constitución de los Estados Unidos tampoco se menciona a Dios. En este caso, los demócratas tienen la razón.

A diferencia de la Declaración de la Independencia, quienes abordaron la cuestión de la deidad con eufemismos como "Dios de la Naturaleza," "Creador," "Supremo Juez del Mundo" y "Divina Providencia," la Constitución no hace afirmaciones con respecto a la intervención divina. En vez de ello, la Constitución dice que la nación es la creación de la voluntad del pueblo. En un país donde el papel de la religión se debate constantemente y donde sus políticos se refieren tanto a la "herencia judeocristiana" de Norteamérica, como a "la fe de nuestros padres," el asunto de la omisión de la deidad en la Constitución apunta a una pregunta de fondo: ¿en qué creían los fundadores de la nación? Pocas preguntas han despertado tantos mitos y prejuicios como ésta.

Lo cierto es que la Norteamérica del siglo XVIII era predominantemente cristiana y abrumadoramente protestante. Pero la nación era muy diversa y gran parte de su población distaba de ser monolítica. En Nueva Inglaterra predominaba el congregacionismo derivado de la tradición peregrina y puritana y la Iglesia Congregacionalista recibía apoyo gubernamental en algunos estados. Pero los protestantes del Sur se inclinaban hacia la Iglesia Episcopal, que también recibía dinero del gobierno. En Maryland, fundada como un refugio para los católicos, éstos eran más numerosos que en otros estados, pero muchos norteamericanos veían a los católicos o "papistas" con gran recelo. No obstante, Charles Carroll, firmante de la Declaración, y uno de los hombres más ricos de ese estado y tal vez de toda América, era también un católico devoto. Fue debido a sus fuertes convicciones religiosas que Carroll llegaría a despreciar a Thomas Jefferson, quien fue tildado de "ateo" en 1800. Existían muchas otras sectas y denominaciones entre las cuales se encontraban los metodistas, los presbiterianos y los cuáqueros, grupos que encontraron un terreno fértil en América.

Después de todo, era la época de la Ilustración, cuando la ciencia y la razón fueron elevadas por encima de la Iglesia y de los reyes. Los trabajos de científicos como Isaac Newton, que sacudían los cimientos tradicionales sobre los que se establecía la fe, irradiaron rápidamente el ámbito de la política. A finales del siglo XVI, luego de demostrar que el universo estaba regido por leyes de la naturaleza que eran comprobables en términos matemáticos, Sir Isaac Newton hizo posible que pensadores de la Ilustración como John Locke (1632–1704) formularan ideas políticas que rompían con el pasado. Locke escribió: "Un gobierno no es libre de obrar como le plazca. La ley de la naturaleza, tal como ha sido expuesta por Newton, se constituye en una ley eterna para todos los hombres." A su vez, las ideas de Locke influyeron profundamente en Jefferson.

Durante este período de extraordinaria actividad intelectual, política y religiosa, muchos de los Padres de la patria, quienes generalmente eran educados, ricos y aristocráticos, rechazaron la ortodoxia religiosa así como habían rechazado la divinidad del trono británico. Muchos de ellos creían en el "deísmo" que reemplazaba la tradición bíblica y judeocristiana altamente personal, por la "Providencia," una fuerza amorfa a la que George Washington se refirió como "eso." Para tal fin, haremos un resumen sobre las creencias de algunos de los Padres de la patria.

- Benjamin Franklin: Durante el resurgimiento religioso de la era colonial conocido como el Gran Despertar (ver Capítulo Dos), Franklin trabó amistad con George Whitefield, uno de sus principales artífices. Aunque Franklin respaldaba las buenas acciones de éste, "trazó la línea de su propia conversión," como dice su biógrafo, H.W. Brands en su libro *The First American*.

  Thomas Jefferson y Benjamin Franklin son los dos representantes por excelencia de la "Ilustración" norteamericana. Franklin veía a las religiones establecidas con escepticismo. Tal como dice Brandis al referirse a sus creencias religiosas: "Al igual que los deístas, Franklin comparaba la inmensidad del universo con la pequeñez de la Tierra y de sus habitantes" y concluía que era "gran vanidad de mi parte suponer que al Perfecto Supremo le importe en lo más mínimo un ser tan insignificante como el hombre." Es más, este Perfecto Supremo no tenía la más mínima necesidad de ser adorado por el hombre, "pues esta mucho más allá de tales sentimientos o acciones."

  Aquellos que proponen que los Estados Unidos sea una "nación cristiana" y que están a favor de que se ore en público, citan con frecuencia la sugerencia realizada por Franklin para que la Convención Constitucional comenzara con una oración. Sin embargo, no se refieren a lo que sucedió luego de dicha sugerencia. Alexander Hamilton arguyó que si el público se enteraba que los asistentes a la Convención optaban por rezar a esas alturas, creerían que estaban asustados. La sugerencia de Franklin fue debatida, pero Hugh

Williamson, representante por Carolina del Norte, dijo que la Convención no tenía dinero para contratar a un capellán y la sugerencia fue descartada. Más tarde, Franklin señaló: "Los miembros de la Convención, a excepción de tres o cuatro, *consideraron que orar era innecesario*" (en cursivas, en el original).

Años después, Franklin escribió algo que podría pasar por una declaración de fe perteneciente a la Nueva Era:

"Este es mi credo. Creo en un Dios, creador del universo, que gobierna por su Providencia . . . Que el alma del hombre es inmortal y que será tratada con justicia en la otra vida según hubiera sido su conducta en ésta . . . En lo que se refiera a Jesús de Nazareth, creo que el sistema moral y su religión . . . es el mejor que el mundo haya visto o pueda ver; pero me parece que ha sufrido varios cambios negativos y tengo algunas dudas sobre su divinidad." Luego agregó: "Siempre he permitido que los demás disfruten de sus sentimientos religiosos . . . Espero abandonar este mundo en paz con todos ellos."

• George Washington: La imagen de Washington orando de rodillas en Valley Forge es un ícono americano. Y al igual que muchas de sus imágenes, es básicamente un producto de la imaginación. Aunque rezaba con frecuencia y con fervor, nadie vio a Washington rezar en las nieves de Pennsylvania.

El Padre de la patria era un creyente que solía invocar a la "Providencia" y asistía a la Iglesia Episcopal, bien fuera que estuviera en Virginia, en las convenciones de Filadelfia o en Nueva York, durante su presidencia. Pero como dice Thomas Fleming en su libro *Duel*: "Washington abandonaba la iglesia antes del servicio de la comunión, manifestando de manera silenciosa su incredulidad en esta importante ceremonia de la fé cristiana."

Sin embargo, Washington era cristiano y en su discurso de despedida de 1796 dijo que la religión y la moral eran los "pilares de la felicidad humana." Luego añadió: "Supongamos que podemos conservar la moralidad sin necesidad de la religión." Pero quizá más importante aún es que aunque Washington era episcopaliano, también era masón, al igual que muchos otros Padres de la patria, como John Hancock, Paul Revere y Benjamin Franklin. (Durante su estadía en Francia, Franklin se encontró con el filósofo Voltaire, quien también era masón.) Cuando Washington puso la primera piedra del Capitolio en 1793, la logia masónica organizó la ceremonia. El nuevo presidente vistió un mandil masónico que le confeccionó la esposa del marqués de Lafayette, que también era masón, y prestó su juramento presidencial con una Biblia masónica.

La francmasonería es una de las organizaciones más grandes y antiguas del mundo. Fundada en Londres en 1717, esta organización semisecreta ha despertado numerosas leyendas desde entonces. Fue conformada por un grupo de intelectuales que establecieron un gremio y promovieron lo que ellos llamaban "elevación progresista," dedicada a los ideales de la caridad, igualdad, moralidad y servicio a Dios, a quienes los masones llamaban el Gran Arquitecto del Universo. Esta orden se difundió rápidamente por la Europa de la Ilustración y entre sus miembros se encontraban hombres tan disímiles como Voltaire, el rey Federico II de Prusia y el compositor austríaco Wolfgang Amadeus Mozart. (Su ópera *La Flauta Mágica*, que fue presentada por primera vez en Viena en 1791, expresa de manera simbólica creencias y rituales masónicos.)

Esta secta fue considerada como anticlerical y los congregacionalistas americanos conservadores pensaban que era antirreligiosa. El Partido Antimasónico apareció en el siglo XIX y llegó a ser la tercera fuerza política de los Estados Unidos. (En 1831, el Partido Antimasónico fue el primero en organizar una convención para elegir candidatos a la presidencia y a la vicepresidencia. Su candidato William Wirt obtuvo la respetable suma de siete votos electorales en 1832.) La controversia aumentó cuando un ex-masón anunció que revelaría los rituales secretos de esta organización, pero fue raptado y desapareció. Veintiséis masones fueron acusados de asesinato, seis fueron enjuiciados y cuatro de ellos encontrados culpables de cargos menores. Lo cierto es que los masones eran una organización fraternal y voluntaria, una especie de Club Rotario espiritual del siglo XVII y no un culto siniestro que pretendía dominar el mundo, como han señalado con frecuencia personajes como el reverendo Pat Robertson, líder de la derecha cristiana. Algunas personas creían—incluso en la actualidad—que la poderosa influencia masónica está reflejada en los símbolos del dólar americano y que fueron incluidos por Franklin Delano Roosevelt, el "presidente masónico," como prueba de que los masones se habían tomado la nación. Los objetos en cuestión, que se encuentran en el billete de un dólar, realmente son los dos lados del Gran Sello de los Estados Unidos, que datan de finales del siglo XVIII. Benjamin Franklin, recibe el mérito—o el descrédito—de ser su artífice, pero es probable que esto sólo sea una leyenda. Los símbolos son la representación de un ojo y de una pirámide incompleta. El ojo de la deidad que todo lo ve es mencionado por los masones, pero el concepto que encierra la imagen data de los tiempos de la Biblia. Una pirámide incompleta simboliza el trabajo inconcluso de una nación. El ojo de la pirámide, que todavía aparece en los billetes de dólar, era un símbolo popular de la deidad omnisciente que data del arte del Renacimiento. En otras palabras, es probable que posteriormente los masones hubieran adoptado este diseño como símbolo y no al contrario.

A manera de colofón sobre los masones en América, debería señalarse que su espíritu de la Ilustración no pasara de allí. A pesar de su idealismo, los masones americanos no eran abiertos en términos raciales o de género. Los negros y las mujeres fueron excluidos de sus filas, de la misma forma en que fueron excluidos de la Constitución. En 1765, Prince Hall, un negro libre que era pastor metodista en Boston, fundó una sociedad masónica para negros (que más tarde fueron conocidos como los masones de Prince Hall). En 1775, una logia del Ejército británico admitió a Hall y a catorce negros libres, quienes formaron la Logia Africana I, pero los masones blancos americanos se negaron a reconocerlos. Este grupo recibió el reconocimiento oficial en 1787, por parte de la Gran Logia de Inglaterra y pasó a llamarse Logia Africana 459. Prince Hall y otros masones negros protestaron contra la esclavitud y trataron de obtener mejores condiciones para los negros libres. Algunos de los miembros del grupo de Prince son W. E. B. DuBois—escritor, historiador y uno de los fundadores de la NAACP (Asociación Nacional para el Progreso de la Gente de Color)—, y Thurgood Marshall, el primer juez negro de la Corte Suprema.

- Thomas Jefferson: Era mucho más radical en sus creencias que Franklin y Washington. Se oponía vehementemente a "cualquier forma de tiranía contra la mente humana," como llamaba a la cristiandad organizada. En 1782, el Estatuto para la Libertad Religiosa presentado por Jefferson fue aprobado por la legislatura de Virginia. Esta importante legislación garantizaba a todos los individuos la libertad de culto en la iglesia de su preferencia y eliminó la ayuda estatal que recibía la Iglesia Episcopal de Virginia. El estatuto fue aprobado gracias a la labor de James Madison.

  Jefferson editó también una versión de los Evangelios, que todavía se consigue bajo el título de *The Jefferson Bible*, en la que ensalza las enseñanzas morales y éticas de Jesús, pero suprime cualquier referencia a su divinidad y a sus milagros. La referencia a la Providencia en el cierre de la Declaración fue agregada por el Congreso Continental luego de haberse debatido el documento.

- Aaron Burr: Conocido por su libertinaje, es considerado como uno de los "pícaros" más grandes de la historia norteamericana, pero es mirado con otros ojos por la tradición religiosa. Burr era el nieto de Jonathan Edwards, el hombre más famoso en la historia eclesiástica de Nueva Inglaterra y uno de los líderes del Gran Despertar (ver Capítulo Dos). Burr estudió un año para ser ministro, pero luego se retiró debido a su falta de fe. Según dice el historiador Thomas Fleming en su libro *Duel*, la decisión de Burr fue "típica de la decadencia general del fervor religioso a lo largo de Norteamérica. Esta tendencia se acentuó luego del ataque perpetrado por la Revolución Francesa en contra de la religión, como el pilar de la clase dirigente. Durante la promoción de la Universidad de Yale de 1796, una encuesta reveló que sólo uno de los graduados creía en Dios, lo que explica por qué la acusación sobre el supuesto ateísmo de Thomas Jefferson por parte de los federalistas no trascendió."

En última instancia, el principio que la gran mayoría de ellos defendió apasionadamente es mucho más importante que las creencias personales de los Padres de la patria: la libertad para practicar la religión o para no hacerlo. Asimismo, se opusieron firmemente a que la religión recibiera ayuda del gobierno. Franklin se estremecía ante la posibilidad de que la religión se entrometiera en la política. Washington denunció la tiranía espiritual y sostuvo que la religión era un asunto privado en el cual el gobierno no tenía facultades para inmiscuirse. Para él, el gobierno existía para proteger los derechos de las personas y no para salvar sus almas.

En una famosa carta que les escribió a los miembros de la Congregación hebrea de Newport en 1790, Washington les dijo: "Ya no se trata de que se hable de la tolerancia, como si se tratara de la indulgencia de un grupo de personas y que otro disfrutara del ejercicio de sus derechos naturales e inherentes. Pues, afortunadamente, *el Gobierno de los Estados Unidos, que no fomenta la intolerancia ni la la persecución, sólo pretende que quienes viven bajo su protección se limiten a ser buenos ciudadanos.*" (En cursivas en el original.)

Mientras tanto, Jefferson escribió que a él le era indiferente que su vecino creyera en un dios o en veinte, siempre que "no me meta la mano al bolsillo ni trate de hacerme daño." Este principio, que estipula que el gobierno no debe promover, forzar la práctica o inmiscuirse en asuntos religiosos, sería aprobado en la Constitución, particularmente a través de la Primera Enmienda.

PEPE?

VOCES AMERICANAS
"Carta para el Establecimiento de la Libertad Religiosa," promulgada por la Asamblea General de Virginia, en 1786.

Nosotros, la Asamblea General de Virginia, resolvemos que nadie puede ser obligado a frecuentar o apoyar un culto, lugar o ministerio religioso, cualquiera que sea, ni será coaccionado, limitado, molestado o gravado en su cuerpo ni bienes, ni sufrirá de otro modo a causa de sus opiniones o creencias religiosas; antes bien, todos los hombres son libres de profesar y de defender con razonamientos su opinión y que ésta en modo alguno disminuirá, aumentará o afectará sus capacidades civiles.

Jefferson presentó esta ley en colaboración con James Madison, la cual fue aprobada en 1779 mientras se encontraba en París. Además de ser el autor de la Declaración de la Independencia y fundador de la

Universidad de Virginia, Jefferson hizo que la autoría de esta ley fuera incluida en su epitafio.

¿Qué significa *e pluribus unum*?

E pluribus unum es el adagio en latín que aparece en la cara del Gran Sello de los Estados Unidos y significa "uno formado por muchos." Esta frase, que apareció por primera vez en las *Epístolas* de Horacio, hace referencia a la creación de los Estados Unidos a partir de las trece colonias. Benjamin Franklin, John Adams y Thomas Jefferson, miembros del primer comité encargado de la elección del Sello, sugirieron esta frase en 1776. Desde 1873, la ley estipula que esta frase aparezca en una de las caras de todas las monedas de los Estados Unidos.

El Gran Sello de los Estados Unidos es el símbolo de la soberanía de este país, y fue adoptado el 20 de junio de 1782. Las naciones europeas habían utilizado sellos desde tiempo atrás y la nueva nación norteamericana quería simbolizar su nueva jerarquía por medio de este sello. William Barton, un especialista en heráldica, asesoró al comité en su creación y diseñó su lado posterior. Charles Thomson, secretario del Congreso, diseñó las imágenes que aparecen en la parte frontal, la cual es utilizada en los documentos oficiales. El águila norteamericana, que lleva un blasón o escudo en el pecho, simboliza su independencia. Las trece franjas verticales del escudo provienen de la bandera de 1777, aunque siete de ellas son blancas, mientras que la bandera contiene siete franjas rojas. El águila sostiene una rama de olive con trece hojas y trece aceitunas en el talón derecho y trece flechas en su talón izquierdo, representando el deseo de paz pero también la capacidad para librar la guerra. En su pico lleva un pergamino en el cual está inscrita la frase *e pluribus unum*. Encima de su cabeza se encuentra la "nueva constelación" de trece estrellas de la bandera de 1777, circundada por un resplandor dorado que traspasa una nube.

El lado posterior del sello es semejante al que aparece en el respaldo de los billetes de un dólar, pero nunca ha sido utilizado como sello. Una pirámide de trece hileras de piedra, que representa a la Unión, es observada por el Ojo de la Providencia, enmarcado en un triángulo convencional. La frase *Annuit coeptis* significa "Él (Dios) ha favorecido nuestras empresas." La frase que aparece en la parte inferior, *Novus ordo seclorum*, significa "El Nuevo Orden de los Tiempos" y se incorporó en 1776, fecha que aparece en la base de la pirámide.

¿Quiénes eran los federalistas y cuáles eran los documentos federalistas?

Después de 200 años de una educación de dudosa calidad, creemos que la Constitución es una versión norteamericana de los Diez Mandamientos, que tuvo inspiración divina y está tallada en piedra. De este modo, es difícil imaginar que su ratificación no estuviera asegurada. Lo cierto es que la Constitución estuvo cerca de ser rechazada por los estamentos políticos, como si se tratara de un implante de órgano poco exitoso. Cuando la Constitución fue aprobada en Filadelfia, el país estaba dividido entre quienes respaldaban la idea de un gobierno fuerte y central contemplado en la Constitución (federalistas) aquellos que abogaban por un gobierno central más débil donde los estados tuvieran más derechos (anti-federalistas).

Los anti-federalistas, quienes eran americanos leales y patriotas furibundos—muchos de ellos fueron líderes y veteranos de la Revolución—temían que se instaurara una nueva modalidad de monarquía electa a expensas de las libertades individuales. Algunos de sus líderes fueron personajes tan destacados como Patrick Henry, gobernador de Virginia, Samuel Adams—el famoso bostoniano que combatió en la Revolución—y George Clinton, quien durante muchos años fue gobernador de Nueva York. Su rechazo a la Constitución puede resumirse en las palabras de Thomas Paine: "El gobierno, aún en su mejor expresión, sólo es un mal necesario." Los anti-federalistas pensaban que algunos hombres como Alexander Hamilton, trataban de instaurar una modalidad norteamericana de la monarquía.

Pero una buena parte de su resistencia era de carácter personal, pues muchos anti-federalistas no simpatizaban con sus oponentes. Un buen ejemplo ode esto tuvo lugar en Virginia, donde Patrick Henry no permitió que James Madison, el principal Padre de la Constitución, fuera elegido como senador. O en Nueva York, donde George Clinton, su gobernador, era el líder de este movimiento. Alexander Hamilton y

George Clinton eran rivales en asuntos filosóficos, pero el desprecio que sentían el uno por el otro traspasó las fronteras de la política y se trasladó al plano personal. A Clinton y a sus aliados se les responsabilizó de crear un sistema corrupto y de asignarles altos cargos a sus amigos y a quienes los apoyaran económicamente. En 1792, Clinton le robó a John Jay —candidato nombrado por Hamilton— las elecciones para la gobernación de Nueva York al declarar la invalidez de los votos de tres condados y proclamarse como ganador. (A la misma categoría que la frase "Mientras más cambian los cosas, más permanecen iguales" pertenece también otra muy famosa enunciada por William "Boss" Tweed, el popular "manipulador" de todos los asuntos políticos de Nueva York en el siglo XIX, quien dijo el día de las elecciones de 1871: "¿Qué pueden hacer los demás mientras sea yo quien cuenta los votos?")

Hamilton, Madison y John Jay —que en ese entonces se desempeñaba como el jefe del Departamento de Estado de la Confederación— quienes eran los abanderados de la causa federalista, intentaron influir en la ratificación del debate con una serie de cartas firmadas con seudónimos como "Publius" que enviaron a diversos periódicos y que luego fueron reunidas y conocidas como los documentos federalistas. Ochenta y cinco de estos ensayos fueron publicados pero no tuvieron mucho impacto en su época, a pesar de ser considerados —junto a la Declaración de la Independencia y a la Constitución— como uno de los documentos políticos más importantes en la historia de los Estados Unidos. Es probable que la mayoría de las personas que tenían voz y voto ya hubieran tomado una decisión. Pero mucho más importante aún que estos documentos fue la postura a favor de la ratificación adoptada por Franklin y por Washington, a quien todos consideraban como el primer presidente bajo la nueva Constitución. James Monroe le escribió a Jefferson acerca de la importancia que tuvo Washington en el voto otorgado por Virginia a favor de la ratificación: "Ten la seguridad de que su influencia persuadió a este gobierno." Una por una, las convenciones estatales votaron la ratificación, algunas de manera unánime. En otros estados como Massachusetts, la ratificación fue aprobada por un margen muy estrecho.

Para esto se tuvo que recurrir a las formas más antiguas de hacer política y varios estados aceptaron la ratificación con la condición de que se le agregara una Carta de Derechos (Bill of Rights) a la Constitución. Delaware, un pequeño estado que estaba satisfecho con la representación que obtendría, fue el primero en ratificarla y fue seguido sucesivamente por Pennsylvania, Nueva Jersey, Georgia, Connecticut, Massachusetts, Maryland, Carolina del Sur y New Hampshire, el noveno estado en ratificarla.

Pero aún con los nueve estados requeridos, se vivía un ambiente de incertidumbre. Virginia y Nueva York no habían dado su voto y el rechazo de cualquiera de estos dos estados ricos y poderosos hubiera invalidado la Constitución. Virginia votó a favor en vista de que el acuerdo de la inclusión de la Carta de Derechos había funcionado en los otros estados. La ratificación fue aprobada por el estado de Nueva York gracias a los discursos agresivos y al *lobby* realizado por Alexander Hamilton, así como a la efectiva persuasión adelantada por John Jay.

VOCES AMERICANAS
JAMES MADISON, comentando la firma de la Constitución en septiembre de 1787.

Mientras los últimos miembros la firmaban, el doctor Franklin miró un sol naciente pintado detrás de la silla del presidente y les comentó a algunos miembros que estaban cerca de él que los pintores habían tenido dificultades para distinguir un sol naciente de un sol poniente. Franklin les dijo: "Muy a menudo, durante el transcurso de las sesiones y de las vicisitudes de mis esperanzas y temores, he mirado lo que está detrás del presidente, sin saber si es un sol naciente o poniente; pero finalmente ahora tengo la felicidad de saber que no es un sol poniente, sino un sol naciente."

¿Quién eligió a George Washington como primer presidente?

Gracias a su sabiduría y previsión, para no mencionar el temor que sentían a la plebe, los Padres de la Constitución crearon una figura notable y curiosa en lo que se refiere a la elección presidencial. El

Colegio Electoral era el último recurso que la Constitución tenía para defenderse de un exceso de democracia.

Según el plan de los Padres de la Constitución, cada estado elegiría el mismo número de electores que su representación en el Congreso (sillas en la Cámara y en el Senado). La forma en que los electores serían seleccionados se dejó en manos de los diferentes estados. Los electores se reunirían en sus estados y votarían por dos candidatos a la presidencia y el ganador sería quien obtuviera la mayoría de los votos. Los Padres de la Constitución creyeron que nadie —a excepción de George Washington—, podría obtener una clara mayoría, en cuyo caso la elección se decidiría en la Cámara de Representantes, donde cada estado tenía un voto. Los partidos políticos no sólo no existían en esa época, sino que eran considerados como despreciables. En el transcurso de un debate, generalmente los hombres tomaban partido de un lado o del otro y luego esperaban a que se debatiera el próximo asunto. Quienes redactaron la Constitución no previeron que surgiría el sistema de dos partidos que conocemos en la actualidad, aunque sus comienzos se pueden vislumbrar en el debate sobre la ratificación. El Partido Federalista, comandado por Alexander Hamilton y John Adams, sería el primero establecido en América.

Aunque el 4 de febrero de 1789 se conoce como la primera fecha en la que se celebraron elecciones presidenciales, realmente lo que sucedió en esta fecha fue que los representantes depositaron sus balotas. Este evento fue precedido por las numerosas elecciones que tuvieron lugar entre finales de 1788 y los primeros meses de 1789, en las que cada estado formuló las reglas para ver quién votaba por qué. Algunos estados permitieron que los electores fueran elegidos directamente por los sufragantes. En otros estados, los electores fueron escogidos por las asambleas estatales. Aunque en términos generales el requisito para poder votar era que el sufragante tuviera propiedades, algunos estados tenían unas leyes de votación bastante ambiguas. En Nueva Jersey, por ejemplo, las mujeres pudieron votar para presidente en las primeras elecciones. En Pennsylvania, cualquier persona que pagara impuestos podía votar.

Pero el resultado fue el mismo. Se suponía que el primer Congreso se reuniría en Nueva York el 4 de marzo, pero sólo el primero de abril se llegó a un quórum. Finalmente, el 6 de abril el Senado contó las balotas electorales y declaró lo inevitable. Washington fue elegido de manera unánime. John Adams obtuvo suficientes balotas para ser elegido como vicepresidente. Washington fue informado oficialmente de su elección el 14 de abril. Dos días después salió de Mount Vernon, realizó un viaje triunfal de ocho días y fue ovacionado por las multitudes. El 30 de abril de 1789 prestó el juramento presidencial en el Federal Hall de Nueva York, la sede del gobierno durante el año y medio siguiente. Washington recibía un salario anual de 25,000 dólares, una suma considerable en aquel entonces: sin embargo, tenía que cubrir sus propios gastos. Washington se mudó a la propiedad cuya dirección era 39–41 Broadway, contrató a catorce sirvientes blancos y trajo siete esclavos que tenía en su propiedad de Mount Vernon.

VOCES AMERICANAS

GEORGE WASHINGTON, durante el juramento como presidente. (El Artículo II de la Constitución le ordena al presidente electo tomar el anterior juramento o declaración a fin de ser proclamado presidente.)

Juro (o prometo) solemnemente, que desempeñaré fielmente el cargo de presidente de los Estados Unidos y que de la mejor manera a mi alcance guardaré, protegeré y defenderé la Constitución de los Estados Unidos.

La costumbre (y no las instrucciones de la Constitución) ordena que el presidente ponga su mano izquierda sobre la Biblia y mantenga la mano derecha ligeramente levantada durante el juramento. Durante el juramento, George Washington improvisó y agregó las palabras: "Que Dios me ayude." Desde entonces, todos los presidentes han pronunciado esta frase.

VOCES AMERICANAS

MARTHA WASHINGTON, refiriéndose a su vida como primera dama en la ciudad de Nueva York.

Mi vida aquí es monótona. Nunca voy a ningún lugar público. De hecho, soy una especie de prisionera del

estado . . . y no puedo hacer lo que me plazca. Soy obsti-
nada y permanezco gran parte del tiempo en casa.

¿Qué es la Carta de Derechos?

La tarea más importante del gobierno era aprobar las enmiendas a la
Constitución que había prometido. Dichas enmiendas fueron solicitadas durante la ratificación por quienes temían que los estados fueron
aniquilados por el nuevo gobierno central. Madison preparó las
enmiendas, y el 25 de septiembre de 1789 doce enmiendas fueron presentadas al Congreso reunido en la ciudad de Nueva York a fin de ser
ratificadas por los estados. Diez de las doce enmiendas fueron finalmente ratificadas y declaradas como leyes el 15 de diciembre de 1791 y
desde entonces son conocidas como la Carta de Derechos. (La Carta
de Derechos figura en el Apéndice I, así como su análisis.)

Aunque en Inglaterra también existía una Carta de Derechos, era
más limitada y podía ser rechazada por el Parlamento. La versión americana era más completa y sólo los estados podían rechazarla. El propósito de las enmiendas era garantizar libertades que no estaban
incluidas específicamente en la Constitución. Aunque los eruditos en
temas legales sostienen que dichas garantías podían ser innecesarias,
éstas se han convertido en parte integral del sistema legal americano y
siguen siendo uno de los aspectos más controvertidos en la historia de
Norteamérica.

GARANTÍAS DE LA DECLARACIÓN DE DERECHOS

Primera Enmienda: Garantiza la separación de la Iglesia y del estado,
así como la libertad de culto, de expresión y de la prensa, el derecho a reunirse y a solicitar cambios.

Segunda Enmienda: Estipula el derecho a mantener y a portar armas.
Es el punto central del debate sobre el control a las armas. Los que
favorecen su control señalan la especificación "de una milicia bien
organizada," que figura en la Carta de Derechos. Los defensores del
derecho a poseer armas citan esta enmienda en su sentido literal.

Tercera Enmienda: Estipula que los soldados no pueden alojarse en casas privadas sin el consentimiento del propietario. (Reacción a la Ley de Acuartelamiento inglesa, uno de los detonantes de la Revolución.)

Cuarta Enmienda: El derecho a no ser objeto de "registros y allanamientos irrazonables." (Éste es otro punto complejo, pues debido a la interpretación de esta enmienda, los derechos de los delincuentes entran en conflicto con las prácticas de la Ley.)

Quinta Enmienda: Incluye provisiones referentes a los procedimientos de los procesos judiciales, entre las que figuran la necesidad de que la acusación sea realizada por un gran jurado, la nulidad de un segundo enjuiciamiento por el mismo delito y el derecho a no testificar contra uno mismo (Ver la sección "¿Quién fue Miranda?" en el Capítulo Ocho).

Sexta Enmienda: Garantiza el derecho a un juicio rápido y público en el distrito en el que se ha cometido el delito, así como otras medidas de protección para el acusado.

Séptima Enmienda: Garantiza el juicio con la presencia de un jurado.

Octava Enmienda: Prohibe las fianzas o multas excesivas y el "castigo cruel e inusitado," enmienda sobre la que se basa el debate sobre la pena de muerte.

Novena Enmienda: Está basada en el principio según el cual todos los seres humanos tienen ciertos derechos fundamentales. Esta enmienda incluye algunos derechos básicos que no están especificados en la Constitución.

Décima Enmienda: Garantiza que los estados o los individuos pueden asumir aquellos poderes que la Constitución no les haya delegado al gobierno federal ni prohibido a los estados.

Dos enmiendas propuestas que versaban sobre la distribución de los miembros y la compensación del Congreso no fueron ratificadas en ese entonces, aunque las versiones de todos los artículos han sido ratificadas posteriormente.

La Constitución, que fue enmendada por medio de la Carta de

Derechos, es un documento político y no obra de la voluntad de Dios. Como la mayoría de los productos humanos, inicialmente tenía varias imperfecciones—el rechazo flagrante a los derechos de los negros, de las mujeres y de los indios era uno de sus mayores defectos. Muchos analistas contemporáneos señalan que la Constitución fue el instrumento perfecto para que los ricos aseguraran el control sobre los desposeídos y que repartió el número suficiente de migajas para que la clase trabajadora y la media le ofrecieran su respaldo. Desde un comienzo, los críticos han manifestado que la Constitución y la Carta de Derechos fueron puestas en práctica de una manera selectiva y que a menudo fueron ignoradas, como sucedió en el caso de la Ley para Extranjeros y la Ley contra la Sedición, durante la administración de Adams (1798), las que violaron claramente las garantías de la Primera Enmienda.—

Pero, por otra parte, ¿qué otra alternativa había? Si los delegados del Norte hubieran adoptado una postura altamente moral y no se hubieran comprometido con el tema de la esclavitud, la Convención Constitucional se hubiera desintegrado. Bajo los Artículos de la Confederación, los estados se hubieran sumido en la precariedad económica y habrían estado sujetos a la invasión de fuerzas extranjeras dispuestas a atacar en cualquier oportunidad.

El censo de 1790

La Ley del Censo fue aprobada en 1790, con el propósito de determinar cuántos delegados podía tener cada estado en la Cámara de Representantes. El primer censo se realizó en agosto de 1790. Algunos de sus aspectos más importantes son:

- Población total de los Estados Unidos: 3,929,625 habitantes.
- Población negra: 697,624 esclavos; 59,557 negros libres. (Massachusetts reportó que en su estado no había esclavos.)
- Filadelfia era la ciudad más grande, con 42,000 habitantes. La segunda era Nueva York, con 33,000.
- Virginia era el estado más poblado, con más de 820,000 habitantes.

- Casi la mitad de la población (48.5 por ciento) vivía en los estados sureños. El resto de la población vivía en Nueva Inglaterra y en los estados centrales.
- Norteamérica era un país joven: 490 de cada 1,000 blancos tenían menos de 16 años.

VOCES AMERICANAS

ROBERT CARTER III, uno de los hombres más ricos y con más esclavos de América (1791).

Aunque yo, Robert Carter, domiciliado en Nomini Hall, condado de Westmoreland, en la Mancomunidad de Virginia (poseo) . . . varios esclavos negros y mulatos . . . y como desde hace algún tiempo he estado convencido de que retenerlos en esclavitud va en contra de los verdaderos principios de la Religión y de la justicia . . . declaro que ellos . . . deberán ser liberados.

A diferencia de otros Padres de la patria que condenaban la esclavitud a pesar de tener esclavos, Robert Carter III fue un hombre de palabra. Nieto de Robert "King" Carter (el hombre más rico de Virginia), realizó una especie de búsqueda espiritual. Su padre fundó la Iglesia de Cristo en la península de Northern Neck, en la parte septentrional de ese estado, una de las iglesias más antiguas y hermosas de Norteamérica. Los feligreses esperaban que llegara el coche de Carter antes de entrar a la iglesia. Abandonó la Iglesia Anglicana, se convirtió en deísta, luego en bautista pero siguió escuchando a otros predicadores, incluyendo a los metodistas. Fue uno de los principales propulsores del Estatuto para la Libertad Religiosa de Virginia, el cual permitía que los habitantes escogieran su religión y que eliminó la ayuda económica recibida por la Iglesia Episcopal con el dinero de los contribuyentes. En 1791, sorprendió a sus vecinos al anunciar que liberaría a sus esclavos. Por supuesto, no todos los vecinos recibieron la noticia con agrado.

¿Por qué Jefferson no apreciaba a Hamilton?

El gobierno se consolidó durante el mandato de Washington y del nuevo Congreso. El presidente, quien tenía mucho talento político, eligió a los designados para los cargos más importantes de su gobierno, muchos de los cuales eran viejos amigos suyos o veteranos de la guerra, como Henry Knox, quien fue secretario de Guerra. Se conformó un ejército de mil hombres con el objetivo primordial de combatir a los indios en la frontera oeste. Se creó la Corte Suprema y John Jay fue nombrado como su primer presidente. Pero los dos gigantes de esta administración y los hombres que personificarían el gran debate y la división nacional durante los años siguientes fueron Thomas Jefferson y Alexander Hamilton. Dumas Malone, el biógrafo más prestigioso de Jefferson, ha resumido esta diferencia en términos simples: "Ningún otro estadista ha personificado el poder nacional y el dominio de la élite privilegiada tan bien como Alexander Hamilton, y ningún otro ha glorificado el autogobierno y la libertad de los individuos como Jefferson."

Jefferson, que en 1789 estaba en París como representante diplomático de su país cuando sucedió el ataque al palacio de la Bastilla que desencadenó la Revolución Francesa, regresó a América para asumir como jefe del Departamento de Estado. Aunque era un miembro de la clase aristocrática y propietario de esclavos, estaba en contra de la monarquía y consideraba a Hamilton y a sus aliados como a un "partido británico" que trataba de instaurar una nueva modalidad de monarquía electa en América. Jefferson sentía un profundo desprecio hacia quienes llamaba "los hombres del dinero." Teóricamente, quería un gobierno débil y vislumbraba una Norteamérica que fuera una democracia de agricultores y de trabajadores.

Hamilton, quien nació en la Indias Occidentales y era hijo ilegítimo, fue secretario de Washington durante la Revolución. Era abogado, fundador del Bank of New York y uno de los hombres más poderosos de su estado y de la Nación, que ayudó a redactar la Constitución y luego a promoverla. Sin embargo, Hamilton no era un "hombre del pueblo." Decía que "las masas eran una gran bestia," defendía la idea de un gobierno controlado por los comerciantes y los banqueros, y seguramente habría defendido los intereses de la élite en caso de ser presidente. Se desempeñó como el asesor principal para asuntos financieros durante el gobierno de Washington, un cargo muy importante en aquel entonces, y que parecía diseñado especialmente para él. La situación financiera de la nación era caótica. América le debía dinero a otras naciones, especialmente a Francia y a los Países Bajos, y la deuda doméstica era bastante cuantiosa. Lo que era peor aún, no había dinero para pagar las deudas. Como el gobierno necesitaba dinero, se aprobaron una serie de impuestos internos, luego de una fuerte oposición de varios congresistas, quienes querían que los productos locales estuvieran exentos de aranceles o que éstos se establecieran para los productos extranjeros. Muchos de estos productos fueron los mismos que los ingleses habían gravado con impuestos algunos años atrás, originando así los primeros actos de rebelión en las colonias.

El plan de Hamilton para la salvación financiera de América contenía dos puntos fundamentales. El primero apareció en su *Informe sobre crédito público*, que provocó un acalorado debate, pues recomendaba que todos los acreedores del gobierno recibieran bonos que estuvieran a la par con bonos antiguos y devaluados. Como muchos de estos bonos estaban en manos de especuladores (principalmente del Norte) que los habían comprado a los dueños originales (especialmente agricultores del Sur y veteranos de la guerra de Independencia) por una fracción de su valor, Hamilton fue duramente atacado por estar de parte de los especuladores del "Este." También fue duramente criticado por los estados sureños cuando sugirió que el gobierno federal asumiera las deudas de los estados, puesto que muchos de ellos ya habían pagado sus deudas y el plan de Hamilton favorecería ampliamente a los estados "del Este."

Un negocio de bienes raíces terminó por resolver el problema. Jefferson y James Madison—líder de la Cámara de Representantes—que se oponían al plan de Hamilton, les propusieron a los estados del Sur que lo respaldaran a cambio de la firma de un acuerdo para fundar una ciudad federal en esa región. La futura capital de la Nación estaría localizada en los bancos del río Potomac. (Filadelfia sería la capital de la nación hasta que la nueva capital fuera construida.) Pero este compromiso no selló las diferencias entre Hamilton y Jefferson. Las diferencias políticas que tenían en casi todos los temas que trataba el nuevo gobierno terminaron por tornarse en una enemistad personal. El segundo punto importante del plan de Hamilton era el establecimiento de un banco nacional, donde los fondos federales estuvieran seguros, que cobrara, circulara y dispensara los dineros obtenidos por concepto de impuestos, y que imprimiera pagarés. El gobierno sería propietario parcial del banco, pero el 80 por ciento de las acciones sería vendido a inversores privados. Jefferson se opuso de nuevo; dijo que eso era inconstitucional y que el gobierno no tenía el poder para hacerlo. Hamilton replicó que según el Congreso, el banco era legal, podía cobrar impuestos y regular el comercio. Los dos oponentes no llegaron a un acuerdo y Washington respaldó a Hamilton.

El progreso en la situación financiera de la nueva nación fue impresionante. Según dice Thomas Fleming en su libro *Duel:* "Hamilton había recibido un país hundido en un 'lodazal' de 80 millones de dólares en deudas estatales y federales debido a la guerra . . . y luego de una serie de estrategias brillantes—especialmente a través de documentos estatales—persuadió al Congreso para transformar esta funesta herencia de la Revolución en un activo de la nación . . . A fin de estabilizar el nuevo sistema y consolidar el desarrollo financiero de la nación, Hamilton persuadió al Congreso para que creara el Banco de los Estados Unidos, que tendría un carácter semipúblico. En cinco años, Estados Unidos tuvo la tasa de crédito más alta del mundo y un flujo de dinero tan sólido como para que se respirara un aire de prosperidad desde Boston hasta Savannah."

Las diferencias entre Jefferson y Hamilton se habían extendido a los asuntos externos. Inglaterra y Francia estaban en guerra y en esta última nación se estaba llevando a cabo la Revolución; Hamilton se inclinó por los ingleses. Jefferson sentía una gran admiración por los franceses y por su Revolución, que Norteamérica había inspirado, así a Jefferson le disgustara profundamente el baño de sangre que había desencadenado. Algo semejante sucedió con respecto al Tratado de Jay, un acuerdo firmado con los británicos durante otra guerra entre Inglaterra y Francia que amenazaba con involucrar a los Estados Unidos. Según los términos del acuerdo, los soldados británicos se retiraron de las últimas posiciones que tenían en los Estados Unidos, pero otras cláusulas del tratado fueron consideradas como excesivamente pro-británicas y los partidarios de Jefferson las rechazaron. (Este tratado fue ratificado por el Senado en 1795.)

Obedeciendo a la disputa permanente que sostenían Jefferson y Hamilton, ambos bandos apoyaban a periódicos rivales cuyos editores habían recibido una parte del botín federal. La plataforma de Jefferson era la *National Gazette,* mientras que la de Hamilton era la *Gazette of the United States.* Ninguno de los dos perdía oportunidad de lanzarle dardos al contrario. No intercambiaban galantes cortesías sino una andanada de improperios demoledores. La consecuencia más importante que tuvo esta disputa fue algo nuevo e inesperado: el nacimiento de partidos políticos, o facciones, como se denominaban en aquel entonces.

En aquella época, los partidos eran considerados como siniestros. No había ningún plan para crear un sistema que tuviera dos partidos, uno oficialista y otro de la oposición. Al contrario, este sistema evolucionó de manera informal y las semillas de la rivalidad entre Jefferson y Hamilton quedaron plantadas. Jefferson y James Madison, quien era federalista durante el debate sobre la ratificación pero que luego se inclinaría a favor de Jefferson, comenzó a organizar facciones que respaldaran la creciente oposición a la administración federalista de Washington. Sus seguidores adoptaron el nombre de "demócratas republicanos" en 1796. (El nombre se redujo a republicanos, pero pasaron a llamarse demócratas durante la presidencia de Andrew Jackson.) En términos generales, querían una sociedad agraria y democrática donde las libertades individuales estuvieran por encima de un gobierno fuerte y centralizado. Hamilton y sus seguidores se unieron en 1792 bajo el nombre del Partido Federalista, que luchaba por un gobierno central y poderoso, promovía los intereses de los comerciantes e industriales, y era respaldado por la élite de la nación. Durante el mandato de Washington, a quien le disgustaban las "facciones," los federalistas tuvieron una gran cuota del poder y dominaron el Congreso en las dos administraciones de Washington y en la presidencia de Adams.

Decir que estos dos grupos fueron los antecesores de los actuales partidos demócrata y republicano sería simplificar las cosas. El proceso que culminó con la fundación de estos dos partidos fue largo, lento y sufrió además varias interrupciones. Si Jefferson viviera hoy en día, ¿sería demócrata o republicano? Sus ideas acerca de un gobierno federal con menos poder encajaría con la concepción que tienen los republicanos, quienes buscan desmantelar la burocracia federal. Su preocupación por las libertades civiles lo situaría dentro del partido demócrata. ¿Y qué de Hamilton? Sus instintos comerciales y banqueros lo situarían claramente en la vieja guardia del establecimiento republicano. Pero su insistencia sobre un gobierno federal y poderoso que manejara los hilos de la economía sería una especie de herejía para los conservadores republicanos, que favorecen un gobierno pequeño y se identifican con las políticas del *laissez-faire*. Pero los asuntos personales no tardaron en aflorar. Hamilton, casado con la hija del general Philip Schuyler, uno de los hombres más poderosos de Nueva York, estaba en la cúspide del poder. Era secretario del Tesoro y tenía una gran influencia en su estado, aunque más tarde se vería envuelto en escándalos políticos y económicos.

En 1791, Hamilton se involucró sentimentalmente con Maria Reynolds, una mujer de Filadelfia (también se decía que sostenía un romance con su cuñada Angelica Schuyler Church, pero en el siglo XVIII la situación de los hombres era muy diferente, pues sus relaciones ilícitas, aunque no eran bien recibidas, eran por lo menos toleradas). James Reynold, el esposo de Maria, comenzó a acosar a Hamilton por la supuesta relación que éste tenía con su esposa. Se podrí decir que Reynolds se estaba comportando como un chantajista o como un chulo. Lo cierto es que comenzó a alardear de que Hamilton le estaba dando "información confidencial," lo que le permitió especular con bonos del gobierno. Hamilton fue acusado de corrupción y dio a conocer las cartas escritas por Maria Reynolds para demostrarles a sus enemigos políticos que había engañado a su esposa pero no al gobierno. Las cartas fueron dadas a conocer al público en 1797 mediante un panfleto publicado por James Thomson Callender (quien probablemente obtuvo las cartas de James Monroe, un aliado de Jefferson). Callender acusó a Hamilton de especular en grande con las políticas del Tesoro. Éste confesó su aventura en público y se pensó que su carrera había terminado. Pero Hamilton tenía amigos leales y poderosos. Más importante aún, contaba con el apoyo de George Washington, su "primer amigo," quien le ofreció públicamente su respaldo, y Hamilton logró recobrarse así de este revés.

GEORGE WASHINGTON, en su discurso de despedida.

Ya les he informado acerca de los peligros de los partidos en el gobierno, particularmente a su establecimiento basado en discriminaciones de carácter geográfico. Permítanme exponer un panorama más completo y advertirles de la forma más solemne sobre las funestas consecuencias que en términos generales tiene el espíritu de los partidos.

Infortunadamente, este espíritu es inseparable de nuestra naturaleza y tiene su raíz en las pasiones más fuertes que alberga la mente del hombre. Se manifiesta de forma diferente en todos los gobiernos ya sea de manera sofocada, controlada [*sic*], o reprimida; y aunque usualmente sólo deja ver su lado más exuberante, realmente es el peor de sus enemigos.

El dominio alterno de una facción sobre otra, aguzado por el espíritu de venganza inherente a las discrepancias partidarias [*sic*], que ha perpetrado los desmanes más horrendos en diferentes épocas y países, es en sí un despotismo temible . . . Los muchos y continuos daños del espíritu partidario son suficientes para que por el bien e interés del pueblo sabio, éste lo rechace y refrene.

¿Es verdad que George Washington murió por culpa de sus médicos?

En 1794, Washington comandó una vez más las tropas para sofocar la llamada Rebelión del Whiskey en la frontera occidental de Pennsylvania. Al igual que la Rebelión de Shays, se trataba de un levantamiento de los campesinos contra el establecimiento, esta vez debido a un impuesto bastante alto fijado a este licor. Liderando 13,000 tropas—

más hombres que los que había comandado durante la guerra—
Washington, vestido con su uniforme y acompañado por Alexander
Hamilton, su secretario del Tesoro, sofocó rápidamente la rebelión.

En septiembre de 1796, Washington declinó el ofrecimiento para
que sirviera por un tercer período presidencial y pronunció el discurso
de despedida, el último de sus numerosos pronunciamientos, donde
advertía sobre los peligros de los partidos políticos y las adhesiones a las
naciones extranjeras, advertencias que fueron ignoradas en aquel
entonces. Washington tuvo que interrumpir su retiro en Mount Vernon, pues Estados Unidos por poco se enfrasca una guerra contra Francia. Esta nación estaba secuestrando marineros norteamericanos y
capturando sus barcos para utilizarlos en su guerra contra Inglaterra.
En 1798, el Congreso le pidió a Washington que comandara el Ejército y éste aceptó. El general le pidió a Alexander Hamilton que asumiera como subcomandante de las fuerzas norteamericanas. Sin
embargo, el incidente con Francia fue resuelto y Washington regresó a
Mount Vernon.

Luego de un paseo en diciembre de 1799, Washington sufrió una
infección en la garganta (lo que actualmente se considera como una
inflamación). Tuvo dificultades para respirar, pues la inflamación era
muy fuerte. Siguiendo los procedimientos de la época, los médicos le
dieron una mezcla de té y vinagre. Luego le recomendaron calomel,
un laxante popular que también se conocía como "masa azul." Como
esto no surtió efecto, los médicos lo sangraron cuatro veces y Washington perdió casi la mitad de su sangre. Aunque el sangrado no lo mató,
tampoco le produjo ningún beneficio. "Muero luchando," dijo mientras agonizaba, "pero no tengo miedo de irme." Washington murió el
14 de diciembre de 1799, dos meses antes de cumplir 68 años.

Antes de su muerte, le había dicho a un inglés que fue a visitarlo a
Mount Vernon: "Puedo ver con claridad que nada, salvo la erradicación de la esclavitud, puede salvar a nuestra Unión." Aunque aparte de
manifestar algunas inquietudes hizo poco para solucionar este asunto
en vida, su testamento incluía claúsulas específicas sobre el problema
con el que había luchado en público y en privado: sus esclavos. Desde
1775, Washington dejó de vender esclavos, una empresa bastante rentable, y la población esclava de su hacienda se duplicó. Todos ellos fueron liberados después de la muerte de su esposa. (Martha liberó a los

esclavos de su esposo antes de su muerte, en 1800 y la hacienda mantuvo a algunos de ellos en calidad de pensionados hasta 1833.)

¿Cuál fue la Revolución de 1800?

La primera campaña presidencial tuvo lugar en 1796, una vez que Washington se retirara a Mount Vernon. Los congresistas federalistas se reunieron para elegir a John Adams, el vicepresidente, como su segundo candidato principal, y a Thomas Pinckney, de Carolina del Sur, como su segundo candidato. Alexander Hamilton, el otro líder federalista, era considerado un hombre monarquista y de carácter muy voluntarioso incluso por los federalistas más recalcitrantes. Jefferson era el candidato esperado de los demócratas republicanos y el segundo candidato era Aaron Burr, un neoyorquino ambicioso y el primer jefe del Tammany Hall, la primera maquinaria política de la nación.

Hamilton, sagaz y ambicioso, creyó que podría alcanzar una buena posición si lograba que Pinckney fuera elegido presidente, pues él estaría detrás, manejando los hilos del poder. Sin embargo, su estrategia resultó contraproducente, ya que los federalistas de Nueva Inglaterra se percataron de sus planes y resolvieron votar por Jefferson. Adams fue elegido como presidente y Jefferson, perteneciente al partido opositor, como vicepresidente.

Lógicamente, aquello fue como si realizaran de nuevo las elecciones presidenciales. La presidencia de Adams se caracterizó por la animosidad que se desató entre los dos partidos opositores. Aunque los federalistas habían asegurado el poder durante las dos administraciones de Washington y en la de Adams, su poder comenzó a declinar. Ni Adams ni el Tratado de Jay eran muy populares, y el presidente tuvo que soportar ataques feroces por parte de la prensa republicana. Su mayor logro consistió en evitar un mayor conflicto con Francia cuando éste parecía inminente. Pero su popularidad disminuyó notablemente cuando aprobó una serie de medidas represivas, conocidas como la Ley contra Extranjeros y la Ley contra la Sedición, que ponían de manifiesto el recelo con que el gobierno veía la llegada de extranjeros a la joven nación, a la vez que trataba de suprimir cualquier tipo de crítica que proviniera de la administración federalista.

La siguiente elección, realizada en 1800, fue arduamente disputada en más de un sentido. Adams encabezaba una vez más al partido republicano y Charles C. Pinckney (hermano de Thomas) era el segundo candidato. Jefferson y Burr eran de nuevo los nominados por el partido republicano. Los ataques e insultos abundaron durante la campaña. Los periódicos publicaron numerosos artículos sobre las aventuras sexuales de Adams y de Jefferson. Los federalistas acusaban a Jefferson de ser un ateo que permitiría que los excesos de la Revolución francesa contagiaran a Norteamérica.

Sin embargo, cuando se contaron las balotas, los republicanos resultaron vencedores. Pero el problema era, ¿cuál republicano? En aquel entonces no existían elecciones separadas para presidente y vicepresidente y Jefferson y Burr habían sacado 73 votos cada uno. Bajo la nueva Constitución, el empate significaba que la Cámara de Representantes, todavía controlada por los federalistas, decidiría el asunto.

Teniendo que elegir a uno de los dos, Hamilton optó por Jefferson, pues aunque le disgustaba, detestaba aún más a Burr, de quien decía "es un hombre sumamente inepto y peligroso." Burr actuó con cautela y decidió no hacer campaña a su favor, pero tampoco se retiró de la contienda. Se necesitaban los votos de nueve de las delegaciones estatales de la Cámara de Representantes para ganar, y Jefferson sólo logró un total de 35 balotas. Hubo una verdadera crisis y algunos historiadores creen que pudo desatarse una guerra civil a causa de esta elección, pues algunos líderes republicanos amenazaron con llamar a las milicias estatales para hacer cumplir la voluntad popular. Finalmente, una vez que Jefferson les asegurara en privado a los federalistas que mantendría el status quo, la Casa lo eligió el 17 de febrero de 1801 y asumió la presidencia el 4 de marzo de ese año, en la nueva capital federal de Washington. (Las dificultades para elegir al presidente en las elecciones de 1800 dieron paso a la aprobación de la Décimosegunda Enmienda en 1804, la cual estipulaba balotas separadas para presidente y vicepresidente. En el Apéndice 1, el lector encontrará mayor información sobre esta enmienda.)

Esta crisis electoral señaló el triunfo de un equilibrio razonable en ambos partidos, los cuales le dieron prelación a la sucesión ordenada y a la continuidad del gobierno. La Revolución de 1800, como la llamó Jefferson, fue pacífica pero tuvo un impacto real. El Partido Federalista sufrió una estruendosa derrota; perdió la presidencia y el Congreso, pero John Adams se aseguró de que su influencia no terminara con aquella derrota.

Lectura Recomendada: *John Adams*, de David McCullough.

¿En qué consistió el caso *Marbury vs. Madison*?

Pocas semanas antes de abandonar la presidencia, John Adams hizo algo que Franklin D. Roosevelt, Ronald Reagan y otros presidentes hubieran soñado. Adams, que gobernaba con un Congreso federalista debilitado que pronto estaría por fuera del poder, nombró a decenas de nuevos jueces durante la noche anterior a la posesión de Jefferson. El nombramiento de estos "jueces de medianoche," federalistas acérrimos que ocuparon un gran número de cortes federales, resultó ser la operación judicial más exitosa en la historia de los Estados Unidos. Por medio de este acto, Adams marcó una influencia que se prolongó mucho más allá de los cuatro años que duró su presidencia intrascendente.

El nombramiento más importante realizado por Adams fue el de John Marshall, quien había sido secretario de estado durante su presidencia y que fue nombrado como presidente de la Corte Suprema de los Estados Unidos en 1801. Aunque había estudiado derecho por poco tiempo y no tenía experiencia judicial, Marshall ocupó este cargo hasta su muerte, en 1835. Dejó una huella indeleble que todavía se puede sentir en la Corte y en la nación. De las muchas decisiones que tomó, una de las más importantes fue la del caso *Marbury vs. Madison*, en 1803.

Este caso surgió como consecuencia de la batalla a muerte que libraban los federalistas y los demócratas republicanos, simpatizantes de Jefferson. En medio de la prisa por nombrar jueces que fueran fieles al principio federalista de un gobierno central poderoso, William Marbury, uno de los "jueces de medianoche," fue nombrado como juez de una corte federal. Pero Marshall, el secretario de estado, no presentó su nombramiento y James Madison, quien sería el nuevo secretario de estado durante la administración de Jefferson, rechazó el nombramiento de Marbury. Éste demandó y apeló a la Corte Suprema—presidida por Marshall—para que Madison aprobara su nombramiento. Marshall rechazó la petición de Marbury, arguyendo que aunque teóricamente éste estaba habilitado para el cargo, una de las secciones de la Ley Judiciaria de 1789 establecidas por el sistema de las cortes federales era inconstitucional e inválida. Por primera vez, la Corte Suprema anuló una ley del Congreso. Aunque en este caso la decisión de Marshall sólo afectó el derecho que tenía la Corte para interpretar sus poderes, el concepto de la revisión judicial, principio fundamental del sistema constitucional del equilibrio de poderes, tuvo su primera prueba.

VOCES AMERICANAS

De la decisión de MARSHALL, presidente de la Corte Suprema, en el caso de *Marbury vs. Madison.*

Es deber y jurisdicción del Departamento judicial definir en qué consiste la ley . . . Así pues, la terminología particular de la Constitución de los Estados Unidos reitera y fortalece el principio, que se supone esencial de todas las constituciones escritas, de que una ley que sea contaria a la Constitución es nula . . .

¿Cómo adquirió Norteamérica a Luisiana?

Mientras Norteamérica superó la pacífica Revolución de 1800, Francia se sumergió en una confrontación mucho más violenta. En 1799, Napoleón Bonaparte realizó un golpe que derrocó al Directorio Revolucionario y se proclamó como el máximo líder de Francia. Aunque la mayoría de los ambiciosos planes de Napoleón se centraban en Europa, Norteamérica también tenía un lugar en el corazón del "pequeño cabo." Su primer paso fue obligar a una España debilitada a devolverle el Territorio de Luisiana, cosa que ocurrió en 1800. El segundo paso fue retomar el control de la isla caribeña de Santo Domingo. En 1793, la isla había pasado al mando del general Toussaint L'Ouverture, un genio autodidacta que había liderado con éxito una revuelta popular. Napoleón necesitaba esta isla como base para lanzar una ofensiva en Norteamérica y para tal fin envió a 20,000 tropas a la isla.

Los movimientos franceses cerca al territorio norteamericano alarmaron al presidente Jefferson, quien sabía que el control francés de Nueva Orleáns y de los territorios occidentales supondría una gran amenaza para Norteamérica. Jefferson concretó un plan. Aunque prefería la neutralidad entre las naciones europeas que estaban en guerra, les envió señales a los británicos sobre una posible alianza contra Francia y su propuesta tuvo eco. Simultáneamente, Jefferson comandó a Robert Livingstone y a James Monroe para ofrecerle a Francia la compra de Nueva Orleáns y de Florida. La venta no parecía muy probable y las tropas francesas enviadas a Santo Domingo fueron prácticamente exterminadas por la fiebre amarilla, después de retomar el control de la isla. (Los franceses se retiraron de la parte oriental de la isla y la parte occidental fue llamada Haití, nombre que los arawac le habían dado a la isla. Dessalines, el sucesor de Toussaint, se proclamó emperador. La isla, que es la misma Hispaniola de Colón, está conformada actualmente por Haití y República Dominicana.)

Sin una base segura en la isla, cualquier intervención de los franceses en Luisiana estaba descartada. Napoleón, quien se preparaba para una nueva campaña en Europa, les escribió a los norteamericanos, pues necesitaba tropas y dinero en efectivo. Obedeciendo casi a un capricho, Napoleón le ordenó a Talleyrand, su ministro de Defensa, que les ofreciera a los americanos no sólo Nueva Orleáns y Florida, sino también la totalidad del territorio de Luisiana. Livingstone y Monroe discutieron el precio con los franceses y en mayo de 1803 se firmó un tratado según el cual todo el territorio de Luisiana pasaba a ser propiedad de Estados Unidos. Nadie sabía con exactitud lo que se estaba vendiendo, pero lo cierto es que mediante el pago de 15 millones de dólares, Estados Unidos se duplicó en tamaño tras pagar aproximadamente cuatro centavos por acre. El tratado no contempló los derechos de propiedad de Texas, el oeste de Florida y la Costa Oeste al norte de los asentamientos españoles en California. España tenía otras intenciones sobre estos territorios. Irónicamente, la compra se realizó con bonos de Estados Unidos, producto de la iniciativa de Hamilton de establecer el Banco de los Estados Unidos, a la que Jefferson se había opuesto por considerarla inconstitucional.

VOCES AMERICANAS
MERIWETHER LEWIS, de
The Journals of Lewis and Clark
(11 de febrero de 1805).

Alrededor de las cinco de la tarde, una de las esposas de Charbon dio a luz un lindo bebé. Vale la pena mencionar que el niño es primogénito y como suele suceder en los primeros partos, éste fue difícil y doloroso. El señor Jessome me informó que acostumbra administrar una pequeña porción del cascabel de la serpiente que lleva el mismo nombre, y me aseguró que nunca falla en producir el efecto deseado, es decir, el de acelerar el nacimiento del niño; como yo tenía el cascabel de la serpiente, se lo entregué. Él le dio dos anillos a la madre, los cuales partió en pedazos pequeños con sus dedos y les agregó una pequeña cantidad de agua. Si el efecto deseado se debió realmente a esta medicina es cosa que yo no sé, pero me informaron que no habían transcurrido diez minutos desde el momento en que la madre la tomó hasta dar a luz. Tal vez valdría la pena que este remedio fuera estudiado, pues confieso que tengo fé en su eficacia.

¿Quiénes fueron Lewis y Clark?

Meses antes de que se efectuara la compra, Jefferson tuvo la precaución de solicitarle al Congreso una partida de 25,000 dólares para realizar una expedición al Oeste. Aparentemente, su objectivo era "ampliar el comercio externo" de los Estados Unidos, pero el presidente se había trazado muchas metas adicionales: que Norteamérica comenzara a comerciar con pieles, tantear las posibilidades políticas y militares del Oeste y, reflejando la filosofía propia de un hombre de la

Ilustración, recolectar información científica sobre este vasto y desconocido territorio.

Con la compra oficialmente finiquitada, la pequeña expedición se convirtió en una gran aventura que comprobaría exactamente en qué consistía la nueva adquisición norteamericana. Para esta misión, Jefferson escogió a Meriwether Lewis (1774–1809), de 30 años de edad y su secretario privado, veterano de guerra y natural de Virginia. Lewis eligió como comandante alterno a otro soldado virginiano llamado William Clark (1770–1838), de 34 años, veterano de las guerras contra los indios y hermano de George Rogers Clark, héroe de la Revolución. En compañía de unos 40 soldados y civiles, entre quienes se encontraba York (esclavo de Clark), partieron de St. Louis en el invierno de 1803–4 a bordo de tres botes: el primero era amplio y poco profundo, de 55 pies y 22 remos, además de dos piraguas o canoas, cada una con capacidad para siete personas. Llevaron 21 fardos con regalos para intercambiar con los indios. Remontar la corriente fue una labor muy ardua, se mantuvo una disciplina marcial y estricta por medio de latigazos y en el otoño de 1804 la compañía llegó a lo que actualmente es Dakota del Norte. Allí construyeron el Fort Mandan (cerca de la actual Bismarck) y pasaron el invierno. En la primavera de 1805 se dirigieron al Oeste, acompañados por Charbonneau, un trampero francocanadiense, y por Sacagawea, una de sus esposas indias, quien era adolescente y estaba embarazada. Charbonneau y su joven esposa se desempeñaron como guías e intérpretes. Cruzaron la Montañas Rocosas por el actual estado de Montana, construyeron botes para navegar los ríos Clearwater y Columbia y llegaron a la costa Pacífica en noviembre, donde construyeron Fort Clatsop (cerca de Astoria, Oregon). Tras escuchar que los indios hablaban un poco de inglés "de marineros," que presumiblemente habían aprendido con comerciantes británicos, la expedición esperó encontrarse con algún barco que navegara por esas aguas y todos decidieron pasar allí el invierno. Como el barco que esperaban no apareció, resolvieron regresar por tierra. Luego de cruzar las Montañas Rocosas dividieron la expedición en dos grupos a fin de poder explorar otras rutas. Posteriormente se encontraron en Fort Union y regresaron juntos a St. Louis el 23 de septiembre de 1806.

A pesar de padecer grandes dificultades durante 28 meses, de viajar por terrenos difíciles y desconocidos, de sostener combates aislados con indios, de encontrarse con animales peligrosos que iban desde serpientes a osos pardos, la expedición de Lewis y Clark sólo sufrió una baja: un hombre que murió de un ataque de apendicitis.

Los diarios, los especímenes que llevaron consigo o que enviaron, las descripciones minuciosas de los indios que habían encontrado y con quienes habían intercambiado productos, fueron de un valor incalculable, pues motivaron a un país ansioso por colonizar el Oeste.

William Clark vivió muchos años y tuvo una influencia considerable en asuntos relacionados con los indios, pero Lewis sufrió un ataque de melancolía y se suicidó. Varios historiadores sostienen que fue asesinado, pero existen pocas evidencias que respalden esta teoría. Su enfermedad era conocida en aquella época como "hipocondría," palabra con la que Lincoln definió la depresión que padecía y cuyo nombre moderno es manía depresiva o síndrome bipolar. Se ha sugerido también que Lewis contrajo sífilis. Sacagawea murió cuando tenía 28 años, desmintiendo así la leyenda que sostiene que vivió más de 90 años. Su hijo, quien nació durante la expedición y fue llamado Pomp, fue criado por Clark y viajó a Europa antes de regresar a Norteamérica, donde se hizo guía y trampero.

Lectura Recomendada: *Undaunted Courage: Meriwether Lewis, Thomas Jefferson, and the Opening of the American West,* de Stephen Ambrose.

¿Por qué Aaron Burr asesinó a Alexander Hamilton?

Thomas Jefferson no se quedó de brazos cruzados esperando a que llegara la expedición. El negocio con Francia fue el asunto más importante durante su primera administración, y aunque los pocos federalistas que quedaban trataron de sabotearlo apelando a su inconstitucionalidad, la adquisición y el presidente eran tan populares que toda resistencia fue inútil.

Anteriormente, Jefferson había reducido los impuestos, medida que fue muy bien acogida. Una de ellas fue precisamente la eliminación del Impuesto al Whiskey, que Washington tuvo que hacer cumplir por medio de las armas. Jefferson despertó una gran admiración tras rechazar públicamente el tributo a los "piratas bárbaros" que operaban el norte de África, práctica que era bastante común en su época. Se desató entonces una breve guerra naval que, aunque no puso fin a los tributos, le dio a Norteamérica algunos nuevos héroes navales (el más notorio fue Stephen Decatur), dio origen a la frase "a las orillas de Trípoli" perteneciente al Himno de los Marines e hizo que Norteamérica fuera respetada internacionalmente. (La guerra también les dio al *Marine Corps* su famoso apodo. Utilizaron una pieza de cuero en sus cuellos a fin de protegerse contra los golpes y de allí su apodo de *leathernecks* (cuellos de cuero).

Durante las elecciones presidenciales de 1804, la popularidad de Jefferson era tal que el partido federalista opositor prácticamente desapareció.

Sin embargo, un grupo de federalistas conocidos como los *Essex Junto*, realizó un extraño intento para separarse de Estados Unidos. Esta conspiración hubiera sido risible en términos históricos si no hubiera terminado en una tragedia. Una parte del plan consistía en apoyar a Aaron Burr a la gobernación de Nueva York. Burr, quien no era amigo de Jefferson, había sido excluido de los círculos del poder durante la administración de éste y luego fue olímpicamente descartado por su partido como candidato a la vicepresidencia (sustituido por George Clinton, el anciano gobernador de Nueva York). El odio mutuo que sentían Burr y Hamilton surgió de nuevo cuando éste último utilizó toda su influencia para derrotarlo en la campaña por la gobernación. Hamilton decía que Burr era "un hombre peligroso, a quien no se le deben confiar las riendas del poder." Pero este ataque era inofensivo, comparado con los que se hacían sobre las famosas aventuras sexuales de Burr. Hamilton no era ningún modelo de fidelidad conyugal, pues era un adúltero reconocido, y Burr tampoco se ahorraba ningún improperio contra su adversario.

Hamilton logró la destrucción política de Burr, pero a costa de un precio terrible. Pocos meses después de las elecciones, Burr lo retó a un duelo y se encontraron en la mañana del miércoles 11 de julio de 1804 en los acantilados de Weehawken, Nueva Jersey, al lado del río Hudson. Hamilton no era partidario de los duelos, pues su hijo había muerto en uno. Pero se vio obligado a aceptarlo por su honor personal y por el de su partido, que estaba a punto de desaparecer. La versión más conocida de los hechos es que Hamilton disparó su pistola pero erró el tiro deliberadamente, propósito que aparentemente había manifestado antes del duelo. Otros rechazan esa teoría y sostienen que Hamilton simplemente no dio en el blanco, mientras que Burr acertó. (Como dice el Burr ficticio en la novela del mismo nombre de Gore Vidal, "su mano tembló en el momento crucial pero la mía nunca tiembla.") Hamilton quedó mortalmente herido y sufrió una dolorosa agonía de 30 horas. Aaron Burr, quien estuvo a un paso de ser presidente de Estados Unidos, se convirtió en un fugitivo de la justicia.

Pero Burr estuvo lejos de dejar de ser un factor en la política norteamericana, o de ser una espina en el partido de Jefferson. Quizá inspirado en Napoleón, un coronel ambicioso que se había convertido en emperador, Burr soñó con ser el gobernador de un imperio en el Oeste. En compañía de James Wilkinson, uno de los generales de Washington a quien Jefferson había nombrado gobernador de Luisiana (y que era espía de los españoles), conformó una pequeña fuerza en 1806 con el objetivo de invadir a México y crear una nueva nación en el Oeste. Por alguna razón, Wilkinson traicionó a Burr y la conspiración fue sofocada. Burr fue arrestado y sometido a un juicio presidido por John Marshall, el presidente de la Corte Suprema. Jefferson sentía una enorme aversión por Burr e hizo todo lo posible para que su antiguo vicepresidente fuera declarado culpable. Pero Marshall, quien era muy astuto, vio en el juicio una oportunidad para desautorizar a Jefferson y Burr fue absuelto gracias a su influencia. Fue sometido a un segundo juicio por traición, pagó una fianza y huyó a Europa donde permaneció cinco años tratando de persuadir a Napoleón para que una fuerza anglo-francesa invadiera a Norteamérica. Regresó a Nueva York en 1821 y siguió llevando una vida lujuriosa y excéntrica hasta su muerte, en 1836.

Lectura Recomendada: *Duel: Alexander Hamilton, Aaron Burr, and the Future of America*, de Thomas Fleming.

VOCES AMERICANAS
Del Richmond Recorder, publicado por
James Thomson Callender (1802).

Canción supuestamente escrita por el
SABIO DE MONTICELLO

Cuando estoy abrumado con asuntos de gobierno
Me divierto y coqueteo
El más dulce solaz de mis cuidados
Es el regazo de Sally
Es negra, me dirán ustedes—ojalá así sea—
¿Pero acaso el color siempre debe importar?
El negro es el tono del amor para mí
Y el blanco es el tono para Sally.

En 1800, Callender, el periodista sensacionalista que había revelado el romance de Hamilton algunos años atrás, se disgustó porque Jefferson no lo recomendó para un trabajo y trató de desprestigiarlo, acusándolo de sostener un romance con una de sus esclavas.

¿Es verdad que Thomas Jefferson y Sally Hemings tuvieron un hijo?

Las pruebas de ADN están de moda, ¿verdad?

Aunque Jefferson ganó las elecciones de 1804 por una mayoría abrumadora, la campaña se hizo famosa por la cantidad de insultos proferidos. Los federalistas propagaron un rumor muy popular en aquella época; sostenía que Jefferson había tenido una aventura amorosa con una joven esclava llamada Sally Hemings mientras estuvo en París como representante diplomático de Estados Unidos, y que había tenido hijos ilegítimos con ella. El hecho de que la "Morena Sally"—como la llamaba la prensa—fuera media-hermana de Martha Wayles Skelton Jefferson, la esposa de Thomas, contribuyó a que el rumor ganara notoriedad. La madre de Sally fue amante de John Wayle, el padre de Martha Jefferson, después de que la madre de ésta muriera, y

Sally nació de ésta relación. Martha Jefferson murió en 1782 cuando Sally tenía nueve años y Jefferson, que en ese entonces tenía 39, quedó tan abatido que se dice que poco le faltó para suicidarse. Jefferson se encontraba en París en 1787 cuando su hija Maria viajó a esta ciudad luego de una epidemia que azotó a Virginia. La hija fue con Sally, que en ese entonces tenía casi 16 años. Algunos sostienen que Sally y Jefferson se convirtieron en amantes y sostuvieron una relación durante 38 años, de la que nació un hijo. (Esta relación es descrita de forma lograda pero ficticia en la película *Jefferson en París*, de Merchant-Ivory).

El rumor cayó casi en el olvido con el paso del tiempo. Jefferson fue ensalzado por su papel en la fundación del país, se construyó un monumento en su honor en Mt. Rushmore y hasta fue homenajeado en un musical de Broadway llamado *1776*. Pero la historia volvió a cobrar vida con la publicación de dos libros, *Jefferson: An Intimate History*, de 1974, una "psicobiografía" escrita por Fawne Brodie; y la novela *Sally Hemings*, de Barbara Chase Riboud. Ambos libros se convirtieron en bestsellers pues sostenían que la relación fue real. Los defensores de Jefferson sostienen que aunque éste sí tuvo una aventura romántica en París, realmente fue con Maria Cosway, la esposa de un pintor inglés y que tampoco se ha demostrado que dicha relación se haya consumado. Otros, como Virginius Dabney, autor del libro *The Jefferson Scandals*, publicado en 1981, refutan la veracidad de la relación con Sally Hemings y afirman que los amantes y posibles hijos de Sally eran en realidad dos sobrinos de Jefferson.

Posteriormente se publicó otro libro, un tratado académico titulado *Thomas Jefferson and Sally Hemings: An American Controversy*, escrito por Annette Gordon-Reed, al que le siguieron pruebas de ADN realizadas a los descendientes de Jefferson y de Hemings en 1998. Los medios noticiosos del país informaron ampliamente que los resultados de estas pruebas confirmaban esta relación y que Eston Hemings, quien fue liberado por Jefferson, era su hijo. En realidad, las pruebas no son muy concluyentes. De las siete que se realizaron, sólo una mostró que los 25 hombres que vivían en ese entonces en Virginia tenían un gen común. Seis de ellos tenían entre 14 y 27 años y pudieron fecundar a Sally Hemings. El debate salió a la luz pública cuando los descendientes de Hemings procuraron que se les admitiera en la Asociación Monticello, una organización de los descendientes de Jefferson, para ser enterrados en el cementerio de Jefferson. La Asociación no aceptó a los Hemings arguyendo que las evidencias científicas no eran concluyentes. Sin embargo, ofrecieron una zona separada para que los descendientes de los esclavos de Jefferson fueran sepultados allí.

¿Realmente importa si los hijos fueron de Jefferson o de uno de sus parientes más jóvenes? ¿Cuál es la verdadera importancia histórica de este asunto? ¿Qué hace que esta historia trascienda el contexto de un artículo de la revista *People*, o de un *talk-show* de la televisión? En última instancia, la historia de Jefferson y de sus esclavos se remite a la gran contradicción de Norteamérica personificada por él; la contradicción que existe entre la frase que dice que "todos los hombres fueron creados iguales" y la "institución peculiar" gracias a la que Jefferson estableció su fortuna y su vida. Ésta es la gran contradicción que llevó a Samuel Johnson a declarar en el Parlamento inglés durante la época de la Revolución: "¿Por qué será que escuchamos los gritos más encendidos a favor de la libertad de los labios de propietarios de negros?"

Orlando Patterson, un profesor de Harvard que ha escrito varios tratados sobre la esclavitud, intentó dilucidar esta contradicción cuando escribió en el *New York Times*: "Jefferson no fue ningún santo, pero sus reflexiones sobre los afroamericanos y su relación con mujeres afroamericanas deben ser entendidas en el contexto de su época. Casi todos los caucásicos de aquel tiempo, incluidos la mayoría de los abolicionistas, simplemente creían que los afroamericanos eran racialmente inferiores. Lo inusual en Jefferson fue su preocupación sobre este problema. Él se inclinaba hacia lo que hoy en día se considerarían como opiniones racistas, pero también sugirió la posibilidad de estar equivocado. Y en ese sentido, se adelantó a su época."

¿En qué consistió el "enganche?"

Jefferson siguió el ejemplo de Washington y se negó a aspirar a un segundo mandato. (En aquel entonces no había ningún límite constitucional al número de términos presidenciales que un ciudadano podía ocupar un mandatario, hasta la inusual elección de Franklin Delano Roosevelt para un cuarto período en 1944. La Vigésimo segunda Enmienda, ratificada en 1947, estipula un límite de dos términos presidenciales, o uno solo para quien haya servido por más de dos años que el término de su predecesor. Cuando Ronald Reagan finalizó su mandato en 1989, manifestó su oposición a este límite, arguyendo que el pueblo debería tener el derecho a votar por el candidato de su preferencia. (En el Apéndice I, el lector encontrará más información sobre esta enmienda.) Aunque Jefferson habría sido reelegido, pues se encontraba en la cumbre de su popularidad, abandonó el cargo en circunstancias menos afortunadas, especialmente debido a su Ley del Embargo, la cual fue muy impopular.

Esta ley, aprobada en 1807, fue el resultado de la fragilidad internacional de Norteamérica en la época en que Napoleón había convertido a Europa en un campo de batalla contra Inglaterra y sus aliados. Jefferson quería que Norteamérica—que en ese entonces era una nación débil, de tercera categoría, sin un ejército consolidado y una fuerza naval casi inexistente—se mantuviera neutral en las guerras que dejaron a Napoleón con el control de Europa y a los ingleses como amos de los mares. La economía de Norteamérica había prosperado durante los enfrentamientos armados y las naciones europeas que se encontraban en guerra no vacilaban en comprar barcos y otros productos americanos. Pero la neutralidad no la eximía del hecho de que sus barcos mercantes fueran interceptados por los ingleses, quienes podían tomar a cualquier súbdito británico y "engancharlo" en el servicio de la Armada Real. Las distinciones legales tales como "ciudadanos naturalizados" no tenía validez mientras las personas estuvieran a bordo de barcos ingleses y los americanos eran capturados al igual que los súbditos británicos.

La Ley del Embargo que prohibía la importación de productos fue la venganza económica a la política de reclutamiento forzoso ejercida por los ingleses y que sirvió de mantener a Norteamérica por fuera de la guerra, fue una de las leyes más impopulares e infructuosas en la historia de los Estados Unidos. Durante su última semana como presidente, Jefferson la abolió y la reemplazó por la Ley Contra el Intercambio, que sólo prohibía el comercio con Inglaterra, pero los británicos realizaran más reclutamientos forzosos. Jefferson escogió como su sucesor a James Madison, su secretario de estado, paisano y antiguo aliado, elegido en 1808 para el primero de los dos términos que sirvió como presidente. Cuando Madison asumió la presidencia, la guerra con Inglaterra y quizá con Francia, parecía inevitable.

¿Quiénes fueron Tecumseh y "El Profeta?"

La próxima guerra fue provocada por uno de los indios más destacados en la historia de Norteamérica. Tecumseh, un jefe shawnee del valle de Ohio, soñó con una gran confederación india que fuera lo suficientemente fuerte para establecer el río Ohio como una barrera entre indios y blancos que evitara cualquier expansión blanca hacia el Oeste. Él y su hermano—Tenskwatawa, "El Profeta," un indio místico que abogaba por el resurgimiento de las costumbres indígenas y por el rechazo a la cultura de los blancos—realizaron numerosas visitas a tribus y viajaron desde Wisconsin hasta Florida. Gracias al talento organizacional de Tecumseh y al fervor religioso de "El Profeta," los jóvenes guerreros comenzaron a engrosar las filas y un gran ejército de indios valientes conformado por una confederación de tribus de las regiones del Centro y Sur de los Estados Unidos se reunieron en la confluencia de los ríos Tippecanoe y Wabash.

El general William Henry Harrison, gobernador del Territorio de Indiana (futuro presidente y abuelo de otro), recibió la orden de derrotar a Tecumseh, con quien se encontró en un par de ocasiones. Luego de uno de estos encuentros, Harrison escribió: "La obediencia y respeto que le tienen los seguidores a Tecumseh es realmente impresionante y ante todo, pone de manifiesto que es uno de esos genios deslumbrantes que aparecen ocasionalmente para producir revoluciones y derrocar el orden establecido." Harrison acampó con mil hombres cerca de donde estaban los indios. Mientras que Tecumseh estaba de viaje organizando y reclutando indios, El Profeta ordenó un feroz ataque contra las tropas de Harrison en noviembre de 1811. Los indios les causaron grandes pérdidas y daños, pero fueron repelidos y tuvieron que dispersarse. Harrison y sus hombres destruyeron la aldea de los indios, sus bodegas de alimentos y acabaron con la supuesta magia invencible del "Profeta," lo cual desmoralizó a los indios y puso fin a la confederación imaginada por Tecumseh.

Para los colonos americanos que vivían en el Oeste, la confederación india era una buena excusa para despertar sentimientos en contra de los británicos en el Congreso. Para tal fin, dijeron que la confederación de Tecumseh obedecía a un plan de los ingleses y como querían tierras, despertaron una fiebre de guerra, pidieron la expulsión de los ingleses de Norteamérica, para lo cual propusieron invadir a Canadá.

VOCES AMERICANAS
TECUMSEH, líder shawnee.

¿Dónde están hoy en día los pequodas? ¿Dónde están los narragansett, los mohicanos, los pokanoket y muchas otras tribus poderosas de nuestra gente? Han desaparecido ante la avaricia y la opresión del hombre blanco, así como la nieve se diluye con el sol de verano.

¿Permitiremos entonces que nos destruyan sin haber luchado una sola vez, entregaremos nuestras casas, nuestras tierras que el Gran Espíritu nos legó, las tumbas de nuestros muertos y todo aquello que nos es querido y sagrado? Sé que ustedes gritarán conmigo, "¡Nunca! ¡Nunca!"

En octubre de 1813, Tecumseh murió de un disparo mientras combatía junto a las tropas británicas en el río Thames en la provincia de Ontario, durante la guerra de 1812. Según dice R. David Edmunds en la *Encyclopedia of North American Indians*, su cadáver fue despellejado, mutilado por milicianos de Kentucky y enterrado en una fosa común cerca del campo de batalla.

¿Cuál fue la causa de la Guerra de 1812?

Los "halcones de la guerra" del Oeste, ávidos de tierras, hicieron un fuerte llamado a la guerra, pues los británicos respaldaban a los indios y seguían reclutando forzosamente a los marineros americanos. Tras la presión ejercida por el representante Henry Clay, un joven aguerrido y poderoso natural de Kentucky, Madison se vio forzado a declararle la guerra a Inglaterra, algo que Jefferson trató de evitar. La guerra de 1812 comenzó en junio en medio de la campaña presidencial.

Norteamérica no estaba preparada para esta guerra; el Ejército, conformado por 12,000 hombres, estaba disperso y recibía órdenes de políticos y no de comandantes experimentados. Había una pequeña fuerza naval, muy inferior en número o en preparación a la inglesa.

Ninguno de los dos bandos asumió esta guerra con mucho entusiasmo, la cual se prolongó durante los dos años y medio siguientes, y terminó a comienzos de 1815. Inglaterra se resistió a ir a la guerra después de su humillante experiencia durante la Revolución, y en vista de los ejércitos que Napoleón tenía desplegados en Europa. Los comerciantes ingleses veían a Norteamérica como un mercado y proveedor muy importante, así que su apoyo a la guerra fue muy escaso. Norteamérica no perdió esta guerra pero tampoco la ganó. Y la más grande victoria de la guerra, la batalla de Nueva Orleáns, se dio después de que se firmara la paz.

HITOS DE LA GUERRA DE 1812

1812

Julio   Las tropas americanas al mando del general William Hull lanzan un ataque con el objetivo de conquistar a Canadá. Las tropas anglo-canadienses, reforzadas con mil soldados valientes de Tecumseh, le propinan una fuerte derrota a Hull. Éste es juzgado por una corte marcial y sentenciado a muerte por cobardía, pero es indultado por Madison.

Agosto–diciembre   Una serie de sorpresivas victorias de los barcos *Constitution* (el antiguo *Ironside*) y *United States*, comandados por Decatur, elevan la moral de las tropas pero no influyen en los resultados de la guerra.

Diciembre   Madison es reelegido presidente, dando comienzo a una tradición americana: ningún presidente ha sido rechazado para un segundo cargo en medio de la guerra. El nuevo vicepresidente es Elbridge Gerry, uno de los firmantes de la Declaración, quien se gana un lugar en la historia tras crear otra tradición. Gerry dividió a Massachusetts en distritos electorales que favorecían a su partido. Sus oponentes dicen que dichos distritos fueron trazados como si fueran salamandras que se estuvieran retorciendo, lo cual incorporó el término *gerrymander* (dividir una zona electoral de manera favorable a un partido) al lenguaje político americano. Los ingleses comienzan el bloqueo naval de las bahías Chesapeake y Delaware.

1813

Marzo   El comodoro Isaac Chauncey, ayudado por el joven capitán Oliver Perry, comienza a construir barcos de guerra en el Lago Erie, con el fin de controlar los Grandes Lagos.

Abril   Las fuerzas norteamericanas capturan York (Toronto) e incendian los edificios gubernamentales.

Mayo   Las fuerzas norteamericanas al mando de Winfield Scott toman Fort George, obligando a los británicos a retirarse del lago Erie.

Junio   La fragata norteamericana *Chesapeake* es capturada por los ingleses. El capitán James Lawrence les ordena a sus hombres antes de morir: "No entreguen el barco." Los marineros acogieron el llamado, se impusieron sobre los ingleses y la frase se convirtió en uno de los lemas de la Fuerza Naval norteamericana.

Septiembre   La flota norteamericana del Lago Erie comandada por Oliver Hazard Perry, derrota a los británicos y los norteamericanos pasan a controlar este estratégico paso acuático. Perry le comunica al presidente Madison: "Hemos enfrentado al enemigo; son nuestros."

Octubre   Batalla de Thames. Los norteamericanos al mando de William Henry Harrison derrotan a las tropas británicas e indias. Tecumseh, adversario de Harrison, muere en la batalla, dejando a los indios sin un líder que pueda unirlos.

Noviembre   Las tropas norteamericanas al mando de James Wilkinson son derrotadas en Montreal. Wilkinson cae en desgracia y una corte marcial lo juzga por cobardía, pero es absuelto.

La fuerza naval inglesa extiende su bloqueo a Long Island. Sólo los puertos de Nueva Inglaterra permanecen abiertos al comercio, pero los comerciantes de Nueva York y de Nueva Inglaterra continúan abasteciendo a los británicos.

1814

Marzo   Al mismo tiempo que continúa la guerra contra los ingleses, Andrew Jackson, general de la milicia de Tennessee, combate en la guerra contra los indios creek. Jackson logra una victoria decisiva en la batalla de Horseshoe Bend, Alabama, poniendo fin a esta guerra.

Abril   Napoleón Bonaparte es derrocado y 14,000 tropas británicas se concentran en la guerra contra Norteamérica.

Julio   Batalla de Chippewea. Las fuerzan norteamericanas bajo el mando de Winfield Scott derrotan a los británicos a pesar de ser inferiores en número.

Agosto   Comienzan las negociaciones de paz en Gante.

Luego de aplastar a las fuerzas norteamericanas en la batalla de Bladensburg, a la cual asiste el presidente Madison, las tropas inglesas marchan a Washington, D.C., sin encontrar resistencia. En respuesta a los incendios perpetrados por los norteamericanos en York, los ingleses queman el Capitolio, la mansión del presidente y otros edificios del gobierno. Los ingleses se retiran de la capital para atacar a Baltimore y Madison regresa a Washington a finales de agosto.

VOCES AMERICANAS

DOLLEY MADISON, primera dama, en carta a su hermana (23 al 24 de agosto de 1814).

¿Puedes creerlo, hermana mía? Hemos tenido una batalla o escaramuza, cerca de Bladensburg y aquí estoy, a poca distancia de los cañones. El señor Madison no se encuentra. ¡Dios nos proteja . . . Hemos conseguido un vagón y lo he llenado con plata y con los objetos más valiosos de la casa que podemos llevar . . . insistí en que esperemos hasta que podamos llevarnos el gran cuadro del general Washington, pero tenemos que desatornillarlo de la pared. El proceso ha sido arduo, teniendo en cuenta los momentos tan peligrosos que vivimos; he ordenado que rompan el marco y nos llevemos el lienzo. ¡Y así se ha hecho!

Después de la guerra, la mansión presidencial fue pintada de blanco para cubrir las quemaduras. De allí en adelante fue conocida como la Casa Blanca.

Septiembre   Una victoria norteamericana en el lago Champlain obliga a los británicos a abortar una ofensiva que esperaban realizar desde el sur de Canadá.

El sitio de Baltimore; la exitosa defensa de la ciudad y de Fort McHenry es observada por Francis Scott Key, un ciudadano norteamericano capturado a bordo de un barco británico, quien inspirado en este evento, escribe *The Star-Spangled Banner*. Los norteamericanos repelen una ofensiva inglesa desde Canadá, otra realizada en los estados centrales y a un tercer destacamento británico apostado en la costa del Golfo.

Diciembre   Andrew Jackson llega a Nueva Orleáns pero ignora que una gran flota británica ha partido de Jamaica para invadir a Norteamérica. Cuando se entera de la situación, comienza a preparar la defensa de la ciudad, que antes de la Navidad cuenta ya con un elaborado sistema de fortificaciones.

24 de diciembre   Se firma el Tratado de Gante que señala el fin de la guerra. El tratado deja sin resolver muchos de los problemas que originaron la conflagración, incluyendo el "enganchamiento," una práctica rechazada por los norteamericanos pues, entre otras cosas, los británicos ya no necesitan marineros, toda vez que las guerras napoleónicas han finalizado. Se establecen límites fronterizos precisos entre Canadá y Estados Unidos y por medio de un acuerdo posterior se desmilitarizan los Grandes Lagos. El Territorio de Oregon en el Pacífico será controlado conjuntamente por ingleses y norteamericanos durante un período de diez años.

1815

Enero La batalla de Nueva Orleáns. Las fuerzas británicas, desconociendo que dos semanas atrás se ha firmado un tratado de paz, realizan un ataque. Los norteamericanos al mando del general Andrew Jackson son auxiliados por Jean Lafitte, un corsario francés cuyos servicios también buscan los británicos. Las tropas norteamericanas, muy inferiores a las inglesas que han derrotado a las napoleónicas, utilizan artillería y francotiradores y neutralizan los numerosos ataques británicos, y matan a más de 20,000 ingleses; sólo mueren ocho norteamericanos y unos pocos resultan heridos. Aunque esta victoria no afecta el curso de la guerra, Jackson se convierte en un héroe nacional. Las noticias del Tratado de Paz de Gante llegan a Norteamérica en febrero.

¿En qué consistió la Doctrina Monroe?

Norteamérica sufrió una baja considerable durante la guerra de 1812. El Partido Federalista, que se había opuesto a ella, quedó mortalmente herido. La firma de la paz le produjo buenos dividendos políticos a Madison y a su partido. En 1816, los federalistas se opusieron a James Monroe, sucesor de Madison y próximo candidato de la "Dinastía de Virginia," que comenzó con Washington, estuvo debilitada durante el mandato de Adams, y sobrevivió gracias a las administraciones de Jefferson y de Madison.

Monroe fue elegido presidente a los 58 años. Había llevado una vida muy activa: veterano de la Guerra de la Independencia, combatió en Trenton, fue dos veces gobernador de Virginia y luego senador por ese estado. Ayudó a preparar también la Compra de Luisiana. Al igual que Jefferson y que Madison, había sido secretario de Estado, dándole a este cargo, y no al de vicepresidente, el requisito para ser presidente. Los años de la administración Monroe fueron llamados posteriormente

como la "Era de las Sensaciones Agradables," pues las disputas con
otras naciones se habían resuelto y el país había aceptado el dominio
de un solo partido. Fue un período de un rápido crecimiento económico, especialmente en el Nordeste, donde las manufacturas comenzaron a sustituir a la fabricación de barcos como la industria principal.
Estos años apacibles marcaron el comienzo de la Era de las Máquinas,
y hombres como Eli Whitney, Seth Thomas, que obtuvo fama por sus
relojes, y Francis Cabott Lowell hicieron que Norteamérica ocupara
un lugar predominante en la Revolución Industrial. Una serie de tratados que se firmaron con Inglaterra después de la guerra consolidaron
los límites de la nación y eliminaron la amenaza de otro enfrentamiento con Inglaterra.

Pero el hito más destacado de la administración Monroe ocurrió
durante un discurso que dio en el Congreso en 1823. Aunque fue
redactado por John Quincy Adams, secretario de estado e hijo del
segundo presidente, fue llamado algunas décadas después como la
Doctrina Monroe.

En este discurso, el presidente básicamente declaró que Estados
Unidos no toleraría que los países europeos intervinieran en los asuntos
de la Nación. Monroe también prometió que Estados Unidos no inter-
feriría con las colonias establecidas ni con los gobiernos europeos. De
algún modo, esta declaración fue un acto de aislamiento en el que
Norteamérica quedaba al margen de las tormentas políticas de Europa.
Pero también fue el reconocimiento a un orden mundial cambiante.
Un aspecto de esta nueva realidad fue el desmoronamiento del antiguo
imperio español en el Nuevo Mundo, donde las rebeliones se habían
extendido a lo largo de Sudamérica, dando lugar al surgimiento de
nuevas repúblicas lideradas por hombres como Simón Bolívar, José
de San Martín y Bernardo O'Higgins, líder de la nueva república de
Chile e hijo de un oficial del ejército irlandés. En 1822, Norteamérica
reconoció a las repúblicas independientes de México, Brasil, Chile,
Argentina y Nueva Granada, que comprendía las actuales naciones
de Colombia, Ecuador, Venezuela y Panamá. El aspecto positivo de
esta doctrina fue que marcó lo que podría denominarse como el
último paso en el camino de Norteamérica hacia la independencia,
que comenzó con la Revolución y continuó con los tratados extranjeros después de la Independencia, la Compra de Luisiana, la Guerra

de 1812 y los acuerdos firmados luego de ésta. Pero desde otra perspectiva histórica, la Doctrina Monroe sentó las bases de la fuerte intervención de los Estados Unidos en Sur y Centroamérica. Esta intervención en los asuntos hemisféricos se ha demostrado a través de la "revolución" que dio origen a la nación panameña con la ayuda de Theodore Roosevelt, y más recientemente, con la larga guerra contra Fidel Castro y el apoyo ilegal a los contras de Nicaragua durante los años ochenta.

¿Cuál fue el Compromiso de Missouri?

En una clara demostración de las "sensaciones agradables," Monroe fue reelegido en 1820 casi de manera unánime, ganando 231 de los 232 votos electorales. La leyenda popular dice que un elector votó en contra para preservar el récord de Washington como el único presidente norteamericano elegido por unanimidad. Pero los hechos muestran que el elector que votó por John Quincy Adams—el secretario de estado—no sabía por quién habían votado los demás y que simplemente depositó su voto en señal de admiración hacia Adams.

A ésta época se le llamó la "Era de las Sensaciones Agradables," pero no todos se sintieron bien. No por ejemplo los indios, a quienes los blancos sedientos de expandirse hacia el Oeste exterminaban y acorralaban en territorios cada vez más pequeños, ni los esclavos sureños que cultivaban algodón, que había reemplazado al tabaco como el principal producto agrícola. Fue precisamente el problema de la esclavitud el que condujo a otro importante acontecimiento que sucedió durante los años de Monroe y en el que éste tuvo poca influencia: el Compromiso de Missouri de 1820.

Desde el día en que Jefferson redactó la Declaración, pasando por los debates durante la Convención de Filadelfia, la esclavitud era un problema que Norteamérica estaba obligada a confrontar. Los compromisos anteriores, implícitos en la Declaración y en la Constitución, dieron las primeras señales. Aunque el comercio de esclavos fue prohibido en 1808 gracias a una cláusula del compromiso constitucional, el comercio ilícito siguió en pie. Sin embargo, el problema más importante de aquella época no era la importación de nuevos esclavos sino la admisión de nuevos estados en la Unión, y si éstos serían estados libres o esclavistas.

Es importante observar que los movimientos abolicionistas comenzaban a tomar fuerza en Norteamérica y que el debate sobre la esclavitud era esencialmente de carácter político y económico antes que moral. El compromiso de las "tres quintas partes" que figura en la Constitución y que permite que los esclavos sean contados como una parte de la población total para otorgar representación estatal, le dio a los estados esclavistas una ventaja política sobre los estados libres. Cada estado nuevo recibía dos votos adicionales en el Senado y un número proporcional de votos en la Cámara de Representantes. Los estados esclavistas querían esos votos para conservar su poder político. Lógicamente, este asunto tenía un aspecto económico. Los estados del Norte, que pagaban salarios a sus trabajadores, se vieron obligados a competir contra los estados esclavistas del Sur. Para los sureños, la tierra era sinónimo de riqueza. El mercado del algodón se había disparado gracias a las máquinas diseñadas por Eli Whitney para la recolección y procesamiento del algodón que permitían una producción muy eficiente y a las nuevas factorías manufactureras localizadas en Lowell, Nueva Inglaterra. Los estados esclavistas sureños necesitaban más tierras y esclavos para cultivar algodón que sería vendido a las fábricas textiles del Nordeste y de Inglaterra. Los esclavistas querían que los nuevos estados que se crearan y se dedicaran al cultivo del algodón fueran esclavistas.

El debate de los estados libres o esclavistas salió a la luz pública debido a la gran transacción de tierras que tuvo lugar con la compra de Luisiana, particularmente en el caso de Missouri, que solicitó su admisión como estado en 1817. El Congreso liderado por Henry Clark aceptó otro compromiso. La Ley de Clay estipulaba que Missouri sería admitido como un estado esclavista, pero que la esclavitud estaría prohibida al norte de la frontera sur de este estado. Aunque todos los políticos norteamericanos —incluyendo a Thomas Jefferson, quien ya tenía una edad avanzada— pudieron constatar los estrictos límites fronterizos, pocos creyeron que el Compromiso de Missouri resolvería el problema. De hecho, éste no tardaría en estallar.

LA UNIÓN EN 1821

El siguiente es el orden alfabético de los 24 estados de la Unión luego del Compromiso de Missouri. (La Unión estaba dividida en estados libres y esclavistas.) Las fechas señalan el ingreso a la Unión o la ratificación de la Constitución en los trece estados originales y el número señala el orden de ingreso.

Estados libres	Estados esclavistas
Connecticut (1788; 5)	Alabama (1819; 22)
Illinois (1818; 21)	Delaware (1787; 1)
Indiana (1816; 19)	Georgia (1788; 4)
Maine (1820; 23)	Kentucky (1792; 15)
Massachusetts (1788; 6)	Luisiana (1812; 18)
New Hampshire (1788; 9)	Maryland (1788; 7)
Nueva Jersey (1787; 3)	Mississippi (1817; 20)
Nueva York (1788; 11)	Missouri (1821; 24)
Ohio (1803; 17)	Carolina del Norte (1789; 12)
Pennsylvania (1787; 2)	Carolina del Sur (1788; 8)
Rhode Island (1790; 13)	Tennessee (1796; 16)
Vermont (1791; 14)	Virginia (1788; 10)

Entre las posesiones de Estados Unidos en aquella época se también se encontraban el Territorio de Florida, que fue cedido por España en 1819; el Territorio de Arkansas, que limitaba al oeste con la frontera con México (mucho más al norte que la frontera actual) los Territorios de Michigan y de Missouri, que comprendían la zona del medio oeste hasta las Montañas Rocosas; y el País de Oregon, que en ese entonces era controlado conjuntamente por los ingleses y los norteamericanos. Según el censo de 1820, Estados Unidos tenía 9,638,453 habitantes. El estado más poblado era Nueva York, con 1.3 millones de habitantes, seguido por Pennsylvania, que tenía poco más de un millón. La población de los estados y territorios libres del Norte era de 5,152,635 habitantes, mientras que los estados del Sur tenían 4,485,818.

¿Cuál fue el "negocio corrupto?"

Actualmente se habla mucho de la publicidad negativa propia de las campañas presidenciales. Nos gusta creer que en las apacibles épocas pasadas, los nobles caballeros debatían sus problemas en términos sumamente cordiales. Citemos el año de 1824 como ejemplo. El candidato Adams era un monarquista furibundo, cuya esposa era inglesa. El candidato Clay era un borracho adicto al juego. Y el candidato Jackson era un asesino.

Si Norteamérica necesitaba una demostración de que la "Era de las Sensaciones Agradables" había llegado a su fin, ésta se dio con las elecciones de 1824. La Cámara de Representantes tuvo que elegir por segunda vez al presidente, luego de que una virulenta campaña demostrara que las lealtades a los partidos habían sido reemplazadas por la división del país en zonas geográficas con agendas propias. Los candidatos más populares de las elecciones de 1824 pertenecían al partido de los demócratas republicanos de Jefferson, Madison y Monroe. Hasta John Quincy Adams, hijo del último presidente federalista, pertenecía a este partido y era un fuerte aspirante a la presidencia, pues había sido secretario de Estado durante el mandato de Monroe. Los otros candidatos fuertes—todos del Sur o del Oeste—eran el general Andrew Jackson, senador por Tennessee; Henry Clay, representante por Kentucky; William H. Crawford, secretario del Tesoro de Monroe y natural de Georgia; y el secretario de Guerra John C. Calhoun, de Carolina del Sur. Luego de una intensa batalla, Calhoun se retiró de la campaña con la esperanza de ser candidato en un futuro. Los miembros más influyentes del Congreso nominaron a Crawford durante una reunión a puerta cerrada. Pero este nombramiento produjo una fuerte indignación ya que esta práctica era rechazada por el pueblo: Crawford sufrió un infarto durante la campaña y su candidatura quedó debilitada. Durante la campaña se trataron asuntos de muy poca importancia, el debate se centró en los aspectos personales y todos los candidatos se lanzaron injurias mutuas. Adams y Jackson ocuparon los primeros lugares, pero el resultado de las elecciones fue incierto ya que ninguno de los dos obtuvo la mayoría de votos electorales. Así, y al igual que en 1800, la Cámara de Representantes decidió la presidencia. Jackson, quien sacó el 43.1 por ciento del voto popular y 99 votos electorales, tenía el derecho legítimo a reclamar el triunfo. Pero Clay tenía un poder considerable y no quería que Jackson fuera el presidente. Es probable que Clay creyera que Adams era un candidato con más experiencia, pero también sabía que el triunfo de éste beneficiaría su carrera política en detrimento de la de Jackson. Clay movió sus influencias en la Cámara a favor de Adams, quien ganó en la primera balota y éste nombró a Clay como secretario de Estado. Los partidarios de Jackson protestaron que éstos dos habían realizado un "negocio sucio." Jackson dijo que Clay era el "Judas del Oeste."

Realmente no importaba si existía o no un arreglo previo, pues el daño ya estaba hecho. De acuerdo con la opinión pública, la elección popular había sido burlada por una conspiración del Congreso. Adams, que era brillante y bien intencionado en muchos aspectos, era también un político inepto. Su administración se vio afectada desde un comienzo debido al furor causado por el "negocio sucio" y nunca se recuperó de este escándalo. La legislatura de Tennessee designó inmediatamente a Jackson como su candidato para las próximas elecciones y la campaña de 1828 realmente comenzó en 1825.

¿En qué consistieron la democracia jacksoniana y el tráfico de influencias?

Jackson consiguió desquitarse en la campaña de 1828, que fue más virulenta aún que la anterior. Fue tildado de asesino debido a los numerosos duelos que había sostenido y a su afición por las leyes marciales bajo las cuales fueron ejecutados varios soldados a su mando. Un periódico que apoyaba a Adams afirmó que la mamá de Jackson era una prostituta llevada a Norteamérica por soldados británicos, que se había casado con un mulato. El matrimonio de Jackson también se convirtió en materia de controversia. Éste se había casado con Rachel Robards en 1791, aunque el antiguo esposo de Rachel no se había separado legalmente de ella. Jackson se casó por segunda vez con Rachel cuando ésta obtuvo el divorcio oficial. Los seguidores de Adams preguntaron: "¿Deberían una mujer adúltera y su esposo ser nombrados para los cargos más altos?" Una canción popular de aquella época decía:

¡Oh Andy! ¡Oh Andy!
¿A cuántos hombres has matado en tu vida?
¿Cuántos matrimonios se necesitan para tener
una esposa?

Jackson se indignó profundamente con los ataques que le lanzaron a su esposa, quien estaba muy enferma y murió poco después de las elecciones. John Quincy Adams tampoco se libró de los ataques. Compró un tablero de ajedrez y una mesa de billar y fue acusado de instalar "juegos de apuestas" en la Casa Blanca con el dinero de los contribuyentes. En otro ataque lanzado durante la campaña, fue acusado de conseguirle una joven norteamericana al zar Alejandro I cuando fue embajador en Rusia de 1809 a 1810, durante la administración de Madison.

Jackson obtuvo una amplia victoria en el voto popular y sacó 178 votos electorales contra 83 de Adams. Por primera vez en la corta historia norteamericana, la nación tenía un presidente que no era virginiano ni de apellido Adams. (John Quincy Adams dejó la Casa Blanca y regresó al Congreso como representante por Massachusetts, siendo el único ex presidente en servir en este órgano. Fue un congresista digno y distinguido y lideró las fuerzas antiesclavistas hasta su muerte, en 1848.) La victoria y ceremonia de la inauguración presidencial de Jackson parecieron señalar el comienzo de una nueva era.

Una gran multitud de seguidores del nuevo presidente, a quien le decían "El Viejo Hickory," constituida en su mayoría por hombres de la frontera Oeste bastante rudos, marcharon a Washington entusiasmados por haber derrotado a quienes consideraban como hombres influyentes del Nordeste. Cuando Jackson terminó su discurso inaugural, centenares de personas invadieron la Casa Blanca, donde había mesas con ponqués, helado y ponche. Jackson tuvo que ser evacuado de la mansión y la turba enfurecida causó varios estragos. Los temores de los partidarios de Adams acerca del "reinado del populacho" parecían estar confirmándose.

Este fue el comienzo de la "democracia jacksoniana." Una parte de este nuevo orden de cosas se dio gracias a las reformas realizadas a las leyes de votación en los estados del oeste, donde ya no se necesitaba ser propietario para votar. A diferencia de la democracia jeffersoniana, que fue una agenda política minuciosamente articulada incluso por el mismo Jefferson, esta nueva democracia era, según el lenguaje político moderno, un movimiento de bases. Jackson no era un ideólogo político ni un abanderado del cambio, pero sí fue su símbolo. Huérfano, hombre de frontera, jinete, combatiente contra los indios, héroe de guerra, especulador de tierras, Andrew Jackson representaba el nuevo espíritu norteamericano y se erigió en el ídolo de los jóvenes ambiciosos y patrióticos que se denominaban a sí mismos como demócratas. La democracia jacksoniana significó la apertura del proceso político a un mayor número de personas (aunque los negros, los indios y las mujeres no seguían inexistiendo en términos políticos.) Y al mismo tiempo esta "democracia" representó un nuevo nivel de militancia, de avidez de tierras, de impunidad hacia la esclavitud y de un mayor deseo de exterminar a los indios. Un gran número de la multitud que había causado estragos en la Casa Blanca buscaba de trabajo y esperaban que Jackson desmantelara el dominio de la odiosa administración de Adams. Habían ganado la guerra y querían que el gobierno les pagara principalmente con empleos, práctica común a todas las administraciones anteriores desde el comienzo de la república. Pero el clamor popular por la consecución de aquellos puestos que se desató tras la elección de Jackson terminó por involucrar a éste con la corrupción propia del sistema. Irónicamente, solo unos cuantos puestos fueron adjudicados gracias a influencias durante su mandato, especialmente a antiguos funcionarios que formaban parte del establecimiento de Washington, lo que demostró una vez más, que mientras más cambian las cosas, más iguales permanecen.

V O C E S   A M E R I C A N A S

M A R G A R E T   B A Y A R D   S M I T H, testigo de la
inauguración de Andrew Jackson
(11 de marzo de 1829).

¡Qué espectáculo el que hemos visto! La majestad de la gente se desvaneció y una turba, una muchedumbre conformada por jóvenes, negros, mujeres y niños, comenzó a hacer desorden, a pelear y a retozar. ¡Qué lástima! ¡Qué lástima! Nadie reaccionó, no enviaron a la policía y toda

la Casa se vio invadida por la chusma. Llegamos demasiado tarde. El presidente tuvo que salir por detrás o por la
puerta del sur, y escapó hacia sus aposentos de Gadsby,
luego de estar literalmente al borde de la muerte, de ser
ahogado y hecho pedazos por la turba que ansiaba saludar
al Viejo Hickory.

¿Cuál fue el Sendero de las Lágrimas?

Desde el momento en que Colón pisó la isla de San Salvador, la historia de la relación que los europeos tuvieron con los nativos se escribió
con sangre. Esta es una historia interminable de traiciones, carnicería y
promesas incumplidas, desde Colón y los conquistadores españoles,
pasando por John Smith, la Bay Colony, la Guerra Francesa e India,
hasta llegar a la Guerra de 1812. Desde un comienzo, la superioridad
militar, el número de combatientes y la traición fueron las estrategias
utilizadas por los euroamericanos en su trato con los indios y también
para gestar una tragedia genocida que seguramente fue uno de los episodios más crueles en la historia de la humanidad. Hollywood ha promovido la idea de que las grandes guerras contra los indios sucedieron
en el Viejo Oeste a finales del siglo XIX, un período al que muchas
personas se refieren en términos simplistas como los días de "los cowboys y los indios." Pero lo cierto es que los blancos se esforzaron en
exterminar a los indios. Durante la época en mención, ya estaban casi
extintos, su sometimiento era total y estaban completamente diezmados. Los asesinatos, la esclavitud y la usurpación de sus tierras comenzaron con la llegada de los europeos. Sin embargo, fue durante la
presidencia de Jackson cuando llegaron a su punto más alto.

Jackson fue conocido por ser un combatiente despiadado durante la
guerra contra éstos, en 1814, tanto así que lo llamaron "Sharp Knife"
(Cuchillo Afilado). Utilizó a los cherokees, a quienes les prometió la
amistad del gobierno, para atacar a la aguerrida Nación creek por la
retaguardia cuando era el jefe de la milicia de Tennessee. Fue comisionado en varios tratados y despojó a los creek de la mitad de las tierras que luego compró con algunos amigos por poco dinero.

En 1819 emprendió una guerra ilegal contra los seminoles de Florida. Arguyendo que Florida—que aún estaba en poder de los españoles—era un santuario de esclavos fugitivos y de maleantes indios, Jackson realizó una invasión que arrasó con aldeas indígenas y con fuertes españoles. Este ataque desató una crisis diplomática que terminó por obligar a los españoles a vender La Florida a los Estados Unidos por un precio muy inferior al real. Una vez más, Jackson se convirtió en el gobernador del territorio conquistado. Éste especulador de tierras sabía muy bien que él y sus amigos obtendrían inmensos beneficios si conseguía despojar a los indios de sus territorios.

El duro trato que Jackson les dio a los indios mientras fue general, así como en épocas anteriores, pasó de un sentimiento anti-indígena y de batallas regionales y esporádicas, a ser política oficial de su gobierno y del de Martin Van Buren, su sucesor. Esta política recibió el inofensivo adjetivo de "traslados," que sugería la solución sanitaria de un problema complicado y que es el equivalente del siglo XIX a la "solución final" adelantada por el Tercer Reich. Los indios la llamaron el "Sendero de las Lágrimas." Algunos historiadores le atribuyen motivaciones humanas a la política promovida por Jackson para que los indios fueran obligados a emigrar de sus tierras del Sudeste hacia los territorios deshabitados a lo largo del río Mississippi. Jackson decía que era mejor que emigraran y no que los exterminaran, cosa que realmente estaba sucediendo. Por ejemplo, en 1831, las tribus sac, comandadas por Black Hawk (Halcón Negro) se resistieron a abandonar su territorio. Sin embargo, unos mil indios intentaron rendirse a la milicia y al Ejército norteamericano, pero fueron emboscados en el río Mississippi y atacados con rifles y bayonetas; sólo unos 150 sobrevivieron a esta masacre.

Los "traslados" se concentraron en las llamadas Cinco Tribus Civilizadas del Sudeste. Contrario a las percepciones populares de la época y a la desinformación histórica, las tribus choctaw, chickasaw, creek, cherokee y seminole habían desarrollado sociedades que no sólo eran compatibles con la cultura de los blancos, sino que en algunos aspectos imitaron a la europea. El problema era que en sus tierras se podía sembrar algodón, lo que las hacía muy valiosas. Entre 1831 y 1833, el primero de estos "traslados" obligó a unos 4,000 indios choctaw a emigrar desde Mississippi hasta la parte occidental de Arkansas. Durante ese viaje, realizado en el invierno, los alimentos escasearon y el abrigo era casi inexistente. La neumonía hizo de las suyas, el cólera apareció en el verano, y varios centenares de choctaws murieron. Después de éstos siguieron los chickasaw y luego los creek o muskogee, quienes no marcharon tan dócilmente. La tribu se negó a abandonar sus territorios, lo que dio comienzo a la guerra contra los creek, que se prolongó desde 1836 hasta 1837. Winfield Scott, el comandante norteamericano de la operación, capturó 14,500 indios creek—2,500 de ellos encadenados— que fueron conducidos a Oklahoma. El último "traslado" comenzó en 1835, cuando les tocó el turno a los cherokees, que vivían en Georgia. Al igual que otras tribus desplazadas por la fuerza, la cherokees eras una de las tribus "civilizadas," demostrando así que los "salvajes" podían coexistir con la cultura blanca y euroamericana. Para la época de su "traslado," los cherokee no eran nómadas salvajes. En realidad, habían asimilado muchas costumbres europeas, como el uso de vestidos entre las mujeres. Construyeron carreteras, escuelas e iglesias, tenían un sistema representativo de gobierno y se dedicaban a la agricultura y a la ganadería. Un guerrero llamado Sequoya perfeccionó el alfabeto escrito. Los cherokee llegaron incluso a oponerse legalmente a ser trasladados, desafiaron las leyes sobre estos procedimientos, llevaron el caso a la Corte Suprema, y establecieron una Nación independiente.

Pero ellos estaban luchando infructuosamente contra la historia. En 1838, una vez que Andrew "Cuchillo afilado" terminó su presidencia, el gobierno de los Estados Unidos obligó a que entre 15,000 y 17,000 cherokees salieran de Georgia. Atravesaron los estados de Tennessee y Kentucky, los ríos Ohio y Mississippi y lo que luego sería Oklahoma (que surgió gracias a la violación de otro tratado). Cuatro mil indios murieron durante esta travesía, a la que llamaron el "Sendero de las Lágrimas."

Pero fueron los seminoles de Florida quienes opusieron la mayor resistencia a ser trasladados y se embarcaron en una guerra en la que gastaron 20 millones de dólares, que dejó como saldo la muerte de 1,500 soldados de Estados Unidos. El líder de los seminoles era Osceola, un joven guerrero que solo fue capturado cuando los norteamericanos lo engañaron e izaron una bandera que supuestamente anunciaba la tregua y éste salió de sus cuarteles. Fue arrestado y murió tres meses más tarde en un campo para prisioneros. Con su muerte, la resistencia seminole se desvaneció y muchos miembros de esta tribu fueron trasladados al "territorio indio." Sin embargo, varias facciones permanecieron en los Everglades y continuaron luchando contra el gobierno.

¿Quién fue Tocqueville y por qué escribió todas esas cosas sobre Norteamérica?

Uno de los testigos más elocuentes de las crueldades cometidas contra los indios fue un joven magistrado francés que estudiaba el sistema penal norteamericano. Tras observar cómo los miembros de la tribu choctaw—entre quienes se encontraban ancianos, enfermos, heridos y recién nacidos—fueron obligados a cruzar el río Mississippi, que estaba congelado durante el riguroso invierno, escribió: "Había un aire de destrucción en aquella escena, algo que anunciaba una despedida final e irrevocable; no podías contemplar aquello sin que se te retorciera el corazón." Los indios, agregó, "ya no tienen tierras y pronto dejarán de ser un pueblo."

El autor de estas líneas era un joven aristócrata llamado Alexis Charles Henri Clerel de Tocqueville (1805–59) que llegó a Norteamérica en mayo de 1831 con su amigo Gustave de Beaumont. Estos dos jóvenes, que habían crecido después de la Revolución Francesa y del imperio napoleónico, llegaron para estudiar la democracia norteamericana y observar cómo la experiencia de ésta nación podía contribuir a la formación del incipiente espíritu democrático que se vivía en Francia y Europa. Los dos jóvenes viajaron nueve meses por el país, recogieron información y opiniones, entrevistaron al presidente Jackson y hombres de fronteras e indios. Tras regresar a Francia, Tocqueville escribió un informe sobre el sistema carcelario de los Estados Unidos y Beaumont escribió una novela en la que analizaba el problema racial que se vivía en Norteamérica.

Pero fue gracias a un libro agudo, en el que combinaba reportajes, observaciones personales y asuntos filosóficos, titulado *La democracia en Norteamérica*, que el nombre de Tocqueville se convirtió en parte permanente del vocabulario sociopolítico de esta nación. El libro apareció en dos volúmenes, el primero en 1835 y el segundo en 1840. Este libro, que fue publicado hace más de 150 años, sigue siendo uno de los textos más representativos en los campos de la teoría política y de la historia norteamericana. Debido a la agudeza con que observó el carácter norteamericano y a su extraordinaria clarividencia, Tocqueville todavía es considerado un valioso analista de la política norteamericana y de la democracia en general.

Aunque admiraba al sistema republicano, concluyó que tenía muchos defectos. Es probable que debido a sus orígenes aristocráticos, no estuviera preparado para "la igualdad general de condiciones entre las personas" que encontró en este país. A Tocqueville le pareció que existía una marcada diferencia de clases, pero que no se manifestaba de una manera tan fuerte como en Europa, donde la tradición aristocrática había imperado durante varios siglos. Hay que admitir que Tocqueville pasó la mayor parte de su tiempo entre las clases alta y media y que no vio los niveles de pobreza que existían en Norteamérica, especialmente entre la clase trabajadora que se concentraban en los centros urbanos de Nueva York, Filadelfia y otras ciudades del norte, a las que llegaban millones de europeos pobres para ser confinados en tugurios y casuchas. En esta "igualdad de condiciones," Tocqueville vio una nivelación social que, en su opinión, resultaría en un reino de mediocridad, conformismo y "tiranía de las mayorías."

Aunque muchos de sus comentarios fueron bastante agudos y tienen tanta validez en la Norteamérica actual como en la que conoció en 1831, sus observaciones no siempre son acertadas. Uno de sus mayores errores fue afirmar que la presidencia era una instancia gubernamental débil, precisamente cuando Andrew Jackson estaba demostrando que era quizá la más fuerte de las tres ramas del poder debido a la fortaleza de su administración, que más tarde se repetiría por ejemplo en las administraciones de Lincoln y de los Roosevelt. Tocqueville criticó la esclavitud (y el maltrato a los indios) y predijo la posibilidad de un conflicto civil. Sin embargo, su predicción de que la Unión se desintegraría debido a este conflicto regional fue exagerada.

No obstante, sus observaciones sobre muchos otros aspectos fueron acertadas, como por ejemplo, su opinión sobre la afición que tienen los norteamericanos por los asuntos prácticos en lugar de las disquisiciones filosóficas y de la obsesión con que los norteamericanos persiguen la riqueza. Como señaló el autor: "No conozco ninguna nación en la que el amor por el dinero se haya arraigado con tanta fuerza en el corazón de los hombres."

Tal vez su predicción más acertada haya sido la competencia en la que más tarde se enfrascarían Rusia y Estados Unidos.

¿Por qué Nat Turner fue tan temido en el Sur?

Nada despertaba tantos temores en el corazón de los sureños—fueran propietarios de esclavos o no—como la idea de que los esclavos se insubordinaran. A diferencia de la percepción popular de que los esclavos eran dóciles y trabajaban pacíficamente, lo cierto es que desde el comienzo de la esclavitud instaurada por los españoles en el Nuevo Mundo se habían presentado numerosas rebeliones y levantamientos de esclavos. Estas no se limitaron al Sur, pues también se presentaron insurrecciones violentas en Connecticut, Massachusetts y Nueva York. Una de las más sangrientas ocurrió en 1739, en Carolina del Sur, donde los esclavos liderados por Jemmy, asesinaron alarededor de 25 blancos.

Sin embargo, el episodio más violento de la joven América se presentó en el Caribe, donde Toussaint L'Ouverture, antiguo cochero y genio militar, lideró una exitosa rebelión de esclavos en la isla de Santo Domingo (Haití y República Dominicana). Inspirado en las revoluciones de Norteamérica y de Francia, la rebelión de Toussaint dejó alrededor de 60,000 muertos y una república de esclavos libres en aquella isla. Toussaint también fue un gobernante destacado que integró exitosamente a la minoría blanca en su gobierno. En 1800, Napoleón envió tropas francesas a la isla para que retomaran el control, pero la empresa tuvo poco éxito. Sin embargo, los franceses izaron una bandera que anunciaba la tregua, capturaron al jefe rebelde y lo encerraron en una prisión de los Alpes, donde murió.

Durante varios años, los propietarios de esclavos hicieron todo lo posible para que éstos no se enteraran de la rebelión liderada por Toussaint. Pero como escribió Lerone Bennet en su libro *Before the Mayflower*: "Donde quiera que los esclavos estuvieran bajo el yugo de las cadenas, se susurraba el nombre de este rebelde." En 1831, otro negro se hizo famoso por ser el esclavo más temido por los blancos. Su nombre era Nat Turner (1800–1831). La rebelión que lideró sucedió luego de otras dos rebeliones de esclavos sofocadas anteriormente. La primera se presentó en 1800, en la que miles de esclavos liderados por Gabriel Prosser lanzaron un ataque a Virginia que fue neutralizado. La segunda tuvo lugar en Charleston, en 1822 y fue liderada por Denmark Vesey, otro esclavo carismático, pero falló debido a una traición.

La rebelión de Turner también terminó por fracasar, pero produjo un cambio en el Sur. Nacido en 1800, Turner era un místico y predicador que utilizaba sus visiones y su conocimiento de la Biblia para reclutar simpatizantes. En agosto de 1831, él y 70 de sus seguidores arrasaron con cuanto encontraron a su paso. Mataron a sus amos y a todos los blancos que vieron. Los blancos que vivían en Southampton, Virginia, entraron en pánico y muchos huyeron del estado. El pequeño ejército de Turner, que no era muy disciplinado, detuvo su marcha y fue atacado por los blancos. Turner replicó al ataque, pero muy pronto los blancos recibieron refuerzos y el líder negro se escondió. Miles de soldados comenzaron a perseguir a este hombre que había sembrado el pánico. Muchos esclavos fueron asesinados simplemente por ser sospechosos de complicidad. Turner se mantuvo oculto durante dos meses, época en la que se convirtió en una figura terrorífica para los sureños. Tanto los blancos como los negros lo veían como un ser que había trascendido las barreras de lo humano, y los propietarios de esclavos siguieron temiéndolo incluso después de su ejecución. Se aprobaron leyes muy rigurosas sobre la esclavitud y la censura a literatura abolicionista con el consentimiento de Andrew Jackson y lo que fue más importante aún, la defensa a ultranza de la esclavitud tomó un nuevo rumbo.

VOCES AMERICANAS
WILLIAM LLOYD GARRISON (1805–79),
en la primera edición de *The Liberator*,
periódico abolicionista (1831).

No quiero pensar, hablar ni escribir con moderación sobre este tema. ¡No y no! Díganle a un hombre cuya casa se esté incendiando que dé una alarma moderada; díganle que rescate moderadamente a su esposa de las garras de la conflagración; díganle a la madre que retire moderadamente a su bebé del fuego en el que ha caído; pero no me pidan moderación en una causa como ésta. Estoy hablando en serio: no me equivocaré, no pediré disculpas, no retrocederé una sola pulgada y TENDRÁN QUE ESCUCHARME . . .

¿Quiénes fueron los *whigs*?

En términos generales, el Partido Demócrata de Andrew Jackson fue la consecuencia natural de su personalidad y de sus opiniones individuales antes que la ortodoxia estricta que caracteriza a los partidos políticos actuales. La popularidad de Jackson era innegable, como se demostró en su reelección en 1832 (obtuvo el 55 por ciento del voto popular y el 77 por ciento del voto electoral) y en la que Martin Van Buren, político de Nueva York, resultó elegido vicepresidente.

La plataforma personal de Jackson era bastante simple: veía con sospecha a la clase alta y a los grandes negocios—los cuales estaban representados por el Banco de los Estados Unidos, al que vetó en 1832—proponía la libertad de oportunidades económicas, entre las que figuraba el exterminio de los indios y el despeje de sus tierras a fin de ser utilizadas para la expansión blanca, mayores derechos de voto (por lo menos para los hombres blancos); y una apertura del proceso político a las clases media y baja que había sido clausurado por las administraciones anteriores conformadas por miembros de las clases dominantes. Jackson actuó con cautela sobre el tema de la Unión y los derechos de los estados, que cada vez cobraban una mayor importancia. Proclamó una plataforma unionista fuerte que limitaba el poder del gobierno federal sobre los estados, razón por la que se oponía a la existencia del Banco de los Estados Unidos.

Su popularidad era tal que la oposición estuvo a un paso de desaparecer. Sin embargo, ésta estaba representada por varios sectores: de las cenizas de los antiguos federalistas surgieron los descendientes de Hamilton, quienes creían que los problemas económicos debían ser asumidos por toda la nación; otros más extremistas, abogaban porque

los estados tuvieran más derechos y aquellos que simplemente detestaban a Jackson y miraban con recelo su exceso de poder. De esta desor-
denada coalición emergió un nuevo partido que cobró vida de la mano
de dos congresistas destacados: Daniel Webster (1782–1852) y Henry
Clay (1777–1852). En 1838 adoptaron el nombre de *whigs*, el mismo
que habían utilizado los patriotas para diferenciarse de los *tories*, quienes eran fieles a la corona británica. Para esta nueva generación de
whigs, el tirano no era un monarca extranjero sino el "rey Andrew,"
apodo con el que tanto amigos como enemigos se referían a Jackson.

Los *whigs* lanzaron su primera campaña presidencial en 1836, pero
en lugar de un candidato eligieron a tres. William Henry Harrison, un
ex general, obtuvo la mayor votación, mientras que Hugh White y
Daniel Webster quedaron rezagados. Estos tres candidatos fueron
ampliamente superados por Martin Van Buren, vicepresidente de la
administración de Jackson, nombrado por éste como su sucesor y quien
tuvo el honor de ser el primer presidente norteamericano nacido en la
nueva nación independiente. Van Buren, un estratega avezado, fue
uno de los primeros en establecer la votación en grupo o "maquinaria
política" como se le conoce actualmente a ésta práctica. Además, le
dio los votos electorales de Nueva York a Jackson. Una fuerte crisis económica durante su mandato—el pánico de 1837—dio al traste con sus
posibilidades para un segundo mandato, pero la verdadera causa de su
derrota se debió a una nueva estrategia de los *whigs*, quienes respaldaron a Andrew Jackson en su campaña contra John Quincy Adams, a
quien señalaron de ser un aristócrata distante. Luego, durante la campaña de la "cabaña de madera" de 1840, los *whigs* tildaron a Van
Buren (apodado "Martin Van Ruin"), de ser un aristócrata engreído.
Se presentaron como el partido del pueblo e hicieron ver al general
Harrison (1773–1841)—su candidato—como un hombre sencillo que
vivía en una cabaña de madera. En realidad, éste pertenecía a una
familia distinguida y era hijo de uno de los firmantes de la Declaración. También fue presentado como un héroe de la guerra por las batallas que el general había sostenido con Tecumseh en Tippecanoe. Su
compañero de campaña era John Tyler (1790–1862), natural de Virginia y el eslógan fue la famosa frase, "Tippecanoe y Tyler también." Las
elecciones de 1840 fueron bulliciosas, se vieron grandes concentracio-
nes de multitudes, hubo un alto número de votantes y los candidatos se

atacaron con saña. De hecho, esta campaña originó una nueva pala-bra. Aunque *booze* (licor) proviene de la palabra holandesa *bowse*, E.C. Booz, quien destilaba whiskey en recipientes con forma de cabañas de madera, reforzó el uso de esta palabra que pronto se convirtió en parte del lenguaje norteamericano.

Harrison contrajo neumonía y murió un mes después de haber sido elegido presidente. El vicepresidente John Tyler, ferviente defensor de los derechos de los estados, se convirtió así en el primer "presidente accidental."

VOCES AMERICANAS
JOSÉ MARÍA SÁNCHEZ, topógrafo mexicano,
enviado a una expedición a la frontera de México,
que en ese entonces comprendía los estados de Texas
y Luisiana. (27 de abril de 1828.)

Esta aldea ha sido colonizada por el señor Stephen Aus-tin, natural de los Estados Unidos de Norteamérica. Cuenta en la actualidad con 40 o 50 casas de madera, situadas en el banco occidental de un río grande cono-cido como Río de los Brazos de Dios . . . su población es de 200 personas aproximadamente, de los cuales sólo diez son mexicanos, el resto son americanos del norte, y unos cuantos europeos. Dos tiendas desvencijadas abastecen a los habitantes de la colonia: una sólo vende whiskey, ron, azúcar y café; la otra vende arroz, harina, manteca y ropa barata . . . Los norteamericanos . . . sólo se alimentan de carne salada, pan que ellos mismo hacen con harina de maíz, café y queso casero. Además de estos víveres, la gran mayoría de quienes viven en la aldea consume licores fuertes, y creo que en términos generales son personas perezosas y de mal carácter. Algunos de ellos cultivan maíz en sus pequeñas parcelas; aunque esta labor es reali-zada por los esclavos negros, a quienes tratan con particu-lar dureza . . . Creo que de esta colonia provendrá la chispa que detonará la conflagración que nos despojará de Texas.

¿Quiénes combatieron en El Álamo?

Cuando Jackson terminó su mandato, muchas de las preguntas sobre el futuro de la nación todavía no tenían respuesta. Los políticos sureños comenzaron a decir que los estados podían retirarse libremente de la Unión, pues de la misma forma se habían integrado a ella. Y aunque se discutía mucho sobre impuestos y asuntos bancarios, el tema más importante era el de la esclavitud, que estaba presente en casi todos los debates del Congreso y del que también se habló durante el trascendental debate sobre la suerte de Texas, que en ese entonces era parte de México.

Los norteamericanos, liderados por Stephen F. Austin (1793–1836), se establecieron en la región luego de ser invitados por el gobierno mexicano. El presidente Jackson—y anteriormente Adams—le ofrecieron a México la compra de Texas, pero éstos rechazaron la oferta. En 1830, más de 20,000 norteamericanos blancos, quienes llevaron consigo a dos mil esclavos aproximadamente, vivían en las fértiles llanuras en las que cultivaban algodón. Muy pronto sobrepasaron en número a los mexicanos, y en 1834, Austin les pidió a las autoridades de la capital mexicana que permitieran que Texas se separara de México, como un preámbulo para alcanzar la categoría de estado. Una de las razones más claras para levantar esta petición era que los norteamericanos querían conservar su nacionalidad, pero la verdadera causa que tuvieron para querer separarse de México es que la esclavitud estaba prohibida en ese país. Austin fue arrestado. En 1836, Santa Anna, el presidente de México, anunció una constitución unificada que operaría en todos los territorios mexicanos y también en Texas.

Los norteamericanos que vivían allí decidieron secesionarse. Santa Anna marchó al frente de seis mil tropas con la intención de atacar a quienes consideraba como unos tejanos traicioneros. Inicialmente se dirigió con tres mil hombres a San Antonio, que había sido tomado por 187 norteamericanos comandados por el coronel William B. Travis. Estos se resguardaron detrás de los muros de una misión llamada El Álamo. Durante diez días, el pequeño grupo rechazó a las fuerzas de Santa Anna que sufrieron enormes bajas. Pero los mexicanos tenían la ventaja de ser mucho más numerosos. La artillería mexicana traspasó los muros de la misión mientras la banda tocaba a degüello, y los norteamericanos fueron aplastados. Los pocos hombres que lograron sobrevivir a la ofensiva fueron ejecutados. Los cadáveres de todos los norteamericanos fueron cubiertos con aceite y luego incinerados. Entre las víctimas estaba Jim Bowie, un comerciante de esclavos natural de Luisiana, famoso por el cuchillo de su invención, que lleva su nombre, y Dave Crockett (1786–1836), campesino que fue congresista y veterano de la guerra contra los creek. Sólo tres norteamericanos salieron de El Álamo con vida: Susanna Dickenson, esposa de un soldado, su bebé de quince meses, y Joe, esclavo de Travis. Los tres sobrevivientes fueron dejados en libertad por Santa Anna y le informaron a Sam Houston (1793–1863), el comandante del ejército de Texas, la suerte que les esperaría si seguían oponiendo resistencia.

Una segunda matanza en la que cientos de tejanos fueron asesinados por las tropas de Santa Anna en la población de Goliad aumentó las proporciones del conflicto. El líder mexicano arremetió contra el pequeño ejército comandado por Houston, enfrentándose en San Jacinto en abril de 1836. Gritando la conocida frase "Recuerden El Álamo," el pequeño ejército tejano, muy inferior en número al mexicano, aprovechó que éstos hacían una siesta autorizada por Santa Anna, y los atacó. La batalla sólo duró 18 minutos. Los tejanos, que perdieron sólo nueve hombres, mataron a cientos de mexicanos, capturaron a varios centenares, entre quienes se encontraba Santa Anna, y los sobrevivientes mexicanos se retiraron desordenadamente hacia las riberas del río Grande.

Los tejanos ratificaron de inmediato su propia Constitución y Houston, que había estado a un paso de morir debido a una gangrena contraída durante la batalla de San Jacinto, fue nombrado presidente de la nueva república. Luego pidieron su anexión a los Estados Unidos, pero Jackson sólo reconoció la independencia de Texas el útimo día de su presidencia. Van Buren también vaciló, pues tampoco quería enfrascarse en una guerra contra México, pero lo cierto es que la anexión de Texas avivó la hoguera del debate sobre la esclavitud, que ya era bastante candente. Los estados del Sur querían otro territorio esclavista y los estados del Norte consideraron la anexión de Texas como una violación al equilibrio logrado mediante el Compromiso de Missouri (según el cual el estado esclavista de Arkansas y el estado libre de Michigan habían sido admitidos respectivamente como los estados vigésimo quinto y vigésimo sexto). El debate sobre Texas aumentó en los nueve años siguientes, dividiendo aún más al Norte y al Sur debido a sus posiciones sobre la esclavitud y haciendo que la guerra contra México estuviera a punto de estallar.

Lectura Recomendada: *Three Roads to Alamo: The Lives and Fortunes of David Crockett, James Bowie, and William Barret Travis*, de William C. Davis.

¿En qué consistió el Destino Manifiesto?

La anexión de Texas fue síntoma del gran frenesí que se apoderó de Norteamérica como si se tratara de la versión del siglo XIX de la fiebre por el Lotto. Este fervor recibió un nombre en 1845. El periodista John L. O'Sullivan escribió en una revista expansionista llamada *The United States Magazine and Democratic Review:* "El cumplimiento de nuestro destino manifiesto para extender el continente que nos ha adjudicado la Providencia para el libre desarrollo de nuestros millones de habitantes que se multiplican anualmente."

La frase de O'Sullivan, que fue rápidamente adoptada por políticos y por otras publicaciones, expresaba claramente una visión propia de una cruzada religiosa. Detrás de esta visión se escondía un aire de belicosidad, pero la verdadera meta era la ambición, y el deseo desmesurado que los norteamericanos tenían de controlar todo el continente, desde el Océano Atlántico hasta el Océano Pacífico. Así como todas las generaciones posteriores de norteamericanos han extendido los límites de la civilización, esta idea adquirió la pasión propia de una cruzada religiosa. El desplazamiento masivo de un gran número de colonos hacia el Oeste se vio estimulado gracias al desarrollo de los famosos senderos que conducían hacia esa región. El sendero de Santa Fe unió a Independence, Missouri, con el antiguo sendero español que conducía a Los Ángeles. El sendero de Oregon, que fue trazado por tramperos y misioneros, atravesaba el noroeste y llegaba al Territorio de Oregon. El sendero mormón fue utilizado inicialmente en 1847 por los mormones y otros colonos, quienes viajaron desde Illinois hasta Salt Lake City. Y en el suroeste, la "ruta de Oxbow" comunicaba a Missouri con California y era utilizada bajo contrato federal para transportar el correo.

El hecho de que California (con sus magníficos puertos) fuera parte de México, y que Inglaterra todavía reclamara a Oregon, sólo contribuyó a aumentar la agresividad de los norteamericanos, así como su deseo de controlar este territorio.

¿Por qué los mormones emigraron al Oeste?

Aunque la mayoría de los norteamericanos del siglo XIX creían que el designio de Dios era enviarlos hacia el Oeste, otros norteamericanos estaban encontrando sus propios caminos religiosos. Durante los primeros años de aquel siglo se vivió un extraordinario período de despertar religioso que produjo grupos como los *shakers*, el cual fue fundado en Nueva York en el año de 1774 por una inglesa llamada Madre Ann Lee. Este grupo fue próspero, pero desapareció debido a sus políticas de castidad. Entre los movimientos "espirituales" que surgieron durante este período se encontraban las comunidades utópicas de Oneida, donde a diferencia de los *shakers*, se promovía la promiscuidad; y Brook Farm, donde vivían los trascendentalistas de Nueva Inglaterra.

Pero el grupo religioso de mayor importancia fue la Iglesia de Jesucristo de los Santos de los Últimos Días, también conocido como los mormones, el cual fue fundado en 1823 por Joseph Smith, en el oeste de Nueva York. Este visionario decía que un ángel llamado Moroni le había dado *El Libro del Mormón*, un antiguo texto escrito en jeroglíficos grabados en planchas de oro, y que él tradujo bajo la inspiración divina. Smith se mudó a Ohio con un pequeño grupo de seguidores y la comuna que establecieron prosperó tanto que atrajo más adeptos. Sin embargo, sus afirmaciones sobre relaciones divinas les ganaron la ridiculización y enemistad de otras sectas cristianas más tradicionales, y el rechazo fue tal que los mormones tuvieron que establecerse en un lugar despoblado. En Missouri, su oposición a la esclavitud les hizo entrar en conflicto con las comunidades locales. Sin embargo, como su iglesia tenía cada vez más adeptos, el grupo comenzó a tener influencia a nivel político. Pero en 1843, Smith hizo un llamado a la poligamia después de una supuesta visión. En 1844, una muchedumbre mató a Smith y a su hermano Hyrrum, en Illinois.

El grupo se congregó bajo el mando autocrático de Brigham Young, quien dijo que el futuro de la iglesia estaba en el Lejano Oeste, donde estuvieran libres de ser perseguidos. Young y un pequeño grupo de mormones llegaron a la cuenca del Gran Lago Salado, la nueva tierra prometida, en 1847. Establecieron una comunidad que se convirtió en un verdadero enclave mormón con tanto poder que Young llegó a nombrar jueces federales. Se consolidó como una de las principales rutas hacia el Oeste, pues fueron muchos los mormones que se asentaron a lo largo del sendero que llevaba a Utah, y obtuvieron cuantiosas ganancias con el multitudinario tránsito de personas que se dirigían a California en busca de oro.

VOCES AMERICANAS
De "El cuervo," de EDGAR ALLAN POE (1845).

Y aun el Cuervo, inmóvil calla,
quieto se halla, mudo se halla
en tu busto, oh Palas pálida
que en mi puerta fija estás;
y en sus ojos negro abismo,
sueña, sueña el Diablo mismo,
y mi lumbre arroja al suelo
su ancha sombra pertinaz
y mi alma de esa sombra
que allí tiembla pertinaz
no ha de alzarse, ¡nunca más!

Drogadicto, alcohólico, ladrón de niños, necrofílico. Estas son algunas de las acusaciones que le hicieron a Poe (1809–49). Casi todas fueron producto de la imaginación de un crítico literario vengativo que difundió estos rumores tras la muerte del poeta. Diversas investigaciones posteriores han demostrado que muchas de esas acusaciones no eran más que meras calumnias. Sin embargo, la figura de Poe ha estado envuelta en un halo de extrañeza y su obra pareciera corroborar algunas de sus extrañas historias.

Poe nació en Boston y fue criado por un tío luego de que sus padres murieran cuando tenía tres años. Estudió en la Universidad de Virginia, pero se retiró poco después. Asistió a la academia militar de West Point y fue expulsado de ella. Posteriormente trabajó como editor de algunos periódicos, se dedicó a la escritura y publicó algunos cuentos y poemas. Se casó con una prima suya de trece años, algo que en ese entonces no era tan mal visto como en la actualidad. En 1845 publicó una colección titulada *El cuervo y otros poemas* que le valió el reconocimiento instantáneo. Se dempeñó con éxito como editor de una revista y publicó cuentos en los que abundaban el misterio, el terror y lo sobrenatural. Algunos de sus cuentos más famosos son *Los crímenes de la calle Morgue*, *El Escarabajo Dorado* y *La Caída de la Casa de Usher*. Poe sufrió una crisis nerviosa luego de la muerte de su esposa. Murió de causas desconocidas dos años después mientras iba a bordo de un tren con la intención de contraer segundas nupcias. Poe perteneció a la primera generación de connotados escritores que surgió en Norteamérica, entre quienes se encontraban Hawthorne, Melville, Emerson y Thoreau. Todos ellos fueron exponentes del espíritu romántico que hizo su aparición en la literatura a comienzos del siglo XIX y de la madurez cultural de Norteamérica que marcaba en fin de la adolescencia de la nueva nación.

202

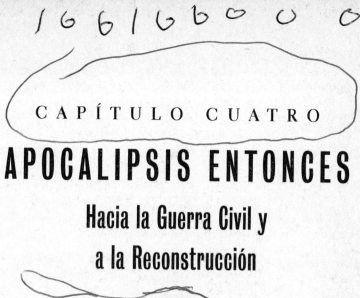

CAPÍTULO CUATRO

APOCALIPSIS ENTONCES

Hacia la Guerra Civil y a la Reconstrucción

¿Cuál fue la causa de la guerra contra México?

Hitos de la guerra contra México

¿Qué ganó Norteamérica en la guerra contra México?

¿Por qué Frederick Douglass fue el negro más influyente de su época?

¿Cuál era la ruta del Ferrocarril Subterráneo?

¿Cuál fue el Pacto de 1850?

¿Por qué *La Cabaña del Tío Tom* fue la novela más importante y controvertida de su época?

¿Por qué los republicanos fundaron un nuevo partido?

¿Por qué Kansas recibió el adjetivo de "estado sangriento?"

¿Cuál era la diferencia entre un hombre llamado Dred Scott y una mula?

¿Sobre qué discutieron Lincoln y Douglas?

¿Por qué John Brown atacó un arsenal federal?

¿Por qué los estados sureños se secesionaron de Estados Unidos?

El censo de 1860

¿Cuál era la diferencia entre la Constitución confederada y la de Estados Unidos?

Hitos de la Guerra Civil

¿Cuáles fueron los costos de la Guerra Civil norteamericana?

¿Abraham Lincoln sí fue honrado?

¿Por qué la Unión ganó la guerra?

¿Quién asesinó a Lincoln?

¿En qué consistió la Reconstrucción?

¿Quiénes celebran el Día de la Decoración y el *Juneteenth*?

¿Por qué fue enjuiciado el presidente Johnson?

¿Quiénes fueron los *carpetbaggers*?

Sólo transcurrieron 72 años desde la inauguración presidencial de George Washington en abril de 1789 hasta la primera marcha de Lincoln, en marzo de 1861, una diminuta fracción en el largo curso del tiempo. Pero en este pequeño lapso de la historia sucedieron eventos extraordinarios. Norteamérica, que comenzó siendo una nación de tercera categoría, un cúmulo de poblados desparramados entre el Atlántico y algunos cientos de millas hacia el interior del continente, que sufría la amenaza de otras naciones y de peligrosas tribus indias, se había convertido en una vibrante potencia mundial cuyos territorios se extendían de un lado a otro del continente.

La nación registraba un crecimieno bastante dinámico. En todas las regiones se construían canales que comunicaban a las regiones continentales con los activos puertos del Atlántico. Los primeros barcos de vapor navegaban por estos canales y llevaban empresarios a California a través del Cabo de Hornos. Se construían los primeros ferrocarriles que conectaban a las crecientes ciudades desperdigadas a lo largo de la inmensidad del paisaje norteamericano. Los inventos eran cada vez más frecuentes, pues como había dicho Tocqueville, los norteamericanos habían centrado su atención en los asuntos prácticos. En 1834, Cyrus McCormick patentó una máquina cosechadora que revolucionó la agricultura. Eli Whitney se basó en un invento anterior y mejoró una máquina que convirtió al agodón en el rey de los cultivos del sur. Instaló también una fábrica en el norte que utilizaba un mecanismo de partes intercambiables, el cual facilitaba la producción masiva de bienes, sistema con el que también se fabricaron las armas que le permitieron a la Unión derrotar a la Confederación. En 1843, el Congreso aprobó fondos para construir una línea telegráfica entre Baltimore y Washington. Samuel Morse (1791–1872) perfeccionó el telégrafo y diseñó una clave para utilizarlo. En 1851, los productos de fabricación masiva inventados en Estados Unidos—relojes, chapas, revólveres Colt, máquinas de coser, cosechadoras y trenes—eran famosos en toda Europa. Jefferson, quien se encontraba en París durante los disturbios ocasionados por la Revolución Francesa, había dicho de forma casi delirante que "una pequeña revolución" era benéfica para el país. De haber sabido lo devastadora que sería la próxima, hubiera actuado con mayor firmeza a fin de prevenirla mientras tuvo el poder y la influencia para hacerlo.

Definitivamente, la historia es un cúmulo interminable de especulaciones y de consideraciones retrospectivas. ¿Por qué ocurrió la Guerra Civil? ¿Pudo haberse evitado? ¿Por qué el Norte no permitió que el Sur siguiera su propio camino? (Sentimiento que era bastante popular en 1860.) Estas preguntas han inquietado y maravillado a los norteamericanos desde el estallido de la Guerra Civil. Sobre ningún otro período de la historia norteamericana se ha escrito con tanta profusión, pasión y emoción, e incluso con tantos visos románticos, como sobre éste. Todos los años aparecen decenas de nuevos libros sobre Lincoln, la esclavitud, el Sur, la Guerra Civil y sus consecuencias. No sorprende entonces que una de las novelas más populares en la historia de los Estados Unidos —y de la película igualmente famosa basada en esta novela— tenga como telón de fondo la época de la Guerra Civil. Sin discutir sus méritos literarios o históricos, *Lo que el viento se llevó*, de Margaret Mitchell, representa y es parcialmente responsable de la pasión y el romance con que es vista la época en mención.

Pero como lo han aclarado muchos novelistas e historiadores, esta época tuvo muy pocos elementos románticos. Durante esos cuatro años de violentos y devastadores combates murieron cientos de miles de personas, innumerables familias y amigos quedaron dolorosamente separados y el Sur quedó en ruinas. Los dos bandos cometieron errores políticos, militares, así como innumerables atrocidades. Las causas de la Guerra Civil y las secuelas que produjo siguen siendo parte de los debates políticos y sociales que se discuten en la actualidad.

Si se quieren comprender las causas de la Guerra Civil, convendría recordar que en la primera mitad del siglo XIX Norteamérica no era un solo país sino dos naciones divididas. La Norteamérica del Norte se encaminaba a la modernidad, pues se estaba gestando una verdadera revolución industrial y urbana. Aunque la agricultura era un rubro importante de su economía, la base de ésta estaba constituida por sus grandes empresas comerciales: trenes, canales y barcos de vapor, bancos y prósperas fábricas. Su población aumentaba a un ritmo vertiginoso, pues grandes olas de inmigrantes escapaban de las hambrunas y de los confictos políticos que se vivían en Europa para radicarse en las ciudades del Norte, atraídos por el creciente mito de las riquezas y oportunidades ilimitadas que ofrecía Norteamérica.

Aproximadamente 1.5 millones de irlandeses emigraron a Norteamérica durante los años siguientes, luego de escapar a la primera hambruna acaecida en Irlanda en 1845, causada por una plaga que asoló los cultivos de papa. En 1869, la octava parte de la población norteamericana, que en ese entonces era de 32 millones de habitantes, había nacido en el extranjero y la mayoría se había establecido en el Norte, atraída por las numerosas fábricas de Rhode Island, Massachusetts, Connecticut, Nueva Jersey y Pennsylvania. Estos inmigrantes, quienes fueron el alimento del insaciable apetito de la nueva era industrial, se hacinaron en inquilinatos y barriadas, en donde eran mantenidos cautivos por empresas que distaban de ser progresistas. Estos inmigrantes se adhirieron servilmente a la maquinaria política de los partidos que decían representarlos y teminaron por convertirse en carne de cañón de las leyes de reclutamiento vigentes durante la Guerra Civil. Entre tanto, los estados del Sur tenían una economía mayoritariamente agraria y de esclavos que se remontaba a la época de Jefferson, cuando los propietarios de plantaciones contribuyeron a la creación del país. La base de su economía era el algodón, que era producido para satisfacer la demanda de las fábricas localizadas en Gran Bretaña y en Nueva Inglaterra. La base de la economía sureña eran los esclavos que sembraban este producto, así como también tabaco, arroz y maíz. Aunque la importación de esclavos fue prohibida en 1807, su población aumentó a un ritmo vertiginoso. A pesar de que el comercio internacional de esclavos también había sido proscrito, su comercio entre los diferentes estados era un negocio de enormes proporciones. Esta contradicción—la prohibición del comercio internacional de esclavos, pero la existencia de uno muy activo a nivel doméstico—fue vista por los sureños como otra injusticia más que el Norte cometía contra ellos.

Lo cierto es que los esclavos eran cada vez más numerosos, así no siguieran llegando de Africa. Los casi 700,000 esclavos censados en 1790 aumentaron a 3.5 millones en 1860. Simultáneamente, la población total del Sur tuvo un crecimiento lento, pues pocos de los inmigrantes europeos se asentaron en esta región. La verdadera causa del debate sobre la expansión de Norteamérica, que generó una guerra internacional e hizo que los sureños pensaran en conquistar Cuba y a otros territorios del sur, fue el deseo de poseer más tierras para cultivar algodón y más esclavos para plantarlo, recolectarlo y procesarlo. Así las cosas, era evidente que los Estados Unidos estaban realmente conformados por dos naciones, dos culturas y dos ideologías destinadas a entrar en conflicto. La explicación más sencilla que se le puede dar a la Guerra Civil es que los sureños no querían que les dijeran cómo debían vivir ni actuar con respecto a la esclavitud, a la política ni a ningún otro aspecto. Esta resistencia a ser dominados por una fuerza externa fue parte intrínseca del carácter norteamericano anterior a la Revolución, formó parte del debate nacional en la época en la que Jefferson redactó la Declaración y figuró en los compromisos que dieron origen a la Constitución. Pero este rasgo fue algo así como una mecha de larga duración, un asunto ideológico cargado de emotividad que se mantuvo a fuego lento durante las décadas comprendidas entre Washington y Lincoln, ingrediente fundamental de todos los asuntos propios de la Nación y de las elecciones presidenciales de la época y que finalmente terminó por estallar, produciendo unas consecuencias verdaderamente desastrosas.

[Nota: en este Capítulo el lector encontrará un breve resumen de los eventos que originaron la Guerra Civil, el curso de ésta y sus consecuencias. Desde el momento en que escribí este libro, concluí que la Guerra Civil fue el evento más importante—y el menos comprendido—de la historia de Norteamérica y que necesitaba por tanto ser tratado en otro libro. *Don't know much about the Civil War* fue publicado en 1996.]

¿Cuál fue la causa de la guerra contra México?

Por primera vez en la breve historia de Norteamérica, la Nación no se enfrascó en una guerra con otra nación debido a la independencia, a una provocación extranjera o a las consecuencias de la política global. La guerra contra México obedeció a una sed descarada de expansión territorial. Un joven oficial que combatió en ella dijo que esa guerra había sido "una de las más injustas cometida jamás por una nación poderosa contra otra más débil." Ese oficial era el comandante Ulysses S. Grant.

La guerra contra México fue la plataforma central de la administración de James K. Polk, el presidente más experimentado entre las administraciones de Jackson y Lincoln. Continuando con la línea de demócratas jacksonianos en la Casa Blanca luego de la breve administración de Tyler, Polk (1795–1849) fue llamado "El Joven Hickory." Natural de Carolina del Norte y defensor de los derechos de los estados esclavistas, sucedió a Van Buren en la Convención Demócrata y fue elegido como presidente en 1844, luego de una victoria apretada que sólo fue posible después que el Partido de la Libertad le quitara votos a Henry Clay, candidato por el partido de los *whigs*. Si unos pocos miles de votantes de Nueva York—estado en el que Polk ganó por escaso margen—hubieran cambiado su intención de voto, Clay—hombre moderado que pudo haber controlado la desintegración de la Unión y el estallido de la guerra—habría sido el presidente. Estas elecciones giraron en torno al Destino Manifiesto. Los temas centrales fueron el futuro del Territorio de Oregon, que Polk quería "reocupar," y la anexión de Texas, o en palabras de Polk, su "reanexión," sugiriendo así que Texas era parte de la Compra de Luisiana, cosa que no era cierta. Antes de la posesión de Polk, el Congreso adoptó una resolución conjunta sobre su intención de anexar a Texas. Esta decisión equivalía a una guerra contra México, que Polk y otros expansionistas querían a toda costa. Tras enterarse de esta decisión, los mexicanos rompieron relaciones diplomáticas con los Estados Unidos en marzo de 1845.

Polk, quien consideraba a Texas como propiedad de los Estados Unidos, envió al general Zachary Taylor y a 1,500 hombres en marzo de 1845 para que protegieran una "frontera" indefinida de una posible "invasión" mexicana. Luego de negociar durante varios meses la compra de Texas, Polk le ordenó a Taylor que se dirigiera al río Grande. Esta fuerza, que en enero de 1846 estaba conformada por unos 3,500 hombres, era casi la mitad de todas las tropas del Ejército de los Estados Unidos. En un claro aumento de las provocaciones, Polk le ordenó a Taylor que cruzara el río Grande. El presidente Polk encontró la excusa perfecta para anunciarle al Congreso "la guerra existe" cuando se encontró el cadáver de un soldado estadounidense y después que algunos mexicanos atacaran a una patrulla norteamericana el 25 de abril. Las mayorías democráticas de la Cámara y el Congreso—a quienes los *whigs* se opusieron débilmente—aprobaron aumentar el pie de fuerza del Ejército en 50,000 hombres. Así, la guerra ocasionada por descarnada agresión territorial se puso en marcha.

HITOS DE LA GUERRA CONTRA MÉXICO
1846

3 de mayo   Los resultados de la guerra se presagian desde la primera batalla. En Palo Alto, 2,300 soldados norteamericanos obligan a una fuerza mexicana que la duplica en tamaño a emprender la retirada. En la batalla de la Resaca de la Palma, 1,700 soldados norteamericanos derrotan a 7,500 soldados mexicanos. El general Taylor, acompañado por un grupo de periodistas partidarios de los *whigs*, es proclamado de inmediato como héroe nacional y como el próximo presidente de esta facción política. Polk ordena el bloqueo a los puertos mexicanos del Pacífico y del Golfo de México.

6 de junio   Debido al conflicto con los británicos por el control conjunto del Territorio de Oregon, Polk firma un tratado con Inglaterra, que establece una línea a lo ancho de los 45 grados de latitud norte como frontera entre Estados Unidos y Canadá. Este tratado pone fin a las amenazas de una guerra con Gran Bretaña y Polk puede concentrarse así en la invasión a México.

14 de junio   Los colonos norteamericanos de California—propiedad de México—proclaman la independencia de la República de California. El 7 de julio, el comodoro John Sloat llega a Monterey y reclama a California como parte de los Estados Unidos. California es anexada a los Estados Unidos en agosto y el comodoro David Stockton asume como su gobernador.

15 de agosto   El coronel Stephen Watts llega a Las Vegas y anuncia la anexión de Nuevo México, que también pertenece a México. Kearny ocupa a Santa Fe sin disparar un solo tiro y establece un gobierno provisional.

20 al 24 de septiembre El general Taylor captura la ciudad de Monterey, México, pero acepta un armisticio que les permite a las tropas mexicanas evacuar la ciudad. Polk se molesta profundamente con la firma del armisticio.

16 de noviembre El general Taylor se toma a Saltillo, capital del estado de Coahuila. La exitosa campaña militar de Taylor, quien también pertenece al Partido *Whig*, magnifica las dimesiones heroicas de este personaje, para disgusto del presidente Polk y del general Winfield Scott, comandante general en Washington, quien también pertenece al mismo partido. Estos tres hombres saben muy bien que las victorias militares producen buenos dividendos políticos, pues se hicieron políticos en los tiempos de Andrew Jackson. Debido a presiones políticas, el demócrata Polk nombra al general Winfield Scott comandante de una fuerza que se dirige a la ciudad de Veracruz.

1847

3 de enero El general Scott les ordena a nueve mil hombres al mando del general Taylor que realicen un ataque terrestre a Veracruz.

22 al 23 de febrero Batalla de Buena Vista. Taylor ignora las órdenes de Scott, se encamina en dirección oeste hacia Buena Vista y se niega a rendirse a las fuerzas mexicanas comandadas por Santa Anna, que son más numerosas. Las tropas de Taylor, conformadas por 4,800 hombres, la mayoría de los cuales son soldados rasos, derrotan a 15,000 combatientes mexicanos, que son mayoritariamente campesinos sin ningún entrenamiento militar. Jefferson Davis, comandante de un regimiento de infantería de Missouri que realiza un contraataque utilizando los famosos cuchillos Bowie, se convierte en otro héroe de la guerra. Taylor, respaldado por los periodistas *whigs* que no ahorran adjetivos para describir los triunfos del general, ve prácticamente asegurada su candidatura para las próximas elecciones presidenciales.

28 de febrero El coronel Alexander Doniphan, que viene desde El Paso, Texas, derrota a los mexicanos en Sacramento Creek, México, y al día siguiente ocupa la ciudad de Chihuahua.

9 al 29 de marzo Batalla de Veracruz. Las fuerzas de Scott desembarcan cerca de esta ciudad, la más fortificada del hemisferio occidental. Scott sitia a Veracruz y la ciudad se rinde tres semanas más tarde, luego de un prolongado bombardeo que deja numerosas víctimas. Las bajas norteamericanas son mínimas.

Abril Scott aumenta la ofensiva y se dirige a la Ciudad de México. A mediados de mayo toma las poblaciones de Cerro Gordo y captura a 3,000 prisioneros, así como a Puebla, que está a tan solo 80 millas de la capital mexicana.

6 de junio Nicholas P. Trist, jefe del Departamento de Estado de los Estados Unidos, da comienzo a las negociaciones de paz con México, con la ayuda de un intemediario británico.

20 de agosto Santa Anna solicita un armisticio, pues las fuerzas de Scott se acercan a la Ciudad de México. Las negociaciones de paz fracasan y el armisticio finaliza el 7 de septiembre.

8 de septiembre Scott toma Molino del Rey. Luego toma el cerro de Chapultepec en los alrededores de la capital mexicana, tras una dura batalla y a pesar de contar con menos hombres que los mexicanos. Aunque faltan varios meses para que se firme formalmente la paz, las batallas concluyen con la entrada triunfal de sus tropas a Ciudad de México.

22 de noviembre Nicholas Trist viaja desde Washingon para firmar la paz con México.

22 de diciembre Un joven congresista de Illinois relativamente desconocido se atreve a hablar en contra de la guerra. Es el primer discurso de Abraham Lincoln como representante a la Cámara.

1848

Febrero a marzo Se firma el Tratado de Guadalupe Hidalgo que pone fin a la guerra y que es ratificado por el Senado norteamericano. Bajo este tratado, los Estados Unidos reciben más de 500,000 millas cuadradas de territorio mexicano que incluyen los futuros estados de California, Nevada, Utah, gran parte de Arizona y Nuevo

México y algunas partes de Wyoming, Colorado y Texas. El río Grande se establece como frontera con México. En compensación, México recibe 15 millones de dólares y los Estados Unidos asumen las demandas realizadas por ciudadanos contra la nación mexicana, que recibe poco más de 3 millones de dólares adicionales. Un periódico *whig* anuncia: "No tomamos nada con la conquista . . . Gracias a Dios."

¿Qué ganó Norteamérica en la guerra contra México?

La guerra contra México, ganada con facilidad y a un costo mínimo, fue la culminación del Destino Manifiesto. Muy pronto, la percepción popular de que Dios le había ordenado a Norteamérica extenderse de costa a costa terminó por materializarse. En la mañana del 24 de enero de 1848, James Marshall, un mecánico de Nueva Jersey que estaba construyendo un aserradero al oriente de San Francisco, a orillas del río American, bajo encargo de Johann Sutter, divisó unas partículas amarillas en el lecho del río. Se comprobó que se trataba de oro, lo que ocasionó la delirante fiebre del oro de 1849, y 100,000 personas o más viajaron a ese estado ese mismo año. Durante los años siguientes se extrajeron más de 200 millones de dólares en oro de las entrañas de California.

Aunque las inversiones realizadas durante le fiebre del oro produjeron ganancias considerables, la guerra contra México y el Tratado de Oregon produjeron otros resultados menos favorables. La adición de estos enormes territorios contribuyó a que el debate sobre la esclavitud fuera más candente aún, pues la disputa se extendió a los nuevos territorios. Desde el comienzo mismo del enfrentamiento armado, surgieron opiniones en contra de la guerra. William Lloyd Garrison (1805–79), un miembro ferviente de la Sociedad Americana Antiesclavista, dijo que la guerra había sido declarada "con el detestable y horrible propósito de extender y perpetuar la esclavitud en Norteamérica." Sus opiniones fueron respaldadas por Horace Greeley (1811–72), un pacifista norteamericano que se opuso a la guerra desde un comienzo a través del periódico *New York Tribune*. En Massachusetts, otro opositor fue enviado a prisión luego de negarse a pagar impuestos con los que se financió una guerra que, según él, propagaría la esclavitud: Henry David Thoreau (1817–62) sólo pasó una noche en la cárcel—una tía suya pagó su fianza—y su manifiesto *Resistencia al gobierno civil*, que más tarde se titularía *Desobediencia civil* se publicó en 1849 como parte del libro *Una semana en los ríos Concord y Merrimack*.

La ironía más terrible de la guerra contra México fue la experiencia militar que les brindó a varios oficiales norteamericanos que fueron compañeros en esta guerra, pero que serían enemigos quince años después, cuando el Norte y el Sur se enfrentaron en la Guerra Civil. Entre los numerosos egresados de la academia militar de West Point que combatieron en México figuraban P. T. Beauregard y George McClellan, dos tenientes que pertenecieron al destacamento de Scott. Beauregard comandaría el ataque a Fort Sumter que daría comienzo a la Guerra Civil. McClellan sería comandante del Ejército del Norte. James Longstreet y Winfield Scott Hancock, dos tenientes que combatieron lado a lado en la batalla de Churubusco, se enfrentarían más tarde en Gettysburg. Robert E. Lee fue un joven capitán de Virginia que demostró gran talento militar como ingeniero al servicio de Scott. Pocos años después, éste le pidió a Lincoln que lo nombrara comandante del Ejército de la Unión, aunque el capitán continuó fiel a la causa de su estado. Cuando Lee y Grant se encontraron algunos años más tarde en la Corte de Appomattox, Grant le dijo que recordara que habían sido compañeros de batalla en México.

VOCES AMERICANAS
De *Desobediencia civil*, de
HENRY DAVID THOREAU (1849).

Hay leyes injustas. ¿Nos contentaremos obedeciéndolas o trataremos de corregirlas y seguiremos obedeciendo hasta que lo consigamos, o, más bien, las transgrediremos en seguida? Con un Gobierno como el actual, los hombres piensan por lo general que es mejor aguardar hasta haber persuadido a la mayoría de la necesidad de alterarlas. Piensan que, de resistirse, el remedio sería peor que la enfermedad. Pero es culpa del Gobierno mismo que el

remedio *sea* peor que la enfermedad. Aquél la empeora.
¿Por qué no prevé y procura, en cambio, las reformas
necesarias? ¿Por qué no atiende a su prudente minoría?
¿Por qué grita y se agita antes de ser herido? ¿Por qué no
insta a sus ciudadanos a estar alertas para que se le seña-
len sus faltas y a *conducirse* mejor de lo que, de otro
modo, esperaría de ellos? ¿Por qué crucifica siempre a
Cristo y excomulga a Copérnico y a Lutero, al tiempo que
declara rebeldes a Washington y a Franklin?

Los ideales norteamericanos de libertad individual y de espíritu
democrático encontraron una clara expresión en la obra de varios escritores de Nueva Inglaterra, conocidos como los "trascendentalistas." Su
principal exponente fue Ralph Waldo Emerson (1803–82), quien instó
a los norteamericanos a dejar de imitar a Europa y a "trascender el
mundo de los sentidos." Emerson se opuso a la naciente sociedad
industrial e hizo un llamado a la individualidad y a la espiritualidad
intuitiva.

Henry David Thoreau, que había estudiado la obra de Emerson y
era amigo suyo, tomó una actitud más extrema: abandonó la sociedad y
llevó una vida solitaria en Walden Pond, un lago cerca de Concord,
Massachusetts, donde recogió experiencias que plasmó en *Walden*
(1851), su obra maestra. Esta obra ejerció una profunda influencia en
Mahatma Gandhi, quien adoptó el principio de la "desobediencia
civil" formulado por Thoreau para derrocar al gobierno británico de la
India. A su vez, Gandhi influyó en la filosofía de la resistencia pacífica
promulgada por Martin Luther King.

Nathaniel Hawthorne (1804–64) también fue uno de los representantes del "Florecimiento de Nueva Inglaterra," como llamó el crítico
Van Wyck Brooks a esta generación de escritores. Pero el autor de clásicos norteamericanos como *La Letra Escarlata* (1850) y de *La Casa
de los Siete Tejados* (1851) se opuso a los trascendentalistas y a Emerson, de quien dijo, "no sabe lo que quiere." Brook Farm, la comunidad
utópica y trascendentalista fue el modelo para el libro *Blithedale
Romance*, de Hawthorne, novela en la que el autor describe la obsesión
de Nueva Ingaterra con el pecado y la culpa, a la vez que rechaza el
sombrío puritanismo que predominó en aquella época.

¿Por qué Frederick Douglass fue el negro más influyente de su época?

Uno de los más fuertes críticos de la guerra contra México dijo que ésta había sido "vergonzosa, cruel e injusta." A través del *North Star*, periódico de su propiedad, Frederick Douglass, quien vivía en Rochester, Nueva York, criticó a otros críticos de la guerra por su posición tan suave ante el conflicto. "La determinación de nuestro presidente esclavista de buscar la guerra y la posibilidad de que pueda conseguir los hombres y el dinero necesarios para llevarla a cabo, se hace evidente, sin dudad alguna, por la fuerte oposición que tiene . . . nadie parece dispuesto a defender la paz por temor a correr riesgos."

Que alguien escribiera de una forma tan desafiante contra una guerra tan popular era algo notable. Pero que su autor fuera un esclavo fugitivo propietario de un periódico era algo extraordinario.

Frederick Douglass (1817–95) era hijo de una esclava y muy probablemente del amo de ésta. A pesar de saber que era ilegal, la esposa de uno de sus amos le enseñó a leer. Douglass aprendió a escribir cuando trabajó en los astilleros de Baltimore. Escapó en 1838 disfrazado de marino y llegó a Nueva York. Luego se dirigió a Massachusetts, donde trabajó en New Bedford, un importante astillero y centro de pesca de ballenas. Pronunció un discurso extemporáneo en una convención antiesclavista realizada en Nantucket, dedicó su vida a la causa de la libertad, tanto de las mujeres como de los negros, y se convirtió en uno de los hombres más famosos de Norteamérica. Orador de un poder extraordinario, fue miembro de la Sociedad Antiesclavista de William Lloyd Garrison. Sus conferencias producían un fuerte efecto en el público, que unas veces reía y otras lloraba. Aunque no era extraño que lo interrumpieran, lo insultaran, le lanzaran huevos o lo amenazaran de muerte, su fama aumentaba con cada discurso. En 1845, la Sociedad Antiesclavista publicó su autobiografía, *Narrative and Times of Frederick Douglass*.

En este libro, Douglass describe descarnadamente su vida como esclavo en Maryland y produce en el lector un profundo rechazo a la "institución peculiar." La publicación del libro y su creciente fama obligaron a Douglass a viajar a Inglaterra, para evitar su arresto por haber escapado. Regresó a Norteamérica en 1847 y comenzó a publicar su periódico, lo cual le valió un lugar preponderante dentro de las fuerzas abolicionistas. Douglass y Garrison pelearon debido a sus opiniones divergentes, pero su prestigio siguió en aumento. En uno de sus discursos más famosos, pronunciado en 1857, Douglass dijo: "Quienes profesan favorecer la libertad pero rechazan la agitación, son hombres que quieren cosechas sin arar la tierra, que quieren lluvia sin truenos ni rayos. Quieren el océano sin el rugido de sus aguas."

Fue asesor de Lincoln durante la Guerra Civil, reclutó soldados negros para la causa de la Unión y abogó para que recibieran el mismo salario que los soldados blancos, algo que los estamentos se vieron forzdos a aceptar. Luego de la guerra ocupó varios cargos oficiales y más tarde fue nombrado embajador en Haití. Vale la pena anotar que muchos de sus amigos y personas que lo respaladaron se disgustaron cuando en 1884 Douglass contrajo segundas nupcias con una mujer blanca luego de la muerte de Anna, su primera esposa. Helen Pitts era una activista con educación universitaria 20 años menor que él. Fue desheredada por su familia y la prensa la acusó de haberse casado por el dinero y la fama de Douglass. También se llegó a decir que ese matriminio demostraba que la mayor aspiración de los hombres negros era tener una esposa blanca. La pareja realizó diferentes obras sociales hasta 1895, año en que Douglass murió de un infarto.

VOCES AMERICANAS

FREDERICK DOUGLASS, en carta a su antiguo amo, publicada en el *North Star* el 8 de septiembre de 1848, diez años después de haber escapado.

Los funestos horrores de la esclavitud se explayan en todo su horror ante mí; el llanto de millones de esclavos me oprime el corazón y me hiela la sangre. Recuerdo las cadenas, las mordazas, el latigazo sangriento. Recuerdo la tristeza moribunda abatiendo al espíritu derrotado del siervo encadenado, la trágica posibilidad de que sea alejado de su esposa e hijos y vendido como una bestia en el mercado . . . Tu pensamiento debe haberse nublado, tu corazón, endurecido; tu conciencia debe haberse menguado y petrificado; ya que de lo contrario, desde hace mucho

habrías abandonado tan detestable práctica y buscado
refugio en Dios, que perdona a los pecadores. ¿Con que
ojos me verías—permíteme preguntarte—si en medio de
la noche oscura y acompañado de villanos despiadados,
entrara en tu elegante residencia y tomara a Amanda, tu
querida hija, y me la llevara lejos de tu familia, amistades
y de todos sus seres amados para hacerla mi esclava, obli-
garla a trabajar sin paga, incluirla en mi lista de propiedades, ignorar sus derechos personales, oprimir los poderes
de su alma inmortal al negarle el derecho y el privilegio
de aprender a leer y a escribir, darle una mala alimentación, vestirla con harapos y azotarla en su espalda desnuda; y más terrible aún, abandonarla para que sea una
víctima degradada por la lujuria brutal de sus diabólicos
guardianes, quienes contaminarán, mancillarán y golpea-
rán su alma inocente? . . . Me pregunto, ¿qué pensarías de
mí si me comportara de ese modo?

. . . Quiero utilizarte como un arma con la que pueda
atacar el sistema de la esclavitud . . . te utilizaré para exponer la realidad de la Iglesia y de los clérigos norteamericanos y para que por medio de ti, esta Nación culpable se
arrepienta . . . Soy tu compañero; no tu esclavo.

¿Cuál era la ruta del Ferrocarril Subterráneo?

Douglass utilizó su inteligencia y su inusual talento para escapar.
Su autobiografía no menciona en detalle la ayuda que recibió durante su huída, pues no quería comprometer a quienes lo habían
ayudado, ni tampoco que los cazadores de esclavos descubrieran
cuál había sido su ruta, pues esto dificultaría la huída de otros esclavos. Sin embargo, Douglass recibió la ayuda de algunas personas
valientes.

Entre 1840 y 1861, miles de esclavos se oponían a ser sometidos, y
las personas que les ayudaron a recobrar la libertad fueron conocidas
como el "Ferrocarril Subterráneo," cuyos integrantes pensaban que
cada esclavo liberado era una victoria contra la esclavitud. Esta ruta iba

desde el sur hacia el norte y pasaba por Filadelfia y Nueva York—sus dos estaciones principales—y finalizaba en Canadá o en el Noreste. Aunque se ha exagerado bastante sobre el número de personas que huyeron de la esclavitud por esta vía, el "Ferrocarril" prestó un servicio noble y arriesgado.

Los caminantes viajaban acompañados por "conductores" en medio de la noche de estación en estación, como se les denominaba a los puntos seguros de la ruta. Aunque muchos de estos eran abolicionistas blancos—generalmente cuáqueros—también fueron muchos los negros que habían huído y que arriesgaban sus vidas ayudando a escapar a otros esclavos. La más famosa de estos "conductores" fue Harriet Tubman (1820?–1913). Esta mujer, que nació en Maryland, huyó en 1849 y regresó de inmediato al Sur para ayudar a que otros esclavos escaparan. Realizó unos 19 viajes y participó en la liberación de unos 300 esclavos, "convenciendo" a los temerosos con una pistola en la frente. Liberó incluso a sus propios padres, en 1857. Su exitosa labor no tardó en ser conocida en el Sur, donde ofrecieron 40,000 dólares por su cabeza.

Aunque analfabeta, era una líder consumada y una estratega brillante. Se salvó de morir cuando una enfermedad le impidió participar en el ataque suicida perpetrado por John Brown contra el arsenal de Harper's Ferry. De temperamento valiente y desafiante, Tubman fue cocinera y espió a favor de la Unión durante la Guerra Civil. Se dice que en una ocasión ayudó a la liberación de 750 esclavos con el respaldo de las tropas unionistas.

VOCES AMERICANAS
Discurso pronunciado en nombre
JOHN C. CALHOUN, senador por Carolina del Sur,
poco antes de morir (4 de marzo de 1850).

Senadores: Desde un comienzo he creído que si no se previene con una medida oportuna y eficaz, la agitación sobre el tema de la esclavitud puede conducirnos a la desunión. En diversas ocasiones me he dirigido a los dos partidos que dividen al país y les he hecho un llamado para que adopten medidas preventivas a fin de evitar

semejante desastre, pero mi llamado ha caído en el vacío. Se ha permitido que esta agitación siga su curso, no se ha realizado casi ningún esfuerzo para contenerla y ha terminado por llegar a tal grado que ya no podemos negar ni ocultar que la Unión está en peligro. Por lo tanto, ahora ustedes tienen en sus manos la pregunta más profunda e importante que sea posible abordar: ¿Cómo puede preservarse la Unión?

. . . ¿Qué es lo que ha puesto en peligro a la Unión?

Sólo existe una respuesta a esta pregunta: la causa inmediata es el descontento casi universal que invade a todos los estados que conforman la sección Sur de la Unión. El descontento comenzó con la agitación causada por el problema de la esclavitud y desde entonces no ha hecho más que aumentar . . .

No hay duda de que una de las causas se remite al debate sobre la esclavitud que durante tanto tiempo ha tenido lugar en el Norte y a las numerosas agresiones que han cometido contra los derechos del Sur durante el tiempo . . .

¿En qué consistió el Pacto de 1850?

Aunque los temas principales de las elecciones de 1848 eran el futuro de la esclavitud y de la Unión, los candidatos no hicieron ni la más mínima alusión a ellos. El general Zachary Taylor, héroe de la guerra contra México, fue elegido candidato de los *whigs* a pesar de no expresar ni tener opinión alguna sobre el problema más importante de esa época: el futuro de la esclavitud en los nuevos territorios. Lewis Cass, el candidato por el Partido Demócrata, evadió el problema y realizó un llamado a la "soberanía popular." En otras palabras, dejó el problema de la esclavitud en manos de los gobiernos estatales. El único que tuvo una opinión clara acerca de este asunto fue el anciano Martin Van Buren, quien por una vez dejó de equivocarse y participó como candidato de los *Free Soil*, una facción disidente y antiesclavista del Partido Demócrata. No obstante, la imagen de héroe conquistador que tenía el general Taylor le valió el voto popular y resultó elegido presidente, gracias también a la disidencia de Van Buren, quien les quitó votos a los demócratas liderados por Cass.

Taylor no tenía ninguna política o plan respecto a los nuevos territorios, ni al impacto que estaba teniendo la "fiebre del oro" en la economía del país. Pero cuando California solicitó ser admitida como un estado libre en 1849, el problema fue dejado de nuevo en manos del Congreso, mientras la suerte de la Unión pendía de un hilo. Los sureños, quienes aceptaban que el Territorio de Oregon estuviera libre de esclavos, no querían que un estado tan grande y con tantas riquezas como California también se declarara libre. La Unión sobrevivió temporalmente gracias a un pacto que a los abolicionistas les disgustó tanto como todos los anteriores. Un paquete de leyes propuestas en su mayoría por Henry Clay fueron presentadas y debatidas acaloradamente en el Senado por Daniel Webster—quien estaba dispuesto a aceptar la esclavitud limitada con el fin de preservar la Unión—y por John Calhoun (1782–1850), senador por Carolina del Sur y destacado representante de los propietarios de plantaciones. Debido a su estado de salud, sus argumentos fueron expuestos por James Murray Mason, senador por Virginia que era partidario de la secesión y quien murió antes que el pacto se convirtiera en ley. Otros nuevos senadores se unieron a la disputa. William Seward, de Nueva York, causó impresión con un apasionado discurso en contra de la esclavitud. Stephen Douglas, el nuevo senador por Illinois, sometió el pacto por la fuerza, al dividirlo en cinco leyes separadas y reunir el apoyo suficiente para cada una de estas.

La muerte del presidente Taylor en 1850 permitió que el Pacto fuera aprobado finalmente. Su sucesor Millard Fillmore (1800–74) firmó las cinco leyes que conformaban el Pacto de 1850 que estipulaba lo siguiente:

- California sería recibida como un estado libre.
- Nuevo México y Utah no tendrían restricciones sobre la esclavitud.
- Texas—que tampoco restringía la esclavitud—definió sus fronteras y recibió 10 millones de dólares por las tierras que conformarían el estado de Nuevo México.

- El comercio de esclavos (pero no la esclavitud) fue abolido en el Distrito de Columbia.
- La Ley Contra los Esclavos Fugitivos firmada recientemente le otorgaba poderes a los estamentos federales para ayudar a los propietarios a capturar de nuevo a los fugitivos.

Esta última ley fue la que despertó la mayor controversia, pues les dio a los propietarios enormes poderes para recapturar a los esclavos fugitivos. Ninguna persona de raza negra estuvo segura después de esta ley. El amo solo necesitaba un *affidavit* para demostrar la propiedad de su esclavo. Los comisionados recibieron muchos poderes—altamente inconstitucionales a la luz moderna—para realizar arrestos. El gobierno federal pasó a cubrir los gastos propios de la detención y devolución de los esclavos fugitivos. Aunque el peso de las pruebas recaía sobre los acusados, éstos no tenían derecho a un juicio con la presencia de un jurado. Y los ciudadanos que ayudaran o escondieran a fugitivos recapturados estaban sujetos a cuantiosas multas y a penas de prisión.

Los negros libres, muchos de los cuales creían estar a salvo en las ciudades del Norte, quedaron repentinamente sujetos a ser arrestados y enviados de regreso al Sur. Multitudes enardecidas protestaron violentamente contra esta ley. En Boston, uno de los principales centros abolicionistas, William y Ellen Craft, quienes habían alcanzado notoriedad tras haberse escapado cuando ésta se disfrazó como el propietario de William, fueron protegidos y escondidos de los cazadores de esclavos. Los oficiales federales capturaron a un esclavo fugitivo llamado Shadrach, pero un grupo de hombres negros se enfrentó a ellos y envió a Shadrach a Montreal. Indignado ante esta clase de violaciones a la ley, el presidente Fillmore envió tropas a Boston para que regresaran al Sur a Thomas Sims, un esclavo de 17 años que había sido capturado.

La resistencia se extendió a todas partes. En Syracuse, Nueva York, un grupo de negros y blancos entró a una cárcel, rescató a William McHenry, conocido como "Jerry" y lo enviaron a Canadá. Las tropas del gobierno fueron a Christiana, Pennsylvania, un enclave cuáquero que acogía a todos los esclavos fugitivos, después que unos esclavos mataron a su antiguo amo y escaparon a Canadá. El presidente Fillmore envió a los *marines*, pero las autoridades canadienses se negaron a extraditarlos. Estos actos fueron vistos en el Sur como afrentas a lo que consideraban como su propiedad y honor. Toda esta indignación se acumuló y amenazó con la disolución de la Unión.

¿Por qué *La Cabaña del Tío Tom* fue la novela más importante y controvertida de su época?

En realidad, el número de esclavos capturados bajo la nueva Ley Contra los Esclavos Fugitivos no pasó de los 300. Pero la ley produjo otro efecto inesperado. Una mujer dijo que esta ley era "una pesadilla y una abominación" y decidió escribir una novela que sacudió la conciencia de Norteamérica y del mundo entero.

La Cabaña del Tío Tom, de Harriet Beecher Stowe, no es la mejor novela que se haya escrito en Norteamérica, pero durante mucho tiempo fue la más importante.

El padre, los hermanos y el esposo de Harriet eran clérigos protestantes. Su padre, el reverendo Lyman Beecher, era un ministro calvinista quien se fue con su familia a Cincinnati, donde dirigió un seminario. Allí, Harriet se casó con Calvin Stowe, un professor de literatura bíblica. El seminario era un centro abolicionista y gracias a un viaje que realizó a Kentucky, la joven tuvo la oportunidad de observar directamente la esclavitud. En 1850 se mudó a Maine, pues su esposo comenzó a trabajar en el Bowdoin College, mientras ella dedicó las noches a escribir sobre los males de la esclavitud, siguiendo la sugerencia de su familia.

La Cabaña del Tío Tom fue publicado por entregas en el *National Era*, un periódico abolicionista. El libro fue publicado en su totalidad en 1852 por un librero de Boston. Aunque simplista y excesivamente dramático, también es bastante conmovedor. Describe la vida de esclavos y esclavistas a través de tres personajes principales: Eliza, esclava que lucha por conservar a su hijo que está próximo a ser vendido, y que logra escapar por el "Ferrocarril Subterráneo;" Eva, la hija angelical y enfermiza del propietario de una plantación de Nueva Orleáns y el tío Tom, un esclavo noble que pasó por varios propietarios y conserva su dignidad a pesar de todas las humillaciones que soporta con la esperanza de reunirse con sus familiares. Esa familia, que Tom sueña viviendo en una cabaña localizada en una granja de Kentucky, representaba la humanidad de los esclavos. La autora describe la vida familiar, el amor conyugal y familiar que se tienen, en claro contraste con la percepción general de que los esclavos no eran más que bestias.

Muchos de los personajes fueron construidos para sacarles lágrimas incluso a los lectores más insensibles. Pero el libro tiene imágenes y escenas inolvidables, la más famosa de las cuales sea quizá la de Eliza descalza, con el hijo en sus brazos, saltando por entre los témpanos de hielo del río Ohio, mientras intenta escapar de un despiadado comerciante de esclavos. En otra escena conocida, Eva hace un esfuerzo para que todos demuestren sus sentimientos más nobles en una escena de muerte bastante lacrimógena; Simon Legree, el malvado propietario de la plantación—quien es caracterizado como un yanqui—que trata infructuosamente de acabar la determinación y fortaleza de Tom; y el mismo tío Tom, persistente y casi un santo, el personaje principal que se asemeja a Cristo y que se niega a vigilar a otros esclavos a pesar de ser azotado por Legree.

La reacción del público—en el Sur, en el Norte y en todas partes—fue asombrosa. En menos de un año se vendieron 300,000 ejemplares. El libro se tradujo rápidamente a varios idiomas. Se vendieron más de un millón y medio de ejemplares en todo el mundo, una cifra realmente increíble en una época en la que no existían las cadenas de librerías ni las ediciones populares de bolsillo. Una obra teatral basada en la novela se presentó en varios lugares del mundo y Stowe se convirtió en una de las mujeres más famosas a nivel mundial, aunque no consiguió mucho dinero con su libro, pues las ediciones piratas abundaron. Las representaciones teatrales dieron paso a unos espectáculos de trovas populares que fueron conocidos como los *Tom shows* y Tío Tom pasó a convertirse en un apodo peyorativo que los hombres negros les dieron a quienes consideraran como sirvientes de los blancos.

En una época donde la esclavitud se discutía mediante legalismos áridos y palabras oscuras como "derechos de los estados" o "soberanía popular," este libro personalizó el problema de la esclavitud como ninguna otra literatura abolicionista ni debate en el Congreso había podido hacerlo. Miles de blancos se enteraron por primera vez de los sufrimientos causados por la esclavitud. El Sur protestó airadamente, pero aún así el libro se agotó. Stowe fue acusada de ser ingenua o mentirosa, y en una ocasión le enviaron un paquete anónimo que contenía la oreja mutilada de un esclavo desobediente. Antes las sindicaciones de que su libro era falso, Stowe respondió con un libro titulado *A Key to Uncle Tom's Cabin*, en la que ofrecía información para demostrar que todos los hechos descritos en el libro habían sucedido en la realidad.

En 1862, Lincoln sostuvo un encuentro con Harriet Beecher Stowe y se rumora que le dijo: "Así que tú eres la mujercita que ha causado esta guerra tan grande?" Lo cierto es que el impacto de su libro no puede calcularse fácilmente. Puede decirse que desde la publicación de *Sentido Común* — el libro de Tom Paine que produjo semejante clamor por la independencia en 1776 —, ningún otro libro ha tenido el impacto político de *La Cabaña del Tío Tom*.

¿Por qué los republicanos fundaron un nuevo partido?

Cuando Polk terminó su mandato, Norteamérica tuvo el infortunio de contar con una serie de presidentes que en el mejor de los casos fueron mediocres y que generalmente fueron incapaces o incompetentes. Zachary Taylor, el sucesor de Polk, tenía mucha experiencia militar pero estaba mal preparado para las batallas políticas de su administración. Taylor murió de cólera en 1850 y fue sustituído por Millard Fillmore (1800–74), su vicepresidente, quien fue opacado por congresistas de la talla de Webster, Clay y Calhoun. Su administración sólo se destacó por el Pacto de 1850 y por el envío del comodoro Matthew C. Perry al Japón para establecer relaciones diplomáticas y comerciales con este país, obedeciendo al espíritu del Destino Manifiesto que había pasado de las costas californianas al expansionismo internacional.

La campaña de 1852 llevó a Franklin Pierce (1804–99) — otro presidente inepto — a la Casa Blanca. Su elección fue reflejo de los problemas que padecía el país. Los dos partidos principales, los *whigs* y los demócratas, tenían posiciones contrarias en asuntos como la esclavitud y los conflictos regionales. El Partido *Free Soil*, que alguna vez fue una fuerza importante y que se había opuesto al Pacto de 1850, estaba desprovisto de liderazgo. Los *whigs* le apostaron una vez más a los encantos del general Winfield Scott, héroe de guerra, pero su encanto se había desvanecido. Pierce, un norteño que defendía las posturas del Sur, derrotó fácilmente a Scott, pero en su intento de apaciguar a los demócratas sureños perdió el respaldo del Norte y la posibilidad de establecer una posición moderada.

Los resultados de las elecciones produjeron un caos político. Los *whigs*, que no contaban ya con el liderazgo de Clay y Webster, entraron en decadencia. Los demócratas del Norte estaban cada vez más relegados, pues los demócratas sureños eran más numerosos que ellos. Sin embargo, el caos originó una alianza. El 9 de mayo de 1854, tras una serie de reuniones, la primera de las cuales tuvo lugar en Ripon, Wisconsin, nació un nuevo partido conocido como el Republicano, conformado por 30 congresistas. Aunque sus posturas antiesclavistas atrajeron a antiguos miembros del *Free Soil* y de otros grupos que estaban en contra de la esclavitud, el rechazo del partido al aumento de ésta fuera de sus límites actuales estuvo motivado por razones de orden político y económico y no por que les pareciera condenable en términos morales. El partido atrajo a la clase trabajadora blanca. Su postulado básico era que el Oeste debería recibir mano de obra blanca y libre. Los republicanos no sólo se oponían a que hubiera esclavos en el Oeste, sino que también a que fuera un territorio donde no hubiera negros. Aunque éste no era precisamente el mensaje basado en la moralidad que tendemos a asociar con el movimiento en contra de la esclavitud, sedujo a muchos habitantes del Norte. En 1854, los republicanos obtuvieron cien escaños en el Congreso y sólo seis años después de su fundación, su candidato presidencial llegó a la Casa Blanca.

¿Por qué Kansas recibió el adjectivo de estado "sangriento?"

Dorothy y Toto no hubieran reconocido a Kansas en 1854. Este territorio fue el próximo campo de batalla en el conflicto sobre la esclavitud, donde el debate pasó de la retórica encendida al baño de sangre, en lo que pueden considerarse como los primeros combates de la Guerra Civil. La causa de las hostilidades fue el debate acerca de si la esclavitud debería extenderse a los nuevos territorios, aspecto que ya se había discutido durante mucho tiempo. Los sureños, convencidos de que el Norte quería dominarlos política y económicamente, creyeron que la respuesta a esta situación sería el establecimiento de nuevos territorios esclavistas. No obstante, detrás de este asunto se escondían la codicia y las ambiciones políticas.

En 1854, Stephen Douglas (1813–61), senador demócrata por Illinois que había cumplido un importante papel en la firma del Pacto de 1850, quería que se crearan los estados que más tarde serían Kansas y Nebraska. Su motivo era simple: era director del Ferrocarril Central de Illinois y especulador de tierras. El nuevo territorio supondría la expansión del ferrocarril, el cual culminaría en Chicago. Kansas estaría al norte de la línea que delimitaba la frontera de la esclavitud en el Compromiso de Missouri. Douglas negoció con los demócratas sureños que se negaban a votar por un territorio nuevo y libre, para que aprobaran la creación del nuevo territorio. Douglas propuso una solución, pues aspiraba a ser candidato presidencial en 1856 y necesitaba el apoyo del Sur. Se comprometió a apoyar la derogación de la cláusula estipulada en el Compromiso de Missouri que establecía el gobierno de los nuevos territorios durante 34 años. Mediante la Ley Kansas-Nebraska de mayo de 1854, Douglas y sus aliados demócratas sureños lograron su objetivo.

La traición al Compromiso de Missouri supuso la extinción casi total del Partido Demócrata en el Norte. El Partido Republicano atrajo seguidores tras oponerse a la Ley Kansas-Nebraska. Hubo otro nuevo partido que se benefició de la alianza de Douglas con los demócratas sureños. Se llamaban los nativistas y se oponían con vehemencia a los inmigrantes que llegaban masivamente a Norteamérica. Detrás de su rechazo a los inmigrantes y a los católicos se escondía profundo racismo. Aunque inicialmente era una sociedad secreta que ensalzaba las virtudes del protestantismo blanco y el nacionalismo defensivo, les decían los *Know-Nothings* (los que no saben nada) porque siempre que les preguntaban por su filiación partidaria, respondían "no sé." A mediados de 1850, su mensaje comenzó a tener eco y se constituyeron en una disidencia política influyente que logró varios escaños en el Congreso y en las Asambleas estatales. Como la Ley Kansas-Nebraska proclamaba la "soberanía popular" de los territorios, Kansas se vio inundada de grupos que estaban tanto a favor como en contra de la esclavitud. Los norteños que se oponían a la expansión de la esclavitud trataron de llevar colonos antiesclavistas a Kansas para garantizar que este territorio votara contra la esclavitud. Enfurecidos con la interferencia de los "forasteros" de Nueva Inglaterra, miles de habitantes de Missouri conocidos como los "rufianes de la frontera" atravesaron los límites estatales y se adentraron en Kansas para inclinar la balanza a favor de la esclavitud en el territorio. Estos individuos lograron que su causa fuera aprobada luego de unas elecciones ilegales y fraudulentas, pero las fuerzas antiesclavistas se negaron a admitir su derrota y establecieron un gobierno provisional y libre en Topeka.

El presidente Pierce denunció el establecimiento de ese gobierno, lo que terminó por justificar una ofensiva por parte de las fuerzas proesclavistas. El primer golpe de la Guerra Civil se dio en mayo de 1856, cuando la ciudad de Lawrence (un centro antiesclavista), fue saqueada por partidarios de la esclavitud. Tres días después, un fanático abolicionista llamado John Brown mató a cinco colonos de Pottawatomie Creek, un enclave proesclavista, en lo que llamó un acto de venganza. Los ataques sumieron a Kansas en el caos. En octubre de 1856 habían muerto alrededor de 200 personas en la "sangrienta Kansas" y el mal manejo que le dio el presidente Pierce a los enfrentamientos en este estado lo dejó sin ningún respaldo.

La confusión política dio origen a otro presidente débil: James Buchanan (1791–1868). Los demócratas se olvidaron del incompetente Pierce y se inclinaron por Buchanan, un demócrata leal de Virginia cuya principal virtud política parecía ser el hecho de haber sido embajador en Inglaterra durante los incidentes de Kansas. De hecho, Buchanan habló tan poco durante su campaña que un senador republicano dijo textualmente que no existía nadie de apellido Buchanan, pues "esa persona murió de una variedad de tétano que lo dejó mudo."

Los republicanos se vieron fortalecidos con la ola de sangre que asolaba a Kansas, apelaron a un viejo recurso de los whigs y eligieron a John C. Frémont, el célebre explorador y sumo sacerdote del Destino Manifiesto, responsable de la emigración masiva a California y convertido en su estandarte en 1856. Al igual que los generales whigs que se destacaron antes que él, Frémont era un militar sin experiencia política, aunque su cuñado, el senador Hart Benton, era uno de los hombres más poderosos del Congreso. La campaña de Frémont era muy simple: "Frémont: Territorios Libres, Hombres Libres y Libertad de Expresión."

Los nativistas también se beneficiaron con el baño de sangre de Kansas y apoyaron al ex presidente Millard Fillmore. Los demócratas sureños amenazaron con secesionarse si Frémont era elegido presidente y la preservación de la Unión se convirtió en el tema central de las elecciones. Esta amenaza terminó por influir en el resultado. Buchanan fue elegido presidente con sólo el 45 por ciento del voto popular, mientras que Frémont obtuvo el 33 por ciento y Fillmore el 22. Buchanan, el último heredero demócrata de Andrew Jackson, fue quizá el más incapaz e inútil de todos los presidentes anteriores a la guerra. Prestó su juramento en 1857 y fue también el último presidente en haber nacido en el siglo XVIII, el más viejo al momento de tomar posesión (hasta Reagan, en 1981) y el único presidente soltero que ha tenido el país. Este último aspecto ha generado rumores durante más de un siglo y medio. Barney Frank, congresista por Massachusetts y homosexual declarado, dijo alguna vez que Buchanan había sido el único presidente gay de la nación. Harriet Lane, la sobrina huérfana que en ese entonces tenía poco más de 20 años, ofició como primera dama y se rumoró que tenían una relación sentimental. También se decía que el presidente visitaba con frecuencia a Rose Greenhow, una viuda conocida que vivía muy cerca de la Casa Blanca y que fue arrestada durante la Guerra Civil por espiar a favor de los confederados. Sin embargo, nunca se ha establecido con veracidad cuáles eran sus preferencias sexuales. Aunque estaba a favor de la no interferencia y de la soberanía popular, ya era demasiado tarde para esos eslógans vacíos.

VOCES AMERICANAS
ROBERT LEE, en carta a su esposa
Mary Custis Lee (diciembre de 1856).

Creo que en esta época progresista son muy pocos los que reconocen que la esclavitud es una institución nociva en términos políticos y económicos para cualquier nación. Sería inútil explayarse en sus desventajas. Sin embargo, creo que es un mal mayor para el hombre blanco que para la raza negra y aunque mis sentimientos se inclinan fuertemente a favor de estos últimos, siento una mayor

simpatía por los primeros. Los negros están incompara-
blemente mejor aquí que en África, en términos morales,
sociales y físicos. *La fuerte disciplina que viven es necesaria para su instrucción como raza y espero, los prepare y
conduzca a cosas mejores.* [En cursivas, en el original.]

Esta carta fue escrita cuatro años antes que Robert E. Lee
(1807–70) fuera nombrado comandante general del Ejército confederado de Virginia del Norte en abril de 1861. Se había desempeñado
como superintendente de la Academia Militar de los Estados Unidos
en West Point y luego fue enviado a Texas. Era hijo de Henry Lee, un
famoso héroe de la Revolución. Su madre, Ann Carter Lee, pertenecía
a una de las familias más distinguidas de Virginia y su esposa, Mary
Custis Lee, era descendiente de Martha Custis Washington. Robert y
su esposa pertenecían a la aristocracia virginiana propietaria de esclavos. Su propiedad de Arlington fue confiscada por el gobierno federal
durante la guerra y luego fue la sede del Cementerio Nacional de
Arlington.

¿Cuál era la diferencia entre un hombre llamado Dred Scott y una mula?

Buchanan esperó que la Corte Suprema solucionara el grave problema
de la esclavitud en los nuevos territorios y que propiciara también la
reconciliación entre el Norte y el Sur. Durante su discurso de inauguración, el 4 de marzo de 1857, manifestó sus esperanzas de que la
Corte lo eximiera a él y al Congreso de la responsabilidad de ofrecer
una solución. Buchanan dijo que el problema de la esclavitud "le pertenece a la Corte Suprema de los Estados Unidos, de quien depende
en estos momentos y donde se resolverá de manera rápida y definitiva."
O Buchanan sufría de ingenuidad crónica, o estaba seriamente engañado. Dos días después, la Corte Suprema alteró el futuro del debate
y de la Nación. En lugar de resolver el problema, la decisión de la
Corte avivó el fuego de la hoguera. Luego del fallo sobre el caso Dred
Scott, las esperanzas de una solución judicial o legislativa quedaron
sepultadas.

Esta decisión se dio en un caso presentado por Dred Scott y fue una odisea legal que comenzó en 1834. El doctor John Emerson trabajó como cirujano del Ejército en Illinois, en el Territorio de Wisconsin y en su estado natal de Missouri. Estuvo acompañado durante todos estos viajes por Dred Scott, su esclavo y sirviente personal. Emerson murió en 1846 y con la ayuda de un abogado solidario, Scott demandó su libertad, arguyendo que era libre, pues había vivido en territorios donde la esclavitud era ilegal (la Ordenanza del Noroeste había prohibido la esclavitud en Illinois, mientras que el Compromiso de Missouri la había prohibido en Wisconsin). Una corte de un condado de St. Louis aceptó su posición, pero la Corte Suprema de Justicia de Missouri anuló esta decisión y condenó a la esclavitud a Scott, a su esposa y a sus hijos. Scott apeló y el caso llegó a la Corte Suprema de los Estados Unidos. El presidente de la Corte era Roger Taney, un abogado de 80 años, antiguo propietario de esclavos y defensor de los derechos de los estados, nombrado para ese cargo por Andrew Jackson luego de desempeñarse como ministro de Justicia durante su administración. Taney había reemplazado a John Marshall.

La Corte se dividió en bandos regionales y políticos, pero el juez Robert Grier —natural de Pennsylvania— se unió a las mayorías. Más tarde, unas cartas revelaron que su decisión obedeció a una petición realizada por Buchanan, quien intervino para prevenir que se presentara una división exclusivamente regional. Aunque cada juez dio su opinión, el fallo de Taney fue adoptado por la mayoría. Errado en algunos aspectos e ilógico en otros, el fallo constaba de tres puntos principales que fueron golpes letales a las aspiraciones de los antiesclavistas. Taney dijo que, independientemente de que fueran libres o esclavos, los negros no eran ciudadanos; por lo tanto, el caso Scott no tenía ninguna validez ante una corte. "Los negros," escribió, "son tan inferiores que no poseen derechos que un hombre blanco tenga que respetar."

Taney no sólo dijo esto sino que fue mucho más lejos. Dijo que Scott nunca había dejado de ser un esclavo y que por lo tanto no era un ciudadano, sino propiedad de su amo, igual que si fuera una mula o un caballo. Esto llevó a la última y más nefasta de sus conclusiones. Como los esclavos eran propiedad y como ésta estaba protegida por la Quinta Enmienda de la Carta de Derechos, Taney adujo que el Congreso no tenía derecho a privar a sus ciudadanos de sus propiedades—

incluidos los esclavos—mientras estuvieran en territorio estadounidense. En su opinión, sólo los estados podían prohibir la esclavitud
dentro de sus límites. Su decisión arrolladora echó por tierra toda la tradición legislativa de compromisos que habían restringido la esclavitud,
desde la Ordenanza del Noroeste de 1787 hasta el Compromiso de
Missouri de 1820 y el de 1850.

Los sureños se alegraron enormemente con esta decisión y quisieron dar un paso adicional. Envalentonados tras la decisión de Taney, se
dispusieron a cuestionar la validez de la ley de 1807 que prohibía el tráfico de esclavos y cualquier otra ley que prohibiera la esclavitud. Los
norteños conciliadores pensaron que la Corte le había dado su visto
bueno al principio de la soberanía popular, permitiendo así que los
estados fijaran sus propias políticas con respecto a la esclavitud.

Pero en vez de darle otra oportunidad a la esclavitud y de destruir al
Partido Republicano, la decisión de Taney produjo dos consecuencias
inesperadas. Dividió aún más a los demócratas del Sur y del Norte y
fortaleció política y moralmente a los republicanos. En lugar de aceptar la decisión de Taney como una derrota a su posición en contra de la
propagación de la esclavitud, los republicanos se tornaron más desafiantes. Tanto en el Norte como en los estados fronterizos, muchas personas que no habían definido su posición frente al problema de la
esclavitud se unieron al Partido Republicano. La situación se agravó
cuando varios líderes destacados de este partido acusaron a Buchanan
de conocer con anterioridad el dictamen de la Corte y de conspirar
con Taney para que la esclavitud siguiera vigente gracias a esa decisión, acusación que fue muy bien recibida por los norteños, que
fortaleció al Partido Republicano y que más tarde demostró ser completamente cierta.

Voces Americanas

Roger B. Taney, presidente de la Corte Suprema de
Justicia, veredicto del caso Dred Scott vs. Sandford
(6 de marzo de 1857).

**El derecho de propiedad sobre un esclavo está clara y
expresamente afirmado en la Constitución. El derecho a
traficar con él, como si se tratara de un artículo comercial**

común y de propiedad, fue garantizado a los ciudadanos de los Estados Unidos en los estados que así lo quisieren, por un período de veinte años. Y el Gobierno se compromete expresamente a defender este derecho en todo tiempo futuro, si el esclavo escapa de su amo ... Y no se encuentra en la Constitución ninguna expresión que le confiera al Congreso un mayor poder sobre la propiedad de esclavos o que le confiera a este tipo de propiedad menor protección que a otros tipos de propiedad. El único poder conferido es el poder relacionado con el deber de salvaguardar y proteger los derechos de su propietario.

¿Sobre qué discutieron Lincoln y Douglas?

Un año después de la decisión de Dred Scott vs. Sandford, dos hombres se encontraban en una plataforma y la decisión de Taney se cernía como una nube negra sobre sus cabezas. Uno de ellos era Stephen Douglas, conocido como "El Pequeño Gigante." Era de corta estatura, pulcro y musculoso. Este político, quien seguramente sabía que era uno de los hombres más poderosos y conocidos de Norteamérica, estaba realmente interesado en luchar por su futuro político y quizá también por el de la Nación. Aunque no había podido ganar la nominación democrática para las elecciones presidenciales de 1852 y 1856, conservaba esperanzas de ser candidato en 1860 y creía poder mantener la cohesión de la Unión mediante una posición conciliadora hacia el Sur, consistente en aceptar una forma moderada de esclavitud por medio de la "soberanía popular." No obstante, antes que lanzar su candidatura presidencial, tenía que conservar primero su silla en el Senado.

Su rival republicano parecía ser una persona común. Había sido diputado en el Congreso durante un período, medía seis pies y cuatro pulgadas, podía ser más alto que Douglas, pero carecía del prestigio y de la fama de éste. Su nombre era Abraham Lincoln. Douglas no se había engañado. Como le comentó a un amigo acerca de Lincoln: "Es el hombre fuerte de su partido, es muy inteligente y tiene mucha información. Es el mejor orador de todo el Oeste, con un gran sentido del humor y sus comentarios son muy caústicos. Además, es tan astuto como sagaz."

Lincoln, quien nació en Kentucky en 1809, era hijo de un agricultor analfabeto. Su familia se mudó a Indiana cuando tenía siete años y en 1830 se establecieron en la parte sur de Illinois. Lincoln abandonó su casa paterna, se fue a Nueva Orleáns y luego regresó a Illinois, donde administró una tienda en New Salem. Comandó un destacamento de la milicia de Illinois en la guerra de Black Hawk, pero como le gustaba decir, sólo combatió a los mosquitos. Ganó un escaño en la Asamblea Legislativa de Illinois a la edad de 25 años mientras estudiaba derecho, y obtuvo su grado en 1836. Pertenecía inicialmente al partido de los *whigs*, llegó al Congreso en 1846 y sirvió durante un solo período que estuvo marcado por su oposición a la guerra de Polk contra México. Aunque perdió su silla y regresó a Springfield para ejercer como abogado privado, se unió al Partido Republicano en 1856 y se destacó tanto que obtuvo 110 votos para la nominación a la vicepresidencia en la primera Convención Nacional de su partido. Fue elegido por unanimidad para ser el rival de Douglas en 1858 luego de pronunciar su conocido discurso sobre la "Casa Dividida" en una convención estatal del Partido Republicano en Springfield.

Lincoln desafió a Douglas a una serie de debates en diferentes ciudades del estado, pues creía que sus posibilidades mejorarían ampliamente si enfrentaba de manera directa a su oponente. Douglas, quien tenía mucho qué perder, aceptó que realizaran siete debates. Aunque el país había sufrido una depresión económica en 1857 luego del Pánico en la bolsa de valores y había otros asuntos de importancia, era claro que Lincoln y Douglas discutirían un solo asunto: la esclavitud.

Cada uno tenía un plan de ataque muy simple. Douglas quería hacer quedar a Lincoln como un abolicionista consumado; Lincoln calificaría a Douglas como un abanderado de la esclavitud y un defensor de la decisión sobre Dred Scott. De hecho, Lincoln y Douglas no tenían ideas muy diferentes, pero la ambición que tenían hizo que exageraran sus diferencias y los ataques que se lanzaron fueron demoledores. Douglas no vaciló en calificar a Lincoln como un radical que estaba a favor de la mezcla interracial. Este ataque obligó a Lincoln a utilizar un lenguaje conservador que parecía contradecir algunas de las opiniones que había manifestado anteriormente. Él se oponía a la esclavitud, pero no obligaría a que los estados abandonaran sus derechos. También señaló que la esclavitud se acabaría gradualmente, pero dijo que tardaría cien años en desaparecer al ser presionado. Y aunque señaló, citando las palabras de la Constitución, que "todos los hombres fueron creados iguales," rechazó la posibilidad de que los negros votaran, fueran jueces, se casaran con personas de raza blanca y que fueran incluso considerados como ciudadanos. Lincoln dijo: "No estoy ni nunca he estado a favor de permitir la igualdad política y social entre la raza blanca y la negra . . . No estoy ni nunca he estado a favor de que los negros puedan votar o ser jueces, ni de que puedan ser nombrados para cargos públicos, ni de que puedan casarse con personas de raza blanca; y a esto tengo que agregar que existe una diferencia física entre las razas que impedirá para siempre que éstas puedan convivir en términos de una igualdad política y social." Estos debates enfrentaron a dos hombres de un gran intelecto, presencia, inteligencia, capacidad oratoria e instintos políticos. Un momento especial se vivió cuando Lincoln le preguntó a Douglas si los habitantes de un territorio podían abolir la esclavitud antes de que el territorio alcanzara la categoría de estado. La pregunta se convirtió en una peligrosa trampa para Douglas, quien respondió que los habitantes tenían el poder para instaurar o abolir la esclavitud, independientemente de lo que dijera la Corte Suprema, lo que era una denuncia indirecta a la decisión sobre el caso de Dred Scott y que probablemente le otorgó la victoria temporal. Éste retuvo su escaño en el Senado en la misma época en que los demócratas tenían el control de la Asamblea Legislativa de Illinois, que en ese entonces era la encargada de elegir al senador de su estado. Sin embargo, la respuesta de Douglas resultó ser contraproducente a largo plazo, pues los demócratas sureños nunca apoyarían a un candidato presidencial que hubiera cometido algún error sobre el caso de Dred Scott.

Aunque Lincoln perdió las elecciones, realmente no perdió nada. Al contrario, su fama aumentó considerablemente. Los republicanos empezaron a confiar en que podrían ganar las elecciones presidenciales de 1860, pues los demócratas estaban divididos entre la facción del Sur y la del Norte, y todo parecía indicar que Abraham Lincoln llegaría a la Casa Blanca.

VOCES AMERICANAS
Discurso "La Casa Dividida," pronunciado por
LINCOLN en Springfield, Illinois (17 de junio de 1858).

"Una casa dividida no puede permanecer en pie."

Creo que este gobierno no puede soportar eternamente que la mitad sea esclavista y la otra mitad sea abolicionista.

No creo que la Unión se disuelva; no creo que la casa se derrumbe; pero sí creo que dejará de estar dividida. Tendrá que ser completamente una cosa o completamente la otra. O los opositores de la esclavitud detendrán la propagación de ésta y harán todo lo posible para que la opinión pública descanse en la certeza de que va camino a la extinción total, o bien sus defensores lucharán hasta que llegue a ser una institución legal en todos los estados: en los nuevos como en los antiguos, en el Norte como en el Sur.

¿Por qué John Brown atacó un arsenal federal?

Los debates, las novelas contra la esclavitud, las convenciones abolicionistas, el Congreso y la Corte Suprema habían fracasado. Algunos dijeron que era necesario actuar. Los llamados más fuertes provenían de John Brown (1800–59). Considerado lunático, psicótico, fanático, visionario y mártir, Brown pertenecía a una familia abolicionista de Nueva Inglaterra en la que abundaban los problemas mentales. Fracasó en muchos propósitos, se mudó a Kansas con algunos de sus 22 hijos para luchar contra la esclavitud, y se hizo famoso luego de asesinar y despedazar a cinco colonos que estaban a favor de la esclavitud.

Brown tuvo que esconderse luego de este acto, conocido como la masacre de Pottawatomie. Sin embargo, tenía amigos adinerados en Nueva Inglaterra que creían en su retórica violenta. Un grupo conocido como los "Seis Secretos" fue conformado para financiar un plan atrevido, según el cual Brown iría al Sur, armaría a los esclavos que se unirían a su causa, establecería una república negra en los Apalaches y lanzaría desde allí una guerra a los esclavistas del Sur. Es probable que estuviera loco, pero no le faltaba sentido del humor. Cuando el presidente le puso un precio de 250 dólares a su cabeza, Brown contestó ofreciendo una recompensa de 20.50 dólares por la de Buchanan.

Brown confiaba mucho en Frederick Douglass, pues veía en éste a un hombre a quien los esclavos acudirían como "las abejas al panal." Sin embargo, el abolicionista más famoso del país intentó disuadir a Brown, no porque se opusiera a la violencia, sino porque pensaba que su plan era suicida. Fueron pocos los voluntarios que respondieron al llamado de Brown, aunque Harriet Tumban aceptó unirse. Sin embargo, se enfermó y no pudo actuar en esta empresa.

El 16 de ocubre de 1859, Brown, tres hijos suyos y quince seguidores de ambas razas atacaron el arsenal federal de Harper's Ferry, Virginia, en el río Potomac, no muy lejos de Washington. Tomaron a varios rehenes, entre quienes figuraba un descendiente de George Washington, y ocuparon el arsenal. Sin embargo, ningún esclavo se les unió. La milicia local los aniquiló, y los *marines* federales al mando del coronel Robert E. Lee y J. E. B. Stuart capturaron a Brown y a los ocho sobrevivientes.

En seis semanas, Brown fue juzgado, encontrado culpable y ahorcado por las autoridades de Virginia con la aprobación del presidente Buchanan. Pero durante el tiempo que permaneció cautivo y durante su juicio, el fanático de ojos desorbitados sufrió una profunda transformación y se convirtió en orador elocuente y poderoso que seguía abogando por la causa de la abolición.

Muchos norteños que se oponían a la violencia y a los crímenes cometidos por Brown terminaron por concluir que éste había sido mártir de una causa justa. Incluso los abolicionistas pacíficos que rechazaban la violencia, como Henry David Thoreau y Ralph Waldo Emerson, ignoraron los actos homicidas de Brown y terminaron por glorificarlo. Thoreau lo comparó con Cristo y Emerson escribió que la ejecución de Brown "elevará la horca a la altura de la cruz."

Como era de esperarse, el Sur tenía un concepto muy diferente. El temor a las insurrecciones de esclavos todavía era muy vívido y el recuerdo de Nat Turner (Capítulo Tres) aún permanecía vivo. Para los sureños, Brown representaba la interferencia yanqui en sus asuntos llevada al extremo. Incluso las personas más conciliadoras se indignaron profundamente ante lo que consideraron como la beatificación de Brown. Los norteños comenzaron a glorificarlo—aunque rechazaron sus métodos—,en lo que fue un golpe adicional que terminó por ampliar aún más la profunda brecha que dividía al Norte y al Sur.

VOCES AMERICANAS
JOHN BROWN, antes de ser ejecutado.

Tengo la certeza de que los crímenes de esta tierra culpable nunca podrán ser expiados salvo con sangre.

¿Por qué los estados sureños se secesionaron de los Estados Unidos?

Pocos dís después de que Lincoln fuera elegido presidente, la Asamblea Legislativa de Carolina del Sur aprobó secesionarse de los Estados Unidos. En su último mensaje al Congreso, el presidente Buchanan, quien por ese entonces tenía muy poco poder, señaló que los estados no tenían el derecho a secesionarse, pero tampoco hizo nada para impedirlo, pues siempre había simpatizado con la causa sureña. En Carolina del Sur, las milicias locales tomaron unos fuertes federales en el puerto de Charleston. Buchanan realizó un pequeño esfuerzo para reforzar el Fuerte Sumter, el último de los fuertes de Charleston controlado por las fuerzas federales, pero el barco que llevaba las provisiones dio marcha atrás. (Se dice que cuando Buchanan iba a dejar la Casa Blanca le dijo a Lincoln: "Mi querido señor, si usted está tan contento de entrar a la Casa Blanca como yo lo estoy de regresar a Wheatland—su casa en Pennsylvania—, usted es realmente un hombre feliz."

Otros cinco estados se secesionaron antes de la posesión de Lincoln y en febrero de 1861, siete estados pertenecientes a lo que se conoce como el "Bajo Sur" (Alabama, Florida, Georgia, Luisiana, Mississippi, Carolina del Sur y Texas) formaron los Estados Confederados de América. Jefferson Davis (1808–89), senador por el estado de Mississippi, fue elegido como su presidente. Cuando la guerra comenzó, otros cuatro estados se unieron a esta nueva Confederación: Virginia, Arkansas, Carolina del Norte y Tennessee.

Lincoln asumió como presidente de los Estados Unidos el 4 de marzo de 1861, después de entrar en secreto a Washington para evitar que lo asesinaran. En una de las grandes ironías de la historia, el juramento presidencial estuvo a cargo de Roger Taney, autor de la decisión del caso de Dred Scott, quien había contribuido involuntariamente a que Lincoln fuera elegido presidente.

Durante varios años, tanto en el Norte como en el Sur se había creído que la posibilidad de una secesión era una amenaza que nunca se llevaría a cabo. ¿Por qué se dio entonces? Hubo muchos factores que influyeron: la percepción que había en el Sur de que esta región estaba siendo ampliamente superada por el Norte en el campo político, industrial, financiero y manufacturero; el temor de los sureños de que su sistema de vida estaba amenazado ya que los norteños tenían el control del Congreso; la histeria de carácter racista promovida por los medios y políticos sureños que decían que los negros estaban controlando el Sur, que los matrimonios interraciales eran cada vez más frecuentes y que los negros estaban violando a las mujeres blancas. Algunos de los comentarios típicos de esta época eran: "¿Amas a tu madre, a tu esposa, a tu hermana y a tu hija? En menos diez años nuestros hijos serán esclavos de los negros." Un predicador bautista de Carolina del Sur dijo: "Si ustedes son dóciles y se someten, los religiosos abolicionistas estarán dispuestos a casar a sus hijas con hombres negros," "Hagamos que nuestras esposas e hijas elijan morir en lugar de satisfacer la infernal lujuria de los negros . . . Es preferible que mueran diez mil veces y no que se sometan . . ."

Todas estas percepciones y opiniones políticas tan disparatadas giraban alrededor del problema de la esclavitud. Los sureños pensaban que la única forma de impedir la emancipación era por medio de la secesión. Enfrentado a una confrontación legislativa en la que su poder era cada vez menor, el Sur apeló al único poder que tenía a su alcance para controlar su futuro: abandonar la Unión.

Tampoco puede ignorarse el papel que jugaron la naturaleza humana y la inexorabilidad histórica, que fueron parte de las razones políticas, económicas y sociales que contribuyeron a la separación del Sur. En repetidas ocasiones, la historia ha demostrado que los poderosos—en este caso el Norte—intentan subyugar a los débiles a favor de sus propios intereses. Los sureños blancos que no eran dueños de esclavos (la mayoría) sentían temor. Temían por ejemplo que Lincoln, los republicanos y los yanquis abolicionistas propietarios de las fábricas y de los bancos que establecían los precios para sus cosechas, los hicieran esclavos de los negros libres. Normalmente, si una persona es arrinconada contra un muro, ésta trata de huir o de atacar. Quienes se pregunten por qué los sureños no conservaron la calma y decidieron resolver sus problemas de una manera amigable, estarán ignorando el carácter propio de ellos: orgullosos, independientes, individualistas, fieles a su tierra, y hasta imbuídos de cierto espíritu caballeresco. Por tanto, era explicable que se resistieran con terquedad a someterse. Como señaló Jefferson Davis, el nuevo presidente de la Confederación: "¿Quieren ser esclavos o independientes? ¿Les gustaría que les robaran sus propiedades?" Según Davis, la sumisión equivalía a la pérdida de la libertad, la propiedad y el honor.

Dadas las causas sociales, económicas, históricas y psicológicas detrás de la secesión, hay otro aspecto que tiende a ser ignorado. Los dos bandos no estaban conformados por puntos de vista monolíticos. En otras palabras, el Sur no era completamente proesclavista y secesionista ni el Norte era completamente abolicionista y a favor de la Unión. Pensar lo contrario sería erróneo y simplista. Cuando los primeros siete estados se secesionaron, aún quedaban ocho estados esclavistas, y en Washington se realizaron varios intentos de establecer un compromiso para que la Unión permaneciera unida. Sería inexacto decir que todos los sureños querían separarse de la Unión. Aunque los estados del Sur profundo donde la esclavitud estaba más arraigada eran mayoritariamente secesionistas, según dice James McPherson en su libro *Battle Cry of Freedom*, los votantes de Virginia, Arkansas y Missouri eligieron a una mayoría de pro-unionistas para que establecieran convenciones que decidieran este asunto: los votantes de Carolina del Norte y Tennessee rechazaron por completo las convenciones de secesión. Las convenciones de Missouri y Arkansas rechazaron la secesión. Incluso en Texas, el gobernador Sam Houston, el más grande héroe de la Independencia de Texas, se opuso a la secesión y cuando este estado se separó, Houston fue depuesto de su cargo. (Puede que parezca obvio, pero viene al caso reiterar que los negros y las mujeres no se contaban dentro de esos votos.) Esta es una de las razones por las cuales sería más apropiado denominar a los dos bandos como Unión y Confederación, en vez de Norte y Sur. ¿Por qué el Norte no permitió que el Sur siguiera su propio camino? Algunas personas, entre quienes se encontraban abolicionistas tan connotados como el periodista neoyorquino Horace Greeley, sostenían que la Unión debió hacer esto, aunque creían que los estados sureños no se atreverían a hacerlo. Los abolicionistas más beligerantes estaban satisfechos de que los propietarios de esclavos hubieran roto su "pacto con la muerte," tal como algunos de ellos—incluído Garrison—se referían a la Constitución. Pero si se les permitía a los estados sureños su secesión, eso supondría el fin de los Estados Unidos, tal como había sido creado en la Declaración y en la Constitución. El resultado sería la anarquía, los trastornos económicos y la debilidad en el concierto internacional, que sólo contribuiría al colapso de las instituciones de la Nación.

Muchas personas tenían profundas razones de orden filosófico y patriótico para querer preservar la Unión, pero para la mayoría de los norteños, el asunto era mucho más práctico: se trataba de la economía. En su aclamado libro *The Metaphysical Club*, Louis Menand resume la actitud que muchos norteamericanos tenían antes de la guerra: "Pensamos que la Guerra Civil tuvo como propósito salvar a la Unión y abolir la esclavitud, pero antes de que el conflicto estallara, muchas personas pensaban que estos dos ideales eran incompatibles. Los norteños que querían preservar la Unión no deseaban que la esclavitud se extendiera a sus territorios. Algunos creían que ésta desaparecería incluso de los estados donde aún existía. Pero muchos hombres de negocios del Norte creían que si el Sur se separaba, sucedería una catástrofe económica y muchos de sus empleados creían que los salarios se reducirían considerablemente si los esclavos eran liberados. Lo cierto es que le temían a la secesión mucho más de lo que les disgustaba la esclavitud y no querían arriesgar lo primero tratando de presionar al Sur para que abandonara lo segundo."

VOCES AMERICANAS
Del discurso inaugural de LINCOLN
(4 de marzo de 1861).

En sus manos, mis insatisfechos compatriotas y no en las mías, se halla el grave problema de la guerra civil. El

Gobierno no los agredirá. No habrá conflicto con ustedes, a menos que ustedes mismos sean los agresores. No se han comprometido por juramento ante el cielo a destruir el Gobierno, en tanto que yo sí tengo el más solemne compromiso de "preservarlo, protegerlo y defenderlo."

Soy reacio a terminar. No somos enemigos, sino amigos. No debemos ser enemigos. Aunque la pasión haya atirantado nuestros vínculos de afecto, no debemos romperlos. Las cuerdas místicas de la memoria que se extienden desde todo campo de batalla y toda tumba de un patriota hasta todo corazón que late y todo hogar a través de este anchuroso país, habrán de sumarse al coro de la Unión, cuando se las vuelva a hacer vibrar, como seguramente han de serlo, por el ángel bueno de nuestra naturaleza.

El censo de 1860

No existe ninguna prueba histórica de que los ingleses hubieran previsto la guerra que tendría lugar en Estados Unidos. Pero lo cierto es que parecía una pelea mal cazada. La única ventaja que parecía tener el Sur era su territorio y viéndolo desde una perspectiva estadística, la decisión y la suerte del Sur estaban condenadas al fracaso. Pero como la historia militar lo ha demostrado una y otra vez, muchas veces los Davids derrotan a los Goliats, o por lo menos les hacen pagar un alto precio por sus victorias. El mejor ejemplo que tenían los sureños eran los patriotas que habían derrotado a los ingleses durante la Revolución.

LA UNIÓN
- Conformada por 23 estados, incluyendo a California, Oregon y los cuatro estados limítrofes y esclavistas (Missouri, Kentucky, Delaware y Maryland), además de siete territorios (West Virginia se integraría a la Unión en 1863).
- Población: 22 millones (4 millones de hombres en edad de combate).

- Economía: 100,000 fábricas.

  1.1 millón de trabajadores

  20,000 millas de líneas férreas (el 70 por ciento del total de los Estados Unidos y el 96 por ciento de la maquinaria ferroviaria).

  189 millones de dólares en depósitos bancarios (el 81 por ciento de todos los depósitos bancarios de los Estados Unidos).

  56 millones de dólares en oro.

LA CONFEDERACIÓN

- Conformada por once estados.
- Población: 9 millones (3.5 millones de esclavos; de los cuales solo 1.2 millones de hombres están en edad de combate).
- Economia 20,000 fábricas.

  101,000 trabajadores

  9,000 millas de líneas férreas

  47 millones de dólares en depósitos bancarios.

  27 millones de dólares en oro.

Además de esto, el Norte superaba ampliamente al Sur en producción agrícola y en ganado (menos en burros y mulas). El único producto que el Sur producía en mayor cantidad que el Norte era el algodón cultivado por esclavos. El Norte tenía capacidad para aumentar sus provisiones de guerra y transportarlas eficientemente por vía férrea. El Sur tendría que comprar armas y barcos a otros países, y era vulnerable a un bloqueo naval por parte de la Unión.

Las ventajas del Sur no eran muchas pero tenían una gran importancia. El Ejército de los Estados Unidos estaba básicamente conformado y dirigido por sureños que seguramente desertarían para enlistarse en las filas del Ejército confederado. Los ejércitos del Norte estarían conformados por reclutas de áreas urbanas, muchos de los cuales eran inmigrantes que hablaban poco o nada de inglés, estaban menos familiarizados con asuntos tácticos y manejo de armas que los confederados. Adicionalmente, combatirían en tierras extranjeras por la discutible causa de "preservar la Unión" y de detener la expansión de la esclavitud. Por todas estas razones, los ejércitos sureños tenían una innegable ventaja en la calidad de sus líderes y soldados. Además, la guerra se llevaría a cabo principalmente en el Sur. Las ventajas de combatir en su territorio—la familiaridad con el terreno, el apoyo de la población, la motivación de defender la tierra natal—factores que habían contribuido a la derrota que los patriotas les habían propinado a los ingleses, estaban a favor de la Confederación.

¿Cuál era la diferencia entre la Constitución confederada y la de los Estados Unidos?

La Confederación adoptó una Constitución el 11 de marzo, una semana después de la posesión de Lincoln. Teniendo en cuenta que la crisis se había desencadenado por causas como el poder federal y los derechos de los estados y no debido a la esclavitud, podría creerse que la nueva Nación confederada había adoptado una forma de gobierno muy diferente, semejante quizá a los Artículos de la Confederación, bajo los cuales funcionaban los estados antes de que la Constitución fuera adoptada.

En realidad, la Constitución de los estados confederados de los Estados Unidos había sido prácticamente copiada de la Constitución de los Estados Unidos. Sin embargo, existían varias diferencias relativamente menores, así como una bastante considerable:

- El preámbulo de la Constitución confederada agregaba las palabras: "cada estado actuando según su carácter soberano e independiente" y en vez de decir "una Unión más perfecta," estipulaba la formación de "un gobierno federal y permanente." También añadía una invocación a "Dios Todopoderoso," que no figuraba en la original (Ver Capítulo Tres: ¿Cuál es la palabra de cuatro letras que no aparece en la Constitución?)

- Permitía un impuesto de renta, pero no la protección de la industria doméstica, aunque la diferencia entre las dos no era muy clara.

- Alteraba la rama Ejecutiva, pues creaba una presidencia para un solo período de seis años, en lugar de los períodos presidenciales de cuatro años e ilimitados de aquel entonces. Sin embargo, la presidencia fue fortalecida, pues algunos aspectos del presupuesto podían ser vetados por el presidente. (Muchos presidentes de los Estados Unidos han solicitado el poder de veto como un medio para controlar los gastos del Congreso. El poder de veto fue finalmente aprobado en 1996 y utilizado por primera vez por Bill Clinton. Sin embargo, la Corte Suprema de los Estados Unidos concluyó en 1998 que el poder de veto era inconstitucional.)

- La mayor diferencia entre las dos constituciones radicaba en la esclavitud. La versión de la Confederación no se molestaba en adornarla con eufemismos ("personas mantenidas en servicio"), sino que la llamaba por su nombre: esclavitud. Aunque mantenía la prohibición a la importación de esclavos, eliminó las otras restricciones a la esclavitud, la cual sería protegida y entraría en vigencia en todos los territorios que la Confederación adquiriera.

En otras palabras, aunque la noción de "los derechos de los estados" es un concepto poderoso, y a pesar de que se ha debatido mucho acerca de la relación entre el poder federal y el de los estados, a los sureños sólo les interesaba poseer un derecho. Si se examinan los discursos de los líderes sureños (de Calhoun, por ejemplo) y la misma Constitución de la Confederación, se ve claramente que el único derecho al que aspiraban era a la continuación de la esclavitud sin restricción alguna, tanto en los territorios donde existía como en los nuevos que se estaban colonizando en el Oeste.

HITOS DE LA GUERRA CIVIL NORTEAMERICANA

1861

12 de abril La guerra comienza de manera oficial cuando las milicias de Carolina del Sur lideradas por el general Pierre G. T. Beauregard (1819–93), el segundo militar más destacado de la promoción de 1838 de West Point, bombardea el Fuerte Sumter, una guarnición federal en el puerto de Charleston, Carolina del Sur. El comandante del fuerte se rinde, pues no tiene provisiones.

15 de abril   Lincoln declara el estado de "insurrección" y llama a 75,000 voluntarios para prestar servicio durante tres meses. Lincoln rechaza la sugerencia de que los voluntarios negros sean aceptados.

17 de abril   Virginia se secesiona. Es el octavo estado y el más importante en hacerlo. La ciudad de Washington, que cuenta con una defensa pobre, se encuentra a solo 100 millas de Richmond, capital de la Confederación. Desde la Casa Blanca, Lincoln ve las banderas confederadas ondear sobre Arlington, Virginia.

19 de abril   En Baltimore, las multitudes fieles a la causa confederada apedrean a las tropas de la Unión que se dirigen a la capital para reforzar su seguridad. Mueren cuatro soldados: son las primeras víctimas de la guerra. El presidente Lincoln ordena el bloqueo naval a los puertos sureños. El objetivo es que el Sur no pueda exportar algodón a Inglaterra y que no pueda importar municiones ni otros insumos de guerra. La Fuerza Naval de la Unión es pequeña y muchos de sus comandantes y marineros son sureños que han desertado, pero la marina mercante es poderosa y cuenta con muchos barcos que son utilizados en la guerra. Se incrementa la fabricación de navíos y en poco tiempo el Norte cuenta con cientos de barcos, incluyendo los primeros acorazados metálicos con los cuales se efectúa el bloqueo, que será un elemento importante en la victoria de la Unión.

Por sugerencia del general Winfield Scott, comandante de las fuerzas de la Unión, quien tiene 75 años y está obeso y artrítico, Lincoln le pide a Robert E. Lee (1807–70) que asuma el comando de las fuerzas de la Unión. En lugar de esto, Lee renuncia a su cargo el 20 de abril para enlistarse en el Ejército confederado, pues decide que el juramento que ha realizado al entrar al Ejército no le permite tomar las armas contra Virginia, su estado natal. Lee no es el único en pasarse a las filas confederadas, ya que muchos comandantes del Ejército de los Estados Unidos sureños siguen su ejemplo. Inicialmente, las fuerzas de la Unión son comandadas por generales que han sido nombrados como tales por políticos. Esta disparidad en el liderazgo hace que la Confederación prolongue la guerra y mantenga sus esperanzas vivas.

6 de mayo Arkansas y Tennessee se separan de la Unión, siendo respectivamente el noveno y el décimo estado en hacerlo. Sin embargo, la parte oriental de Tennessee permanece fiel a la Unión y ofrece tropas para su causa.

13 de mayo La reina Victoria de Inglaterra anuncia la neutralidad de su país en el conflicto. Aunque la Confederación no es reconocida diplomáticamente, se le otorga el "estado de beligerancia," permitiéndoles a los barcos británicos comerciar con los estados confederados.

20 de mayo Carolina del Norte se separa. Es el onceavo y último estado en hacerlo y será el estado confederado en sufrir el mayor número de víctimas.

24 de mayo Las tropas de la Unión entran a Alexandria, Virginia, al otro lado de Washington, en la ribera del río Potomac. Elmer Ellsworth, amigo cercano de Lincoln, se convierte en la primera víctima de la guerra durante un combate. Es asesinado luego de retirar una bandera confederada del techo de un hotel. Su asesino, James T. Jackson, es ultimado por las tropas de la Unión. Los dos hombres se convierten en mártires para sus respectivas causas.

2 de julio Lincoln autoriza la suspensión del derecho constitucional del hábeas corpus.

21 de julio Primera batalla de Bull Run (también llamada *First Manassas*). Las fuerzas conferedadas al mando de Joseph E. Johnston (1807–91) y de Beauregard derrotan a las tropas unionistas en Virginia. La principal causa de la derrota es la falta de liderazgo en la Unión, su mayor problema. Lincoln busca comandantes eficaces. Durante los combates, el general confederado Thomas J. Jackson (1824–63), graduado de West Point en 1846, profesor de estrategias militares y de filosofía natural del Instituto Militar de Virginia, recibe el sobrenombre de "Stonewall" ("Muro de Piedra") debido al liderazgo que ejerció sobre sus tropas, y que cambió el curso de la batalla.

5 de agosto Luego de la estruendosa derrota en Bull Run, la Unión concluye que la guerra no será corta. El Congreso aprueba la primera ley sobre declaración de renta *(income tax revenue)* para financiar la guerra y aumenta el período de reclutamiento de tres meses a dos años.

10 al 30 de agosto　Las fuerzas de la Unión son derrotadas en Wilson Creek, Missouri. Frémont, uno de los generales más experimentados, se retira, entregando así gran parte de Missouri, estado limítrofe que no se había unido a la Confederación. Para contrarrestar sus pérdidas militares, Frémont declara la ley marcial y anuncia la libertad de los esclavos de los estados secesionistas. Lincoln le pide a Frémont que anule esta orden. Éste se niega y Lincoln lo destituye.

21 de octubre　Batalla de Ball's Bluff (Virginia). Las tropas unionistas sufren otra derrota considerable: mueren alrededor de 1.900 soldados.

1 de noviembre　Lincoln llama a retiro al general Winfield Scott, quien es reemplazado por George B. McClellan (1826–85) como comandante en jefe del Ejército de la Unión.

1862

11 de enero　Edwin Stanton sustituye a Simon Cameron como secretario de Guerra, departamento plagado por la corrupción y la mala administración.

27 de enero　Lincoln anuncia la Orden de Guerra General Número Uno, que marca la ofensiva de la Unión, pero McClellan la ignora.

30 de enero　El *Monitor*, acorazado de hierro de la Unión, comienza operaraciones.

6 de febrero　El general Ulysses S. Grant (1822–85) lanza una ofensiva en el Valle del Mississippi y captura Fort Henry, en el río Tennessee. Diez días después toma Fort Donelson, cerca a Nashville.

25 de febrero　Nashville, Tennessee, se rinde a las tropas de la Unión y la ciudad permanece bajo su control por el resto de la guerra.

9 de marzo   Durante la primera batalla entre dos acorazados, el *Monitor* de la Unión ataca al *Virginia* (que antes era el *USS Merrimac*) en Hampton Roads, Virginia. Aunque no es derrotado, el *Virginia* se retira para evitar su captura.

11 de marzo   Lincoln se molesta por la falta de efectividad de McClellan y lo reemplaza por el general Henry W. Halleck. No obstante, nombra a McClellan comandante del Ejército de Potomac.

4 de abril   El Ejército de Potomac comienza la "Campaña Peninsular" dirigida contra Richmond, la capital de la Confederación. Jackson logra contener a este ejército durante dos meses.

6 al 7 de abril   Batalla de Shiloh (Pittsburg Landing, Tennessee). Las fuerzas confederadas al mando del general Albert S. Johnston (1803–62) atacan al ejército de Grant. Las fuerzas de la Unión están al borde de la derrota, pero reciben refuerzos y repelen a las tropas confederadas. En los dos días que ha durado la batalla mueren o quedan heridos más de 20,000 soldados de ambos bandos. El número de víctimas es mayor que la suma de todos los muertos de la Revolución, y de las guerras de 1812 y de México.

16 de abril   El presidente confederado Jefferson Davis firma la Ley de Reclutamiento de la Confederación, la primera ley de reclutamiento militar en la historia de los Estados Unidos.

25 de abril   David Farragut, general de la Unión, captura el importante puerto de Nueva Orleáns, y el 12 de mayo captura Natchez, Mississippi.

4 al 14 de mayo   Las fuerzas de McClellan toman Yorktown, Williambsburg y la Casa Blanca en Virginia. A pesar de la superioridad numérica, el cauteloso general espera refuerzos antes de iniciar la ofensiva.

2 de junio   Robert E. Lee asume el comando de los ejércitos confederados de Virginia del Norte.

6 de junio   Memphis, Tennessee, cae en poder de las fuerzas de la Unión.

25 de junio al 2 de julio   Batallas de los siete días. Lee ataca a McClellan y lo obliga a retirarse de Richmond. Concluye la Campaña Peninsular, con la cual se pudo capturar a Richmond y ganar la guerra.

Julio   El Congreso aprueba una segunda Ley de Confiscación, mediante la cual los esclavos de los rebeldes quedan en libertad y se aceptan también reclutas negros.

9 de agosto   Batalla de Cedar Mountain (Virginia). Las fuerzas confederadas al mando de *Stonewall* Jackson derrotan a las tropas de la Unión.

30 de agosto   Segunda batalla de Bull Run (Segundo Manassas). Los generales Lee, Jackson y James Longstreet (1821–1904) derrotan a las fuerzas unionistas bajo el mando del general John Pope (1822–92). El Ejército de la Unión se ve obligado a abandonar el Sur y a replegarse en Washington. En menos de un mes, Lee ha expulsado de las puertas de Richmond a dos tropas unionistas que doblan en número a las suyas, y las ha obligado a resguardarse en la capital. McClellan reemplaza a Pope, quien es depuesto y enviado a Minnesota para sofocar una rebelión india.

17 de septiembre   Batalla de Antietam (Sharpsburg, Maryland). Lee toma la ofensiva luego del traslado de Pope. Sin embargo, en uno de esos momentos que cambian el curso de la historia, una copia de su planes cae en poder de la Unión, lo que le permite a McClellan anticiparse a la estrategia de Lee. Los dos hombres se enfrentan con sus tropas. Es el día más sangriento de la guerra. Los muertos y heridos superan los 10,000. Lee desiste de su invasión y se bate en retirada, pero McClellan no persigue a los confederados. La batalla es decisiva, pues las probabilidades de que las naciones europeas reconozcan a la Confederación se reducen notablemente una vez que la ofensiva de Lee ha sido neutralizada.

22 de septiembre   Gracias a la victoria en Antietam, Lincoln se siente fortalecido para anunciar la Proclamación de Emancipación, la cual es publicada por los periódicos norteños al día siguiente.

Esta Emancipación no libera a ningún esclavo, pero cambia el carácter y el curso de la guerra. Los críticos contemporáneos de Lincoln, así como algunos historiadores, señalan que el presidente sólo liberó a los esclavos de la Confederación y no a los que vivían en territorios o estados limítrofes retomados por las fuerzas de la Unión. Como comentó un periódico de la época: "El principio no es que un ser humano no pueda ser propietario de otro, sino que no puede hacerlo a menos que sea leal a los Estados Unidos."

La postura de Lincoln consistió en que, dado el poder que tenía durante la guerra, solo podía liberar a los esclavos de los territorios controlados por los rebeldes, pues era jurisdicción del Congreso o de los estados resolver el problema de la emancipación universal. No obstante, algunos abolicionistas de la talla de Frederick Douglass y William Lloyd acogieron la decisión de Lincoln.

En la Confederación, la Proclamación simplemente pareció confirmar lo que los secesionistas habían creído siempre: que los planes de Lincoln para obligarlos a abolir la esclavitud era un derecho de ellos, el cual estaba contemplado y protegido por la Constitución. También pensaban que la Proclamación era un llamado a la rebelión, por lo que decidieron defender al Sur de la invasión y los abusos yanquis.

La Proclamación produjo otras dos consecuencias. La primera, que Inglaterra y Francia pusieron fin a un vaivén diplomático tenso y decidieron no reconocer a la Confederación. La segunda fue que la guerra perdiera apoyo popular en el Norte. Los trabajadores blancos que se enlistaron voluntariamente cuando la causa era la preservación de la Unión, tuvieron mucho menos interés en liberar a unos esclavos que —según ellos— invadirían el Norte, los despojarían de sus trabajos y crearían un caos social. La fuerte disminución de nuevos reclutas obligó a decretar la Ley de Reclutamiento de marzo de 1863, que regía para todos los hombres entre los 20 y los 45 años —a menos que tuvieran dinero para pagar un reemplazo— y que terminó por desencadenar violentas protestas.

5 de noviembre Lincoln remueve a McClellan de su cargo, pues éste no ha pereseguido a Lee y lo reemplaza por Ambrose Burnside (1824–81). Los resultados son desastrosos. Burnside había planeado exitosamente un ataque anfibio a las costas de Carolina del Norte, pero no se siente capacitado para comandar al Ejército de la Unión. McClelland regresa a Nueva Jersey y será rival de Lincoln en las elecciones de 1864.

13 de diciembre   Batalla de Fredericksburg (Virginia). Las fuerzas del general Burnside son derrotadas por las del general Lee a pesar de tener una enorme superioridad numérica. Las tropas de la Unión sufren 12,000 bajas; las confederadas cinco mil.

"EN DIOS CONFIAMOS"

Esta frase fue incluida en los billetes en 1862, bajo la Ley de Moneda Legal promovida por Salmon Chase. Estos billetes verdes fueron el primer papel moneda expedido por el poder federal. (Anteriormente, los estados eran los encargados de expedirlo.) Aunque ningún presidente actual se atrevería a eliminar esa frase de los billetes, hubo un presidente—popular, por cierto—que intentó hacerlo. Theodore Roosevelt, que era tan cristiano como cualquier otro presidente de los Estados Unidos, intentó eliminar esta frase por razones aparentemente contradictorias. El presidente, que era conservador en términos constitucionales, creía que las palabras eran inconstitucionales, pues establecían una religión que contravenía la Primera Enmienda. Roosevelt, quien era un cristiano devoto, pensaba que escribir la palabra Dios en los billetes era un sacrilegio.

1863

1 de enero   La Proclamación de la Emancipación es expedida formalmente. Sólo estipula la liberación de esclavos que estén en estados rebeldes, con la excepción de algunos condados y parroquias que ya están bajo el control de la Unión. En Inglaterra, la noticia es recibida con manifestaciones multitudinarias que celebran la emancipación.

3 de enero   Batalla de Murfreesboro (o de Stone River, Tennessee). El avance de las tropas unionistas en Chattanooga, un centro ferroviario sureño, es controlado luego de un fuerte enfrentamiento.

4 de enero Lincoln le ordena al general Grant anular su Orden General Número 11, por medio de la cual ha expulsado a los judíos de su área de operaciones. Grant expidió esta orden porque creía— equivocadamente— que la mayoría de los comerciantes que le estaban vendiendo productos a su ejército a un precio elevado eran judíos.

25 de enero El desventurado general Burnside es reemplazado como comandante del Ejército de Potomac por el general Joseph Hooker (1814–79). A pesar de su fracaso como líder militar, se vuelve famoso por sus peculiares patillas *sideburns*, la palabra que resulta tras invertir su apellido.

26 de enero El secretario de Guerra autoriza al gobernador de Massachussets a reclutar negros. Estos habían combatido en la guerra de la Independencia pero una ley de 1792 los excluyó del Ejército. El Regimiento 54 de Voluntarios Massachussets es el primer regimiento exclusivamente negro reclutado en la Unión. Alrededor de 185,000 soldados negros, distribuidos en 166 regimientos, se enlistarán en el Ejército. Casi 70,000 soldados negros vienen de los estados de Luisiana, Kentucky y Tennessee. Aunque muchos son obligados a realizar las labores más indeseables y reciben un pago inferior a los blancos, las tropas negras desempeñan varias tareas importantes; 16 soldados negros reciben la Medalla de Honor.

3 de marzo Lincoln firma la primera Ley de Reclutamiento. Todos los hombres que tengan entre 20 y 45 años deberán enlistarse. Se pueden contratar sustitutos y quienes paguen 300 dólares quedan eximidos del servicio.

2 al 4 de mayo Batalla de Chancellorsville (Virginia). Los muertos de ambos bandos superan los 10,000. Las tropas de Lee derrotan al Ejército de Potomac comandado por Hooker. Durante este combate, Jackson ataca por la retaguardia y obliga a las tropas de la Unión a retirarse. Cuando se dispone a regresar a sus filas, recibe un disparo accidental de un soldado confederado y muere de pulmonía el 10 de mayo. Las tropas confederadas pierden a uno de sus mejores generales.

14 de mayo   Batalla de Jackson (Mississippi). El general de la Unión William Tecumseh Sherman (1820–91), bautizado con el nombre del jefe indio al que posteriormente agregó el William, derrota a las tropas confederadas al mando del general J. E. Johnston.

22 de mayo   El general Grant, acompañado por Sherman, comienza el prolongado asedio a la citadela de Vicksburg, Mississippi, clave para controlar el río Mississippi.

22 de junio   West Virginia, que está a favor de la Unión, se separa de Virginia y es admitida como el trigésimo quinto estado. Su Constitución estipula la emancipación gradual.

24 de junio   Como parte de una invasión a Pennsylvania que señala un cambio de estrategia del Ejército sureño, Lee y sus hombres cruzan el Potomac y se dirigen a Gettysburg, Pennsylvania, esperando que un triunfo allí les abra el camino a Washington.

25 de junio   El general George Meade (1815–72) es puesto al mando del Ejército de Potomac, una vez que Lincoln releva al general Hooker por falta de agresividad. Meade comienza a organizar sus tropas para los futuros combates que sostendrá con Lee, quien comienza su invasión al Norte.

1 al 3 de julio   Batalla de Gettysburg. Las tropas confederadas se encuentran con un destacamento de caballería del Ejército unionista. Los refuerzos llegan rápidamente y luego de tres días de feroces batallas que señalan el punto decisivo de la guerra, la Unión asume una posición defensiva y repele los numerosos ataques de los confederados. 28,000 soldados confederados mueren, desaparecen o quedan heridos, es decir, la tercera parte de su pie de fuerza. Las tropas de la Unión pierden 23,000 combatientes. Lee ha quedado con pocos hombres y ya no puede atacar al Norte. A pesar de que se le podría derrotar fácilmente y de que Lincoln quiere liquidar las fuerzas confederadas, Meade comete el error de no atacarlo y permite que el general sureño cruce el Potomac para huír a Virginia.

4 de julio   El prolongado sitio a Vicksburg termina en una victoria para el general Grant, quien exige la rendición incondicional de los enemigos. Más de 29,000 soldados confederados deponen sus armas y las tropas unionistas logran el control absoluto del río Mississippi. De esta forma, la Confederación queda dividida en dos por el río.

13 al 16 de julio   Disturbios en protesta a la Ley de Reclutamiento terminan con el linchamiento de varios negros en la ciudad de Nueva York. Las tropas federales llegan desde Gettysburg para contener los disturbios, los cuales se extienden a Boston, Rutland, Vermont, Troy y otras ciudades del Norte. Las multitudes protestan porque no quieren liberar a los esclavos y porque les parece injusto que los ricos eviten ser reclutados mediante el pago de un reemplazo. Algunos condados del Norte aumentan los impuestos para pagar a un gran número de sustitutos de tal modo que sus residentes no tengan que enlistarse. La clase trabajadora comienza a decir: "Ésta es una guerra de ricos peleada por pobres."

18 de julio   El regimiento 54 de Voluntarios de Massachussets asalta a Fort Wagner, que protege al puerto de Charleston y que se consideraba casi inexpugnable.

Voces Americanas

Lewis Douglass, quien servía en el Regimiento 54, escribiéndole a su prometida antes del segundo ataque a Fort Wagner, donde describe los sucesos del día anterior.

Este regimiento se ha ganado la reputación de ser valiente, y no cobarde, a pesar de que las condiciones son difíciles. Los soldados caen cerca de mí. Los obuses caen a menos de 20 pies de donde estoy. Íbamos a reunirnos de nuevo, pero no pudimos. Tuvimos que retirarnos y corrimos un gran peligro al hacerlo . . . Querida mía, espero verte de nuevo. Si muero tendré que decirte adiós. Recuerda que si perezco por una buena causa, le pondremos fin a esta guerra. Quisiera que hubiera 100,000 soldados de color.

Lewis Douglass fue uno de los dos hijos de Frederick Douglass que combatió en el mencionado regimiento, y la mitad de sus hombres perdieron la vida durante el asalto. A pesar de esto, su valentía sorprendió a muchos blancos y fomentó la creación de otros regimientos negros. Los dos hijos de Douglass sobrevivieron.

21 de agosto Aunque casi toda la guerra enfrenta a dos ejércitos organizados, se entabla una guerra partisana bastante cruel en los estados de Kansas, Missouri y Arkansas, que tiene sus raíces en la "Sangrienta Kansas." La más despiadada de estas guerrillas es la de William C. Quantrill, que cuenta entre sus filas a "Bloody Bill" Anderson (un sicópata que carga el cuero cabelludo de sus víctimas en la silla de su caballo), a Jesse James y a Cole Younger, quienes más tarde serían prófugos de la justicia. Quantrill ataca a Lawrence, Kansas, acompañado por 450 de sus hombres y mata a más de 150 civiles. En octubre comete otra matanza terrorífica en Baxter Springs, Kansas. En 1865, se dirigirá hacia el este para tratar de asesinar a Lincoln, pero será ultimado en Kentucky por soldados de la Unión, en mayo, cuando la guerra haya terminado oficialmente.

19 al 20 de septiembre Batalla de Chickamauga (Georgia). El Ejército de la Unión al mando de los generales William Rosencrans (1819–98) y George H. Thomas (1816–70) es derrotado por las fuerzas confederadas del general Braxton Braggs (1817–76). De nuevo, las víctimas de ambos bandos son muy elevadas: 16,000 muertos en las filas de la Unión y 18,000 en las de la Confederación. El Ejército unionista se retira a Chattanooga.

16 de octubre Grant asume el comando del Ejército unionista en el Oeste y reemplaza a Rosencrans en Chattanooga por el general George Thomas, quien recibe el sobrenombre de "Roca de Chickamauga," por su heroico papel durante esta batalla.

19 de noviembre Lincoln pronuncia el discurso de Gettysburg, uno de los más famosos de la Historia, durante una ceremonia en el cementerio militar en el conocido campo de batalla de Pennsylvania. (Contrario a la percepción que se tiene, Lincoln no lo escribió al respaldo de una carta, sino por fragmentos, durante varios días y lo finalizó la misma mañana en que lo pronunció.)

23 al 25 de noviembre Grant lanza un ataque sorpresivo y expulsa de Chattanooga a las fuerzas del general Braggs. La Unión retoma el control de Tennessee. Las fuerzas unionistas de Grant, que han dividido al Sur en una parte occidental y otra oriental, establecen una nueva división horizontal luego de marchar a través de Georgia hacia la costa, bajo el comando del general Sherman.

8 de diciembre Lincoln busca acabar la guerra y para este fin ofrece una Proclamación de Amnistía y Reconstrucción, que perdona a los confederados que juren lealtad.

1864

14 de enero El general Sherman comienza su marcha por el Sur tras ocupar Sheridan, Mississippi. Su estrategia es simple: la guerra total. Sherman destruye o se apodera de cualquier cosa que el enemigo pueda utilizar para combatir. Una de sus estrategias consiste en quemar y destruir ferrocarriles, edificios y provisiones.

10 de marzo Luego de sus victorias en Vicksburg y Chattanooga, Grant es nombrado comandante de los Ejércitos de la Unión, en reemplazo del general Halleck.

17 de abril Grant suspende el intercambio de prisioneros de guerra con los confederados, con la intención de debilitarlos aún más. Aunque esta estrategia es efectiva en algunos aspectos, muchos soldados de la Unión mueren de hambre en campos de detención.

4 de mayo Grant se dirige a Virginia con un ejército de 100,000 hombres con el objectivo de atacar las fuerzas del general Lee.

5 al 6 de mayo Batalla de Wilderness (Virginia). Durante los dos días de combates feroces pero inconcluyentes, muchos de los heridos de ambos bandos mueren en incendios causados por el fuego de las armas en los espesos bosques donde tuvieron lugar los combates.

8 al 12 de mayo Batalla de Spotsylvania (Virginia). Cinco días de combates inconcluyentes evidencian el plan de Grant: una guerra de desgaste que debilitará a las tropas de Lee, que no sólo están mal alimentadas y vestidas, sino que también son inferiores en número.

13 al 15 de mayo   Respaldado por un ejército de 110,000 hombres, Sherman derrota al general Johnston en Georgia. Sin embargo, éste logra retirarse con su pequeño ejército.

3 de junio   Batalla de Cold Harbor (Virginia). Sin importarle las inmensas pérdidas, el general Grant insiste en atacar a las impenetrables fuerzas de Lee, un grave error que más tarde reconoce haber cometido. Hasta esta fecha, Grant ha perdido a más de 60,000 hombres, cifra igual a todo el ejército de Lee. Un general sureño comenta: "Esta no es una guerra, sino una masacre." Pero la costosa estrategia de Grant comienza a lograr su objetivo y el ejército de Lee comienza a desgastarse.

15 al 18 de junio   Grant comienza el prolongado sitio a Petesburg, Virginia, con la misma estrategia que utilizó en Vicksburg.

27 de junio   Las fuerzas confederadas de Johnston repelen a Sherman, en Kenesaw Mountain, Georgia.

2 al 13 de julio   Un año después de la batalla de Gettysburg, las fuerzas confederadas al mando del general Jubal Early (1816–94) atacan Maryland y se dirigen hacia Washington, D.C. Early, quien tiene pocos hombres, sigue hostigando a las tropas de la Unión en Virginia.

14 de julio   El general unionista Lew Wallace (1827–1905) detiene al general Early. La ciudad de Washington, que cuenta con una defensa endeble, es reforzada, aunque Early consigue llegar al Distrito de Columbia y luego se retira. (El general Wallace, quien más tarde sería gobernador de Nuevo México y embajador en Turquía, obtiene fama con la publicación de la novela *Ben Hur*.)

17 de julio   A pesar de haber conservado exitosamente sus fuerzas luego del asalto del general Sherman, Johnston es sustituido por el general John B. Hood (1831–79), quien intenta realizar una ofensiva contra Sherman.

22 de julio   El primer ataque realizado por el general Hood contra Sherman en las afueras de Atlanta es repelido, al igual que otro ataque que realizará seis días después.

30 de julio En Petesburg, el general Burnside supervisa el bombardeo de las fortificaciones confederadas. Sus fuerzas sufren casi 4,000 bajas tras calcular erróneamente el poder de las explosiones. Burnside es destituido.

5 de agosto Durante un ataque naval realizado por la Unión en el estratégico puerto de Mobile, Alabama, el almirante David Farragut (1801–70) le ordena a su flotilla que continúe atacando, después de que uno de sus barcos es hundido por una bomba. Farragut grita desde su barco: "¡Abajo los torpedos. Vamos a toda velocidad!" El almirante bloquea la entrada al puerto y el Sur deja de recibir provisiones que necesita con urgencia y que estaban siendo introducidas de contrabando. La Unión lo asciende a vicealmirante, cargo especialmente creado para él; un grupo de hombres adinerados de Nueva York le dan una recompensa de 50,000 dólares en señal de agradecimiento.

VOCES AMERICANAS
GENERAL WILLIAM T. SHERMAN,
en carta al alcalde y a los concejales de Atlanta
(septiembre de 1864):

Nadie puede referirse a la guerra en términos más duros que yo. La guerra es crueldad y nadie puede refinarla; y quienes trajeron la guerra a nuestra tierra merecen todas las maldiciones posibles. Sé que no tuve parte en la creación de esta guerra y sé que haré más sacrificios que cualquiera de ustedes para conseguir la paz. Pero no podremos alcanzar la paz a costa de la división de nuestra tierra . . . Podemos rechazar las tormentas y los terribles sufrimientos causados por la guerra . . . la única forma en que los habitantes de Atlanta pueden aspirar a vivir de nuevo en paz y en tranquilidad, es poniendo fin a la guerra, cosa que solo puede ser realizada si se admite que comenzó por un error y que continúa por orgullo.

Sherman capturó esta ciudad y luego dio órdenes de que fuera evacuada e incendiada.

2 de septiembre   Sherman captura Atlanta una vez que Hood emprende la retirada. Gran parte de la ciudad está en llamas. Con Atlanta y Mobile en su poder, la moral de la Unión aumenta, cosa que necesita Lincoln para las próximas elecciones, en las que no cuenta con mucho favoritismo.

19 de septiembre a 19 de octubre   Las fuerzas de la Unión al mando del general Philip Sheridan (1831–88) derrotan a las fuerzas confederadas de Jubal Early luego de sufrir numerosas bajas. Los confederados son expulsados de Shenandoah Valley, uno de sus principales centros de abastecimiento.

8 de noviembre   Lincoln se enfrenta en las elecciones presidenciales a Frémont y a McClellan, dos generales a quienes ha destituido. Aunque Frémont se retira de la contienda, Lincoln es reelegido con menos de medio millón de votos populares, pero obtiene una victoria arrasadora en los votos electorales.

16 de noviembre   Sherman comienza su célebre marcha desde Atlanta hacia Savannah, destruyendo todo lo que encuentra a su paso y despejando una franja de 40 millas de ancho a lo largo del corazón del Sur, lo que le vale el calificativo de "Atila del Oeste" por parte de la prensa sureña. Un intento confederado para acabar con las líneas de abastecimiento de Sherman es sofocado y las fuerzas del general Hood son aniquiladas. Tres días antes de la Navidad, Sherman entra a Savannah sin ninguna resistencia, completando así la división horizontal del Sur. El general le envía un telegrama a Lincoln en el que le ofrece a Savannah como regalo de Navidad. Sherman comenta acerca de la guerra: "Hemos arrasado con todo . . . Quien desee saber qué significa la guerra, debería seguir nuestras huellas."

15 de enero   Fort Fisher, en Carolina del Norte, cae en poder de la Unión y otro puerto sureño de abastecimiento es clausurado.

16 de enero   El ejército de Sherman causa tanta destrucción en las Carolinas como lo ha hecho anteriormente en Georgia.

4 de febrero   Robert E. Lee es nombrado comandante en jefe del Ejército confederado y acepta el cargo a pesar de que la causa está prácticamente perdida.

17 de febrero   Columbia, Carolina del Sur, es incendiada; el general Sherman y sus fuerzas confederadas, son responsabilizadas de los incendios. Al día siguiente, Sherman ocupa Charleston.

22 de febrero   Wilmington (Carolina del Norte), el último puerto activo del Sur, cae en poder de la Unión.

4 de marzo   Lincoln comienza su segundo mandato.

VOCES AMERICANAS
Del discurso inaugural del segundo mandato de
ABRAHAM LINCOLN.

Sin sentimiento de malevolencia hacía nadie y sí con caridad para todos, firmes en el derecho según nos lo da a conocer Dios, esforcémonos por terminar la obra en que estamos empeñados, en curar a los heridos de la nación, en cuidar de los que arrostraron el combate, de sus viudas y sus huérfanos, en hacer cuanto se pueda para lograr y honrar una paz justa y duradera entre nosotros mismos y con todas las naciones.

1 de abril   Batalla de Five Forks (Virginia). En la última batalla importante de la guerra, el general Sheridan contiene un ataque confederado.

2 de abril   Lee se retira de Petesburg, finalizando así el sitio de seis meses, y le sugiere al presidente Jefferson Davis que huya de Virginia. Lincoln les ofrece a los confederados que se rindan a cambio de condiciones generosas: los oficiales y soldados pueden marcharse a sus casas con sus caballos, los oficiales pueden conservar sus armas de mano y el resto del armamento debe ser entregado.

11 de abril   En su último discurso público, Lincoln hace un llamado para que haya un espíritu generoso y reconciliatorio durante la Reconstrucción.

14 de abril   Lincoln es herido de un disparo por el actor John Wilkes Booth, simpatizante de los confederados, en el Ford's Theatre, mientras el presidente ve una comedia. Muere al día siguiente y es sustituido por el vicepresidente Andrew Johnson. Es el primer presidente asesinado de los Estados Unidos.

18 de abril   El general Johnston se rinde en Carolina del Norte ante Sherman. Se presentan actos aislados de resistencia durante varias semanas que finalizan en mayo. El general Richard Taylor se rinde al general norteño Edward R. S. Canby, y lo mismo sucede con el general Kirby Smith.

26 de abril   Booth es acorralado y asesinado cerca de Bowling Green, Virginia.

10 de mayo   Jefferson Davis es capturado en Georgia y sindicado de participar en el asesinato de Lincoln (es inocente de este cargo). Posteriormente es liberado bajo fianza y no es sometido a juicio. El único oficial sureño ejecutado por crímenes de guerra es el mayor Henry Wirz, comandante de la famosa prisión confederada de Andersonville, Georgia, a pesar de que existen pruebas que demuestran que el mayor intentó aliviar el sufrimiento de los prisioneros. En 1868, durante uno de los últimos actos de su gobierno, el presidente Johnson ofrece una amnistía general a todos los sureños, incluyendo a Davis, quien rechaza la oferta.

¿Cuáles fueron los costos de la Guerra Civil en los Estados Unidos?

El Ejército federal comenzó a reducir su pie de fuerza el 13 de abril de 1865. De acuerdo con las estadísticas del Senado en aquella época, las tropas de la Unión estaban conformadas por 2,324,516 hombres, de los cuales murieron aprioximadamente 300,000. El Ejército confederado llegó a tener un millón de hombres y perdió a unos 260,000. La guerra le costó a la Unión más de 6 millones de dólares y cerca de la mitad de esta cifra a los estados confederados.

El número de víctimas fatales equivalía al dos por ciento de la población total en aquel entonces. Las bajas civiles son difíciles de calcular, pero James McPherson, el prestigioso historiador de la Guerra Civil, dice que fueron más de 50,000, especialmente en el Sur. (Si hacemos una comparación con el censo del año 2000, que calcula la población de Estados Unidos en cerca de 280 millones de habitantes, habrían muerto más de 5.5 millones de personas si la Guerra Civil hubiera sucedido en ésta época.) A parte de esto, miles de personas quedaron gravemente heridas o incapacitadas. Hubo una gran epidemia de sífilis, pues miles de jóvenes que frecuentaron los numerosos burdeles que aparecieron en casi todas las ciudades durante la guerra, les transmitieron esta enfermedad a muchas mujeres.

Pero es imposible calcular el costo sólo por medio de las víctimas y del dinero. Toda una generación de jóvenes brillantes y destacados, educados y emprendedores, murieron durante el conflicto. No se puede calcular la pérdida de su inteligencia, creatividad y potencial de productividad. La fuerte animadversión—regional y racial—que había salido a la luz en los años previos a la guerra, continuaría por plagar a la sociedad y a la política norteamericana durante los próximos 150 años.

¿Abraham Lincoln sí fue honrado?

A excepción de George Washington, ningún otro presidente ni personaje americano ha recibido tantos elogios como Abraham Lincoln. "El Gran Emancipador" y "el Honrado Abraham" son algunos de los calificativos que recibió. Fue atacado durante la presidencia y casi no logra ser nominado para su segundo término. Vilipendiado por el Sur y martirizado tras su muerte, Lincoln llegó a ser considerado como el mejor presidente de los Estados Unidos. Pero, ¿realmente lo fue?

A diferencia de otros presidentes "de cabaña" de épocas anteriores, Lincoln pertenecía a una familia de pioneros. Su papá era analfabeto y su familia completamente pobre. Tras la muerte de su madre, su madrastra le inculcó el amor por la lectura y le enseñó la Biblia de la cual aprendió mucho. No tenía falsas pretensiones y era un hombre profundamente espiritual, cualidad que le sirvió bastante durante las grandes dificultades que enfrentó. Lincoln era el típico héroe americano, el hombre que se forjó a sí mismo, que aprendió derecho por sus propios medios y que ganó las elecciones locales, la licencia para practicar el derecho y la elección presidencial en 1847. Su estatura era considerable: medía seis pies y cuatro pulgadas. Podía contar buenas historias, una cualidad valiosa en la política americana, como lo ha demostrado otro presidente más reciente. Lincoln también era honesto, valor que en muchas ocasiones puede ser una desventaja a nivel político. El periodista John Scripps señaló en alguna ocasión que Lincoln era "un escrupuloso representante de la verdad, demasiado preciso en sus nociones como para complacer al actual establecimiento político de la Nación."

Según los parámetros actuales, podría decirse que Lincoln era racista, aunque para su época era liberal y simpatizante de la causa negra. Al igual que otros mandatarios destacados, se creció como presidente. Su aceptación reticente de la esclavitud en aquellos estados donde existía se vio reemplazada gradualmente por el sentimiento que expresó en el discurso de Gettysburg, el cual volvió a confirmar el postulado de Jefferson que sostenía que "todos los hombres fueron creados iguales."

Lincoln, de carácter melancólico y que sufrió bastante por razones de orden público y privado, enfrentó problemas que no tuvo ningún otro presidente. Tenía una gran capacidad para adaptar sus funciones a las exigencias de la época, y adelantó empresas que los presidentes modernos nunca hubieran podido ejecutar. Aunque el Congreso no estaba sesionando, creó un ejército con las milicias estatales, hizo un llamado a los voluntarios, bloqueó puertos sureños y tomó además una medida muy controvertida: suspendió el recurso de habeas corpus para que los inculpados pudieran ser detenidos sin cargos sólidos y sin los debidos procesos penales. Aunque esta medida era una contravención a los derechos constitucionales básicos, Lincoln sostenía que se aplicaría solo "en casos de invasión o de rebelión."

Durante la guerra, enfrentó la oposición de los republicanos radicales y de los abolicionistas, debido a su posición moderada hacia la esclavitud. Pero la oposición más peligrosa provino de los "demócratas de la paz," que eran los remanentes del Partido Demócrata del Norte y a quienes un periódico bautizó como *copperheads* (víboras cobrizas) debido a su ponzoña. Estos simpatizaban con la causa sureña, querían que se pusiera fin a la guerra y consideraban a Lincoln como un dictador por haber suspendido el recurso de habeas corpus, así como por promulgar las leyes de reclutamiento e incluso la Proclamación de Emancipación.

Lincoln superó estos desafíos y obtuvo la reelección que le costó la vida. Al momento de ser asesinado, había pasado de ser un comandante en jefe decidido que se enfrascó en una guerra sumamente costosa en muchos aspectos, a un presidente que trató de sanar heridas y de unificar al país. Aunque algunos críticos dijeron que era un dictador, no existe la menor duda de que otro presidente más débil no hubiera podido superar la prueba más importante que tuvo Lincoln: evitar que la Unión se diluyera.

¿Por qué la Unión ganó la guerra?

La respuesta más simple es que la Confederación estaba combatiendo no sólo contra la Unión sino también contra la Historia. En muchos sentidos, los estados confederados entablaron una guerra del siglo XVIII para sostener un conflicto del siglo XIX contra una potencia del siglo XX. Y aunque el Sur combatió con ferocidad, las estadísticas estaban en su contra.

El Ejército de la Unión, que doblaba en hombres a su rival, terminó por desgastar a los confederados gracias a las deplorables tácticas utilizadas por Grant.

El exitoso bloqueo a los puertos sureños redujo la entrada de municiones, alimentos y otros productos necesarios, y el Sur sufrió las inclemencias del hambre. Más tarde, cuando la Confederación fracasó en ser reconocida oficialmente por otras naciones, sus posibilidades de triunfo se redujeron notablemente.

La superioridad militar de los sureños—de la que tanto se ha hablado—pasa por alto dos factores: el número de sus comandantes, como Stonewall Jackson, quien murió prematuramente en el conflicto; y el ascenso de Grant y Sherman en la guerra del Oeste contra los generales confederados, quienes eran menos talentosos. Cuando Grant asumió el comando de sus tropas y Sherman comenzó su marcha, su resolución de declarar la guerra total se vio complementada por la pujante industria, la riqueza y la gran superioridad poblacional del Norte.

En términos retrospectivos, fue una guerra en la que entraron en juego los pequeños detalles y las suposiciones que hacen de la Historia un género tan fascinante. Los aspectos más insignificantes, así como las grandes decisiones estratégicas, pudieron alterar el curso de la guerra en diversas ocasiones.

Si McClellan no hubiera recibido los planes de guerra de Lee en Antietam . . .

Si Lee hubiera seguido la sugerencia que le hizo Longstreet en Gettysburg y hubiera intentado aventajar a las tropas de la Unión . . .

Si el Regimiento 20 de Maine no hubiera repelido el ataque rebelde en Gettysburg atacándolos con bayonetas . . .

Las especulaciones son interesantes pero inútiles, porque no sucedieron de ese modo, y en última instancia, cualquiera de estos cambios simplemente hubiera prolongado lo inevitable.

¿Quién asesinó a Lincoln?

El Viernes Santo del 14 de abril de 1865, Lincoln se reunió con su gabinete y decidió levantar el bloqueo al Sur. Por aquellos días, Lincoln abogaba por la moderación y la reconciliación y estaba preparando un plan de Reconstrucción que incorporaría a los estados rebeldes a la Unión con un mínimo de represalias y castigos. Esa noche, fue con su esposa y una pareja de amigos a ver una obra de teatro llamada *Nuestra prima americana*, que se presentaba en el Ford's Theatre, en el centro de Washington. El policía que escoltaba al presidente abandonó su puesto, bien fuera para beber algo o para conseguir mejor un puesto. Se escuchó un disparo y Lincoln se desplomó. Un hombre saltó desde el palco del presidente al escenario; una de las espuelas de sus botas se le enredó en la tela que cubría el palco y se fracturó la espinilla. Esgrimió su arma y unos dicen que gritó: "*¡Sic semper tyrannis!*" (¡Que sea siempre así con los tiranos!), y otros que exclamó: "¡Que viva el Sur!" El asesino escapó por una puerta trasera y huyó en un caballo que tenía afuera.

Otro individuo atacó con un cuchillo a William Seward, secretario de estado, mientras estaba en su casa. También se planearon ataques contra el general Grant y el vicepresidente Johnson, pero nunca se materializaron. Lincoln fue conducido a un hospedaje que quedaba frente al teatro, donde falleció al día siguiente. En todo el país se sintió un impacto devastador y un profundo dolor. Aunque Lincoln fue odiado y duramente criticado durante los años de la guerra por los *copperheads*, los republicanos radicales que creían que el presidente era demasiado blando y por otros grupos por razones diversas, el presidente se convirtió a su muerte en el héroe de todo el país. Incluso algunos líderes confederados se lamentaron al enterarse de su muerte.

El secretario de Guerra Stanton asumió el poder y se decretó la ley marcial. Pronto se descubrió que el asesino del presidente se llamaba John Wilkes Booth, quien era actor al igual que su padre Junius Brutus Booth y su hermano Edwin Booth. El asesino, un fanático de la causa sureña —aunque nunca estuvo en el Ejército— planeó inicialmente el secuestro de Lincoln junto a un pequeño grupo de conspiradores en una pensión de Washington, pero más tarde decidió asesinar al presidente y a otros miembros importantes del gobierno.

Se puso en marcha una cacería humana sin precedentes y se ofreció una recompensa de 50,000 dólares por la cabeza de Booth. Centenares de personas fueron arrestadas por tener algún tipo de relación con el asesino. El Ejército localizó a Booth en un granero de tabaco en Bowling Green, Virginia, el 26 de abril. El asesino se negó a rendirse y un oficial del ejército le prendió fuego al granero. Booth fue cojeando hacia la puerta, recibió un disparo y murió dos horas y media después.

Un tribunal militar condenó a la horca a otros cuatro cómplices de Booth, entre quienes figuraba Mary Surratt, la propietaria de la pensión. Aunque la prensa insistió en señalar que Jefferson Davis y otros líderes confederados estaban involucrados en el asesinato de Lincoln, los cargos fueron desestimados por falta de pruebas. Davis pasó dos años detenido sin juicio previo, pero luego fue liberado y más tarde escribió su propia versión de los hechos. Otra teoría más descabellada aún señala a Stanton, el secretario de Guerra de Lincoln, como el autor intelectual del complot, pero no hubo una sola prueba que así lo demostrara.

Lectura Recomendada: *April 1865: The Month that Saved America*, by Jay Winik.

VOCES AMERICANAS
WALT WHITMAN
(Conmemoraciones del presidente Lincoln)
¡Oh capitán! ¡Mi capitán!

> *¡Oh capitán! ¡Mi capitán! Terminó nuestro*
> *espantoso viaje,*
> *el navío ha salvado todos los escollos, hemos*
> *ganado el premio codiciado,*
> *Ya llegamos a puerto, ya oigo las campanas ya el*
> *pueblo acude gozoso,*
> *los ojos siguen la firme quilla del navío resuelto*
> *y audaz;*
> *más, ¡Oh, corazón, corazón, corazón!*
> *¡Oh las rojas gotas sangrantes!*
> *ved, mi Capitán en la cubierta*
> *yace frío y muerto.*

Walt Whitman (1819–92) nació en Long Island, Nueva York. Hijo de un constructor de casas, fue un autodidacta, aprendió el oficio de tipógrafo y trabajó como editor de varios periódicos de Nueva York y Brooklyn entre 1838 y 1855, año en que publicó la primera edición de *Hojas de hierba*, conformado por más de 350 poemas al momento de su muerte. Aunque actualmente es considerado como un clásico de la literatura norteamericana, los críticos de aquella época se escandalizaron por sus referencias a la anatomía y al "cuerpo eléctrico."

Sirvió como enfermero durante la Guerra Civil y atendió a soldados en hospitales y campamentos de la Unión; sus descripciones en prosa de la carnicería que presenció son documentos extraordinarios. Además de *¡Oh Capitán!*, que fue muy bien recibido por el público pero no por la crítica, Whitman escribió *La última vez que florecieron las lilas en el huerto* y otras dos elegías a la muerte de Lincoln.

"No he tenido aceptación en mi época," dijo poco antes de morir, luego de una serie de infartos que lo dejaron semiparalizado. Whitman es considerado como uno de los poetas más grandes y originales de Norteamérica.

¿En qué consistió la Reconstrucción?

Los estados sureños quedaron devastados física, económica y espiritualmente al término de la guerra. Se ha dicho que al término de ésta, el Sur quedó en peores condiciones que Europa luego de las dos guerras mundiales. Se nombraron gobernadores militares temporales para los estados rebeldes, pero los planes de Lincoln para incorporar de nuevo a los estados separatistas a la Unión fueron moderados y de carácter reconciliador. Los sureños podían ser ciudadanos con un simple juramento de lealtad. Un estado podía establecer un gobierno cuando el 10 por ciento de sus habitantes hubiera realizado este juramento. Los republicanos radicales, liderados por Thaddeus Stevens, de Pennsylvania, Ben Wade, de Ohio, y Charles Summers, de Massachusetts, querían que las condiciones fueran más estrictas y cuando Lincoln murió y fue sucedido por Andrew Johnson (1808–75), la situación había llegado a un punto muerto.

Johnson era un ejemplo muy destacado del éxito norteamericano. Nació en Raleigh, Carolina del Norte y era quizá más pobre aún que Lincoln. Su papá, que era portero de un hotel, murió cuando Johnson tenía tres años. Nunca asistió a la escuela, y su familia, que era bastante pobre, firmó un contrato de aprendizaje para que trabajara con un sastre a la edad de nueve años. Seis años más tarde se fue de su casa y a la edad de 17 años estableció su propia sastrería en Greenville, Tennessee. Un año más tarde se casó con Eliza, de 17 años, quien le enseñó a leer y a escribir y le dio clases de matemáticas. Incursionó en la política local y dedicó sus energías a la lucha de la clase trabajadora. Aunque tenía esclavos, no era simpatizante de la elite de hacendados sureños. Era demócrata jacksoniano, diputado, gobernador de Tennessee y senador por este estado, donde fue uno de los artífices de la Ley Homestead, que ofrecía tierra gratuita a los colonos. Realizó campaña por el Partido Demócrata para las elecciones presidenciales de 1860 y permaneció leal a la Unión después de la elección de Lincoln. Fue el único senador de un estado separatista que continuó en el Congreso y en 1861 dijo: "Muéstrenme a quien le hace la guerra al gobierno y quema sus barcos y les mostraré a un traidor." Fue nombrado gobernador militar de Tennessee en 1862. En 1864, Lincoln dijo que Johnson era "un demócrata guerrero," un sureño leal que ayudaría a conseguir votos en los estados fronterizos, pero su nominación no fue bien recibida por los republicanos del Norte. El periódico *New York World* anunció en 1865: "Pensar que una vida frágil se interpone entre la presidencia y este payaso insolente. Que Dios bendiga y salve a Abraham Lincoln." Johnson cometió un error, pues debido a su temperamento nervioso, bebió mucho licor antes de jurar como vicepresidente de Lincoln y pronunció un discurso muy inconexo. George Atzerodt, uno de los partícipes en el asesinato de Lincoln, era el encargado de asesinar a Johnson y aunque lo atacó, no tuvo el valor para matarlo.

Como presidente, Johnson continuó con la "restauración" de Lincoln, mediante la cual los estados serían readmitidos luego de ratificar la Decimotercera Enmienda, que abolía la esclavitud y que fue aprobada en 1865. Pero Johnson tuvo que enfrentarse a los republicanos radicales, quienes no sólo aspiraban a una retribución sino también a mantener el control del Congreso, cosa que habían hecho durante la guerra, cuando los demócratas, especialmente los sureños, estuvieron ausentes de dicho órgano.

Los estados sureños se integraron gradualmente al sistema y retomaron el control del Congreso. Aprobaron los "Códigos Negros," cuyo objetivo era controlar a los antiguos esclavos. De esta forma, el Sur continuó oponiéndose al Norte. Los "Códigos," que se habían decretado para burlar la Decimotercera Enmienda, despertaron la ira de los republicanos, quienes formaron un Comité de Reconstrucción en el que muy pronto se recibieron quejas de casos de violencia y crueldad contra los esclavos liberados. El Congreso estableció la Oficina para los Esclavos Liberados, para ayudar a los casi cuatro millones de esclavos que habían quedado en libertad, y luego aprobó la Ley de Derechos Civiles de 1866, que declaraba a los negros como ciudadanos y les negaba a los estados el poder de restringir sus derechos. Johnson vetó la ley, pero por primera vez en la historia de los Estados Unidos los republicanos obtuvieron los votos suficientes para anular el veto y Johnson quedó bastante debilitado. Tras la anulación del veto presidencial, el

Congreso demostró su poder y quedó en una posición ventajosa en la lucha por el poder que tuvo lugar después de la guerra, que condujo a la aprobación de una serie de "Leyes para la Reconstrucción."

La primera de éstas dividió al Sur en regiones militares gobernadas por generales. A diferencia del plan propuesto por Lincoln, la categoría de estado sólo podía obtenerse luego de adoptar una constitución estatal que permitiera el voto a los negros y de aceptar la Decimocuarta Enmienda, que le concedía la ciudadanía a esta minoría y estipulaba sanciones para cualquier estado que le negara el voto a los ciudadanos adultos de sexo masculino. (Esta ley todavía distaba de prohibir que la raza fuera un requisito para votar y seguía excluyendo a las mujeres y a los indios.)

¿Quiénes celebran el Día de la Condecoración y el *Juneteenth*?

El primero de mayo de 1865, James Redpath, un abolicionista norteño que se había establecido de Charleston, Carolina del Sur, con el propósito de organizar escuelas para esclavos liberados, fue a un cementerio de la Unión en compañía de unos niños negros que dejaron flores en las tumbas de los soldados muertos en combate. Según la leyenda, las mujeres sureñas comenzaron a hacer lo mismo en las tumbas de los soldados confederados. Fue así como nació el Día de la Decoración, nombre con el que se conoció a esta ceremonia que honraba a los caídos en la guerra. Varias ciudades se disputaron la autoría de este día, que más tarde sería Memorial Day. La ciudad de Waterloo, Nueva York, recibió oficialmente este honor por parte del Congreso y la fecha comenzó a celebrarse el 5 de mayo de 1866.

En ese mismo año, el Congreso creó los cementerios militares, entre los que se destaca el de Arlington, localizado en los terrenos confiscados a la familia de Robert E. Lee. Esta tradición cobró una renovada importancia cuando el general John Logan fundó el Gran Ejército de la República, una poderosa organización de veteranos. Logan ordenó a todos los destacamentos de esta organización que decoraran las tumbas el 30 de mayo. En 1873, Nueva York declaró Memorial Day como un día de fiesta oficial y muy pronto, todos los estados norteños adoptaron esta costumbre.

Pero la amargura de la guerra se hizo presente en estas ceremonias solemnes. Durante los primeros días de estas ceremonias, la división entre el Norte y el Sur era todavía muy fuerte. En el Sur, las mujeres conformaron las *Ladies Memorial Association*, con el objectivo de exhumar los cadáveres de soldados enterrados en tierras distantes y sepultarlos cerca a su tierra natal. Sus esfuerzos desembocaron en los *Confederate Memorial Days*, que se celebraron entre abril y mayo en los territorios sureños. En la década de 1890, las Hijas Unidas de la Confederación asumieron esta labor. En 1869, varios guardias fueron asignados a las tumbas confederadas del cementerio de Arlington para evitar que fueran decoradas. Los estados sureños consideraron que el 30 de mayo era un día festivo "yanqui" y lo celebraron en otras fechas. Un proyecto de ley que decretaba el 30 de mayo como día festivo en toda la nación fue derrotado en 1876. (Esta tradición comenzó a desaparecer a comienzos del siglo XX, cuando casi todos los veteranos de la Guerra Civil habían muerto. Pero luego de las dos guerras mundiales, diversos grupos de veteranos cabildearon para que el 30 de mayo fuera declarado día festivo, en honor a los muertos de todas las guerras de Estados Unidos. En 1968, el Memorial Day pasó a ser uno de los cinco días feriados celebrados el día lunes, al que muchas personas consideran como el primer fin de semana oficial que da comienzo a las vacaciones de verano.) Por el mismo tiempo en que las ceremonias relativas al Día de la Decoración estaban floreciendo y recibían apoyo oficial, otra tradición más popular comenzó a tomar fuerza, aunque todavía no es reconocida a nivel nacional. El 19 de junio de 1865, Gordon Granger, general unionista, les informó a los esclavos que habitaban la región comprendida entre el Golfo de México y Galveston, Texas, que quedaban en libertad. Lincoln había decretado oficialmente la Proclamación de Emancipación el primero de enero de 1863, pero como hubo dos años de combates antes de que la guerra terminara, los esclavos que vivían en lugares apartados y lejanos sólo se enteraron de la Proclamación en 1865. Según las tradiciones campesinas, muchos de los esclavos liberados celebraron extasiados las buenas nuevas. Muchos de ellos viajaron a otros estados para buscar a los familiares de quienes habían permanecido separados luego de ser vendidos.

En muchos lugares de Estados Unidos, esta celebración espontánea—que se conoce comunmente como *Juneteenth*—se ha convertido en un día festivo no oficial que celebra la emancipación de la esclavitud.

¿Por qué fue enjuiciado el presidente Johnson?

Johnson, el primer presidente en asumir su cargo luego del asesinato de su antecesor, tuvo la infausta suerte de haber sido también el primer presidente en ser enjuiciado legalmente. Según el Artículo II, sección 4 de la Constitución, "El presidente, vicepresidente y todos los oficiales civiles de los Estados Unidos serán destituidos de sus cargos mediante procedimientos de residencia, previa acusación y convictos que fueren de traición, cohecho, u otros delitos graves y menos graves."

¿Cuáles fueron los delitos graves y menos graves cometidos por Johnson? Todo se debió a una ley que el Congreso llamó como la Tenure of Office Act, que le prohibía al presidente despedir a cualquier funcionario que hubiera sido nombrado con el consentimiento del Senado sin obtener previamente la autorización de este órgano. Johnson desafió la constitucionalidad de esta ley con el fin de despedir a Edwin M. Stanton, el secretario de Guerra aliado de los republicanos radicales, y la Cámara no vaciló en enjuiciarlo. Este enjuiciamiento, que era igual a una acusación formulada por un gran jurado, implicaba que el presidente sería juzgado por un Senado controlado por los republicanos que presidía Salmon P. Chase. Este acto, que parecía ampararse en la ley constitucional, fue un claro intento partisano por parte del Congreso para inclinar el sistema de equilibrio de poderes, y poco faltó para que fuera exitoso. El 16 de mayo de 1868, el Senado votó 35–19 a favor de que el presidente fuera convicto, pero faltó un voto de los dos tercios requeridos para ser destituído.

Cuatro días después, Ulysses S. Grant fue nominado por los republicanos como su candidato presidencial. Para enfrentar a este héroe de la guerra, los demócratas escogieron a Horatio Seymour, del estado de Nueva York, en lugar del presidente Johnson, quien permaneció políticamente debilitado durante el resto de su administración, y el

Congreso republicano presionó una vez más para que su agresivo programa de Reconstrucción se viera fortalecido.

Después de postularse infructuosamente para el Senado y para la Cámara de Representantes, Johnson regresó al Senado en 1875, siendo así el único presidente en servir en este organismo. Sobrevivió a una epidemia de cólera pero nunca se recuperó por completo. Sufrió varios infartos y murió en su despacho pocos meses después. Fue un abanderado de la libertad religiosa; se le ofreció una ceremonia funeraria masónica; fue envuelto en la bandera norteamericana y sepultado con una copia de la Constitución debajo de su cabeza.

¿Quiénes fueron los *carpetbaggers*?

La Era de la Reconstrucción demostró ser muy variada. Los filántropos norteños fundaron o mejoraron las que más tarde serían las mejores universidades del Sur. Más importante aún, la Reconstrucción produjo el primer poder político negro —aunque limitado— en la historia del país. De hecho, la ventaja en los votos populares que obtuvo Ulysses Grant se debió a la gran cantidad de negros que votaron por él. Los legisladores republicanos, quienes vieron el gran impacto que tuvo el voto de los negros, se apresuraron a establecer el sufragio para los negros mediante la Decimoquinta Enmienda, que eliminaba la condición racial como requisito para votar. La simple idea de que los negros obtuvieran algún tipo de poder político pocos años después de abandonar su condición de esclavos y ser declarados como ciudadanos, fue un logro extraordinario y revolucionario.

El aspecto negativo de este logro fue la corrupción que se desencadenó en las esferas del poder durante este período y la violenta reacción de los blancos. Los negros eran mayoritariamente analfabetos y carecían de educación, por lo que estaban mal preparados para las peculiaridades de un gobierno constitucional. Asimismo, tenían todas las condiciones para ser fácilmente explotados por los blancos. Algunos de estos eran del Norte y se conocieron como los *carpetbaggers* porque llevaban todas sus pertenencias en una bolsa fabricada con una tela semejante a una alfombra suave.

La idea que se tiene es que eran unos charlatanes que querían obtener poder utilizando el voto de los negros. Uno de ellos fue George Spencer, que hizo una fortuna con el contrabando de algodón y fue senador. Sin embargo, el historiador Eric Foner desvirtúa la mala fama de los *carpetbaggers* en *Reconstruction,* un extenso estudio de aquella época. Foner sostiene que antes que ser manipuladores de las clases bajas, aquellos norteños que emigraron al Sur eran profesionales de clase media que vieron a aquella región como una tierra de oportunidades y progreso, así como otras personas emigraron al Oeste luego de la guerra. Foner también afirma que muchos de ellos eran idealistas que emigraron al Sur antes de que los negros obtuvieran el poder del voto.

Los *scalawags* (pillos) también fueron muy calumniados. Eran republicanos blancos y sureños a quienes los demócratas sureños odiaban incluso más que a los *carpetbaggers,* pues eran vistos como traidores a la raza y a la región. Foner dice que la imagen que se tiene de los *scalawags* como unos corruptos que se beneficiaban de explotar a los negros analfabetos fue más un producto del antagonismo surgido después de la guerra que una realidad política.

En el sentido estrictamente político de la palabra, la Reconstrucción tuvo poco que ver con la reedificación física del Sur. La Emancipación había eliminado la esclavitud, que era la base de la economía sureña. Una de las preguntas que surgieron fue la siguiente: Ahora que cuatro millones de esclavos eran libres, ¿exactamente en qué consistía su libertad? El senador Thad Stevens, un republicano radical, propuso dividir las grandes haciendas del Sur y darle a cada esclavo "40 acres y una mula." Sin embargo, incluso los pensadores más progresistas todavía creían que la propiedad era sagrada y el proyecto de Stevens no tuvo trascendencia. Surgió una gran confusión, pues muchos de los libertos emigraron hacia las ciudades en busca de trabajos inexistentes. La Ley Homestead de 1867 que tenía por objeto la apertura de tierras para negros y blancos leales a la Unión, fracasó porque los pobres no tenían siquiera las pequeñas sumas requeridas para su adquisición. Por el contrario, la mayoría de las tierras fueron a dar en manos de especuladores, compañías madereras y propietarios de grandes plantaciones.

Se abrió una profunda brecha entre el deseo y la realidad, y para cerrar esta brecha surgió el sistema de aparcería, que básicamente era esclavitud disfrazada; los negros cultivaban la tierra en calidad de arrendatarios y dividían la cosecha con el propietario. Este les suministraba las semillas y los insumos a precios que él mismo establecía, y los cultivadores le pagaban con cosechas. Lo cierto era que éstos nunca parecían ganar lo suficiente para pagar sus deudas a los propietarios de la tierra.

Otro de los problemas fue la falta de capital. Luego de la guerra, el Oeste se convirtió en una gran atracción para los expansionistas, y los bancos del Norte comenzaron a financiar la construcción de vías férreas. El Sur no pudo crecer al ritmo que necesitaba, pues no tenía dinero suficiente para financiar la Reconstrucción. Surgieron lentamente algunos centros manufactureros, especialmente alrededor de Birmingham, Alabama, zona rica en carbón, donde se instalaron varias fábricas de acero, pero el desarrollo fue insignificante comparado con el inmenso crecimiento industrial y la expansión de líneas férreas experimentado en el Norte y en el Oeste. El hecho de que los republicanos controlaran tanto la política como el sector bancario creó una profunda desconfianza y odio hacia ellos, y los sureños blancos se alinearon con el Partido Demócrata. En 1877, la mayoría de los gobiernos sureños estaban en manos de demócratas blancos y conservadores. El Sur continuó siendo demócrata hasta que Richard Nixon y Ronald Reagan pudieron revitalizar el conservatismo en aquella región.

Otra consecuencia aún más funesta que tuvo la reacción blanca a la Reconstrucción fue que muchos blancos sureños, dolidos por la pérdida sufrida, buscaron otras opciones de poder. Para muchos, la sola idea de que los negros participaran en la política y que llegaran a controlar las legislaturas estatales del Sur era simplemente inaceptable. La necesidad de luchar contra el poder político de los negros dio origen a la creación de sociedades paramilitares secretas para mantener la supremacía blanca. Algunas tenían nombres como Caballeros de la Camelia Blanca o Los Caras Pálidas, pero la más famosa, poderosa y longeva de todas fue el *Ku Klux Klan*, que celebró su primera reunión en abril de 1867 en Maxwell House, Nashville.

Esta secta estaba conformada por comandantes, soldados y líderes confederados, así como por miembros de la iglesia sureña. Sus postulados consistían en el terror y en una filosofía esotérica, pues proclamaba que sus miembros eran fantasmas de soldados confederados caídos en combate—de ahí las túnicas blancas que utilizaban. El Klan tuvo una enorme influencia en el Sur luego de la guerra, y logró intimidar de manera exitosa tanto a negros como a republicanos blancos "liberales" mediante procedimientos como el linchamiento, las palizas, la incineración y otras modalidades de terrorismo político. Como señala con elocuencia Lerone Bennet en su libro *Before Mayflower:* "El plan: reducir a los negros a la impotencia política. ¿Cómo? Por medio de la operación política más audaz y despiadada en la historia de Norteamérica: mediante los asesinatos silenciosos, la intimidación económica y los asesinatos políticos, la utilización política del terror, el asesinato de bebés en brazos de sus madres, la matanza de esposos a los pies de sus esposas, la violación de las esposas en presencia de sus maridos, y a través del amedrentamiento."

La oposición norteña a estas injusticias se desvaneció rápidamente, pues la Nación se ocupó de otros asuntos como la expansión hacia el Oeste. Inependientemente de que las reformas promulgadas por las Leyes de Reconstrucción estuvieran bien intencionadas o simplemente impulsadas por la ambición política, lo cierto es que se diluyeron porque el país se concentró en la construccion de un imperio en el Oeste y en enfrentar la depresión económica (síntoma típico de las guerras) que en 1873 causó otro Pánico en el mercado de la bolsa.

La Era de la Reconstrucción creó algunas oportunidades, pero incumplió en gran parte la meta de que los negros sureños obtuvieran una verdadera libertad, como se comprobaría tristemente durante los años siguientes.

Voces Americanas

CHASE, presidente del Tribunal Supremo, refiriéndose al veredicto en el caso *Texas vs. White* (1869).

La Constitución, en todas sus provisiones, tiene como objetivo una Unión indestructible, compuesta de estados indestructibles . . . Consideradas entonces como transacciones bajo la Constitución, la Ordenanza de Secesión, adoptada por la Convención y ratificada por la mayoría de los ciudadanos de Texas y por todas las Leyes de su Legislatura que buscaban poner en efecto dicha ordenanza eran absolutamente nulas. Estaban completamente inva-

lidadas por la ley . . . Por tanto, nuestra conclusión es que
Texas continúe siendo un estado, un estado de la Unión, a
pesar de las transacciones a las que nos hemos referido.

Esta decisión, que estipulaba el pago de bonos del Tesoro de los
Estados Unidos, dejó al descubierto que la secesión era inconstitucional.

CAPÍTULO CINCO

CUANDO LOS MONOPOLIOS NO ERAN NINGÚN JUEGO

El creciente imperio, del Salvaje Oeste a la Primera Guerra Mundial

¿Qué sucedió en la última batalla de Custer?

¿Qué sucedió en Wounded Knee?

¿Quiénes fueron los *cowboys*?

¿Quiénes fueron los "barones ladrones?"

¿Qué controlaba William Tweed?

¿Qué sucedió en Haymarket Square?

¿Quiénes fueron los populistas?

¿Qué era la Cruz de Oro?

¿Qué significaba "separados pero iguales?"

¿Qué significa "Jim Crow?"

¿Quiénes combatieron en la guerra contra España?

Hitos de la guerra contra España

¿Qué obtuvo Norteamérica en la guerra contra España?

¿Quién construyó el Canal de Panamá?

¿Qué sucedió en Kitty Hawk?

¿Qué era el "garrote?"

¿Quiénes fueron los *"muckrakers?"*

¿Quiénes fueron los *"wobblies?"*

¿Quién fue W.E.B. DuBois?

¿Cuál fue el Partido *"Bull Moose?"*

¿Quién fue Pancho Villa?

De cómo un archiduque muerto originó una guerra mundial

¿Quién hundió el *Lusitania* y cuáles fueron las consecuencias?

Hitos de la Primera Guerra Mundial

¿Cuál fue el precio de la Primera Guerra Mundial?

Durante los 35 años que transcurrieron desde el final de la Guerra Civil hasta el advenimiento del siglo XX, Estados Unidos dejó de ser un país de agricultores divididos por la guerra y muy rapidamente se convirtió en un imperio industrial que tenía posesiones en tierras lejanas. Cuando finalizó la Primera Guerra Mundial en 1918, Estados Unidos ya había emergido como una de las primeras potencias mundiales. Este progreso vertiginoso se debió a una verdadera explosión de desarrollo industrial que dio lugar a la construccion de líneas férreas, de acerías, y al descubrimiento de pozos de petróleo. El crecimiento industrial se vio complementado por una proliferación de inventos realizados por personajes muy conocidos: Edison, Bell, Westinghouse, Wright y Pullman.

Pero el progreso también tiene un costo, que *The Gilded Age* (La Época de Oropel), título de la novela de Mark Twain y Charles Dudley Warner acerca de aquellos tiempos define muy bien: hermosa por fuera pero barata, sucia y manchada por dentro. Miles de trabajadores murieron por cada milla de línea férrea construida, por cada tonelada de carbón o hierro extraído. Muchos de ellos eran inmigrantes o veteranos de guerra a quienes les pagaban una miseria, que trabajaban en un ambiente inseguro y lleno de insalubridad, y que tenían poca o ninguna voz política. Las nuevas fortunas originaron una corrupción increíble. Los forajidos del Lejano Oeste eran pícaros inofensivos comparados con los políticos de Nueva York y Washington —quienes robaron muchos millones— y con los industriales millonarios que mantenían a estos políticos en el bolsillo. Desde la Revolución, el proceso político norteamericano se dio por medio de reformas sumamente lentas, pero el poder continuó en pocas manos. Eso era justamente lo que los Padres Fundadores soñaron: una nación dominada por una aristocracia elevada, conformada por caballeros que tenían el tiempo y la educación para debatir y gobernar con criterio. Pero como nunca antes, en este período del imperio creciente el poder era monopolio de los ricos y poderosos, de los grandes magnates de la industria y de la banca que literalmente eran dueños del gobierno, al que utilizaron para enriquecerse aún más. El gobierno se asemejaba mucho a la idea que de éste tenía Alexander Hamilton cuando se debatió la Constitución, a la vez que era completamente diferente a la república agraria soñada por Jefferson.

Los nuevos industriales eran los Medicis de Norteamérica, pues dictaban las políticas del país de la misma forma en que los banqueros italianos lo hacían con los papas y los principados. Los presidentes de la postguerra, quienes fueron aliados de Morgan, Gould, Rockefeller y Carnegie, fueron mandatarios débiles, ineptos o corruptos. Fue sólo gracias al advenimiento de Theodore Roosevelt—heredero de una familia adinerada y nada liberal en el sentido moderno de la palabra—que la Casa Blanca tuvo el poder suficiente para desafiar a estos magnates.

Al otro lado estaban los desahuciados, los trabajadores inmigrantes que morían en los desiertos y montañas para que el ferrocarril se abriera paso hacia el Oeste, así como los pobres obreros urbanos de las fábricas, quienes lograron una pequeña dosis de poder con sindicatos laborales que sufrieron la oposición despiadada de las milicias estatales y de las tropas federales; los colonos a quienes los zares de los trenes y los barones ganaderos les robaron descaradamente sus tierras; las mujeres explotadas en las numerosas fábricas de las ciudades que no tenían derecho al voto; y los indios, los últimos sobrevivientes de los millones que vivían en Norteamérica cuando Colón llegó a estas tierras. Esta época estuvo marcada por el sometimiento de las pocas tribus que no habían sido conquistadas aún, pero que no marcharon dócilmente hacia la muerte.

VOCES AMERICANAS
General WILLIAM TECUMSEH SHERMAN, 1867.

Mientras más indios matemos este año, menos tendremos que matar el próximo. Cuanto más conozco a estos indios, más me convenzo de que tendrán que ser exterminados o mantenidos como limosneros.

JEFE GALL, líder de los guerreros hunkpapa sioux,
en Little Bighorn.

Si usted tuviera un territorio que fuera muy valioso, que siempre hubiera pertenecido a su pueblo . . . y hombres

Cuando Los Monopolios No Eran Ningún Juego

de otra raza hubieran venido para tomarlo por la fuerza,
¿qué haría su gente? ¿Combatir?

¿Qué sucedió en la última batalla de Custer?

La batalla india más famosa en la historia del país fue el destello final
de la danza de guerra valerosa e irredomable de los indios. El responsable de este enfrentamiento fue George Armstrong Custer, un soldado
presumido, obstinado y, a juicio de algunos, también loco. La victoria
india en Little Bighorn terminó por sentenciar lo inevitable: el final
violento de la resistencia india y la desaparición de su singular estilo
de vida.

Mientras los hombres blancos se mataban unos a otros durante la
Guerra Civil, quedaban todavía unos 300,000 indios en el Oeste.
Habían sido obligados a refugiarse en el interior desde ambas costas
por eventos como la guerra de 1812, el Destino Manifiesto, la guerra
contra México, las fiebres del oro en California y Colorado, y todas las
demás razones que tenían los blancos para despojarlos de sus tierras. La
"frontera india permanente" propuesta por Andrew Jackson durante los
traslados que ocurrieron a comienzos del siglo XIX fue violada por
empresas públicas y privadas y lo mismo sucedió con todos los tratados
en la conmovedora historia de los indios. Una vez que la Guerra Civil
terminó, los políticos, aventureros, agricultores, constructores de ferrocarriles y ganaderos reanudaron ansiosamente lo que la guerra había
interrumpido. Los sioux era la tribu más poderosa y numerosa de las
sobrevivientes y estaba dividida en pequeños grupos: los santee sioux
del oeste de Minnesota, quienes intentaron adquirir las costumbres
occidentales; los teton sioux, jinetes y guerreros extraordinarios de las
Grandes Planicies, liderados por el jefe oglala Red Cloud (Nube Roja):
los hunkpapa, que más tarde contarían con Sitting Bull (Toro Sentado)
y Crazy Horse (Caballo Loco) y los cheyennes de Wyoming y Colorado, aliados de los teton. Había otras tribus que vivían en el Sur: los
arapaho de Colorado; los comanches de Texas, y los apaches, los navajos y los pueblo de Nuevo México.

Desde 1866 hasta 1891, el Ejército de los Estados Unidos libró una
guerra continua contra estas tribus indias que tuvo un costo muy alto

en vidas y en dinero. La estocada final comenzó cuando los sioux protestaron por la apertura del Sendero Bozeman, una ruta que pasaba por los territorios indios de Montana y que conducía a las minas de oro de California. Liderados por Red Cloud, los sioux atacaron y destruyeron las fortalezas que el Ejército construía a lo largo del Sendero. Aunque los combates terminaron con la firma de un tratado en 1867, la situación empeoró. Confinados en pequeñas reservaciones supervisadas por el Departamento de Asuntos Indios, organización plagada por la corrupción, los indios intentaron vivir bajo el dominio de los blancos.

De nuevo, el oro arrasó con cualquier esperanza de alcanzar una paz duradera. Custer y sus hombres entraron a las reservaciones indias de Black Hills, en Dakota de Sur, encontraron oro y pronto hubo una gran invasión a este Territorio. Los indios recibieron órdenes de abandonar el lugar, pero decidieron luchar. Los sioux, respaldados por los cheyennes, concentraron sus fuerzas en el río Bighorn, en la parte sur de Montana. En el verano de 1876, Custer y 250 de sus hombres ignoraron la advertencia de que había entre 2,000 y 4,000 indios dispuestos a defenderse y lanzaron un ataque frontal, violando así una orden que prohibía agredirlos. Sitting Bull, el líder espiritual de los sioux, soñó que derrotaba a los blancos, realizó la "danza del sol" antes del enfrentamiento, pero estaba muy débil para combatir. Durante la batalla de Little Bighorn, el 25 de junio de 1876, los indios, comandados por Crazy Horse y por Gall—otro jefe indio—, aniquilaron hasta el último hombre de Custer y sólo le perdonaron la vida a un scout mestizo.

Por supuesto, los periódicos del Este ofrecieron una versión muy diferente de los hechos. En medio de las celebraciones por el Centenario de la Independencia, el público se indignó ante lo que consideraron como la masacre de soldados valientes perpetrada por indios sanguinarios. Los informes románticos de la "Última batalla de Custer," sumados a un famoso cuadro que representaba dicha escena, provocaron la indignación del público y de los estamentos políticos que hicieron un llamado a la guerra total contra los sioux. El Ejército respondió con violencia y la mitad de las tropas de la nación fueron enviadas a cobrar venganza. Los miembros de la tribu sioux fueron literalmente cazados, sus campamentos arrasados y obligados a establecerse en reservaciones. En mayo de 1877, Crazy Horse condujo a varios de los últimos sioux libres a la reservación de Red Cloud. Sitting Bull condujo a los hunkpapas a Canadá, donde el gobierno les permitió vivir y cazar en completa libertad. En septiembre de 1877, Crazy Horse, quien tenía 35 años, fue detenido por Crook, un general del Ejército de los Estados Unidos. El jefe indio opuso resistencia y un soldado le dio muerte con una bayoneta.

Después de las guerras contra los sioux se adelantaron otras devastadoras contra Joseph, jefe de los nez perce, en el Noroeste, y contra Gerónimo y los apaches en el Sudoeste. Gerónimo, que había sido un guerrero feroz, fue exhibido en la Feria Mundial de St. Louis, donde vendió fotos suyas por 25 centavos de dólar.

Voces Americanas
De las últimas palabras de Crazy Horse (1877).

Teníamos al búfalo que nos daba alimento y de sus pieles hacímos nuestras ropas y *tepees*.* Preferíamos cazar a llevar una vida ociosa en las reservaciones, adonde fuimos llevados en contra de nuestra voluntad. En varias ocasiones no teníamos nada que comer y ni aún así se nos permitió salir a cazar fuera de la reservación.

Preferíamos nuestra forma de vida. No éramos ninguna carga para el gobierno. Lo único que queríamos era paz y que no nos molestaran. Los soldados blancos destruyeron nuestras aldeas en el invierno.

Luego "Cabello Largo" (Custer) vino con las mismas intenciones. Los blancos dijeron que nosotros lo masacramos, pero él hubiera hecho lo mismo si no nos hubiéramos defendido y combatido hasta el último instante. Nuestro primer impulso fue huir con nuestras mujeres y niños, pero nos acorralaron de tal modo que tuvimos que combatir.

---

*Vivienda típica de los indígenas norteamericanos.

¿Qué sucedió en Wounded Knee?

La victoria de Little Bighorn demostró ser muy costosa para los indios y solo contribuyó a sentenciar lo inevitable. Durante los enfrentamietos con las tropas federales, los indios sufrieron un verdadero desastre, pues casi todos sus líderes fueron capturados o asesinados y los sobrevivientes confinados en reservaciones. Pero a pesar de las desventajas, algunos indios se negaron a someterse y conformaron el último movimiento de resistencia del siglo XIX, y fueron víctimas de una famosa masacre que realmente marcó el final de la era de las guerras indias.

En 1888, Wovoka, un indio paiute, creó un movimiento religioso llamado "La Danza Fantasma." Sus miembros creían que muy pronto el mundo llegaría su fin y que los indios, incluidos aquellos que ya habían muerto, heredarían la tierra. Wovoka predicaba la armonía entre los indios y el rechazo a todo lo que proviniera de los blancos, especialmente el alcohol. Esta religión tomó su nombre de un ritual en que los bailarines entraban en trance y veían el futuro paraíso indio.

Este movimiento no tardó en echar raíces y fue adoptado masivamente por los indios de la Grandes Planicies, del Sudoeste y del Lejano Oeste. Pero todo cobró una dimensión inusitada cuando dos curanderos sioux dijeron que las "camisas de los fantasmas" con que se vestían los bailarines podían detener las balas del hombre blanco, lo que produjo una ola de fervor entre varios indios.

Alarmado, el Ejército norteamericano intentó arrestar a varios líderes indios, entre ellos a Sitting Bull, que no era miembro de este movimiento y vivía en una reservación luego de participar en el tour de Búfalo Bill. Temiendo la influencia de Sitting Bull, la policía india contratada por el gobierno se dispuso a arrestarlo y fue asesinado por un policía el 15 de diciembre de 1890, luego de una escaramuza.

Big Foot (Pie Grande), otro jefe indio que estaba siendo buscado por el Ejército, tenía neumonía avanzada y quería la paz. Sin embargo, tres días después del día de Navidad, el Ejército lo arrestó en compañía de 350 hombres, mujeres y niños y los condujo a Wounded Knee, Dakota del Sur, a la reservación de Pine Ridge. El 29 de diciembre de 1890, mientras los indios les entregaban sus armas a los soldados, el arma de un indio sordomudo llamado Black Coyote (Coyote Negro) se disparó. Se desconoce si fue algo accidental o deliberado. Lo cierto es que los soldados se alarmaron y descargaron sus armas sobre los indios indefensos. Por lo menos 150 murieron y algunas fuentes sostienen que fueron 300. Wounded Knee fue la "última batalla" de los indios. Los 20 años siguientes marcaron el nadir de la historia de los indios norteamericanos, pues entre 1890 y 1910 quedaban ya menos de 250,000. (Sólo en 1917, la tasa de natalidad de los indios superó a la de mortandad, revirtiendo una tendencia negativa de más de 50 años.) Aunque estuvieron al borde de la extinción, los indios norteamericanos demostraron una fuerte capacidad de resistencia y obtuvieron derechos legales con una lentitud pasmosa. En 1924 se les otorgó la ciudadanía a todos los indios nacidos en los Estados Unidos, básicamente como una recompensa por la gran cantidad de indios que combatieron valerosamente en el Ejército norteamericano durante la Primera Guerra Mundial. Sin embargo, el paternalismo, la discriminación y la explotación seguían siendo bastante comunes.

En la época de la Gran Depresión (ver Capítulo Seis), la situación de los indios en las reservaciones era "deplorable," de acuerdo con un informe gubernamental. Durante el mandato de Franklin D. Roosevelt, un antropólogo cultural llamado John Collier fue nombrado Comisionado de los indios. Collier propuso notables reformas por medio de las cuales se reconocía el derecho de las tribus norteamericanas a ser diferentes y autónomas, así como para que tuvieran más derechos que el resto de los estadounidenses. Este período se conoció como el *New Deal* hacia los indios, pero poco duró, pues fue reemplazado por una política de "finalización" con la que el gobierno pretendía poner fin al estatus especial de los indios, que en 1954 todavía no podían votar en algunos estados. En el censo de 1980 figuraban unos 1.5 millones de indios (incluidos los aleutianos y los esquimales) y era uno de los grupos minoritarios de más rápido crecimiento. Sin embargo, sigue siendo una de las minorías más pobres y desempleadas de la población norteamericana.

Lectura Recomendada: *Bury My Heart at Wounded Knee: An American Indian History of the American West*, de Dee Brown; *500 Nations: An Illustrated History of North American Indians*, de Alvin M. Josephy Jr.

VOCES AMERICANAS
BLACK ELK, chamán oglala que estuvo en
Pine Ridge en 1890. (Del libro *Black Elk Speaks*,
editado por John G. Neihart.)

En ese entonces no sabía cuánto habíamos perdido.
Ahora, cuando miro desde la alta colina de mi avanzada
edad, puedo ver a las mujeres asesinadas y a los niños
yaciendo amontonados, o a lo largo del desfiladero tan
claramente como cuando contemplé el mismo espectáculo con mis ojos todavía jóvenes. Y puedo ver aún que
algo murió en medio del fango sangriento y quedó sepultado por la tormenta de nieve. El sueño de un pueblo
murió allí . . .

La esfera de la nación india está rota y desperdigada;
ya no tiene centro y el árbol sagrado ha muerto.

VOCES AMERICANAS
Juro fidelidad a la bandera de los Estados Unidos de
Norteamérica y a la República que representa, a esta na-
ción indivisible, con libertad y justicia para todos.

Los estudiantes de las escuelas públicas realizaron por primera vez
el juramento a la bandera durante la Celebración Nacional Escolar de
1892, en homenaje a los 400 años del descubrimiento de América. El
juramento original probablemente fue compuesto por Francis Bellamy
(1855–1931), un socialista conocido por su libro *La Utopía Socialista*.
Algunos académicos sostienen que el verdadero autor del juramento
fue James B. Upham (1845–1905). Ambos nacieron en Boston y trabajaron en la revista *The Youth's Companion*. El texto del juramento fue
aumentado durante las Conferencias Nacionales de la Bandera de la
Legión Americana de 1923 y 1924.

En 1942, el Congreso hizo que el juramento fuera parte de su
código para el uso de la bandera. En 1954, durante la fiebre comunista
que se vivió en aquel entonces, se agregaron las palabras "bajo Dios." A
Bellamy nunca se le hubiera ocurrido utilizar estas palabras, pues era
socialista.

¿Quiénes fueron los *cowboys*?

La Nación, que ya estaba cumpliendo un siglo, no tenía su *Odisea*, ni su San Jorge derrotando al dragón, ni su propio Prometeo. El genio naciente que tenían los norteamericanos para amasar fortunas era un pobre sustituto del rey Arturo y sus Caballeros de la Mesa Redonda (aunque la leyenda de Horacio Alger que pasó de pobre a millonario tuvo una gran difusión). Norteamérica tuvo que fabricar sus propios héroes, pues no contaba con una mitología de héroes antiguos. De este modo, la maquinaria fabricante de mitos de la Norteamérica del siglo XIX creó un arquetipo heroico bastante apropiado, por medio de los *cowboys* del Lejano Oeste. Se divulgó la imagen de unos hombres impávidos que conducían rebaños de ganado, que vivían de un modo individualista y temerario, que luchaban contra los elementos de la naturaleza y que conjuraban los violentos ataques de los indios. Y también de unos hombres que impartían justicia mediante duelos con seis pistolas en calles polvorientas bajo el sol de mediodía. Este Lejano Oeste creado artificialmente se convirtió en la Ilíada de Norteamérica.

Esta imagen ampliamente difundida apareció en los periódicos, fue reforzada en novelas de diez centavos y más tarde fue plasmada y promovida en infinidad de películas de Hollywood, en series de televisión y comerciales de cigarrillos, terminando incluso por incorporarse a la mentalidad política norteamericana. Este "código de *cowboys*" marcó a la política y a varios presidentes, entre quienes se destacan Teddy Roosevelt, Lyndon Johnson y Ronald Reagan.

La "moda" *cowboy* duró unos 20 años, desde 1867 hasta 1887, pero no fue tan gloriosa ni tan romántica y peligrosa como se ha descrito. La comparación que hacen los políticos modernos de las ciudades plagadas de drogas con el Lejano Oeste le hace injusticia a esta región. Hubo menos tiroteos y muertes violentas en toda la historia de las famosas poblaciones de Tombstone, Abilene, Dodge City y Deadwood, que los ocurridos en la ciudad de Washington, D. C. en el lapso de unos pocos meses.

El alma del mito *cowboy* se forjó con el jineteo y arreo del ganado y surgió con los famosos caminos de Texas, donde los conquistadores españoles introdujeron ganado que más tarde se mezcló con el ganado inglés de los colonos norteamericanos, de cuyo cruce surgió el novillo tejano de cuernos largos, un logro genético realmente notable. Los viajes que se hacían al norte de Texas por caminos como el Chisholm—trazado por Jesse Chisholm, quien era mitad cherokee—terminaban en las estaciones de Kansas City y Sedalia en Missouri, Cheyenne en Wyoming, y Dodge City y Abilene en Kansas, las cuales se habían establecido recientemente. Esta última, que era la ciudad más bulliciosa del Lejano Oeste, fue fundada por ganaderos de Illinois como punto de encuentro de las personas que traían ganado de Texas. Esta ciudad no tardó en convertirse en un escandaloso centro de bares y de prostíbulos que satisfizo las necesidades de quienes viajaban durante meses por terrenos escarpados desde Texas, acompañados de ganado que se alimentaba a campo abierto. Se necesitaron hombres para mantener la paz, quienes con frecuencia eran más violentos aún que las personas a quienes debían vigilar. El más famoso de estos fue James Butler "Wild Bill" Hickok, quien mató a dos personas mientras estaba encargado de la seguridad de Abilene; una de sus víctimas fue otro policía. Pero los habitantes de la Costa Este conocieron a Hickok y a otros personajes legendarios como Jesse James por medio de artículos de prensa y novelas baratas que describían al Oeste como una región romántica y aventurera.

En la década de 1890, el Lejano Oeste comenzó a transformarse. Los ganaderos descubrieron que los novillos eran muy fuertes y que podían sobrevivir en las llanuras del Norte, eliminando así la necesidad de realizar aquellos largos viajes. La aparición del alambre de púas en 1874 hizo posible que pudieran cercarse grandes extensiones de tierra (aunque los que hacían esto no fueran necesariamente los propietarios de la tierra o la reclamaran con argumentos muy discutibles). Los días de los filibusteros del período de postguerra fueron reemplazados gradualmente por el establecimiento de la ganadería organizada, que se convirtió en una importante actividad económica. Así, la época de los *cowboys* y de los forajidos del Lejano Oeste llegó a su fin y su lugar fue tomado por personajes mucho más siniestros y despiadados: los hombres de negocios.

VOCES AMERICANAS
MATTHEW JOSEPHSON, describiendo la Época de
Oropel en su libro *The Robber Barons*, de 1934.

Las cenas de plata, oro y diamantes se sucedían indefecti-
blemente en Delmonico. En una de estas, todas las damas
abrieron sus servilletas y encontraron un brazalete de oro
con las iniciales del anfitrión. En otra, los cigarrillos enro-
llados en billetes de cien dólares eran fumados con autén-
tica emoción . . . Un hombre ofreció una cena en honor a
su perro y le regaló un collar de diamantes avaluado en
15,000 dólares.

¿Quiénes fueron los "barones ladrones?"

Los escándalos sobre abuso de información privilegiada de Wall Street
y los casos de corrupción que se vivieron en la ciudad de Nueva York
en la década de 1980 son insignificantes cuando se les compara con la
corrupción generalizada de los negociantes y políticos norteamericanos
de finales del siglo XIX. En esta época, el genio político fue opacado
por la habilidad para acumular y poseer más riqueza y poder a nivel
privado que nunca antes en la historia. Una ilustración de este poder
fue la negativa del financista John P. Morgan Sr. a hacerle préstamos al
gobierno de los Estados Unidos porque éste no tenía una garantía cola-
teral. Sin embargo, Morgan le dio una "mano" al gobierno federal que
estaba al borde de la bancarrota: cambió oro por bonos gubernamentales, los vendió rápidamente y obtuvo una utilidad enorme.

La acumulación de las riquezas en manos de unos pocos no era
nada nuevo en los Estados Unidos. Desde la época de la Colonia, casi
todas de las riquezas del país estuvieron monopolizadas por una minoría, pero este monopolio alcanzó cimas sin precedentes a finales del
siglo XIX.

Luego de la guerra, las tierras del Oeste quedaron disponibles, los
indios fueron eliminados y se despejó el camino para el gran impulso
que vino a continuación. Se necesitaba un transporte rápido y económico para llegar a estas tierras tan ricas y llevar el ganado y el trigo a los

mercados del Este que abastecían a los obreros que fabricaban las herramientas y la maquinaria para extraer el oro, la plata y el cobre. La construcción de vías férreas requería cuatro componentes básicos: tierra, mano de obra, acero y capital. El gobierno federal ofreció la tierra; los inmigrantes de ambas costas aportaron la mano de obra barata; Andrew Carnegie suministró el acero; y J. P. Morgan Sr. y Jr.—los "Banqueros de los banqueros"—hicieron lo propio con el dinero.

Gracias a las posibilidades ilimitadas de riqueza que ofrecía el Oeste, el proyecto para comunicarlo con el Este ofrecía estrategias igualmente ilimitadas para defraudar al Tesoro. La corrupción se hizo evidente luego del escándalo del Crédit Mobilier, en 1872. Oakes Ames, congresista de Massachusetts, era propietario de fábricas de palas y uno de los directores del Union Pacific Railroad, la compañía encargada de construir la línea férrea al oeste de Nebraska. Ames y la Union Pacific crearon una compañía llamada Crédit Mobilier, la cual recibió todos los contratos de construcción. El Congreso le pagó a ésta compañía 94 millones por un trabajo que realmente valía 44 millones de dólares. Ames preparó el clima para esta negociación repartiendo una gran cantidad de acciones en Washington y vendiéndolas por la mitad de su valor en la bolsa de Nueva York. Varios congresistas se vieron beneficiados por este abuso de información privilegiada, entre quienes figuraban James A. Garfield, futuro presidente de la nación, Schuyler Colfax y Henry Wilson, quienes fueron vicepresidentes durante el primer y segundo mandato de Grant respectivamente y que le dieron un nuevo significado al cargo de "vicepresidente."

La compañía constructora Central Pacific, propiedad de Leland Stanford, construyó vías férreas al este de California y también obtuvo tierras, contratos y pagos muy por encima de lo normal. Stanford se salió con la suya y fundó una universidad; Ames y James Brook—representante por el Estado de Nueva York—fueron censurados por el Congreso (aunque no recibieron una universidad como parte del negocio). Otros legisladores fueron exonerados.

Además de los costos astronómicos por concepto de sobornos, la conexión férrea entre el Este y el Oeste, terminada el 10 de mayo de 1869 en Promontory Point, Utah, les costó la vida a miles de trabajadores. Las vías férreas, que serpenteaban por entre montañas, atravesaban desiertos o pasaban por territorios indios, contribuyeron al exterminio de los búfalos, que fueron sacrificados para alimentar a los trabajadores. Sus vidas y los sólidos principios de la construcción fueron sacrificadas a favor de la codicia y de la premura por trazar vías férreas rentables. Las ciudades interesadas en que el tren pasara por su lado pagaron sobornos y millones de acres de tierra fueron regalados a las compañías constructoras como si se tratara de ciruelas.

Los dos períodos presidenciales de Grant fueron abono fértil para la corrupción. Además del escándalo de la Crédit Mobilier, que llegó hasta la Casa Blanca, también se dio el escándalo de la Camarilla del Whiskey, por medio del cual le fueron defraudados millones de dólares al gobierno mediante el cobro de impuestos fraudulentos realizados por algunos miembros del Departamento del Tesoro y por Orville Babecock, secretario personal de Grant y negociante inescrupuloso. La corrupción también estaba igualmente extendida en el Departamento de Asuntos Indios, donde los oficiales de la administración recibían sobornos millonarios, mientras que en el mejor de los casos, los indios de las reservaciones recibían alimentos podridos.

Los millones de dólares envueltos en estos escándalos fueron sumas insignificantes comparadas con las fortunas amasadas por los llamados "barones ladrones," término acuñado en 1878 por el historiador Charles Francis Adams en su libro *Railroads: Their Origins and Problems*. Sin embargo, estos personajes transformaron su modalidad de robo en sólidas organizaciones a las que llamaron "*trusts*."

Para muchos de estos hombres, como Gould y Vanderbilt, el ferrocarril fue el instrumento para amasar inmensas fortunas. El comodoro Cornelius Vanderbilt (1794–1877) comenzó su carrera de negocios con el transbordador de Staten Island, forjó un imperio de barcos de vapor y se dedicó al negocio de los ferrocarriles después de la guerra. Valiéndose de los sobornos y las mordidas, Vanderbilt hizo del New York Central la vía férrea más extensa de Norteamérica, y le dejó una herencia enorme a su familia. Asimismo, le dio un nuevo significado al "consumo conspicuo," por medio de lujosas fiestas en las que los invitados escarbaban para encontrar joyas.

Jay Gould (1836–92), uno de los más encarnizados rivales de Vanderbilt, comenzó con el ferrocarril Erie en Nueva York, pero tuvo que retirarse después de realizar fraudes con acciones tan malintencionadas, que hasta las autoridades permisivas de esta época tuvieron que intervenir. Gould construyó un enorme imperio mediante pequeñas líneas de ferrocarriles en el Sudoeste, convirtiéndolas en un monopolio regional. En 1869, Gould y James Fisk—que había ganado millones vendiéndole mantas de baja calidad a la Unión a través del Tammany Hall—intentaron manipular el mercado de oro que en ese entonces estaba dominado por los negociantes del "Salón de Oro" de la bolsa de valores de Nueva York y no por el gobierno de los Estados Unidos, y utilizaron al presidente Grant para cumplir su objetivo. El presidente, que tardó en descubrir el ardid, suspendió temporalmente las ventas de oro y su precio subió. En respuesta, Grant emitió 4 millones en oro, pero el precio del mineral cayó y derivó en el "Viernes Negro" que causó pánico en el mercado bursátil, desatando a su vez una depresión económica que se prolongó por varios años. Gould fue asesinado después por un antiguo socio suyo, luego de pelear por una amante que tenían en común.

En vista de la corrupción, del monopolio del sistema ferroviario y de la depresión económica desatada por el "Viernes Negro," era de esperarse que la industria férrea estuviera próxima a sufrir un desastre. En la década de 1890, muchas de las líneas estuvieron al borde de la bancarrota debido a la fuerte competencia y a las pobres condiciones económicas. Fue entonces cuando apareció John Pierpont Morgan Sr. (1837–1913), quien es confundido con su hijo gracias a sus nombres, apariencia y poder.

Pierpont Morgan, hijo de un banquero americano establecido en Londres, no sólo evadió el servicio militar durante la Guerra Civil, sino que obtuvo enormes provechos de ella. Financió la compra de unos rifles obsoletos por 3.50 dólares cada uno. Luego refinanció la compra de esos mismos rifles a una segunda persona, quien pagó 11.50 por cada uno. Las armas fueron actualizadas y revendidas a 22 dólares por pieza. En un período de tres meses, el gobierno compró sus viejos rifles por un precio seis veces más alto que el original y Morgan fue el financista de toda la operación. Como dice Ron Chernow en su libro *The House of Morgan:* "Es indiscutible que él vio la Guerra Civil como una oportunidad para sacar provecho, no para prestar servicio . . . Al igual que otros jóvenes de buena familia, Pierpoint le pagó 300 dólares a alguien para que ocupara su lugar tras ser reclutado después de la batalla de Gettysburg. Esta práctica de pagar sustitutos, que era común y nada equitativa, originó los motines de 1863." Más tarde, cuando el mercado del oro tuvo fuertes altibajos debido al estallido de la guerra, Morgan intentó manipular el mercado sacando oro del país.

A finales del siglo, Morgan tenía participación en casi todos los grandes proyectos financieros de la nación. Su banco era un club de millonarios que le prestaba dinero a otros bancos. Fue a través de Morgan que un pequeño grupo de personas logró controlar los ferrocarriles de Norteamérica y en 1900, Morgan era dueño de la mitad de la extensión de todos los ferrocarriles de los Estados Unidos. Sus amigos eran dueños de casi todo el resto, lo que les permitió establecer las tarifas en todo el país.

En ese mismo año, Morgan y el rey del acero Andrew Carnegie (1835–1919) se encontraron en una fiesta. Carnegie esbozó una cifra, Morgan aceptó y así nació U.S. Steel, la primera corporación en tener mil millones de dólares en activos. A diferencia de Morgan, Carnegie representaba al menos una fracción del mito del pobre convertido en rico. Nació en Escocia y emigró a los Estados Unidos con su familia en 1848, donde trabajó por primera vez en una fábrica de algodón. Su ascenso al poder fue legendario; pasó de empleado de telégrafos a secretario del director del Pennsylvania Railroad. Luego fue agente de Wall Street y se dedicó a las ventas por comisión. Se dedicó a la industria del petróleo tras descubrirse un yacimiento en una propiedad suya y luego pasó a la industria del hierro y del acero. Carnegie se valió del método Bessemer, una técnica mejorada para producir acero que había visto en Inglaterra, lo aplicó, y revolucionó la producción de este mineral en los Estados Unidos. En poco tiempo comenzó a controlar el mercado americano del acero con una eficacia desbordante.

Carnegie y Henry Clay Frick—uno de sus administradores—se oponían con todas sus fuerzas a los sindicatos. En 1892, mientras Carnegie estaba en Escocia, Frick redujo los salarios y le pidió al sindicato que se disolviera, lo que ocasionó una sangrienta protesta en la planta de Homestead, Pennsylvania. Los trabajadores rechazaron las medidas de Frick, quien los despidió a todos, cercó la fábrica con alambre de púas y contrató guardias para que protegieran a los rompehuelgas que había contratado. Los miles de huelguistas, acompañados por amigos y familiares, impidieron que los guardias se bajaran de sus remolques, en un enfrentamiento que dejó 20 huelguistas muertos. Frick le pidió al gobernador que enviara 7,000 milicianos para proteger a los trabajadores sustitutos. Durante los enfrentamientos, que se prolongaron durante cuatro meses, un joven anarquista llamado Alexander Berkman —amante de Emma Goldman (1869–1940), la líder anarquista más conocida de su época— le dio un disparo a Frick en el estómago. Sin embargo éste sufrió una herida leve y ese mismo día regresó a su trabajo.

Los milicianos arrestaron a los líderes de la huelga, quienes fueron acusados de asesinato y luego absueltos. La fábrica siguió produciendo acero y los trabajadores llegaban en tren. Las otras acerías no se unieron a la huelga de Homestead y este fracaso sindicalista impidió que los empleados de las acerías de Carnegie se organizaran en los años subsiguientes.

Otro de los "gigantes" de aquella época fue John D. Rockefeller (1839–1937), un contador que fue contratado en alguna ocasión para investigar las posibilidades de invertir en compañías de petróleo. Rockefeller dijo a sus empleadores que este negocio no tenía "ningún futuro," aunque pronto realizó inversiones personales y en 1862 compró una refinería. En compañía de varios socios, fundó la South Improvement Company, una empresa tan corrupta que tuvo que cerrar. Rockefeller conformó la Standard Oil of Cleveland en 1870. Esta compañía "compró" a varias legislaturas estatales, realizó negocios secretos con compañías de ferrocarriles para obtener tarifas favorables, debilitó a sus rivales por medio de sobornos y sabotajes, y finalmente les compró sus empresas con acciones de la Standard Oil. Ésta controlaba entre el 90 y el 98 por ciento de la capacidad de refinamiento que tenía el país en 1879, justo en la época en que el valor del petróleo en la sociedad industrializada ya era manifiesto. Veinte años después, la Standard Oil se transformó en una compañía de *holdings*, conformada por accionistas con diversos intereses entre los que se encontraba el Chase Manhattan Bank. Esta diversificación fue posible en gran parte gracias a la invención del *trust*, realizada por Samuel C. T. Dodd, uno de los abogados de Rockefeller, buscando evadir las leyes estatales que regían a las corporaciones. La Standard Oil, por ejemplo, era una corporación de Ohio que no podía tener plantas en otros estados ni acciones en corporaciones de otros estados. La solución de Dodd consistió en establecer un consejo de administración conformado por nueve personas. En lugar de emitir acciones, la Standard Oil pasó a emitir "certificados de participación." Mediante esta estrategia, Rockefeller acaparó toda la industria sin tener que preocuparse de violar leyes corporatives que prohibían los monopolios. Esta idea fue copiada rápidamente por otras compañías y a comienzos de 1890, más de 5,000 compañías se habían organizado en 300 *trusts*. Para citar un ejemplo, a excepción de 40,000 millas, el *trust* del ferrocarril de Rockefeller era propietario de todas las vías férreas de los Estados Unidos.

Los *trusts* y los enormes monopolios mantenían los precios artificialmente elevados, impedían la competencia y pagaban salarios extremadamente bajos. Como era de esperarse, no tenían mucha popularidad entre la clase trabajadora norteamericana. La Standard Oil se convirtió en la empresa más odiada de Norteamérica. Muchos de estos monopolios se habían consolidado por medio de sobornos y subsidios gubernamentales, a espaldas de los pobres trabajadores, cuyos intentos por organizarse fueron brutalmente reprimidos. No había la menor esperanza de que la presidencia instituyera alguna reforma para terminar con esta situación.

Durante toda una generación que comenzó con el breve mandato de Andrew Johnson y la administración de Grant, el cargo presidencial llegó a ser prácticamente superfluo. En 1876, Rutheford B. Hayes (1822–93) obtuvo la presidencia luego de unas elecciones fraudulentas en las que Samuel J. Tilden, candidato demócrata, fue despojado de su victoria. Esto originó una alianza con los demócratas sureños que puso fin a la Reconstrucción y a cualquier posibilidad de que se promulgaran derechos civiles en el Sur. Grover Cleveland (1837–1908) fue elegido presidente en 1884 y nombró a William Whitney como secretario de la Marina. Éste había hecho una fortuna con la Standard Oil y construto una "flota marina de acero" luego de comprarle acero a Carnegie a precios inflados.

Los intentos por realizar "reformas" sólo pretendían aplacar a una sociedad que estaba harta de la corrupción. La Comisión de Comercio Interestatal, establecida durante la administración de Cleveland con el objetivo de regular los ferrocarriles, fue una farsa total. Benjamin Harrison (1833–1901), el sucesor de Cleveland, era un ex abogado de ferrocarriles que había dispersado manifestaciones por la vía de la fuerza. Durante su mandato y como reacción al sentimiento público, el Congreso aprobó la Ley Sherman Antitrust en 1890, que atacaba a estas organizaciones y que recibió ese nombre en honor al senador John Sherman, hermano del general William Tecumseh Sherman, para proteger el comercio de "restricciones ilegales."

Esta ley demostró toda su capacidad de farsa cuando en 1895, la Corte Suprema decretó que una compañía que tenía el 98 por ciento del monopolio nacional en el refinamiento de azúcar no era un monopolio comercial sino manufacturero y que por lo tanto era inmune a la ley. Durante este período tan conservador y a favor de las empresas, la Corte decretó que las leyes contra los *trusts* también podían ser aplicadas a los huelguistas del ferrocarril por "restringir el comercio." Esta Corte fabulesca fue todavía más lejos cuando decretó que la Decimocuarta Enmienda, cuyo fin es garantizar los derechos de los esclavos liberados, también protegía a las corporaciones, a quienes la Corte definió como "personas que merecen el debido proceso legal."

Sin embargo, no todas las fortunas se amasaron de forma deshonesta. Cuando la nación se expandió hacia el Oeste después de exterminar a los indios, surgieron maravillosas oportunidades para los ciudadanos norteamericanos, muchos de los cuales eran recién inmigrados o hijos de éstos. Pero en términos generales, se puede decir que esta época—así como el país—perteneció a un pequeño grupo de hombres adinerados, es decir, a la plutocracia. Como lo señala el historiador conservador Kevin Phillips en *Wealth and Democracy*: "La regla de la Época de Oropel que comenzó en 1870, fue que en la década de 1890, los goliats norteamericanos de los negocios, ferrocarriles y finanzas adquirieron un control *de facto* sobre muchas legislaturas estatales, sobre los poderes judiciales federales y sobre el Senado de los Estados Unidos."

VOCES AMERICANAS
Del artículo "Riqueza," de ANDREW CARNEGIE,
publicado en el *North American Review*, 1890.

Se debe considerar que el socialista o anarquista que busque derrocar las condiciones actuales está atacando las bases sobre las cuales descansa la civilización misma, pues ésta surgió desde el día en que los hombres capaces e industriosos les dijeron a los perezosos e incapaces: "Si no siembras, no recogerás," poniendo fin así al comunismo primitivo luego de separar a los zánganos de las abejas. Quien estudie esta materia se enfrentará cara a cara con la conclusión de que la civilización depende de la sacralidad de la propiedad, del derecho del trabajador a tener cien dólares en su cuenta de ahorros, e igualmente del derecho del millonario a tener sus millones . . . No es el mal sino el bien lo que ha motivado la acumulación de riquezas por parte de quienes han tenido la capacidad y la energía para hacerlo.

¿Qué controlaba William Tweed?

En Nueva York se dedicaba una gran dosis de energía y de ambición a la adquisición de riquezas. Pero gran parte de éstas eran obtenidas mediante la corrupción sistemática a gran escala. La epidemia de codicia no se limitaba a la ciudad de Washington ni a los grandes propietarios de industrias. También se extendía en las esferas locales, especialmente en Nueva York, sede del poder de William Marcy Tweed (1823–78), el infausto "jefe" de Tammany Hall. La palabra Tammany era una desviación del nombre de un jefe indio delaware, de quien se dijo que estaba imbuido de "sabiduría, virtud, prudencia y caridad," cualidades que distaban de ser las que caracterizaban a los miembros del club que tenía el nombre de éste jefe.

Tammany comenzó como una de las muchas sociedades fraternales que adoptaron nombres indios durante la época posterior a la Revolución. A diferencia de la Sociedad de Cincinnatus, la cual estaba reservada a los oficiales de Washington, los grupos como Tammany estaban abiertos incluso a gentes del común, y hombres tan astutos como Aaron Burr y Martin Van Buren constataron rápidamente su poder político: durante la época de la Guerra Civil, estos grupos no sólo tenían influencia política sino que realizaban negocios inescrupulosos y sirvieron de intermediarios para que los proveedores corruptos le vendieran mantas de baja calidad y carne podrida a la Unión. Tweed, quien era mecánico, alcanzó la cima del poder cuando se desempeñó como jefe del Departamento de Obras Públicas de la ciudad de Nueva York. Este discreto cargo no daba ni la más remota señal sobre el enorme poder que Tweed tenía sobre casi todas las facetas de la ciudad. Como líder de Tammany Hall, el club democrático de la ciudad de Nueva York, Tweed estableció un sistema simple pero efectivo para establecer el control casi absoluto de todo. A cambio de los votos suministrados por oleadas de inmigrantes, obreros, colonos desilusionados que regresaban a la ciudad e incluso por sus familiares muertos, Tweed y su camarilla les hacían pequeños favores: les daban trabajo o les otorgaban una póliza de seguros. Con estos votos, Tweed podía manipular a su antojo leyes que favorecieran sus intereses en la legislatura de Nueva York. Este estado, que poseía muchos votos, tenía un peso enorme en las elecciones presidenciales y Tweed tampoco vaciló en utilizar este poder. Contratos fraudulentos, nombramiento a sus amigos para los más altos cargos, sobornos, patrañas y todas las modalidades de la corrupción fueron elevadas a la categoría del arte por el "Club de Tammany." Su rival más enconado era Thomas Nast, un caricaturista a quien Tweed le ofreció 500,000 dólares para que no publicara una caricatura. Tenía dinero para ofrecer ese tipo de sobornos: según cálculos conservadores, este hombre le robó a las arcas más de 30 millones de dólares provenientes de muchos negocios celebrados en esa ciudad, desde la construcción del puente de Brooklyn hasta la venta de tierras para el Central Park. Tweed se vio envuelto en problemas cuando un socio suyo se sintió engañado. En 1872, Samuel Tilden (1814–80), un demócrata reformista, futuro gobernador de Nueva York y candidato presidencial, logró que Tweed fuera enjuiciado. Éste fue sentenciado a doce años de cárcel, pero huyó a Cuba y luego a España. Fue enviado a los Estados Unidos por las autoridades de ese país, a pesar de que no existía un tratado de extradición entre las dos naciones. Tweed fue encarcelado y realizó una confesión muy comprometedora, esperando lograr la inmunidad, pero murió en prisión y fue el único miembro de la camarilla en ser sentenciado.

La corrupción de los miembros de Tammany no terminó con la desarticulación de la camarilla de Tweed, quienes siguieron controlando la legislatura de Nueva York hasta el siglo XX. La influencia de Tammany todavía se sentía en la política estatal cuando Theodore Roosevelt ingresó a la legislatura estatal de Nueva York en la década de

1880 y el club dominaba los votos principales que controlaban casi toda la legislación. Uno de los miembros más pintorescos de Tammany fue George Washington Plunkitt, quien una vez intentó adoctrinar al reportero de un periódico y explicarle cuál era la diferencia entre un chanchullo "honesto" y uno "deshonesto." "Los chanchullos honestos existen," explicó Plunkitt, "y yo soy un ejemplo del modo en que funcionan. Podría resumir este asunto diciendo: Veo oportunidades y las aprovecho . . . Digamos que recibo información sobre la construcción de un nuevo parque en determinado lugar . . . Pues voy y compro toda la tierra que pueda y luego ésta tiene una gran demanda. ¿Acaso no es perfectamente honesto cobrar un buen precio y obtener buenas ganancias por mi inversión y previsión? Claro que sí. Pues bien, en eso consiste un chanchullo honesto."

VOCES AMERICANAS

HAMILTON S. WICKS, testigo de la gran fiebre de la tierra en Oklahoma (22 de abril de 1889).

En la mañana del 23 de abril, había una ciudad de 10,000 personas, 500 casas, e innumerables carpas donde doce horas antes no existía nada más que una pradera extensa. La nueva ciudad cambiaba su apariencia cada 24 horas a medida que la labor de construcción seguía en marcha. Las carpas fueron rápidamente sobrepasadas en número por pequeñas estructuras y a fin de mes prácticamente no había una sola carpa. A su vez, las pequeñas estructuras dieron paso a otras más grandes y varias construcciones elegantes de dos pisos fueron erigidas en las calles principales cuando no habían transcurrido 60 días.

El fragmento anterior describe el nacimiento de la ciudad de Guthrie. Enid y Oklahoma City también nacieron ese mismo día. La fiebre de la tierra fue el producto de la apertura de tierras por parte del gobierno federal a través de la Ley Homestead. Cincuenta mil futuros colonos esperaron hasta el mediodía del 22 de abril, fecha en que comenzó la fiebre y en la que aún podían reclamarse tierras. Muchas otras personas se anticiparon, por lo que recibieron el apelativo de

sooners (madrugadores). Estas tierras fueron habilitadas tras confiscár-
seles a las Cinco Tribus Civilizadas (cherookees, choctaws, chickasaws,
creeks y seminoles), quienes habían sido relocalizados allí durante las
remociones que tuvieron lugar anteriormente en represalia por haberse
aliado con los confederados durante la Guerra Civil (ver la Sección
"¿Cuál fue el Sendero de las Lágrimas?" en el Capítulo Tres).

¿Qué sucedió en Haymarket Square?

Mientras Morgan y Rockefeller acumulaban cada vez más riquezas, la
clase trabajadora de Norteamérica se hundía cada vez más en la
pobreza y era víctima de las frecuentes depresiones económicas que
sucedieron a finales del siglo XIX. La fuerza laboral tardó en organizarse, pues tuvo que enfrentar la oposición de una alianza conformada
por bancos, hombres de negocios y gobiernos federales y estatales. Los
sindicatos también tuvieron que sortear las dificultades propias de
organizar a trabajadores que hablaban diferentes idiomas y que se
miraban entre sí con desconfianza. Los irlandeses odiaban a los italianos. Los alemanes odiaban a los irlandeses. Todos estos odiaban a los
chinos. Y por supuesto, la mayoría de los blancos no podía ver a los
negros. La idea de un sindicato integrado era inconcebible para los trabajadores blancos, pues la mayoría estaban enfrascados en disputarse
los pocos trabajos existentes antes que en obtener salarios decentes y
una mayor seguridad laboral.

Sin embargo, habían obtenido algunos logros. En 1860, los obreros
de una fábrica de calzado en Lynn, Massachussets, organizaron una
huelga el día del cumpleaños de George Washington. Diez mil obreros marcharon por la ciudad y aunque los propietarios de la fábrica se
negaron a reconocer al sindicato, acataron las peticiones referentes a
los salarios. Esta fue la primera victoria en la historia laboral norteamericana.

Pero pasaría mucho tiempo antes que la clase trabajadora obtuviera
otra victoria. En el período posterior a la Guerra Civil, muchos huelguistas fueron asesinados por rompehuelgas, guardias contratados o soldados. El gremio de los carboneros fue uno de los más afectados, pues

tenían que enfrentarse diariamente a peligros abismales a cambio de unos pocos centavos. En 1875, un grupo de carboneros de Pennsylvania se organizaron y se hicieron llamar *Molly Maguires*, nombre tomado de una organización revolucionaria de Irlanda. Un informante se infiltró en esta organización, sus miembros fueron acusados de violencia y 19 de ellos fueron ejecutados.

Dos años más tarde, los trabajadores de los ferrocarriles protestaron masivamente a lo largo y ancho del país por la rebaja de sus salarios, a pesar de que trabajaban doce horas diarias y ganaban poco. Estas huelgas dejaron un saldo de más de 100 personas muertas y más de mil huelguistas arrestados. Pero la idea de una fuerza laboral organizada comenzaba a echar raíces y de este modo surgió la primera generación de sindicatos nacionales poderosos. El primero de estos fue la Noble Orden de los Caballeros del Trabajo, surgida en 1869 y que muy pronto adquirió un considerable poder político y de negociación. En 1884, Jay Gould tuvo que padecer la humillación de negociar en la misma mesa con los Caballeros, quienes para ese entonces tenían más de 700,000 afiliados. Sin embargo, esta orden entró en decadencia.

En 1886, los Caballeros del Trabajo participaron en una huelga en Chicago para obligar a una jornada laboral de ocho horas diarias. Los rompehuelgas de la compañía McCormick Reaper fueron atacados por los huelguistas el 3 de mayo. La policía disparó, seis personas murieron y varias decenas quedaron heridas. Al día siguiente, miles de personas se concentraron en Haymarket Square para protestar por los actos policiales. La policía se hizo presente para dispersar a la multitud y estalló una bomba que dejó un saldo de siete policías muertos.

Aunque no existió ninguna prueba real, los líderes laborales anarquistas fueron señalados como los responsables. Los anarquistas creían que el gobierno debía ser reemplazado por la libre cooperación entre los individuos. Norteamérica vivió una verdadera oleada de pánico por la posibilidad de que se estuvieran gestando células anarquistas en sus ciudades. En pocos meses, varios líderes anarquistas fueron enjuiciados y encontrados culpables. Algunos fueron colgados y otros fueron condenados a cadena perpetua. (En 1893, tres anarquistas que estaban en la cárcel fueron indultados por el gobernador John Altgeld, nacido en Alemania, quien creía que eran inocentes, pero este perdón fue un suicidio político para el.) Después de los desórdenes de Haymarket Square, los Caballeros del Trabajo pasaron por anarquistas y sufrieron un gran descrédito, y en 1890, sólo tenían 100,000 afiliados.

Su lugar sería tomado por dos líderes más poderosos: Eugene V. Debs (1855–1926) y Samuel Gompers (1850–1924). Debs comenzó a trabajar como fogonero, un trabajo peligroso y sucio como casi todos los otros trabajos ferroviarios de aquella época. Miles de trabajadores morían o quedaban mutilados cada año debido a explosiones de calderas o a otros accidentes. En medio de otra crisis económica severa que aconteció en 1893, Debs organizó el American Railway Union, un sindicato militante que acogió a los Caballeros del Trabajo y en 1894 hizo un llamado a la huelga contra la Pullman Car Company. Como los coches Pullman se encontraban prácticamente en todos los trenes del país, la huelga no tardó en adquirir dimensiones nacionales y alcanzó su apogeo cuando 60,000 trabajadores ferroviarios se unieron y el gobierno federal intervino a petición de la compañía. Richard Olney, un fiscal general que había sido abogado de compañías ferroviarias, declaró que la huelga interfería con el correo federal. La Corte Suprema lo respaldó y el presidente Grover Cleveland envió tropas para suprimir la huelga. Debs fue arrestado por desacato al tribunal luego de una batalla campal en Chicago en la que varios huelguistas fueron asesinados. Posteriormente se unió al Partido Socialista y se postuló cinco veces a las elecciones presidenciales.

Samuel Gompers, quien era fabricante de cigarrillos, adoptó una estrategia más pragmática y tomó como base las fábricas del Lower East Side de Nueva York, donde los obreros eran explotados. No estaba interesado en los sueños utópicos de mejorar la sociedad, y antes que organizarse con fines políticos, se concentró en asuntos básicos e inmediatos como horarios, salarios y seguridad laboral, para cuyo efecto creó la American Federation of Labor (AFL), que reunía a sindicatos de trabajadores calificados. Gompers, quien presidió esta organización de manera casi ininterrumpida desde 1886 hasta 1924, utilizó la huelga de un modo eficaz y beligerante y consiguió que los trabajadores norteamericanos obtuvieran días laborales de ocho horas, semanas de cinco o seis días de trabajo, obligaciones de parte de los empleadores, reformas de seguridad en las minas y, sobre todo, el derecho a las negociaciones colectivas, aspecto que es completamente aceptado en la actualidad pero que inicialmente estaba cargado de connotaciones comunistas. La efectividad con que esta organización trabajó por los intereses específicos de los trabajadores y no por los cambios generales a nivel social que buscaban los anarquistas o los socialistas se reflejó en su crecimiento. De 150,000 miembros que tenía en 1886, pasó a tener más de un millón de afiliados en 1901. Sus logros fueron considerables, pero pudieron ser mayores. La Federación tenía un gran defecto que le causó un perjuicio moral y que probablemente redujo su efectividad a largo plazo. En sus puertas había un aviso que decía: "Las personas de color no pueden afiliarse."

VOCES AMERICANAS
SAMUEL GOMPERS (1894).

Año tras año, las libertades del hombre son pisoteadas por orden de las corporaciones y *trusts*, sus derechos son violados y las leyes pervertidas. En todas las épocas en las que han surgido tiranos, éstos siempre han encontrado algún juez dispuesto a cubrir dicha tiranía con el manto de la legalidad, y el capitalismo moderno ha demostrado no ser la excepción a esta regla.

Es posible que ustedes desconozcan que el movimiento laboral representado por los sindicatos lucha por los derechos, la justicia y la libertad. Es posible que ustedes no consideren la posibilidad de que la promulgación de preceptos que priven a los hombres de sus derechos naturales y legales para proteger sus vidas, las de sus esposas e hijos pueda fracasar en su propósito. La represión o la opresión nunca han conseguido sofocar la verdad ni enmendar los errores.

¿Quiénes fueron los populistas?

Si bien las fuerzas laborales fueron adquiriendo cierto reconocimiento luego de pagar un precio alto por ello, los granjeros también pasaron enormes trabajos durante las crisis económicas de este período. Millones de pequeños granjeros, especialmente en el Oeste y en el Sur, estuvieron a merced no sólo del clima sino de muchas otras fuerzas que no podían controlar: los bancos del Este controlaban los créditos, los monopolios manufactureros controlaban el precio de la maquinaria, los *trusts* ferroviarios fijaban los precios del transporte y la depresión económica echó por tierra los precios de las tierras y de los productos agrícolas. Se supone que gracias al aumento demográfico y a la mecanización de la agricultura, ésta debía ser una época de abundancia. Pero en lugar de esto, los granjeros vivían una situación cada vez más difícil y se vieron forzados a vender sus tierras por sumas insignificantes y a emplearse como obreros en las fábricas de los centros urbanos.

En vista de esta situación, los agricultores reaccionaron y una ola de radicalismo se esparció por la nación. Surgieron organizaciones de agricultores como los *grangers*, que obtuvieron suficiente poder político para presionar por reformas, aunque muchas de éstas, como la Comisión de Comercio Interestatal, demostraron ser instrumentos inútiles en la guerra contra los monopolios. Por primera vez desde el final de la Guerra Civil, los negros pobres y los blancos pertenecientes a la clase trabajadora del Sur advirtieron que tenían intereses y problemas en común, lo que posibilitó el surgimiento de alianzas entre agricultores negros y blancos, quienes realizaron contactos con los trabajadores de las ciudades y establecieron una alianza poderosa que pudiera transformar la política norteamericana.

En 1892, los *grangers* y los Caballeros del Trabajo establecieron el Partido del Pueblo, conocido también como el Partido Populista, en la ciudad de St. Louis. Durante una convención celebrada ese mismo año, fijaron un programa que reclamaba la propiedad nacional de los ferrocarriles, del sistema telefónico y de telégrafos, el establecimiento de un sistema para mantener los productos agrícolas imperecederos por fuera del mercado y un impuesto sobre la renta que fuera gradual. Su plataforma era un fiel reflejo de la época: "Nos encontramos en medio de una nación que está al borde de la ruina moral, política y material. La corrupción se ha apoderado de las urnas, de las legislaturas, del Congreso y hasta de las togas de los tribunales. El pueblo está desmoralizado . . . Los periódicos reciben subsidios o son amordazados, la opinión pública es silenciada . . . Los frutos del sudor de millones de trabajadores son robados con descaro por unos pocos para amasar enormes fortunas . . . Las entrañas de la injusticia gubernamental han engendrado las dos clases predominantes: los vagabundos y los millonarios."

Estas no eran protestas de jóvenes universitarios que acababan de leer a Carlos Marx; los populistas eran personas pertenecientes a la clase trabajadora que se sintieron acorraladas por los atropellos cometidos por los hombres de negocios en alianza con el gobierno. Pero quienes detentaban el poder no se quedaron de brazos cruzados. En el Sur, los demócratas trataron de socavar la cohesión de los populistas avivando los temores raciales. Las masas de trabajadores urbanos nunca se sintieron atraídas al populismo y prefirieron tratar con las maquinarias demócratas, pues pensaban que éstas defendían sus intereses. En 1892, el demócrata Grover Cleveland ganó las elecciones que había perdido cuatro años atrás frente a Benjamin Harrison, y los populistas obtuvieron el tercer lugar, convirtiéndose en una fuerza importante en el Sur, especialmente en los Estados que conformaban el cinturón agrícola, donde ganaron varias legislaturas estatales, una gobernación y un número sustancial de sillas en el Congreso en 1894. Los dos partidos mayoritarios comprendieron que esos campesinos representaban una fuerza con la que tenían que contar.

Voces Americanas
Mary Elizabeth Lease, activista populista (1890).

Lo que ustedes los campesinos necesitan hacer es sembrar menos maíz y más desorden.

¿Qué era la Cruz de Oro?

Durante los años siguientes, los objectivos del Partído Populista se vieron anegados por un confuso debate monetario. En 1895, el conflicto sobre si las monedas debían ser de oro o de plata absorbió todo el debate político de la nación. Los populistas pidieron que se utilizaran nuevamente las monedas de oro y de plata, y adoptaron el lema "Plata libre." Muchos populistas creyeron que esta reacción tan simplista a la depresión causada por el pánico de 1893 era una panacea. En realidad, fue una distracción que camufló los serios problemas económicos que atravesaba el país y que terminó por minar las energías del partido.

El presidente Cleveland era un ferviente partidario del uso exclusivo de monedas de oro, pero su vida política terminó en 1896, cuando las reservas federales de este metal cayeron a niveles cercanos a la bancarrota y Cleveland se vio obligado a pedirle ayuda a J. P. Morgan. Éste y sus socios vendieron los bonos federales que habían recibido y obtuvieron ganancias astronómicas, y Cleveland fue visto como un títere de Morgan, lo que a la luz pública equivalía casi a ser un aliado del diablo.

Tras la muerte política de Cleveland, algunos demócratas vieron en el manifiesto del Partido Populista una posibilidad de llegar a la Casa Blanca. William Jennings Bryan (1860–1925), un joven delegado por Nebraska, vio una oportunidad de "oro" en el lema de "Plata libre" del Partido Populista, y aprovechó la ocasión.

Bryan se dirigió a más de 20,000 personas congregadas en la Convención Demócrata de 1896 y ofreció un discurso que se considera como el más brillante y eficaz en la historia de este partido. Esgrimió la bandera de la plata contra el oro, de los agricultores del Oeste contra los negociantes del Este, y dijo: "Incendien sus ciudades y abandonen nuestras granjas, y sus ciudades crecerán como por arte de magia; pero destruyan nuestras granjas y la maleza brotará en las calles de todas las ciudades de la nación." Luego concluyó con gran teatralidad, "no pueden ceñir esta corona de espinas en la frente del trabajo" y extendiendo sus brazos como Cristo crucificado, remató: "No pueden crucificar a la humanidad en una cruz de oro."

Su discurso fue muy aclamado y al día siguiente fue elegido para representar a su partido. Así, Bryan—quien era financiado por intereses del Oeste que representaban a los sectores mineros de la plata y el cobre—fue el candidato presidencial más joven en la historia del país, pues tenía 36 años. Los demócratas adoptaron el lema de "La Cruz de Oro," la plataforma populista quedó acorralada y los miembros de este partido se vieron obligados a adherirse a la causa de Bryan. De este modo, el populismo se convirtió en el Jonás en las entrañas de la ballena demócrata.

Mientras tanto, Mark Hanna, un rico industrial de Ohio a quien le decían *kingmaker*, compró literalmente la candidatura republicana a favor del general William McKinley (1843–1901), gobernador de ese estado. Gracias a una campaña completamente moderna en lo que se refiere al financiamiento de su candidato, los republicanos invirtieron 7 millones, en contraposición a los 300,000 dólares que invirtieron los demócratas. La elección de McKinley marcó el triunfo de los intereses industriales del Este sobre los de los granjeros del Oeste. Una de las primeras medidas que tomó McKinley fue enviar al senador Sherman al Departamento de Estado, lo que le permitió a Hanna llenar la vacante dejada en el Senado por Sherman. El populismo había llegado casi a su fin como una tercera fuerza política de peso, uniéndose de este modo a la larga lista de terceros partidos que han descollado para poco más tarde desvanecerse y desaparecer luego de un destello fugaz.

¿Qué significaba "separados pero iguales"?

Homer Plessy era siete octavos caucásico y un octavo negro. Pero cuando se sentó en un vagón del tren reservado para los blancos, lo que contó fue su octava parte de negro. Plessy fue arrestado de acuerdo con una ley de Luisiana de 1890 que establecía la separación de vagones según la raza, y llevó su caso a la Corte Suprema en 1896. Infortunadamente, esa Corte era la misma que se había amaparado en la Decimocuarta Enmienda para tratar a las corporaciones como "personas," que había decretado que las compañías que controlaban el 98 por ciento del negocio del azúcar no eran monopolios, y que había encarcelado a los huelguistas por "restringir el comercio."

En el caso de Plessy, la Corte archiconservadora y a favor de los intereses financieros demostró su racismo en una decisión que fue tan aberrrante e injusta como la del caso Dred Scott antes de la Guerra Civil. La decisión mayoritaria del caso *Plessy vs. Ferguson* estableció una nueva noción judicial en los Estados Unidos: la de "separados pero iguales." Según este nuevo principio, los estados podían segregar las razas en los espacios públicos, como por ejemplo, en los trenes y en las escuelas. El juez Henry Brown escribió: "Consideramos que la falacia del argumento esgrimido por el demandante consiste en suponer que la segregación de las dos razas demandada por la ley le imprime a la raza de color un sello de inferioridad. Si es así, no se debe a nada relativo a la ley sino solamente a que la raza de color ha elegido interpretarlo de ese modo." Sin embargo, este principio tuvo consecuencias traumáticas, pues todas las instancias de la vida sureña se hicieron cada vez más separadas—las escuelas, las zonas de alimentación, los trenes y más tarde los buses, las fuentes de agua y las barras de almuerzos—pero nunca fueron iguales.

La única persona que se atrevió a disentir de este caso y de muchos otros durante aquella época, fue John Marshall Harlan (1833–1911), natural de Kentucky. Harlan escribió con elocuencia: "La separación arbitraria de los ciudadanos basada en su raza, sobre todo en los espacios públicos, es un sinónimo de sujeción inconsistente con las libertades civiles y con la igualdad ante las leyes establecidas por la Constitución que no pueden justificarse bajo ninguna base legal . . . Decimos con orgullo que nuestro pueblo goza de la libertad más que ningún otro. Pero es difícil reconciliar esta reivindicación con un estado de ley que, prácticamente, le impone el sello de la servidumbre y de la degradación a gran parte de nuestros conciudadanos, quienes son nuestros semejantes ante la ley."

En términos prácticos, la Corte Suprema de aquel entonces echó por tierra la Reconstrucción propuesta por el Congreso. Su tergiversación de la Decimocuarta Enmienda fue utilizada para proteger a las corporaciones y no a los negros. El caso *Plessy vs. Ferguson* le imprimió a la Corte el sello inconstitucional de aprobar la segregación. Tendrían que pasar 70 años antes de que otra decisión de la Corte Suprema anulara la doctrina de "separados pero iguales."

¿Qué significa Jim Crow?

Las compuertas se abrieron con la bendición de la Corte Suprema. En los años que siguieron a la decisión sobre el caso *Plessy vs. Ferguson*, casi todos los estados confederados aprobaron leyes semejantes a la de "iguales pero separados" que terminaron por legitimar lo que era un asunto cotidiano: la esclavitud bajo un nombre diferente. Y tanto para negros como para blancos, esa política se conoció como "Jim Crow."

Así como el Tío Tom de los espectáculos cómicos que surgieron luego del éxito de la novela de Stowe, el nombre de Jim Crow provino de un hombre blanco que se pintó la cara de negro. Según el historiador Lerone Bennet Jr., un comediante llamado Thomas Dartmouth Rice escribió una estrofa que cantaba y bailaba, la cual se convirtió en un éxito internacional en la década de 1830.

> *Weel a-bout and turn a-bout*
> *And do just so*
> *Every time I weel about*
> *I jump Jim Crow.*

"En 1838," escribe Bennet, "Jim Crow se había convertido en sinónimo de negro." Y la imagen que transmitía era la de un muñeco de trapo cómico, saltarín y estúpido. Luego de la segregación establecida en los trenes a raíz del caso de Plessy, ésta se extendió a las salas de espera, a las entradas de las fábricas y hasta a las ventanas de éstas. La política de Jim Crow estableció que las enfermeras blancas no podían tratar a pacientes de raza negra y viceversa. Los barberos negros no podían cortarle el cabello a niños ni a mujeres blancas. Pero tal vez lo más nocivo fue la separación de la educación mediante el establecimiento de escuelas para blancos y para negros, sistema en que las escuelas blancas solían recibir presupuestos diez veces más altos que los de las escuelas para negros. Además, la enseñanza fue tan segregada como los salones de clase. Algunos estados no instituyeron escuelas de secundaria para la población negra, costumbre que perduró hasta bien entrado el siglo XX. De hecho, no existía faceta de la vida en la que Jim Crow no estuviera presente, incluso en la vida marginal: en Nueva Orleáns, la prostitución fue segregada.

La política de Jim Crow obedecía a dos temores. Uno era de naturaleza sexual: el temor ya fuera original o institucionalizado a que los hombres negros tuvieran contactos sexuales con mujeres blancas. Un destacado político sureño de aquellos tiempos dijo: "Si la Constitución se interpone entre la virtud de las mujeres blancas del Sur y yo, diré: al diablo con la Constitución."

El otro temor era una mezcla de motivaciones políticas y económicas. Cuando el Partido Populista intentó unir a los blancos y negros pobres, los viejos regímenes elitistas blancos del Sur les advirtieron a los blancos indigentes de que sería muy peligroso si los negros obtuvieran poder económico. Los votos obedecieron a estrictos parámetros raciales. En última instancia, Jim Crow significó el fin del poder sufragante de los negros sureños ya que fueron alejados de las urnas mediante un intrincado sistema de impuestos de capitación, el alfabetismo como requisito para poder votar y una infinidad de excusas técnicas.

Cuando las leyes no pudieron poner en su sitio a los negros, otra estrategia resultó ser aún más efectiva: los linchamientos. En el Sur, los negros fueron liquidados impunemente durante gran parte de finales del siglo XIX y comienzos del siglo XX bajo el pretexto de violar mujeres blancas. Los linchamientos de negros fueron tan comunes que se anunciaron en los periódicos como si se trataran de espectáculos deportivos.

La voz negra más destacada de los Estados Unidos en el período que abarca desde finales del siglo XIX hasta el pasado reciente, tuvo un tono acomodaticio. Booker T. Washington (1859–1915) nació esclavo pero recibió educación gracias a la Reconstrucción. Trabajó como portero para pagarse sus estudios en la Hampton Normal and Agricultural School y luego se desempeñó como profesor. Era un hombre destacado que podía electrizar al público, tal como lo había hecho Frederick Douglass una generación atrás. Casi sin ayuda de nadie, fundó el Alabama Tuskegee Institute, cuya primera sede estuvo situada en una pequeña cabaña al lado de una iglesia, y que actualmente es una de las instituciones de educación técnica para la población negra más destacadas del país. En cierto sentido, Washington intentó adaptar el sueño americano a la población negra del Sur, predicó las virtudes del trabajo esforzado y el progreso económico mediante la educación y el desarrollo profesional. Sus críticos, tanto de su época como posteriores, señalan que su acomodamiento y adaptación al status quo era sinónimo de debilidad, e incluso de cobardía. Otros lo han defendido como un hombre que se esforzó al máximo en una época en que las opciones eran muy limitadas. Después de todo, Washington vivió en un tiempo en que las turbas linchadoras no necesitaban otra excusa diferente a que la víctima "se diera aires de superioridad."

VOCES AMERICANAS
BOOKER T. WASHINGTON "The Atlantic
Compromise" (1895).

> A los hombres de mi raza que dependan de tierras extra-
> ñas para mejorar su condición o quienes subestimen la
> importancia de cultivar relaciones amistosas con los hom-
> bres blancos del Sur, quienes son sus vecinos, les diría:
> "Permanezcan en su lugar. Los hombres más sabios de mi
> raza entienden que la agitación de asuntos relativos a la
> igualdad social es el mayor de los disparates."

¿Quiénes combatieron en la guerra contra España?

El racismo que reflejaba la política de Jim Crow no se limitó al Sur, ni tampoco a las fronteras de los Estados Unidos. La creencia de la supe-rioridad blanca y anglosajona se extendió con fuerza al otro lado del océano. Josiah Strong era un clérigo y conocido escritor que en 1885 dijo que Estados Unidos era el centro de las virtudes anglosajonas y que estaba destinado a extenderlas por el mundo. "Esta raza poderosa," escribió Strong en su exitoso libro *Our Nation*, "se extenderá sobre México, sobre Centro y Sudamérica, sobre las islas, sobre África y más allá." Luego, retomando a Charles Darwin, cuyas ideas circulaban ampliamente, Strong concluyó: "¿Puede alguien dudar de que el resul-tado de esta competición racial será la 'supervivencia del más fuerte?'" Strong dejó muy claro cuál era la raza más fuerte para él.

Su mensaje fue bien acogido en las esferas del poder norteameri-cano y pocos años más tarde, este mensaje se convirtió en el adalid de la guerra contra España. Esta guerra fue un ejercicio para Norteamé-rica, una guerra que la nación joven y arrogante declaró para sacudirse las telarañas, para salir del estancamiento económico y para que la Europa engreída fuera testigo de su poderío.

En vista de que Inglaterra, Alemania, Francia y Bélgica expandían sus imperios globales en Asia y África, los Estados Unidos se enfrasca-ron en esta guerra para extender y proteger sus mercados comerciales en el extranjero, para conseguir depósitos de minerales valiosos y adquirir tierras aptas para el cultivo de frutas, tabaco y azúcar. Era una guerra que querían los bancos, los agentes de la bolsa, los petroleros y los magnates del acero, los propietarios manufactureros y los misioneros. Era una guerra que el presidente McKinley parecía no querer y mucho menos España. Pero, quizá, por encima de todo, era una guerra que querían los periódicos. A fin de cuentas, las guerras aumentaban su circulación.

La razón aparente para declararle la guerra a España fue "liberar" a Cuba, que en ese entonces era una colonia de España. Esta nación europea, que era una potencia en franca decadencia, intentaba dominar a un pueblo que exigía su libertad, así como Norteamérica había exigido y obtenido su independencia un siglo atrás. España envió un gobernador militar que recluyó a los rebeldes cubanos en campos de concentración y Norteamérica fingió el papel de simpatizante escandalizado. Era una disculpa conveniente, pero el temor también cumplió un papel destacado. Ya existía una república negra en el hemisferio occidental: Haití. Los Estados Unidos no querían que Cuba fuera la segunda. Había segmentos que no querían la guerra, pero muchos hombres con grandes influencias en el gobierno tenían intenciones opuestas. Algunos de estos eran Henry Cabot Lodge. (1850–1925), influyente senador por Massachusetts; Theodore Roosevelt, que en ese entonces era secretario adjunto de la Marina; y el capitán Alfred Mahan, autor del libro *The Influence of Sea Power Upon History, 1660–1783*, una obra influyente que promulgaba la expansión de bases navales norteamericanas alrededor del mundo, especialmente en el Pacífico. Roosevelt, quien admiraba profundamente el espíritu *cowboy*, le dijo alguna vez a un amigo: "Yo aceptaría casi cualquier guerra, pues creo que este país necesita una."

Lodge era un simpatizante más abierto aún del imperialismo. Cuando el presidente Cleveland se negó a anexar a Hawaii en 1893, Lodge se lo reprochó con dureza y expuso la visión que tenía acerca de los Estados Unidos: "En respuesta a nuestros intereses comerciales y a nuestro desarrollo total, deberíamos construir el canal en Nicaragua, y para la protección de éste y de nuestra supremacía comercial en el Pacífico, deberíamos controlar el archipiélago de Hawaii y mantener nuestra influencia en Samoa ... La bandera está antes que el comercio y por tal razón deberíamos conformar una Marina que sea lo suficientemente fuerte como para poder proteger a los americanos en cualquier rincón del planeta."

William Randolph Hearst (1863–1951) y Joseph Pulitzer (1847–1911), dos de los zares periodísticos más poderosos de la historia del país, también presionaron a favor de la guerra, pues habían aprendido desde la Guerra Civil que las noticias sobre las guerras disparaban la venta de los periódicos. Los titulares de los tabloides que anunciaban las atrocidades cometidas por los españoles contra los cubanos fueron el pan de cada día, y los influyentes periódicos de estos dos hombres se enfrascaron en una batalla sensacionalista por el llamado a la guerra. La doctrina expansionista derivada del Destino Manifiesto también aumentaba la venta de periódicos, así que muy pronto éstos se convirtieron en abanderados de la guerra. Cuando el artista Fred Remington (1861–1909) viajó a Cuba para tomar fotos y enviarlas a los periódicos de Hearst, le escribió a su jefe que no había ninguna guerra. "Ponga usted las fotos," se dice que Hearst respondió iracundo, "y yo pondré la guerra." Bien sea que la anécdota sea verdadera o no, lo cierto es que refleja con claridad la opinión que Hearst y Pulitzer tenían de la guerra: eran un estímulo a la venta de sus periódicos, y no tuvieron ningún pudor en sensacionalizar las atrocidades cometidas por los españoles para que la fiebre de guerra aumentara. McKinley trató de evitar la guerra en un comienzo, contraviniendo el deseo de su partido, de la prensa, de los hombres de negocios y de los misioneros que pedían que el cristianismo anglosajón fuera divulgado en el extranjero. Pero más tarde le pareció que era mejor navegar con la corriente. McKinley acorraló a España mediante una serie de ultimátums diplomáticos y le cerró la única ventana de salida. Lo que John Hay, el secretario de estado hubiera llamado "una guerrita espléndida," duró pocos meses. Pero como todas las guerras, ésta tuvo un precio en vidas y tal vez en virtud.

HITOS DE LA GUERRA CONTRA ESPAÑA

1898

25 de enero El acorazado *Maine* llega al puerto de La Habana, con el supuesto propósito de proteger los intereses de los norteamericanos que están siendo atacados por el gobernador español, según informan los tabloides.

9 de febrero   Una carta privada del embajador de España en los Estados Unidos es publicada en el *New York Journal*, propiedad de Hearst. El embajador dice en su carta que McKinley es un imbécil, lo que provoca una ola de rechazo promovida por los periódicos de Hearst y Pulitzer.

15 de febrero   El acorazado *Maine* explota misteriosamente mientras está anclado en el puerto de La Habana. Mueren 260 tripulantes. Los periódicos y los abanderados de la guerra exclaman: "¡Recordemos al Maine! ¡Al diablo con España!" y sostienen que la explosión fue externa. Aunque los estadounidenses señalan que la explosión fue causada por una mina instalada en el puerto, los españoles aseguran que fue una explosión interna, pues el acorazado tenía una gran carga.

9 de marzo   El Congreso aprueba por unanimidad 50 millones de dólares para la "defensa nacional" y el país se pone en pie de guerra.

27 de marzo   El presidente McKinley le ofrece a España una serie de condiciones para evitar la guerra que tanto desean los militares y banqueros americanos. Las negociaciones incluyen negociaciones con los rebeldes cubanos, la eliminación de los campos de concentración y el arbitraje de los Estados Unidos para solucionar el problema de los rebeldes cubanos. Aunque España parece dispuesta a negociar y a aceptar las condiciones de McKinley, los abanderados de la guerra siguen presionando.

11 de abril   McKinley pronuncia un "mensaje de guerra." Temiendo que la paz divida a su partido, el presidente ignora la voluntad de paz de los españoles, pues los periódicos de Hearst y Pulitzer, Henry Cabot Lodge en el Congreso y el secretario adjunto de la Marina, Theodore Roosevelt, continúan clamando a favor de la guerra.

19 de abril   El Congreso proclama una resolución de guerra que llama a la independencia cubana y a la evacuación de las fuerzas españolas de la isla. Esta medida pretende demostrar que los Estados Unidos no están interesados en ejercer el control de la isla y la guerra es descrita como una guerra de "liberación" de una colonia norteamericana de una nación europea, lo que supuestamente les permitirá a los cubanos "determinar su futuro."

20 de abril   A fin de prevenir la utilización de vías diplomáticas para evitar la guerra, el embajador de España recibe su pasaporte antes de que pueda cumplir con el ultimátum de los Estados Unidos. Al día siguiente, España rompe relaciones diplomáticas con Norteamérica.

22 de abril   El Congreso aprueba la Ley de Voluntarios del Ejército, que solicita la organización de la Primera Caballería Voluntaria, una "caballería de *cowboys*" a la que la prensa llamó los *Rough Riders* (Jinetes Rudos). Theodore Roosevelt renuncia a su cargo y asume como teniente coronel de la brigada comandada por Leonard Wood. Desde todos los rincones del país llegan solicitudes de personas que quieren ingresar a los *Rough Riders* y Roosevelt recluta tanto a estudiantes de las mejores universidades como a *cowboys*. La Marina norteamericana comienza el bloqueo a los puertos cubanos y un barco español es capturado durante el primer enfrentamiento de la guerra.

23 de abril   McKinley llama a 125,000 reclutas.

24 de abril   España le declara la guerra a Estados Unidos.

25 de abril   Estados Unidos declara que la guerra existe desde el 21 de abril, fecha en que España rompió relaciones diplomáticas.

1 de mayo   Aunque Cuba es el centro de las hostilidades, Estados Unidos lanza un ataque naval sorpresa en las Filipinas. El Escuadrón Asiático del comodoro Dewey (que luego sería nombrado contraalmirante) ha preparado este ataque durante algún tiempo, siguiendo órdenes secretas de Theodore Roosevelt. En la batalla de Manila Bay, que se prolonga durante siete horas, los obsoletos barcos españoles se retiran para evitar bajas civiles pero todos son hundidos por Estados Unidos. Más de 300 tripulantes de esa nacionalidad mueren, mientras solo algunos norteamericanos quedan heridos. Luego de una victoria rápida y fácil, el expansionismo estadounidense se manifiesta en una fiebre de guerra total.

2 de mayo   Estados Unidos bombardea a San Juan, Puerto Rico.

19 de mayo   El líder guerrillero filipino Aguinaldo entra en Manila con ayuda norteamericana. Simultáneamente, la Armada española entra a la bahía de Santiago de Cuba.

25 de mayo   Las primeras tropas americanas se embarcan hacia Manila. McKinley llama a 75,000 voluntarios.

29 de mayo   La Marina norteamericana bloquea a la Armada española en el puerto de Santiago.

10 de junio   Una fuerza conformada por 647 *marines* desembarcan en la bahía de Guantánamo, comenzando así la invasión a Cuba.

22 de junio   Unas 20,000 tropas norteamericanas llegan a Daiquiri, una aldea de pescadores a 18 millas de Santiago.

24 de junio   Mil soldados y tropas de los *Rough Riders* comandados por Leonard Word y Joseph Wheeler, ex combatiente de la caballería confederada que les dice "yanquis" a los españoles, son acompañados por varios corresponsales de guerra y ganan la primera batalla en Las Guasitas. Roosevelt es acompañado en su primera acción por dos destacados corresponsales de guerra y es considerado como un héroe.

1 de julio   Batallas de El Caney y de la colina de San Juan. Los americanos sufren numerosas bajas en la primera batalla campal de la guerra aunque son muy superiores en número a las fuerzas españolas. Un globo aerostático norteamericano lanzado para observar los movimientos del enemigo les ofrece a los cañoneros españoles la ubicación exacta de las tropas estadounidenses. Más de 6,000 tropas americanas sufren 400 bajas en El Caney contra un ejército integrado por 600 españoles. En San Juan Heights, la confusión y el retraso en las órdenes resultan en fuertes bajas del lado norteamericano. El coronel Theodore Roosevelt toma finalmente la iniciativa y dirige un ataque en Kettle Hill y luego en San Juan Heights. Las fuerzas norteamericanas controlan a Santiago después de tomar exitosamente este sitio. Sin embargo, la posición norteamericana es bastante débil, tienen pocas provisiones y las bajas son numerosas. Tal como lo habían, previsto los españoles, la fiebre amarilla y la malaria comienzan a cobrar víctimas estadounidenses. Roosevelt le escribe a Henry Cabot Lodge: "Nos encontramos a una distancia razonable de un terrible desastre militar." Roosevelt es catalogado como un héroe de la guerra a pesar de que 1,572 americanos mueren o son heridos en la Batalla de San Juan Heights.

3 de julio   El general Cervera recibe órdenes de romper el bloqueo norteamericano al puerto de Santiago, una misión bastante riesgosa. La Armada española es destruida por completo en la batalla. Un norteamericano muere y otro queda herido.

4 de julio   Las tropas norteamericanas destacadas en el Pacífico toman las Islas Wake.

8 de julio   El almirante Dewey toma Isla Grande, cerca de Manila.

10 de julio   Gracias a la destrucción de la Armada española que custodiaba a Santiago, las tropas estadounidenses lanzan el ataque final sobre esa ciudad. Los mandos españoles aceptan que no opondrán resistencia.

17 de julio   Santiago se rinde a las tropas norteamericanas, quienes izan su bandera en el edificio de la gobernación.

25 de julio   La ciudad de Guanica, en Puerto Rico, es tomada por las tropas de los Estados Unidos.

26 de julio   España pide condiciones para la firma de la paz con la mediación de Francia. La "guerrita espléndida" termina luego de tres meses de combates. McKinley anuncia las siguientes condiciones: los Estados Unidos tomarán el control de Puerto Rico y ocuparán Manila hasta futuras negociaciones.

9 de agosto   Las condiciones de McKinley son aceptadas por España y se firma el protocolo de paz.

¿Qué obtuvo Norteamérica en la guerra contra España?

Los estadounidenses sufrieron 5,462 bajas en la guerra, pero solo 379 murieron en enfrentamientos armados. La fiebre amarilla, la malaria y otras enfermedades fueron las causantes de casi todas las muertes, pero es posible que otras se debieran a la carne putrefacta que la Armour Company le vendió al Ejército. Roosevelt y sus hombres destaparon la carne enlatada cuando se dirigían a Cuba y la arrojaron inmediatamente al mar.

Luego de la guerra sucedieron varios acontecimientos inesperados. Norteamérica se encontró no sólo en posesión de Cuba y Puerto Rico para utilizarlas como bases según lo había contemplado Henry Cabot Lodge, sino también en control de las islas de Wake, de Guam y de las Filipinas. El presidente McKinley no sabía muy bien qué hacer con estas posesiones. Tenía la opción de devolvérselas a España, o dárselas a Francia ó a Alemania, lo que no tenía sentido, y abandonarlas a su suerte era igualmente absurdo. La mejor solución era que permanecieran en manos norteamericanas. Con la anexión de Hawaii en 1898, Estados Unidos consolidó un nuevo imperio en el Pacífico.

Pero los filipinos pensaban lo contrario. Emiliano Aguinaldo, el líder rebelde que había regresado a las Filipinas con la ayuda del admiral Dewey, estaba tan poco entusiasmado con el dominio norteamericano como con el español. Lo que siguió fue una guerra más sangrienta que la librada contra España: la llamada "incursión filipina," que tuvo todas las características de una guerra imperial moderna: ataques masivos contra la población civil, atrocidades y una violencia que no se había visto en ninguna de las guerras que los norteamericanos sostuvieron contra las naciones europeas. Combatir contra los "morenos" filipinos era motivo para despojarse de cualquier rastro de civismo. Durante los años venideros, las Filipinas serían un "protectorado" inconforme bajo el yugo norteamericano. Cinco mil norteamericanos murieron combatiendo contra los filipinos. El otro acontecimiento fue el regreso de Theodore Roosevelt, quien se había convertido en un héroe de guerra. Aprovechó su fama sin ningún pudor para entrar a la legislatura estatal de Nueva York en 1898, donde sus ideas reformistas inquietaron a sus copartidarios republicanos y a las industrias que representaban. Varios republicanos pensaron que sería prudente confinar a Roosevelt a la vicepresidencia, donde no pudiera hacer ningún daño. El senador Mark Hanna no estuvo de acuerdo. Hanna, quien era el director del Partido Republicano, comentó: "¿Ninguno de ustedes se da cuenta de que sólo se interpondría un hombre entre este loco y la presidencia?"

Roosevelt aceptó el cargo a regañadientes, pues pensaba que era un callejón sin salida en términos políticos. Pero la bala disparada por el anarquista León Czolgosz que terminó con la vida del presidente McKinley en septiembre de 1901 en la ciudad de Buffalo, le dio un vuelco inesperado a esta situación. Con 42 años de edad, Theodore Roosevelt se convirtió en el presidente más joven en la historia de los Estados Unidos. Durante uno de sus primeros actos como presidente, invitó a Booker T. Washington a la Casa Blanca, algo que el Sur nunca perdonaría ni olvidaría.

¿Quién construyó el canal de Panamá?

Mientras que Norteamérica se preparaba para la guerra en Cuba, el acorazado *Oregon*, que se encontraba estacionado en las costas de California, recibió órdenes de dirigirse a la isla caribeña. Navegó alrededor de Sudamérica y su viaje tuvo más despliegue en la prensa que el *derby* de Kentucky. El viaje duró más de dos meses y aunque llegó a tiempo para tomar parte en la batalla del puerto de Santiago, era evidente que Estados Unidos necesitaba una ruta más rápida de navegación entre los dos océanos.

Esta idea no era nada nueva. El sueño de conectar el Atlántico con el Pacífico había sido contemplado casi desde que Balboa estuvo en los acantilados del Darién, en la actual Panamá. El presidente Grant envió un equipo de topógrafos con la misión de establecer la mejor ruta para trazar un canal a través de Centroamérica y más tarde, una compañía norteamericana construyó un pequeño ferrocarril que transportaba a pasajeros de los barcos a través del istmo, lo que redujo drásticamente el tiempo de viaje de costa a costa. Fueron muchas las personas que vieron las ventajas comerciales y estratégicas de esta empresa. En 1880, un grupo de franceses liderados por Ferdinand de Lesseps, el principal arquitecto del Canal del Suez, estableció una compañía con el capital de miles de inversionistas para construir un canal a través del istmo de Panamá, que en ese entonces era parte de Colombia. Siguiendo la tradición machista de los líderes estadounidenses, el presidente Hayes anunció que ningún país europeo controlaría el canal y dijo: "La política del país es un canal bajo control norteamericano."

La corrupción a gran escala, los deficientes programas de ingeniería, la dura realidad de la selva centroamericana con sus estaciones de lluvia e inundaciones, los movimientos sísmicos, la fiebre amarilla y la malaria dieron al traste con los planes de Lesseps. Luego de algunas excavaciones preliminares y de miles de muertes ocasionadas por accidentes y enfermedades, la compañía francesa abandonó la construcción del canal en medio de un escándalo nacional y dejó todo atrás, la maquinaria oxidada semejando a un dinosaurio mecánico fosilizado en la densa jungla.

Después de la guerra de Cuba y del incidente del *Oregon*, el apetito norteamericano por el canal cobró nuevas fuerzas. El presidente McKinley autorizó una comisión para que investigara la ubicación idónea del canal. Cuando Roosevelt, el gran apóstol del poder naval norteamericano, llegó a la Casa Blanca, el entusiasmo por este proyecto aumentó todavía más. En un comienzo, el presidente se inclinó por la construcción de un canal en Nicaragua, que aunque era más extenso, se creía sin embargo más fácil de excavar. Esta opción también ofrecía la ventaja de estar más cerca de los puertos norteamericanos del Golfo de México. En el Senado se debatió acaloradamente y el Senador Mark Hanna lideró la posición a favor de la construcción del canal en Panamá. La ruta a través de esta región resultó más atractiva una vez que la compañía francesa rebajara el precio de sus acciones de 109 a 40 millones de dólares. Sólo había un problema: los *dagos** de Colombia—según dijo Roosevelt—quienes todavía eran los propietarios del territorio y pedían mucho dinero por él.

La solución que le presentaron a Roosevelt era simple. Si Colombia se estaba interponiendo en el camino, era mejor crear un nuevo país que fuera más complaciente. Los panameños se rebelaron contra Colombia en noviembre de 1903, con el respaldo de un antiguo direc-

---

* Término peyorativo para referirse a personas de origen hispano o mediterráneo.

tor de la compañía francesa constructora del canal y del Ejército de los Estados Unidos. El acorazado norteamericano *Nashville* zarpó en dirección sur y enfiló sus baterías hacia Colombia. De esta forma, Panamá nació con la Marina de los Estados Unidos oficiando como partera.

El régimen de Panamá fue reconocido con mayor rapidez que ningún otro gobierno anterior, recibió 10 millones de dólares, una pensión anual de 250,000 dólares y la garantía de la independencia. En contraprestación a esto, los Estados Unidos recibieron los derechos sobre el Canal de Panamá "en perpetuidad," consistente en una franja de 10 millas de ancho a través del país. Como esta franja comprendía una parte considerable de la nueva nación y sería custodiada por tropas norteamericanas, los Estados Unidos adquirieron el control real del país. Años más tarde, Roosevelt dijo con orgullo: "Tomé el canal y dejé que el Congreso debatiera."

Pocos meses después, los norteamericanos retomaron el proyecto de los franceses y en 1904 llegaron los primeros estadounidenses a Panamá. Desde el primer día, el proyecto se encontró con los mismos problemas que habían sufrido los franceses: el calor tropical, la selva y los mosquitos. Una de las pocas experiencias positivas que tuvieron los norteamericanos en Cuba fue el descubrimiento de que los mosquitos transmitían la fiebre amarilla, enfermedad que lograron erradicar de La Habana durante su ocupación. Sin embargo, muchas personas no creían que los mosquitos transmitieran enfermedades, e impidieron que William Gorgas, el médico del Ejército de Estados Unidos llevara a cabo una campaña para controlar la plaga.

Cuando John Stevens, quien era fabricante de ferrocarriles, fue a Panamá en 1905 para ejercer como director del proyecto y para darle la organización adecuada, también le dio luz verde a Gorgas para que erradicara la malaria y la fiebre amarilla, cosa que éste logró con notable eficiencia, dadas las características del entorno y la falta de conocimientos científicos. Infortunadamente, Jim Crow también viajó a Panamá. La mayoría de los trabajadores del canal eran negros caribeños. Sus dormitorios y comedores estaban separados y les pagaban con plata, mientras que a los blancos les pagaban con oro. Segun dice David McCullough en su libro *The Path Between the Seas*, el cual es un recuento épico sobre la construcción del canal, la tasa de mortalidad presentada por los negros por enfermedades y accidentes fue cinco veces más alta que la de los trabajadores blancos. Stevens abandonó su trabajo sin ninguna explicación y fue reemplazado por George W. Goethals, un ingeniero del Ejército. Roosevelt había nombrado a un militar como director para que no abandonara su cargo como lo habían hecho administradores anteriores en vista de las enormes dificultades que presentaba el proyecto. Goethals asumió la dirección en 1907, siguió el programa elaborado por Stevens, terminó el canal con un superávit económico y antes de lo previsto, a pesar de los desafíos que implicaba la construcción, y de los innumerables cambios que había sufrido el proyecto original durante el proceso de construcción. De acuerdo con McCullough, más notable aún fue que el proyecto concluyera sin ninguna sospecha de corrupción, sobornos, mordidas, ni chanchullos.

El Canal de Panamá, planeado inicialmente en la administración McKinley, continuado por Roosevelt y luego por Taft—su sucesor— fue terminado en 1914, durante la administración de Woodrow Wilson. Irónicamente, los planes para realizar una inauguración majestuosa fueron cancelados. La guerra estalló en Europa y las noticias sobre la conclusión del proyecto se diluyeron en medio de los preparativos para el conflicto europeo.

Lectura Recomendada: *The Path Between the Seas: The Creation of the Panama Canal*, de David McCullough.

VOCES AMERICANAS
ORVILLE WRIGHT, describiendo el primer
vuelo en Kitty Hawk, Carolina del Norte,
(17 de diciembre de 1903).

La máquina se elevó del camión cuando estaba entrando al cuarto riel. Mr. Daniels tomó una fotografía cuando despegó de la pista. El control del timón de la dirección me pareció muy díficil de maniobrar, pues estaba muy al centro y tendía a girar solo cuando se activaba y entonces el timón giraba considerablemente hacia un lado y luego hacia el otro. En consecuencia, la máquina se elevaba súbitamente unos diez pies y descendía bruscamente si giraba el timón. Cuando estaba a unos cien pies del final de la pista, una sacudida repentina puso fin al vuelo. El tiempo fue de unos doce segundos (no sabemos con exactitud, pues no detuvimos el reloj a tiempo).

¿Qué sucedió en Kitty Hawk?

El 17 de diciembre de 1903, dos ingenieros e inventores autodidactas llamados Wilbur y Orville Wright hicieron algo que muchas personas habían soñado durante siglos. En un aeroplano que pesaba 750 libras, impulsado por un motor de 12 caballos de fuerza y que despegó de una vía férrea en las dunas de Kitty Hawk, Carolina del Norte, volaron en el primer artefacto más pesado que el aire. Sorpresivamente, su éxito inicial no causó mucho revuelo. Muchas personas—entre ellas varios periodistas—no les creyeron. Hasta el Ejército de los Estados Unidos dudó y se negó a ofrecerles un contrato por más de tres años.

No obstante, sus primeros vuelos dieron origen a una época revolucionaria de héroes de la aviación. Sorprende pensar que esos vuelos tan breves conducirían al aterrizaje en la Luna sólo 60 años después, y que originarían también el nacimiento de una industria tan grande.

En septiembre de 1908, Orville Wright viajó con los primeros pasajeros. Thomas Selfridge, quien era uno de ellos, tiene un triste honor a su haber: fue la primera persona en morir en un accidente aéreo, el 17 de septiembre de 1908.

¿Qué era el "garrote"?

Para nadie que conociera a Theodore Roosevelt fue una sorpresa que éste adelantara una revolución acomodada a sus necesidades. Hasta ese entonces, durante su larga carrera de ganadero, legislador del estado de Nueva York, comisionado del servicio civil y de la policía de Nueva York, secretario adjunto de la Marina, militar, gobernador de Nueva York y luego presidente, había actuado con firmeza y dejado los asuntos legales, de propiedad y de sensatez en manos de otros. Su

refrán favorito, que decía en público y en privado, era un antiguo pro-
verbio africano: "Habla con suavidad, lleva siempre un garrote y llega-
rás lejos."

Aunque no se caracterizaba por hablar con suavidad, Roosevelt
tampoco vaciló en utilizar el garrote, tanto a nivel doméstico como
exterior. La primera oportunidad que tuvo para utilizar el "garrote" fue
cuando 140,000 mineros se declararon en huelga en mayo de 1902.
Estos mineros que recibían salarios por debajo de lo establecido, que
eran obligados a comprar víveres e insumos en tiendas de la compañía
a precios muy altos y a vivir en casas que también eran propiedad de la
misma, estaban siempre en deuda con la empresa y establecieron la
United Mine Workers (UMW), un sindicato dirigido por John Mitchell. Las compañías mineras, propiedad casi exclusiva de los consor-
cios ferrocarrileros—es decir, de J. P. Morgan—se negaron a reconocer
al sindicato o a negociar. Como el paro laboral amenazaba con arruinar una economía que funcionaba en gran parte con energía carbonífera, Roosevelt amenazó con enviar tropas. Pero a diferencia del
pasado, cuando las tropaas habían sido utilizadas como rompehuelgas
violentas que obligaban a los mineros a regresar a sus trabajos, ahora
vigilarían las minas en bien del "interés público." Amenazados con
semejante "garrote," los mineros aceptaron la intervención de una
Comisión de Arbitramiento que falló a favor de éstos. Contrario a lo
que se podría pensar, Roosevelt obtuvo mayores ganancias que el sindicato, pues le permitió a este "presidente *cowboy*" establecer una política aún más agresiva.

Valiéndose de la Ley Sherman, la cual había sido fortalecida, Roosevelt se dedicó a perseguir otros objetivos que habían sido denominados subjetivamente como "*trusts* malos," tales como el "*trust* de la
carne" (Swift & Co. vs. United States, 1905) y la American Tobacco
Company. Roosevelt no era propiamente un radical; creía que los
monopolios eran buenos siempre que estuvieran regulados y que algunos—como el International Harvester—eran benévolos. Sin embargo,
durante su administración se produjeron reformas significativas y
duraderas como el fortalecimiento de la Comisión de Comercio Interestatal, la creación—a nivel de ministerios—del Departamento de
Trabajo y Comercio (que más tarde se separaró en dos dependencias
diferentes) y la aprobación de la Ley de Medicamentos y Alimentos

Puros, inspirada por un grupo de *muckrakers* (personas que revelan injusticias).

En asuntos de política exterior, Roosevelt estaba más dispuesto aún a esgrimir su garrote, especialmente en el Caribe y en las Filipinas. En 1904, el presidente envió tropas a la República Dominicana, que había renegado de su deuda con Gran Bretaña. Roosevelt hizo que los norteamericanos controlaran los ingresos del país caribeño hasta que se solucionara el problema de la deuda. Este es un ejemplo de lo que se conoció como el Corolario de Roosevelt, que se sumó a la Doctrina Monroe y que enunciaba que los Estados Unidos tenían un "poder policial internacional" para solucionar problemas dentro de sus "esferas de influencia." Aunque efectivo, el trato que Roosevelt les dio a las naciones que consideraba inferiores en términos raciales fue arrogante y despertó una enemistad considerable hacia los norteamericanos en Latinoamérica, región que fue reducida a una agrupación de estados vasallos.

No deja de ser bastante irónico que a pesar de su diplomacia policial hacia el Caribe y de dirigir el sometimiento de los filipinos, Roosevelt obtuviera el premio Nobel de la Paz por su mediación para terminar con la guerra entre Rusia y Japón, en 1905, luego de un tratado firmado en Portsmouth, New Hampshire. El tratado creó más problemas de los que resolvió pues fragmentó considerablemente al continente asiático. Japón obtuvo a Corea y prometió que saldría de las Filipinas, que se encontraba ya en la "esfera de influencia" norteamericana. Sin embargo, el despotismo de Roosevelt les dejó un sabor amargo a los japoneses.

Para demostrarles que hablaba en serio, el presidente les envió un garrote: la Gran Flota Blanca. Producto de la modernización y el reacondicionamiento de la Marina, esta armada de 16 barcos navegó el globo terreste en 1907, en una exhibición impresionante del poder naval, pero que también dejó al descubierto un grave inconveniente que tenía la Marina: depender de insumos extranjeros mientras sus barcos se encontraran en alta mar.

Lectura Recomendada: *Mornings on Horseback*, de David McCullough; *The Rise of Theodore Roosevelt*; y *Theodore Rex*, de Edmund Morris.

¿Quiénes fueron los *"muckrakers?"*

El "garrote" sólo fue una de las expresiones frecuentes de Roosevelt que terminaron por convertirse en parte del lenguaje americano ya que fue uno de los presidentes más elocuentes. Lector voraz y con una memoria asombrosa, podía citar los fragmentos más diversos, desde proverbios africanos a disertaciones militares desconocidas o —como en otro incidente famoso— a la alegoría realizada por John Bunyan en su libro *El progreso de un peregrino.* En 1907, exasperado por las actividades de un creciente número de periodistas que se dedicaron a develar casos de sobornos y de corrupción, Roosevelt los comparó con el hombre que tenía un rastro de estiércol *(muck-rake)*, un personaje de la novela de Bunyan. Este personaje vivía tan obsesionado con la podredumbre que veía a su alrededor, que fue incapaz de ver la "corona celestial."

El apelativo de *muckraker* cuajó y fue aceptado con gusto por una nueva generación de periodistas americanos representados por Ida M. Tarbell, Lincoln Steffens y Upton Sinclair. Toda una generación de escritores había comenzado a denunciar los numerosos abusos cometidos por políticos y empresarios norteamericanos a través de periódicos y revistas como *McClure* y *Atlantic Monthly,* así como de diversas novelas y libros de otros géneros. En cierto modo, esta tendencia comenzó con el libro *The Guilded Age.* Pero este afán de develar escándalos llegó a su cima a comienzos del siglo XX. En 1903, la revista *McClure* publicó unos artículos por entregas escritos por Ida M. Tarbell (1857–1944) sobre la Standard Oil, que recibieron el título de *History of Standard Oil Company,* que fueron muy aclamado. Simultáneamente, esta misma revista publicó una serie de artículos escritos por Lincoln Steffens (1866–1936) sobre la corrupción urbana, que fueron reunidos en el libro *The Shame of the Cities.* La revista *McClure* también publicó algunos fragmentos del libro *Twenty Years at Hull-House,* escrito por la reformista social Jane Addams, quien fundó el centro descrito en el libro junto a Ellen Gates Starr, para ayudar a los inmigrantes a adaptarse a la vida norteamericana. Más de 400 centros de ese tipo, inspirados en el modelo de la casa de Addams, se establecieron en los Estados Unidos. Aunque en un comienzo fueron centros culturales de nobles propósitos, estas casas pronto comenzaron a prestar servicios de educación básica y de salud, convirtiéndose en la única opción que tuvieron los cientos de miles de inmigrantes que llegaban a los barrios pobres de las ciudades. Pero Addams y sus colegas libraban una batalla imposible, en una época en que la asistencia gubernamental a los pobres era considerada blasfema y comunista.

En Nueva York, el sufrimiento de los inmigrantes se expuso también en informes y fotografías de un inmigrante llamado Jacob Riis. En su libro *How the Other Half Lives*, publicado en 1908, Riis denunció los delitos, las enfermedades y la miseria de las barriadas urbanas.

Una nueva generación de escritores comenzó a incorporar las técnicas periodísticas a sus novelas: Stephen Crane en *Maggie, A Girl of the Streets*, William Dean Howells en *The Rise of Silas Lapham*, Frank Norris en *The Octopus*. Pero la novela más famosa de este género fue tal vez *La jungla*, escrita por Upton Sinclair, donde el autor describe de manera descarnada la desagradable atmósfera que se vivía en la industria cárnica de Chicago. (Quien lea el libro incluso en esta época, es probable que prometa abstenerse de comer salchichas.) La publicación de *La jungla* en 1906 redujo drásticamente la venta de carne en Estados Unidos y obligó de inmediato a que la industria aceptara la inspección federal y la aprobación de la Ley de Medicamentos y Alimentos Puros. Estos fueron los primeros pasos vacilantes del consumismo moderno y los *muckrakers* fueron los antepasados de los abanderados del consumo como Ralph Nader, críticos implacables del fraude, los abusos y la corrupción política e industrial.

Voces Americanas

Jane Addams, de su libro *Twenty Years at Hull-House*.

Durante nuestra primera Navidad en la Casa Hull, cuando todavía no sabíamos nada sobre el trabajo de menores, algunas niñas pequeñas rechazaron los dulces que les ofrecimos como parte del espíritu navideño, arguyendo que ellas "trabajaban en una fábrica de dulces y no podían soportarlos." Luego descubrimos que habían trabajado durante seis semanas desde las siete de la mañana hasta las nueve de la noche y que estaban tan exhaustas como hastiadas . . .

En ese invierno, tres niños que pertenecían a un club de la Casa Hull se accidentaron con una máquina en una fábrica cercana. Ésta no contaba con un supervisor laboral que la empresa pudiera pagar y que hubiera podido evitar el incidente. Cuando los niños murieron a causa de las heridas recibidas, no dudamos en creer que los propietarios de la fábrica compartirían nuestro dolor y nuestra compasión. Para nuestra sorpresa, ellos no se inmutaron. Luego conocí aquellos documentos tan patéticos firmados por los padres de los niños, donde declararon que no harían reclamos producto del "descuido."

¿Quiénes fueron los *wobblies*?

La jungla fue más que una novela de denuncia; fue el ejemplo más notable de la novela socialista. Además de exponer las prácticas de la industria cárnica, el libro hace un llamado a la unión de los trabajadores y termina con una visión utópica de una sociedad de obreros. De hecho, la novela fue publicada inicialmente por *Appeal to Reason*, un periódico socialista. Luego de ser asociado con el comunismo soviético y chino, algunos sectores de Norteamérica pensaron que el socialismo era un movimiento peligroso. Sin embargo, el socialismo fue una fuerza política importante a comienzos del siglo XX, especialmente entre la clase trabajadora, que veía este modelo político como una forma de distribución de la riqueza por parte del gobierno antes que a través de la empresa privada. Los trabajadores decidieron darle una oportunidad al socialismo, ya que muy pocas personas recibían una pequeña porción de las ganacias de los Rockefeller o los Morgan. Aunque el AFL permaneció alejado del socialismo, pues no quiso que la asociaran con el bolchevismo que estaba tomando el poder en Rusia (donde 10,000 tropas americanas participaron en una guerra secreta a fin de prevenir una revolución bolchevique durante la Primera Guerra Mundial), otro sindicato se declaró socialista con orgullo. Eran los Industrial Workers of the World (IWW), que por razones más bien desconocidas fueron conocidos como los *wobblies* (indecisos). A diferencia del AFL, que sólo aceptó en sus filas a trabajadores blancos y calificados, los *wobblies* aceptaron a todos los trabajadores en "una gran unión." Durante su primera reunión, celebrada en 1905, estuvieron presentes el minero "Big Bill" Haywood (1869–1928), Eugene V. Debs, líder del Partido Socialista, y Mary Harris "Mother" Jones (1830–1930), una activista de este sindicato, y que tenía en ese entonces 75 años.

La causa de los *wobblies* prosperó durante diez años, pero fue brutalmente perseguida por las fuerzas que se oponían al sindicalismo, sus líderes fueron encarcelados, torturados y el legendario Joe Hill (1872?–1915) engañado y ejecutado, aunque logró una especie de inmortalidad en la canción *I dreamed I Saw Joe Hill Last Night* (Soñé que anoche veía a Joe Hill).

Bajo la dirección de Debs, el Partido Socialista atrajo a personalidades notables como Helen Keller y logró obtener el 6 por ciento de los votos en unas eleciones presidenciales, hasta que la guerra hizo que la primera oleada anticomunista invadiera al país, lo que terminó por extinguir al socialismo como una fuerza en la vida y en la política de los Estados Unidos.

¿Quién fue W.E.B. DuBois?

Socialista por un tiempo breve, DuBois emergió en este período como la voz negra más poderosa y elocuente desde Frederick Douglass. En marcado contraste con el espíritu acomodaticio de Booker T. Washington, W. E. B. DuBois (1868–1963) se convirtió en el adalid del nuevo espíritu de la "agitación varonil." Aún faltaba medio siglo para que el levantamiento por los derechos civiles tuviera lugar en Norteamérica, pero DuBois fue "la Voz en el Desierto" y su Juan Bautista. Nació en Massachusetts y fue el primer negro en obtener un Ph.D. de Harvard, en 1895. Fue profesor, conferencista y escritor y su libro más famoso es el clásico *The Souls of a Black Folk*, publicado en 1903. DuBois rechazó la posición conservadora de Washington y en 1909 fue uno de los fundadores de la NAACP, que en ese entonces era dominada por los blancos, y se desempeñó como editor de su periódico *The Crisis*, cargo que ocupó durante 25 años.

Abandonó la NAACP en 1934, luego de proponer una estrategia

más radical y se dedicó a la docencia. Regresó a la NAACP en 1944 y fue uno de los norteamericanos presentes en la fundación de las Naciones Unidas. Posteriormente, DuBois ingresó al Partido Comunista, renunció a la ciudadanía norteamericana y se radicó en Ghana, donde murió.

Lectura Recomendada: *W. E. B. DuBois: A Biography of a Race, 1869–1919*, de David Levering Lewis.

VOCES AMERICANAS
W. E. B. DuBois, de su libro
The Souls of Black Folk (1903).

Cuando Mr. [Booker T.] Washington predica la mesura, la paciencia y la capacitación industrial de las masas, debemos tomar su mano y luchar junto a él, regocijarnos en su honor y glorificarnos en la fortaleza de este Josué llamado por Dios y por los hombres para guiar a los extraviados. Pero cuando Mr. Washington hace una apología de las injusticias, provengan del Norte o del Sur, cuando no valora debidamente los privilegios y derechos del sufragio, cuando menosprecia los efectos castrantes de las distinciones de casta y se opone a que nuestros hombres más brillantes tengan una mejor educación y más ambiciones—cuando el Sur, la Nación o él hagan esto—, debemos oponernos de manera firme e irrestricta.

¿Cuál fue el Partido de *Bull Moose*?

Aunque pudo haberse postulado para otro término y probablemente hubiera ganado de manera holgada dada su popularidad, Roosevelt acató la regla tácita que se cumplió desde Washington (y que permaneció inquebrantada hasta que apareció Franklin D., el primo de Theodore). Éste, quien asumió como presidente tras la muerte de McKinley y luego llegó a la presidencia por elección popular, señaló a William Howard Taft (1857–1930) como sucesor en la Casa Blanca.

En 1908, con la bendición de Roosevelt y representando sus intereses, Taft derrotó con facilidad a William Jennings Bryan, candidato considerado invencible y que se presentaba por tercera vez a las elecciones presidenciales. En aquella época surgió una broma que decía que el apellido Taft significaba *"Take Advice from Teddy"* (Siga los consejos de Teddy).

Roosevelt decidió realizar un safari en África para que no lo involucraran con Taft, pero el año de cacería no le impidió saciar sus instintos políticos. Cuando regresó a Norteamérica, el ex presidente cabildeó para que Taft no fuera nominado de nuevo como el candidato presidencial republicano, pues éste no tenía el carisma de Roosevelt. Aunque Taft fue catalogado como conservador, lo cierto es que entabló más demandas contra los *trusts* que el mismo Roosevelt, incluyendo una que terminó con la disolución de la Standard Oil en 1911. Entre quienes apoyaban a Roosevelt se encontraba un antiguo banquero de Morgan. Pero en estas elecciones se trató de demostrar cuál candidato se veía como el más progresista y fue Roosevelt quien se proyectó a sí mismo como el campeón de las reformas. Luego de una feroz batalla en la que Taft logró obtener la nominación Republicana, Roosevelt lideró un grupo de republicanos insatisfechos y fundó el Partido Progresista. El comentario que realizó una vez, cuando dijo que él era "tan fuerte como un alce macho" (*bull moose* en inglés) dio origen al *Bull Moose Party*, nombre con que se conoció popularmente al Partido Progresista.

Los demócratas debatieron antes de inclinarse sorpresivamente por Woodrow Wilson (1856–1924), que en ese entonces era gobernador de Nueva Jersey. Wilson era más bien liberal, por lo menos para su época. El Partido Demócrata se unió alrededor de Wilson, especialmente en el Sur, donde nunca perdonaron a Roosevelt por haber invitado a Booker T. Washington a la Casa Blanca. Taft tiró la toalla, marginándose de la campaña y más tarde presidió la Corte Suprema de Justicia, cargo al que siempre aspiró. A pesar de un fracasado intento de asesinato en su contra que parecía confirmar su carácter invencible, Roosevelt realizó un *lobby* intenso y Wilson obtuvo menos votos populares que Taft y Roosevelt en las elecciones. El candidato Socialista Eugene V. Debs obtuvo el 6 por ciento de los votos—casi un millón—lo que indicaba claramente que la marea política se estaba inclinando hacia la izquierda. Sin embargo, Wilson logró una amplia victoria. Taft solo ganó en dos estados y Roosevelt en seis. Los demócratas de todas las regiones respaldaron sólidamente a Wilson. Y una vez más, un tercer partido cambió el curso de la política norteamericana.

Al igual que sus adversarios, Wilson adoptó una plataforma progresista a la que llamó la "Nueva Libertad." Durante su primera administración tuvo un éxito legislativo admirable. Los impuestos a los productos extranjeros, el arma sagrada que tenían las grandes empresas para eliminar la competencia foránea, fueron reducidos por primera vez desde la Guerra Civil. Se ratificó la Decimosexta Enmienda, que establecía el impuesto a las ganancias al igual que la Decimoséptima Enmienda, que estipulaba la eleccción de senadores de los Estados Unidos por voto popular y directo. (Hasta ese entonces, los senadores eran elegidos por las legislaturas estatales.) Y gracias a la Ley de Reserva Federal, el país tuvo su primer banco desde los tiempos de Andrew Jackson. Como parte de otras importantes reformas, se creó la Comisión Federal de Comercio y se aprobó la Ley Clayton Antitrust; ambas buscaban controlar las prácticas comerciales desleales y restrictivas que excluían a sindicalistas y agricultores.

Pero la administración progresista de Wilson tuvo un gran lunar: su pésimo récord en los derechos civiles. Bajo el gobierno de Wilson, Jim Crow se convirtió en la política oficial del gobierno de los Estados Unidos, donde las oficinas federales estuvieron segregadas y los negros perdieron algunos de los pocos trabajos públicos que habían logrado conseguir. Wilson, natural de Virginia, era un producto del Sur de la postguerra civil y reflejó esa mentalidad de una forma considerable, aunque pareciera ser progresista en otros aspectos. Pero después de todo, su política hacia los negros poco importaba en un país que observaba cautelosamente el advenimiento de la guerra en Europa.

¿Quién fue Pancho Villa?

Durante el mandato de Woodrow Wilson, Norteamérica pasó de la política del "garrote" a la del "Gran Hermano," por lo menos en lo que hacía referencia a Latinoamérica. Con el canal de Panamá ya casi listo para ser defendido, Wilson se aseguraría de que el poder norte-americano en el hemisferio no se viera amenazado. Las tropas norte-americanas asumieron el control de Nicaragua, Haití y República Dominicana luego de los disturbios en el Caribe. Todas estas intervenciones no fueron más que meros entrenamientos de rutina para el poderío militar estadounidense. Sin embargo, la inestabilidad que generó Pancho Villa en México fue más difícil de aplacar.

A comienzos del siglo XX, sucedieron en ese país una serie de golpes de estado y de dictaduras que dejaron al general Victoriano Huerta instalado como presidente en 1911, con la ayuda del embajador norte-americano y el visto bueno de inversionistas extranjeros que deseaban la estabilidad en México con el único propósito de realizar negocios ventajosos allí. Sin embargo, el presidente Wilson se negó a reconocer al gobierno de Huerta, lo que hizo que aumentara la confusión en México. Wilson utilizó como pretexto el arresto de algunos marinos norteamericanos, ordenó la invasión a Veracruz en 1914, y Huerta abdicó poco después. La puerta les quedó abierta a Venustiano Carranza, que también era general y a dos de sus "generales:" Emiliano Zapata y Pancho Villa. Zapata, un indio analfabeto, reivindicó algunas reformas sociales y les dio tierras a los pobres. Villa era simplemente un bandido que más tarde se enfrentó a Carranza, tomó la Ciudad de México y atacó a Estados Unidos en un intento por debilitar a Carranza. Mató a doce pasajeros a bordo de un tren en el norte de México y más tarde realizó ataques en la frontera con Nuevo México, donde mató a un grupo de ingenieros de minas norteamericanos. Wilson se molestó y envió al general John J. Pershing (1860–1948) para que tratara de capturar a Villa. Pero perseguir a alguien tan astuto era algo tan difícil como atrapar al viento. Villa hizo que las tropas norteamericanas se adentraran en territorio mexicano en una cacería que duró nueve meses y que solo contribuyó a aumentar las tensiones entre Norteamérica y México.

En 1917, Wilson le ordenó a Pershing que regresara, pues cada vez era más probable que los Estados Unidos se involucraran en la guerra europea. Pocos años después, Villa, Zapata y Carranza cayeron asesinados en el turbulento mundo de la política mexicana, un mundo que cada vez se sentía más atraído por el poderoso magnetismo de la Primera Guerra Mundial.

De cómo un archiduque muerto originó una guerra mundial

El 28 de junio de 1914, el archiduque Francisco Fernando, heredero del trono de Austria se encontraba en la ciudad de Sarajevo (en la actual Yugoslavia), que en aquella época era parte del Imperio austro-húngaro. Un grupo de estudiantes nacionalistas partidarios de que Serbia formara parte de Austria urdieron un complot para asesinar al archiduque. Uno de estos jovenes, Gavrilo Princip, le disparó al archiduque mientras iba en un automóvil. Pocos días después, el imperio austríaco le declaró la guerra a Serbia, una pequeña república al sur de Austria. Rusia, que era aliada de Serbia, mobilizó sus tropas. Alemania, que era aliada de Austria, le declaró la guerra a Rusia y a Francia, aliada de los rusos. Cuando las tropas alemanas invadieron Bélgica a su paso hacia Francia, Gran Bretaña le declaró la guerra a la nación germana.

La muerte de Fernando fue la chispa que encendió la mecha que explotó en lo que se llamó inicialmente la Gran Guerra, y que se denominó como la Primera Guerra Mundial cuando estalló la Segunda Guerra Mundial. Para decirlo de otro modo, el asesinato del archiduque fue algo así como la última pieza de un descabellado sistema de piezas intercambiables que desencadenó en una guerra en la que casi todo el mundo se vio involucrado.

Cunado comenzó esta guerra, Europa estaba más en el siglo XIX que en el XX. El Imperio alemán se había consolidado como la mayor potencia europea gracias a Bismarck, llamado el "Canciller de Hierro," y quien estaba unido al Imperio austríaco por medio de lazos sanguíneos por parte de la aristocracia y por la alianza militar. Ambas naciones eran los poderes centrales de Europa y aliados del Imperio otomano que controlaba gran parte del actual Oriente Medio. El Imperio alemán se había forjado en gran parte a expensas de Francia, después que Alemania ganara la guerra de 1870, humillara a Francia y la obligara a cederle los ricos territorios de Alsacia y Lorena, disputa que las dos naciones no han podido superar. Luego de su estruendosa derrota, Francia se rearmó fuertemente, reorganizó su ejército y se convirtió en una nación altamente militarizada que tuvo entre sus planes recobrar algún día la región que era un importante centro acerero y que consideraba propiedad suya.

La Revolución que se estaba gestando en Rusia también formó parte de este hervidero de alianzas. La Rusia zarista estaba unida a Inglaterra y Francia por tratados de defensa y por lazos sanguíneos (el rey de Inglaterra y el zar ruso eran parientes). La amenaza de una revolución socialista que pretendía derrocar la monarquía en el Este hizo reaccionar al káiser Guillermo, el líder autócrata alemán que había destituído a Bismarck de la cancillería.

Todas estas naciones se armaron considerablemente y se involucraron en una carrera armamentista que hizo las delicias de la industria militar, mientras los fabricantes europeos de municiones se apresuraban a mantener el caldero hirviendo. Las tensiones internacionales eran buenas para los negocios. Pero si una nación estaba bien armada, creía que era invencible, y eso fue precisamente lo que sucedió con varios países europeos. El deseo de utilizar esa clase de poderío cobra vida propia. Los nacionalismos recalcitrantes, los sueños de invencibilidad, las alianzas complejas y los antagonismos que databan del siglo anterior se combinaron para sumergir a Europa en un violento remolino. Tal como ha sucedido repetidamente en la historia, las altas personalidades determinaron el curso de los acontecimientos, de la misma forma en que lo hicieron la situación económica o las disputas fronterizas. La calma y la diplomacia amistosa quedaron relegadas en favor de los ideales de honor propios del siglo XIX, en un nuevo siglo en que el género humano ignoró los alcances de los poderes destructivos alcanzados. Es probable que los hombres del siglo XIX, quienes fueron criados de acuerdo con los ideales caballerescos y aristocráticos y que todavía combatían montados a caballo, no tuvieran idea del caos que podrían producir los arsenales del siglo XX. El mundo de los sables y los asaltos de caballería se vieron relegados por innovaciones como el gas mostaza, los submarinos y los lanzallamas (perfeccionados por los alemanes), los tanques (inventados por los ingleses) y una nueva generación de granadas de mano y de ametralladoras con sistemas de refrigeración incorporados. Si estas armas fallaban, las antiguas bayonetas se convertían en el último recurso. La carnicería desatada en batallas legendarias como las de Marne, Ypres, Gallipoli y del bosque de Argonne, fue realmente increíble y todo lo que quedó en estos sitios fue una selva de cruces.

Las escenas bélicas tuvieron lugar especialmente en Europa y en particular en las llanuras de Bélgica y Francia, donde la guerra inhumana de trincheras cobró vidas con la misma intensidad con que las llamas consumen la madera seca. Pero el verdadero precio estaba en otra parte. La cuestión fundamental es que las naciones europeas estaban combatiendo por el futuro del Imperio. Los botines de esta guerra fueron África, Asia y el Oriente Medio. No importa cuáles fueran las razones para ir a la guerra; fue la riqueza material, el oro y los diamantes de Sudáfrica, los metales y el caucho de África, el caucho de Malasia y el petróleo del Oriente Medio, los que realmente originaron la Primera Guerra Mundial. La competencia comenzó mucho antes de que el archiduque cayera muerto en Sarajevo. Alemania y Bélgica controlaban buena parte de África. El Imperio francés se había extendido a Indochina, el Imperio británico comprendía gran parte de Asia, África y el Lejano Oriente. El Ejército británico ya se había untado de sangre en la guerra contra los bóers, en busca del control de Sudáfrica y en la guerra de Crimea en la que se disputó el control del Oriente Medio, donde Inglaterra tomó el Canal del Suez. Esta nación, que era la Reina de los Mares, se vio amenazada por la Marina alemana, que fue construída con un solo propósito: desafiar la supremacía británica sobre el control de la riqueza del Imperio. Los lideres europeos sabían muy bien que los recursos naturales del continente estaban destinados a agotarse. El poder y la supervivencia en la nueva era mecanizada e industrial provendrían del control de estos recursos que se hallaban en el mundo colonial. Los cadáveres podían apilarse en Verdún, Ypres, Marne y en docenas de campos de batalla, pero el vencedor se llevaría las riquezas de otros continentes.

¿Quién hundió el *Lusitania* y cuáles fueron las consecuencias?

Durante varias generaciones, los estudiantes norteamericanos han creído que la Nación decidió participar en la guerra para protegerse de los submarinos alemanes que asesinaban a norteamericanos inocentes que iban como pasajeros en los barcos. El ejemplo más notorio de esto fue el supuesto hundimiento del *Lusitania*, un barco de pasajeros. Sin embargo, esta explicación tiene poco que ver con la realidad. Norteamérica no estaba muy dispuesta a involucrarse en la Primera Guerra

Mundial, pues ya tenía el control sobre dos continentes y sobre varios territorios en Asia y en el Pacífico. Desde los tiempos de Washington y Jefferson, la política exterior estadounidense había consistido en evitar las "alianzas intrincadas." La neutralidad y el aislacionismo eran dos fuerzas poderosas en los Estados Unidos, donde una buena parte de la población descendía de los países enfrascados en la guerra. Los ocho millones de germano-americanos no querían una guerra entre Norteamérica y Alemania. Los 4.5 millones de irlandeses despreciaban a Gran Bretaña, que por aquel entonces le estaba apretando las tuercas a Irlanda, pues el movimiento republicano irlandés cada vez cobraba más fuerza.

En los primeros días de mayo de 1915, la embajada alemana en los Estados Unidos publicó varios avisos en la prensa en los que advertía a los norteamericanos que no viajaran por el Atlántico a bordo de barcos británicos. El 7 de mayo de 1915, el barco *Lusitania* fue torpedeado por un submarino alemán en costas irlandesas. El inmenso barco naufragó en solo 18 minutos y 1,200 de los 1,959 pasajeros y tripulantes murieron. Entre las víctimas había 128 norteamericanos.

El presidente Wilson se resistió a los llamados vehementes a la guerra luego del hundimiento y les envió una serie de cartas a los alemanes donde les exigía una compensación y la promesa de no atacar barcos de pasajeros. William Jennings Bryan, el secretario de estado norteamericano, pensó que las cartas eran demasiado fuertes y renunció a su cargo. Aunque el gobierno alemán aceptó realizar compensaciones, sostuvo que el *Lusitania* llevaba armamento y que por lo tanto era un barco de guerra. Los británicos rechazaron esta afirmación, pero luego se comprobó que el *Lusitania* llevaba 4,200 cajas de munición y 1,250 cajas de metralla que explotaron luego del impacto del torpedo, lo que aceleró el hundimiento del barco.

Aunque este incidente aumentó las tensiones entre las dos naciones, realmente tuvo poco que ver en la participación norteamericana en la guerra. El presidente Wilson continuó firme en su política de neutralidad, a la vez que buscaba negociar una indemnización. Wilson se lanzó a la reelección y el eslogan de su campaña era: "Él nos mantuvo fuera de la guerra." En abril de 1917, dos años después del hundimiento del *Lusitania*, Norteamérica entró a la guerra, que ya se encontraba en su etapa final. En febrero de 1917, los submarinos alemanes comenzaron a atacar de manera indiscriminada a todos los barcos mercantes, incluso a los estadounidenses, y Wilson rompió relaciones diplomáticas con Alemania. El cambio definitivo se presentó después que se revelara el "Telegrama de Zimmermann," que puso al descubierto un plan alemán para generar una guerra entre los Estados Unidos y México. Los agentes británicos le suministraron esta información a los norteamericanos, quienes declararon la guerra en marzo, cuando los submarinos alemanes comenzaron a atacar a los barcos de Estados Unidos sin previo aviso.

Las razones que adujo Estados Unidos para entrar al conflicto fueron la libertad de los mares y la preservación de la democracia. Pero ninguno de los dos bandos tenía un monopolio sobre una guerra ilegal en los océanos. Además, los aliados europeos no se regían por unos principios democráticos tan sólidos como para que Wilson pensara que debía haber declarado la guerra desde 1914 a fin de preservarlos.

Wilson tiene el mérito de haber realizado un esfuerzo admirable para contener a ambas partes y buscar una paz negociada. Pero al igual que en casi todas las guerras en las que combatido la nación, los poderosos intereses de la industria, la banca y el comercio pensaron que la guerra era saludable y que si el mundo iba a quedar fragmentado luego del conflicto, Norteamérica también debía llevarse una parte del botín.

HITOS DE LA PRIMERA GUERRA MUNDIAL

1914

28 de junio   El archiduque Francisco Fernando, príncipe de Austria, es asesinado en Sarajevo por Gavrilo Princip. El Imperio austrohúngaro se vale de este pretexto y cinco días después le declara la guerra a Serbia, un pequeño país al sur de Austria. Rusia mobiliza sus tropas para defender a Serbia.

1 de agosto   Alemania, que es aliada de Austria, le declara la guerra a Rusia. Dos días después, Alemania le declara la guerra a Francia.

4 de agosto   Obedeciendo a tratados de defensa mutuos, Gran Bretaña le declara la guerra a Alemania, cuando las tropas germanas invaden a Bélgica en su paso hacia Francia.

5 de agosto   Los Estados Unidos declaran formalmente su neutralidad y ofrecen su mediación en el conflicto. La opinión en Norteamérica está dividida: los pro-aliados piden que se ayude a Inglaterra, Francia y Bélgica, países que son considerados como víctimas de las agresiones y atrocidades cometidas por los bárbaros alemanes, mientras que los neutralistas y pro-alemanes (casi todos germano-americanos) quieren que los Estados Unidos se mantengan al margen. Los pro-aliados forman la escuadrilla Lafayette y se unen a la Fuerza Aérea francesa. Otros norteamericanos se unen al Ejército británico y a la Legión francesa o se ofrecen—como Ernest Hemingway—para conducir ambulancias. Los irlandeses-americanos se oponen a cualquier ayuda a Gran Bretaña.

6 de agosto   El imperio austro-húngaro le declara la guerra a Rusia.

23 de agosto   Japón le declara la guerra a Alemania.

5 de septiembre   Batalla del Marne. En la primera batalla realmente terrorífica de la guerra, en la que cada bando sufre 500,000 bajas, la contención franco-inglesa a la invasión alemana hace que esta nación no logre dominar rápidamente a sus enemigos europeos antes que los aliados desplieguen todas sus fuerzas. En lugar de esto, los alemanes retroceden (los devastadores combates se prolongarán por tres años más). La derrota parcial alemana obliga a esta nación a aumentar sus ataques submarinos para contrarrestar la superioridad naval inglesa, que amenaza con impedir que los alemanes adquieran insumos de guerra que necesitan con urgencia. Aunque los submarinos alemanes comienzan a atacar barcos de guerra, luego extienden sus hostilidades contra barcos comerciales y de pasajeros, estrategia que termina por darle a Norteamérica justificaciones para unirse a los aliados.

1915

28 de enero   El *William P. Frye*, un barco mercante norteamericano que lleva trigo a Inglaterra, es torpedeado por un submarino alemán. Es el primer ataque de este tipo contra un barco comercial norteamericano.

30 de enero   El coronel Edward M. House (1858–1938), un texano responsable de haber nominado a Wilson y el principal consejero del presidente, viaja a Europa para buscar la paz. Ambos bandos rechazan las negociaciones, pues creen que pueden obtener una victoria rápida.

4 de febrero   Alemania declara que las aguas de las islas británicas son zona de guerra y amenaza a todos los barcos que se acerquen a Inglaterra.

1 de mayo   El *Gulflight*, un buque cisterna americano, es hundido por un submarino alemán. Alemania pide disculpas pero la guerra naval se intensifica, pues los británicos piden bloquear todos los puertos alemanes, a pesar de las protestas del presidente Wilson.

7 de mayo   El transatlántico británico *Lusitania* es hundido por un submarino alemán. Alemania arguye justificadamente—como se descubrirá más tarde—que el barco llevaba municiones, mientras que los británicos rechazan esta aseveración. Casi 1,200 de los 1,959 pasajeros mueren; 128 de ellos son norteamericanos que han ignorado las advertencias que los alemanes han publicado en la prensa norteamericana para que no viajen en barcos que lleven armamento. Se desata una crisis diplomática, pues Alemania se niega a pagar indemnizaciones ni a ofrecer disculpas. William Jennings Bryan, secretario de estado y pacifista, renuncia a su cargo en protesta porque considera que Estados Unidos se ha inclinado a favor de Inglaterra luego del hundimiento del *Lusitania*. Wilson les envía varios mensajes a los alemanes y les dice que han violado los derechos de los norteamericanos. Aunque el hundimiento del *Lusitania* se ha considerado como uno de los principales motivos para el ingreso de Estados Unidos al conflicto, las consecuencias del hundimiento fueron leves y pasarían otros dos años para que Norteamérica se involucrara en la guerra.

2 de julio   Un profesor alemán de la Universidad de Cornell lanza una bomba en el Senado de los Estados Unidos y al día siguiente le dispara a J. P. Morgan. El profesor se suicida luego de ser capturado. Pocos días después, el director del departamento de propaganda de Alemania en los Estados Unidos deja un maletín con información sobre una cuadrilla de espías alemanes en el metro de Nueva York. La información es descubierta por los Servicios Secretos norteamericanos y divulgada por la prensa, lo que despierta sentimientos en contra de los alemanes.

25 de julio   El *Leelanaw*, un barco de la marina mercante norteamericana que transporta lino, es hundido en aguas escocesas por un submarino alemán.

10 de agosto   El general Leonard Wood, quien alcanzó la fama como integrante de los *Rough Riders*, establece el primero de los varios campos privados de entrenamiento militar que para 1916 habían entrenado a 16,000 soldados "no oficiales."

7 de noviembre   Veintisiete norteamericanos mueren luego de un ataque perpetrado por un submarino austríaco contra el trasatlántico italiano *Ancona*.

7 de diciembre   El presidente Wilson solicita un ejército de 142,000 combatientes y 400,000 reservistas.

1916

7 de enero   Luego de ser presionada por los Estados Unidos, Alemania promete acatar las reglas internacionales de guerra naval.

2 de febrero   Una resolución del Congreso advierte a los norteamericanos que no viajen a bordo de barcos que pertenezcan a las naciones involucradas en la guerra. El presidente Wilson declara que se deben proteger los derechos norteamericanos.

15 de marzo   La Ley de Reorganización del Ejército es aprobada por el Congreso. La ley estipula que a finales de junio, el Ejército tendrá un pie de fuerza de 175,000 hombres y la Guardia Nacional tendrá 450,000.

24 de marzo   Tres norteamericanos mueren cuando un barco francés es torpedeado en el Canal de la Mancha. La opinión pública se inclina a favor de los aliados y en contra de Alemania.

20 de abril   Comienzan los Levantamientos de Pascua. La rebelión irlandesa, apoyada por Alemania, tiene como objetivo crear una revolución en este país para desviar a Gran Bretaña de la guerra en Europa. El 21 de abril, Viernes Santo, los británicos reciben informes de inteligencia y capturan a un barco alemán que lleva armas a los irlandeses, así como a un submarino que transporta a Sir Roger Casement, encargado de comandar la insurrección. El 21 de abril, lunes de Pascua, el Ejército del Pueblo, que no cuenta ya con las armas confiscadas ni con Sir Roger Casement, lanza varios ataques en Dublín y toma varias edificaciones. Pocos días después, las tropas británicas retoman el control de Dublín y contienen la rebelión. Casement es condenado a la horca, así como siete rebeldes que participaron en los ataques a Dublín. Las ejecuciones son consideradas como una demostración de la "despiadada" tiranía británica y Gran Bretaña sufre un gran desprestigio en Norteamérica, mientras que la complicidad alemana en la rebelión es prácticamente ignorada. Las simpatías norteamericanas hacia Inglaterra caen a su punto más bajo durante la guerra.

16 de junio   Wilson es nominado de nuevo como el candidato demócrata con el eslógan "Él nos mantuvo fuera de la guerra," mientras se hacen planes para que el país ingrese al conflicto y respalde a los aliados. Wilson, quien propone un programa de "paz y alistamiento," logra una victoria sumamente estrecha sobre Charles Evans Hughes, un juez beligerante de la Corte Suprema y ex gobernador de Nueva York que es respaldado por Theodore Roosevelt. Una semana después del día de las elecciones se conoce que Wilson ha ganado en el estado de California, donde Hughes ha desairado de manera involuntaria al gobernador republicano, quien goza de gran popularidad y se niega a respaldarlo. Es posible que este error le haya costado a Hughes este importante estado e incluso la presidencia. Wilson es reelegido para su segundo mandato por un estrecho margen. El Este es decididamente republicano, pero Wilson gana en el Sur y en el Oeste. Las elecciones presidenciales, que son una especie de referendo sobre la posición sobre la guerra, prueban claramente que Norteamérica quiere permanecer por fuera del conflicto. Pocas semanas después de su reelección, Wilson solicita a las naciones en conflicto sus condiciones para firmar la paz.

1917

22 de enero   Wilson le pide al Congreso el establecimiento de la Liga de Paz, una organización que tenga como fin la solución de conflictos. Pero ninguna de las dos partes está dispuesta a negociar, pues confían en la victoria.

31 de enero   Alemania, que ha armado una flota de más de cien submarinos, se dedica a una guerra naval total, pues cree que los aliados se rendirán en seis meses.

3 de febrero   Wilson rompe relaciones diplomáticas con Alemania tras la decisión tomada por ese país.

24 de febrero   En lo que se conocería como el incidente del "Telegrama de Zimmermann," el Servicio Secreto británico intercepta el telegrama enviado por Arthur Zimmermann, ministro de Relaciones Exteriores de Alemania, en el que pretende persuadir a México para que se alíe con Alemania en una eventual guerra contra los Estados Unidos. A cambio de esto, los alemanes le prometen al gobierno mexicano ayudarles a recuperar Texas, Nuevo México y Arizona. Los británicos han guardado el telegrama y lo revelan pensando que el presidente Wilson cambiará su posición neutral cuando lo conozca. La opinión pública se indigna ante lo que considera como una tración por parte de los alemanes.

26 de febrero   El presidente Wilson pide al Congreso permiso para armar a los barcos mercantes y su petición es aprobada. El presidente expide la orden el 9 de marzo.

15 de marzo   El zar de Rusia abdica luego del triunfo de la Revolución. Los Estados Unidos reconocen al nuevo gobierno conformado por Alexandr Kerensky.

12 a 21 de marzo   Cinco barcos norteamericanos son hundidos sin previo aviso.

2 de abril   Wilson le solicita al Congreso que declare la guerra a Alemania.

VOCES AMERICANAS
Petición de WILSON al Congreso
para la declaratoria de guerra.

Es terrible enviar a este pueblo pacífico y magnánimo a la guerra, a la más horrible y desastrosa de todas las guerras, en la cual la civilización misma se encuentra en entredicho. Pero el derecho es más preciado que la guerra y debemos luchar por aquello que nos es más querido: la democracia, el derecho de quienes se someten a la autoridad para hacerse oír en en sus propios gobiernos, por los derechos y libertades de las naciones pequeñas, por la prevalencia universal del derecho que tienen sus pueblos a alcanzar la paz y la seguridad para todas las naciones y hacer que el mundo sea finalmente libre.

El discurso de Wilson fue muy aplaudido y pocos días después, el Congreso aprobó la guerra por una mayoría abrumadora. Después del discurso, Wilson le dijo a uno de sus ayudantes: "Mi mensaje fue uno de muerte para nuestros hombres. ¡Qué extraño que lo hubieran aplaudido!"

Una de las pocas personas que se opuso a la guerra fue George W. Norris, senador por Nebraska, quien sostuvo que la guerra se había declarado por motivaciones económicas y no por cuestión de principios. Norris se valió de una carta escrita por un miembro de la Bolsa de Valores de Nueva York para denunciar la posición de Wall Street:

Tenemos al hombre que representa a aquellas personas que obtendrán ganancias si nos involucramos en la guerra actual, quienes ya han ganado millones de dólares y ganarán varios centenares de millones adicionales si participamos en la guerra.

Tenemos la descarada propuesta de que la guerra trae prosperidad ... Wall Street ... sólo tiene en cuenta los dólares que perciba por concepto de las negociaciones de acciones y bonos que serán necesarias en caso de guerra.

El único propósito en querer la guerra y en prepararse para ella es ganar dinero. El sacrificio y el sufrimiento humano son necesarios, pero a Wall Street solo le importan los dólares y los centavos . . . Es obvio que los corredores de bolsa no irán a la guerra . . . Ellos estarán resguardados en sus lujosas oficinas de Wall Street, sentados frente a escritorios de caoba.

18 de mayo   Se aprueba la Ley de Servicio Selectivo, que autoriza la inscripción y reclutamiento de varones entre los 21 y los 30 años de edad. (La Corte Suprema reafirma el derecho del gobierno a promulgar la Ley de Conscripción en enero de 1918 bajo el poder constitucional para declarar la guerra y respaldar al Ejército.) El 24 de junio, el general John J. Pershing lidera la Fuerza Expedicionaria Americana, el primer contingente norteamericano. La División Arcoiris, comandada por el coronel Douglas MacArthur, llega a Europa el 30 de noviembre.

Junio   La Ley de Espionaje es aprobada por el Congreso para evitar ese tipo de actos. Sin embargo, es utilizada especialmente para silenciar a quienes critican la guerra. Un año después de su aprobación, el líder socialista y candidato presidencial Eugene Debs es arrestado y sentenciado a diez años de prisión por un discurso que "obstruía el reclutamiento." En 1920, Debs presentó su candidatura presidencial desde la cárcel y fue perdonado por el presidente Harding después de cumplir 32 meses de su sentencia.

4 de julio   Se inaugura el primer campo de entrenamiento militar para aviadores. El Ejército norteamericano tiene 55 aviones a comienzos de la guerra, al final de ésta cuenta con casi 17,000 aeronaves en servicio.

6 de noviembre   El gobierno de Kerensky es depuesto por los bolcheviques, quienes firman la paz con Alemania en marzo de 1918. Los Estados Unidos se niegan a reconocer al nuevo gobierno.

7 de diciembre   Los Estados Unidos le declaran la guerra al Imperio austro-húngaro.

1918

8 de enero   Wilson pronuncia el discurso de los Catorce Puntos, en el que hace un llamado generoso y liberal para poner fin a la guerra. El último punto dice: "La asociación general de naciones debe conformarse bajo acuerdos especiales para ofrecer garantías mutuas de independencia política e integridad territorial tanto a las naciones grandes como a las pequeñas" (este punto será el núcleo de la Liga de Naciones.) La respuesta de los aliados no es muy decidida. Clemenceau, el primer ministro francés, dice que los Catorce Puntos "le cansan" y añade: "Dios Todopoderoso solo tiene diez."

21 de marzo   Las tropas alemanas lanzan la ofensiva total en el frente occidental, antes de que lleguen los refuerzos norteamericanos. Su frente oriental está bajo control luego del tratado de paz con los bolcheviques y del colapso de las tropas italianas. Tras un avance inicial, las tropas alemanas obligan a las fuerzas aliadas a retroceder 40 millas.

14 de abril   El general francés Ferdinand Foch pide más tropas cuando es nombrado comandante general del Ejército aliado y recibe 313,000 soldados en julio.

25 de junio   Una brigada de la Marina Norteamericana captura Belleau Wood, luego de dos semanas de combates. Las víctimas ascienden a casi 9,500, más de la mitad de los integrantes de la brigada.

17 de julio   Los aliados detienen el avance alemán en la segunda batalla de Marne y la contraofensiva que lanzan en Soissons cambia el curso de la guerra.

Agosto   Diez mil tropas norteamericanas participan en la invasión japonesa al territorio ruso, en la que ocupan Vladivostok y una parte de Siberia. Los norteamericanos se involucran en la guerra interna rusa, y apoyan a los "rusos blancos" contra los bolcheviques. Más de 500 soldados norteamericanos mueren en este conflicto.

10 de agosto   El general Pershing establece un ejército norteamericano independiente con el permiso de los aliados. El coronel George C. Marshall es nombrado oficial de operaciones.

14 de septiembre   Las fuerzas norteamericanas al mando de Pershing se destacan en Saint-Mihiel.

26 de septiembre   Más de un millón de tropas aliadas, incluyendo a 896,000 norteamericanos, se unen para lanzar una ofensiva en la última batalla importante de la guerra. Las bajas ascienden a 120,000. Al mismo tiempo, las fuerzas británicas derrotan a la "Línea de Hindenburg," la alineación defensiva alemana.

3 de octubre   Alemania forma un gobierno parlamentario luego del colapso militar y de las rebeliones de los marineros. El káiser abdica y Alemania comienza negociaciones de paz basadas en los Catroce Puntos de Wilson.

30 de octubre   Austria le solicita un armisticio a Italia y se rinde el 4 de noviembre.

11 de noviembre   Alemania firma el armisticio a las cinco de la mañana y seis horas después, en "la undécima hora del decimoprimer día del decimoprimer mes," concluye la guerra (este día será celebrado en Norteamérica como el Día del Armisticio durante varios años, pero en 1945 se transformó en el Día de los Veteranos, un día festivo que honra a todos los estadounidenses que han combatido o servido en defensa de los Estados Unidos.)

1919

28 de junio   Se firma el Tratado de Versalles, el cual estipula que Alemania deberá reconocer su culpabilidad, devolverle a Francia las regiones de Alsacia y Lorena, entregar sus colonias extranjeras y pagar 32 millones de dólares en indemnizaciones, cifra que no puede pagar, pues ha gastado más de 100 millones de dólares para financiar la guerra. El Tratado también estipula que Alemania no podrá rearmarse y que los aliados controlarán temporalmente su economía. La Liga de Naciones es aceptada por todos los firmantes, pero el Congreso norteamericano, que es mayoritariamente republicano y que ha sido excluido de las negociaciones por el presidente Wilson, se niega a ratificar el Tratado. Sin la participación estadounidense, la Liga de Naciones está destinada al fracaso.

25 de septiembre   El presidente Wilson sufre un infarto en Colorado mientras se encuentra en una gira nacional para conseguir el apoyo popular al Tratado de Versalles y a la Liga de Naciones. Sólo las personas más allegadas pueden verlo, entre ellas su esposa Edith (quien es la que toma las decisiones presidenciales durante su enfermedad), su médico, su secretario y Bernard Baruch. Wilson se resiste a entregarle el poder al vicepresidente y reasume el control el primero de noviembre. Durante su enfermedad, el Senado ha endurecido su posición y se niega a ratificar el Tratado de Versalles.

¿Cuál fue el precio de la Primera Guerra Mundial?

El costo de la "guerra para acabar con todas las guerras" fue una pesadilla. Alrededor de 10 millones de personas murieron en los campos de batalla europeos. Casi toda una generación de hombres jóvenes fue diezmada en Rusia y en Francia. Los rusos perdieron 1,700,000 personas; los franceses 1,357,000 y los británicos 908,000. Del otro lado murieron 1,800,000 alemanes, 1,200,000 austríacos y 325,000 turcos. Estas cifras pertenecen a los caídos en combate, pero otras 20 millones de personas murieron debido a enfermedades, hambrunas y a otras causas relacionadas con la guerra. Seis millones de personas quedaron inválidas. Aunque los Estados Unidos participaron brevemente en este conflicto, 130,174 norteamericanos murieron o desaparecieron y más de 200,000 quedaron heridos. Norteamérica gastó 32,000 millones de dólares en este conflicto.

Los aliados quedaron muy indignados por las pérdidas sufridas y obligaron a Alemania a pagar una guerra que todos habían comenzado. Pero el reordenamiento del mapa mundial fue mucho más peligroso que las astronómicas sanciones económicas impuestas a Alemania, Austria y Turquía luego del conflicto. Hungría, que había sido parte de un gran imperio, perdió dos tercios de su territorio y su población se redujo a menos de 8 millones de habitantes. Los estados de Checoslovaquia, Yugoslavia y Polonia—estado que contó con un corredor al Báltico—, fueron artificialmente trazados en los territorios que habían pertenecido al Imperio austro-húngaro y a los alemanes. Casi tres millones de alemanes pasaron a ser checoslovacos. Eran los sudetes, y fueron noticia varios años después, cuando la Alemania rearmada decidió anexar el territorio sudete. La otra mitad del antiguo imperio pasó a ser la pequeña Austria, que en 1939 también sería anexada por Alemania.

Los territorios del Oriente Medio pertenecientes al Imperio otomano (Turquía) fueron divididos entre los ganadores y Turquía pasó a ser un estado pequeño y pobre. La península balcánica, que era parte del Imperio otomano, se dividió en varios países que incluían a Checoslovaquia y a Yugoslavia. Los británicos recibieron a Palestina, Jordania y Mesopotamia (la actual Irak), territorio rico en petróleo. Francia recibió al Líbano y a Siria. Un joven vietnamita que había estudiado en París trató de luchar por la independencia de su país. Cuando los franceses protestaron, Ho Chi Minh —como sería conocido más tarde— fue a Moscú, donde estudió tácticas revolucionarias que más tarde utilizó para liberar a su país del yugo francés y estadounidense. Las posesiones alemanas en África fueron igualmente divididas entre los ganadores, de acuerdo con un "mandato" de la Liga de Naciones que simplemente transfirió el control de estas tierras africanas a los nuevos poderes colonialistas.

Todos estos acontecimientos de la postguerra solo contribuyeron a sembrar las semillas para la próxima guerra mundial, así como para condenar a varias generaciones del Oriente Medio, África, Europa Oriental e Indochina a vivir las consecuencias de una división devastadora.

VOCES AMERICANAS

HELLEN KELLER, en carta a Eugene V. Debs, a quien se dirigió como "Querido camarada" (11 de marzo de 1919).

Te escribo porque quiero que sepas que me sentiría orgullosa si la Corte Suprema me condenara por estar en contra de la guerra y hacer todo lo posible por oponerme a ella. Cuando pienso en los millones de personas que han sufrido en todas las guerras inicuas del pasado, me sobresalta la angustia y una gran impaciencia. Quiero luchar contra todos los poderes brutales que destruyen la vida y aniquilan el espíritu humano.

Lo que la mayoría de las personas saben de Helen Keller (1880–1968) proviene de la obra de teatro y de la película titulada *The Miracle Worker*, que narra la conmovedora historia de la relación que sostuvo esta mujer —que quedó ciega y muda a los dos años de edad— con Anne Sullivan, su profesora. La historia termina cuando Keller aprende a expresarse por medio de signos. En compañía de Sullivan, Keller asistió a la Universidad de Ratcliff, considerada como el equivalente femenino de Harvard, y se graduó con honores en 1904. Nacida en una familia conservadora de Alabama, Helen fue una feminista y pacifista declarada. Ingresó al Partido Socialista en 1909 y se hizo amiga de Eugene V. Debs, líder del partido que fue encarcelado por expresar su oposición a la guerra en la época en que Keller le escribió la carta.

CAPÍTULO SEIS

DEL BOOM A LA BANCARROTA Y DE NUEVO AL GRAN BOOM

De la Era del Jazz y la Gran Depresión a Hiroshima

¿Qué sucedió en Tulsa y Rosewood?

¿Por qué fueron ejecutados Sacco y Vanzetti?

¿Por qué la Prohibición fue uno de los mayores desastres sociales y políticos en la historia norteamericana?

¿Quiénes fueron las sufragistas?

¿Cuál fue el escándalo de Teapot Dome?

¿Henry Ford inventó el automóvil?

¿Qué tan afortunado fue Charles Lindbergh?

¿Por qué los inversionistas sintieron pánico en 1929, originando así el gran *crash*?

¿Qué tan "grande" fue la Gran Depresion?

¿Cuál fue el *Bonus Army*?

¿En qué consistieron el *New Deal* y los "cien días?"

¿Qué era el WPA?

¿Qué fue lo que Franklin D. Roosevelt trató de hacer con la Corte Suprema?

¿Qué le sucedió a Amelia Earhart?

¿En qué consistió la política del *Lend-Lease*?

¿Quiénes fueron los fascistas?

¿Qué sabía FDR sobre el ataque Japonés y cuándo lo supo?

Hitos de la Segunda Guerra Mundial

¿Qué sucedió en la Conferencia de Yalta?

¿Cómo murió FDR?

¿Estados Unidos necesitaba lanzar bombas atómicas sobre Hiroshima y Nagasaki?

La "Gran Guerra" había terminado. Norteamérica estaba desilusionada y abrumada y quiso refugiarse de nuevo en la coraza segura del aislacionismo anterior a la guerra. El país quería regresar a la normalidad, es decir, que la Casa Blanca quedara en manos de los republicanos. A partir de 1921, los republicanos controlaron la presidencia durante doce años. Primero fue Warren G. Harding (1865–1923), que convirtió la promesa del "retorno a la normalidad" en el tema central de su campaña. Elegido en 1920, los principales actos de su administración fueron las murmuraciones sobre sus aventuras amorosas y el vergonzoso escándalo de Teapot Dome, en 1922.

Harding murió en medio de este escándalo y fue reemplazado por Calvin Coolidge (1872–1933), quien era conocido como el "El Silencioso Cal," y recordado por frases como "El negocio de Norteamérica es hacer negocios" y "El hombre que construye una fábrica construye un templo. Y quien trabaja allí, ora allí."

Norteamérica prosperó bajo el mandato de Coolidge, en los "formidables veinte," expresión con la que se conoció a esta década en la que el floreciente mercado de valores fue el motor de una economía pujante. En esta década exuberante, y a pesar de la Prohibición, las convenciones y la moralidad anticuada fueron dejadas a un lado para darle paso al espíritu bohemio de la Era del Jazz, a los días de bailes nuevos y revolucionarios como el *charleston*, a mujeres que lucían prendas interiores victorianas y vestían faldas diminutas. Este período sirvió de inspiración a F. Scott Fitzgerald, quien creó a Jay Gatsby, un personaje que terminó por convertirse en el representante por excelencia de aquella década. El desencanto con la guerra y con la sociedad hizo que surgieran nuevas voces literarias contestatarias como John Dos Passos (1896–1970), autor de la novela *Tres soldados* (1921) y Ernest Hemingway (1899–1956), cuya obra atacaba a los *booboisie*, la clase media puritana y complaciente que también fue el blanco de Sinclair Lewis (1885–1951), a través de libros como *Main Street* (1920), *Babbitt* (1922), *Arrowsmith* (1925) y *Elmer Gantry* (1927), su lograda novela sobre la hipocresía religiosa. Lewis obtuvo el premio

Nobel de Literatura en 1930, siendo el primer escritor norteamericano en recibirlo.

Pero a pesar de los ataques de estos escritores, la Norteamérica autocomplaciente estaba muy satisfecha con el estado de cosas. Una nueva industria en Hollywood—en un rincón de California—desarrolló un pasatiempo con el que las personas se olvidaban de sus problemas, que parecían ser pocos en la década de los veinte. En 1927, un cantante judío de llamado Al Jolson le dijo al país "Aún no han visto nada" en *The Jazz Singer*, la primera película sonora. Muy pronto, Hollywood comenzó a realizar producciones multimillonarias para satisfacer la demanda insaciable de películas. Norteamérica, que parecía estar satisfecha con su riqueza y diversiones, se mantuvo en su sitio y en 1928 eligió como presidente a Herbert Hoover (1874–1964), secretario de Comercio de Calvin Coolidge y héroe internacional que fue alabado por su papel como administrador de alimentos durante la Primera Guerra Mundial, pues evitó que Europa sufriera las desastrosas consecuencias del hambre. No obstante, su prestigio de administrador brillante desapareció pronto, pues fue acusado de ser el responsable del colapso económico más grande de la historia.

Después de la debacle económica mundial, Hoover fracasó en la reelección de 1932 y Franklin D. Roosevelt (1882–1945) fue elegido presidente. Este personaje, que sufría de polio, logró una mayoría abrumadora, pues los sufragantes buscaban desesperadamente una nueva dirección. Roosevelt enfrentó la crisis económica de una manera progresista a través de su política de *New Deal* (Nuevo Trato). Los europeos reaccionaron de un modo diferente. En respuesta a las dificultades, los alemanes se inclinaron por Hitler y los italianos por Mussolini. Se supone que a mediados de la deprimida década de los treinta, la guerra aún no se vislumbraba en el horizonte.

VOCES AMERICANAS
"Soldados de regreso," de W.E.B. DUBOIS
(mayo de 1919).

Regresamos.
Regresamos de combatir.
Regresamos para combatir.

¿Qué sucedió en Tulsa y en Rosewood?

Si un ejército extranjero o un grupo de terroristas hubieran asesinado, quemado o amarrado a cientos de norteamericanos a automóviles y los hubieran arrastrado hasta que murieran, con toda seguridad los periódicos habrían divulgado en primera página estos incidentes que aparecerían también en los libros de historia. Y aunque algunos norteamericanos cometieron este tipo de atrocidades contra sus compatriotas, fue algo que pasó casi por desapercibido, pues las víctimas eran de raza negra y la Norteamérica de ese entonces era muy diferente.

Las masacres de varios ciudadanos norteamericanos inocentes, o "disturbios raciales" como se les llamó, ocurrieron en Tulsa, Oklahoma, y en Rosewood, Florida. Sin embargo, durante casi todo el siglo pasado, los libros de historia no mencionaron estos incidentes.

En los primeros años de la década de 1920, Tulsa era una bulliciosa y próspera ciudad de la postguerra, que en poco tiempo se hizo rica por el petróleo descubierto allí, y fue una ciudad donde el Ku Klux Klan de la postguerra encontró un terreno abonado. El aislacionismo, también llamado nativismo, también estaba en todo su apogeo. El sentimiento popular era que Norteamérica era blanca y cristiana y que seguiría siendo así. En 1921, un lustrabotas acosó sexualmente a una mujer blanca en un ascensor y el propietario de un periódico local, ansioso por aumentar sus ventas, publicó un titular en primera página que decía: "A linchar al negro esta noche."

En el Sur de aquella época era muy frecuente que los negros fueran acusados de acosar sexualmente a una mujer blanca. El 21 de junio de 1921, fecha en que el periódico salió a la venta, los blancos se dirigieron a la corte donde Dick Rowland—el acusado—permanecía detenido. Varios negros, algunos de los cuales eran veteranos de guerra que vivían en Greenwood, un barrio de Tulsa, fueron a la corte para evitar que Rowland fuera linchado (Rowland fue liberado después de que la mujer se abstuviera de formular cargos contra él). Hubo disparos y muy pronto, todo un barrio fue destruido con un ímpetu infernal. Esta turba enloquecida de más de 10,000 blancos contó con el respaldo incondicional de la policía. Este incidente fue denominado como disturbio, pero existe un término más exacto: limpieza étnica. Los blancos de Tulsa parecían decididos a no dejar vivo a un solo negro en la ciudad.

Como dice el historiador Tim Madigan en su libro *The Burning*: "Muy pronto se hizo evidente que los blancos no se conformarían con ver la tierra calcinada. Ellos no se contentarían con asesinar negros ni con arrestarlos, sino que también tratarían de arrasar con cualquier vestigio de prosperidad negra."

Las mujeres blancas comenzaron a saquear las casas de los negros mientras los hombres les arrojaban gasolina y las incendiaban. Muchas de las víctimas fueron enterradas en fosas comunes y su barrio fue reducido a cenizas, toda vez que más de 1,200 casas fueron incineradas. Las compañías de seguros se negaron a indemnizar a las víctimas, aduciendo que no cubrían pérdidas por motines. Y como si esto fuera poco, el incidente desapareció de la historia local. Hasta los archivos de los periódicos locales fueron saqueados para eliminar cualquier rastro del incidente.

El motín y las víctimas estuvieron acallados durante décadas y el incidente solo se divulgó gracias a los recuentos orales de los pocos sobrevivientes. Fue solo después de 80 años de silencio que Tulsa y la legislatura de Oklahoma tuvieron que confrontar el pasado. Los historiadores sostienen que los muertos fueron casi tres cientos. En el año 2000, la Comisión de Tulsa para Disturbios Raciales que investigó el incidente, sugirió el pago de indemnizaciones a los sobrevivientes del que se consideró como el disturbio racial más violento en la historia del país.

Aunque lo sucedido en Tulsa fue algo terrorífico, distó de ser un acto aislado. Desde 1919, los violentos ataques contra los negros se extendieron a otras ciudades como East St. Louis, Chicago y Washington, D.C. Asimismo, se desató una oleada de linchamientos en el Sur que los historiadores ignoraron una vez más. Tal fue el caso sucedido en Rosewood, Florida, en 1923. Éste era un pequeño poblado en la costa del golfo, que tenía 120 habitantes aproximadamente, casi todos de raza negra, quienes trabajaban en las fábricas y asistían a la iglesia. En términos generales, coexistían pacíficamente con los blancos del vecino poblado de Sumner, pero bastó una denuncia infundada de que un negro había acosado a una mujer blanca para que se encendiera la hoguera.

El 2 de enero de 1923, los blancos de Sumner se enteraron del incidente y perdieron el control. Los disparos e incendios a casas se prolongaron durante una semana y las familias negras huyeron a los bosques o a las casas de familias blancas que les ofrecieron refugio. Durante esta masacre murieron al menos seis negros, varios de los cuales fueron linchados y mutilados. Dos blancos también murieron en los disturbios. La pequeña comunidad de Rosewood fue borrrada literalmente del mapa. Y al igual que en Tulsa, el incidente desapareció de la memoria local gracias a una conspiración de silencio, vergüenza y temor.

Un informe publicado por el periódico *St. Petersburg Times* en 1982 relató los detalles del incidente y la legislatura estatal de Florida se vio obligada a compensar a las víctimas. En 1994, nueve sobrevivientes recibieron 150,000 dólares en reparación por lo sucedido. (La película *Rosewood*, filmada en 1997, está basada en este incidente.)

Lectura Recomendada: *At the Hands of Persons Unknown: The Lynching of Black America*, de Phillip Dray; *The Burning Massacre, Destruction, and the Tulsa Race Riot of 1921*, de Tim Madigan.

¿Por qué fueron ejecutados Sacco y Vanzetti?

Con la posible excepción de Boston, es probable que el país quisiera a Baby Ruth. Este beisbolista fue conocido como "Bambino," pero salvo por este sobrenombre, los norteamericanos de la década de los veinte despreciaban todo lo que fuera italiano. Nicola Sacco y Bartolomeo Vanzetti tenían tres *strikes* en su contra: eran italianos, inmigrantes y anarquistas. Y estas carácterísticas no eran nada populares en la Norteamérica de los años veinte.

Una fábrica de zapatos en Braintree, Massachusetts, fue asaltada. Un testigo declaró que los asaltantes "parecían italianos" y eso fue suficiente para que Sacco y Vanzetti fueran capturados. Hay que anotar que llevaban armas cuando fueron arrestados. Pocas semanas atrás, otro anarquista italiano había muerto tras "saltar" desde un decimocuarto piso donde permanecía bajo custodia policíal. Sacco y Vanzetti fueron juzgados con rapidez por un juez que se refirió a ellos como "esos anarquistas bastardos." Los dos italianos se convirtieron en los consentidos de los intelectuales e izquierdistas y fueron considerados como mártires. (Varios años después, archivos del FBI y pruebas de balística mostraron que Sacco probablemente era culpable y que Vanzetti parecía ser inocente.)

Pero así fueran culpables o no, lo cierto es que fueron ejecutados porque el país estaba sumergido en una fiebre revanchista y de linchamientos generada por A. Mitchell Palmer (1872–1936), fiscal general del presidente Wilson. Después de la explosión de una bomba afuera de su casa en 1919, Palmer desató una histeria de "miedo rojo" semejante a la vergonzosa era del maccarthismo que se vivió 30 años después. Un mes atrás, varios de los hombres más prominentes de Norteamérica habían recibido cartas-bomba, entre ellos John D. Rockefeller y J. P. Morgan. Aunque ninguno de los destinatarios resultó herido, la empleada de un senador perdió sus dos manos al recibir una de estas cartas. Palmer utilizó esta estrategia para "curar" a Norteamérica de la crisis nerviosa causada por la guerra y para llegar también a la Casa Blanca. En 1919, la mayoría de los estadounidenses creía que el mundo estaba literalmente "al revés," y como si fuera poco, el país comenzó a sufrir los trastornos económicos que suelen presentarse luego de las guerras. La inflación era alta y el desempleo aumentaba día a día, lo que produjo un ambiente de inquietud laboral. Sin embargo, no fue una época propicia para los sindicatos. Durante la guerra, los *wobblies* fueron casi exterminados por el gobierno. Hill Haywood, el líder de esta agrupación, violó su fianza y emigró a Rusia, donde falleció años después.

El progresismo y las reformas eran una cosa, pero el comunismo era otra. Los comunistas se habían apoderado de Rusia. Cualquier aspecto que tuviera el más leve matiz socialista o extranjero era considerado peligroso. El anarquismo no tenía nada que ver con el comunismo, pero ambos eran considerados por los medios y por la opinión pública como si fueran la misma cosa. Muchos inmigrantes no eran comunistas ni anarquistas, sino *diferentes*. Bajo Palmer, los arrestos masivos y las deportaciones fueron numerosos. Aunque el Departamento de Investigaciones—una agencia federal investigativa—existía desde comienzos de siglo, el Congreso había tenido la sagacidad de crear una fuerza policiva nacional. Los primeros agentes especiales del Departamento de Investigación no tenían el poder para realizar arrestos ni para portar armas. Pero en agosto de 1919, Palmer creó la División Radical—que más tarde fue llamada "División General de Inteligencia"—y nombró como director a J. Edgar Hoover (1895–1972), un anticomunista furibundo.

Hoover, nacido en Washington, D.C., era el menor de cuatro hijos. Estudió derecho y en cuatro años obtuvo su título, además de una maestría. Trabajó en la Biblioteca del Congreso y se familiarizó con el sistema decimal Dewey, un sistema de clasificación que luego implementaría a los archivos del FBI. Su padre sufrió una crisis nerviosa durante la guerra y Hoover no pudo enlistarse. Sin embargo, ingresó al Departamento de Justicia, donde le fue encomendada la dirección de la Enemy Alien Registration Unit (Unidad para el Registro de Enemigos Extranjeros). Luego de la guerra de las cartas-bomba, fue nombrado como jefe de la nueva división encargada de detectar y deportar a individuos radicales. Hoover, que desde muy joven demostró tener un buen sentido del orden y una falta de respeto por los derechos constitucionales, comenzó a crear archivos sobre los elementos "radicales" por medio de más de 45,000 tarjetas. Como escribe Ronald Kessler en su libro *The Bureau*: "Hoover no distinguía entre las creencias y la conducta delictiva . . . Sugirió que un alemán fuera enviado a prisión por conversar con un negro, realizar comentarios favorables a Alemania y críticas al gobierno de los Estados Unidos. Y ese hombre, que había vivido 30 años en los Estados Unidos, fue encarcelado." En 1920, el FBI y la policía local se valieron de las tarjetas elaboradas por Hoover para hacer una redada y arrestar a cientos de inmigrantes legales. Durante esta operación, conocida como los *Palmer Raids* (las redadas de Palmer) muchas personas fueron detenidas sin recibir cargos ni ser sometidas a un juicio. Sin embargo, 556 personas fueron deportadas, incluyendo a los anarquistas Emma Goldman y Alexander Berkman, quienes fueron enviados a la Unión Soviética.

El Congreso objetó las redadas de Palmer, pero Hoover estableció un patrón. Los abogados que testificaran contra él o se manifestaran en contra de las redadas eran objeto de investigaciones. Le abrió un expediente a cualquiera que considerara como una amenaza o un enemigo. Esta estrategia, que buscaba obtener información confidencial y utilizarla para intimidar y vengarse de los supuestos enemigos, fue adoptada por Hoover durante su extensa carrera como uno de los hombres más poderosos de Norteamérica. Como concluye Kessler: "Desde que Hoover asumió como director, mantuvo un archivo oficial y confidencial en su oficina. Los 'archivos secretos,' como fueron ampliamente conocidos, le garantizaban a Hoover ser director por tanto tiempo como quisiera." Cunado las esferas oficiales se enfrascaron en una guerra contra las "influencias extranjeras," las esferas privadas se unieron a la cacería. El Ku Klux Klan resucitó una vez más. Los trastornos económicos que se presentaron después de la guerra le dieron nuevos ímpetus a esta organización. El reciente liderazgo le dio un aire de respetabilidad que no había tenido anteriormente, pero su ideología fue tan violenta como siempre. Aunque los negros seguían siendo los principales objetivos de la furia del Klan, su nuevo mensaje de odio se extendió a judíos, católicos y extranjeros. En 1923, J. C. Walton, gobernador de Oklahoma, declaró la ley marcial para prevenir que el Klan instaurara un estado de insurrección. En 1924, el "nuevo" Klan contaba con entre 4 y 5 millones de miembros que no se limitaban al Sur. La ofensiva más grande del Klan tuvo lugar en Chicago, en 1919. Los linchamientos, que se habían reducido durante los años de la guerra, revivieron con una violencia inusitada.

El Congreso frenó la inmigración, obedeciendo al gran temor que los norteamericanos sentían por todas las personas y cosas extranjeras. En 1921, un apretado sistema de cuotas comenzó a restringir la inmigración con severidad. En 1924, estas cuotas fueron reducidas aún más, y en 1929 se le permitió la entrada a Estados Unidos a sólo 150,000 inmigrantes, la mayoría de los cuales eran anglosajones de Gran Bretaña.

Las "masas apretujadas que querían respirar la libertad" tuvieron que contener la respiración y permanecer hacinadas durante un tiempo más.

Lectura Recomendada: J. *Edgar Hoover: The Man and the Secrets,* de Curt Gentry.

¿Por qué la Prohibición fue uno de los mayores desastres sociales y políticos en la historia norteamericana?

Actualmente, las noches pertenecen a Michelob. Los estadios de fútbol se estremecen con los coros: "¡Llena menos! ¡Sabe delicioso!" Budweiser está asociada a a la imagen del trabajador y la bandera norteamericana. Cualquier campaña para limitar la venta de cerveza en los estadios de béisbol es considerada antiamericana. Desde la perspectiva de finales del siglo XX, es difícil imaginar que éste sea el mismo país que una vez prohibió el alcohol.

Norteamérica siempre ha estado inclinada a ofrecer soluciones simples a los problemas complejos. ¿Los indios tienen tierras buenas? Hagamos que se vayan. ¿Queremos a Texas? Declarémosle la guerra a México. ¿Se cometen muchos delitos? Reinstauremos la pena de muerte. Tendemos a creer que las plegarias en las escuelas resolverán la crisis moral de la nación y que la segregación racial desaparecerá si enviamos a los estudiantes minoritarios a otros distritos escolares. Las soluciones ofrecidas por los políticos siempre parecen ser muy simples. Las masas creen todo aquello que éstos les dicen y las leyes son aprobadas con un apoyo popular abrumador. El problema es que este tipo de soluciones casi nunca funciona del modo esperado.

El mayor intento norteamericano por ofrecer una solución simple fue también su mayor fracaso. Se suponía que la enmienda constitucional que estipulaba frenar el consumo de licor en los Estados Unidos era una respuesta a la inestabilidad social y a la decadencia moral que se presentó a comienzos del siglo XX. Esto debería servir como demostración permanente de que los problemas complejos requieren soluciones igualmente complejas y que los estadounidenses protestan siempre que alguien trata de legislar su moralidad privada y hábitos personales.

La Decimoctava Enmienda a la Constitución, propuesta durante la Primera Guerra Mundial, prohibió "la manufactura, venta o transporte de bebidas embriagantes" dentro de los Estados Unidos. También proscribió la importación y exportación de cerveza, vino y licores fuertes. En enero de 1919, la enmienda fue incorporada a la Constitucion luego de que Nebraska votara a favor de la ratificación. Los únicos estados que no la ratificaron fueron Rhode Island y Connecticut, aunque ésta se convirtió en ley un año después, cuando el Congreso aprobó la Ley Volstead, que ordenaba su cumplimiento. El presidente Hoover dijo que la ley era "un gran experimento económico y social, de propósito noble y de gran alcance." Mark Twain dijo que la Prohibición empujó a "la embriaguez puertas adentro, a lugares oscuros y no la curó ni la redujo."

La Prohibición no surgió como una panacea en tiempos de guerra para todos los males sociales de la nación. El espíritu de la Prohibición estuvo vivo desde los tiempos coloniales, pero cobró una gran fuerza en el siglo XIX, especialmente en el Oeste, donde la embriaguez y la inmoralidad estuvieron unidas de forma indisociable. Fue especialmente en esta región donde las mujeres lanzaron una cruzada contra el "ron diabólico," y aunque no contaban con el poder del voto, por primera vez demostraron la capacidad política que tenían. Este movimiento se hizo particularmente fuerte en los estados del Medio Oeste y del Oeste en los años posteriores a la Guerra Civil. Las mujeres, que eran las víctimas principales de las secuelas económicas del alcoholismo, comenzaron a realizar vigilias y plegarias en las afueras de los salones que proliferaron en la era de los *cowboys* y luego formaron organizaciones de carácter popular. En 1874, la Women's Christian Temperance Union (WCTU, Unión de Mujeres Cristianas por la Abstinencia) se estableció para combatir el alcohol y fue la primera organización femenina de bases amplias y populares en Norteamérica.

A finales de siglo, las mujeres perdieron la paciencia y fueron lideradas por Carrie Nation (1846–1911), una mujer realmente beligerante. Entraban a los salones de Kansas con hachas y gritaban: "¡A destrozar, mujeres, a destrozar!," reduciendo botellas, copas, espejos, mesas y todo lo que encontraban a su paso a escombros y astillas de vidrio. El sentido de alienación que dejó la guerra, el deseo de "normalidad" y el temor que despertaron organizaciones como los *Red Scares* y el Ku Klux Klan, contribuyeron a allanar el camino para la Decimoctava Enmienda. La Prohibición fue el típico ejemplo de la dualidad de Norteamérica, que vive bajo un conjunto de reglas en privado y proclama otras en público.

Los políticos querían que la opinión pública los viera como representantes de la ética calvinista y protestante, aunque la mayoría de los norteamericanos consumían alcohol antes de la Prohibición y siguieron haciéndolo después.

La Prohibición demostró ser prácticamente impracticable desde el momento en que fue decretada. Términos como *boot-legger, rum runner* y *moonshine* se convirtieron en parte del lenguaje. Los ricos contaron con sitios como los *speakeasies*, clubes privados que les exigían a sus clientes un código para poder ingresar y que a menudo funcionaban con la complicidad y la vigilancia de los policías que se apostaban en las esquinas. Los pobres bebían ginebra de "bañera." Los farmaceutas prescribían dosis "medicinales" de alcohol. La producción legal de vino de consagrar aumentó en cientos de miles de galones, como si de la noche a la mañana todos los católicos hubieran decidido asistir a misa.

Algunos historiadores aseguran que la Prohibición tuvo algunos efectos benéficos: los niveles de alcoholismo y de muertes relacionadas con este problema disminuyeron. Otros dicen que no es cierto que los trabajadores se gastaran sus salarios en alcohol, afirmación que pasa por alto el aumento de muertes debido al consumo de alcohol medicinal, y que ignora también el aumento en la mortalidad y el impacto del crimen organizado, que si bien existía desde antes de la Prohibición, se consolidó por completo cuando obtuvo el control del contrabando y la distribución del licor ilegal, durante el esplendor de Al Capone (1898–1947) en Chicago.

Aunque el objetivo de la Prohibición era restaurar la moralidad, tal vez tuvo el efecto contrario. Casi todo el que quería beber lo hacía. La inclinación a contravenir las leyes contribuyó a una mayor decadencia moral. La corrupción oficial, que una vez fue controlada gracias a los reformistas y a los *muckrakers*, subió de nuevo como espuma, pues el crimen organizado gastó millones de dólares en sobornar a empleados del gobierno que iban desde los policías que vigilaban los *speakeasies*, hasta senadores, jueces, alcaldes y gobernadores.

Aunque es probable que en el Oeste se hubiera mantenido la decencia y la sobriedad, las ciudades ingresaron a la Era del Jazz descrita por F. Scott Fitzgerald durante la Prohibición. Era la época de los "formidables veinte," de los frascos rellenos con ginebra de contrabando, de los asientos traseros y las jovencitas descocadas, las "nuevas mujeres" de aquella década. Las mujeres modernas—con cabellos y

vestidos cortos y bailes exóticos—contaron con dos recursos que no
habían tenido sus madres. El primero fue el método anticonceptivo,
particularmente en forma de diafragma, introducido por Margaret Sanger (1883–1966), quien fue arrestada por "distribución de materiales
obscenos" en su clínica de Nueva York. Aunque no se conseguían con
facilidad, los nuevos métodos anticonceptivos abrieron el tema al
debate público por primera vez en Norteamérica. El segundo recurso
fue el voto.

VOCES AMERICANAS
MARGARET SANGER, en *Woman Rebel*,
periódico mensual que publicaba para difundir
la contracepción (octubre de 1914).

> Mi labor en el campo de la enfermería durante los últi-
> mos catorce años me ha convencido de que las trabajado-
> ras desean adquirir conocimientos sobre la prevención de
> la concepción. Mi trabajo con mujeres de la clase trabaja-
> dora me ha demostrado que son ellas quienes sufren las
> consecuencias de que la ley prohiba la difusión de infor-
> mación. Pasarán varios años antes de que esta ley sea dero-
> gada y entretanto, miles de niños indeseados vendrán al
> mundo y miles de mujeres serán desgraciadas e infelices.
> ¿Por qué tenemos que esperar?

Margaret Sanger, la principal pionera y abanderada de los métodos
anticonceptivos, nació en Corning, Nueva York. Fue enfermera
pública y luego de ver la pobreza a su alrededor, decidió que la contracepción era un paso necesario hacia la equidad social. En 1915 fue
acusada de enviar información sobre métodos anticonceptivos por
correo, y posteriormente, de operar una clínica donde se practicaban
métodos anticonceptivos en Brooklyn, Nueva York. Sanger huyó del
país y regresó cuando el caso fue desechado. Fue arrestada por segunda
vez en 1916 y encarcelada durante 30 días. Fundó la Planned Parenthood Federation of America (Federación Norteamericana para la
Paternidad Planeada).

¿Quiénes fueron las sufragistas?

Las mujeres norteamericanas tuvieron muchos sufrimientos. Lo que no tenían era el derecho al sufragio (del latín *suffragium*, que significa "voto"). Desde los tiempos de Abigail Adams, quien le advirtió a su esposo John que se acordara de las mujeres cuando éste se reunió junto a otros hombres para declarar la Independencia, las mujeres norteamericanas habían presionado para que se les otorgara el derecho al voto. Siempre fueron silenciadas, pero no por que les faltara algo. Las mujeres estaban luchando no sólo contra el enorme poder de la Iglesia y la Constitución, estructuras dominantes y exclusivamente masculinas que no estaban interesadas en ceder in un ápice, sino también contra muchas mujeres que creían que el sexo femenino tenía la orden divina de cumplir un papel secundario.

La situación comenzó a cambiar en el siglo XIX, cuando un número cada vez mayor de mujeres se vieron forzadas a trabajar y demostraron la fuerza que podían tener. En la huelga ocurrida en Lynn, Massachusetts, en 1860, muchas de los 10,000 manifestantes de la industria del calzado fueron mujeres. (En aquella época, las mujeres de esta ciudad ganaban un dólar por mes, mientras los hombres ganaban tres). Las mujeres también ocuparon un lugar preponderante en el movimiento abolicionista, siendo Harriet Beecher Stowe la más destacada. Pero incluso en un movimiento que decía ser libertario, las mujeres tuvieron una posición de segunda clase.

Para muchos abolicionistas de sexo masculino, el imperativo "moral" de liberar a hombres negros y de darles el derecho al voto tenía mucho más peso que la noción de la igualdad de los sexos, que hasta cierto punto rayaba en la blasfemia. De hecho, fue la exclusión de las mujeres de una reunión abolicionista lo que dio origen a la primera organización que luchaba por sus derechos. El nacimiento del movimiento femenino data del 19 de julio de 1848, cuando Elizabeth Cady Stanton (1815–1902) y Lucrecia Mott (1793–1880), convocaron a una convención femenina en Seneca Falls, Nueva York, después de que fueran confinadas a permanecer en un balcón durante un encuentro antiesclavista. El único personaje destacado del abolicionismo que abogó por la igualdad femenina fue William Lloyd Garrison. Incluso

Frederick Douglass creía que el fin de la esclavitud era más importante que los derechos de las mujeres. El movimiento abolicionista contó con dos de las mujeres más destacadas de aquella época. Una fue Harriet Tubman, la ex esclava que se convirtió en "conductora" del Ferrocarril Subterráneo y que más tarde fue espía durante la Guerra Civil, procuradora de la verdad, líder carismática de los negros y vocera destacada de los derechos femeninos. Tras el final de la Guerra Civil, la abolición perdió importancia como un problema moral y las mujeres presionaron para ser incluidas bajo la jurisdicción de la Decimocuarta Enmienda, que extendía el voto a los hombres de raza negra. Pero, una vez más, las mujeres tuvieron que esperar, pues los políticos les dijeron que los esclavos liberados tenían prioridad, posición con la que muchas mujeres estaban de acuerdo. A su vez, esto produjo una división acerca de las tácticas y los objetivos que debía tener el movimiento feminista. Las que abogaban por una posición dura se enlistaron en la National Woman Suffrage Association (NWSA, Asociación Nacional para el Voto Femenino), dirigida por Elizabeth Cady Stanton; las moderadas, que estaban dispuestas a que se les concediera el voto a los hombres de raza negra, conformaron la American Woman Suffrage Association—AWSA, (Asociación Norteamericana para el Voto Femenino), dejando una brecha que permaneció abierta durante 20 años. Las dos alas del movimiento femenino se unificaron en 1890, en la National American Woman Suffrage Association NAWSA, (Asociación Nacional Norteamericana para el Voto Femenino), de la que Stanton fue su primera presidenta.

Gran parte de la energía política absorbida por la abolición se desvió hacia el movimiento en favor de la prohibición del alcohol luego de la guerra. Grupos como el WCTU, cuya fuerza estaba principalmente en el Oeste, demostraron el gran poder organizativo de las mujeres. Amelia Bloomer (1818–94) no inventó los pantalones que llevan su nombre, pero sí los popularizó en *The Lily*, un periódico de su propiedad que promulgaba la abstención al alcohol y la igualdad de géneros.

Al igual que Stanton, Susan B. Anthony (1820–1906), quien fue llamada "la Napoleón de los derechos femeninos," venía de una familia cuáquera, abolicionista y abstemia. Estas dos mujeres se hicieron amigas, aliadas y fundaron la NWSA. Anthony era una líder y organizadora incansable y poderosa que promovió reformas locales en Nueva York, su estado natal, a la vez que luchó en toda la Nación para que las mujeres obtuvieran el derecho al voto. Sin embargo, su popularidad decayó a finales de siglo. Las mujeres concentraron sus esfuerzos en ganar el voto de estado en estado, estrategia que resultó exitosa en Idaho y Colorado, donde las organizaciones populares femeninas lograron su objetivo. Después de 1910, otros estados flexibilizaron su posición y el movimiento feminista cobró nueva fuerza.

Casi al mismo tiempo, las sufragistas tomaron un nuevo rumbo inspirado en sus contrapartes británicas. Las *suffragettes* inglesas (a diferencia de las sufragistas americanas) recurrieron a tácticas mucho más radicales a fin de obtener el voto. Lideradas por Emmeline Pankhurst, las *suffragettes* británicas se encadenaron a edificios, se tomaron el Parlamento, volaron buzones del correo y quemaron edificios. Fueron encarceladas por estos actos y se definieron como "prisioneras políticas," se declararon en huelga de hambre y fueron alimentadas por la fuerza. La crueldad de la respuesta oficial contribuyó a despertar simpatías hacia el movimiento femenino.

Las tácticas militantes de las mujeres inglesas fueron llevadas a Norteamérica por mujeres estadounidenses que habían participado en las protestas inglesas. Alice Paul (1885–1977) era otra mujer cuáquera que estudió en Inglaterra y participó en las manifestaciones londinenses lideradas por Pankhurst. Durante la inauguración presidencial de Woodrow Wilson, quien se oponía al voto femenino, organizó una manifestación de 10,000 personas. Su estrategia consistió en responzabilizar al Partido Demócrata—que detentaba el poder—de negar a las mujeres el derecho al voto. Varios millones de mujeres ya podían votar en varios estados durante esta época y los republicanos concluyeron—al igual que lo habían hecho en tiempos de Grant cuando obtuvieron el voto de la población negra—que aceptar el sufragio universal les traería grandes dividendos políticos.

La posición de Wilson también obedeció a motivaciones políticas. Él necesitaba mantener el apoyo del Sur que era demócrata y eso significaba oponerse al voto femenino. Los demócratas sureños habían rechazado exitosamente el derecho de los hombres de raza negra al voto y tampoco querían que las mujeres negras obtuvieran los mismos logros. No deja de ser irónico que Edith Galt, la esposa del presidente

Wilson, demostrara la capacidad de mando que tenían las mujeres, pues fue ella quien literalmente tomó todas las decisiones presidenciales mientras su esposo estuvo paralizado tras sufrir un infarto en 1919.

Cuando Wilson fue reelegido en 1916, las mujeres no sólo votaron en su contra en una proporción de dos a uno, sino que también protestaron en las afueras de la Casa Blanca. Paul y sus seguidoras fueron enviadas a prisión y apelaron a las tácticas enpleadas por las mujeres británicas, logrando despertar una vez más las simpatías por la causa femenina. Posteriormente fueron exhoneradas de los cargos y continuaron sus protestas ante la Casa Blanca.

En 1918, la estrategia política de Paul logró su objetivo, pues el Congreso fue dominado por los republicanos. Jeannette Rankin (1880–1973) fue la primera mujer en ser elegida como congresista. Su primera medida fue introducir una enmienda constitucional al sufragio, que fue aprobada por un voto de diferencia. El Senado tardó 18 meses en aprobarla y en junio de 1919 la Decimonovena Enmienda fue presentada a los estados para su ratificación. Temeroso del poder sufragante femenino en las próximas elecciones, Wilson cambió de posición y apoyó la iniciativa. Un año después, el 26 de agosto de 1920, Tennessee dio el último voto que se necesitaba y la Decimonovena Enmienda fue incorporada a la Constitución. La enmienda estipulaba que "el derecho de sufragio de los ciudadanos de los Estados Unidos no será negado o coartado por los Estados Unidos o por ningún estado por razón de sexo."

Tuvieron que transcurrir más de 130 años para que "Nosotros, el Pueblo de los Estados Unidos" finalmente incluyera a la mitad de la población del país que durante tanto tiempo estuvo excluída.

VOCES AMERICANAS

H. L. MENCKEN, afamado escritor del periódico *Baltimore Sun*, describiendo el juicio a John T. Scopes, conocido como el "Scopes Monkey Trial" realizado en Dayton, Tennessee (14 de julio de 1925).

Eran casi las once, sumamente tarde para esas latitudes, pero toda la ciudad aún estaba reunida en el patio de la Corte, escuchando el debate de los teólogos. Tenían posiciones diversas sobre el juicio realizado a John Scopes. Un fraile llevaba un cartel que lo proclamaba como el campeón bíblico del mundo. Un adventista del séptimo día decía que Clarence Darrow [el abogado defensor] era la bestia de las siete cabezas descrita en el Capítulo XIII del Apocalipsis, y que el fin del mundo estaba cerca. Un anciano sostenía que ningún católico podía ser cristiano. El Dr. T.T. Martin, un hombre elocuente de Blue Mountain, Missouri, trajo un cargamento de antorchas y de libros de himnos para poner a Darwin en su sitio. William Jennings Bryan era seguido por una vasta multitud. Dayton se estaba divirtiendo en grande. Aquello era mejor que un circo y la verdadera religión brillaba por su ausencia.

Mencken fue enviado para cubrir lo que en ese entonces fue el "Juicio del Siglo." El profesor John T. Scopes fue acusado de enseñar ilegalmente la teoría darwiniana de la evolución. Su abogado defensor fue Clarence Darrow, el más prestigioso de aquel entonces. El abogado acusador fue William Jennings Bryan, conocido líder del Partido Populista. Scopes fue declarado culpable y tuvo que pagar una multa de 100 dólares. (Este juicio sirvió de inspiración para la obra teatral y película *Inherit the Wind*.)

¿Cuál fue el escándalo de Teapot Dome?

A medida que un siglo terminaba y otro comenzaba en medio de una nube de escándalos corporativos y dudas sobre la reglamentación gubernamental a los negocios, una cosa fue evidente. Las empresas como Enron son tan norteamericanas como el pastel de manzana. Los casos de corrupción corporativa, en la que los oficiales del gobierno reciben cuantiosos sobornos, abundan como la maleza en el panorama histórico de Norteamérica. Durante el siglo XIX se presentaron irregularidades como el establecimiento arbitrario de los precios del oro, diversos escándalos durante la administración de Grant y el famoso escándalo del Crédit Mobilier. La corrupción floreció de nuevo en la década de 1920 y puso en juego la reputación de un genial presidente republicano que se mantuvo alejado de los negocios fraudulentos.

La nación, cansada de la guerra y de los ocho años que duró el mandato de Woodrow Wilson, le dio la bienvenida a Warren G. Harding, un apuesto hombre de negocios hecho a pulso, proveniente de una ciudad pequeña y que despertaba poca controversia. En unas elecciones caracterizadas por la alta abstención, Harding y Calvin Coolidge —su compañero de fórmula— derrotaron fácilmente a James M. Cox, quien se postuló junto a Franklin D. Roosevelt, el joven secretario adjunto de la Marina durante el mandato de Wilson. (El candidato socialista Eugene V. Debs obtuvo el 3.5 por ciento de la votación). Harding fue popular, pero es probable que haya sido el presidente más perezoso en la historia del país.)

La administración Harding fue típicamente republicana: reducción de impuestos, ayuda a las grandes empresas y una política exterior caracterizada por su rechazo a la Liga de Naciones propuesta por Wilson y por los altos impuestos a los productos extranjeros para proteger la industria norteamericana. Sin embargo, esta administración sufrió el flagelo de lo que se conocería como los "escándalos de Harding." El primero sucedió tras la desviación de millones de dólares que se habían destinado a los hospitales de la Administración de Veteranos. En otro episodio más delicado aún, el general Harry Daugherty, fiscal general durante el mandato de Harding, se vio implicado en un caso de fraude relacionado con la devolución de activos alemanes confiscados durante la guerra y evitó ser juzgado luego de ampararse en la Quinta Enmienda.

Pero el más famoso de los escándalos sucedió en un lugar llamado Teapot Dome. Se establecieron dos reservas federales de petróleo, una en Elk Hills, California y la otra en Teapot Dome, Wyoming, para abastecer de combustible a la Marina. Pero Albert B. Fall, secretario del Interior, se las ingenió para que las reservas quedaran bago jurisdicción de su departamento. Luego vendió los contratos de arrendamiento de perforación a inversionistas privados tras recibir cientos de miles de dólares en sobornos representados en dinero, acciones y ganado. En agosto de 1923, Harding sufrió un ataque cardíaco fatal en San Francisco (que un médico incompetente diagnosticó como intoxicación alimenticia) cuando regresaba de Alaska, mientras que una investigación del Senado comenzaba a develar el escándalo. Más tarde, Fall fue declarado culpable de aceptar sobornos, adquiriendo así el dudoso honor de ser el primer miembro de un gabinete en ir a la cárcel.

Calvin Coolidge, quien no tenía nada que ver con estos escándalos, sucedió a Harding y fue reelegido en 1924.

¿Henry Ford inventó el automóvil?

La prosperidad de los años 20 se debió en gran parte a la transición de la Revolución Industrial del siglo XIX, simbolizada por el tren, hacia la revolución tecnológica del siglo XX. El invento y el gran desarrollo comercial de los automóviles y del avión terminaron por marcar esta transición. Durante este período, estas dos industrias fueron personificadas por dos íconos norteamericanos: Henry Ford y Charles A. Lindbergh. Aunque en su época fueron venerados, la historia no ha sido tan amable con ellos.

Henry Ford (1864–1947) no inventó el automóvil ni el sistema de producción en cadena, pero sus perfeccionamientos hicieron de él uno de los hombres más ricos y poderosos de Norteamérica. Hijo de un inmigrante irlandés campesino, Ford tenía talento para la mecánica. En 1890 comenzó a trabajar en la compañía Edison, en Detroit, donde construyó el primer auto con motor de gasolina. Los europeos habían tomado la delantera en el desarrollo del automóvil y los hermanos Duryea, de Massachusetts, eran los pioneros norteamericanos. Ford se inspiró en sus ideas e imaginó el auto como una caja sobre ruedas con un motor sencillo, de precio favorable y produjo el primer modelo T en 1909. Al cabo de un año había vendido casi 11,000 autos.

Ford imaginó un auto para las masas. Cuando él y sus ingenieros introdujeron el sistema de producción en cadena, idea que había propuesto Frederick W. Taylor en un libro publicado en 1911, el modelo T fue fabricado masivamente, y revolucionó la industria automovilística. La eficiencia de la producción en cadena redujo considerablemente el precio de este auto. De 950 dólares que costaba en 1908, pasó a valer menos de 300. En 1914, la Ford Motors fabricó 248,000 autos modelo T, casi la mitad de los autos producidos en el mundo, a una velocidad de un auto cada 24 segundos. Como sus ganacias eran enormes, Ford les pagó a sus empleados cinco dólares diarios. Este fue el único método que utilizó para que no abandonaran el trabajo monótono e inhumano que supone el sistema de producción en cadena. También comprendió que con esos salarios, sus empleados podían comprar autos Ford.

Los norteamericanos tuvieron un amor a primera vista con el automóvil. Se puede decir que el Ford T revolucionó la vida en Norteamérica de forma masiva, y el sueño americano de la libertad en "la carretera" se convirtió en una nueva realidad. Muy pronto, la industria automovilística se convirtió en la base de la economía norteamericana, tanto en los buenos tiempos como en los malos. Las nuevas industrias complementarias—estaciones de gasolina, restaurantes y moteles—se convirtieron en parte del paisaje norteamericano. Las cabañas de campo dejaron de ser exclusividad de los Vanderbilt y los Morgan. El auto les dio a la clase trabajadora y a la media un sentido del logro. El nuevo sentido de la libertad producido por el auto y la prosperidad económica originada por la industria automovilística y las complementarias ofrecieron nuevas posibilidades a la sociedad norteamericana de la década de los veinte. Sin embargo, Henry Ford no estaba interesado en los progresos sociales ni históricos. "La historia es casi una tontería," dijo alguna vez. Era autocrático, conservador y duro con sus empleados y despedía a cualquiera que tuviera un auto de otra marca. Apeló a tácticas propias de gángsters para mantener la disciplina en sus plantas y no vaciló en pagar a mercenarios que reprimieron violentamente a sus trabajadores cuando intentaron establecer sindicatos, que sólo fueron permitidos en su empresa en 1941. Ford pensaba que los trabajadores eran inútiles y poco confiables. Durante la Depresión, dijo que los problemas económicos de la Nación se debían a la pereza de los trabajadores. "El típico trabajador no trabajará a no ser que sea obligado a hacerlo," dijo.

Su conservatismo también se extendió a sus crencias políticas. Era aislacionista en materia de política exterior—aunque ganó jugosos contratos durante ambas guerras—y antisemita declarado. Compró *The Independent*, un periódico que se convirtió en un instrumento en contra de los judíos, y también participó en la hechura en *The Protocols of the Elders of Zion,* un folleto propagandístico que difamaba a los judíos y que fue publicado por primera vez en Rusia, en 1905. Pero Ford tuvo que pagar un precio por su posición terca y conservadora; su compañía terminó por perder terreno ante otros competidores más agresivos, pues se resistió a implementar cambios. Sin embargo, hasta el momento de su muerte fue considerado como un héroe popular, pues representó el mito americano del pobre que se vuelve millonario.

¿Qué tan afortunado fue Charles Lindbergh?

Charles Lindbergh (1902–75) fue el otro gran héroe de la época. Al igual que Henry Ford, Lindbergh no inventó nada. Los hermanos Wright habían comenzado sus experimentos en 1903, en Kitty Hawk, Carolina del Norte y los hermanos Lockheed fabricaron los primeros aviones en 1913. En realidad, Lindbergh ni siquiera fue el primer aviador en cruzar el Atlántico. En 1919, dos ingleses volaron desde Terranova hasta Irlanda, una ruta más corta que la de Lindbergh.

Sin embargo, la guerra europea impulsó las posibilidades comerciales del aeroplano. Aunque la industria aeronáutica no fue tan importante como la del automóvil en términos económicos, reflejaba el espíritu aventurero de la época. Lindbergh diseñó el *Spirit of St. Louis,* con el que se convirtió en el primer hombre en cruzar solo el Atlántico. Fue un acto de un gran valor y destreza. El viaje de 3,600 millas comenzó en Long Island el 20 de mayo de 1927. Buscando obtener la recompensa de 25,000 dólares al primer aviador que volara de Nueva York a París, Lindbergh llevó consigo unos sándwiches, un cuarto de galón de agua y unas cartas de presentación que no necesitaba. Cuando aterrizó en París 33 horas después, fue aclamado no sólo en esa ciudad sino también en toda Europa. En todos los rincones del mundo lo recibieron como un héroe y al igual que Ford, se convirtió en el símbolo de la inventiva y audacia norteamericana, para la que nada era imposible. Lindbergh, quien era de temperamento solitario, fue conocido como "Lucky Lindy" ("Lindy el Afortunado")—apelativo que recibió de la prensa—y llegó a ser el personaje más famoso de su época.

No obstante, sufrió una tragedia personal a causa de su fama. Se casó con Anne Spencer Morrow, hija de un senador, que más tarde fue una reconocida escritora, y vivieron en medio de la publicidad internacional. Su hijo Charles Jr., que tenía apenas 19 meses de edad, fue secuestrado en mayo de 1932. La familia pagó los 50,000 dólares que pedían los secuestradores, pero el niño fue encontrado muerto. Al igual que el de Sacco y Vanzetti, el caso de Bruno Hauptmann, quien fue electrocutado por este delito en 1936, no se ha podido aclarar por completo. Más de 60 años después de la ejecución de Hauptmann, muchas personas seguían sosteniendo que era inocente y que fue víctima de un complot. Es evidente que la fiebre contra los extranjeros que vivía el país contribuyó a que fuera declarado culpable, pero lo cierto es que las pruebas en su contra eran contundentes. Este secuestro infame, que fue el tema principal de la prensa durante el peor año de la Depresión, hizo que el Congreso aprobara la Ley Lindbergh, la cual consideraba al secuestro como un delito federal si la víctima era llevada a otro estado y si se utilizaba el correo para exigir dinero como recompensa. Esta ley también declaró al secuestro como un delito castigable con la pena de muerte.

Ford y Lindbergh tenían algo en común además de la fama y el éxito, pues los dos fueron conocidos por su posición aislacionista, conservadora y antisemita. Lindbergh realizó varios viajes a Alemania para servir como inspector de la Fuerza Aérea alemana (Luftwaffe) y en 1938 fue condecorado por Hermann Goering, el primer líder de las tropas deasalto, fundador de la Gestapo y ministro de Aviación de Hitler. Luego de proclamar la superioridad militar de Alemania, Lindbergh se convirtió en abanderado del *America First* (Norteamérica primero), un movimiento aislacionista financiado con dinero de Ford que pretendía mantener a Estados Unidos por fuera de la Segunda Guerra Mundial. Lindbergh estuvo a un paso de arruinar la reputación de este movimiento tras decir públicamente que los judíos norteamericanos debían "callarse" y cuando, al igual que los nazis, acusó a la prensa de ser propiedad de judíos y de presionar a Norteamérica para que se involucrara en la guerra. Aunque Lindbergh estaba en la reserva de la Fuerza Aérea, renunció a su cargo debido a su oposición a Roosevelt. Durante la guerra, trabajó como asesor de Ford y luego realizó misiones aéreas de combate en el Pacífico. Trabajó como asesor del departamento de Defensa después de la guerra y su reputacion se mantuvo intacta.

Lectura Recomendada: *Lindbergh*, de A. Scott Berg.

Voces Americanas
Del discurso sobre el "individualismo marcado"
pronunciado por Herbert Hoover durante su
campaña presidencial (22 de octubre de 1928).

Cuando la guerra terminó, el asunto más importante tanto en nuestro país como en el resto del mundo era si los gobiernos deberían seguir siendo los propietarios y operadores de los medios de producción y distribución de insumos de guerra. En estos tiempos de paz estamos enfrentados entre el sistema americano de un individualismo recalcitrante y la filosofía europea que predica el paternalismo y el socialismo de estado, doctrinas que son diametralmente opuestas entre sí . . . Nuestro experimento americano sobre el bienestar humano ha producido un nivel de prosperidad sin precedentes a nivel mundial. Más que nunca antes en la historia de la humanidad, nos hemos acercado a la erradicación de la pobreza y de las carencias humanas.

¿Por qué los inversionistas sintieron pánico en 1929, originando así el gran *crash*?

Cuando Hoover pronunció este discurso, Norteamérica parecía ser un país de oportunidades ilimitadas. Salvo por la inmensa casta de desempleados y de agricultores pobres ignorados por Hoover a quienes el progreso había dejado atrás, es probable que el grueso de la población estuviera de acuerdo con su pensamiento. 1927 fue otro año próspero que se vivió en los "formidables veinte." La travesía de Lindbergh, que sucedió en medio del "boom de Coolidge," se convirtió en símbolo de oportunidades ilimitadas y fomentó tanto el sentimiento americano de seguridad e invencibilidad, como el "individualismo marcado" propuesto por Hoover.

Éste fue elegido presidente en 1928 por un margen abrumador, gracias al aire de optimismo que se respiraba. Otro factor que contribuyó a su triunfo fue que Al Smith, gobernador de Nueva York y candidato por el Partido Demócrata, era católico. Los carteles republicanos decían "Votar por Smith es votar por el Papa." Smith también proponía derogar la Prohibición y otro eslógan republicano decía que Smith traería "ron, romanismo y ruina" a Norteamérica. Pero ante todo, la victoria de Hoover se debió a la "prosperidad general" reinante.

En ningún lugar esta prosperidad era más conspicua que en Wall Street, sede de la Bolsa de Valores de Nueva York. Durante los años veinte, nuevas compañías como la General Motors emitieron acciones que les produjeron muchos dividendos a grandes y a pequeños inversionistas. Un joven ambicioso como Joseph P. Kennedy (1888–1969) amasó una fortuna considerable por medios que no fueron los más escrupulosos, ya que no existía ninguna restricción por parte de las autoridades (la Comisión de Títulos e Intercambio fue creada posteriormente). De hecho, muchos de los hombres más exitosos de aquella época se valieron de métodos que no se caracterizaron por su transparencia. Varios de estos hombres deshonestos manipularon y conformaron *pools*, compraron acciones a bajo precio, inflaron los precios y persuadieron a inversionistas para que ingresaran a sus *pools*. Luego vendieron sus acciones a precios inflados artificialmente y los inversionistas se quedaron con una gran cantidad de acciones que tenían un precio excesivo.

El más famoso de estos personajes deshonestos fue Ivan Krueger, apodado "El Otro Rey de Suecia." Krueger, quien decía ser amigo íntimo de la realeza europea, consolidó un enorme imperio financiero gracias a los créditos que recibió de algunas de las instituciones financieras más importantes de aquel entonces. Aunque fue portada de la revista *Time* y descrito por ésta como un gigante financiero, Krueger era un estafador de primera línea que forjó su imperio a fuerza de engaños. Emitió títulos sin ningún valor y falsificó bonos del gobierno italiano. Otro personaje igualmente notorio fue Samuel Insull, un millonario hecho a pulso que utilizó varios millones de dólares de inversionistas pertenecientes a la clase trabajadora—muchos de ellos empleados públicos que se vieron envueltos en el espejismo de la inmensa riqueza de Insull—, para construir un imperio de acciones de empresas públicas y luego manipuló los precios de las acciones en su propio beneficio. Antes del *crash*, Insull controlaba un imperio de compañías, era director de 85 de ellas, miembro de la junta directiva de 65 y presidente de once más.

Toda esta riqueza de papel produjo serios trastornos en la economía norteamericana. Los agricultores vivieron momentos difíciles luego del colapso de los precios agrícolas que ocurrió después de la guerra. Incluso antes de la Gran Depresión los niveles de desempleo eran ya bastante altos, debido en gran parte a la mecanización de la industria, la cual ocasionó el despido de muchos obreros. La construcción de vivienda, síntoma ineludible de la salud de la economía norteamericana, cayó en 1927. Pero no sólo Norteamérica tuvo problemas. La producción internacional se intensificó, la demanda se estancó y los precios de los bienes almacenados aumentaron. Las riquezas mundiales estaban concentradas en manos de la pequeña clase alta, pero las otras clases no eran lo suficientemente prósperas. La gran mayoría de la población no tenía el poder para crear la demanda que se necesitaba para mantener la creciente oferta. Los norteamericanos no podían consumir todos los bienes que estaban produciendo las fábricas de Estados Unidos.

No obstante, miles de norteamericanos se sintieron atraídos por la posibilidad de hacer fortunas en el mercado bursátil. Muchas personas retiraron el dinero de los bancos, lo invirtieron en acciones y títulos en empresas como la Insull Utilities Investments. Las leyes flexibles de aquella época les exigían a los inversionistas dar apenas entre el diez y el veinte por ciento en dinero en efectivo del valor de las acciones adquiridas y el resto se pagaba con un crédito favorable. La Reserva Federal alimentó esta fiebre con tasas de interés artificialmente bajas, que fueron establecidas por republicanos de la vieja guardia para favorecer a los propietarios de las grandes empresas, quienes eran sus aliados. Los bancos hicieron préstamos multimillonarios para sostener esta política, los norteamericanos quedaron con una deuda enorme y su "riqueza" sólo existió en el papel. A finales de 1929, escasamente un año después de que Hoover pronunciara su discurso sobre la erradicación de la pobreza, los cimientos económicos comenzaron a resquebrajarse. La producción de acero y de automóviles, dos estandartes de la industria norteamericana, comenzó a decaer. Sin embargo, el mercado de la bolsa aumentó y alcanzó la cima en septiembre de 1929. Pero el castillo de naipes estaba destinado a derrumbarse. Muchos inversionistas europeos se inquietaron y retiraron las inversiones que tenían en Estados Unidos. Cuando los agentes de la bolsa les pidieron a sus clientes que pagaran el dinero que debían por concepto de las acciones que habían comprado con dinero prestado, los inversores se vieron obligados a venderlas para conseguir dinero en efectivo. Esto creó una ola de miedo—el miedo a perderlo todo—que pronto se hizo imparable. A medida que los precios de las acciones caían, los agentes de bolsa les pedían a sus clientes que pagaran más dinero, lo que desató un círculo vicioso que dejó por el suelo los precios del mercado de la bolsa. El 24 de octubre, llamado el "Jueves Negro," se vendieron 13 millones de acciones. Un grupo de banqueros liderados por John P. Morgan Jr. estableció un fondo monetario para mantener los precios, tal como lo había hecho su padre durante un pánico similar ocurrido en el mercado bursátil en 1907. Pero este intento para generar confianza no logró su objetivo. A la semana siguiente, el 29 de octubre—el Martes Negro—se vendieron más de 16 millones de acciones debido al pánico que se apoderó del mercado. (Actualmente, millones de acciones cambian de propietario diariamente, pero en 1929 el mercado era mucho más pequeño y no había computadores que registraran las transacciones.)

En pocos días, la "riqueza" de buena parte del país, acumulada en acciones con precios inflados, simplemente desapareció.

VOCES AMERICANAS
FREDERICK LEWIS ALLEN, en su libro *Since Yesterday*, una historia social de este período.

Las estadísticas oficiales del día ofrecieron como resultado 16,410,030 transacciones, pero nadie sabe cuántas ventas dejaron de ser registradas en la prisa desmesurada por vender. Hay quienes piensan que el verdadero número de acciones vendidas pudo ser de 20, o incluso de 25 millones. Grandes y pequeños inversionistas, así como los grandes jinetes del mercado especulativo, se quedaron sin nada: el otrora millonario y su chofer, los operadores todopoderosos de los *pools* y sus pichones, el presidente de la junta directiva y el tenedor de libros que tenía diez acciones, el presidente del banco y su taquígrafo . . . El desastre que había sucedido puede resumirse en una sola estadística. En pocas semanas se esfumaron 30 *mil millones de dólares* repentinamente—una suma casi equivalente al dinero que Estados Unidos destinó a la [Primera] Guerra Mundial y que era casi el doble de la deuda pública de la Nación.

¿Qué tan "grande" fue la Gran Depresión?

El gran *crash* de 1929 de Wall Street no fue la "causa" de la Gran Depresión que se vivió en la década de los treinta, así como el asesinato del archiduque Francisco Fernando tampoco fue la causa real de la Primera Guerra Mundial. El *crash* fue un síntoma de la grave enfermedad que padecía la economía del país. Fue el infarto fatal de un paciente que también sufría un cáncer terminal. Cuando el mercado se recuperó pocos años después en el denominado Little Bull Market (mercado especulador en pequeña escala) ya era demasiado tarde, pues el daño ya estaba hecho. El *crash* fue el último tictac de una bomba de tiempo que terminó por derrumbar la economía mundial cuando estalló.

Norteamérica había sufrido depresiones económicas, pero ninguna de ellas alcanzó las proporciones de la Depresión de los años treinta. Ninguna se había prolongado durante tanto tiempo, ni afectado a tantos norteamericanos de una forma tan devastadora. Después del *crash*, la economía se paralizó. En un año quebraron 1,300 bancos. En aquella época no existía un organismo como el Federal Deposit Insurance (Depósito Federal de Seguros) que protegiera los ahorros de los trabajadores. El dinero que muchas personas habían ahorrado con gran esfuerzo desapareció con el cierre de 5,000 bancos en los tres años siguientes y sus patrimonios fueron congelados debido a la especulación que creó la riqueza que se esfumó en el *crash* o en hipotecas que los desempleados no podían pagar. Muchas empresas y fábricas cerraron sus puertas, pues no había bancos que ofrecieran créditos o capital, y la tasa de desempleo aumentó considerablemente. En 1931, Henry Ford dijo que el desastre de la economía se debía a la pereza de los trabajadores. Poco tiempo después cerró una de sus plantas y 75,000 trabajadores fueron despedidos.

La economía norteamericana, que ya estaba muy debilitada, sufrió dos fuertes golpes cuando los imperios de Ivan Krueger y Samuel Insull se vinieron abajo. Insull había construido una pirámide de compañías de valores que utilizó para aumentar el precio de sus acciones. En 1932, los precios artificiales cayeron a su valor real y disminuyeron cerca del 96 por ciento. Un jurado de Chicago llamó a juicio a Insull, quien escapó a Grecia con la esperanza de no ser extraditado. Pero Grecia firmó un tratado de extradición con Estados Unidos, e Insull, quien llegó a tener 36 guardaespaldas, se difrazó de mujer y huyó a Turquía. Sin embargo, fue capturado y extraditado a Norteamérica, donde fue juzgado, aunque no pagó ninguna pena en prisión, pues las compañías de valores que había utilizado no estaban sujetas a ninguna reglamentación y por lo tanto, sus procedimientos eran técnicamente legales.

Ivan Krueger tuvo menos suerte. Fue denunciado por estafa mientras vivía en un lujoso apartamento en París. Este hombre, que fue asesor del presidente Hoover, robó más de 3 millones de dólares a los inversionistas. Pero no esperó a ser acusado formalmente. Se suicidó de un disparo en la primavera de 1932, cuando sus delitos más graves no se habían revelado aún.

Antes de la Gran Depresión, Norteamérica había absorbido depresiones periódicas, pues gran parte de la población vivía en el campo y producía lo que necesitaba para sobrevivir. Pero la economía norteamericana y mundial había sufrido una profunda transformación. Estados Unidos era un país urbano e industrializado, millones de personas quedaron desempleadas repentinamente y ya no tenían granjas adónde ir. Las estadísticas no logran transmitir la verdadera dimensión del desempleo. Las cifras oficiales estiman que el 25 por ciento de la fuerza laboral perdió su empleo. Otros historiadores sostienen que la cifra real osciló entre el 40 y el 50 por ciento.

A pesar de las enormes dificultades que enfrentó en los últimos tres años de su mandato, Herbert Hoover continuó tratando de irradiar optimismo. Al igual que muchos economistas de la época, el presidente creía que las depresiones eran parte del ciclo económico. Norteamérica ya había pasado por ellas y las había superado, pero esta vez las cosas fueron diferentes. Hoover insistió una y otra vez en que lo peor ya había pasado. Pero en realidad, las cosas empeoraron. Hoover y otros miembros de la clase alta hicieron declaraciones realmente increíbles a pesar de que millones de personas perdieron sus casas, pues fueron incapaces de pagar la renta o las hipotecas. Cuando la Apple Shippers' Association (Asociación de Productores de Manzanas) decidió venderles su considerable excedente a personas desempleadas para que éstas la vendieran en las calles por cinco centavos cada una, Hoover declaró: "Muchas personas han abandonado sus trabajos para vender manzanas, ya que es una actividad más rentable." Henry Ford, quien despidió a 75,000 trabajadores que erraron por las carreteras del país en busca de trabajo, dijo acerca de los cientos de miles de hombres, mujeres y niños que erraban por la Nación: "Viajar es la mejor educación que pueden tener esos chicos. En pocos meses tendrán más experiencia que la que podrían tener si estudiaran varios años en la escuela." J. P. Morgan pensaba que había entre 25 y 30 millones de familias que pertenecían a la "clase ociosa," es decir, que podían darse el lujo de tener una empleada doméstica, y se sorprendió cuando supo que había menos de dos millones de empleadas domésticas en todo el país.

Hoover mantuvo su tono optimista. "Los negocios y la industria han cruzado la esquina," dijo en enero de 1930. "Hemos superado lo peor," exclamó en mayo del mismo año. Según él, la prosperidad estaba en la esquina, pero el país nunca parecía alcanzarla. Este presidente ha pasado a la historia como un Nerón displicente que permaneció con los brazos cruzados mientras Roma ardía. Sin embargo, esta apreciación no es del todo cierta. Lo que sucedió fue que casi todas las medidas que puso en práctica fueron contraproducentes, de poco alcance, o llegaron demasiado tarde. En 1930 promulgó la Ley Hawley-Smoot, que impuso barreras comerciales a todas las naciones. Los países europeos adoptaron medidas semejantes, aumentando así la crisis tanto en América como en Europa. En 1931, la Depresión se extendió a Europa, donde las heridas de la guerra no habían sanado y el peso de la deuda producida por ésta contribuyó al agravamiento de la crisis.

Austria, Inglaterra, Francia y sobre todo Alemania, se vieron arrastradas a un violento remolino de desempleo masivo y de inflación galopante.

Hoover se opuso con firmeza a que el gobierno ayudara a los desempleados, a los que no tenían hogar ni alimentos, pues pensaba que esto era propio de un gobierno socialista o comunista. El presidente ignoró la sugerencia de Andrew Mellon (1855–1937), secretario del Tesoro y uno de los hombres más ricos de la Nación, cuya política de impuestos en los años 20 afectó a la economía norteamericana. Mellon le sugirió una política absoluta de *laissez-faire* y le propuso "liquidar el trabajo, las acciones, los bienes raíces y a los campesinos," pues creía que con aquella medida "las personas trabajarán más duro y llevarán una vida más recta. Habrá un replanteamiento de los valores y las personas emprendedoras sacarán provecho de aquellas personas que sean menos emprendedoras." El presidente removió al anciano Mellon del departamento del Tesoro y lo nombró embajador en Inglaterra.

Hoover inició tardíamente un programa de obras pública completamente inadecuado para aquel entonces y no pudo reemprender los proyectos locales de construcción que se interrumpieron tras el colapso de la banca. En 1932, debido a la presión de la época y en contra de su voluntad, Hoover se vio obligado a crear la Reconstruction Finance Corporation, una institución que prestaba dinero a compañías de ferrocarriles y a bancos. Pero esta medida fue completamente desacertada. La RFC fue considerada por los millones de desempleados y hambrientos como la demostración amarga de la predilección que Hoover tenía por las grandes corporaciones, mientras que mostraba una indiferencia total hacia los pobres. A pesar de la creciente pobreza, de las *Hoovervilles* (las casuchas de cartón que cada vez eran más numerosas en las ciudades norteamericanas) y del desespero de cientos de miles de personas sin techo ni esperanzas, Hoover se negó tercamente a que el gobierno les ayudara. Consideraba que sería una política socialista completamente opuesta a su principio del "individualismo marcado."

¿Cuál fue el *Bonus Army*?

Durante la época de la Depresión, Hoover y la primera dama recibían con cornetas el anuncio de que la cena de siete platos y servida por un contingente de sirivientes con guantes blancos, estaba lista. El presidente creía que vestir a los empleados como sirvientes de palacio y mantener una imagen de elegancia ayudaba a levantar la moral de la Nación. Pero afuera de la Casa Blanca, los norteamericanos se disputaban las migajas en las canecas de basura. Sin embargo, otros "individuos marcados" le mostrarían al presidente una faceta desagradable de la vida desde el otro lado de las rejas de la Depresión.

En el verano de 1932, el peor de los años de la Depresión, 25,000 *doughboys*—veteranos de infantería de la Primera Guerra Mundial—caminaron, hicieron *autostop* o se subieron a los trenes para dirigirse a Washington, D.C. Organizaron una especie de ejército de vagabundos, se alojaron en edificios abandonados en la Avenida Pennsylvania y establecieron un campamento de carpas y casuchas a orillas del río Anacostia. Fueron a la capital para pedirle al Congreso que les pagara la bonificación prometida a los veteranos en 1924 y que estaba programada para pagarse en 1945. Los integrantes de este "ejército" y sus familias estaban hambrientos, desesperados y no tenían trabajo ni la posibilidad de conseguirlo. Necesitaban esa bonificación para sobrevivir. Se llamaron a sí mismos la *Bonus Expeditionary Force* (BEF), pero fueron conocidos como el *Bonus Army*.

Sus peticiones se encontraron con oídos sordos. Hoover, el Congreso, los hombres de leyes y la prensa no creyeron que estos hombres fueran veteranos de guerra, sino "agitadores rojos." (La propia "Administración de Veteranos" investigó y encontró que el 95 por ciento de los integrantes de este movimiento sí eran veteranos de guerra.) Pero en lugar de reunirse con los líderes del BEF, Hoover llamó a las tropas comandadas por el general Douglas MacArthur (1880–1964) y Dwight Eisenhower (1890–1969), su joven asistente. El asalto estuvo a cargo de la Tercera Caballería, liderada por el mayor George Patton (1885–1945). El Ejército de los Estados Unidos atacó al grupo de hombres, mujeres y niños harapientos con gases, tanques y bayonetas.

La caballería de Patton atacó a los manifestantes, a quienes se les habían unido algunos curiosos que salían de trabajar. Al ataque de la caballería se sumó otro con gases, y los manifestantes se dispersaron a lo largo de la Avenida Pennsylvania y del puente de la Calle Once. MacArthur desobedeció las órdenes—característica por la que siempre se distinguió—y decidió arrasar con los manifestantes harapientos. Los tanques y la división de caballería destruyeron las carpas y las casuchas y luego les prendieron fuego. Hubo más de 100 muertos, incluídos dos bebés que perecieron asfixiados por los gases.

Los sobrevivientes se dispersaron y se unieron a los dos millones de norteamericanos que deambulaban por las carreteras del país. Algunos estados, como California, destacaron guardias para contener a los pobres. El incidente en la capital fue el más grande pero no el único producido por la rabia y el desasosiego crecientes de la población. Entre 1931 y 1932, los desempleados y hambrientos—e incluso grupos de niños—realizaron varias manifestaciones y motines que fueron reprimidos violentamente por las fuerzas policiales.

El ataque a los manifestantes del *Bonus Army* sucedió en 1932, en medio de la campaña presidencial. El taciturno Herbert Hoover fue nominado una vez más por los republicanos, con un programa que ofrecía equilibrar el presupuesto, mantener impuestos altos sobre los productos extranjeros y—en contradicción con su posición de cuatro años atrás—derogar la Prohibición y permitirles a los Estados que controlaran el alcohol. Los demócratas se reunieron en Chicago. Creían que sólo un desastre les impediría llegar a la Casa Blanca, que había estado controlada por los republicanos durante los últimos doce años. Tres candidatos se postularon para la nominación. Al Smith, el candidato que había sido aplastado por Hoover en las elecciones de 1928; el poderoso John Nance Garner, natural de Texas y *speaker* de la Cámara de Representantes que contaba con el respaldo de William Randolph Hearst (el zar de los periódicos que controlaba a la delegación de California); y Franklin D. Roosevelt (1882–1945), a quien Al Smith había elegido personalmente como su sucesor a la gobernación de Nueva York. Roosevelt surgió como el líder luego de la primera votación, pero no tenía los votos suficientes para ganar la nominación. Sin embargo, no tardó en obtenerla, pues Hearst presionó a los delegados californianos para que votaran por él. Roosevelt demostró de inmediato que no era un candidato tradicional. Voló a Chicago para aceptar la nominación, estableciendo así la tradición del discurso ofrecido por el nominado a la Convención. Roosevelt también quiso demostrarle al país que la poliomelitis no era obstáculo para ir donde quisiera. No todo el mundo creyó que fuera un buen candidato. Dos de los periodistas más influyentes de la época eran H. L. Mencken y Walter Lippmann

(1899–1974). Mencken dijo que la Convención había nominado al "candidato más débil." Lippmann, que tal vez era el columnista más influyente de la época, fue aún más severo. Dijo que FDR era un "*boy scout* amable" que no cumplía con "ningún requisito importante para el cargo." Pero eso no importaba. Los demócratas habrían podido nominar a un *boy scout* real y ganar las elecciones. Es probable que los norteamericanos no estuvieran muy seguros de querer a FDR, quien realizó una campaña conservadora pero prometió un Nuevo Trato (*New Deal*) a la Nación, derogar de la Prohibición, crear empleos y ayudar a los agricultores. De lo que sí estaban completamente seguros era de no querer de nuevo a Herbert Hoover como presidente. Si la "prosperidad general" le abrió las puertas de la Casa Blanca en 1928, el "desespero general" se las cerró en 1932. Roosevelt ganó las elecciones con el 57 por ciento del voto popular y obtuvo la victoria en 42 de los 48 estados. Los demócratas también barrieron en las dos cámaras del Congreso.

El *Bonus Army* regresó a Washington cuando Roosevelt asumió la presidencia. Éste le dijo a su esposa Eleanor (1884–1962) que hablara con ellos y que les diera todo el café que quisieran. La primera dama dialogó y cantó canciones con ellos. Uno de los integrantes de este movimiento dijo posteriormente: "Hoover envió al Ejército. Roosevelt envió a su esposa."

Lectura Recomendada: *The Great Depression: America, 1929–1941*, de Robert S. McElvaine.

VOCES AMERICANAS
Primer discurso inaugural de
FRANKLIN D. ROOSEVELT (4 de marzo de 1933).

Esta es la ocasión por excelencia para hablar la verdad, toda la verdad, franca y descarnadamente. No tenemos ninguna necesidad de evadir la responsabilidad de enfrentar de manera honesta las condiciones actuales por las que atraviesa el país. Esta gran Nación perdurará como hasta ahora, revivirá y prosperará. Así que en primera instancia, déjenme manifestar mi firme convicción de que a

lo único que le debemos tener miedo es al miedo mismo,
al terror irrazonable, injustificado y sin nombre que para-
liza los esfuerzos que necesitamos para convertir el retroceso en un avance.

A Roosevelt le escribieron la mayoría de los discursos de la campaña, pero un borrador escrito a mano demuestra que este discurso es
de su autoría. Sin embargo, su frase más famosa era "vino viejo en
botella nueva." Anteriormente se habían dicho cosas parecidas sobre el
miedo. El historiador Richard Hofstadter señala que Roosevelt leyó a
Thoreau en los días anteriores a su inauguración y que probablemente
se inspiró en la frase del escritor que dice: "Nada debe ser tan temido
como el miedo."

¿En qué consistieron el *"New Deal"* y los "cien días?"

Cuando Roosevelt respondió a la nominación demócrata con un
sonoro discurso de aceptación, prometió un "Nuevo Trato" al pueblo
americano. Durante su inauguración presidencial prometió realizar
una sesión especial en el Congreso para tratar la emergencia económica nacional. Roosevelt cumplió ambas promesas.

El *New Deal*, piedra angular legislativa de la respuesta que Roosevelt le dio a la Gran Depresión, revolucionó el estilo de vida americano. Se necesitaba una revolución porque la anémica economía
norteamericana no cambiaría con la simple elección de un nuevo presidente. Entre el día de la elección y el de la inauguración, el país tocó
fondo. Numerosos bancos cerraron, pues multitudes de depositantes
asustados siguieron acudiendo a los bancos para retirar sus ahorros. Los
gobernadores comenzaron a decretar feriados bancarios. El 5 de
marzo—su primer día en la Casa Blanca—Roosevelt fue más lejos aún
y decretó cinco días feriados bancarios a nivel nacional. Esa noche,
en la primera de sus "charlas al lado de la chimenea"—alocuciones
radiales con las que pretendía educar al pueblo, aplacar los temores y
reestablecer la confianza y el optimismo de una nación que estaba de
capa caída—le explicó a los norteamericanos cómo funcionaban los
bancos, y acto seguido convocó a una sesión especial de emergencia en

el Congreso. Desde marzo hasta junio de ese año, período conocido como los "Cien Días," el Congreso aprobó una serie de medidas extraordinarias, algunas veces sin siquiera leerlas. La posición de Roosevelt era: "Toma un método y ensáyalo. Si falla, intenta con otro."

El resultado fue la gran cantidad de nuevas agencia federales que fueron creadas, algunas de las cuales tuvieron éxito mientras que otras corrieron con una suerte diferente. Al igual que Theodore Roosevelt, FDR recurrió a los recursos humanos y creó el Civilian Conservation Corps—CCC (Cuerpos Civiles de Conservación), que ofrecía trabajo a los jóvenes entre 18 y 25 años de edad en labores de reforestación y preservación de la naturaleza.

La Agricultural Adjustment Administration—AAA (Administración para el Desarrollo de la Agricultura) fue creada para aumentar los precios de la tierra. Los granjeros recibieron dinero para no trabajarla. Este programa tuvo dos grandes inconvenientes. El país veía con indignación que se sacrificaran cerdos y se cortara maíz por decreto gubernamental para aumentar los precios de la tierra mientras tanta gente moría de hambre. Y miles de aparceros y de agricultores arrendatarios—casi todos negros—quienes ocupaban el lugar más bajo en el escalafón económico, fueron expulsados de las tierras cuando sus propietarios regresaron a ellas y las declararon improductivas.

Más controvertido aún fue el Tennessee Valley Authority (TVA), un proyecto hidroeléctrico federal considerado como uno de los más radicales. Mediante este proyecto, que también fue convertido en ley, el gobierno federal creó un experimento en planeación social de alcance masivo. El TVA no sólo produjo energía hidroeléctrica, construyó presas, produjo y vendió fertilizantes, adelantó programas de reforestación y adecuó tierras para uso recreativo, sino que también construyó las instalaciones de Oak Ridge, donde se investigaría y desarrollaría una parte considerable de la bomba atómica. Este proyecto supuso una participación gubernamental sin precedentes en lo que anteriormente había sido dominio exclusivo—y hasta sagrado—de la empresa privada, y fue duramente criticado por ser un proyecto "comunista."

Durante los "Cien Días" también se creó la Federal Deposit Insurance Corporation (FDIC), para proteger los ahorros; la Home Owners Loan Corporation, que refinanciaba las hipotecas y evitaba los juicios hipotecarios; y la Ley de Títulos Federales, que comenzó a regular las actividades de Wall Street. En 1934, se creó la Comisión de Títulos e Intercambio (SEC) y Roosevelt nombró como director a Joseph Kennedy, un conocido especulador, pues se pensaba que conocía como nadie las artimañas que pudieran utilizar los corredores de bolsa deshonestos. En mayo de 1933, se creó la Federal Emergency Relief Administration (FERA), que recibió 500 millones de dólares para repartir entre los sectores más pobres de la población y que fue el comienzo de los programas federales de asistencia social.

Una de las últimas medidas de los "Cien Días" fue la aprobación de la Ley para la Recuperación de la Industria Nacional, la cláusula más controvertida del *New Deal*, que tenía por objeto estimular la producción industrial. Con esta ley, el gobierno demostró un esfuerzo inmenso para controlar la producción, la fuerza laboral y los costos. Ofreció ventajas a empresarios y trabajadores para que éstos la aceptaran. Les permitió a los industriales crear un "código comercial:" una especie de cláusula legal para fijar precios que hubiera sido prohibida por las leyes contra los monopolios y que ofrecía a los trabajadores unos salarios mínimos, un máximo de horarios laborales y derechos a la negociación colectiva.

Esta ley adquirió connotaciones de una cruzada religiosa para sus organizadores. Para su fiscalización se creó la National Recovery Administration—NRA (Administración para la Recuperación Nacional), que tenía como símbolo un águila azul. Las compañías y los comerciantes desplegaron este símbolo, así como el lema "Cumplimos nuestra parte," y a los consumidores se les recomendó que sólo compraran en los lugares que tuvieran el símbolo de la NRA. A lo largo y ancho del país se realizaron multitudinarios desfiles y manifestaciones para respaldar el programa y un millón de personas asistieron a un desfile de la NRA celebrado en Nueva York.

No obstante, los abusos por parte del sector industrial fueron numerosos. Se establecieron precios altos y en la mayoría de los casos se limitó la producción, creando el efecto opuesto al planeado, que consistía en estimular la creación de nuevos trabajos y en mantener los precios bajos. La NRA originó el crecimiento de las fuerzas sindicales y el sindicato United Mine Workers (Mineros Unidos), dirigido por John L. Lewis (1880–1969), llegó a tener medio millón de afiliados. Lewis, quien era un dirigente activo, se alió con otros sindicatos y conformó el

Committee for Industrial Organization (CIO), que se escindió de la AFL, una organización conservadora, con la que en 1938 rivalizó en número de miembros y en influencia.

Los primeros "Cien Días" finalizaron con la aprobación de la Ley NIRA, pero la Gran Depresión aún estaba lejos de finalizar. Sin embargo, durante este breve lapso, Roosevelt no sólo creó una serie de programas destinados a reactivar la economía, sino que su *New Deal* marcó un hito tan decisivo en el país como los años de 1776 ó 1880. El *New Deal* supuso una transformación revolucionaria del gobierno federal, que pasó de ser un órgano pequeño que tenía un impacto limitado sobre los norteamericanos, a convertirse en una maquinaria inmensa que llegó a casi todos los ciudadanos. Para bien o para mal, Roosevelt involucró al gobierno federal en la vida norteamericana a un nivel sin precedentes, y tuvo una autonomía desconocida hasta entonces para realizar labores que los individuos y la economía privada no estaban dispuestos o eran incapaces de realizar. Desde la óptica del siglo XXI, existen pocas cosas en Norteamérica que no hayan sido influidas por las decisiones que se toman en la capital. Es difícil imaginar una época en la que el presidente, quien creó la maquinaria federal con el objetivo de sacar al país de la crisis, fuera visto como un comunista que quería llevar a Norteamérica por los mismos caminos que la Unión Soviética.

¿Qué fue el WPA?

Los artífices del *New Deal* trabajaron incansablemente, pero la Depresión continuaba. Aunque la producción y el consumo aumentaron, se mantuvieron en niveles muy inferiores a los registrados antes del *crash*. Las tasas de desempleo casi nunca fueron inferiores al 10 por ciento y en varias ciudades fueron mucho más altas. Durante la década de los treinta, los vientos y sequías de los Estados centrales hicieron que muchos agricultores abandonaran sus granjas y vagabundearan por las carreteras. Este éxodo quedó inmortalizdo en el libro *Las uvas de la ira*, de John Steinbeck.

Roosevelt, que era amigo de buscar varias alternativas, estableció nuevos programas. Si un programa llegaba a su fin o no cumplía su objetivo, el presidente tenía otro para reemplazarlo. Cuando la Corte Suprema eliminó la NRA por considerarla inconstitucional, Roosevelt puso en práctica la WPA. La Works Progress Administration (Administración para el Progreso de Obras) fue creada en 1935, con Harry Hopkins (1890–1946) como director, para ejecutar proyectos federales de construcción. (En 1939, pasó a llamarse Works Projects Administration.) Esta dependencia fue duramente criticada y muy pronto su imagen se asoció a la de un obrero con una pala. Sin embargo, bajo la administración de Hopkins, la WPA construyó el 10 por ciento de las nuevas carreteras de Estados Unidos, así como numerosos hospitales, ayuntamientos, cortes y escuelas. Construyó un puerto en Brownsville, Texas, carreteras y puentes que unieron a los cayos de la Florida con tierra firme, además de varias plantas para el tratamiento de agua en diversas ciudades. Entre sus proyectos de gran envergadura estuvieron el Lincoln Tunnel, que pasa por debajo del río Hudson y conecta a Nueva Jersey con la ciudad de Nueva York; el Triborough Bridge, puente que comunica a Manhattan con Long Island; el edificio de la Trade Commission en Washington, D.C; el East River Drive, una autopista que atraviesa el este de Manhattan y que más tarde se llamó el FDR Drive; el Fuerte Knox, un depósito de oro, y las presas de Bonneville y Boulder. (En 1946, el Congreso dominado por los republicanos rebautizó a esta última como la presa Hoover.) Además de construir muchas obras, la WPA estableció proyectos artísticos que emplearon a miles de músicos, escritores y artistas.

Pero es probable que la mayor contribución de Roosevelt no haya sido a nivel legislativo sino a nivel psicológico. Tenía un gran talento para reestablecer la confianza, para restaurar el optimismo y ofrecer esperanza cuando todo parecía estar perdido. Herbert Hoover tomó algunas de las medidas adoptadas por FDR para salir de la crisis. Pero Hoover, que tenía un carácter patricio y estricto, estaba completamente alejado del pueblo y carecía de las características del hombre del común que poseía FDR, a pesar de pertenecer a una familia adinerada y privilegiada. Sus "charlas al lado de la chimenea" a través de la radio, le ofrecieron a los escuchas la imagen de un presidente que estaba sentado a su lado y les hablaba personalmente. Aunque era odiado en los círculos republicanos, que se referían a él como a "ese hombre," fue prácticamente endiosado por el grueso de la población, incluyendo a los negros, quienes abandonaron el Partido Republicano al que habían pertenecido desde la era de la Reconstrucción, para engrosar las filas del Partido Demócrata.

¿Qué fue lo que Franklin D. Roosevelt trató de hacer con la Corte Suprema?

El *New Deal* y la NRA fueron una medicina amarga para los líderes corporativos y los miembros conservadores y mayoritariamente republicanos de Wall Street, pues creían que las medidas adoptadas por Roosevelt apestaban a socialismo y a comunismo. Aunque la situación mejoraba, circulaban bromas crueles sobre Roosevelt y su esposa: que Eleanor había contagiado a su esposo con gonorrea luego de ser contagiada por un negro, o que ella iba a Moscú a aprender ciertas prácticas sexuales que eran innombrables. Algunas de estas bromas estaban teñidas de antisemitismo y una decía que Roosevelt descendía de judíos holandeses que se habían cambiado el apellido. Pero FDR no les prestó atención a las críticas; sólo le interesaban los resultados y la gran mayoría de la población parecía estar de acuerdo con él.

La primera prueba se dio en las elecciones realizadas en 1934, a mediados de su período presidencial. Tradicionalmente, el partido del presidente pierde poder en estas elecciones. En lugar de esto, los demócratas aumentaron su control de la Cámara y del Senado. La popularidad de Roosevelt alcanzó mayores dimensiones en las elecciones presidenciales de 1936. El presidente le dijo a Raymond Moley, profesor de la Universidad de Columbia que dirigió el equipo de sus asesores, que sólo había una cosa en juego en esas elecciones: "Yo," dijo Roosevelt. "El pueblo debe estar conmigo o contra mí." Roosevelt logró una victoria abrumadora contra Alf Landon, un republicano progresista y gobernador de Kansas, recibiendo más del 60 por ciento del voto popular y ganando todos los estados, menos Vermont y Maine. Luego de las elecciones, alguien comentó que Roosevelt podría equilibrar el presupuesto si vendía estos dos estados a Canadá. Después de su reelección, FDR pareció alcanzar la cima de su prestigio y poder. Sin embargo, estaba próximo a sufrir la más estruendosa derrota de su carrera. La Administración para la Recuperación Nacional fue eliminada un año después de su creación. Mediante el fallo sobre el caso *Schechter vs. Estados Unidos* (mayo de 1935), la Corte Suprema, dominada por republicanos ancianos y conservadores, decretó que la NRA era inconstitucional. A continuación, la Corte eliminó la Administración para el Desarrollo de la Agricultura, la Ley de Títulos y Cambio, una ley sobre el carbón y otras sobre las bancarrotas. En total, la Corte derogó once cláusulas o instituciones del *New Deal*. Roosevelt, envalentonado por su reciente triunfo electoral, arremetió contra la Corte. Reviviendo una antigua propuesta que le permitía al presidente nombrar un reemplazo cuando un juez cumpliera los 70 años, Roosevelt intentó "llenar" la Corte Suprema con jueces que estuvieran de acuerdo con las políticas del *New Deal*. Éste fue quizá el error más grave que cometió el presidente. Se aferró con terquedad a este programa, incluso luego de nombrar a Hugo Black, un juez que respaldaba el *New Deal*, tras el retiro de uno de los jueces conservadores. El Senado, alarmado por esta medida que amenazaba al sistema constitucional de "equilibrio de poderes," se opuso al nombramiento propuesto por Roosevelt. Ésta fue la primera derrota que sufrió en cinco años en el Congreso y que dio paso a una pequeña serie de fracasos. En 1938, el presidente decidió vengar su derrota en la Corte y se fue en contra de un grupo de senadores sureños que se opusieron a sus intenciones con respecto a la Corte. La estrategia de Roosevelt fue contraproducente y costosa, pues varios de sus candidatos fueron derrotados en las elecciones. La armadura del presidente, que una vez había sido inexpugnable, comenzó a agrietarse.

Pero a pesar de la debacle de la Corte y de la derrota de sus candidatos en las elecciones de 1938, Roosevelt siguió siendo el hombre más poderoso del país y tal vez del mundo. Sólo un hombre, que irónicamente llegó al poder en marzo de 1933, poco antes de la primera inauguración presidencial de FDR, era tan poderoso como éste. Al igual que Roosevelt, ese hombre también alcanzó el poder luego de ofrecerle a una nación desesperada una nueva forma de afrontar su crisis económica. Y así como los integrantes de la CCC de Roosevelt, ese líder también uniformó a un grupo de hombres llamados "camisas pardas" y los envió a lo largo y ancho del país. Cuando el Reichstag (el edificio del Parlamento alemán) fue incendiado en 1933, Adolf Hitler (1889–1945) era sólo el canciller de Alemania, nombrado por Hindenburg, el presidente alemán que ya estaba anciano y debilitado. El partido nacionalsocialista de Adolfo Hitler culpó a los comunistas del incendio y encontró la excusa perfecta para unir al país alrededor de su causa y del "Führer."

Aunque Roosevelt pudo haber perdido la batalla contra los "nueve ancianos" de la Corte Suprema en 1937, lo cierto era que tenía su mente puesta en Europa y en batallas más importantes, como el futuro se encargaría de demostrar.

¿Qué le sucedió a Amelia Earhart?

Después de Charles Lindbergh, Amelia Earhart (1897–1937) fue la aviadora más famosa de la época. Nació en Kansas, terminó sus estudios secundarios en 1915 en la ciudad de Chicago y se caracterizó por su espíritu aventurero. En 1928, atravesó el Atlántico acompañada por dos pilotos y súbitamente se convirtió en una heroína y en símbolo del "feminismo recalcitrante." En 1931 se casó con el publicista George Putnam, pero continuó con su carrera de aviadora. En 1932, estableció el récord para un vuelo trasatlántico, el primero de una larga lista de logros.

En 1937 emprendió su proyecto más osado. Dispuesta a da la vuelta al mundo, partió el mes de junio de Miami, acompañada por Fred Noonan. Llegó a Nueva Guinea y el primero de julio se dirigió a la Isla Howard. Sus señales de radio dejaron de escucharse y ella desapareció. La prensa se ocupó durante meses de la suerte final de la aviadora, pero los restos del avión nunca se encontraron. Para muchas personas, Amelia fue una aviadora excelente que había intentado lo imposible, pero otras pensaron justamente lo contrario. Lo más seguro es que se haya quedado sin gasolina y que yazca sepultada en las profundidades del océano Pacífico.

Una de las teorías sobre el paradero final de Amelia Earhart, expuesta por el historiador William Manchester, demuestra el aire que se respiraba en aquella época. A finales de los años treinta, se generó una escalada militar en respuesta a la crisis económica ocasionada por la Depresión, especialmente por parte de Italia, Alemania y Japón, las tres naciones que más tarde conformarían el Eje. Esta última nación, que pretendía ejercer su influencia en el continente asiático, comenzó un intenso programa armamentista y construyó una serie de fortificaciones en las islas del Pácifico que recibió en 1919, gracias al Tratado de Versalles. Saipan, Guam y Tinian eran parte de las Islas Marianas, que aunque en ese entonces eran desconocidas para los norteamericanos, más tarde formarían parte del vocabulario bélico de los Estados Unidos. Según sostiene Manchester en su libro *The Glory and the Dream*, Earhart sobrevoló las Islas Marianas y las fortificaciones que estaban construyendo los japoneses. Los tratados internacionales estipulaban que estas fortificaciones eran ilegales, a la vez que demostraban las intenciones de los japoneses. Manchester dice que "seguramente, su avión fue derribado y Amelia asesinada." Lo más irónico es que dada la posición aislacionista que tenía Estados Unidos en aquella época, aún si Earhart hubiera sobrevivido para contarles a las autoridades norteamericanas lo que había visto, sus advertencias hubieran sido ignoradas, pues en 1937, Norteamérica no estaba interesada en entablar ninguna guerra.

¿En qué consistió el *Lend-Lease*?

"Supongamos que la casa de mi vecino se incendia," dijo FDR en una conferencia de prensa el 17 de diciembre de 1940. "Si él puede conectar mi manguera a su toma de agua, yo podría ayudarle a apagar el fuego. Pero, ¿cuál es mi posición? Yo no le digo: 'Vecino, me debes los 15 dólares que me costó la manguera.' ¿Cuál es el negocio que debo hacer? Yo no quiero que el vecino me pague los 15 dólares, sino que me devuelva la manguera cuando haya apagado el incendio."

Una de las virtudes de FDR es que podía expresar las cuestiones complejas en términos simples; y que lo peligroso le resultaba inofensivo. Con esta analogía, el presidente estaba preparando al país para acercarlo a una realidad que había evitado durante más de una década. La casa del vecino no sólo se estaba incendiando, sino que también corría el riesgo de derrumbarse.

Mientras que Roosevelt concedía estas declaraciones, la Luftwaffe realizó una gran ofensiva aérea durante la devastadora Batalla de Gran Bretaña. En esta batalla que duró 16 semanas, Inglaterra perdió más de

900 aviones y miles de ingleses murieron. Alemania perdió 1,700 aviones, pero Londres quedó prácticamente en ruinas y su corazón industrial fue destruido casi por completo. Inglaterra solo tenía 2,000 millones de dólares en reservas de oro y estaba a un paso de quedarse sin el dinero que necesitaba para financiar la guerra. Aunque Roosevelt había declarado públicamente su posición neutral hacia la guerra, hizo todo lo que estaba a su alcance para ayudar a los ingleses. Sin embargo, se vio amordazado por el fuerte sentimiento aislacionista que se vivía en el país y en el Congreso, mientras pensaba cómo detener a Hitler.

La respuesta llegó algunas semanas después de la conferencia de prensa de la "manguera," cuando Roosevelt introdujo la ley de *Lend-Lease*, que le concedió al mandatario amplias facultades para ofrecerle ayuda a cualquier nación cuya defensa fuera vital para los intereses de Estados Unidos. Norteamérica le "prestaría" tanques, aviones y barcos, y la nación le pagaría de varias formas a los Estados Unidos cuando finalizara la guerra. El Congreso se alineó de manera casi unánime con Roosevelt, a excepción de algunos aislacionistas reclacitrantes como el senador Robert A. Taft, quien comparó el préstamo de armamento no con una manguera, sino con goma de mascar: nadie la quería de vuelta.

El camino que condujo al *Lend-Lease* fue largo y tortuoso para Roosevelt, quien le prestó poca atención a los acontecimientos europeos, pues estaba concentrado en resolver la crisis de la Depresión. Muchos norteamericanos tenían un recuerdo vívido de los horrores de 1918, durante la Primera Guerra Mundial, razón por la que el sentimiento aislacionista era abrumador. El rechazo a inmiscuírse en los problemas de Europa cobró más fuerza aún después que una investigación del Congreso revelara que los fabricantes de municiones habían obtenido enormes ganacias durante la Primera Guerra Mundial. Los eventos cambiantes en el continente asiático despertaban menos interés. En 1931, mientras Herbert Hoover estaba en la Casa Blanca, Japón invadió a China y estableció un gobierno pro-chino conocido como "Manchukúo" en la región de Manchuria. Pero Estados Unidos y las demás naciones no le prestaron ningún interés a este incidente. Pocos meses después, Japón bombardeó a Shangai y extendió su dominio sobre el norte de China. La Liga de Naciones condenó a los japoneses, quienes optaron por retirarse de este organismo. Adolph Hitler,

quien se convirtió en canciller de Alemania en 1933, poco antes que
Roosevelt asumiera su primer mandato, vio con interés cómo los japoneses establecían un imperio agresivo sin recibir ningún castigo.

¿Quiénes fueron los fascistas?

La palabra "fascista" es muy utilizada en la actualidad. En la década de
los sesenta, los policías fueron llamados "cerdos fascistas." Cuando
alguien odia a un gobierno, lo tilda de fascista. En términos generales,
el fascismo se ha asociado con dictaduras militares establecidas sobre
una base mayoritariamente racista y nacionalista, que casi siempre
cuenta con el respaldo de la clase empresarial (a diferencia del colectivismo que caracteriza al comunismo). Sin embargo, cuando Mussolini adoptó este término, lo utilizó con orgullo.

Benito Mussolini (1883–1945) fue el primer dictador moderno.
Llamado Il Duce ("el Líder"), era hijo de un herrero y fue primer
ministro en 1922. Este hombre, que era un fanfarrón redomado, organizó a los veteranos italianos de la Primera Guerra Mundial en una
fuerza anticomunista y profundamente nacionalista, conocida como
los "camisas negras," un grupo paramilitar que utilizaba tácticas criminales para suprimir huelgas y atacar sindicatos izquierdistas. Mussolini
predicó el anticomunismo y fue aceptado por un pueblo que deseaba
"orden." Llegó al poder tras atacar a sus rivales y asesinar al líder del
Partido Socialista.

En 1925 se proclamó como el líder de un estado con un solo partido, al que denominó *fascismo*. Esta palabra proviene del latín *fasces*,
el símbolo romano de la autoridad y la fuerza consistente en un
paquete de bastones atado a un hacha. Mussolini se dedicó a rearmar a
su nación en los años veinte, cuando la mayoría de los países europeos
estaban desarmados. Aunque era mal gobernante, el dictador opinaba
que las campañas militares contribuían a mantener la lealtad de los
ciudadanos a su patria. Así, Italia se enfrascó en algunas guerras en
África y apoyó a los rebeldes liderados por el general Francisco Franco
en España.

El ascenso al poder de estos tres regímenes totalitarios y militaristas
que formaron el Eje durante la Segunda Guerra Mundial—Alemania,

Japón e Italia—así como el gobierno fascista de España bajo el general Franco, pudo ser consecuencia de los devastadores efectos políticos y económicos de la Primera Guerra Mundial. Es relativamente comprensible que los demagogos—particularmente en Alemania y en Italia—hayan culpado a los extranjeros por la ruina de sus países y del desastre económico causado por la depresión mundial. Pero no se puede decir que las masas carecieran de la voluntad *de no creer* luego de haber pagado los enormes precios ocasionados por la guerra. Mussolini culpó a los extranjeros por los problemas de su país y realizó varias promesas que, contrario a lo que muchos piensan, no cumplió. El paso siguiente fue aplastar a la oposición por medio de una policía estatal completamente despiadada. En Alemania, Adolph Hitler no sólo responzabilizó a los comunistas y a los poderes foráneos de haber despojado a Alemania de buena parte de su territorio y de su aparato militar por medio del Tratado de Versalles, sino también a los judíos, argumentando que controlaban las finanzas del planeta. La larga historia de antisemitismo en Europa, que data de varios siglos, hizo que el argumento de Hitler fuera aceptado con facilidad.

Inspirado en los "camisas negras" de Mussolini, Hitler organizó a sus seguidores en una fuerza llamada los "camisas pardas" y luego en las SS, una élite de guardias uniformados. En 1930, su Partido Nacional Socialista o nazi, que responsabilizó a los judíos, comunistas y poderes extranjeros de la ruina económica de Alemania, captó el favor de las masas de desempleados y ganó un importante número de escaños en el Parlamento. De esta forma, Hitler fue nombrado canciller de Alemania. El incendio del Parlamento fue la excusa perfecta para que asumiera poderes dictatoriales y creara una policía estatal que aniquiló a la oposición. Consumado representante teatral del nacionalismo, financiado por banqueros militantes, respaldado por un ejército y una policía secreta cada vez más poderosos y capaz de cautivar e hipnotizar a su país con pompa y jingoísmo, Hitler era la personificación del líder fascista.

El líder alemán no ocultó sus planes. Desde un comienzo anunció que quería reunificar a los pueblos de lengua germana que fueron separados de su patria tras la alteración del mapa europeo sufrida luego del Tratado de Versalles. También prometió rearmar a Alemania para que nunca más fuera obligada a firmar un tratado tan humillante como el de 1918. En 1935, Alemania adelantó un programa masivo de militarización, en el que modernizó su armamento y llamó al servicio militar obligatorio. Ese mismo año, Mussolini invadió a Etiopía, país limítrofe con Somalia, que era controlada por los italianos. Los Estados Unidos evitaron involucrarse en los problemas europeos y para tal fin se aprobó la Ley de Neutralidad en 1935, que prohibía la venta de armas a las naciones en conflicto. Roosevelt tuvo que "tragarse" la aprobación de esta ley, que contaba con el apoyo de la fuerte corriente aislacionista que lideraban Henry Ford, Charles Lindbergh y el padre Charles Coughlin (1891–1979), un mordaz sacerdote católico antisemita que fue llamado "el sacerdote de la radio." Curiosamente, la ley no contempló el embargo de la venta de productos derivados del petróleo y las ventas de crudo y gasolina a Italia se triplicaron, mientras el moderno ejército de ese país aniquilaba a Etiopía, que contaba con unas fuerzas primitivas.

En 1936 estalló la Guerra Civil española. Los rebeldes fascistas (o falangistas) liderados por el general Francisco Franco (1892–1975) y respaldados por los alemanes y por 500,000 tropas italianas, buscaban derrocar al gobierno de la República española, que tenía inclinaciones izquierdistas y era respaldado por la Unión Soviética. La Guerra Civil española fue una guerra de laboratorio, donde los alemanes ensayaron sus armas y estrategias militares.

Estados Unidos mantuvo una posición oficial neutral y aislacionista, pero muchos norteamericanos fueron a España para combatir en las fuerzas lealistas o republicanas. Los eventos sucedieron con una rapidez soprendente. En julio de 1937, Japón atacó de nuevo a China y tomó a Pekín. En octubre, Roosevelt cambió sutilmente su posición aislacionista. Al igual que Wilson antes de la Primera Guerra Mundial, Roosevelt siempre había simpatizado con Inglaterra, que también expresó su reticencia a involucrarse en la guerra. El presidente declaró que "Norteamérica se involucra de manera activa en la búsqueda por la paz" y recomendó "poner en cuarentena" a los agresores, aunque no señaló quiénes eran.

En marzo de 1938, Alemania anexionó a Austria, y en septiembre, Hitler exigió la devolución de la Sudetenland alemana, incorporada en 1918 a Checoslovaquia. Durante un encuentro celebrado en Munich, los primeros ministros de Gran Bretaña y Francia aceptaron esta exigencia y presionaron a los checos para que devolvieran este territorio.

Ese fue simplemente el preludio de Hitler a su deseo de apoderarse de otros territorios. El líder alemán invadió a Checoslovaquia en 1939, luego de comprobar la debilidad del ejército de ésta nación. Luego se concentró en Polonia y exigió la devolución de la ciudad de Danzig (la actual Gdansk). Hitler ya había despertado todo el interés de Roosevelt, quien no tenía aún el poder suficiente para derogar la Ley de Neutralidad, lo que le impidió suministrar armar a Francia y a Inglaterra para una guerra que todos veían venir.

En agosto de 1939, Alemania y la Unión Soviética firmaron un pacto de no agresión que sirvió como preludio a un ataque conjunto a la nación polaca. Los alemanes atacaron desde el oeste y los rusos desde el este. Francia e Inglaterra perdieron la paciencia y el 3 de septiembre le declararon la guerra a Alemania.

Así como en 1914, esta vez los alemanes planearon un ataque rápido y decisivo que aniquilara a Francia y les permitiera el control de Europa. Pero a diferencia de 1914, cuando británicos y franceses repelieron la ofensiva germana, el designio nazi fue mucho más exitoso. La *blitzkrieg* nazi (la guerra relámpago) arrasó con la resistencia que encontró en Dinamarca, Noruega, los Países Bajos, Bélgica y Francia. En el verano de 1940, Alemania controlaba la mayoría de Europa Occidental y las fuerzas anglo-francesas fueron derrotadas en Dunkerque, en el estrecho de Dover.

Roosevelt consiguió que se aprobara una ley que permitiera a los aliados comprar armas. Cuando Italia apoyó a Alemania en su ataque a la nación francesa, Roosevelt congeló los bienes que las naciones conquistadas tenían en Norteamérica para impedir que los alemanes los utilizaran. FDR comenzó a venderles el armamento "sobrante" a los ingleses sin autorización oficial. Después de la derrota francesa, FDR les "cambió" barcos destructores anticuados a los ingleses con la condición de que éstos cedieran algunas bases a los norteamericanos, un negocio que fue el preámbulo a la Ley de *Lend-Lease*.

¿Qué sabía FDR sobre el ataque japonés y cuándo lo supo?

El domingo 7 de diciembre de 1941, a las 7 a.m., hora de Hawaii, dos soldados del Ejército de Estados Unidos vieron algo inusual en las pantallas del radar. Más de 50 aviones parecían volar por el nordeste. Llamaron al Departamento de Información y les dijeron que no se preocuparan, pues seguramente se trataba del envío parcial de los nuevos aviones B-17 provenientes del continente americano. Lo que los dos hombres habían visto era el primer grupo de los 183 aviones japoneses que llegaron a Hawaii a bordo de portaaviones y que atacaron a la base naval norteamericana por sorpresa. A las 07:58, el comando de Pearl Harbor envió su primer mensaje radial al mundo: "ATAQUE AÉREO. ESTA NO ES UNA PRUEBA." Una hora más tarde llegaron otros 167 aviones japoneses. Los dos ataques, que sólo duraron algunos minutos, hundieron, volcaron o averiaron 19 barcos (ocho de los cuales eran acorazados), y dejaron 292 aviones destruidos o averiados, incluyendo 117 bombarderos. Las víctimas fatales ascendieron a 2,403, y hubo 1,178 heridos. Esa tarde, el presidente Roosevelt solicitó y obtuvo la declaratoria de la guerra contra Japón. Alemania obedeció su tratado con esta nación y le declaró la guerra a Estados Unidos y así, Norteamérica también quedó enfrentada a Italia.

Pocas preguntas han intrigado más a los historiadores que ésta: ¿sabía el presidente Roosevelt que los japoneses iban a atacar a Pearl Harbor y permitió de forma deliberada este ataque que le causó la muerte a más de 2,000 norteamericanos para llevar a Estados Unidos a la guerra más terrible y destructiva de la historia?

Existen dos teorías opuestas sobre este tema. La primera sostiene que FDR estaba preocupado por la guerra de Europa y que no quería la guerra con los japoneses. La ideología norteamericana predominante en aquel entonces, que tal vez obedecía a la posición racista anglosajona, desestimó la amenaza militar de los japoneses. Una guerra contra Japón menguaría los recursos que los norteamericanos deberían destinar para derrotar a los alemanes. Las abundantes pruebas que existen sobre los esfuerzos diplomáticos realizados por Estados Unidos para evitar una guerra con Japón respaldan esta teoría.

La otra sostiene que FDR consideró al Japón, que era aliado del Eje germano-italiano, como puerta de entrada al conflicto bélico. También afirma que FDR realizó una serie de provocaciones calculadas que empujaron a los japoneses a la guerra contra Norteamérica y que el presidente no sólo sabía del inminente ataque a Pearl Harbor y no hizo nada para evitarlo, sino que se aprovechó de éste para terminar con el aislacionismo que estaba obstruyendo sus planes de guerra.

Ninguna de estas dos teorías es del todo cierta y lo más probable es que las dos se complementen. También se deben tener en cuenta factores como la debilidad humana, el exceso de confianza en ambos lados y las tensiones propias de un mundo que ya estaba en guerra. Seguramente, la inexorabilidad histórica también entró en juego. Era inevitable que se presentara un conflicto entre Japón, Estados Unidos y otras naciones occidentales por el control de la economía y de los recursos del Lejano Oriente y del Pacífico. Japón, una pequeña nación insular con recursos limitados pero con grandes ambiciones, tenía que velar por su destino. Esto hizo que el Imperio japonés, altamente militarizado e industrializado, chocara con las naciones occidentales que habían establecido su presencia colonial en el Pacífico y en Asia, regiones que pensaban explotar para su beneficio. Las relaciones entre Japón y Norteamérica, que ya estaban deterioradas en los años treinta, se agravaron cuando a finales de 1937 los japoneses hundieron al *Panay*, un barco americano, en el río Yangtze. El hundimiento fue una clara violación de todos los tratados y un acto de guerra. Pero Norteamérica no estaba preparada para entablar una guerra por un barco. Roosevelt, quien buscaba ejercer influencia en la rebelión china contra los invasores japoneses, les prestó dinero a los nacionalistas chinos y prohibió la exportación de productos como gasolina, hierro y petróleo al Japón.

¿Estas provocaciones forzaron a Japón a la guerra, o se debió ésta a las reacciones a la agresión japonesa a China y a otras regiones asiáticas? Los japoneses se empeñaron en dominar a Asia y apelaron a unos métodos violentos para lograr su objetivo. Las atrocidades cometidas contra los chinos en Nanking se cuentan entre las peores en la historia de la humanidad. Los coreanos todavía guardan un profundo rencor hacia los japoneses por las crueldades cometidas durante su dominio, entre las cuales se incluyeron el trabajo y la prostitución forzosa de miles de mujeres coreanas, obligadas a trabajar como "damas de consuelo" en burdeles frecuentados por los soldados japoneses. Las opiniones históricas son divergentes en este aspecto. Es claro que ambas partes pudieron haber sido más moderadas. Pero en Estados Unidos, el secretario de estado exigió la retirada total de los japoneses de los territorios conquistados. Mientras tanto, las fuerzas beligerantes lideradas por el general Hideki Tojo (1884–1948) obtuvieron el poder en Japón. La moderación fue dejada a un lado y las dos naciones continuaron su marcha acelerada hacia el enfrentamiento.

A finales de 1941, era más que evidente que se avecinaba una guerra con Japón. Diplomáticos norteamericanos y extranjeros establecidos allí lanzaron varias advertencias sobre las provocaciones de este país. Casi un año antes del ataque a Pearl Harbor, Joseph Grew, embajador estadounidense en Tokio, había enviado mensajes que advertían sobre rumores de un ataque a esta base. Y más significativo aún, los organismos norteamericanos de inteligencia habían descifrado códigos diplomáticos japoneses. Casi todos los mensajes entre Tokio y su embajada en Washington fueron interceptados y descifrados por los norte-americanos.

No cabe la menor duda de que algunos estadounidenses sabían de la "hora cero," como la definió el embajador japonés en Washington. Tricicle, un agente británico también le había enviado advertencias explícitas a Washington.

Es aquí cuando la debilidad humana y el exceso de confianza entran en juego. La mayoría de los estrategas militares norteamericanos esperaban que los japoneses realizaran un ataque en las Filipinas, la base norteamericana más grande en el Pacífico, y creían que las fortificaciones navales de Pearl Harbor eran lo suficientemente inexpugnables como para ser atacadas, y que además estaban muy lejos del Japón. Los comandantes de la base estaban más preparados para un ataque realizado por saboteadores, lo que explica por qué los acorazados estaban agrupados en el puerto rodeados de pequeñas embarcaciones y por qué los aviones estaban estacionados en filas ordenadas en la pista de Hickam Field, que los japoneses destruyeron fácilmente.

Muchos norteamericanos, incluyendo al presidente Roosevelt, menospreciaban a los pilotos japoneses porque creían que eran "miopes," pero su buena visión y sus habilidades como pilotos fueron una costosa sorpresa para los militares norteamericanos. También existía la sensación de que un ataque a Pearl Harbor sería repelido con facilidad. Los comandantes de la base tenían una confianza excesiva. Fueron advertidos de la posibilidad de un ataque, pero no tomaron medidas de seguridad. La impresión general que existía, incluso entre los estamentos de la Marina en Washington, era que los japoneses recibirían una buena lección y Norteamérica tendría la guerra que quería en Europa.

En su libro sobre espionaje y conducta presidencial, *For the President's Eyes Only*, Christopher Andrew dice lo siguiente: "La 'sorpresa total' de Roosevelt y de Churchill refleja una falta de imaginación y también de inteligencia. Ni el presidente ni el primer ministro—que se refería a ellos como a 'los hombrecitos amarillos' (Roosevelt pensaba lo mismo)—sospecharon que fueran capaces de emprender semejante ataque. Cuando el general Douglas MacArthur escuchó la notica del ataque, insistió en que los pilotos tenían que ser mercenarios."

Bien sea que el ataque haya sido provocado o no, y por qué las advertencias fueron ignoradas o desestimadas, lo cierto es que la destrucción de las fuerzas norteamericanas fue completamente inesperada. Las proporciones del ataque fueron sorprendentes, incluso para los parámetros actuales.

Al día siguiente, Roosevelt pronunció su mensaje de guerra en el Congreso. La larga batalla entre los aislacionistas e intervencionistas había quedado atrás.

Aunque las teorías revisionistas y las que hablan de una conspiración todavía persisten, varios historiadores sostienen de manera convincente que Roosevelt intentó evitar una guerra con los japoneses. Uno de ellos es Joseph Persico, quien escribió:

La teoría revisionista requiere una dosis de lógica. Primero, FDR tenía que saber que Pearl Harbor iba a ser atacado. Sus secretarios de estado, Guerra y Marina, o bien no sabían, o en caso contrario mintieron y conspiraron en la muerte de 2,400 norteamericanos y en la casi fatal destrucción de la flota del Pacífico . . . Si FDR fracasó en alertar a los defensores de un ataque que sabía que sucedería, debemos asumir entonces que el presidente había incluido a hombres de la talla de Stimson, Hull, Knox y Marshall en una conspiración que rayaba en la traición, o que el presidente tenía una fuente exclusiva de información sobre los movimientos de la flota japonesa que eran desconocidos para el resto de los funcionarios del gobierno.

John Keegan, el prestigioso historiador británico, descarta igualmente la tesis de una conspiración: "Esas acusaciones desafían la lógica," escribió en su libro *The Second World War*. "Churchill no quería una guerra con Japón, pues Gran Bretaña estaba pobremente armada, sino la ayuda norteamericana para luchar contra Hitler . . . Puede demostrarse que la intuición de Roosevelt era bastante limitada. Aunque los expertos norteamericanos descifraron el código púrpura japonés, así como el naval . . . estas instrucciones no incluían detalles sobre planes de guerra."

Hay otro aspecto que los norteamericanos hemos aprendido desde el infame ataque del 11 de septiembre de 2001. Una cosa es tener inteligencia y otra es saberla usar. La mano izquierda no simpre sabe lo que hace la derecha, como demostraron el FBI y la CIA cuando revelaron las piezas del rompecabezas que tenían antes de los ataques terroristas de la fecha mencionada. Pero esto tampoco quiere decir que debido a su incapacidad para ver el panorama general, podamos entonces esgrimir teorías sobre una conspiración en la que Estados Unidos quería una guerra contra el Islam. Si bien es cierto que entender el pasado puede ayudarnos a entender el presente, en este caso conocer el presente nos pueda ayudar a conciliar los misterios del pasado.

Lectura Recomendada: Para quienes buscan una descripción general del período previo a Pearl Harbor y un recuento del ataque, *The Borrowed Years: 1938-1941, America on the Way to War*, de Richard M. Ketchum; para quienes estén interesados en la teoría que sostiene que Roosevelt si sabía del ataque, *Day of Deceit: The Truth About FDR and Pearl Harbor*, de Robert B. Stinnet, una compilación exhaustiva de información de inteligencia que los norteamericanos tenían sobre el ataque. También, *For the President's Eyes Only*, de Christopher Andrew; *Roosevelt's Secret War: FDR and World War II Espionage*, de Joseph E. Persico.

VOCES AMERICANAS
Mensaje de guerra de FRANKLIN DELANO
ROOSEVELT al Congreso (8 de diciembre de 1941).

Ayer, el 7 de diciembre de 1941, un día infame, los Estados Unidos de América fueron atacados de manera deliberada y repentina por fuerzas navales y aéreas del Imperio japonés.

Los Estados Unidos estaban en paz con esa nación y, por petición de Japón, todavía estábamos en conversaciones con su gobierno y emperador a fin de poder mantener la paz en el Pacífico.

. . . El ataque de ayer a las islas Hawaianas le ha causado daños severos a las fuerzas navales y militares. Lamento informarles que muchos norteamericanos perdieron la vida . . .

Ayer, el Gobierno japonés también realizó un ataque contra Malasia.

Anoche, las fuerzas japonesas atacaron a Hong Kong.

Anoche, las fuerzas japonesas atacaron a Guam.

Anoche, las fuerzas japonesas atacaron a las islas Filipinas.

Anoche, las fuerzas japonesas atacaron a la Isla de Wake.

Y esta mañana, los japoneses realizaron un ataque a la Isla de Midway.

. . . No importa el tiempo que transcurra para sobreponernos a esta invasión premeditada, el pueblo norteamericano, en su legítimo poder, vencerá hasta alcanzar la victoria absoluta.

HITOS DE LA SEGUNDA GUERRA MUNDIAL

1938

13 de marzo Anexión de Austria. Las tropas alemanas entran a Austria para "preservar el orden." Hitler declara la "reunificación" de los dos países.

30 de septiembre   Pacto de Munich. Los ingleses y franceses le permiten a Hitler la anexión del territorio sudete, una región germanoparlante de Checoslovaquia. Por medio de esta política de "pacificación," el primer ministro de Inglaterra, Neville Chamberlain (1869-1940) cree que Alemania quedará satisfecha y que habrá "paz en nuestros tiempos." Winston Churchill, que más tarde será primer *Lord* del almirantazgo, cree lo contrario. "Inglaterra y Francia tenían que elegir entre la guerra y el deshonor," dijo el futuro primer ministro. "Eligieron el deshonor y tendrán la guerra."

3 de octubre   Hitler entra en el territorio sudete.

1939

14 de marzo   Luego de tomar Sudetenland, Alemania invade el resto de Checoslovaquia.

1 de abril   La Guerra Civil española, que ha durado tres años, termina con la victoria de los fascistas respaldados por alemanes e italianos. Estados Unidos reconoce al nuevo gobierno del general Francisco Franco (1892–1975).

7 de abril   Italia invade a Albania, un pequeño país localizado a orillas del mar Adriático.

14 de julio   En respuesta a las crecientes tensiones internacionales por las provocaciones de Alemania en Europa, el presidente Roosevelt le solicita al Congreso que derogue el embargo de armas para que Estados Unidos pueda venderles armamento a Inglaterra y a otras naciones aliadas.

1 de septiembre   Alemania invade a Polonia y aniquila a las tropas polacas, que son pequeñas, mal preparadas y cuentan con armas obsoletas. Los nazis argumentan que el ejército polaco los ha atacado.

3 de septiembre   Alemania ignora la exigencia de retirarse de Polonia; Gran Bretaña y Francia le declaran formalmente la guerra. Mueren 28 pasajeros norteamericanos a bordo de un barco inglés torpedeado por un submarino alemán, pero Roosevelt proclama la neutralidad de Estados Unidos en la guerra. Cinco días más tarde declara una emergencia nacional limitada que le otorga amplios poderes. Pocas semanas después anuncia que todas las aguas y puertos de los Estados Unidos se cierren a los submarinos de las naciones en conflicto.

28 de septiembre   Alemania y Rusia se reparten a Polonia, nación a la que los soviéticos habían entrado desde el este el 17 de septiembre, dos semanas después de que los alemanes entraran por el oeste. Estados Unidos se niega a reconocer este acto y mantiene relaciones diplomáticas con el gobierno polaco exiliado en París.

11 de octubre   Alexander Sachs, financiero y asesor del presidente Roosevelt, le entrega a éste una carta escrita por Albert Einstein. En ella, el científico discute las implicaciones de una reacción nuclear en cadena y la posibilidad de fabricar bombas poderosas. Einstein dice: "Una sola bomba de este tipo que sea transportada por barco y estalle en un puerto podría destruirlo por completo, así como una parte del territorio circundante." Roosevelt ordena la ejecución de programa para desarrollar la bomba atómica llamado "Proyecto Manhattan."

4 de noviembre   Se firma la Ley de Neutralidad, que le permite a Estados Unidos enviar armas y otros tipos de ayuda a Inglaterra y Francia.

1940

Enero   Batalla del Atlántico. Los submarinos alemanes comienzan a atacar barcos aliados y en los dos primeros meses hunden barcos que pesan un total de 4.5 millones de toneladas.

18 de marzo   Mussolini y Hitler anuncian la alianza formal entre Italia y Alemania contra Inglaterra y Francia. Mussolini la bautiza como el "Eje" sobre el que girará Europa.

9 de abril   Alemania invade a Noruega y Dinamarca.

10 de mayo   Luxemburgo, Bélgica y los Países Bajos son invadidos por Alemania. El mismo día, Winston Churchil sustituye al primer ministro a Neville Chamberlain, quien ha caído en desgracia.

26 de mayo al 4 de junio   Las tropas británicas y francesas son forzadas a replegarse en Dunkerque, un pequeño puerto en el estrecho de Dover. La Marina Real, con la ayuda de cientos de pequeñas embarcaciones pesqueras y comerciales, evacúa a más de 300,000 tropas ante el avance y bombardeo de los alemanes. Churchill pronuncia uno de sus discursos más memorables: "Combatiremos en las playas, combatiremos en las zonas de desembarque, combatiremos en los campos y en las calles . . . Nunca nos rendiremos."

5 de junio   Alemania invade a Francia. Diez días después, París es ocupada por los alemanes. Francia se rinde el 22 de junio y se instala un gobierno pro-alemán en la ciudad de Vichy. En Londres, un gobierno francés "libre" dirigido por el general Charles de Gaulle (1890–1970) jura resistir.

10 de junio   El presidente Roosevelt anuncia un cambio en la posición de su país, que pasa de la neutralidad a la "no-beligerancia," lo que implica un mayor apoyo a las fuerzas aliadas.

28 de junio   Se aprueba la Ley de Registro de Extranjeros (Ley Smith), que obliga a los inmigrantes a registrarse y que declara que es ilegal promover el derrocamiento violento del gobierno de Estados Unidos.

10 de julio   Batalla de Gran Bretaña (o Inglaterra). Primer ataque aéreo de Alemania contra Inglaterra. Durante cuatro meses, los bombarderos alemanes atacan a Londres y a otros lugares estratégicos. Los británicos derriban 1,700 aviones alemanes aunque sufren numerosas bajas civiles y militares. La imposibilidad de controlar el espacio aéreo inglés es factor fundamental para que los nazis decidan no realizar una invasión a través del canal.

20 de julio   El Congreso norteamericano autoriza 4,000 millones de dólares para la construcción de una fuerza naval en los dos océanos.

3 de septiembre   Roosevelt le entrega 50 destructores a Inglaterra. A cambio, esta nación les permite a los norteamericanos construir bases en posesiones británicas del hemisferio occidental. A raíz de este tratado surge el programa de *Lend-Lease*.

16 de septiembre   La Ley de Servicio y Entrenamiento Selectivo obliga a todos los hombres entre los 21 y 35 años de edad a registrarse para recibir entrenamiento militar.

26 de septiembre   Roosevelt anuncia la prohibición de que los barcos lleven chatarra fuera del hemisferio occidental, para que Japón no reciba esta importante materia prima.

5 de noviembre   Roosevelt gana la reelección para su tercer mandato tras derrotar al candidato republicano Wendell Willkie por 449 votos electorales contra 82. Es la primera vez que un presidente norteamericano es elegido para un tercer mandato.

29 de diciembre   En la "charla al lado de la chimenea" de fin de año, Roosevelt dice que Estados Unidos le dará la bienvenida al "arsenal de la democracia." Muchas fábricas comerciales empiezan a producir insumos de guerra y el cambio hacia una economía de guerra contribuye a que desaparezca cualquier rastro de la Depresión. Durante la guerra, Norteamérica fabricará 297,000 aviones, 86,000 tanques, 12,000 barcos y enormes cantidades de vehículos militares, armamento y municiones. Al igual que en la Guerra Civil, donde el Norte obtuvo la victoria y que en la Primera Guerra Mundial, la enorme capacidad industrial del país le permitirá alcanzar la victoria. Norteamérica y sus aliados no ganan la guerra por combatir mejor sino por tener una mayor producción.

1941

11 de marzo   El *Lend-Lease* es aprobado como ley por estrecho margen, pues el sentimiento aislacionista todavía es fuerte.

27 de mayo   Grecia y Yugoslavia caen en poder del Eje y Roosevelt declara el estado de emergencia limitada. *Robin Moor*, un barco mercante estadounidense, es hundido por un submarino alemán en las costas de Brasil.

14 de junio   Los bienes alemanes e italianos en Estados Unidos son congelados por las medidas de emergencia de Roosevelt. Dos días después, se ordena el cierre de todos los consulados alemanes y el

20 de junio la medida se hace efectiva para todos los consulados de Italia en Estados Unidos.

22 de junio   Alemania invade a la Unión Soviética, rompiendo así el pacto de noagresión firmado en 1939 por las dos naciones. Dos días después, Roosevelt promete que Estados Unidos ayudará a Rusia, según lo estipula la ley de *Lend-Lease*.

25 de julio   El presidente Roosevelt congela todos los activos japoneses que esta nación tiene en Norteamérica, tras la invasión a Indochina, suspendiendo así el comercio entre los dos países y la exportación de derivados del petróleo a la nación asiática. Posteriormente, los japoneses declararían que su ataque a Estados Unidos estuvo motivado por esta medida.

14 de agosto   Roosevelt y Churchill se reunen en secreto en unos barcos de guerra estacionados en Terranova y anuncian el *Atlantic Charter*, un documento que contiene ocho metas para el mundo, incluyendo la apertura comercial, la cooperación económica internacional, la seguridad en las fronteras, la libertad de los océanos y el uso de la fuerza. Su llamado a la "autodeterminación" tiene por objeto liberar a las naciones que están bajo el yugo del Eje y no tanto a los intereses que las potencias tienen en países como las Filipinas, India, e Indochina.

17 de octubre   El destructor norteamericano *Kearney* es torpedeado por un submarino alemán; mueren once estadounidenses. Dos semanas después, el destructor *Reuben James* es hundido por otro submarino y esta vez mueren 100 norteamericanos. Hitler sabe que a esas alturas, la guerra con Estados Unidos es inevitable.

3 de noviembre   Joseph Grew, embajador de Estados Unidos en Japón, advierte sobre un posible ataque sorpresa por parte de los japoneses. Roosevelt y su gabinete reciben este mensaje el 7 de noviembre.

17 de noviembre   Los emisarios japoneses en Washington proponen la derogación de las restricciones comerciales. El secretario de estado norteamericano Cordell Hull rechaza la propuesta y le pide a Japón retirarse de China e Indochina.

7 de diciembre Un día después de que el presidente Roosevelt le solicita al emperador japonés Hirohito que utilice su influencia para evitar la guerra, los japoneses atacan a Pearl Harbor, la base norteamericana en Hawaii, dejando 2,403 soldados, marineros y civiles muertos. Diecinueve barcos y 292 aviones son destruidos o averiados. Los japoneses desafían los cálculos norteamericanos sobre su poderío militar y realizan ataques simultáneos en Guam, Midway, así como en las bases británicas de Hong Kong y Singapur. Japón le declara la guerra a Estados Unidos.

8 de diciembre Roosevelt se dirige a una sesión conjunta del Congreso y solicita la declaratoria de guerra contra Japón. El Senado aprueba la solicitud por unanimidad. La Cámara de Representantes la aprueba con 388 votos a favor y 1 en contra. Este último voto pertenece a Jeannette Rankin, pacifista y primera mujer en llegar a este organismo.

11 de diciembre (Europa) En respuesta al estado de guerra entre Estados Unidos y Japón, Alemania e Italia le declaran la guerra a Norteamérica y Roosevelt logra la guerra que buscaba contra Hitler.

17 de diciembre (Pacífico) El almirante Chester Nimitz (1885–1966) asume como comandante de la flota del Pacífico en reemplazo del almirante Kimmel, quien estaba a cargo de Pearl Harbor y cae en desgracia tras el desastre. Nimitz organizará y dirigirá el contrataque norteamericano en el Pacífico.

23 de diciembre (Pacífico) Los japoneses toman la isla de Wake, una posesión norteamericana en el Pacífico Norte.

25 de diciembre (Pacífico) Hong Kong es ocupada por los japoneses.

1942

2 de enero (Pacífico) Japón controla las Filipinas después que el general MacArthur se retira a Corregidor, una fortificación en la bahía de Manila.

14 de enero (Estados Unidos) Una orden presidencial obliga a todos los extranjeros a registrarse ante el gobierno. Éste es el comienzo de un programa que terminará con la reclusión de norteamericanos de origen japonés en campos de concentración, pues el gobierno cree que podrían ayudar al enemigo.

26 de enero (Europa) Por primera vez desde la Primera Guerra Mundial, las tropas norteamericanas llegan a Europa (Irlanda del Norte).

20 de febrero (Estados Unidos) Roosevelt aprueba el proyecto para sacar a los norteamericanos de origen japonés de sus casas y enviarlos a campos de detención localizados en Colorado, Utah, Arkansas y otros estados del interior. Cien mil personas serán enviadas a estos campos y perderán sus casas y bienes. Muchos de los jóvenes norteamericanos de origen japonés se enlistan en fuerzas especiales del Ejército y se desempeñan con altos honores.

23 de febrero (Estados Unidos) Una refinería de petróleo en California es atacada desde un submarino japonés, en uno de los pocos ataques al continente americano.

27 de febrero al 1 de marzo (Pacífico) Las flotas norteamericana y británicas que se encuentran en el mar de Java son virtualmente aniquiladas por una flota japonesa.

11 de marzo (Pacífico) El general MacArthur sale hacia Australia y exclama: "Regresaré." El general Jonathan Wainwright (1883–1953) comanda las fuerzas estadounidenses que se dirigen a la península de Bataan.

VOCES AMERICANAS

GENERAL BENJAMIN O. DAVIS, comandante de la división aérea Tuskegee y el primer general negro en la Fuerza Aérea de Estados Unidos.

Todos los negros de las fuerzas segregadas se comportaron así para demostrar que podían pilotear aviones, cuando todos pensaban que eran demasiado estúpidos.

Benjamin O. Davis (1912–2002) era hijo del primer general negro del Ejército, Benjamin O. Davis Sr. Fue el primer cadete negro que se graduó de West Point y uno de los primeros pilotos negros del Ejército. Su liderazgo de la famosa división "Tuskegee Airmen," una unidad exclusivamente conformada por negros que recibió numerosas condecoraciones en la guerra, contribuyó a la integración de la Fuerza Aérea. Davis se convirtió en el primer general negro en 1954. Durante los cuatro años que pasó en West Point, nadie compartió el cuarto con él. Posteriormente, Davis dijo: "Haber vivido en confinamiento solitario como un prisionero no afectó mi personalidad ni envenenó mi actitud hacia los demás. Cuando mi padre me dijo que muchas personas me apoyaban, respondí: 'Lástima que ninguna de ellas hubiera estudiado en West Point'." Davis fue rechazado por el Air Corps, pues esta división no aceptaba negros y en 1941 se presentó al Tuskegee Army Air Field, pues la administración Roosevelt le ordenó al Departamento de Guerra que creara una unidad aérea conformada por personas de raza negra. Davis comandó este escuadrón—el Pursuit Squadron 99—mejor conocido como los Tuskegee Airmen. En 1948, el presidente Truman firmó la orden que estipulaba la integración total de las fuerzas militares.

9 de abril   (Pacífico) Setenta y cinco mil tropas norteamericanas y filipinas se rinden a los japoneses luego de resistir estoicamente a las fuerzas japonesas que eran mucho más numerosas. Los prisioneros realizan la infausta Marcha de la Muerte de Bataan, en la que caminan más de 100 millas y miles de prisioneros son ejecutados, mueren de hambre o sed antes de llegar a los campos de concentración japoneses. Pocas semanas después, el general Wainwright es capturado por los japoneses y todas las tropas norteamericanas destacadas en las Filipinas se rinden. (Una fotografía famosa muestra a un demacrado Wainwright abrazando a MacArthur luego de la capitulación japonesa.)

18 de abril   (Pacífico) La Fuerza Aérea norteamericana al mando del general James Doolittle realiza bombardeos a Tokio y a otras ciudades japonesas. Aunque los ataques tienen pocos resultados a nivel militar, ayudan a levantar la moral de las tropas norteamericanas y Japón se ve obligado a replantear su estrategia.

28 de abril   (Estados Unidos) Entran en efecto los "apagones" en una franja de 15 millas en la Costa Este. Luego de Pearl Harbor, se incrementan los temores de bombardeos alemanes o de ataques lanzados por submarinos alemanes que se encuentran en el Océano Atlántico.

4 al 8 de mayo   (Pacífico) Batalla del Mar de Coral. En uno de los primeros triunfos norteamericanos, la Marina de este país le propina un fuerte golpe a una flota japonesa en Nueva Guinea, para impedir que el país asiático invada a Australia. Por primera vez en la historia naval, los barcos no combaten directamente, sino a través de aviones que despegan de éstos.

15 de mayo   (Estados Unidos) Entra en efecto el racionamiento de gasolina. Pocos días después, los precios de algunos productos aumentan a niveles históricos.

3 al 6 de junio   (Pacífico) Batalla de Midway. La Marina de Estados Unidos obtiene otro triunfo decisivo en la guerra del Pacífico tras un enfrentamiento masivo en esta pequeña isla. Aunque el portaaviones *Yorktown* sufre averías, los japoneses pierden cuatro portaaviones y a muchos de sus mejores pilotos. Así mismo, Japón pierde su superioridad naval, poniendo fin a la amenaza de una invasión a Australia. Los japoneses controlan una enorme región que se extiende hasta Birmania en el occidente, a Manchuria en el norte, a Nueva Guinea al sur, y que incluye el dominio de pequeñas islas en el Pacífico. El territorio equivale al 10 por ciento de la superficie del planeta.

13 de junio   (Estados Unidos) Ocho saboteadores alemanes a bordo de submarinos desembarcan en varios puntos de la Costa Este. Son capturados, enjuiciados por espionaje y seis de ellos son ejecutados.

Se crean dos importantes agencias en Washington. La Office of War Information—OWI (Oficina de Información sobre la Guerra) se convierte en el órgano propagandístico del gobierno durante la guerra y en la sede de numerosos escritores y directores de cine. La Office of Strategic Services—OSS (Oficina de Servicios Estratégicos), dirigida por William Donovan (1883–1959), es la agencia de espionaje y antecesora de la CIA.

7 de agosto   (Pacífico) En la primera ofensiva norteamericana de la guerra, los marines desembarcan en Guadalcanal, en las Islas Salomón, al nordeste de Australia. Es el comienzo de una ofensiva que se propone despojar a los japoneses de las islas que se convertirán en los escalones para una eventual invasión al Japón. Las fuerzas norteamericanas destacadas en el Pacífico reciben poco apoyo y carecen de municiones y otros insumos, pues la guerra en esta región no tiene tanta importancia como la europea. En estas condiciones, las tropas norteamericanas combaten en Guadalcanal, la primera de una serie de las sangrientas batallas que se libraron en el Pacífico.

22 de agosto   (Europa) Batalla de Stalingrado. Los alemanes comienzan una ofensiva contra la ciudad, esperando conquistar al resto de la Unión Soviética. Este es el comienzo de una resistencia legendaria por parte de los soviéticos, que dejará cientos de miles de muertos de cada lado, pero que tiene un resultado decisivo, pues la ofensiva de Hitler en el Este sufre un estruendoso fracaso.

25 al 26 de octubre   (Pacífico) Los japoneses tratan de detener a las tropas norteamericanas que han desembarcado en Guadalcanal y se enfrentan con la Marina de Estados Unidos en la batalla de Santa Cruz. Los japoneses sufren una fuerte derrota, especialmente de sus fuerzas aéreas.

12 al 15 de noviembre   (Pacífico) La flota norteamericana comandada por el almirante William Halsey (1882–1959) destruye una flota japonesa y hunde 28 buques de guerra y de abastecimiento durante la batalla de Guadalcanal, lo que les impide a los japoneses reforzar sus tropas en esta isla.

18 de noviembre   (Estados Unidos) La edad de reclutamiento se reduce a 18 años.

25 de noviembre   (Europa) Las fuerzas alemanas son emboscadas durante el sitio de Stalingrado. Para febrero de 1943—fecha de la rendición—los alemanes han sufrido más de 300,000 bajas. La victoria soviética marca el final de la ofensiva nazi en Rusia y Alemania comienza su prolongada retirada del Este.

1 de diciembre   (Estados Unidos) El café y la gasolina son algunos de los artículos racionados.

1943

14 al 24 de enero   (Europa) Roosevelt y Churchill se reunen en la Conferencia de Casablanca, para planear la invasión a Europa.

7 de febrero   (Estados Unidos) Se anuncia el racionamiento de calzado; los ciudadanos solo pueden adquirir tres pares de zapatos por año.

9 de febrero   (Pacífico) Los *marines* toman el control de Guadal-canal luego de un feroz combate que dura cuatro meses, durante los cuales han dejado de recibir provisiones y se han visto obligados a alimentarse de raíces.

14 al 25 de febrero   (Europa) El Afrika Korps, comandado por el mariscal nazi Erwin Rommel (1891–1944) derrota a las tropas esta-dounidenses en el paso de Kasserine, en Túnez. Sin embargo, las fuerzas norteamericanas se reagrupan bajo el nuevo mando de George S. Patton (1885–1945) y detienen el avance de Rommel. Posteriormente se reunen con las fuerzas británicas comandadas por el mariscal Bernard Montgomery (1887–1976), quien ha per-seguido a Rommel desde Egipto. Rommel, quizá el mejor militar alemán, es llamado a Alemania luego de verse involucrado en un complot para asesinar a Hitler, que terminará con el suicidio del mariscal.

2 al 4 de marzo   (Pacífico) La Marina de Estados Unidos logra otra importante victoria contra un convoy japonés en la batalla del mar de Bismarck, en Nueva Guinea.

1 de abril   (Estados Unidos) La carne, el aceite y el queso son racio-nados. El presidente Roosevelt congela los salarios y los precios de los artículos en un intento por controlar la inflación.

7 de mayo   (Europa) Montgomery y Patton unen sus tropas en Túnez. Las tropas italianas y alemanas que se encuentran en el norte de África son acorraladas y se ven obligadas a rendirse. Hitler y Mussolini ignoran la sugerencia de Rommel de retirar las tropas y envían más combatientes a esta zona con el objetivo de controlar el canal del Suez, por donde Inglaterra transporta su petróleo. Al cabo de pocas semanas, más de 250,000 soldados del Eje deponen sus armas. Un total de 350,000 soldados del Eje mueren o son capturados en el norte de África, mientras que los norteamericanos sufren 18,500 bajas.

16 de mayo   (Europa) Los últimos combatientes judíos del gueto de Varsovia, en Polonia, son derrotados luego de su estoica lucha contra los nazis. Los sobrevivientes son recluidos en campos de concentración y el gueto es demolido.

27 de mayo   (Estados Unidos) El presidente Roosevelt decreta la prohibición de la discriminación racial a los contratistas del gobierno. Por esta época, diversos motines contra la población negra dejan 34 muertos en Detroit.

29 de mayo   (Estados Unidos) La revista *Saturday Evening Post* publica en su portada una ilustración de Norman Rockwell, que representa a *Rosie the Riveter* (Rosie la remachadora), que se convierte en un ícono norteamericano. El personaje es una mujer musculosa pero de mirada inocente, que come un sándwich, viste un overol, lleva una máquina remachadora en su regazo y lentes sobre su cabeza, mientras pisa una copia de *Mi Lucha* (libro escrito por Hitler). Rockwell se inspiró en uno de los frescos de Miguel Ángel que se encuentran en la Capilla Sixtina. La *Rosie* de Rockwell rinde homenaje a más de 6 millones de mujeres que se han enlistado en el Ejército. Muchas realizan labores tradicionalmente "masculinas," como por ejemplo, trabajar en la industria defensiva.

10 de julio   (Europa) Invasión de Sicilia. Las fuerzas aliadas al mando del general Dwight D. Eisenhower comienzan un asalto que terminará con la ocupación de esta isla estratégica el 17 de agosto. Así, los aliados controlarán el mar Mediterráneo y tendrán una base para comandar la invasión a Italia. Durante las cinco semanas de enfrentamientos, las fuerzas aliadas sufren 25,000 bajas y más de 167,000 alemanes e italianos mueren o quedan heridos.

19 de julio   (Europa) Los aliados lanzan desde el aire millones de volantes que invitan a los italianos a capitular, y comienzan bombardeos selectivos en Roma y zonas aledañas. En menos de una semana, el rey Víctor Manuel obliga a Mussolini a renunciar y Pietro Badoglio, el nuevo primer ministro, considera la posibilidad de la rendición italiana. El 3 de septiembre, cuando los aliados comienzan la invasión de la península italiana desde Sicilia, el primer ministro Badoglio ya ha firmado un armisticio secreto que pone fin a la resistencia militar italiana.

9 de septiembre   (Europa) Invasión a Salerno. Más de 700 barcos aliados llevan a bordo tropas que encuentran una feroz resistencia, pues los alemanes se han preparado para esta invasión y han reforzado a Italia con sus mejores tropas. Los aliados ganan cada centímetro de territorio luego de arduos combates, pues los alemanes se resguardan en posiciones enclavadas en las montañas y el invierno alcanza proporciones inusitadas en Italia. Nápoles cae en poder de los aliados el primero de octubre, y los alemanes queman colecciones de libros y museos en su retirada, como represalia a la "traición" italiana. Italia le declara la guerra a Alemania.

20 de noviembre   (Pacífico) Batalla de Tarawa. Este atolón localizado en las Islas Gilbert cuenta con una pista de aterrizaje, recurso importante en las batallas del Pacífico. Gracias al armamento incautado a los británicos en Singapur, los japoneses se defienden con efectividad en la pequeña isla de Betio, cuya extensión es la mitad del Central Park. Los comandantes que desembarcan han ignorado las advertencias de los nativos sobre la existencia de peligrosas corrientes submarinas y envían a numerosos soldados, quienes perecen ahogados antes de llegar a tierra firme. Aunque los *marines* sufren 3,381 bajas, logran tomar la pista aérea.

28 de noviembre al 1 de diciembre   (Europa) Roosevelt, Churchill y Stalin se reúnen por primera vez en la Conferencia de Teherán y discuten la invasión a Europa.

1944

22 de enero (Europa) Invasión de Anzio. Las fuerzas aliadas desembarcan en esta ciudad costera cerca de Roma, intentando rodear a las tropas alemanas que están en el centro de Italia. Sin embargo, los nazis contienen a los aliados en la playa de Anzio. Los feroces combates en el monasterio de Monte Cassino dejan numerosas víctimas de ambos lados.

31 de enero (Pacífico) Luego de tomar el control de la pista de Tarawa, las fuerzas anfibias estadounidenses comandadas por el almirante Nimitz continúan su ofensiva en las islas del Pacífico Norte e invaden las Islas Marshall.

20 al 27 de febrero (Europa) El Air Corps comienza una campaña de bombardeo masivo a las fábricas de aviones alemanas. Una semana después, el 6 de marzo, más de 600 bombarderos norteamericanos lanzan el primer ataque sobre Berlín. Aunque se presume que el bombardeo ha tenido un fuerte impacto en la economía y en la moral de Alemania, un informe adelantado por Roosevelt mostrará que el ataque fue devastador pero no "concluyente" y así como la economía británica sobrevivió a los bombardeos alemanes, ésta nación traslada también sus centros de producción a otras regiones.

3 de mayo (Estados Unidos) Termina el racionamiento de carne, salvo por algunos cortes selectos.

18 de mayo (Europa) El bastión alemán de Monte Cassino cae finalmente en poder de los aliados. El sitio ha durado varios meses y la costosa campaña tiene un valor estratégico dudoso. Pocas semanas después, las tropas norteamericanas detenidas en Anzio logran avanzar tras la ofensiva lanzada por los británicos desde el Oeste. Los aliados se dirigen a Roma, adonde llegan el 4 de junio.

6 de junio (Europa) El Día "D." La invasión aliada a Europa, que recibe el código de Operación *Overlord* comienza poco después de medianoche. Es la fuerza invasora más grande en la historia de la humanidad, conformada por 4,000 barcos, 600 buques de guerra, 10,000 aviones y más de 175,000 tropas. Aunque los alemanes suponen que los aliados realizarán una invasión, el secreto de la operación es bien guardado. El plan, que está sujeto a las condiciones climáticas, incluye una maniobra fingida en Calais, pero el verdadero punto de desembarco será la costa de Normandía, entre Cherbourg y Le Havre, playas que han recibido nombres como Juno y Sword, Omaha y Utah. Las fuerzas aliadas que han desembarcado por separado en estas playas sufren numerosas bajas antes de poder unirse. No obstante, los aliados obligan a las fuerzas alemanas a retroceder y muy pronto, más de un millón de tropas aliadas se encuentran en el continente europeo. Es sólo el comienzo del fin. Pasará casi un año de feroces combates antes de que los alemanes se rindan.

13 de junio (Europa) Alemania lanza los V-1 (los primeros misiles dirigidos) desde Europa hacia Londres. Solo uno da en el blanco, pero para el final del verano, han dejado alrededor de 6,000 víctimas. Estas "armas de venganza" fueron creadas por un equipo de científicos dirigidos por Werner von Braun, quien adquirirá la ciudadanía norteamericana en 1955 y contribuirá a desarrollar el programa espacial de este país.

15 de junio (Pacífico) Los poderosos bombarderos B-29, estacionados en China, realizan ataques sobre Japón. Simultáneamente, las tropas norteamericanas lanzan una ofensiva en las Islas Marianas— Saipan, Guam y Tinian. Esperan ocupar a Saipan (el primer objetivo) en tres días. Pero las islas han estado 25 años en poder de los japoneses y cuentan con buenas defensas. La batalla de Saipan dura un mes y deja 3,400 norteamericanos y más de 27,000 japoneses muertos. Otra de las consecuencias escalofriantes de esta batalla es el suicidio masivo de civiles, quienes se lanzan desde los acantilados después que los soldados japoneses les advirtieran sobre el sadismo de los norteamericanos.

22 de junio (Estados Unidos) El presidente Roosevelt firma la Ley de Readaptación de los Hombres en Servicio, que ofrece fondos para educación y vivienda a quienes han servido en la guerra. Esta ley será conocida como la "GI Bill."

27 de junio   (Europa) El puerto francés de Cherbourg cae en poder de los aliados, aunque ha sufrido daños considerables perpetrados por las fuerzas alemanas antes de retirarse.

9 al 25 de julio   (Europa) Las tropas británicas se toman a Caén y a Saint Lô. El Tercer Ejército, una división de tanques comandada por Patton, aísla a los alemanes en Bretaña.

20 de julio   (Europa) Luego de constatar que la derrota alemana es cada vez más probable, un grupo de oficiales alemanes realiza un complot para asesinar a Hitler y tomar el poder. El complot fracasa y Hitler sale ileso después que una bomba camuflada en una maleta estalla en sus cuarteles generales. Los líderes del complot son descubiertos y ejecutados, al igual que miles de personas sindicadas de complicidad.

10 de agosto   (Pacífico) Guam cae en poder de las fuerzas norteamericanas después de tres de intensos combates. Las bajas japonesas ascienden a 17,000; mueren alrededor de 1,200 norteamericanos y otros 6,000 quedan heridos. Con la conquista de las Marianas, los norteamericanos cuentan con una base aérea desde donde lanzan una serie de bombardeos masivos sobre Japón. Durante estos ataques se utiliza por primera vez el napalm y el *Enola Gay* realizará su fatídico ataque desde la isla de Tinian un año más tarde.

14 de agosto   (Estados Unidos) La producción de aspiradoras y otros electrodomésticos se reactiva, toda vez que la demanda de insumos de guerra disminuye.

15 de agosto   (Europa) Un segundo frente aliado comienza la invasión europea desde el sur de Francia, a través del río Ródano, donde encuentra poca resistencia.

25 de agosto   (Europa) las tropas francesas al mando del general LeClerc retoman París. Al día siguiente, el general De Gaulle, líder de la "Francia Libre," entra a París en medio de un grandioso desfile. El 27 de agosto, Eisenhower y otros líderes aliados llegan a esta ciudad, que casi no ha sufrido daños durante la guerra y ha prosperado bajo la ocupación alemana (al igual que sus famosas casas de diseño). A las francesas sospechosas de haberse acostado con alemanes se les rasura el cabello en público.

12 de septiembre   (Europa) Los V-2, los primeros cohetes modernos, son lanzados a través del Canal de la Mancha. Unos 500 estallan en Londres y aunque estos misiles son más precisos que los V-1, son pocos y llegan demasiado tarde como para producir un cambio en el rumbo de la guerra.

20 de octubre   (Pacífico) Una famosa fotografía muestra al general Douglas MacArthur desembarcando en la Isla Leyte, con el agua hasta las rodillas, cumpliendo así su promesa de que regresaría a las Filipinas. Tres días después, los japoneses sufren una fuerte derrota naval en la batalla del golfo de Leyte y comienzan a realizar sus infaustos ataques suicidas con kamikazis, los aviadores japoneses que se estrellan contra los barcos estadounidenses. Estos ataques dejan un saldo de 400 barcos naufragados y 10,000 soldados norteamericanos muertos.

7 de noviembre   (Estados Unidos) El presidente Roosevelt es reelegido para un cuarto período tras derrotar a Thomas Dewey, gobernador de Nueva York.

16 de diciembre   (Europa) Batalla de Las Ardenas. En la última gran contraofensiva alemana, las tropas aliadas son obligadas a retroceder en el bosque de Ardennes, en Bélgica. (Las tropas aliadas forman un verdadero tumulto mientras retroceden y de ahí el nombre de la batalla, que en inglés se conoció como "Battle of the Bulge.") Luego de dos semanas de cruentos combates en medio del crudo invierno, los aliados contienen a las fuerzas alemanas. Uno de los momentos más conocidos de la batalla se produce cuando la división 101 norteamericana es rodeada por los alemanes en Bastogne, quienes les piden a los norteamericanos que se rindan y el general Anthony McAuliffe les responde: "Están locos." La división norteamericana recibe refuerzos de tanques enviados por el general Patton. Pasará poco tiempo para que los alemanes sean derrotados luego de esta última ofensiva.

1945

1 de febrero   (Europa) Mil bombarderos estadounidenses atacan a Berlín.

4 al 11 de febrero   (Europa) Conferencia de Yalta. Churchill, Stalin y Roosevelt, quien está enfermo, se encuentran en esta ciudad de Crimea y discuten planes para el asalto final a Alemania. Acuerdan la creación de una organización pacífica que se reunirá el 25 de abril en San Francisco y que se llamará Naciones Unidas. Adicionalmente, se sientan las bases de lo que será la división de Europa de la postguerra por parte de los aliados.

Febrero   (Pacífico) Las tropas norteamericanas retoman Manila, Filipinas, luego de un mes de combates.

13 de febrero   Dresde, la capital del estado alemán de Sajonia, es bombardeada por 1,400 aviones aliados como parte de un ataque aéreo a todo el territorio alemán. Esta ciudad, que no tiene ningún valor estratégico ni cuenta con defensas, está cerca de un campo donde están recluidos más de 25,000 prisioneros aliados. Alrededor de 650,000 bombas incendiarias son lanzadas en Dresde, dejando un saldo de más de 100,000 alemanes muertos.

7 de marzo   (Europa) Las fuerzas norteamericanas cruzan el Rin en Remagen, y al finalizar el mes, todas las tropas alemanas se repliegan en su país.

9 de marzo   Tokio sufre un bombardeo masivo luego de la ofensiva aérea de los norteamericanos en Japón. Dos mil toneladas de bombas incendiarias con gasolina y petróleo son lanzadas sobre Tokio, ocasionando un incendio que aumenta en intensidad debido a los fuertes vientos y al que Estados Unidos define como una "conflagración." El incendio es de tal magnitud que hasta el agua de los canales de la ciudad comienza a hervir. El U.S. Strategic Bombing Survey (Departamento de Estudios sobre Bombardeos Estratégicos de los Estados Unidos) calcula que "probablemente más personas perdieron la vida en los incendios de Tokio durante un período de 6 horas, que en cualquier otra época en la historia de la humanidad."

Más de 100,000 hombres, mujeres y niños mueren esa noche en Tokio, un millión de personas quedan heridas y otro millón queda sin hogar. Las ciudades de Nagoya, Osaka y Kobe también son atacadas con bombas incendiarias en los días siguientes, hasta que la Fuerza Aérea de Estados Unidos agota su existencia de este tipo de armas. Más de 150,000 japoneses mueren durante estos ataques que duran diez días y los centros de las cuatro ciudades más importantes de Japón quedan completamente incendiados.

16 de marzo (Pacífico) Iwo Jima. La lucha por esta isla rocosa y volcánica de ocho millas cuadradas de extensión llega a su fin. Esta isla, donde los japoneses tienen la última línea de radares defensivos que avisan sobre posibles ataques aéreos norteamericanos, tiene una gran importancia estratégica, pues las fuerzas estadounidenses lanzarán la invasión de Okinawa desde allí. Esta es una de las batallas más cruentas de toda la guerra, en la que se realizan ataques navales y terrestres.

Las fuerzas norteamericanas consideran la posibilidad de utilizar granadas con gases venenosos, pero desisten luego de las condenas al uso de gases durante la Primera Guerra Mundial. La conocida imagen de seis *marines* norteamericanos (tres de los cuales morirán en Iwo Jima) izando la bandera en la cima del monte Suribachi, se convierte en un ícono norteamericano. Ambos bandos sufren un gran número de bajas. Mueren 6,821 *marines* y 21,000 quedan heridos. La tasa de mortandad del 50 por ciento es la más alta en la historia de la Marina de los Estados Unidos. Más de 20,000 soldados japoneses mueren defendiendo el islote y sólo 1,083 son capturados.

1 de abril (Pacífico) Las fuerzas norteamericanas invaden Okinawa el Domingo de Pascua. Los japoneses permiten el desembarco de las tropas estadounidenses y luego realizan un ataque sistemático a los refuerzos navales. Esta batalla, que dura casi tres meses, es una de las más sangrientas del Pacífico y más de 80,000 norteamericanos mueren en ella.

11 de abril Las tropas norteamericanas llegan al río Elba. (El 25 de abril se reúnen con las tropas rusas.)

12 de abril   (Estados Unidos) El presidente Roosevelt muere en Warm Springs, Georgia, luego de sufrir una hemorragia cerebral. El vicepresidente Harry Truman (1884–1972) asume como presidente.

14 de abril   El presidente Truman, quien sabe de la existencia del proyecto Manhattan pero que ignora su propósito, recibe información sobre la bomba atómica. Truman se resiste a utilizar esta arma en un comienzo y ordena la exploración de otras alternativas. El presidente piensa en la posibilidad de que el arma secreta pueda ser compartida con los aliados, incluído Stalin. Su desarrollo prosigue y se proponen posibles blancos japoneses.

30 de abril   Hitler se casa con su amante Eva Braun en su búnker a prueba de bombas, mientras los rusos lanzan un intenso bombardeo sobre Berlín. Hitler envenena a su nueva esposa y luego se suicida. Su cadáver nunca será encontrado.

7 de mayo   (Europa) Los alemanes se rinden formalmente ante las tropas de Eisenhower, en Reims, Francia y ante los soviéticos en Berlín. Truman llama al día siguiente como el "Día V-E."

5 de junio   (Europa) Estados Unidos, Rusia, Inglaterra y Francia acuerdan dividir a Alemania en dos secciones: Alemania Occidental y Alemania Oriental. También dividen a Berlín (el Este ha sido ocupado por los rusos).

21 de junio   (Pacífico) Okinawa cae en poder de los norteamericanos. Durante los combates realizados en esta isla mueren 160,000 japoneses y más de 12,500 estadounidenses.

5 de julio   (Pacífico) El general MacArthur logra el dominio total de las Filipinas tras diez meses de combates; 12,000 norteamericanos han muerto en la lucha por controlar este archipiélago. Con la reconquista de las Filipinas y el control de la base de Okinawa, Estados Unidos comienza la invasión a Japón.

16 de julio   (Estados Unidos) La primera bomba atómica se detona con éxito en Alamogordo, Nuevo México. Es el objetivo principal del ultrasecreto Proyecto Manhattan, que fue comenzado en 1942 por el presidente Roosevelt y que continuó durante la administración de Truman.

6 de agosto   (Pacífico) Hiroshima. *Enola Gay*, el bombardero B-29 de la Fuerza Aérea de Estados Unidos, lanza la bomba atómica sobre esta ciudad. Su poder destructivo arrasa con la ciudad; 80,000 ciudadanos mueren de inmediato, otros 100,000 quedan heridos (Hiroshima tiene 344,000 habitantes) y el 98 por ciento de las edificaciones de la ciudad son destruidas. Los resultados sorprenden incluso a sus fabricantes, quienes no habían entendido por completo el poder destructivo de esta bomba ni los devastadores efectos de la radiación. Tres días después (el 9 de agosto), la segunda bomba es lanzada en Nagasaki. Stalin declara la guerra al Japón e invade a Manchuria.

14 de agosto   (Pacífico) Terminan los combates en el Lejano Oriente. Tres días después, los aliados dividen a Corea por el paralelo 38. Las tropas soviéticas ocupan el Norte y Estados Unidos ocupa el Sur.

2 de septiembre   (Pacífico) El general MacArthur—nombrado comandante supremo de las Fuerzas Aliadas—acepta la rendición formal e incondicional de Japón a bordo del *USS Missouri,* en la bahía de Tokio. El general es delegado por Truman para que sirva de mediador entre los chinos nacionalistas commandados por Chiang Kai-shek y los comunistas liderados por Mao Tse-tung.

¿Cuáles fueron los costos de la Segunda Guerra Mundial?

Aunque no existen cifras oficiales sobre las víctimas, la Segunda Guerra Mundial fue la guerra más grande y letal en la historia de la humanidad, que dejó más de 50 millones de muertos. Las cifras sobre las bajas militares son escalofriantes: 7.5 millones de rusos; 3.5 millones de alemanes; 1.2 millones de japoneses; y 2.2 millones de chinos. Sin embargo, las bajas civiles fueron aún más altas. Unos 22 millones de rusos murieron durante el transcurso de la guerra. La "solución final" perpetrada por los nazis dejó un saldo de 6 millones de judíos que perecieron principalmente en los campos de concentración. Varios millones de esclavos, europeos orientales, gitanos y homosexuales también fueron víctimas del Holocausto. Las víctimas estadounidenses ascendieron alrededor de 300,000 y casi 700,000 quedaron heridos.

Luego de la cooperación entre los soviéticos y las naciones occidentales durante la guerra, de la creación de las Naciones Unidas y del poder aterrador de la bomba atómica, el mundo pensó que esta guerra pondría fin a todas las guerras. Pero en el tercer mes del año, Winston Churchill, quien había sido derrotado en las elecciones pasadas, dio una conferencia en Fulton, Missouri. Churchill declaró: "Una Cortina de Hierro ha descendido sobre el continente, permitiendo que gobiernos policiales ejerzan el control sobre Europa Oriental."

Una guerra había terminado. La próxima —la Guerra Fría— estaba comenzando.

¿Qué sucedió en la Conferencia de Yalta?

En febrero de 1945, la guerra europea se encontraba en sus estertores finales. Las tropas soviéticas, que ya estaban en Hungría y en Polonia, se acercaban a Berlín. En el frente occidental, las fuerzas aliadas habían contenido en Las Ardenas la contraofensiva nazi planeada personalmente por Hitler. Los ejércitos estadounidenses y rusos marchaban para encontrarse en el Elba. Sin embargo, la guerra del Pacífico todavía era muy cruenta. Aunque las fuerzas japonesas habían emprendido la retirada, estaban lejos de ser derrotadas.

Esta era la situación reinante cuando los tres líderes aliados —Winston Churchill, Franklin D. Roosevelt y Josif Stalin (1879–1953)— los hombres que habían comandado la guerra contra Alemania, se encontraron en Yalta, sede el antiguo palacio de los zares en el mar Negro. Esta reunión sería crucial. Las decisiones más importantes sobre la guerra se habían tomado en reuniones anteriores celebradas entre Churchill y Roosevelt en Casablanca y en la cumbre que sostuvieron los tres líderes en Teherán.

Roosevelt había comenzado recientemente su cuarto período presidencial, pero estaba envejecido y su salud era precaria: a fin de cuentas, había gobernado a una nación que sufrió los efectos de la

Depresión y la guerra por espacio de doce años. Roosevelt fue a Yalta con tres objetivos: establecer unas Naciones Unidas que tuvieran impacto, persuadir a los rusos para que le declararan la guerra a Japón para acelerar así el fin de la guerra, y decidir la suerte de Polonia, un valioso territorio que estaba en juego luego de ser invadido por Alemania y la Unión Soviética.

Lo más importante para Roosevelt era que Stalin se comprometiera a declarar la guerra a Japón. Aunque los planes para el desarrollo de un arma secreta que sería utilizada contra ese país todavía seguía en pie, las pocas personas conocedoras del Proyecto Manhattan no albergaban grandes esperanzas acerca de la utilidad que pudiera tener la bomba atómica. Roosevelt tuvo que sopesar la advertencia realizada por sus generales, entre estos MacArthur, quienes pensaban que una eventual invasión a Japón dejaría un saldo mínimo de un millón de estadounidenses muertos. Roosevelt y Churchill consideraban fundamental que Stalin se comprometiera a unir sus fuerzas para derrotar a Japón. Y para los generales norteamericanos, esta adhesión sería de un valor incalculable. Stalin era consciente de esto.

Roosevelt y Churchill, quienes habían tenido un gran poder durante la guerra, se encontraron en una posición peligrosa: tratar con el amo de la Unión Soviética desde una posición débil. Stalin terminó por comprometerse a luchar contra Japón, pero a costa de un precio muy alto: los soviéticos controlarían Manchuria y Mongolia, recibirían la mitad de la isla Sakhalin y de las Islas Buriles, al norte de Japón, se crearía una zona en Corea ocupada por los soviéticos, y las naciones más poderosas —de las cuales la Unión Soviética sería una de ellas— tendrían poder para ejercer el veto en las Naciones Unidas, al lado de Estados Unidos, Gran Bretaña, Francia y China (país en que las fuerzas nacionalistas comandadas por Chiang Kai-shek, apoyadas por Estados Unidos, tenían un control débil.)

Posteriormente se diría que Roosevelt, el "hombre enfermo" que asistió a la Conferencia de Yalta, había cedido a Polonia y al resto de Europa Oriental. En realidad, Roosevelt no podía ceder lo que no era suyo. El Ejército rojo y las fuerzas partisanas comunistas de Europa Oriental controlaban la inmensa mayoría de esa región. Churchill instó en privado a Eisenhower a que avanzara todo lo que pudiera hacia el este del río Elba, posición con la que el general Patton estaba plenamente de acuerdo. Pero el general Eisenhower estuvo en desacuerdo, Patton tuvo que retroceder y los rusos "liberaron" a Checoslovaquia, Alemania Oriental y a Berlín.

Durante la Conferencia de Yalta, se "resolvió" el tema de Polonia. Se trazaron nuevas fronteras y se incorporaron a ésta nación tierras pertenecientes a Alemania, en una clara réplica del Tratado de Versalles. Stalin prometió garantizarles a todos los países de Europa Oriental la elección de gobiernos por votación popular. Roosevelt pensaba que si Estados Unidos participaba activamente (cosa que no sucedió en la Liga de Naciones), las Naciones Unidas podrían resolver los conflictos que se presentaran. Infortunadamente, Roosevelt pensó que su papel como conciliador era la clave para alcanzar una paz duradera.

Tal como escribió el historiador James McGregor Burns en su libro *Crosswinds of Freedom:* "Roosevelt, quien tenía unas cartas débiles en el juego de póker de Yalta, creía haber obtenido los cimientos para la paz futura. Salió de Yalta esperanzado y radiante, y emprendió su largo regreso a casa. Ante todo, partió con la confianza de que podría resolver cualquier problema que se presentara en el futuro mediante su intervención personal."

¿Cómo murió FDR?

Roosevelt se llevó a la tumba cualquier esperanza de mantener la paz a través de su intervención personal. Sufrió una hemorragia cerebral el 12 de abril de 1945, mientras se encontraba descansando en su refugio de Warm Springs, Georgia, en compañía de Lucy Rutherford, mujer con la que sostenía una relación extramarital desde hacía muchos años. Su muerte produjo un gran aturdimiento y desorientación en el país y en gran parte del mundo. Incluso los japoneses enviaron su mensaje de solidaridad. Aunque fue vilipendiado por muchos, la gran mayoría de los norteamericanos veía en él una fuerza inmutable y una presencia completamente sólida en el panorama de la nación. Orientó a Estados Unidos a través de la Depresión y de la amenaza nazi. Para muchos estadounidenses jóvenes, incluyendo a muchos que participaron en la guerra, Roosevelt era el único presidente que habían conocido.

Cincuenta años después de su muerte, Roosevelt, quien prácticamente fue santificado por toda una generación de norteamericanos,
aparece—al igual que Washington, Lincoln y otros "grandes hombres"
de la historia norteamericana—no como un santo sino como un ser
humano que tenía los defectos propios de la condición humana. Era
un político avezado, tal vez el más grande que haya dado Norteamérica, pero al igual que todos, FDR también hizo concesiones. Su
legado está sujeta a muchas preguntas. Por ejemplo, aunque fue muy
admirado por la población negra—que votó masivamente por él—
su posición hacia ellos fue confusa. Su esposa Eleanor luchó para
que los negros y los grupos minoritarios tuvieran una mayor igualdad social. Sin embargo, el Ejército y muchas esferas de la vida del país
siguieron practicando la segregación, aunque los negros alcanza-
ron lentamente mejores posiciones y a los contratistas de guerra se les
prohibió discriminar.

Otra pregunta que subsiste fue su respuesta al Holocausto. Antes de
que Norteamérica se involucrara en la guerra, sólo emitió unas lángui-
das condenas diplomáticas por el tratamiento que los nazis les estaban
dando a los judíos. Está claro que Roosevelt sabía de los atropellos
cometidos contra los judíos en Alemania y en el resto de Europa, así
como del exterminio sistemático y metódico que sufrieron durante el
Holocausto, y es evidente también que quienes planeaban la guerra en
Estados Unidos no tenían entre sus prioridades salvar a los judíos del
exterminio.

Los interrogantes sobre Pearl Harbor también siguen vigentes.
Pocos historiadores se atreven a acusar a Roosevelt de haber condenado
a muerte a 2,000 estadounidenses, cuando sus vidas puudieron salvarse. Más bien, el consenso es que sus asesores militares subestimaron
la capacidad que los japoneses tenía para realizar el ataque en Hawaii y
que exageraron la capacidad que las fuerzas militares de Estados Unidos tenían para contener este ataque. El internamiento de norteamericanos de origen japonés durante la guerra es una mancha permanente
que se cierne sobre Roosevelt y sobre toda la nación. En cuanto a su
vida privada, se comprobó que FDR sostuvo una larga relación extra-
matrimonial con Lucy Rutheford. Si se hubiese revelado, este secreto
le habría podido costar la presidencia. Pero a diferencia de lo que les
ha sucedido a muchos políticos caídos en desgracia, nunca aparecieron

ni circularon historias sobre este romance y mucho menos fotografías y grabaciones. FDR estuvo protegido por la prensa y por el Servicio Secreto, así como también lo estaría John F. Kennedy, quien tuvo una conducta sexual mucho más indiscreta y peligrosa que Roosevelt.

Sin embargo, el legado de FDR aún permanece. Así como Washington fue el "hombre indispensable" de su época, igual sucedió con Roosevelt durante la Depresión y la guerra. Si la historia se asoma a su personalidad, cabe preguntarse lo siguiente: ¿Existía otro hombre en Norteamérica que pudiera haber logrado lo mismo que Roosevelt? A pesar de sus defectos y contradicciones, el presidente sabía que si no mejorba la economía y la salud psicológica de la nación, ello ocasionaría el triunfo de las fuerzas racistas y beligerantes que habían instaurado en el poder a varios líderes alrededor del globo. Pocos presidentes—ninguno desde Lincoln durante la Guerra Civil— lograron los poderes casi dictatoriales que obtuvo Roosevelt durante los años de la Depresión y la guerra. Y si se considera que FDR fue un cuasi-dictador cuando estuvo en la cima del poder, su balance resulta favorable. Las consecuencias económicas que llevaron a Roosevelt al poder fueron las mismas que dieron origen a personajes como Hitler y Mussolini, unos demagogos y dementes que soñaron conquistar al mundo por medio de gobiernos racistas, policiales y brutales. Así como muchos héroes norteamericanos "canonizados" por el pueblo, Roosevelt estaba lejos de ser un santo. No obstante, habría que considerar las posibles alternativas que tenía Norteamérica en aquel entonces.

Lectura Recomendada: *No Ordinary Times: Franklin and Eleanor Roosevelt: The Home Front in World War II*, de Doris Kearns Goodwin.

Voces Americanas
De los diarios de Harry Truman (citado en *The Making of the Atomic Bomb*, de Richard Rhodes).

Hemos descubierto la bomba más terrible en la historia de la humanidad, que bien puede tratarse de la destrucción del fuego profetizada en el valle del Éufrates, luego de Noé y su arca fabulosa.

De todos modos, "pensamos" que hemos encontrado una forma para desintegrar el átomo. Para decirlo en términos amables, un experimento en el desierto de Nuevo Mexico produjo resultados sorprendentes . . .

Esta arma será utilizada contra Japón entre el día de hoy y el 10 de agosto. Le he dicho a Mr. Stimson, el secretario de Guerra, que la utilice y que los objetivos sean las instalaciones militares, los soldados y los marineros japoneses y no las mujeres ni los niños. Aunque los japoneses puedan ser salvajes, crueles, despiadados y fanáticos, nosotros, en calidad de líderes mundiales y en aras del bienestar común, no podemos lanzar esta terrible bomba ni en la antigua ni en la nueva capital.

Él y yo estamos de acuerdo. El blanco será estrictamente militar y emitiremos un llamado de advertencia pidiéndoles a los japoneses que se rindan y puedan salvar sus vidas. Tengo la seguridad de que no lo harán, pero les daremos la oportunidad. Debemos alegrarnos de que ni Hitler ni Stalin hubieran desarrollado esta bomba. Parece ser un descubrimiento muy terrible, pero se le puede dar el mejor de los usos.

¿Necesitaba Estados Unidos lanzar bombas atómicas sobre Hiroshima y Nagasaki?

Está bien, señor presidente. Esta es la situación: usted está a punto de invadir las principales islas del Japón. Sus generales más destacados dicen que medio millón de norteamericanos morirán si se atreven a desembarcar en estas playas. Otros militares sostienen que los muertos pasarán del millón. El general MacArthur le ha informado que los japoneses lucharán a muerte. Sus tropas aguerridas están conformadas por seis millones de soldados que han demostrado morir combatiendo en defensa de su tierra y tienen una tradición de devoción total al divino emperador que se remonta a los samurais y que es incomprensible para los estadounidenses. Los ciudadanos japoneses han saltado desde los acantilados para no ser capturados por los norteamericanos y existe información según la cual los habitantes japoneses se están armando con lanzas de bambú. Pero deberíamos recordar lo sucedido en Pearl Harbor y en la Marcha de la Muerte de Bataan, además de otras atrocidades cometidas por los japoneses durante la guerra. En medio de la guerra tan cruel, la venganza no es incomprensible.

Ahora, usted cuenta con una bomba que tiene un poder destructivo equivalente a 20,000 toneladas de TNT. La bomba funcionó durante una prueba, pero es probable que los resultados sean diferentes si es lanzada desde un avión. ¿Por qué no hacer una demostración de su poder? Sus asesores le dicen que si este recurso llega a fallar, la resistencia japonesa será aún mayor.

La historia moderna ha expuesto estas dos opciones—la invasión masiva versus la bomba atómica—como "las opciones de Truman." Además de la Casa Blanca, éstas fueron las herencias que recibió el nuevo presidente. Roosevelt respondió a la advertencia realizada por Albert Einstein en 1939—advertencia de la que más tarde se arrepintió—acerca del potencial de la bomba atómica ordenando una investigación que en 1942 se convirtió en el Proyecto Manhattan. Este proyecto, conocido por muy pocas personas—el mismo Truman no sabía de qué se trataba—, costó dos mil millones de dólares (antes de la inflación.) Bajo la dirección de J. Robert Oppenheimer (1904–67), muchos científicos—varios de los cuales eran refugiados alemanes— creían estar en una carrera contra los alemanes, quienes estarían desarrollando la "bomba nazi" (creencia que resultó ser cierta). La primera bomba atómica fue detonada en Alamogordo, Nuevo México, el 16 de julio de 1945. Truman fue informado del éxito del experimento mientras estaba reunido con Churchill y Stalin en Potsdam, una ciudad de la Alemania derrotada.

Antes de la detonación, habían surgido varios debates entre los estamentos científicos y militares sobre el poder destructivo de la bomba. Muchos de sus creadores no querían que esta arma fuera utilizada y le aconsejaron a Truman que le informara al resto del mundo para evitar su utilización, pero el presidente desestimó la sugerencia. Truman promulgó la Declaración de Postdam en compañía de Churchill y de Chiang Kai-shek, en la que le advertía a Japón que aceptara la rendición total e incondicional para no sufrir una "destrucción pronta y total." Aunque se pensó en mencionar la bomba, los japoneses sólo recibieron esta vaga advertencia.

Truman dio la orden fatídica cuando los japoneses no respondieron y posteriormente, cuando rechazaron el ultimátum. Nadie propuso suspender el lanzamiento de este tipo de bomba luego del desastre de Hiroshima, y los militares cumplieron con las órdenes recibidas.

Casi desde el día en que la primera bomba fue lanzada sobre Hiroshima, los críticos han tratado de descifrar la decisión y las motivaciones del presidente. Toda una generación de historiadores ha defendido o rechazado la necesidad de lanzar bombas atómicas. Quienes justifican el lanzamiento de la bomba sostienen que una invasión hubiera dejado un enorme saldo de víctimas en ambos lados.

Muchos críticos han dicho que esos cálculos eran extremadamente altos y argumentan que los japoneses estaban a punto de rendirse cuando las bombas fueron lanzadas. Un estudio realizado por un equipo comisionado por el gobierno de los Estados Unidos llegó a esta conclusión, pero como su resultado fue revelado un año después del ataque, de nada sirvió para que Truman reconsiderara su decisión.

Otros historiadores que apoyan el lanzamiento de la bomba desestiman esta teoría y argumentan que muchas de las fuerzas más beligerantes del Japón estaban planeando un golpe de estado para derrocar al gobierno que se inclinaba a favor de la rendicion. También sostienen que aun después de que Japón se rindiera, algunos oficiales planearon ataques con kamikazes a los barcos donde se estaba llevando a cabo la firma de la rendición. Esta teoría que defiende la "necesidad atómica," arguye como prueba los combates que se estaban desarrollando. Cada isla invadida por los norteamericanos era defendida con ferocidad y las pérdidas eran inmensas en los dos bandos. El código militar japonés, que databa de varios siglos atrás y que estaba profundamente enraizado en la tradición samurai, no contemplaba ninguna tolerancia hacia la rendición. De hecho, en la misma Hiroshima, y luego del desastre atómico, muchos ciudadanos demostraron su rechazo a la capitulación del emperador.

Pero, ¿eran la bomba y la invasión las únicas opciones? ¿Existía otra alternativa? Un estudio ultrasecreto realizado en ese período y revelado a finales de los 80 sostiene que existían otras opciones y que el lanzamiento de la bomba atómica no tuvo ninguna justificación. Según estos estudios, realizados por el propio Ejército, el factor crucial para que los japoneses decidieran rendirse no era el peligro de la bomba atómica, sino el hecho de que la Unión Soviética les declarara la guerra. Estos documentos y otros que han sido revelados recientemente arrojaron pruebas que sugerían que cuando llegó a Potsdam, Truman ya sabía que Stalin le declararía la guerra a Japón a comienzos del mes entrante. Casi dos meses antes de la bomba de Hiroshima, George C. Marshall, jefe del Estado Mayor del Ejército, le había advertido al presidente que la declaratoria de guerra de los soviéticos al Japón obligaría a este país a rendirse y que por tanto, una invasión norteamericana ya no era necesaria. Truman pareció coincidir con esta advertencia. Entonces, ¿por qué Estados Unidos utilizó estas armas tan terribles si las únicas opciones no consistían en calcular los costos que tendrían una invasión y el pronto final de la guerra?

Lo que la historia ha confirmado es que quienes elaboraron la bomba realmente no vislumbraron sus terribles consecuencias. Es innegable que conocían su poder destructivo, pero no tenían muy claro el efecto producido por las radiaciones. Como dice el escritor Peter Wyden en *Day One*, un libro fascinante sobre el desarrollo y lanzamiento de la bomba, los científicos responsables de su creación creían que las personas morirían por cualquier causa, menos por los efectos derivados de la radiación.

Pero aparte de este error de cálculo científico, ¿hubo otro factor estratégico que jugó un papel en esta decisión? Muchos historiadores modernos responden decididamente que sí. A finales de 1945, Truman y otros líderes occidentales sabían muy bien que la victoria que habían logrado sobre Alemania y Japón no garantizaba la paz mundial. El plan de Stalin de crear un conjunto de estados socialistas que sirvieran de escudo a la Unión Soviética y que estuvieran bajo el control del Ejército Rojo ya era evidente. La demostración del poder atómico de Estados Unidos pudo ser el objetivo principal detrás de la decisión de Truman.

La carrera nuclear no comenzó con el lanzamiento de la bomba atómica en Hiroshima, sino con la Conferencia de Potsdam, donde Stalin y Truman dieron inicio a la danza mortal alrededor del armamento atómico. Truman desconocía que gracias a la labor desarrollada por Klaus Fuchs, el científico-espía que trabajaba en Los Álamos y que pasaba información a los soviéticos, Stalin sabía tanto sobre la bomba atómica como el presidente norteamericano, o incluso más.

Algunos historiadores han señalado el segundo ataque a Nagasaki como una prueba adicional de que la bomba atómica fue parte de la política del "garrote." De acuerdo con esta teoría, Truman, quien ya había demostrado el poder de la bomba de trece kilotones en Hiroshima, quería utilizar otra bomba para enviarles un claro mensaje a los soviéticos, algo así como, "la tenemos y no tememos usarla."

Si Truman veía en estas bombas un posible mensaje a los soviéticos, eso y la espantosa carrera nuclear en que se enfrascaron ambas naciones luego de la guerra, terminaron por dictar las políticas soviéticas y norteamericanas en las décadas siguientes, durante la confrontación de la Guerra Fría.

Lectura Recomendada: *The Making of the Atomic Bomb,* de Richard Rhodes; *Truman,* de David McCullough.

CAPÍTULO SIETE

LOS COMUNISTAS, LA CONTENCIÓN Y LA GUERRA FRÍA

Norteamérica en los años cincuenta

¿En qué consistió la Doctrina Truman?

¿Cuáles fueron los "documentos de la calabaza?"

¿Por qué los Rosenberg fueron ejecutados por espionaje?

¿Qué fue el maccarthismo?

¿Quiénes combatieron en la guerra de Corea?

Hitos de la guerra de Corea

¿Cuáles fueron las consecuencias de esta guerra?

¿Qué hacía el nieto de Theodore Roosevelt en Irán?

¿En qué consistió el caso *Brown vs. Consejo de Educación?*

¿Por qué el arresto de una mujer llamada Rosa Parks cambió la vida en Estados Unidos?

¿Por qué el presidente Eisenhower envió al Ejército a Little Rock, Arkansas?

¿Qué significa la palabra Sputnik?

De cómo una "muñeca" de tacones puntiagudos y un editor de Chicago cambiaron a Norteamérica

Lo que consideramos como los años cincuenta realmente comenzaron en 1945. La guerra había terminado. Los combatientes regresaron a casa. Norteamérica había triunfado y era la primera entre todas las naciones. El "siglo americano" que había proclamado Henry Luce, editor de la revista *Time*, parecía estar en marcha.

Los americanos disfrutaban de programas televisivos como *Uncle Miltie*, *El show de Lucy*, y de novelas como *Forever Amber* y *Peyton Place*. Muchas personas recuerdan con nostalgia la era de postguerra como un período de prosperidad y de normalidad social, y como una época confortable. Duranto ocho años, Dwight D. Eisenhower (1890–1960), el golfista de rostro amable a quien todos le decían Ike, llegó al despacho oval y fue un presidente reconfortante. Lo único que decían los botones de su campaña era, "I Like Ike" (Me gusta Ike). Con su esposa Mamie como primera dama, era como tener a la tía y al tío preferidos en la Casa Blanca.

Los norteamericanos comenzaron a ver televisión—se vendieron más de 4 millones de televisores en la década de los cincuenta—y a escuchar la música apacible de Perry Como. Aún no había aparecido ningún rockero moviendo la pelvis detrás de los barrotes de alguna celda. Por lo menos no todavía.

La población norteamericana se mudó a los cómodos suburbios. Se construyeron trece millones de casas entre 1948 y 1958, especialmente un proyecto desarrollado por el constructor William J. Levitt, que recibió el nombre de Levittown, en Long Island. Las casas, que eran fabricadas en serie, como si se tratara de galletas de molde, tuvieron un éxito descomunal. (A diferencia de los estados sureños, en Levittown no había fuentes de agua separadas para los negros, pues no eran necesarias: no eran aceptados allí.) Los ex combatientes que regresaron de la Segunda Guerra Mundial y de la coreana no perdieron el tiempo, y las salas de maternidad no dieron abasto: 76.4 millones de *baby boomers* nacieron entre 1946 y 1964. El país leía libros como *Los bebés y el cuidado infantil*, del Dr. Spock, y *El poder del pensamiento positivo*, de Norman Vincent Peale.

Pero no todo era color de rosa, así Norteamérica viera el rojo del comunismo donde quiera que mirara. Los comunistas estaban en todos lados. En Europa Oriental y en Asia. En el Departamento de Estado y en el Ejército. Parecían estar debajo de las piedras. ¡Incluso en Hollywood!

Sin embargo, apareció una nueva generación de escritores que develaron el otro lado del idilio, que arremetieron contra el nuevo sueño americano y sus limitaciones conformistas. En su primera novela, *Los desnudos y los muertos* (1948), Norman Mailer (nacido en 1923) ofreció una imagen diferente e inquietante sobre los soldados norteamericanos en combate. Un escritor de cuentos llamado J. D. Salinger (nacido en 1919) plasmó la sempiterna alienación juvenil en su libro *El guardián en el centeno* (1951). En otras novelas de este período, entre las que figuraban *Las aventuras de Augie March* (1953), de Saul Bellow (nacido en 1915), serían expresiones de la angustia de aquella generación. En 1955, con su libro *En el camino*, Jack Kerouac (1922–69) se erigiría como uno de los líderes de la generación *beat*, quienes desafiaron las convenciones sociales de la época y autoproclamaron su marginación de un sistema cuyos valores principales eran la estabilidad y la normatividad social. Libros como *The Lonely Crowd* (1950) de David Riesman y *The Organization Man* (1956), de William Whyte analizaron esta necesidad de adaptación, una característica norteamericana que Tocqueville había percibido más de cien años atrás.

¿En qué consistió la Doctrina Truman?

El sueño de una era de cooperación en la postguerra entre Estados Unidos y la Unión Soviética —las dos nuevas potencias mundiales— se evaporó con rapidez. El mapa de Europa había sido trazado de nuevo, y como dijo Churchill, una "Cortina de Hierro" había descendido sobre Europa Oriental, ya que Stalin estableció un anillo de estados socialistas alrededor de la Unión Soviética. El futuro trajo consigo una serie de estallidos a medida que las dos naciones compitieron por obtener poder e influencia.

En 1947, Grecia y Turquía se perfilaban como los próximos blancos del expansionismo comunista y el presidente Truman solicitó al Congreso ayuda para estas naciones cuando los ingleses le informaron que no estaban en capacidad de asumir su defensa. Truman le dijo al Congreso: "Creo que deber ser política de Estados Unidos apoyar a los pueblos libres que se resisten a ser dominados por minorías armadas o por presiones externas." Esto se conoció más tarde como la Doctrina Truman.

Los gobiernos de Grecia y Turquía subsistieron gracias a los 400 millones de dólares que recibieron en ayuda militar y asesoría norteamericana. Sin embargo, en lugar de contar con un gobierno representativo, la "cuna de la democracia" sufrió el yugo de un gobierno militar opresor de extrema derecha y lo mismo sucedió en Turquía. Pero a los líderes políticos norteamericanos no pareció importarle tanto esto como que las dos naciones se mantuvieran alineadas con Estados Unidos.

La filosofía promulgada por la Doctrina Truman realmente provenía de un oficial del Departamento de Estado, llamado George F. Kennan. Este oficial, que escribía con el seudónimo "X" en la prestigiosa revista *Foreign Affairs*, introdujo el concepto de "contención," que básicamente consistía en utilizar el poder norteamericano para contener la presión soviética donde quiera que ésta se presentara. La contención de la amenaza comunista terminó por permear todas las decisiones que se tomaron en Estados Unidos durante las décadas siguientes en materia de política exterior y produjeron un temor inusitado al comunismo a nivel doméstico en la década de los cincuenta. En adición a la Doctrina Truman, la contención contribuyó a la creación de la Organización del Tratado del Atlántico Norte (OTAN) en 1949, con el propósito de defender a Europa Occidental de un posible ataque soviético y también, a la creación del Plan Marshall, que pretendía solucionar la grave crisis económica que vivía Europa en los años de la postguerra.

Lectura Recomendada: *Truman*, de David McCullough.

VOCES AMERICANAS
GEORGE C. MARSHALL, secretario de estado.
Discurso durante la ceremonia de graduación en la
Universidad de Harvard, en la que justificaba el
Programa para la Recuperación de Europa, conocido
como el Plan Marshall (5 de junio de 1947).

La verdad es que la necesidad de alimentos extranjeros
y de otros productos básicos—especialmente de Estados
Unidos—que tendrá Europa durante los tres o cuatro
años siguientes es mucho mayor que su actual capacidad
de pago y por lo tanto deberá recibir una ayuda adicional
considerable. De lo contrario, Europa sufrirá un deterioro
económico, social y político que tendrá consecuencias
muy serias. . . . Aparte del efecto desmoralizador a nivel
mundial y de la posibilidad de que se presenten conflictos
como resultado de la desesperación de los pueblos en
mención, las consecuencias que tendrá en la economía
de Estados Unidos son bastante obvias. Es evidente
que Estados Unidos debe hacer todo lo posible para colaborar en la normalización económica mundial, sin la
cual no puede haber estabilidad política ni paz. Nuestra
política debe estar dirigida, no contra ningún país ni doctrina, sino contra la pobreza, el hambre, la desesperación
y el caos.

El Plan Marshall fue concebido por Will Clayton, subsecretario de
estado y propuesto inicialmente por el secretario de estado Dean Acheson (1893–1971). Fue conocido también como el Programa para la
Recuperación Europea. Destinó más de 12,000 millones de dólares
para ser invertidos durante los cuatro años posteriores a la guerra en
varios países asolados por ésta. (Estos países fueron Austria, Bélgica,
Dinamarca, Francia, Alemania Occidental, Gran Bretaña, Grecia,
Islandia, Italia, Luxemburgo, los Países Bajos, Noruega, Suecia, Suiza y
Turquía.) Este plan era el aspecto económico de la política de contención de Truman, que pretendía solucionar los problemas económicos
que pudieran dar origen al avance del comunismo en Europa Occi-

dental. El Plan Marshall establecía también un Programa para las Personas Desplazadas, con el que alrededor de 300,000 personas recibieron la ciudadanía estadounidense, muchas de las cuales eran judíos sobrevivientes del Holocausto. No cabe ninguna duda de que el Plan Marshall fue el programa más exitoso emprendido por Estados Unidos durante la postguerra, y se tiene como uno de los principales argumentos de la ayuda exterior. Algunos críticos contemporáneos de izquierda señalan que el Plan Marshall no fue una manifiestación del altruísmo puro norteamericano ni una prueba de su generosidad. Según ellos, el Plan representó una extensión del proyecto capitalista para consolidar el dominio norteamericano, una conspiración calculada para reconstruir el capitalismo europeo durante la Guerra Fría. Para decirlo en términos simples, ¿si no se le podía vender nada a Europa, quién compraría entonces todos los productos que estaba fabricando el sistema industrial norteamericano?

En términos retrospectivos, el Plan Marshall debe considerarse como una empresa sumamente exitosa que le ayudó recobrar la salud a una Europa devastada por la guerra, que permitió que florecieran el mercado libre y las democracias, mientras que Europa Oriental se sumergía en una parálisis social y económica, y era víctima de regímenes despóticos controlados por los soviéticos

Voces Americanas
Jackie Robinson, a su esposa (1947).

Si vienes al estadio Ebbet, no tendrás ningún problema en reconocerne. Mi número es el 42.

Jackie Robinson (1919–72) le dijo esto a su esposa el primer día en que un negro jugaba en las ligas mayores de béisbol. Robinson jugó en los Brooklyn Dodgers y fue nombrado como el novato del año. En 1949, ganó el premio al "jugador más valioso de la Liga Nacional."

Aunque comenzó jugando en primera base, Robinson alcanzó la fama como segunda base. Bateador excelente, terminó su carrera con un promedio de .311, siendo también un corredor y robador de bases fabuloso. Nacido en Cairo, Georgia, Jack Roosevelt Robinson sobresalió en cuatro deportes mientras estudiaba en la Universidad de California, en Los Angeles. Robinson combatió en la Segunda Guerra Mundial y luego se incorporó a los Kansas City Monarchs, equipo de las Ligas Negras. En 1946 jugó en el equipo Montreal Royals de las Ligas Menores. Luego, Branch Rickey de los Dodgers, se lo llevó a las Grandes Ligas.

Robinson supuso otra grieta en los cimientos del racismo y de la segregación racial norteamericana. Este beisbolista contribuyó a derribar las barreras raciales que habían dividido a Estados Unidos, pero tuvo que pagar un precio muy alto. Recibió amenazas de muerte y fue víctima de insultos humillantes durante gran parte de su carrera deportiva, no sólo por parte de los estamentos retrógrados del Sur, sino de lugares como Filadelfia, la llamada "ciudad del amor fraternal" y cuna de la libertad norteamericana.

Posteriormente, Robinson recordó los comentarios que le lanzaban sus oponentes en Filadelfia:

"Oye, negro, ¿por qué no regresas a los cultivos de algodón adonde perteneces?"

"Te están esperando en la selva, negro."

"No te queremos acá, nigger." *

¿Cuáles fueron los "documentos de la calabaza?"

En aquellos días, así como durante los años siguientes, muchos norteamericanos creían que el comunismo se estaba expandiendo por el mundo. Roosevelt y su "establecimiento del Este" (su camarilla liberal) le había "regalado" Europa Oriental a Stalin en Yalta. En una de las primeras pruebas de la determinación norteamericana, los soviéticos trataron de cerrar el acceso a Berlín y Estados Unidos se vio forzado a

*Para los que piensan que este tipo de ataques fue algo que sucedió mucho tiempo atrás, en el extraordinario libro *Nígger: The Strange Career of a Troublesome Word*, Randall Kennedy señala que Michael Jordan y Tiger Woods también fueron víctimas de esta clase de insultos. Peor aún fueron las cartas que recibió Hank Aaron luego de intentar batir el récord de Babe Ruth en 1973. Una de estas cartas decía: "Querido negro Henry; no batirás el récord de Babe Ruth por más que lo intentes . . . Los blancos somos superiores a los monos de la selva . . . Estoy armado y sigo cada uno de tus pasos."

realizar un puente aéreo que puso fin al control soviético de esta ciudad en 1948. En China, los nacionalistas fueron derrotados por las fuerzas comunistas de Mao Tse-tung en 1949. Por la misma época, se reveló que los soviéticos habían desarrollado la bomba atómica. El mundo parecía ser víctima de una conspiración comunista que pretendía dominarlo y el presidente respondió con la Doctrina Truman, que contó con el respaldo incondicional del Congreso bipartidario.

El pánico obsesivo hacia el comunismo en Norteamérica no era nada nuevo. Los estadounidenses habían combatido la "amenaza roja" durante varios años y la primera oleada de histeria se presentó al finalizar la Primera Guerra Mundial (ver Capítulo Seis). Sin embargo, pareció como si esta vez el temor fuera mucho más real y contundente, debido al terror de una conflagración atómica. El comunismo se convirtió en el tema más importante para los sufragantes. Ser "suave" con el comunismo equivalía al suicidio político, y muchos jóvenes ambiciosos como Richard Nixon (1913–94) natural de California, sabían que atacar al comunismo era el tiquete hacia el futuro.

En 1947 y en respuesta a esta presión anticomunista, Truman estableció comités responsables de verificar unos informes que decían que varios oficiales federales eran simpatizantes del comunismo. Miles de personas fueron investigadas y aunque no se encontró ninguna prueba acusatoria, muchas quedaron destruidas profesionalmente, pues las pruebas fueron reemplazadas por simples sospechas. Estas fueron las primeras "cacerías de brujas" en que los acusados eran declarados culpables pero no sabían quién los acusaba. Los testimonios basados en rumores de testigos poco confiables se convirtieron en lo que se conoció como "Las Sagradas Escrituras."

Este pánico ocupó las primeras páginas en 1949, cuando Whittaker Chambers (1901–61), un miembro del Partido Comunista arrepentido y "reformado" que más tarde fue editor de la revista *Time*, declaró que Alger Hiss era miembro del Partido Comunista y que pertenecía a una gran cadena de espionaje que los soviéticos habían establecido en Norteamérica. Quienes conocían a Hiss sabían que este era un comentario descabellado, pero que extremó la paranoia antisoviética. Hiss (1904–96), uno de los propulsores del *New Deal* de Roosevelt, nació y se crió en la Costa Este, donde formó parte del "establecimiento." Tenía unas credenciales impecables y desarrolló una larga y distinguida

carrera pública, comenzando como juez cuando Oliver Wendell
Holmes era el presidente de la Corte Suprema de Justicia. Pero para los
conservadores, Hiss estaba "manchado," pues había asistido a la Conferencia de Yalta y había sido secretario general de las Naciones Unidas
durante la conferencia preparatoria entre 1945–46. Tanto la Conferencia de Yalta como la ONU eran consideradas como parte de la
estrategia comunista para debilitar a Estados Unidos y dominar al
mundo. En 1947, Hiss se desempeñó como presidente de Carnegie
Endowment for International Peace, una prestigiosa entidad financiada
con la fortuna del magnate del acero y cuyo objetivo principal era adelantar un proceso de paz mundial que contaba con el respaldo de John
Foster Dulles (quien luego fue secretario de Estado de Eisenhower) y
de su hermano Allen Dulles (el legendario fundador de la CIA). Hiss
tenía muchos amigos, y las más altas esferas del gobierno nunca pusieron en duda su integridad y lealtad.

Chambers, quien era desaliñado, obeso y de temperamento agrio,
sostuvo que Hiss había sido comunista en la década de los treinta y que
le había entregado unos documentos clasificados para que los entregara a Moscú. Hiss fue presionado por el congresista Richard Nixon en
una audiencia realizada en 1948 ante el comité de Actividades Antiamericanas de la Cámara de Representantes (HUAC), que investigaba
los casos de subversión dentro del gobierno, pero rechazó los cargos.
La conducta y la compostura de Hiss parecían invalidar todas las acusaciones realizadas por Chambers, de quien se comenzaba a rumorar
que era mentalmente inestable, alcohólico y homosexual. Sin
embargo, también se realizaron declaraciones comprometedoras que
dejaron una sensación de sospecha. La más seria fue cuando Chambers mostró unos microfilmes de copias de documentos del Departamento de Estado que habían sido robados y que Chambers sostuvo que
Hiss se los había dado para entregárselos a los soviéticos. Chambers
había escondido estos documentos en el interior de una calabaza
hueca en su jardín, por lo que fueron conocidos como los "documentos de la calabaza."

Nixon constató que atacar a Hiss era una buena oportunidad para
impulsar su carrera política. Como escribió Sam Tanenhaus en su
monumental biografía de Chambers: "Nixon estaba motivado por algo
más que el disgusto que sentía hacia Hiss y vio también una oportuni-

dad política en ello. Nixon no era ajeno al tema de los comunistas en el gobierno, pues lo había utilizado en 1946 para derrotar por amplio margen a Jerry Voorhis, un popular funcionario. Desde su llegada a Washington no escatimó esfuerzos para ampliar los tentáculos de los cazadores de 'rojos' . . . Con brillante claridad, Nixon entendió que el naciente misterio Chambers-Hiss podía darle grandes dividendos políticos a quien lo resolviera. Y se involucró en este caso con una intensidad y un metodismo que muy pocas personas en Washington o cualquier otro lugar podrían igualar."

Las pruebas exhibidas por Chambers afectaron la reputación de Hiss, quien lo demandó por calumnia y de este modo, se conocieron detalles interesantes durante el juicio. En la sala de la Corte, Chambers demostró conocer detalles de la vida íntima de Hiss y enseñó unos documentos que comprobaban que, tiempo atrás, Hiss le había regalado un auto viejo. La demanda por calumnia entablada por Hiss no prosperó y éste fue acusado de perjurio por mentirle a un comité del Congreso. Debido a ciertas limitaciones, no se podían lanzar cargos de espionaje contra Hiss. Sin embargo, fue procesado por un gran jurado federal en 1948. Fue encontrado culpable y sentenciado a cinco años de cárcel, de los cuales cumplió tres, antes de ser liberado en 1954. (Su fortuna personal desapareció tras ser declarado culpable, perdió su licencia de abogado y trabajó como vendedor de imprentas en la ciudad de Nueva York. En 1975 recibió de nuevo la licencia para ejercer su profesión en Massachusetts a la edad de 75 años y continuó trabajando por su reivindicación hasta 1996, año en que murió.)

Muchas personas siguieron ocupándose de este caso durante gran parte de los cincuenta años siguientes. Se han escrito más de 20 libros sobre este caso, que hasta hace poco era considerado como el credo político de los dos individuos; los liberales estaban convencidos de la inocencia de Hiss y los conservadores de su culpabilidad. Pero a raíz del final de la Guerra Fría, nuevas evidencias han salido a la luz y muchas incertidumbres han desaparecido.

Cuando algunos archivos de Moscú fueron abiertos a los investigadores luego de la caída de la Unión Soviética en 1991, la causa de Hiss se vio reivindicada, pues ningún archivo de la KGB mostraba que hubiera trabajado para ellos. Pero luego se encontraron pruebas condenatorias. Primero, en 1993 un investigador descubrió unos documentos relacionados con Noel Field, otro destacado funcionario del Departamento de Estado que en 1949 desertó al bando comunista. Según Field, Hiss trató de reclutarlo para la causa comunista. Y en 1995, la American National Security Agency (ANSA) una agencia estatal de seguridad de carácter ultrasecreto que intercepta y descifra mensajes en todo el mundo, reveló lo que se conoce como el "tráfico de Venona," consistente en miles de cables que agentes soviéticos enviaron a Moscú desde Estados Unidos. Estos cables implicaban a Hiss como parte de una gran cadena de espionaje que funcionaba en el gobierno federal.

Lectura Recomendada: *Perjury: The Hiss-Chambers Case*, de Allen Weinstein; *Whittaker Chambers*, de Sam Tanenhaus

¿Por qué los Rosenberg fueron ejecutados por espionaje?

El sonado caso de Hiss ocupó las primeras páginas mientras que los estadounidenses se enteraron de que Klaus Fuchs, un prestigioso físico alemán que había trabajado en el Proyecto Manhattan, ayudado a desarrollar la bomba atómica mientras era profesor de la Universidad de Columbia, y trabajado en Los Álamos durante la guerra, le había entregado información a los soviéticos. Harry Gold, químico y compañero de Fuchs fue arrestado al lado de David y Ruth Greenglass, una pareja estadounidense. David, un joven soldado que también trabajó en Los Álamos, testificó haberle pasado dibujos rudimentarios de armas atómicas a Julius y a Ethel Rosenberg, su cuñado y hermana. Según documentos revelados posteriormente, J. Edgar Hoover ordenó el arresto de Ethel para obligar a Julius a confesar. La pareja fue arrestada en 1950, en compañía de Morton Sobell y procesada en 1951 por conspiración para espiar.

Los Rosenberg se declararon inocentes y se ampararon en la Quinta Enmienda cuando les preguntaron si eran comunistas. Greenglass dio un testimonio detallado de la información que les había entregado a los Rosenberg y dijo que Ethel le transcribió los apuntes a su esposo. Gold, que ya había sido sentenciado a 30 años de prisión, dijo que Anatoli Yakolev—un oficial soviético—era el contacto de Julius

Rosenberg en la KGB. El fallo se dio en medio de la guerra coreana. La Corte estaba presidida por el juez Irving R. Kaufman, quien estaba a favor de la parte acusadora. Sobel fue sentenciado a 30 años de prisión; Kaufman condenó a los Rosenberg a la pena de muerte, aunque J. Edgar Hoover se opuso a que Ethel recibiera la pena capital, temiendo que la opinión pública condenara la ejecución de la madre de dos hijos pequeños. Los otros acusados también fueron sentenciados a prisión, incluyendo a Fuchs, pues todos aceptaron colaborar en el caso. Los Rosenberg se negaron a colaborar y el 19 de junio de 1953 fueron condenados a la silla eléctrica.

Los cargos contra ellos eran concluyentes, especialmente los testimonios ofrecidos por Greenglass y Gold. Pero desde ese entonces, los defensores de los Rosenberg han sostenido enfáticamente que fueron víctimas de una conspiración, encontrados culpables y ejecutados debido a una fiebre anticomunista y antisemita. Sin embargo, las evidencias encontradas, especialmente desde que los documentos soviéticos fueron dados a conocer en la década de los noventa, demuestran que Julius Rosenberg sí era un espía, aunque que los secretos que suministró a los soviéticos eran mucho menos importantes que los suministrados por Fuchs. En 1997, una persona dijo ser el soviético que trataba con Rosenberg, declaró que éste había entregado secretos militares, pero ninguno que estuviera relacionado con la bomba atómica. En cuanto a Ethel, el ex espía soviético dijo que ella tenía conocimiento de lo que hacía su esposo, pero que no estaba involucrada. Estas declaraciones fueron confirmadas por los cables de Venona, que también parecían inculpar a Hiss. En el libro *The Brother*, publicado en el año 2001, su autor Sam Roberts sostiene que Greenglass le confesó que había mentido y delatado a su hermana para salvar su pellejo.

¿Qué fue el maccarthismo?

Fue gracias a toda esta oleada de histeria que surgió el senador Joseph McCarthy (1909–57), considerado por la prensa de derecha como el Paul Revere del siglo XX. McCarthy era un senador por Wisconsin que fue elegido en 1946 luego de mentir sobre su servicio durante la guerra y de calumniar a sus rivales en las elecciones primarias y generales. En poco tiempo, este alcohólico despreciable y mal intencionado que fue considerado el peor de los senadores, se llenó los bolsillos con dineros de quienes lo apoyaban. En 1950, buscó algo que le permitiera mantener a flote su débil carrera política.

McCarthy encontró ese recurso en unos documentos obsoletos relacionados con unas antiguas investigaciones sobre comunistas que ocupaban cargos gubernamentales. En febrero de ese año, dijo en un club en Wheeling, West Virginia, que tenía en "sus manos" una lista de 205 trabajadores del Departamento de Estado que eran miembros del Partido Comunista y hacían parte de una cadena de espionaje. El número de implicados cambiaba diariamente y el mismo McCarthy no parecía saber con exactitud de dónde había sacado esas cifras. En la maleta en que aparentemente se encontraban las pruebas sólo había una botella de licor. Pero éste fue el comienzo de la "gran mentira," consistente en pruebas y acusaciones fabricadas por un hombre desesperado. A los pocos días se descubrió que sus acusaciones eran completamente infundadas, lo que debería haber puesto fin a su carrera política. Sin embargo, las cosas no fueron así. En 1950, Norteamérica estaba más que dispuesta a creer cualquier cosa que dijera el senador McCarthy.

Aunque un comité del Senado investigó y luego refutó todo lo dicho por McCarthy, sus conclusiones fueron ignoradas, y las acusaciones irresponsables de este senador calaron en la opinión pública, produjeron titulares noticiosos y aumentaron la venta de periódicos. Las investigaciones del Senado que desestimaron sus cargos eran relegadas a las últimas páginas, al lado de noticias insignificantes.

El tiempo alteró el significado del maccarthismo. En 1950, fue sinónimo de una oposición fuerte y patriótica contra el comunismo, que contaba con el respaldo masivo de los medios noticiosos y de la opinión pública. Actualmente es considerado como una campaña sucia llena de acusaciones infundadas a las que los acusados no pudieron escapar, porque la declaración de inocencia era sinónimo de culpabilidad y sólo las confesiones eran aceptables. Muchas personas que testificaron antes del surgimiento del maccarthismo, así como las que lo hicieron ante el poderoso Comité de Actividades Antiamericanas (HUAC), estaban dispuestos a inculpar a otros para salvar su carrera y reputación, y quien intentara defenderse era tildado de ser "simpatizante de los comunistas," tal como decía el propio McCarthy. Para muchas personas de la industria del entretenimiento—la radio, el cine y la televisión—esto supuso figurar en la "lista negra," lo que terminó por arruinar sus carreras. En esta atmósfera cargada de cinismo, las pruebas legales y las garantías constitucionales no se aplicaron a los "comunistas descarriados." Durante cuatro años, McCarthy tuvo un inmenso poder en Washington. Podía obligar al presidente a que aprobara nombramientos a través de él, y la turbulencia maccarthista obligó al presidente Eisenhower a instaurar una serie de nuevos programas de "lealtad" para comprobar que él también era "duro" con el comunismo.

Pero en 1954, McCarthy se enfrascó en una batalla que se devolvió en su contra, luego de solicitarle al Ejército que realizara una purga de comunistas en el Pentágono. Asistido por Roy Cohn, un joven abogado a quien McCarthy había enviado al extranjero para eliminar los "libros comunistas" que figuraban en las bibliotecas de la U.S. International Information Administration (Administración para la Información Internacional de los Estados Unidos), McCarthy comenzó a sindicar a algunos oficiales del Ejército de ser comunistas. Una vez más, el senador logró captar la atención de la opinión pública, pero en esa ocasión se excedió. El Ejército era el territorio de Eisenhower, y tanto el presidente como las Fuerzas Armadas reaccionaron. Comenzaron por investigar a David Schine, el acaudalado novio de Cohn que acompañó a éste a realizar la purga de libros y que utilizó la influencia de McCarthy para que le asignaran tareas suaves mientras estuvo en el Ejército.

Los medios informativos se fueron en contra de McCarthy. Edward R. Murrow (1908–65), el conocido reportero de la cadena CBS que había realizado transmisiones radiales de los ataques aéreos a Londres durante la Segunda Guerra Mundial, realizó un perfil del senador en su programa de televisión *See it Now*, el predecesor del conocido programa *60 Minutes*. Murrow se limitó a mostrar *clips* sobre MacCarthy sin hacer ningún tipo de comentarios. La fanfarronería y charlatanería del senador quedaron al descubierto.

Durante los 36 días que duraron las audiencias del Ejército y McCarthy, los golpes de ciego, la cínica crudeza y las acusaciones infundadas del senador fueron reveladas a la luz pública. En estas audiencias, que fueron televisadas, el prestigioso abogado del Ejército Joseph Welch desmintió y derrotó en público a McCarthy. Las audiencias terminaron de manera no concluyente, pero el resto del Senado se fue en contra del senador. A fines de 1954, McCarthy ya era menospreciado por sus colegas. Su apoyo público comenzó a esfumarse y el que una vez había sido un poderoso senador se refugió en el alcohol. McCarthy murió en mayo de 1957, debido a problemas de salud relacionados con su alcoholismo.

Lectura Recomendada: *The Great Fear: The Anti-Communist Purge Under Truman and Eisenhower*, de David Caute.

VOCES AMERICANAS
JOSEPH N. WELCH (1890–1960), consejero especial del Ejército durante las audiencias del Ejército vs. McCarthy, en respuesta a un ataque lanzado por el senador a un socio de la firma de abogados de Welch.

Hasta este momento, senador, creo que nunca he juzgado su crueldad ni su imprudencia . . . Es que acaso no tiene un ápice de decencia? ¿No le queda ya el más mínimo rastro de decencia?

¿Quiénes combatieron en la guerra de Corea?

Si Hiss, los Rosenberg, los millones de maoístas, el maccarthismo y la bomba soviética no eran suficientes para despertar el miedo en la Norteamérica de los años cincuenta, bastaron 99,000 norcoreanos para hacerlo. En junio de 1950, luego de un fuerte ataque de artillería, el sonido de las cornetas anunció la llegada masiva de norcoreanos que cruzaron las montañas para derrocar a un gobierno que los norteamericanos habían ayudado a instaurar en Corea del Sur. Los norcoreanos, armados y entrenados por los soviéticos, eran las tropas más eficientes de Asia después del Ejército rojo.

Este fue el comienzo de la guerra de Corea, una "guerra caliente" en medio de las maniobras de la Guerra Fría, en la que más de 2 millones de coreanos y 100,000 estadounidenses murieron. Este enfrentamiento no ha llegado a su fin, como lo demuestran los conflictos políticos en Corea del Sur, donde las protestas y la represión militar son noticias frecuentes.

La idea que muchos norteamericanos tienen sobre la guerra de Corea proviene del programa televisivo *M*A*S*H*. El conflicto coreano sigue siendo ambiguo en cierto modo, a diferencia de la "guerra del pueblo" que la precedió o de la guerra impopular que la siguió. Los norteamericanos de los años cincuenta que no combatieron en la guerra creían que ésta no valía la pena. Corea era un país lejano y misterioso, y combatir por la contención carecía de la urgencia moral que había estado presente en la cruzada contra la plaga nazi y contra los "asesinos" de Pearl Harbor y Bataan. Los soldados estadounidenses estaban siendo derrotados por los invasores norcoreanos. El presidente Truman y el general MacArthur dijeron que los Estados Unidos debían luchar y en 1950 la mayoría de la población norteamericana aceptó el llamado.

Los estadounidenses recibían las noticias a través de la radio y de los noticieros cinematográficos, antes que de la televisión, medio que llevó la guerra de Vietnam a las salas de los hogares con una inmediatez sorprendente. Sin embargo, fueron muchos los paralelos entre la guerra con Corea y la tragedia norteamericana en Vietnam. (Vale la pena anotar que la participación de Estados Unidos en Vietnam realmente comenzó durante la guerra de Corea, gracias a la ayuda prestada por Norteamérica a las fuerzas francesas y anticomunistas en Indochina.) En ambas guerras, los gobiernos de derecha respaldados por Estados Unidos fueron atacados por insurgentes comunistas apoyados por China y la Unión Soviética. Las dos guerras se libraron para "contener" el avance del comunismo en las naciones asiáticas, que fueron divididas por medio de acuerdos firmados con los soviéticos durante la postguerra. En 1950, se creía que los comunistas asiáticos eran parte de una conspiración mundial comunista que llegaba hasta el corazón del gobierno de Norteamérica, tal como lo estaba "demostrando" el senador McCarthy. Aunque los rebeldes de estos dos países asiáticos entablaron guerras civiles con el objetivo de obtener la reunificación, tanto Washington como Moscú tenían intereses en estos conflictos y ofrecieron ayuda militar para que continuaran. Aunque la mayoría de las tropas y recursos financieros durante las guerras de Vietnam y de Corea provinieron de Estados Unidos, varios países participaron en ambos conflictos. Norteamérica, que había combatido en Corea en nombre de las Naciones Unidas, asumió una postura diferente en Vietnam. Hay otra diferencia importante entre los dos conflictos. En Vietnam, Estados Unidos combatió principalmente contra una coalición integrada por guerrilleros y soldados regulares de Vietnam del Norte. Inicialmente, la guerra en Corea fue contra los norcoreanos, pero rápidamente se extendió a un enfrentamiento mucho más letal y peligroso contra el numeroso Ejército Rojo de China.

Los políticos de línea dura respaldaron el involucramiento total de Estados Unidos en los dos conflictos. Durante la guerra de Corea, estos esfuerzos fueron liderados por el general MacArthur, por un poderoso grupo de senadores y de magnates de los medios noticiosos como Henry Luce, así como por quienes querían una guerra total contra el comunismo, incluyendo un ataque a la China maoísta. Estos esfuerzos fueron conocidos como el "*lobby* por China." Aunque la guerra de Corea nunca produjo polarizaciones sociales tan amplias como las que se dieron tras la participación estadounidense en Vietnam, los norteamericanos estaban poco inclinados a combatir en la guerra de Corea.

Al igual que Vietnam, la guerra de Corea le costó la presidencia a un demócrata—Harry S Truman—y le abrió las puertas a un republicano—Dwight D. Eisenhower. (La Vigesimosegunda Enmienda, ratificada en 1947, establece un límite de dos términos presidenciales, o un solo término para quien haya servido como presidente por más de dos años del término servido por el presidente electo, como fue el caso de Truman. Sin embargo, éste no fue cubierto por estas provisiones y pudo haberse lanzado en 1952, pero prefirió no hacerlo.)

HITOS DE LA GUERRA DE COREA

1950

25 de junio   Noventa mil soldados norcoreanos entrenados y armados por los soviéticos cruzan el paralelo 38, que sirve de frontera entre las dos Coreas, e invaden la República de Corea. Al día siguiente, el presidente Truman autoriza a la Marina y a la Fuerza Aérea de Estados Unidos a apoyar a los ejércitos surcoreanos para defenderse de la invasión. Apenas tres días después, las tropas norcoreanas, que encuentran una débil oposición de las fuerzas surcoreanas que están conformadas básicamente por la policía militar, ocupan Seúl, la capital, que está a tan solo 40 millas al sur de la frontera.

27 de junio El Consejo de Seguridad de las Naciones Unidas adopta una resolución de cese al fuego. El representante soviético ante esta entidad no está presente, pues se encuentra boicoteando al Consejo de Seguridad, ya que este organismo reconoce a la China nacionalista y no a la comunista. La resolución es aprobada por nueve votos a favor y ninguno en contra. En pocas semanas, una segunda resolución destina una fuerza de la ONU para respaldar al gobierno de Corea del Sur.

30 de junio El general Douglas MacArthur visita a las tropas surcoreanas que se encuentran a punto de desmoronarse, y solicita tropas norteamericanas. El presidente Truman envía fuerzas de infantería del Ejército de Estados Unidos a Corea del Sur, anuncia el bloqueo naval a las costas coreanas y extiende el período de reclutamiento en un año adicional. Así mismo, aumenta la ayuda a los franceses, quienes luchan contra los rebeldes comunistas en Indochina.

8 de julio Una tercera resolución de la ONU aprueba que Estados Unidos asuma el liderazgo de las fuerzas de esta organización, y el general MacArthur es nombrado como su comandante general. Aunque la gran mayoría de las fuerzas de la ONU están conformadas por tropas norteamericanas y surcoreanas, participan también soldados de 16 países, entre los que figuran Australia, Gran Bretaña y las Filipinas. Las fuerzas norteamericanas demuestran una falta de preparación total durante los primeros combates. Los soldados, que vienen de realizar labores suaves tras la ocupación norteamericana de Japón, están poco entrenados, fuera de forma y mal armados. La capacidad de reacción y el poderío militar norteamericano se encuentran en su punto más bajo desde el ataque a Pearl Harbor. Las fuerzas estadounidenses tienen que replegarse defensivamente en Pusan, durante las primeras semanas de combates. Corea del

Norte no logra apabullar a Corea del Sur gracias al poderío de la Fuerza Aérea norteamericana, que controla el espacio aéreo surcoreano y ataca constantemente a las rutas de abastecimiento norcoreanas.

20 de julio Tres escuadrones de la 25ª División de Infantería, conformados exclusivamente por negros, recapturan la ciudad de Yechon y sufren pocas bajas. Es la primera victoria considerable de Estados Unidos en esta guerra. Esta división, poco entrenada, mal armada y segregada, demuestra su capacidad de combate a pesar de que en los estamentos militares se cree que "los negros no luchan."

6 de agosto La ofensiva norcoreana es neutralizada finalmente en la línea alrededor de Pusan.

15 de septiembre En lo que se considera el golpe más brillante de su larga carrera militar, el general MacArthur dirige un asalto anfibio al puerto de Inchon, penetrando notablemente en las filas norcoreanas. La fuerza invasora encuentra poca resistencia y se acerca rápidamente a Seúl. Los norcoreanos, que cuentan con líneas de abastecimiento extensas y poderosas, quedan atrapados entre las fuerzas comandadas por MacArthur y las tropas que defienden a Pusan y emprenden de inmediato la retirada a través de la frontera. Dos semanas después del desembarco aliado en Inchon, Seúl es recapturada por las fuerzas de la ONU, quienes encuentran una resistencia inusitada de las tropas norcoreanas que aún permanecen en la capital.

29 de septiembre Las fuerzas de la ONU llegan al paralelo 38 y trazan esta línea como frontera entre las dos Coreas. Se supone que este es el objetivo del conflicto, pero el presidente coreano Syngman Rhee anuncia su intención de continuar la guerra para unificar al país y castigar a Corea del Norte por su invasión. Este plan recibe el respaldo total de MacArthur, anticomunista declarado, y de los mandos militares en Washington, pero se descarta de plano cualquier acción contra China.

7 de octubre En un claro giro de la política de contención, las fuerzas de la ONU comandadas por MacArthur invaden a Corea del Norte para tratar de derrocar al gobierno comunista. La invasión es denunciada por el gobierno comunista chino, el cual manifiesta que no permitirá esta situación. Sin embargo, la amenaza china es desestimada. Estados Unidos no tiene relaciones diplomáticas con esta nación y solo reconoce al gobierno nacionalista de Chiang Kai-shek, establecido en la isla de Taiwan (Formosa). Casi un millón de tropas chinas están destacadas en Manchuria.

15 de octubre El presidente Truman y el general MacArthur se reúnen en la isla de Wake. El presidente quiere llamarle la atención al voluntarioso militar, quien durante su larga carrera no ha hecho más que contradecir las órdenes presidenciales. Truman abandona la isla convencido de que el general actuará según las reglas propias de su investidura.

20 de octubre Las tropas de la ONU capturan Pyongyang, capital de Corea del Norte y continúan avanzando en dirección norte hacia el río Yalu, en la frontera con Manchuria.

1 de noviembre Aprovechando un gran incendio forestal, las tropas chinas atacan a las fuerzas surcoreanas que están en el norte y aniquilan a un escuadrón.

2 de noviembre El general MacArthur declara que los chinos son una gran amenaza. Las tropas chinas atacan al 8° Ejército norteamericano, el cual es obligado a retirarse hacia el sur.

4 de noviembre Comienza una gran contraofensiva china. MacArthur informa que hay tal número de chinos en Corea que su mando está en peligro y solicita refuerzos.

6 de noviembre Un millón de tropas chinas abandonan su táctica de ocultamiento e ingresan a Corea. Los pilotos norteamericanos observan una extensa línea conformada por tropas chinas que cruzan el río Yalu, que separa a Corea de Manchuria. MacArthur anuncia la intención de bombardear los puentes sobre el río Yalu, pero Washington se lo prohíbe. MacArthur comienza una ofensiva política para declararle la guerra total a China, reunificar a Corea y derrocar al régimen comunista del Norte, lo que le permitirá a Chiang Kai-shek asumir las riendas de China. MacArthur divide a sus ejércitos y los chinos avanzan con facilidad entre las filas de las fuerzas de la ONU. Es la peor estrategia militar de su carrera.

5 de diciembre   En vista de que China cuenta con un pie de fuerza colosal y está dispuesta a asumir un enorme número de bajas, las tropas de la ONU salen de Pyongyang y son expulsadas del norte. Los chinos continúan su ofensiva y prometen que enviarán a los norteamericanos al mar. MacArthur le informa a Truman: "Estamos enfrentados a una guerra completamente nueva."

8 de diciembre   El presidente Truman anuncia el embargo de las exportaciones norteamericanas a China.

16 de diciembre   El presidente Truman declara la emergencia nacional y hace un llamado para que las fuerzas militares de la nación alcancen los 3.5 millones de soldados. Tres días después, Dwight Eisenhower, quien es el presidente de la Universidad de Columbia, es nombrado comandante en jefe de las fuerzas defensivas del hemisferio occidental.

29 de diciembre   El general MacArthur declara que Estados Unidos debería atacar a China, sugiere ataques atómicos a ésta nación y convocar a medio millón de soldados nacionalistas para derrocar al régimen comunista chino.

1951

4 de enero   Las tropas chinas entran a Seúl. MacArthur se queja de estar impedido por la decisión del presidente de no bombardear centros de abastecimiento en China. Eventualmente, las tropas de la ONU se reagrupan y contienen la ofensiva china.

14 de marzo   Las fuerzas de la ONU recapturan Seúl y hacen que el Ejército chino se repliegue detrás de la frontera.

5 de abril   Julius y Ethel Rosenberg son condenados a muerte en Estados Unidos luego de ser encontrados culpables de suministrar secretos atómicos a los soviéticos. La pareja será ejecutada en junio de 1953.

11 de abril El presidente Truman depone al general MacArthur como comandante en Corea, después de que éste lo desafiara abiertamente por intentar negociar la paz en Corea. En marzo, el general Matthew B. Ridgway asume el comando de las fuerzas en Corea. El general MacArthur regresa a Estados Unidos y es recibido como un héroe nacional por una inmensa multitud (algunos informes señalan que 7 millones de personas lo recibieron en Nueva York). Posteriormente, MacArthur pronuncia un discurso ante los miembros del Congreso y del Senado y hace un llamado para declararle la guerra total a China. Se presenta un estallido popular en contra de Truman y llegan miles de cartas a la Casa Blanca y al Congreso pidiendo que el presidente sea impugnado.

VOCES AMERICANAS
PRESIDENTE HARRY S TRUMAN,
luego de despedir al general MacArthur, citado en
el libro *Plain Speaking*, la biografía de Truman escrita
por Merle Miller publicada en 1973.

Lo despedí porque no respetaba la autoridad presidencial. Ésa es la respuesta. No lo despedí porque fuera un hijo de perra, aunque realmente lo era, pero eso no está en contra de la naturaleza de los generales. Si así fuera, entre la mitad y tres cuartas partes de ellos estuvieran en la cárcel.

10 de julio Mientras siguen los combates, Estados Unidos se une a las conversaciones de paz entre la ONU y China. El objetivo de Norteamérica es la tregua negociada que confirme el status quo que existía antes de la guerra, es decir el regreso a la política de contención.

1952

24 de enero Se estancan las conversaciones de paz con China. La guerra continúa, especialmente por medio de enfrentamientos en los territorios fríos y montañosos de Corea del Norte. Estas batallas, al igual que las de Heartbreak Ridge, Bloody Ridge, Punchbowl y otras que han tenido lugar en otras colinas, son sangrientas pero no parecen llevar a ninguna parte, lo que hace recordar las guerras de trincheras de la Primera Guerra Mundial.

4 de noviembre   Dwight D. Eisenhower es elegido presidente. Richard M. Nixon asume como vicepresidente. El candidato demócrata Adlai Stevenson solo gana en nueve estados.

5 de diciembre   El presidente electo visita las tropas en Corea e intenta reanudar las negociaciones de paz.

1953

27 de julio   Se firma un armisticio en Panmunjon que pone fin a los combates. La guerra termina donde comenzó: en el paralelo 38.

¿Cuáles fueron las consecuencias de esta guerra?

La guerra de Corea dejó más de 56,000 soldados estadounidenses muertos y 100,000 heridos. Más de 2 millones de coreanos murieron en los enfrentamientos. Tres años después, la situación en esa región era la misma que existía en el momento en que Corea del Norte atacó a Corea del Sur. Los enfrentamientos armados y el gran número de víctimas no lograron cambiar casi nada, y desde aquel entonces todo ha permanecido prácticamente igual. En Estados Unidos, la guerra produjo un llamado masivo a la militarización y a la construcción de fuerzas convencionales y nucleares, que el presidente Eisenhower llamaría posteriormente como "el complejo militar-industrial."

Voces Americanas
Del discurso "Checkers" pronunciado por Richard Nixon en septiembre de 1952.

Debo señalar que Pat [la esposa de Nixon] no tiene un abrigo de visón, pero sí tiene un respetable abrigo republicano. Y siempre le digo que se ve bien con cualquier cosa.

Otra cosa que debería decirles—pues me acusarán si no lo hago—, es que nos dimos un regalo luego de la nominación. Un hombre de Texas escuchó en la radio que nuestros dos hijas querían un perro y créanme o no, un día antes de que comenzáramos este viaje de campaña, recibimos un mensaje de la Union Station en Baltimore, diciendo que había un paquete para nosotros. . . . Y saben qué era? Un cachorro cocker spaniel con manchas negras y blancas dentro de una canasta, que el hombre nos había enviado desde Texas. Tricia, nuestra hija menor, quien tiene seis años, lo bautizó Checkers. Ustedes saben que todos los niños adoran los perros y quiero decirles esto ahora mismo, pues no importa lo que digan, nos quedaremos con él.

Este discurso de Nixon fue pronunciado en medio de la campaña en la que se enfrentaban Eisenhower y Adlai Stevenson. Aunque la plataforma principal de los republicanos era denunciar la corrupción del Partido Demócrata, Nixon fue acusado de mantener unos "fondos secretos para sobornos," suministrados por peces gordos. Los fondos sí existían, pero eran legales. Sin embargo, esto supuso un golpe terrible a la causa republicana y Nixon estuvo a un paso de retirarse de la contienda electoral. Pero decidió ofrecer un discurso televisivo donde sabía que sería tildado de sensiblero y sentimentaloide. El discurso le representó muchos votos, salvó su carrera política y la posibilidad del triunfo republicano.

VOCES AMERICANAS
CHARLES "ENGINE" WILSON,
ejecutivo de la General Motors que sirvió como
secretario de Defensa en el mandato de Eisenhower,
en declaraciones a un comité del Senado
para las Fuerzas Armadas (1952).

Durante varios años, pensé que lo que era bueno para nuestro país era bueno para la General Motors y viceversa. La diferencia era inexistente.

Estas palabras, también conocidas como "lo que es bueno para la General Motors es bueno para Estados Unidos," frases expresadas por Wilson, significan lo mismo. La General Motors, la corporación más grande de Estados Unidos y del mundo, fue la primera en conseguir mil millones de dólares. En 1948, Wilson firmó un acuerdo histórico con la organización sindical United Auto Workers (UAW). Los trabajadores no sólo recibieron el tradicional incremento salarial, sino aumentos que estaban a la par con los índices del costo de vida. Este acuerdo, conocido como el Tratado de Detroit, trajo la paz laboral a esta compañía por espacio de una generación.

¿Qué hacía el nieto de Theodore Roosevelt en Irán?

Parte de la campaña republicana de 1952 consistió en culpar a los demócratas de haberles cedido varias partes del mundo a los comunistas. Cuando llegó al poder en 1953, Eisenhower quiso asegurarse de que no lo acusaran de lo mismo. Pero como dice David Halberstam en *The Fifties:* "La guerra de Corea demostró que había ciertas restricciones al involucramiento militar de Estados Unidos en el Tercer Mundo. La administración Eisenhower encontró una rápida solución gracias a la Agencia Central de Inteligencia (CIA), que había desarrollado una gran habilidad para realizar operaciones encubiertas, aparte de cumplir con su misión original, consistente en adelantar labores de inteligencia.

Esta inclinación a utilizar a la CIA para realizar operaciones paramilitares y clandestinas marcó un fuerte contraste con las políticas emprendidas durante el mandato de Truman. La primera oportunidad que tuvo la nueva administración republicana se dio gracias a la disputa con la Unión Soviética por el control de petróleo, en un lugar que para muchos norteamericanos pertenecía más a un cuento de hadas que a una zona geográfica real. Irán—antiguamente conocido como Persia—había sido un campo de batalla en la Primera Guerra Mundial, donde los rusos combatieron contra el Imperio otomano (aliado de los alemanes) por los recursos de esa región. Al término de la guerra, un oficial de caballería llamado Reza Khan depuso al gobierno, se nombró a sí mismo como "sha" y cambió su apellido por el de Pahlavi.

Durante la Segunda Guerra Mundial, el sha trató de permanecer neutral, pero las fuerzas británicas y soviéticas—que estaban aliados contra Alemania—había depuesto al sha Reza del trono e instauraron en su lugar a su hijo, Mohammad Reza Pahlavi, como el nuevo sha. Éste aceptó un tratado con Inglaterra y la Unión Soviética que les permitía a estas dos naciones utilizar el ferrocarril trans iraní para transportar petróleo y estacionar tropas en esta nación hasta que la guerra terminara. Los ingleses trataron a Irán como a una colonia y se llevaron el petróleo que quisieron, como si fuera de su propiedad. Aunque los ingleses ganaban millones de libras esterlinas, los iraníes solo recibían una pequeña parte de las ganancias. Los británicos también establecieron instalaciones segregadas para los trabajadores petroleros en Irán, lo que aumentó la tensión y el resentimiento de los iraníes. En 1951, un grupo de nacionalistas iraníes dirigidos por Mohammad Mossadegh exigió el fin del control británico de la industria del petróleo. Mossadegh, quien simpatizaba con los soviéticos, asumió como primer ministro y la industria petrolera fue puesta bajo la propiedad y el control del gobierno. El sha pasó a ser una figura decorativa.

Luego, a petición de los británicos, la CIA planeó un golpe de estado para instaurar de nuevo al sha en el poder, golpe que la CIA denominó como "Boy Scout." Con el visto bueno de John Foster Dulles, secretario de estado y de su hermano Allen Dulles, director de la CIA, Kermit Roosevelt, nieto del ex presidente Theodore Roosevelt (y primo de Franklin D. Roosevelt) se convirtió en el principal organizador del golpe. Roosevelt, jefe de un departamento de la CIA especializado en el Oriente Medio, viajó en secreto de Bagdad a Teherán y le dijo al joven sha que Londres y Washington lo apoyarían para llegar al poder. Roosevelt organizó manifestaciones multitudinarias que respaldaban al sha y la policía de Teherán cooperó y reprimió las demostraciones en su contra. Aunque Roosevelt tuvo éxito en esta misión, generalmente se oponía a este tipo de intervenciones por parte de la CIA. Según dice James Srodes, historiador de la CIA, en su libro *Allen Dulles*, una biografía sobre este espía legendario, Roosevelt renunció más tarde a esta agencia para no participar en un golpe de estado que se estaba fraguando contra Nasser. El sha subió al poder. Mossadegh fue depuesto y encarcelado y los norteamericanos lograron todo lo que se habían propuesto por medio del golpe. Y como señala David

Halberstam: "Se hizo de una forma rápida, limpia y barata." El éxito de esta operación terminó por animar a la CIA, por lo menos a corto plazo. La intervención encubierta en los países del Tercer Mundo tendría un papel cada vez más importante en la política de contención adelantada por Estados Unidos durante la Guerra Fría, conducida por los cerebros de la CIA. Poco después de haber alcanzado el objetivo en Irán, la CIA realizó un complot para derrocar a un régimen izquierdista en Guatemala que suponía una amenaza para la United Fruit, una compañía norteamericana que era dueña de casi todo el país centroamericano.

Pero, ¿qué sucedería a largo plazo en Irán? Seguramente un avance rápido en el lapso de unos pocos años, si es que la historia se trata de atar cabos. A comienzos de los años sesenta, el sha intentó adelantar una serie de reformas económicas y sociales que incluían una reforma agraria para repartir las propiedades de los terratenientes entre los campesinos que trabajaban la tierra. El sha también hizo mejoras en la educación, en los servicios de asistencia social y les otorgó a las mujeres el derecho al voto. Al mismo tiempo, detentó un poder casi absoluto por medio de la SAVAK la temida policía secreta iraní y la oposición al sha comenzó a crecer, especialmente entre estudiantes y musulmanes conservadores.

Escasamente un cuarto de siglo después, las consecuencias inesperadas por la CIA se materializaron. En enero de 1979, las protestas multitudinarias, las huelgas y los disturbios condujeron a la expulsión del sha de Irán. El ayatollah Ruhollah Jomeini, un clérigo fundamentalista musulmán, declaró a Irán como una república islámica y se convirtió en el líder supremo de la Nación. Cuando el presidente Carter le permitió al sha viajar a Estados Unidos para someterse a un tratamiento médico y se negó a entregarlo a las autoridades iraníes para que fuera juzgado en ese país, los revolucionarios iraníes irrumpieron en la embajada de Estados Unidos en Teherán y tomaron a varios estadounidenses como rehenes. Este fue el comienzo de la larga historia del movimiento fundamentalista islámico, cuyas políticas antinorteamericanas terminaron por conducir a los eventos de 11 de septiembre de 2001.

V O C E S   A M E R I C A N A S
Del libro *Hombre invisible*, de
R A L P H   E L L I S O N (1952).

Soy un hombre invisible. No, no soy uno de aquellos trasgos que se le aparecían a Edgar Allan Poe; ni tampoco soy un ectoplasma sacado de una película de Hollywood. Soy un hombre de sustancia, de carne y huesos; de fibra y líquidos —y podría decir que hasta poseo una mente. Entiendan que si soy invisible, es tan sólo porque las personas se niegan a verme. Soy como las cabezas separadas del tronco que a veces se ven en las barracas de feria, soy como un reflejo de crueles espejos con duros cristales distorsionantes. Cuantos se acercan a mí, únicamente ven lo que me rodea, o inventos de su imaginación. De hecho, lo ven todo. Lo ven todo, cualquier cosa, menos a mí.

¿En qué consistió el caso *Brown vs. Consejo de Educación*?

Todos los días, Linda Brown, una niña de ocho años, se preguntaba porqué tenía que viajar cinco millas para llegar a su escuela si el autobús llegaba hasta la Sumner Elementary School, una escuela que quedaba a sólo cuatro cuadras de su casa. Cuando su padre intentó matricularla para el cuarto grado en esta escuela, las autoridades escolares de Topeka, Kansas, le dijeron que no. En 1951, Linda Brown tenía el color equivocado para la escuela de Sumner.

En julio de 1950, un año antes de que Linda fuera rechazada, las tropas negras segregadas del 24° Regimiento de Infantería obtuvieron la primera victoria en la guerra de Corea, luego de recapturar Yechon. Pocos meses después, William Thompson recibió la medalla de honor por su labor en Corea, el primer negro en recibir ese honor desde la guerra contra España. (Es difícil ganar medallas por méritos militares cuando a los negros sólo se les permitía pelar papas o cavar trincheras.) En septiembre de 1950, Gwendolyn Brooks (nacida en 1917) ganó el premio Pulitzer de poesía por su libro *Annie Allen*, siendo la primera mujer de raza negra en ser citada por el comité

Pulitzer. Y ese mes, el diplomático estadounidense Ralph J. Bunche (1904–71) recibió el premio Nobel de la Paz por su mediación en el conflicto palestino, siendo el primer negro en recibir ese honor. Para la mayoría de los 15 millones de estadounidenses de color—que en 1950 eran llamados "negros"—estos logros significaban poco. En primera instancia, muchos de estos 15 millones no podían leer acerca de estos alcances. El analfabetismo entre la mayor minoría racial (aproximadamente el 10 por ciento de la población total en 1950) era el denominador común. Las escuelas para negros, si existían, no ofrecían casi nada de lo que se conoce como educación formal. La ley vigente seguía siendo "separados pero iguales," política dictada por la Corte Suprema en 1896, luego del veredicto en el caso *Plessy vs. Ferguson*. La política de "separados pero iguales" que mantuvo a Linda Brown por fuera de la escuela cercana a su casa, estipulaba que las salas de maternidad y las morgues, las fuentes de agua y las piscinas, las prisiones y los puestos de votación fueran segregados o sólo para blancos. Exactamente qué tan "iguales" eran estas instalaciones "separadas" era un misterio desconocido para los negros: si todo era tan igual, ¿por qué los blancos no las utilizaban?

Sin embargo, en ninguna parte esta disparidad era tan marcada y humillante como en las escuelas públicas, especialmente—aunque no únicamente—en el corazón de la antigua Confederación. Las escuelas para blancos eran completamente nuevas, bien mantenidas y equipadas y con personal calificado. Las escuelas para negros no eran más que casuchas de un solo cuarto, sin instalaciones sanitarias, con un solo profesor y una pizarra rota. Los padres tenían que comprar el carbón si querían que sus hijos estuvieran calientes durante el invierno. Pero un grupo de negros sureños valientes, casi todos personas comunes, profesores, ministros y sus familias, comenzaron a luchar hasta conseguir que estas leyes fueran derogadas.

Algunos negros de pequeños poblados de Kansas, Carolina del Sur, Virginia y Delaware, exhortados por Thurgood Marshall (1908–93), el corpulento y mordaz abogado de Baltimore que lideró la Defensa Legal y el Fondo Educativo de la NAACP, protestaron ante la injusticia de los sistemas educativos "separados pero iguales." Quienes se enfrascaron en esta lucha no tardaron en ser amenazados con perder sus trabajos, ser inelegibles para créditos bancarios y en recibir amenazas de muerte. Una de estas personas era el reverendo Oliver Brown, el padre de Linda, quien había intentado matricular a su hija en una escuela exclusiva para blancos en 1951. Como el apellido Brown era el primero en orden alfábetico entre los varios demandantes de casos semejantes contra cuatro estados diferentes, fue el que Thurgood Marshall presentó ante la Corte Suprema en 1953.

Marshall parecía tener varias cosas a su favor. En 1950, la Corte Suprema había tomado tres decisiones importantes que socavaron el veredicto del caso *Plessy vs. Ferguson*: la decisión de *Sweatt* decía que la igualdad implicaba algo más que las instalaciones físicas; la decisión *McLaurin* estipulaba que los estudiantes negros no podían ser segregados por las universidades estatales después de haber sido admitidos; y el caso *Henderson* prohibía la segregación en los comedores de los trenes. Sin embargo, estos casos eran limitados y no se prestaban para interpretaciones muy amplias.

También se había realizado un cambio en la composición de la Corte. Fred M. Vinson, el presidente del Tribunal Supremo designado por el presidente Truman y que había ordenado a varios jueces que se dirigieran a Washington para asegurarse de que la ejecución de los Rosenberg se cumpliera sin falta, murió de un ataque cardíaco poco después de que los argumentos del caso *Brown vs. Consejo de Educación* fueran expuestos. En 1953, Eisenhower nombró a Earl Warren (1891–1974) como presidente de la Corte Suprema de los Estados Unidos. Warren, quien no era el más experto en cuestiones legales, era un buen soldado republicano, que había tenido un desempeño aceptable como gobernador de California y fue candidato a la vicepresidencia en las elecciones de 1948, acompañando a Dewey en la fórmula presidencial. Su pasado solo tenía un "lunar," por lo menos en términos retrospectivos. Cuando fue fiscal general del estado de California, Warren defendió la idea de que los norteamericanos de origen japonés fueran internados durante la Segunda Guerra Mundial, política que también apoyó durante su primer mandato como gobernador de California. Pero en 1953, eso parecía ser prueba de buen juicio y no la mancha deplorable que sería en la actualidad. Lo cierto es que en aquella época, nadie sospechaba que Warren sería el presidente de la Corte durante 16 de sus años más turbulentos, época en que los jueces lideraron la transformación de Estados Unidos en temas como la igualdad racial, la justicia legal y la libertad de expresión. Más tarde, el presidente Eisenhower, el general eficiente y héroe de la democracia que adoptó una actitud hostil con respecto a los derechos civiles, dijo que el nombramiento de Warren había sido "el error más estúpido que haya podido cometer." Desde el momento en que los jueces comenzaron a discutir el caso, Warren—que no había sido confirmado aún por el Senado—dejó claro que votaría para anular la decisión del caso *Plessy*, pues creía que la ley ya no podía tolerar que una raza fuera considerada inferior, ni tampoco las consecuencias derivadas de las leyes que estipulaban el concepto de "separados pero iguales." Sin embargo, Warren era un político y un juez astuto. Él sabía muy bien que el veredicto tenía que ser unánime, dada la importancia—incluso política—del caso. Obtener la unanimidad era más difícil que llegar a una decisión propia. Pero, gracias a una labor persuasiva, Warren pudo obtener el consenso que buscaba y el que requería el caso. Los nueve jueces no sólo votaron la anulación del veredicto del caso *Plessy*, sino que permitieron que Warren fuera su vocero. Éste leyó su fallo simple y breve, que fue el equivalente judicial del "disparo que se escuchó en todo el mundo." En su libro *Simple Justice*, un monumental estudio sobre este caso y sobre la historia del racismo, la crueldad y la discriminación que precedieron a este caso, Richard Kluger expresó con elocuencia el impacto de esta decisión:

> La opinión de la Corte decía que Estados Unidos representaba algo más que la abundancia material, un espíritu más profundo, a pesar de haber estado profundamente sumergido en el miedo, la envidia y el odio sin límites . . . La Corte le había restituido al pueblo norteamericano una dosis de humanismo que se había perdido en su lucha por la supremacía mundial. La Corte dijo, sin utilizar estas palabras, que cuando agredías a una persona de raza negra, a ella le dolía y que ya era hora de terminar con esa situación.

Lógicamente, el veredicto del caso *Brown* no contribuyó a que los supremacistas blancos dejaran de ser racistas. El Sur respondió indignado. Los sistemas escolares de todo el país—del Norte y del Sur—fueron llevados en contra de su voluntad a los tribunales para que rescindieran la segregación. Los estados combatieron esta decisión por medio de una gran cantidad de apelaciones y otros recursos para retardar la puesta en práctica del veredicto, llamaron a las tropas y finalmente, se desató un odio y una violencia racial dirigida a los pequeños estudiantes que sólo querían aprender.

Lectura Recomendada: *Simple Justice: The History of Brown vs. Board of Education;* y *Black America's Struggle for Equality,* de Richard Kluger.

VOCES AMERICANAS

EARL WARREN, Presidente Del Tribunal Supremo De Justicia, en el veredicto unánime del caso *Brown vs. Consejo de Educación de Topeka* (17 de mayo de 1954).

Abordamos entonces el asunto presentado: ¿La segregación de los niños en las escuelas públicas basada exclusivamente en la raza, así las instalaciones físicas y otros factores "tangibles" puedan ser iguales, privan a los niños de este grupo minoritario de tener las mismas oportunidades de educación? Creemos que sí . . . Separarlos de otros niños que tienen la misma edad y capacidades sólo por su raza es algo que genera un sentimiento de inferioridad y posición en la comunidad que puede afectar sus corazones y mentalidades de forma irreversible . . .

. . . Concluimos que la doctrina de "separados pero iguales" no tiene cabida en el campo de la educación pública. Las instalaciones educativas separadas son esencialmente inequitativas."

¿Por qué el arresto de una mujer llamada Rosa Parks cambió la vida en Estados Unidos?

Por medio de su veredicto histórico, la Corte Suprema les dio los "Diez Mandamientos" al movimiento por los derechos civiles que aún no tenía a su Moisés. Puede que Rosa Parks no haya sido Moisés, pero sí era una voz que se reveló contra el cautiverio egipcio. En 1955, Egipto estaba Montgomery, Alabama.

Rosa Parks, una costurera de 43 años de edad que trabajaba en una tienda por departamentos en el centro de Montgomery, iba de regreso a casa luego de cumplir su jornada laboral. Tenía varios paquetes donde llevaba las compras de navidad, se subió a un autobús y se dirigió a la parte posterior, que legal y tradicionalmente era la sección para los negros. Como no encontró ningún asiento desocupado, se sentó en uno del medio. El conductor recogió varios pasajeros blancos y dijo: "Los negros se sientan atrás." es decir, que dio la orden de que los negros desocuparan las sillas de los blancos, así tuvieran que ir de pie. Rosa Parks se negó a obedecer la orden. Ella, que estaba afiliada a la sección local del NAACP, había decidido negarse a obedecer en caso de que le pidieran desocupar la silla.

Rosa Parks fue arrestada por violar las leyes de transporte de Montgomery y fue citada para comparecer el lunes siguiente ante la corte. Sin embargo, los negros de esta ciudad encontraron a su Moisés ese fin de semana. Se reunieron para protestar por el arresto de Rosa Parks y por la motivación que éste despertaba y eligieron como su líder a un hombre de 27 años y pastor de la Iglesia Bautista de Dexter Avenue, a la cual asistía la señora Parks. El pastor invitó a que se hiciera una resistencia pacífica, e instó a la comunidad negra de Alabama a no utilizar los autobuses de Montgomery. Su nombre era Martin Luther King Jr. (1929–68). En poco tiempo, el boicot a los autobuses y el movimiento que inspiró le darían fama mundial y harían de él uno de los hombres más admirados y odiados de la nación.

King, quien nació en Atlanta, era hijo de uno de los ministros más destacados de esa ciudad. Su abuelo organizó una prostesta que condujo a la creación de la primera escuela de secundaria de Atlanta, llamada Booker T. Washington, a la cual asistió King. Posteriormente estudió en el Morehead College y realizó estudios de teología y filosofía en el Crozier Theological Seminary y en la Universidad de Pennsylvania. Obtuvó un Ph.D. en teología en la Universidad de Boston en 1955 y luego se radicó en Montgomery. King, quien se basaba en los principios de la no violencia y la desobediencia civil postulados respectivamente por Mahatma Gandhi y Henry David Thoreau, pensaba establecer un movimiento a favor de los derechos civiles utilizando como su piedra angular las enseñanzas básicas del cristianismo: el amor, el perdón, la humildad, la esperanza y el sentido de comunidad. El boicot de Montgomery, que comenzó el 5 de diciembre de 1955, le ofreció la primera oportunidad para poner esta estrategia en práctica.

El boicot tuvo un éxito inmenso que se prolongó por más de un año. La población blanca de esa ciudad, indignada porque los negros se negaban a utilizar los autobuses, acudió a otras formas de venganza. La señora Parks fue arrestada de nuevo por negarse a pagar la multa. King fue arrestado, primero por conducir en estado de ebriedad y luego por organizar un boicot ilegal. Las compañías de seguros cancelaron el seguro a los autos que bloqueaban a los autobuses. Como las estrategias pacíficas no surtieron mayor efecto, los blancos comenzaron a incendiar las casas de los negros; dispararon contra una ventana de la casa de King, y como era de esperarse, el KKK entró en escena.

El caso terminó en Washington, donde la Corte Suprema, que ahora contaba con el precedente del caso *Brown*, comenzó a derogar las manifestaciones de la política "separados pero iguales" en todas las esferas de la vida. La Corte ordenó el fin de la segregación racial en el sistema de transporte público de Montgomery en noviembre de 1956 y en la mañana del 21 de diciembre de ese año, la población negra utilizó de nuevo los autobuses. Habían ganado una batalla, pero la guerra apenas comenzaba. El boicot pacífico cobró fuerza y se extendió a todo el Sur. Durante los diez años siguientes, estas protestas pacíficas condujeron al movimiento por los derechos civiles, hasta que este proceso tan lento desencadenó finalmente en la violencia racial urbana que se vivió a mediados de los sesenta.

A pesar del éxito de la protesta, la notoriedad internacional alcanzada por Martin Luther King produjo divisiones dentro de sus filas, según señala David J. Garrow en su libro *Bearing the Cross*. La señora Parks, que fue despedida de su trabajo, recibió empleo en el Hampton Institute, en Virginia y continuó siendo un símbolo del movimiento por los derechos civiles.

En 1957, King se mudó a Atlanta y organizó la Southern Christian Leadership Conference—SCLC. Ese mismo año dirigió la primera marcha por los derechos civiles cargada de plegarias y que culminó en

Washington. Cincuenta mil personas de raza negra participaron en esa ocasión. En el futuro, King vendría de nuevo con cientos de miles de personas.

Mientras tanto, la Corte Suprema había dado un segundo veredicto en mayo de 1955, en un caso conocido como *Brown II*, que pretendía abordar algunos de los aspectos prácticos producidos por su orden de suprimir la segregación. La Corte se adentró en territorios peligrosos, pues afirmó una vez más que los estados demandados tenían que acatar el veredicto de 1954 de una forma rápida y total. Pero Warren concluyó con su famosa frase que ese proceso debía moverse a una "velocidad deliberada." Así, la Corte le dijo al país que fuera rápido pero despacio. Los abanderados de la integración entendieron que debía hacerse énfasis en la velocidad. Pero para los segregacionistas, la palabra "deliberada" significaba "a su debido tiempo."

VOCES AMERICANAS
RELMAN MORIN, reportero de la Associated Press,
en Little Rock, Arkansas (23 de septiembre de 1957).

Llevaban libros. Los calcetines cortos, que eran parte del uniforme escolar, resplandecían en los tobillos de las niñas. Todos estaban bien vestidos. Los chicos vestían camisas con el cuello abierto y las chicas, vestidos tradicionales.

No se apresuraron. Simplemente recorrieron las 15 yardas que había desde el andén hasta las escalinatas de la escuela. Miraron a las personas y a los policías como si nada de lo que veían les importara.

Nadie puede olvidar una escena como ésa, ni como la que siguió.

Como si se tratara de una ola, la muchedumbre que se había acercado a los cuatro negros, retrocedió adonde estaban los policías y las barricadas.

"¡Dios mío!" gritó un hombre. "¡Están en la escuela!"

Morin ganó el premio Pulitzer por su reportaje sobre la llegada de nueve estudiantes de raza negra al primer día de clases en una escuela pública de Little Rock, Arkansas.

¿Por qué el presidente Eisenhower envió el Ejército a Little Rock, Arkansas?

Durante el período en que tuvieron lugar todas estas decisiones de la Corte Suprema y el boicot de Montgomery, Eisenhower y los funcionarios de la Casa Blanca jugaron un papel nulo en el liderazgo del tema de los derechos civiles. Aunque el general estaba haciendo que el mundo fuera "seguro para la democracia," su visión acerca de una sociedad libre parecía no tener un lugar para los negros.

Los comentarios públicos del presidente eran ambiguos, pues tal vez temía que los "dixícratas"—el poderoso grupo de congresistas sureños demócratas—le retirara los votos que necesitaba. Eisenhower prometió mantener las leyes vigentes, pero se abstuvo de sancionar los veredictos de la Corte. En esos momentos, una palabra de liderazgo o de rechazo al racismo por parte del popular presidente hubiera podido inyectarle fuerza y vigor al movimiento por los derechos civiles. En realidad, Eisenhower se vio obligado a actuar en contra de su voluntad, en una confrontación trascendental que estaba más relacionada con demostrar el poder presidencial que con los derechos de los estudiantes negros.

En septiembre de 1957, Orville Faubus, gobernador de Arkansas, envió a 270 integrantes de la Guardia Nacional de Arkansas armados hasta los dientes a la escuela secundaria Little Rock Central. Los televidentes norteamericanos y de otros países veían indignados cómo los chicos trataban de ingresar a la escuela y eran sacados a la fuerza por un guardia, mientras una multitud exasperada los escupía, insultaba y se burlaba de ellos, todo esto bajo la mirada complaciente de los guardias. Una corte del distrito federal le ordenó a Faubus que recibiera a los estudiantes negros en la escuela. El gobernador retiró a los miembros de la Guardia y en su reemplazo destacó a un pequeño contingente de policías para proteger a los negros. Algunos de los policías fueron a regañadientes y se negaron a proteger a los estudiantes.

Finalmente, Eisenhower, a fin de defender la soberanía de la Corte federal, tuvo que enviar a 1,100 paracaídistas del 101° Airborne a Little Rock y poner a la Guardia Nacional estatal bajo sus órdenes directas. Por primera vez desde la Reconstrucción, las tropas del Ejército norteamericano fueron al Sur para proteger los derechos de la población negra. Las medidas de Eisenhower no obedecían a su preocupación por la seguridad o los derechos de los estudiantes negros, sino porque pensaba que no podía permitir que las leyes federales fueran ignoradas.

Las tropas permanecieron en esta escuela durante el resto del año académico y ocho de los nueve estudiantes negros siguieron estudiando a pesar de los insultos, los hostigamientos y los abusos cometidos contra ellos. Además de otras implicaciones posibles, Little Rock demostró que el movimiento por los derechos civiles iba a necesitar de todo el respaldo del gobierno federal para hacer cumplir las leyes promulgadas por la Corte Suprema.

VOCES AMERICANAS

Aparte del "Manifiesto sureño," firmado por
96 congresistas del Sur, en respuesta al veredicto
del caso *Brown* (12 de marzo de 1956).

Este ejercicio injustificado de poder por parte de la Corte es contrario a la Constitución y está creando el caos y la confusión en los estados más afectados. Está destruyendo las *relaciones amigables entre las razas blanca y negra que se han forjado gracias al paciente esfuerzo que durante más de noventa años han realizado las personas de buena condición de ambas razas* [En cursivas, en el original]. Ha sembrado el odio y la sospecha donde anteriormente había amistad y entendimiento.

¿Qué significa la palabra Sputnik?

En la escala Richter de la educación, *Brown* fue el equivalente del gran terremoto de San Francisco, pues arrasó con todo. Al mismo tiempo que las vibraciones del caso *Brown* enviaban ondas expansivas por todo el país, Norteamérica recibió otro golpe formidable que sacudió los cimientos de la nación. El 4 de octubre de 1957, la Unión Soviética lanzó el Sputnik I (palabra rusa que significa "Pequeño Camarada"), el primer satélite construido por el hombre.

El Sputnik, que pesaba alrededor de 185 libras, era un poco más largo que una cancha de baloncesto. Viajaba a 18,000 millas por hora a unas 560 millas de altura y emitía un sonido semejante a una señal de radio. El lanzamiento no sólo fue un desarrollo technológico inesperado, sino un golpe propagandístico magistral. Los soviéticos pusieron al Sputnik en órbita y lo hicieron sobrevolar por las zonas más pobladas de la Tierra, a una altura lo suficientemente baja como para que pudiera ser visto con la ayuda de binoculares. Los radioaficionados podían captar la distintiva señal emitida por este satélite.

El impacto del Sputnik aumentó aún más en noviembre, cuando los soviéticos lanzaron un segundo satélite, el Sputnik II. Este satélite no sólo era mucho más grande que el anterior, pues pesaba más de 1,100 libras, sino que también llevaba un pasajero a bordo. Se trataba de una perra que sujetada a un equipo de monitoreo que recogía información sobre los efectos de los viajes espaciales. La perra, una terrier llamada Laika ("ladradora," en ruso), también fue la primera víctima de la carrera espacial. En la prisa por enviarla al espacio, los rusos se olvidaron de programar el regreso y Laika tuvo que ser dormida con una inyección controlada por radio.

Estos dos eventos produjeron una oleada de impacto, miedo y pánico en Norteamérica. Era increíble, pero los soviéticos habían derrotado a Estados Unidos en el programa espacial. La paranoia causada por el lanzamiento de los dos sputniks fue realmente extraordinaria y funcionó en dos niveles. Durante las primeras "heladas" de la Guerra Fría, el logro soviético fue más que un mero golpe publicitario. Los Sputniks constataban de manera espeluznante que la URSS podría tener misiles capaces de llegar hasta Norteamérica. En términos más realistas, el Sputnik dejó claro que los soviéticos habían tomado la delantera en el desarrollo de misiles balísticos intercontinentales, alterando así el equilibrio de poderes entre las dos potencias rivales y echó por tierra la creencia norteamericana sobre su superioridad militar, razón adicional para cavar refugios atómicos en los patios traseros de las casas.

El miedo a la bomba atómica se vio complementado por la realidad del hombre que se movía en el espacio y por el ritmo constante de la histeria anticomunista que terminó por producir una cultura pop paranoica que floreció en los años cincuenta a través de libros y películas de ciencia-ficción. Antes de la Segunda Guerra Mundial, la ciencia-ficción fue una fantasía respetable que alcanzó gran popularidad de la pluma de H.G. Wells o con las agradables visiones utópicas de *La sociedad utópica*, la novela de Edward Bellamy. En la radio, Buck Rogers le dio una nueva dimensión a las nociones de los viajes espaciales y a los rayos letales del futuro, pero este era un asunto de niños: el espectro de los estados policiales y totalitarios de Alemania Oriental y de la Unión Soviética, aumentado por la amenaza atómica, hizo que la ciencia-ficción adquiriera un tono más sombrío. Esta tendencia comenzó con clásicos como *1984*, de George Orwell y *Un mundo feliz*, de Aldous Huxley, y más tarde se vio reflejada en libros como *Fahrenheit 451*, de Ray Bradbury, el clásico sobre una sociedad futurista en la que todos los libros son quemados, escrito en la misma época de la cacería de brujas promulgada por el senador McCarthy y de su intento por eliminar los libros "subversivos" de las bibliotecas norteamericanas. En el cine, la paranoia se proyectó en películas como *Invasion of the Body Snatchers*. Una oleada de miedo más serio pero con la misma carga histérica golpeó al sistema educativo norteamericano, el cual tambaleó bajo las presiones por la supresión de la segregación. Norteamérica, que ya estaba compitiendo con Rusia en la carrera armamentista, se encontró repentinamente en la línea de partida por la nueva "carrera espacial." Y para empeorar las cosas, Norteamérica no se había puesto las zapatillas. Muchos estadounidenses creyeron que Estados Unidos tenía un pobre desempeño a nivel tecnológico y que los soviéticos habían llegado al espacio por una sencilla razón: el sistema educativo norteamericano estaba en decadencia, mientras que el soviético, que hacía un fuerte énfasis en matemáticas y en ciencias, estaba produciendo una raza superior de matemáticos y científicos que sobrepasaría rápidamente los logros obtenidos por los estudiantes norteamericanos.

La caída de los estándares académicos del país se le atribuyó a la "educación progresista." La solución predominante a finales de los cincuenta fue "regresar a los principios básicos." Esta historia tuvo su segunda versión a mediados de los ochenta, cuando se dijo que las escuelas estadounidenses estaban siendo víctimas de una "ola de mediocridad." Los ochenta también produjeron un archivillano que dejaba muy atrás a los jóvenes norteamericanos. Esta vez el "coco" no eran los soviéticos sino los japoneses, y los medios de comunicación difundieron un sinnúmero de informes sobre la superioridad del sistema educativo japonés, que fue una repetición inquietante del debate de fines de los cincuenta. Una vez más, "el regreso a los principios básicos" fue la respuesta simplista a los problemas que aquejaban al deplorable sistema escolar norteamericano.

La respuesta práctica al Sputnik fue la revisión total del sistema educativo del país y el gobierno federal se comprometió a ayudar a las escuelas públicas. También se revaluaron las investigaciones y el desarrollo en el campo de la cohetería, tarea que estuvo encabezada por una necesidad apremiante de superar a los soviéticos en el campo de los sistemas de lanzamiento de misiles. El Sputnik fue el equivalente espacial de la bomba atómica rusa. En los años siguientes, los Estados Unidos destinarían una enorme cantidad de recursos para lograr la victoria en la carrera espacial.

El país respondió construyendo refugios atómicos en los patios traseros de las casas y haciendo siumulacros de un ataque. Pero el gobierno también destinó una gran cantidad de fondos para mejorar las áreas de ciencias y matemáticas en la educación, a la vez que lanzó una campaña para sobrepasar a los soviéticos en el campo de la tecnología.

Aprender cálculo se convirtió en un asunto de patriotismo. La carrera espacial estaba en marcha.

Los éxitos vendrían luego de varios fracasos, el primero de los cuales estuvo a un paso de ser fatal. El 6 de diciembre de 1957, una fecha que a muchos les recordaba lo sucedido en Pearl Harbor, un cohete Vanguard—que llevaría el primer satélite al espacio—explotó en la rampa de lanzamiento. Fue un comienzo poco auspicioso en la carrera norteamericana para llegar a la Luna. (Unas cintas reveladas recientemente, en las que el presidente Kennedy discute el programa Apolo, muestra que él estaba básicamente interesado en demostrarle a los soviéticos que Norteamérica era superior. Y muchos militares de la primera generación del programa espacial, que seguiría siendo dominado por los proyectos militares, pensaron que la Luna podría ser una base para lanzar misiles dirigidos a la Unión Soviética.)

Algún día—digamos que dentro de 500 años—el 4 de octubre podría convertirse en el Día del Sputnik y ocupar el mismo lugar que tiene actualmente el 12 de octubre, para recordar una fecha que marcó el comienzo de una nueva Era en la humanidad, ya sea para bien o para mal. El antiguo espíritu de la exploración de las estrellas siempre ha estado impulsado por la curiosidad humana, por el deseo de conocer lo incógnito, de viajar y de encontrar mundos nuevos. Y si la era del Sputnik y de la carrera espacial tiene algún mensaje, este sería que complementar la magia tecnológica con el valor y la determinación puede ofrecerle nuevas posibilidades al espíritu del hombre.

Cuando el Sputnik fue lanzado, habría sido descabellado pensar que los astronautas norteamericanos y los cosmonautas de la antigua Unión Soviética pudieran trabajar y convivir algún día en una estación. Sin embargo, esa es la realidad actual; los que una vez fueron enemigos, ahora son colegas y amigos. Adicionalmente, vale la pena destacar que el impacto del 4 de octubre de 1957—así como el que tuvieron el 7 de diciembre de 1941 y el 22 de noviembre de 1963—finalmente quedó atrás. La nación se sobrepuso a los golpes, se levantó y salió fortalecida.

Voces Americanas
Del discurso de despedida de
Dwight D. Eisenhower (17 de enero de 1961).

[La] conjunción de un inmenso establecimento militar y de una industria masiva de armas es algo nuevo en la experiencia norteamericana. La influencia total—económica, política, e incluso espiritual—se siente en todas las ciudades, en las Cámaras estatales, en todas las oficinas del gobierno federal. Reconecemos que existe una necesidad imperativa de desarrollo, pero no podemos pasar por alto sus graves implicaciones. Nuestro trabajo, recursos y subsistencia están comprometidos; lo mismo sucede con la estructura de nuestra sociedad.

Debemos tener cuidado para que el complejo militar-industrial no adquiera influencias desautorizadas en los concejos de gobierno, ya sea que éstas sean deliberadas o no. El potencial para que surja un desastroso poder inadecuado existe y existirá.

Eisenhower, quien fue el principal abanderado de la política de contención durante la Guerra Fría, dirigió el "complejo militar-industrial," que fue creado para darle a Estados Unidos el poderío militar que necesitaba para llevar a cabo la contención, política que continuó dictando las decisiones que se tomaron en la Casa Blanca y en el Congreso durante las décadas siguientes.

De cómo una "muñeca" de tacones puntiagudos y un editor de Chicago cambiaron a Norteamérica

En 1959, Barbie hizo su debut con un vestido de baño con rayas de zebra y unos tacones puntiagudos en la Feria Norteamericana de Juguetes, realizada en Nueva York. Esta muñeca, creada por Ruth Handler, la menor de diez hijos de inmigrantes polacos, se convirtió en un ícono instantáneo de la cultura popular y en uno de los juguetes más vendidos. Handler fundó Mattel en 1945, en compañía de su esposo Oscar, un especialista en diseños plásticos. Esta pareja, que se inspiró en la fascinación que su hija tenía por las muñecas de papel, se propuso crear una muñeca que se pareciera más a una adolescente real. La muñeca creada por Ruth Handler estuvo basada en Lilli, una muñeca sensual alemana que Handler vio durante un viaje a Europa. Barbie fue bautizada con el nombre de su hija, y su novio Ken, con el de su hijo.

No hace falta decir que no son muchas las adolescentes que se parezcan a Barbie. De hecho, se ha comprobado que si Barbie tuviera 5 pies y 6 pulgadas de estatura, sus medidas serían 39-21-33. Pero eso no tuvo importancia. Luego de discutir con algunos ejecutivos pudorosos de Mattel, Handler lanzó la muñeca que hizo historia. En aquella época, el negocio de las muñecas estaba dominado por los bebés, que provenían de unos tiempos mucho más ingenuos. Barbie salió a los estantes en los años del *baby boom* de la postguerra. En una entrevista realizada en 1977, Ruth Handler le dijo al periódico *New York Times:* "Todas las niñas pequeñas necesitaban una muñeca que les sirviera para proyectarse en el sueño futuro de cada una. Si las niñas iban a jugar a lo que harían cuando tuvieran 16 o 17 años, sería un poco tonto que jugaran con una muñeca que tuviera pechos planos. Yo le dí unos pechos hermosos."

Aunque más tarde las feministas denunciarían que Barbie les daba a las niñas menores una imagen corporal poco realista y otros criticaron a la muñeca por ser demasiado sexual, lo cierto es que Barbie se convirtió en todo un fenómeno. En en el año 2002, esta muñeca había vendido más de mil millones de dólares y la escultural Barbie con cabello de platino y ojos azules todavía era bastante popular.

La aparición en grande de Barbie sucedió pocos años después de que otro ícono norteamericano entrara en escena. En 1953, un hombre de 27 años de Chicago, que tenía un poco de experiencia en publicidad, armó una revista en la mesa de su cocina. Imprimió 70,000 copias, esperando vender alrededor de 30,000 a 50 centavos cada una. La primera edición contenía un calendario con fotos en las que la nueva sensación norteamericana, una joven que se había hecho llamar Marilyn Monroe, aparecía desnuda. Su verdadero nombre era Norma Jean Mortenson y había sido descubierta por el fotógrafo de una revista que estaba elaborando una serie sobre mujeres que trabajaban en fábricas de municiones durante la guerra. De la mano de este fotógrafo, Monroe realizó su primer papel en una película de detectives llamada *The Asphalt Jungle*. Aprovechando que la carrera de Monroe parecía despegar en grande, un hombre llamó a la Twentieth Century-Fox, el estudio cinematográfico de Monroe, y les pidió 10,000 dólares para no publicar una foto de la actriz desnuda. El estudio se negó a pagar esta suma y Monroe dejó que las cosas siguieran su curso. Hugh Hefner se enteró de la foto, pagó 500 dólares por los derechos de publicación y *Playboy* se convirtió en una sensación instantánea. Inicialmente, la revista se llamaba *Stag Party*, pero el editor de una revista de cacería llamada *Stag* obligó a Hefner a cambiarle el nombre a su nueva revista para hombres.

VOCES AMERICANAS
HUGH HEFNER, en la primera edición
de la revista *Playboy*.

Nos gusta nuestro apartamento. Nos encanta beber cocteles, comer algunos entremeses, poner una música

suave en el fonógrafo, invitar a una mujer y hablar sobre Picasso, Nietzsche, jazz y sexo.

Menos de un año y medio después de su lanzamiento, la circulación de esta revista era de 100,000 números, Hugh Hefner tenía dinero en el banco y rechazó varias ofertas para vender su revista. Había creado un nuevo sueño americano y también lo estaba viviendo. Fue por esta época que un joven cantante de Mississippi comenzó a hacer que sus admiradoras femeninas entraran en un estado de paroxismo. Los padres de familia movían su cabeza en señal de reprobación cuando Elvis Presley meneaba sus caderas. Pero era evidente que él y una nueva clase de música, habían llegado.

Playboy, Barbie y Elvis: cuando Ike se dispuso a abandonar el despacho oval, apagó las luces de una Norteamérica muy diferente.

Lectura Recomendada: *The Fifties*, de David Halberstam.

CAPÍTULO OCHO

LA ANTORCHA ES ENTREGADA

De Camelot a Hollywood en el Potomac

¿Por qué las ojeras de Richard Nixon arruinaron su campaña presidencial de 1960?

¿Qué sucedió en la bahía de Cochinos?

¿Cuál fue la crisis de los misiles cubanos?

¿Qué fue la *Mística femenina*?

¿Quién tiene la razón: Oliver Stone o la Comisión Warren?

¿Fue *Mississippi en llamas* un evento real?

¿Cuál fue la Resolución de Tonkin?

Hitos de la guerra de Vietnam

¿Qué sucedió en Watts?

¿Quién fue Miranda?

¿Qué sucedió en My Lai?

¿Por qué un allanamiento en Pennsylvania transformó al FBI?

¿Por qué Richard Nixon y Henry Kissinger trataron de impedir que el *New York Times* publicara los Papeles del Pentágono?

¿Por qué "Jane Roe" demandó a Wade?

¿Por qué un robo de poca monta se convirtió en una crisis llamada Watergate y derribó a un presidente poderoso?

Cronología de Watergate

¿Cuál fue el golpe que la OPEP le dio a Estados Unidos en los años setenta?

¿En qué consistió la "economía vudú?"

¿Qué le sucedió al transbordador espacial *Challenger*?

¿Por qué Ronald Reagan fue llamado el "presidente de teflón?"

¿Cuál fue la "plaga gay?"

¿Qué pasó con el Imperio del Mal?

Camelot. La era de Acuario. "Todo lo que necesitas es amor." Haight-Ashbury y los *hippies*. "Ponte flores en el pelo." "Sintonízate. Entra en onda. Deserta." Amor libre. El hombre en la Luna. Woodstock.

Todo esto se conoce como parte de los "Sesenta," una fantasía romántica a ritmo de rock con tres acordes. Sin embargo, esta época, vista con nostalgia como los días de la paz, el amor y el *rock and roll* no comenzó con mucha paz ni con mucho amor, a no ser por el hecho de que el Enovid, la primera píldora anticonceptiva, fue aprobada en 1960 por la Food and Drug Administration (Dirección de Alimentos y Medicinas).

La contracarátula de los sesenta fue una tonada mucho más sombría. Motines y prolongados veranos sofocantes. Asesinatos. Epitafios de estrellas del rock grabados con ácidos. Una guerra que sólo "el complejo militar-industrial" podía querer. Simpatía por el diablo.* La autopista de Altamonte.

El momento "deslumbrante" de los años de JFK—el mito de *Camelot* creado por los medios tras la muerte de Kennedy—comenzó con la misma paranoia de la Guerra Fría que marcó la atmósfera de la década anterior. El "liberal" Kennedy se mostró en su campaña de 1960 como un anticomunista de línea dura y culpó al candidato republicano Richard Nixon de la "brecha misilística" que había entre Estados Unidos y la Unión Soviética. Lo que conocemos como los sesenta terminó con la tragedia causada por la guerra impopular y costosa en una selva llamada Vietnam.

Sin embargo, también fue una época extraordinaria en la que se cuestionaron todas las ortodoxias aceptadas por el gobierno, la Iglesia y de la sociedad. Y a diferencia de la atmósfera taciturna de los años cincuenta, las nuevas voces que cuestionaron lo establecido fueron más livianas. Joseph Heller (nacido en 1923) fue uno de los primeros en captar ese nuevo ambiente por medio de humor mordaz en su novela *Catch-22* (1961), una especie de predicción del sentimiento antimilitar

---

Sympathy for the Devil, disco de los Rolling Stones que encarna el espíritu rebelde de esta década.

que se consolidaría para oponerse a la guerra de Vietnam. Pero los poetas de la nueva generación estaban más dispuestos a utilizar una guitarra y un amplificador que una máquina de escribir para expresar su inconformidad. La contracultura, encarnada en la música *folk* de Peter, Paul and Mary y de Bob Dylan, así como en la posterior revolución del *rock and roll*, sonó estrepitosamente en millones de radios y aparatos de televisión. Muy pronto, la industria discográfica descubrió que esta contracultura era bastante rentable y luego se extendió a las corrientes tradicionales, a tal punto que hasta artistas como los Smothers Brothers llevaron la irreverencia a los horarios de mayor audiencia.

Los años setenta comenzaron con la caída de una Casa Blanca corrupta en un escándalo llamado Watergate. Vietnam y Watergate parecieron marcar un cambio en el panorama político norteamericano. Los años siguientes se caracterizaron por un sentimiento de desorientación. Durante el mandato de Gerald Ford (nacido en 1913), que reemplazó a Nixon tras su renuncia y de Jimmy Carter (nacido en 1924), Norteamérica vio indignada cómo su gran poderío entraba en decadencia. Pero esto no se debió a una confrontación con los archienemigos soviéticos. Lo que realmente sucedió fue que los cimientos fueron socavados por una serie de pequeños golpes: la conformación de la OPEP por parte de los mayores productores de petróleo para controlar los precios de este valioso combustible; los ataques terroristas a nivel internacional, que golpearon con impunidad a los Estados Unidos y a otras naciones occidentales, y que culminaron con el derrocamiento del sha de Irán y con la toma de rehenes norteamericanos en la embajada norteamericana en Teherán. Esta aparente decadencia, reflejada en la parálisis de la economía norteamericana, fue lo que permitió la llegada de un presidente que representaba para muchos al *cowboy* de sombrero blanco que llegaba a la ciudad. Después de las dudas y agitación de los años setenta, Ronald Reagan (1911–2004) pareció encarnar el tradicional espíritu americano de hacer lo que se quiere. Muchos críticos se preguntaron quién iba a hacer qué y a quién. Reagan, que supuso el regreso a la política del "garrote" de Teddy Roosevelt, también vio a la Casa Blanca como un púlpito para lanzar amenazas. Sus sermones recordaron los "buenos tiempos de antaño" que por supuesto sólo eran buenos en términos retrospectivos.

Aunque todavía es muy pronto para evaluar con propiedad el impacto a largo plazo que tuvo su presidencia, Ronald Reagan ya ha sido juzgado por la historia. Para sus admiradores, fue el líder que restauró el prestigio y la estabilidad económica de Norteamérica y que gracias a la construcción de un gran sistema defensivo, obligó a la Unión Soviética a realizar grandes cambios estructurales. Para sus críticos, Reagan fue un presidente que pasó ocho años durmiendo en el despacho oval mientras sus subalternos se encargaban de todo. Se ha demostrado que varios de ellos fueron corruptos o poco escupulosos y uno de los casos más peligrosos fue aquel en que un teniente coronel que trabajaba en la Casa Blanca obtuvo permiso para elaborar su propia política exterior.

¿Por qué las ojeras de Richard Nixon arruinaron su campaña presidencial de 1960?

"Si me das una semana, podría pensar en una." Esta fue la respuesta del presidente Eisenhower a un periodista que le preguntó en cuántas decisiones importantes había participado Richard Nixon (1913–94) durante sus ocho años como vicepresidente. Aunque Eisenhower dijo posteriormente que se trataba de una broma, realmente nunca respondió esta pregunta, y su comentario dejó mal parado a Nixon y confundidos a los demócratas.

Eso fue en agosto de 1960, cuando Nixon y John F. Kennedy (1917–63) estaban empatados en las encuestas. ¿Cuántos votos le quitó Eisenhower a Nixon con su broma? Hubiera bastado con que 100,000 de los 68,832,818 votantes cambiaran de opinión para que los resultados y el curso de los acontecimientos contemporáneos hubieran seguido igual camino.

La mayoría de los historiadores encargados de estudiar y analizar las campañas presidenciales dicen que aunque el comentario de Eisenhower fue un golpe fuerte, no "derribó" a Nixon. La posteridad indica que los enfrentamientos personales entre los contendientes—fueron los primeros debates presidenciales televisados en toda la historia—se constituyeron en una andanada de golpes visuales y verbales de los que Nixon nunca pudo recobrarse. Particularmente, el primero de estos debates es señalado como el golpe "letal" que sufrió Nixon, pues más de 70 millones de televidentes vieron el primero de estos encuentros "cara a cara."

Nixon, quien se estaba recuperando de una infección por la que estuvo hospitalizado dos semanas, asistió al primer debate delgado y ojeroso. Los maquilladores trataron de ocultarle sus ojeras con Lazy Shave, un maquillaje que le dio un aspecto siniestro y acartonado. En cambio, John Kennedy era la encarnación misma de la juventud y del vigor atlético. Aunque los radioescuchas no dieron a ninguno de los dos como el claro ganador, los televidentes quedaron encantados con el primer candidato "telegénico" de la historia, que parecía hecho a la medida para la imagen instantánea producida por la era de la televisión.

El primer debate televisado, el 26 de septiembre en Chicago, se centró en los asuntos domésticos, lo que constituía una ventaja para Kennedy, pues se consideraba que Nixon tenía más experiencia en asuntos internacionales. Después de todo, éste se había enfrentado cara a cara con Nikita Kruschev y lo había reprendido durante el "debate de la cocina" que sostuvieron en Moscú. Sin embargo, en el primer entre los dos candidatos, Kennedy puso a Nixon a la defensiva, tras enumerar las deficiencias de la administración Eisenhower. El candidato demócrata enumeró una larga lista de hechos y estadísticas e impresionó a un público que hasta entonces lo veía con escepticismo debido a su juventud e inexperiencia. Uno de los lemas más recurrentes de su campaña fue insistir en que los republicanos habían sumergido a Norteamérica en un "retroceso" y que él haría que la nación se pusiera de nuevo en marcha.

Aunque casi 50 millones de personas vieron los tres debates siguientes, la impresión causada por el primero fue la que prevaleció. Kennedy obtuvo la ventaja en las encuestas y aparecía como el candidato favorito. A última hora, Eisenhower hizo una breve campaña a favor de Nixon, pero tal vez fue un esfuerzo irrelevante y tardío.

En octubre se presentaron otros dos eventos que también tuvieron cierto impacto. El primero de ellos fue que Henry Cabot Lodge, compañero en la fórmula presidencial de Nixon, dijo que habría un negro en el gabinete de Nixon. Éste tuvo que desmentir el anuncio de Cabot, y sin importar los votos blancos que esto le pudo ganar, lo cierto fue que perdió muchos votos negros. Kennedy recibió un segundo impulso entre los votantes negros cuando Martin Luther King Jr. fue arrestado antes del último debate. El candidato demócrata llamó a Coretta, la esposa de King y le expresó su preocupación, mientras que Robert Kennedy ayudó a pagar la fianza para que el líder negro recobrara la libertad, y Nixon en cambio, decidió permanecer por fuera de este incidente. El padre de King, quien anteriormente había dicho que no votaría por un católico, anunció que votaría por Kennedy. "Tengo una maleta llena de votos," dijo Martin Luther King Sr., "y voy a entregársela al señor Kennedy" (y así lo hizo). Cuando el candidato demócrata se enteró de los comentarios anticatólicos que había hecho King, ganó puntos tras distender la situación con humor y comentar: "¿Qué tal que Martin Luther King tuviera un padre que fuera fanático? Bueno, a fin de cuentas todos tenemos un papá, ¿verdad?"

Kennedy sí que tenía un papá. Joseph Kennedy Sr., el primer director de la Comisión de Títulos e Intercambio y embajador en Gran Bretaña durante la administración de FDR, donde sus opiniones antisemitas y aislacionistas no despertaron ninguna simpatía, participó en la campaña. Por medio de dinero y de tráfico de influencias, Joseph Kennedy orquestó la carrera de su hijo desde el primer momento, valiéndose de un gran círculo de amigos en los medios, en la mafia y en la Iglesia Católica. Por ejemplo, un artículo escrito por John Hersey titulado *Survival*, en el que narraba los actos heroicos de Kennedy durante la guerra a bordo de un PT-109, pasaba por alto el hecho de que éste y los demás tripulantes estaban durmiendo en una zona de combate cuando un destructor japonés los atacó. Joseph Kennedy se aseguró de que su hijo fuera condecorado por un alto oficial de la Marina. Cuando JFK se postuló a la presidencia, su padre hizo arreglos para que el artículo de Hersey fuera publicado en la revista *Selecciones*, y se aseguró de que todos y cada uno de los votantes del distrito de Kennedy obtuvieran una copia. La publicación del primer libro de Kennedy, *Why England Slept,* fue organizada por Arthur Kroch, un amigo de Kennedy que trabajaba como crítico literario del *New York Times*. *Profiles in Courage*, el segundo libro de Kennedy—que obtuvo grandes ventas y el premio Pulitzer—fue escrito en realidad por un grupo de académicos y por Theodore Sorensen, el hombre que le escribía los discursos.

Otros amigos de Joseph Kennedy, como Henry Luce y William Randolph Hearst, contribuyeron a ensalzar la imagen de JFK. Gracias a la intermediación de Frank Sinatra—otro amigo de Joseph—la campaña de Kennedy recibió dineros de origen dudoso. Y fue también gracias a Sinatra que JFK conoció a una joven llamada Judith Campbell, quien pronto se convirtió en su amante. Lo que Kennedy desconocía en ese entonces era que ésta también se acostaba al mismo tiempo con Sam Giancanna, un jefe de la mafia, así como con John Roselli, un pistolero a sueldo del crimen organizado. Todos ellos convergerían poco después, ya que Giancanna y Roselli obtuvieron un "contrato" de la CIA para llevar a cabo un plan de asesinato contra Fidel Castro.

El debate, la maquinaria política de su padre, su éxito con las mujeres (el éxito público, no el privado, pues éste era un secreto muy bien guardado), el nuevo e importante voto de la población negra, la labor realizada por el candidato vicepresidencial Lyndon B. Johnson para ganar Texas y todo el Sur para la causa demócrata, fueron ingredientes significativos en las elecciones presidenciales más disputadas en la historia de la Nación (después de las elecciones del 2000, entre Bush y Gore). Nixon ganó más estados que Kennedy, pero fue una victoria pírrica, pues Kennedy ganó en los estados con más votos electorales. El margen de diferencia en el voto popular fue inferior a dos tercios de un punto porcentual.

A pesar de que algunos republicanos protestaron por fraude electoral en Illinois, Nixon regresó a California, donde más tarde perdió las elecciones para la gobernación contra Pat Brown, en 1962. Esta derrota pareció anunciar su retiro político, y les dijo a los reporteros: "Nixon ya no va a estar más para que ustedes lo ataquen."

Así, Norteamérica tuvo a su presidente más joven, a su bella y joven esposa, a su fiscal general más joven—Robert F. Kennedy (1925–68), hermano del presidente—y a una nueva familia espléndida cuyas intrigas fueron disfrazadas con los retratos de una familia que jugaba plácidamente al fútbol en medio del sol.

VOCES AMERICANAS

Del discurso inaugural de JOHN F. KENNEDY

(20 de enero de 1961).

Que sepan desde aquí y ahora amigos y enemigos por igual, que la antorcha ha pasado a manos de una nueva generación de norteamericanos nacidos en este siglo, templados por la guerra, disciplinados por una paz fría y amarga, y no dispuestos a presenciar o permitir la lenta desintegración de los derechos humanos a los que esta nación se ha consagrado siempre y a los que estamos consagrados hoy aquí y en todo el mundo... Los clarines vuelven a llamarnos. No es un llamado a empuñar las armas, aunque armas necesitamos, no es un llamado al combate, aunque combate libramos, sino un llamado a sobrellevar la carga de una larga lucha crepuscular, año tras año, "gozosos en la esperanza, pacientes en la tribulación," una lucha contra los enemigos comunes del hombre: la tiranía, la pobreza, la enfermedad y la guerra misma.

¿Qué sucedió en la bahía de Cochinos?

En marzo de 1961, durante sus primeros cien días en la presidencia, Kennedy anunció un programa que simbolizaba perfectamente su invitación a que los ciudadanos se preguntaran qué podían hacer por su país. Los Cuerpos de Paz enviaron a los jóvenes norteamericanos para ayudar a los países en vías de desarrollo. Este organismo, dirigido por Sargent Shriver, otro cortesano de la familia y esposo de Eunice, la hermana de JFK—fue la respuesta de la nueva generación al comunismo. Promovía la democracia a través de la educación, la tecnología y el idealismo en vez de la retórica y de la política de contención utilizada en la década de los cincuenta. Los Cuerpos de Paz, que estaban relacionados con la Alianza para el Progreso, una especie de Plan Marshall destinado a América Latina, eran el símbolo visible del vigor que Kennedy quería inyectarle al estático sistema norteamericano.

Pero lo que estaba oculto detrás del idealismo de esta organización era una política continua de anticomunismo obsesivo que conduciría a uno de los mayores desastres de la política exterior norteamericana. Este fracaso ocasionaría el momento más peligroso desde la guerra de Corea y, según muchos historiadores, ayudaría a crear la mentalidad que llevó a Estados Unidos a sumergirse en el pantanal de Vietnam. Su nombre—improbable pero apropiado en términos históricos—fue el de un lugar desconocido en las costas cubanas: bahía de Cochinos.

Si la operación no hubiera sido tan costosa y sus resultados tan peligrosos e importantes para la futura política norteamericana, el fiasco de la bahía de Cochinos podría parecer cómico, como si se tratara del escenario improbable para una invasión de la CIA creado por algún escritor satírico.

El plan de la bahía de Cochinos le fue presentado al nuevo presidente de manera simple por Allen Dulles (1893–1961), el legendario director de la CIA y veterano de la era de Eisenhower cuando su hermano, John Foster Dulles (1888–1959), había sido el influyente secretario de Estado.

Los agentes de secretos de la CIA dirigida por Allen Dulles, soñaron con la operación cubana, que estaría integrada por la Brigada y por un grupo de exiliados anticastristas bien armados y entrenados durante los últimos tiempos de la administración Eisenhower. Esto hacía parte de Proyecto Cuba, un proyecto de magnitud considerable de la CIA cuyo fin era derrocar a Fidel Castro o asesinarlo si fuera necesario. Como escribe James Srodes en *Dulles*, la admirable biografía sobre el director de la CIA: "Algunos de los planes de la CIA discutidos con el presidente Eisenhower (y más tarde con el presidente Kennedy) rayaban en el absurdo. Se llegó a sugerir rociarle alucinógenos a Castro, envenenar sus cigarros o echarle talio a sus zapatos para que se le cayera la barba."

Según el plan, la CIA respaldaría a insurgentes cubanos que volarían puentes y emisoras radiales. La Brigada desembarcaría en las playas cubanas y dirigiría un levantamiento popular contra Castro, eliminando al hombre que se había convertido en la espina más incómoda en la garra del león norteamericano. El aspecto más secreto del plan, tal como lo revelaría el Senado mucho tiempo después, era un complot planeado por la CIA, según el cual Sam Giacanna y John

Roselli, los mismos mafiosos que mantenían relaciones sexuales con Judith Campbell (la amante de JFK), asesinarían al líder cubano.

La mafia tenía motivos para querer deshacerse de Castro. (A su vez, Giancanna y Roselli fueron asesinados en 1976 con los métodos característicos de la mafia. Giancanna fue asesinado antes de que pudiera testificar ante el Comité de Inteligencia del Senado. Roselli presentó su testimonio, pero su cadáver descompuesto fue encontrado flotando en un barril de petróleo en las costas de Florida.)

La economía de la isla había estado controlada casi en su totalidad por Estados Unidos durante gran parte del siglo XX, desde que Theodore Roosevelt y sus amigos la convirtieran en un feudo norteamericano en el Caribe luego de la guerra contra España. Casi todo el azúcar, la minería, la ganadería y el petróleo de Cuba estaban en manos norteamericanas. La guerra contra España también le había dejado a Estados Unidos una inmensa base naval en Guantánamo. Sin embargo, los gángsters norteamericanos también tenían muchos intereses. Los hombres de negocios norteamericanos controlaban la economía cubana, pero los casinos y hoteles de La Habana, importante ciudad del Caribe, estaban controlados por la mafia de Nueva Orleáns y de Las Vegas.

Todo esto terminó en 1958, cuando Fidel Castro y el Che Guevara salieron de Sierra Maestra con un pequeño ejército y enviaron al dictador Fulgencio Batista al exilio. En un comienzo, Castro dio conferencias de prensa tranquilizadoras en Estados Unidos y realizó una visita de buena voluntad a Washington, donde dijo que no era comunista. Pero esto no duró mucho tiempo.

El comunismo cubano se convirtió en uno de los temas de la campaña presidencial de 1960 y tanto Kennedy como Nixon trataron de ver quién llegaba más lejos en el tema. Mientras la campaña presidencial estaba en curso, la CIA organizó la invasión de La Brigada, que había recibido el apoyo entusiasta del vicepresidente Nixon y la aprobación de Eisenhower. Cuando Kennedy llegó al poder, este plan sólo necesitaba su visto bueno. JFK fue informado personalmente acerca de este proyecto por el propio Dulles antes de asumir su mandato y aceptó que continuaran los preparativos. Luego de su posesión, las cosas tomaron una fuerza inusitada.

Los funcionarios de la CIA se vanagloriaron del exitoso golpe que orquestaron en Guatemala en 1954, donde instalaron un régimen pronorteamericano que mencionaron como la prueba de sus capacidades. Antes de esto, en 1953, la CIA también había organizado un golpe de estado en Irán, donde el sha fue instaurado en el poder. El golpe tuvo un éxito inmediato, pero las consecuencias fueron desastrosas a largo plazo. Sin embargo, la CIA comprobaría amargamente que Cuba era diferente a Guatemala. Desde el comienzo mismo del plan, los agentes encargados de la invasión (entre quienes figuraba E. Howard Hunt, que escribía novelas de espionaje de tercera categoría y terminaría involucrado en el escándalo de Watergate) cometieron errores y se comportaron con torpeza.

Casi todos los aspectos del plan estuvieron mal dirigidos. Los miembros de la CIA se sobreestimaron a sí mismos, menospreciaron a Castro y al poder popular que éste tenía, se basaron en información incompleta o que simplemente era falsa, hicieron conjeturas erróneas y distorsionaron el plan ante la Casa Blanca.

La invasión secreta demostró ser uno de los secretos peor guardados de Norteamérica. Un grupo de periodistas descubrió el plan y varios editores, entre ellos los del *New York Times,* fueron persuadidos por la Casa Blanca para no divulgar la información. Cuando la cortina descendió finalmente, lo hizo sobre una tragedia.

El 17 de abril de 1961, alrededor de 1,400 cubanos mal armados y entrenados y a quienes no se les había informado su destino, fueron dejados en la bahía de Cochinos. Las fotos aéreas de las playas fueron mal interpretadas por los expertos de la CIA y las advertencias realizadas por los cubanos sobre barreras coralinas peligrosas que no permitirían el desembarco, fueron ignoradas por quienes planearon la invasión, anteponiendo la tecnología norteamericana al conocimiento directo de los cubanos. La información suministrada por la CIA, que sostenía que esa zona estaba despoblada, tenía muchos años de antigüedad. De hecho, la bahía era el lugar de pesca preferido por Fidel, quien había comenzado a construir allí un complejo hotelero, así como una cabaña privada.

La invasión comenzó realmente el 15 de abril, cuando se realizó un ataque aéreo contra los campos de aviación de la isla, con el propósito de destruir la Fuerza Aérea cubana. El ataque fracasó y puso en alerta al líder cubano, quien tomó medidas enérgicas contra los sospechosos de ser anticastristas, quienes supuestamente participarían en la revuelta popular planeada por la agencia. La CIA—que dio por descontado el éxito del ataque aéreo sin molestarse en confirmarlo—no sabía que Castro tenía algunos aviones en funcionamiento, incluyendo dos jets capaces de destruir a los vetustos bombarderos que la CIA había proporcionado a los invasores. Pero estos aviones no hubieran tenido mayor importancia si la "sombrilla" aérea que la CIA había prometido a la Brigada se hubiera materializado. La decisión del presidente Kennedy de que ningún norteamericano participara en la invasión dio al traste con esta operación y los pilotos de Castro se dieron un festín ametrallando y bombardeando a los aviones de la "flota" invasora. La "marina" que la CIA le prestó a la fuerza invasora consistió en cinco barcos de madera llenos de agujeros que llevaban la mayoría de las armas, víveres e insumos requeridos para la invasión, dos de los cuales fueron rápidamente hundidos por la pequeña Fuerza Aérea de Castro.

La superioridad aérea cubana fue parcialmente responsable de la catástrofe sufrida por los invasores. Castro envió a miles de hombres a la zona. Aunque muchos de ellos eran cadetes o milicianos con muy poco entrenamiento militar, estaban muy motivados, bien armados y apoyados por tropas con tanques y artillería pesada. A pesar de que las fuerzas invasoras combatieron valerosamente y les infligieron bajas considerables a las tropas castristas, tenía poca munición y, lo más importante, el apoyo aéreo prometido por la CIA nunca llegó. Los invasores fueron neutralizados en la playa, mientras los pilotos norteamericanos—a bordo de aviones con placas inexplicablemente borradas—veían con impotencia cómo sus aliados cubanos eran despedazados. Los barcos norteamericanos, que también tenían sus placas borradas, permanecían cerca de la bahía condenados a la impotencia, y los comandantes sólo atinaron a renegar de las órdenes que habían recibido de no disparar. Kennedy temía que si las fuerzas militares de Estados Unidos participaban directamente, los rusos podían tomarse a Berlín occidental, lo que precipitaría una Tercera Guerra Mundial.

El infortunado saldo de esta operación fue de 114 invasores cubanos muertos, así como muchos defensores, y 1,189 integrantes de la Brigada fueron capturados y mantenidos en prisión, hasta que Kennedy los canjeó por alimentos e insumos médicos. Cuatro pilotos pertenecientes a la Guardia Nacional de Alabama empleados por la CIA también murieron durante esta invasión, pero el gobierno norteamericano nunca admitió su existencia ni su conexión con la operación.

¿Cuál fue la crisis de los misiles cubanos?

Esas fueron las pérdidas inmediatas, pero los daños a largo plazo fueron más costosos. El prestigio norteamericano y la reputación que Kennedy se había forjado en el mundo desaparecieron de inmediato. Adlai Stevenson, el antiguo candidato presidencial que era el representante ante las Naciones Unidas, sufrió la vergüenza de mentirle a la Asamblea General acerca de la operación, porque la Casa Blanca le había dado información falsa. En Moscú, Kennedy fue visto como un presidente apocado. El líder soviético Nikita Kruschev (1894–1971) concluyó de inmediato que el incidente de bahía de Cochinos era la oportunidad para armar masivamente a Cuba, lo que precipitó la crisis de misiles en octubre de 1962.

Cuando los vuelos de espionaje realizados por aviones norteamericanos comprobaron la existencia de bases de misiles en la isla, Estados Unidos y la Unión Soviética estuvieron a un paso de la guerra. Durante trece días de mucha tensión (sobre los cuales se realizó una película), los Estados Unidos y la Unión Soviética se mantuvieron en máxima alerta. Kennedy se vio obligado a demostrar su fortaleza y exigió que los misiles fueran desmantelados y retirados de Cuba. Para respaldar su ultimátum, el presidente ordenó un bloqueo naval a fin de someter a la isla a una "cuarentena" y preparar una invasión masiva. Kruschev advirtió que su país no aceptaría el bloqueo y los soviéticos enviaron barcos a Cuba. Todo el mundo esperó la confrontación en medio de los nervios. Sin embargo, se realizó una negociación secreta para que los soviéticos desmantelaran los misiles a cambio de que los norteamericanos prometieran no invadir a Cuba. El domingo 28 de octubre, Radio Moscú anunció que las armas serían desmanteladas y devueltas a Moscú. De este modo, se previno temporalmente un desastre nuclear.

Aparentemente, el daño que sufrió la credibilidad norteamericana luego del fiasco de la bahía de Cochinos terminó por desvanecerse. Sin embargo, la idea descabellada de involucrar a las fuerzas militares norteamericanas en la lucha contra el comunismo fue una lección que Norteamérica no aprendió. Kennedy estuvo dispuesto a oponerse al comunismo donde quiera que éste apareciera. El próximo escenario estaría tan lejos de América como Cuba estaba cerca: un pequeño rincón de Asia llamado Vietnam. (Varios documentos aparecidos recientemente demuestran que durante la crisis de los misiles y a lo largo de su mandato, JFK sufría más dolores y tomaba más medicamentos de lo que sabían la prensa, la opinión pública, sus familiares o sus colaboradores más cercanos. Aunque se conocía que sufría de la espalda, Kennedy también padecía la enfermedad de Addison, un cuadro patológico en que no hay función renal y que puede causar la muerte, además de desórdenes digestivos y otros problemas. Tomaba ocho pastillas diarias, entre las que figuraban analgésicos como codeína, Demerol y metadona; ansiolíticos como librium; Ritalina y otros estimulantes, somníferos y hormonas. A pesar del intenso sufrimiento que padecía Kennedy, no parece que estas dolencias o medicamentos lo incapacitaran. Por otra parte, es muy improbable que un candidato presidencial que revelara esta serie de problemas médicos pudiera ser elegido presidente.

VOCES AMERICANAS
RACHEL CARSON (1907-64), del libro
Silent Spring (1962).

Cada vez es más común que en muchos lugares de Norteamérica la primavera ya no llegue acompañada del regreso de las aves y las primeras horas de la mañana sean extrañamente silenciosas, cuando antes estaban acompañadas por el bello canto de los pájaros.

La avalancha química—un arma tan cruda como el garrote del hombre primitivo—se ha precipitado contra el tejido de la vida.

En este libro, la bióloga y escritora Rachel Louise Carson advertía sobre los peligros del uso permanente e indiscriminado de pesticidas como el DDT. Su libro dio origen al movimiento ecológico en los Estados Unidos.

¿Qué fue la *Mística femenina*?

Con cierta frecuencia aparecen libros que sacuden los cimientos de Norteamérica. *La Cabaña del Tio Tom* en 1850, *La Jungla* de Upton Sinclair en 1906. En las décadas de los cuarenta y los cincuenta fueron *Hiroshima*, de John Hershey y *Conducta Sexual Masculina y Conducta Sexual Femenina*, dos estudios realizados por Kinsey, así como *Primavera Silenciosa*, en 1962. Estos libros propinaron un fuerte golpe a la noción norteamericana de la realidad.

En 1963, la Nación se familiarizó con un concepto que la autora definió como "el problema sin nombre." Betty Friedan (nacida en 1921), graduada con honores de la Universidad de Smith, vivió el sueño de los años cincuenta de tener un hogar, un marido y una familia, que describió en un libro titulado *La Mística Femenina*.

Millones de personas leyeron su libro. Súbitamente, las mujeres dejaron de hablar de conquistas masculinas, mascarillas y recetas de cocina en los clubes, en las tertulias y en las asociaciones universitarias femeninas. En vez de esto, se dedicaron a discutir el hecho de que las instituciones de la sociedad—el gobierno, los medios de información y publicitarios, la medicina y la psiquiatría, la educación y la Iglesia— les prohibieran de manera sistemática ser otra cosa que no fuera amas de casa y mamás.

El libro de Friedan contribuyó al despegue del movimiento por los derechos femeninos, que estaba prácticamente paralizado. El movimiento feminista era casi inexistente en Estados Unidos, pues carecía de una causa principal y de un liderazgo agresivo desde el momento en que la Decimonovena Enmienda fue aprobada al término de la Primera Guerra Mundial. A pesar de que todo se había conjugado para que millones de mujeres se incorporaran a la fuerza laboral—como los trabajos en las fábricas durante la guerra, que convirtieron a *"Rosie the Riveter"* en una heroína norteamericana—se suponía que las mujeres regresarían a la cocina cuando los defensores de la democracia llegaran a casa. Aunque mujeres como Eleanor Roosevelt, Amelia Earhart,

Margaret Sanger y Frances Perkins—la primera mujer en formar parte de un gabinete presidencial y quien jugó un papel destacado durante la política del *New Deal*—habían demostrado sus capacidades, se esperaba que la mayoría de las mujeres aceptaran dócilmente las labores propias del hogar y de la familia, o que tuvieran un trabajo típicamente femenino como la docencia, los trabajos secretariales, o para las más pobres, el trabajo en fábricas. Las mujeres eran invisibles en términos laborales. Se pensaba que "la mujer ideal" dejaría de trabajar luego de contraer matrimonio. La idea de una carrera profesional como espacio para la realización personal era vista como un despropósito y las pocas mujeres que se atrevieron a ser profesionales fueron consideradas como desadaptadas sociales. Con su libro, Friedan hizo que las mujeres cuestionaran todas estas nociones.

Sin embargo, el libro fue como un tratamiento de choque. Galvanizó a las mujeres para que se pusieran en acción, al mismo tiempo que el movimiento por los derechos civiles—cada vez más beligerante—, formaba parte de la conciencia norteamericana. Y se dio también cuando el gobierno estaba dando los primeros pasos inciertos para solucionar la desigualdad de géneros. Una de las primeras medidas adoptadas por el presidente Kennedy fue conformar la Commission on the Status of Women (Comisión sobre el Estatus de las Mujeres) presidida por Eleanor Roosevelt, quien en ese entonces tenía más de 70 años. En 1964, el movimiento femenino adquirió un gran impulso, pues las mujeres recibieron protección federal contra la discriminación luego del fracaso de las propuestas legislativas realizadas por un congresista extremadamente conservador.

Howard W. Smith, de Virginia, que tenía 81 años y era un vestigio del Viejo Sur, estaba tratando de conseguir que la Ley de Derechos Civiles de 1964 fuera anulada por medio de enmiendas. Sus compañeros se burlaron cuando Smith agregó la palabra "sexo" a la lista de "raza, color, religión y nacionalidad," categorías que habían sido protegidas por la ley. Smith pensó que nadie votaría para proteger la igualdad de los sexos, pero sufrió un golpe doble. La ley no sólo fue aprobada, sino que también cobijó a las mujeres y a los negros. En poco tiempo, las mujeres comenzaron a apelar ante la Equal Employment Opportunities Commission—EEOC (Comisión para la Igualdad de Oportunidades de Empleo), aunque su director se quejó de que la ley fue "concebida por fuera del matrimonio" y que no evitaría la discriminación sexual. Pero la queja vino demasiado tarde. Las mujeres interpusieron más demandas ante esta comisión que cualquier otro grupo. Plantaron el pie en la puerta y una nueva generación de mujeres activistas estaba lista para empujarla con mayor fuerza.

En 1966, alrededor de 300 mujeres fundaron la National Organization for Women—NOW (Organización Nacional de Mujeres) con Friedan como su primera presidente. Durante los años siguientes, esta organización lideró un movimiento que se fraccionaría y distorsionaría, pues las integrantes más jóvenes se tornaron más violentas y desafiantes y se radicalizaron de la misma forma en que comenzaron a alterarse los movimientos por los derechos civiles y en contra de la guerra. Sin embargo, se puede decir que ningún otro movimiento ha transformado el panorama social norteamericano tan profundamente como el feminista durante los últimos treinta años. Los sitios de trabajo, el matrimonio y la familia, la forma de tener hijos o de optar por no tenerlos: pocas esferas de la vida norteamericana quedaron exentas de los cambios fundamentales en la actitud producidos por el feminismo.

Por supuesto, este proceso aún no ha terminado. El gobierno federal, desde la Casa Blanca al Congreso, pasando por el aparato judicial, aún sigue controlado por hombres blancos, adinerados y de edad mediana. La clase ejecutiva de las grandes corporaciones está conformada en su mayoría por hombres. Todavía existe una diferencia salarial considerable entre hombres y mujeres. Y se sigue considerando improbable o imposible que una mujer sea presidente de Estados Unidos, aunque líderes tan enérgicas como Indira Gandhi, Golda Meir, Margaret Thatcher y Corazón Aquino hayan demostrado que las mujeres son capaces de actuar de forma tan eficiente—e implacable—como los hombres.

Cuarenta años después de que Friedan le hubiera dado un calificativo a esta situación, es probable que lo más irónico sea que, actualmente, muchas mujeres prefieren darle prioridad a sus carreras antes que a su familia. En un inquietante giro del problema abordado durante la generación de Friedan, varios investigadores han escritos libros que analizan la profunda instisfacción que sufren muchas mujeres exitosas en su tercera o cuarta década de vida, en el comienzo de este nuevo siglo. Tanto las mujeres solteras y sin hijos como las madres profesionales, observan sus vestidos de marca, sus incentivos laborales y sus oficinas con un nuevo sentido de promesas no cumplidas. Quizá deban preguntarse: "¿y eso es todo?"

VOCES AMERICANAS
Del discurso "Tengo un sueño," pronunciado por
MARTIN LUTHER KING en Washington, D.C.
(agosto de 1963).

Hoy les diré, amigos míos, que a pesar de las dificultades y frustraciones propias de la época, todavía tengo un sueño. Es un sueño que está profundamente enraizado en el sueño americano.

Sueño que un día, esta Nación se levante y materialice el verdadero significado de su credo: "Sostenemos que estas verdades son evidentes, que todos los hombres fueron creados iguales."

Sueño que un día, en las rojas colinas de Georgia, los hijos de antiguos esclavos y los hijos de antiguos propietarios de esclavos puedan sentarse juntos a la mesa de la hermandad.

Sueño que un día, el mismo Mississippi, ese estado desértico sofocado con el calor de la opresión y la injusticia, se transforme en un oasis de libertad y de justicia. Sueño que mis cuatro hijos puedan vivir un día en una Nación en la que no sean juzgados por el color de su piel sino por la naturaleza de su carácter.

El discurso más memorable de King fue la culminación de una marcha multitudinaria a Washington en la que participaron más de 250,000 negros y blancos. En *Bearing the Cross*, la biografía de King, el autor David J. Garrow denomina a la marcha como el "toque de trompeta que le transmitió la autoridad moral del movimiento a los millones de personas que observaron la marcha en vivo y en directo. Ahora, como nunca antes . . . la Norteamérica blanca se vio confrontada por la justicia innegable que tenían los reclamos realizados por la población negra." Luego de la marcha se aprobó la Ley de Derechos Civiles, promulgada por Lyndon Johnson en junio de 1964, y King recibió el premio Nobel de la Paz en octubre del mismo año.

VOCES AMERICANAS

MALCOLM X, refiriéndose a la marcha de Washington.

No hace mucho, el hombre negro era alimentado con otro de los debilitadores, adormecedores y engañosos efectos de la así llamada "integración."

Me refiero a esa "farsa de Washington," pues así le digo . . .

Sí; estuve en ella. Observé ese circo. ¿Cuándo se había visto que unos revolucionarios aguerridos armonizaran y exclamaran "Lo superaremos . . . Algún día . . ." mientras caminaban tomados del brazo de las mismas personas contra las que se suponía que deberían rebelarse airadamente? ¿Cuándo se había visto que unos revolucionarios aguerridos caminaran con los pies descalzos al lado de sus opresores en parques adornados con estanques llenos de nenúfares, en medio de cantos religiosos, guitarras y discursos de "Yo tengo un sueño?"

Si Martin Luther King Jr. le hizo pasar malos ratos a J. Edgar Hoover, Malcolm X (1925–65) fue su peor pesadilla. Su nombre de bautismo era Malcolm Little y nació en Omaha, Nebraska. A la edad de cuatro años escapó a un incendio perpetrado por hombres blancos. Su padre era seguidor de Marcus Garvey, un líder separatista negro que trabajó por el establecimiento de relaciones políticas y económicas cercanas con África. En 1931, el padre de Malcolm murió tras ser atropellado por un tranvía y Malcolm creyó que su muerte había sido perpetrada por blancos racistas. Cuando tenía doce años, su madre fue internada en un hospital psiquiátrico y Malcolm pasó el resto de su niñez en centros de adopción.

En 1941, se trasladó a Boston y cayó en la delincuencia. Fue arrestado por robo a propiedades y enviado a prisión en 1946. Allí se unió a la Nación del Islam, también conocida como los Musulmanes Negros, y adoptó el nombre de Malcolm X en señal de renuncia a su nombre "esclavo." Pronto se convirtió en vocero enérgico y carismático de este movimiento, así como en su más destacado ministro. Malcolm X rompió con la Nación del Islam en 1964. Poco después hizo un peregrinaje a Mecca, la ciudad sagrada de los musulmanes, y sufrió una profunda transformación. Descubrió una nueva visión racial llena de armonía, que expresó claramente en una carta a sus seguidores que apareció en *The Autobiography Of Malcolm X*, co-escrita con Alex Haley. "Es probable que ustedes se asombren al saber que estas palabras provienen de mí," escribió, "pero en la peregrinación, lo que ví y experimenté me obligó a *re-considerar* la gran mayoría de mis ideas y a *hacer a un lado* varias de mis conclusiones anteriores."

Malcolm X adoptó el nombre de El-Hajj Malik El-Shabbazz y regresó a Estados Unidos, donde estableció la Organización para la Unidad Afro-Americana; sus mensajes raciales se hicieron cada vez más conciliadores. El 21 de febrero de 1965 murió al recibir un disparo mientras pronunciaba un discurso en el Audubon Ballroom, un auditorio de Harlem. Tres miembros de la Nación del Islam fueron sindicados del crimen. Pero, al igual que otros asesinatos de esta época, la verdad detrás de la muerte de Malcolm está rodeada de extrañas circunstancias.

¿Quién tiene la razón: Oliver Stone o la Comisión Warren?

Muchos norteamericanos se hacen esta pregunta como si estuviéramos buscando un diente que se nos ha caído, pues una y otra vez nos pasamos la lengua por el espacio vacío.

Este tema ha suscitado toda una corriente de teorías y miles de libros que hablan de una conspiración. Sin embargo, la gran mayoría de los norteamericanos cree que este caso no ha tenido una respuesta concluyente y satisfactoria. Tal vez debido a una paranoia inherente, a muchos estadounidenses les parece más atractivo creer que la muerte de Kennedy fue producto de una conspiración extraña, retorcida y misteriosa. La lista de posibles sospechosos es más complicada que el menú de un restaurante tradicional de comida china, como si se tratara de elegir uno de la columna A y otro de la columna B. Las posibilidades incluyen una serie de variados pesonajes con motivos y la capacidad para asesinar a Kennedy: gángsters y camioneros, cubanos castristas y anticastristas, supremacistas blancos, desertores de la CIA, esbirros de la KGB y, por supuesto, asesinos solitarios. La película *JFK* (1991) de Oliver Stone despertó incredulidad en toda una generación que había crecido también con *Los expedientes-X*, un programa que elevó la paranoia de conspiraciones contra el gobierno al arte televisivo. Asimismo, las generaciones que desconfían plenamente de la "explicación oficial," comenzaron a citar la película de Stone como fuente bibliográfica de sus trabajos finales.

Las teorías que hablan de una conspiración siguen vigentes puesto que muchas de las circunstancias del asesinato continúan envueltas en la leyenda y la controversia. Lo que sí es cierto es que JFK viajó a Texas en el otoño de 1963 con el fin de conseguir el apoyo sureño para su campaña de reelección de 1964. Este viaje tuvo un buen comienzo en San Antonio y Houston, donde el presidente y la primera dama fueron recibidos por multitudes entusiastas. Todos coincidían en que Dallas sería una ciudad difícil en términos políticos y muchos asesores le sugirieron a Kennedy que no la visitara. Pocos meses antes, los ciudadanos de Dallas habían escupido a Adlai Stevenson, el embajador de JFK en la ONU. Pero incluso en aquella ciudad, el 22 de noviembre las cosas parecían marchar mejor de lo esperado y las multitudes aclamaban a la caravana. A bordo de la limosina, la esposa de John Connally, el gobernador de Texas, se inclinó y le dijo al presidente: "Bueno, no creo que pueda decir que no lo quieran en Dallas."

Luego el auto dobló frente al Depósito de Libros Escolares de Texas y sonaron tres disparos. Kennedy y el gobernador fueron abaleados. La limosina aceleró la marcha y se dirigió al hospital. El presidente Kennedy falleció y Lyndon B. Johnson (1908–73) realizó el juramento a bordo del avión Uno de la Fuerza Aérea. Al cabo de pocas horas, luego del asesinato de un policía, Lee Harvey Oswald fue arrestado e interrogado. Pero dos días más tarde, cuando era trasladado a una cárcel más segura, Jack Ruby, propietario de un club de strip-tease, se abrió paso entre una multitud de policías y lo asesinó de un disparo, mientras toda la nación veía con asombro el incidente por televisión.

Es aquí donde comienzan las conjeturas. Una Nación dolida y sorprendida no era capaz de soportar estos hechos. Los rumores y las especulaciones comenzaron a circular cuando el país se enteró de la vida tan particular que había llevado Lee Harvey Oswald. Era un ex *marine* que había desertado a la Unión Soviética y regresado a Norteamérica con una esposa rusa, y un marxista y admirador de Castro que había estado poco antes del asesinato en la embajada cubana en la Ciudad de México.

En respuesta a estos rumores, que cada vez eran más numerosos y entre los que figuraba uno que decía que hasta el mismo Lyndon Johnson había participado en el asesinato, éste decidió nombrar una comisión que investigara el crimen y determinara si realmente había existido una conspiración. Luego de su primera semana como presidente, Johnson le pidió a Earl Warren, presidente de la Corte Suprema de Justicia de los Estados Unidos, que encabezara esa investigación. Warren aceptó a regañadientes, pues Johnson dijo que temía que se desatara una guerra nuclear si llegaba a comprobarse que los cubanos o los soviéticos estaban detrás del asesinato.

La comisión fue nombrada el 29 de noviembre de 1963. Además de Earl Warren, los otros integrantes eran el senador demócrata Richard B. Russell por Georgia, el senador republicano John S. Cooper por Kentucky, el representante demócrata T. Hale Boggs por Louisiana, el representante republicano Gerald R. Ford por Michigan, Allen Dulles, ex director de la CIA y John J. McCloy, ex asesor del presidente Kennedy. Un total de 552 testigos testificaron ante la comisión.

El Informe Warren fue la compilación de los eventos relacionados con el asesinato, y fue divulgado en septiembre de 1964. Concluyó que Lee Harvey Oswald actuó solo y le disparó al presidente desde una ventana del sexto piso del Depósito de Libros Escolares de Texas, y que Jack Ruby también había actuado solo cuando mató a Oswald el 24 de noviembre de 1963. El informe no encontró pruebas de una conspiración en la que estuvieran involucrados Oswald y Ruby. Criticaba al Servicio Secreto de los Estados Unidos y al Departamento Federal de Investigaciones (FBI) y hacía un llamado para que se tomaran medidas más efectivas en el futuro para proteger a los presidentes.

Pero poco después de su publicación, otras investigaciones criticaron sus conclusiones. Desde el momento en que la Comisión Warren trató de calmar a un país aterrorizado, las conclusiones a las que llegó fueron rechazadas por la gran mayoría de los norteamericanos. La labor detectivesca desarrollada por la comisión dejó mucho qué desear y en los últimos años han aparecido revelaciones muy importantes sobre el caso. A finales de los años setenta, un comité especial de la Cámara de Representantes examinó de nuevo las evidencias y concluyó que Kennedy "probablemente fue asesinado como parte de una conspiración." Las investigaciones también revelaron hechos sorprendentes sobre las actividades de la CIA y del FBI durante esa década. Algunos de los descubrimientos más inquietantes revelaron que la CIA había planeado asesinar a Castro y a otros líderes extranjeros, que Judith Campbell (la amante de Kennedy) estaba involucrada junto a los dos gángsters contratados por la CIA para asesinar a Castro. Y también que J. Edgar Hoover había ordenado el encubrimiento de fracasos del FBI en las investigaciones sobre Oswald, para proteger la integridad e imagen de ese organismo. ¿Hubo apenas tres disparos en el Depósito de Libros Escolares de Texas? ¿Fue Oswald el que hizo estos disparos? ¿Se realizaron otros disparos desde el promontorio donde se podía divisar la caravana presidencial? ¿Será que Jack Ruby, quien tenía conexiones con el bajo mundo y con la policía de Dallas, actuó como dijo él, para evitarle a la señora Kennedy el dolor de regresar a Dallas para testificar en el juicio por el asesinato de su esposo? ¿Quiénes eran los dos latinos que una prostituta de Nueva Orleáns dijo haber visto camino a Dallas pocos días antes del asesinato de JFK? ¿Es cierto que "cientos de testigos" del incidente y de la investigación murieron en circunstancias sospechosas como sostienen las teorías que hablan de una conspiración?

Se han escrito más de dos mil libros sobre el asesinato de JFK, que van desde *Rush to Judgement*, de Mark Lane, e *Inquest*, de Edward Jay Epstein, hasta *Best Evidence* de David Lifton y *Contract on America: The Mafia Murder of President John F. Kennedy*. Todos estos libros se basan en la investigación de la Comisión Warren—con todos los defectos que ésta tiene—así como en diversas informaciones que apuntan a varias teorías conspiratorias diferentes y que han sido bien recibidas por un público ávido de ellas. El libro *Final Disclosure*, publicado en 1989, es mucho menos sensacionalista y refuta muchas de estas teorías. Su autor es David W. Belin, consejero de la Comisión Warren y director ejecutivo de la Comisión Rockefeller, encargada de investigar los abusos cometidos por la CIA. Obviamente Belin, como miembro de la Comisión Warren, tenía intereses personales qué proteger. Pero su libro es serio, analítico y ofrece pruebas concluyentes. El autor examina todas las pruebas recibidas por la Comisión Warren, las revelaciones realizadas por la CIA y el FBI, así como el análisis de una cinta de audio muy controvertida, que supuestamente prueba la existencia de un cuarto disparo y de un segundo pistolero. Belin desvirtúa los cargos más serios realizados por aquellos que hablan de una conspiración, explicando que en muchos casos, se han elegido los testimonios y pruebas según la conveniencia.

Un libro más riguroso, completo y controvertido que el de Belin es *Case Closed*, de Gerald Posner. El autor, que utilizó nuevos recursos tecnológicos y estudios por computador, llegó a una conclusión clara y tal vez inexpugnable: Lee Harvey Oswald actuó solo, al igual que Jack Ruby. Posner escribe: "Hay un gran número de pruebas disponibles como para sacar conclusiones sobre lo que sucedió en el asesinato de JFK. Pero aparentemente y a pesar de la contundencia de las pruebas, la mayoría de los norteamericanos se resiste a aceptar que los actos violentos accidentales puedan alterar el curso de la historia y que Lee Harvey Oswald podría afectarnos de una forma que no podemos controlar. No deja de ser inquietante pensar que un psicópata fracasado de 24 años, armado con un rifle que le costó 12 dólares e impulsado por sus propias motivaciones retorcidas, pudiera ponerle fin al sueño de Camelot. Pero esta es la única explicación sensata para los lectores que quieran abordar este asunto con una mentalidad abierta."

Aun así, muchos norteamericanos continúan sintiendo que se les ha perdido algo. Aunque la teoría que sostiene que Oswald y Ruby actuaron solos es convincente, son pocas las personas que están dispuestas a aceptar esta conclusión. Su escepticismo demuestra una vez más la profunda desconfianza y la falta de fé que los norteamericanos han terminado por sentir hacia su gobierno y sus líderes políticos.

Lectura Recomendada: *Case Closed: Lee Harvey Oswald and the Assassination of JFK*, de Gerald Posner.

Voces Americanas
Del discurso "la Gran Sociedad," de
Lyndon Johnson (mayo de 1964).

La Gran Sociedad descansa en la abundancia y en la libertad para todos. Nos conmina a acabar con la pobreza y la injusticia racial, con las que estamos totalmente comprometidos en estos momentos. Pero esto es sólo el comienzo.

La Gran Sociedad es un lugar donde todos los niños puedan adquirir conocimientos para enriquecerse mentalmente y para potencializar sus talentos. Es un lugar en donde el ocio es una buena oportunidad para crear y pensar, antes que la causa temida del aburrimiento y el desasosiego. Es un lugar en donde la ciudad del hombre no sólo satisface las necesidades corporales y las del comercio, sino también la sed de belleza y de comunidad.

Es un lugar en donde el hombre puede renovar su contrato con la naturaleza. Es un lugar que honra la creación por su naturaleza intrínseca y por su contribución a la confraternidad humana. Es un lugar donde los hombres están más preocupados por la calidad de sus metas que por la cantidad de sus bienes.

En este discurso, pronunciado durante su campaña electoral contra el candidato republicano Barry Goldwater, Johnson sentó las bases para un ambicioso programa social a nivel doméstico, que adelantaría luego de su contundente victoria sobre el senador conservador por Arizona. Johnson propuso atacar las injusticias raciales por medio de reformas educativas y económicas, así como con programas gubernamentales que buscaban erradicar el ciclo de pobreza. Promulgó un gran número de leyes, aunque los historiadores sociales ponen en tela de juicio la efectividad de éstas. Durante su gobierno se creó la Oficina de Oportunidades Económicas. Se aprobó la Ley de Derechos Civiles que había propuesto Kennedy y la Ley de Derechos de Voto. Adicionalmente, se establecieron entidades y programas como Project Head Start, Job Corps, Medicaid y Medicare. Aunque Johnson estaba realizando la revolución social más ambiciosa desde el *New Deal* de FDR, también involucraba cada vez más al país en el conflicto de Vietnam. Y antes que cualquiera de sus proyectos domésticos, fue este camino fútil y desastroso el que terminó por darle un lugar en la historia.

¿Fue *Mississippi en llamas* un evento real?

Si Hollywood ofrece la versión real de los hechos, habría que decir entonces que el movimiento por los derechos civiles sobrevivió gracias a que Gene Hackman y Willem Dafoe llegaron a la ciudad como dos alguaciles armados del Oeste. En esta versión cinematográfica de los acontecimientos, dos hombres de FBI desenmascaran al Ku Klux Klan y llevan a esta organización ante la justicia, mientras que un grupo de negros mira dócilmente y trata de mantenerse al margen de los problemas.

La película *Mississippi en llamas*, filmada en 1989, tiene una gran dosis de emotividad. Como espectador, uno se conmueve, suda y se alegra cuando las fuerzas del bien intimidan a los miembros del Klan y éstos revelan el lugar donde se encuentran los cadáveres de los tres activistas. La película ofrece al espectador la sensación de que narra la historia tal como ocurrió. Aunque pertenece a la mejor tradición del cine norteamericano, la versión de los hechos que ofrece tiene tan poco que ver con la realidad como *El nacimiento de una Nación*, la película clásica de D. W. Griffith.

Mississippi en llamas comienza con el asesinato de tres activistas por los derechos civiles en una carretera secundaria en 1964, cosa que sí sucedió. Andrew Goodman y Michael Schwerner, dos blancos del Norte, y James Chaney, un negro sureño, quienes buscan que los votantes negros se registren, desaparecen luego de abandonar la custodia policial en Philadephia, Mississippi. Dos agentes del FBI llegan para investigar el caso, pero no logran obtener ninguna información, pues los *rednecks** no dicen nada y los negros sienten temor. Los asesinatos solo son descubiertos cuando el agente Anderson (Gene Hackman), un antiguo sheriff sureño, recurre a una serie de estrategias

---

* Peyorativo para referirse a campesinos anglosajones, incultos y racistas.

ilegales para obligar a los miembros de la comunidad a confesar dónde
están los cadáveres y quién es el asesino.

Es una película de muy buena factura, que manipula y despierta en
el espectador los sentimientos adecuados: la culpa que sienten los liberales blancos por el maltrato a los negros, el rechazo hacia el racismo
que existe en esa población, la emotividad que logran despertar las tácticas estilo Rambo de Hackman; y por último, la reivindicación que
supone el arresto de los asesinos.

El problema es que aparte de los asesinatos, casi nada sucedió como
se narra en la película. Ante la presión realizada por Robert Kennedy,
que en ese entonces era el fiscal general de la Nación, J. Edgar Hoover,
director del FBI, envía un gran contingente de agentes a Mississippi,
pero éstos no descubren nada. El caso adquiere un nuevo rumbo
cuando se les ofrece un soborno de 30,000 dólares a unos informantes
del Klan, quienes dicen que los cadáveres están en una presa cercana,
donde efectivamente son encontrados. Un total de 21 personas fueron
llamadas a juicio, incluyendo al jefe y al diputado de la policía local.
Pero las cortes locales terminaron por desestimar las confesiones de
dos miembros del Klan, arguyendo que eran simples rumores. Sin
embargo, el Departamento de Justicia formuló cargos por conspiración
contra 18 de los acusados. Durante el juicio presidido por un juez que
había comparado a los negros con chimpancés, siete hombres fueron
encontrados culpables y recibieron penas de entre tres y diez años de
prisión.

Aunque J. Edgar Hoover realizó un buen espectáculo público con
el trabajo realizado por su agencia contra el Klan, lo que hizo realmente fue ocultar su verdadera obsesión, pues pensaba que proteger a
los activistas por los derechos civiles era "perder el tiempo." Aunque en
la película aparece un agente negro, los únicos negros que trabajaron
en el FBI durante la época de Hoover lo hicieron como choferes. En
realidad, el FBI estaba mucho más interesado en demostrar que Martin Luther King era un comunista y que el movimiento por los derechos civiles era un frente comunista organizado. Este interes quedó
demostrado cuando el FBI interceptó las conversaciones privadas de
King, que pusieron al descubierto que el líder de los derechos civiles
tenía un número apreciable de admiradoras que estaban dispuestas
a dar algo más que dinero a su causa. El odio que Hoover sentía por

King era manifiesto. En una ocasión, el director del FBI tildó a King de ser "el mentiroso más notorio" del país y le envió una nota amenazante en la que le sugería que se suicidara.

¿Cuál fue la Resolución de Tonkin?

¿Cuándo la guerra no es una guerra? Cuando el presidente decide que no lo es y el Congreso lo respalda.

Norteamérica llevaba más de diez años involucrado en Vietnam cuando los más destacados funcionarios de las administraciones de Kennedy y de Johnson decidieron encontrar una nueva versión de Pearl Harbor. Se necesitaba un incidente para que Estados Unidos se involucrara en la guerra con un mínimo de legitimidad, cosa que sucedió en agosto de 1964, tras un breve enfrentamiento en las aguas del golfo de Tonkin, en Vietnam del Norte.

Estados Unidos había destinado dinero, recursos materiales, y alrededor de 15,000 asesores militares que envió a fines de 1963 para apoyar al régimen anticomunista de Saigón, durante la guerra civil entre el Norte y el Sur de Vietnam. Esta guerra estalló en 1954, cuando los franceses se retiraron de Indochina y Vietnam quedó dividido en dos. La CIA también estaba involucrada, pues participó en el derrocamiento de Ngo Dinh Diem, el primer ministro en 1963, y luego fingió sorprenderse cuando éste fue ejecutado por los oficiales que lo habían derrocado.

Uno de los "consejos" que Estados Unidos daba a sus aliados survietnamitas era la enseñanza de tácticas de comando. En 1964, las guerrillas sudvietnamitas entrenadas por la CIA comenzaron a atacar al Norte por medio de actos de sabotaje encubiertos. En vista de que estos ataques (codificados como el Plan 34-A) no lograron debilitar el poderío militar de Vietnam del Norte, se realizaron ataques con torpederos. A fin de apoyar estos ataques, la Marina de Estados Unidos estacionó barcos de guerra en el golfo de Tonkin. Estos barcos, que tenían sofisticados equipos de comunicaciones, interceptaron informaciones sobre las operaciones militares de Vietnam del Norte y pusieron a los comandos sudvietnamitas al tanto de la situación.

Como el incidente se presentó en medio de la contienda electoral en la que LBJ se enfrentaba a Barry Goldwater, candidato republicano de línea dura, el presidente consideró que el caso ameritaba una respuesta enérgica y ordenó el envío del *Maddox* y del *Turner Joy* (otro destructor) al golfo de Tonkin. Un tripulante de este último navío encargado del radar observó algunas irregularidades y el destructor abrió fuego. El *Maddox* también informó que había observado varios torpedos y disparó. Nunca se comprobó que alguno de los dos barcos fuera atacado. Más tarde, las irregularidades registradas en el radar se atribuyeron a condiciones climáticas y al nerviosismo reinante entre la tripulación.

Según el libro *Vietnam: A History*, de Stanley Karnow, incluso el mismo Johnson expresó sus dudas en privado tan solo algunos días después de que el segundo ataque supestamente hubiera tenido lugar y le dijo a un colaborador suyo: "Esos marineros estúpidos solo le estaban disparando a peces voladores."

Pero esto no detuvo al presidente. Sin esperar a que se investigaran los hechos, Johnson ordenó un ataque aéreo a Vietnam del Norte en "venganza" a los "ataques" a los barcos de Estados Unidos. Los aviones norteamericanos realizaron más de 60 vuelos contra blancos en Vietnam del Norte. En uno de ellos, un avión fue derribado y el piloto Everett Alvarez Jr. se convirtió en el primer prisionero de guerra en el conflicto de Vietnam, donde pasó ocho años en una prisión de Hanoi.

Luego de los ataques aéreos, el presidente solicitó la aprobación de la Resolución del Golfo de Tonkin, que no sólo le dio los poderes que necesitaba para aumentar la participación norteamericana en Vietnam, sino que también le permitió desmentir las acusaciones de Goldwater, quien había dicho que Johnson era "tímido ante el comunismo." La Resolución del Golfo de Tonkin fue aprobada por unanimidad luego de 40 minutos de debate en la Cámara de Representantes. En el Senado solamente hubo dos votos en contra de su aprobación. Lo que el Congreso no sabía era que la Resolución había sido redactada varios meses antes de que ocurriera el incidente. El Congreso, que es la única instancia que tiene la autoridad constitucional para declarar la guerra, le había concedido dicho poder a un hombre que no tuvo el menor reparo en utilizarlo. Wayne Morse, uno de los senadores que votó en contra de la Resolución de Tonkin, señaló posteriormente: "Creo que la historia registrará que hemos cometido un grave error al subvertir y burlar la Constitución." Después de la votación, Walt Rostow, asesor del presidente Johnson, dijo: "No sabemos qué fue lo que sucedió, pero lo cierto es que tuvo el efecto deseado."

HITOS DE LA GUERRA DE VIETNAM

Aunque Estados Unidos se involucró en Vietnam y en gran parte del sudeste asiático después de la Segunda Guerra Mundial, las raíces de la participación occidental en esta región datan de la era colonial del siglo XIX, cuando en 1862 Francia asumió el control de varias zonas pertenecientes al Imperio vietnamita. Durante la Segunda Guerra Mundial, japoneses y franceses se enfrentaron en Indochina. Fue en esta época que Ho Chi Minh (nacido en la zona central de Vietnam en 1890) creó el Vietminh para combatir tanto a los franceses como a los japoneses. Ho emigró a Occidente en 1918 y trató de convencer al presidente Wilson para que permitiera la autodeterminación vietnamita durante las conversaciones del Tratado de Versalles al término de la Primera Guerra Mundial. Como su petición fue rechazada, Ho se unió al Partido Comunista francés. Viajó a Moscú y en 1941 regresó en secreto a Vietnam. En 1945, los japoneses asumieron el control de Indochina y el emperador declaró su independencia de Francia. Tan pronto terminó la guerra, Ho declaró la independencia de su país, al que llamó República Democrática de Vietnam, que comprendía tanto el Norte como el Sur. Disolvió el Partido Comunista y formó una coalición de gobierno con otros movimientos nacionalistas. En 1946, Francia reconoció a este país como un estado libre dentro de la Unión francesa. Pero a los pocos meses, los franceses y los vietnamitas se enfrascaron en la guerra de Indochina.

1950

Al mismo tiempo que las tropas norteamericanas combaten en Corea, el presidente Truman ofrece ayuda militar a Francia en su guerra contra los rebeldes comunistas en Indochina. Estados Unidos termina pagando del 75 al 80 por ciento de los costos de esta guerra contra los rebeldes del Vietminh, liderados por Ho Chi Minh.

1954

Aunque se considera la posibilidad de utilizar la bomba atómica, el presidente Eisenhower descarta ofrecerle a Francia un apoyo militar directo en la base de Dienbienphu. Eisenhower prefiere brindarle una ayuda permanente y declara en abril, que de lo contrario, el sudeste asiático caerá en manos del comunismo. El presidente dice textualmente: "Si tienes una hilera de dominó y tumbas la primera ficha, con toda certeza la última también caerá con rapidez."

Mayo   El bastión francés de Dienbienphu es invadido por las fuerzas vietnamitas dirigidas por el general Giap. Los franceses se retiran de Indochina y Vietnam es dividido en la conferencia de Ginebra. Se crea la República Democrática de Vietnam en el Norte y la República de Vietnam del Sur con Saigón como su capital. Una solución política a la división del país queda en manos de unas elecciones que nunca se celebrarán. Estados Unidos participa directamente en Vietnam, pues envía 100 millones de dólares al gobierno anticomunista de Saigón, encabezado por el primer ministro Ngo Dinh Diem.

1955

El gobierno de Saigón recibe ayuda directa y entrenamiento militar de Estados Unidos. Vietnam, Camboya y Laos reciben más de 200 millones de dólares.

Octubre   La República de Vietnam es proclamada por el primer ministro Diem luego de ganar unas elecciones fraudulentas organizadas por Estados Unidos. Diem se había negado a participar en unas elecciones para la unificación con el Norte.

1959

8 de julio   El mayor Dale Buis y el sargento Chester Ovnard son ultimados por el Vietcong en Bienhoa. Son los primeros estadounidenses en morir en el conflicto de Vietnam. A fines de año, hay alrededor de 760 militares norteamericanos en Vietnam.

1960

Por petición del gobierno de Diem, el número del Grupo de Asistencia y Asesoría Militar sube a 685 integrantes.

Noviembre   Es sofocado un intento de golpe militar contra Diem. El gobierno de Estados Unidos le sugiere que implemente reformas radicales para eliminar la corrupción.

Diciembre   En el Norte, el gobierno de Hanoi anuncia un plan para la reunificación y el derrocamiento del gobierno de Diem. Se establece el Frente Nacional de Liberación de Vietnam del Sur y su guerrilla será conocida como el Vietcong.

1961

Luego de una gira por Vietnam, Walt Rostow y el general Maxwell Taylor (asesores del presidente Kennedy) recomiendan el envió de 8,000 tropas de combate a este país. En lugar de esto, el presidente envía más equipos y asesores. A fin de año, hay 3,025 militares en Vietnam.

1962

6 de febrero   El Comando Americano de Asistencia Militar a Vietnam (MACV) es conformado en Saigón.

Mayo   El presidente Kennedy envía 5,500 marines y 50 aviones a Tailandia para neutralizar la expansión comunista en Laos. El número de asesores norteamericanos asciende a unos docemil.

1963

Enero   El Ejército de la República de Vietnam del Sur sufre una gran derrota contra una fuerza Vietcong mucho más pequeña en la batalla de Ap Bac. El desempeño de las tropas y de los comandantes vietnamitas entrenados por los norteamericanos es desastroso.

Mayo al agosto   Las demostraciones en contra del gobierno realizadas por monjes budistas son brutalmente reprimidas. En protesta, numerosos monjes se suicidan rociándose gasolina e incinerándose.

Noviembre   El general Duong Van Minh y otros oficiales sudvietnamitas realizan un golpe de estado y derrocan al gobierno de Diem con el conocimiento del gobierno norteamericano y la participación de la CIA. Diem y su hermano son ejecutados. Tres semanas después, el presidente Kennedy es asesinado.

Diciembre   A finales de este año, el presidente Johnson aumenta el número de asesores militares en Vietnam a 16,300. Estados Unidos ha enviado 500 millones de dólares en ayuda a Vietnam del Sur durante este año. La CIA comienza a entrenar a las guerrillas sudvietnamitas como parte de un ambicioso programa de operaciones de sabotaje encubiertas contra el Norte que también está dirigido por los norteamericanos.

1964

Enero   El teniente general William Westmoreland (nacido en 1914) es nombrado comandante adjunto del Comando de Asistencia Militar a Vietnam.

30 de enero   El general Nguyen Khanh asume el poder en Saigón; el general Minh continúa desempeñando el papel protocolario como jefe de estado.

Junio   Westmoreland es promovido al cargo de comandante del MACV.

2 de agosto   El destructor *Maddox* es perseguido por tres torpederos norvietnamitas tras realizar labores de espionaje electrónico en el golfo de Tonkin, 10 millas al interior de las aguas norvietnamitas. El *Maddox* abrió fuego cuando los patrulleros norvietnamitas se acercaban y éstos respondieron con torpedos. El destructor solicitó refuerzos al portaaviones *Ticonderoga* que se encontraba cerca, y tres aviones cazabombarderos norteamericanos atacaron a los patrulleros norvietnamitas. El *Maddox* hundió a uno de ellos, averió a los dos restantes y luego se retiró. Dos días después, el *Maddox* y el *Turner Joy* reciben órdenes de regresar a Tonkin para "reafirmar la libertad de las aguas internacionales."

4 de agosto   El presidente Johnson informa a líderes del Congreso que se ha perpetrado un segundo ataque contra el *Maddox*. Sin embargo, el supuesto ataque nunca se confirmó y posteriormente se demostró que no existió.

5 de agosto   Aviones norteamericanos bombardean a Vietnam del Norte en retaliación por los "ataques" a los barcos de Estados Unidos. El bombardeo es definido como "de proporciones limitadas." Sin embargo, se han realizado más de 60 misiones aéreas que destruyen depósitos de petróleo y barcos patrulleros. Dos aviones norteamericanos son derribados y Everett Alvarez es capturado.

7 de agosto   La Resolución del Golfo de Tonkin es aprobada por unanimidad en la Cámara de Representantes y también en el Senado, con sólo dos votos en contra. Esta resolución le confiere al presidente poderes para "tomar todas las medidas necesarias para rechazar un ataque armado contra las fuerzas de los Estados Unidos y para prevenir agresiones futuras." Posteriormente, Johnson dirá que la resolución es "como las camisas de dormir de las abuelas: lo cubren todo."

26 de agosto   El presidente Johnson es nominado en la Convención Nacional Demócrata y elige a Hubert Humphrey como su compañero de fórmula. Johnson derrota al candidato republicano Barry Goldwater por más de 15.5 millones de votos tras prometer: "No buscaré una guerra más amplia."

Septiembre   U Thant, secretario general de la ONU, propone mediar en conversaciones con Vietnam del Norte para evitar la guerra. Los oficiales norteamericanos le ocultan información al presidente Johnson y rechazan estas negociaciones.

30 de octubre   Seis bombarderos B-57 son destruidos y cinco norteamericanos mueren luego de un ataque realizado por la guerrilla del Vietcong a la base aérea norteamericana en Bien Hoa.

31 de diciembre   El número de asesores militares norteamericanos asciende a 23,300.

1965

7 de febrero   Luego de un ataque del Vietcong a una base norteamericana en Pleiku en el que ocho estadounidenses mueren, el presidente Johnson ordena ataques aéreos contra Vietnam del Norte y el comienzo de una nueva escalada en la guerra que recibe el nombre de Operación Flaming Dart. Las guerrillas comunistas atacan otra base norteamericana y se pone en marcha la Operación Flaming Dart II.

19 de febrero   Nguyen Cao Ky, un general de la Fuerza Aérea, asume el poder en Vietnam del Sur luego de varias disputas internas.

2 de marzo   Los Estados Unidos comienzan la Operación Rolling Thunder, que consiste en un bombardeo permanente a Vietnam del Norte y que se prolongará hasta el 31 de octubre de 1968.

8 de marzo   Dos batallones de *marines* norteamericanos desembarcan en Vietnam para proteger la base aérea en Danang. Estas son las primeras tropas de combate en Vietnam.

7 de abril   El presidente Johnson pide a Hanoi entablar negociaciones para poner fin a la guerra. El plan es rechazado por las autoridades de Hanoi, quienes dicen que cualquier acuerdo debe estar basado en el programa del Vietcong.

15 de abril   En Washington, los Estudiantes por una Sociedad Democrática—SDS, organizan una gran manifestación en contra de la guerra.

11 de junio   Nguyen Cao Ky, el joven oficial, es elegido por sus compañeros como primer ministro del régimen militar sudvietnamita.

14 al 17 de noviembre   En el primer enfrentamiento considerable de la guerra, las fuerzas de Estados Unidos derrotan a unidades norvietnamitas en el valle de Ia Drang.

25 de diciembre   Johnson suspende los bombardeos para que Vietnam del Norte comience negociaciones de paz. A finales del año, hay casi 200,000 tropas estadounidenses en Vietnam. Han muerto

636 soldados norteamericanos y las cifras de reclutamiento se dupli-
can en Estados Unidos.

VOCES AMERICANAS
EL PRESIDENTE LYNDON B. JOHNSON a Robert
McNamara, secretario de Defensa (junio de 1965),
citado en *Reaching for Glory: Lyndon Johnson's Secret
White House Tapes, 1964–65.*

**Nos va a ser muy difícil entablar una guerra duradera en
tierras tan lejanas con las divisiones que tenemos acá y
particularmente con las divisiones potenciales. Esto me
entristece profundamente, pues veo que ni el Departamento de Defensa ni el de estado tengan un programa
que nos ofrezca esperanzas de hacer algo, excepto orar,
resitir durante los monzones y esperar que el enemigo se
retire. No creo que lo haga y no veo . . . que tengamos ningún . . . plan para lograr la victoria militar ni diplomática.**

1966

31 de enero   Se reanudan los bombardeos aéreos a Vietnam del
Norte tras el fracaso de la "ofensiva de paz" planeada para promover
negociaciones de paz.

10 de marzo   Monjes budistas realizan demostraciones contra el
régimen de Saigón en las ciudades de Hue y Danang, que son
tomadas por tropas del gobierno.

29 de junio   Aviones norteamericanos bombardean depósitos petro-
líferos cerca de Haiphong y Hanoi, en respuesta al ingreso de norvietnamitas para respaldar al Vietcong.

23 de septiembre   El comando militar de Estados Unidos en Vietnam anuncia que está utilizando exfoliantes químicos como el
agente naranja, para destruir la vegetación bajo la cual se oculta la
guerrilla comunista.

25 de octubre   Tras un encuentro entre Johnson y los líderes de seis naciones aliadas que participan en la guerra de Vietnam (Australia, Filipinas, Tailandia, Nueva Zelandia, Corea del Sur y Vietnam del Sur), se promulga un plan de paz que solicita a Vietnam del Norte poner fin a su agresión. A finales del año, habrá casi 400,000 militares norteamericanos en Vietnam.

1967

5 de enero   Se revelan las bajas norteamericanas en Vietnam en el año de 1966: 5,008 muertos y 30,093 heridos (las cifras totales desde 1961 son 6,664 muertos y 37,738 heridos)

8 de enero   Treinta mil fuerzas combinadas de Estados Unidos y de Vietnam del Sur comienzan la Operación Cedar Falls, una ofensiva contra posiciones enemigas en el Triángulo de Hierro, una zona a 25 millas al noroeste de Saigón. (El general Alexander Haig es uno de los comandantes de los batallones estadounidenses.)

28 de enero   Vietnam del Norte señala que Estados Unidos debe suspender los bombardeos antes de comenzar negociaciones de paz.

7 de julio   El Comité Económico del Congreso informa que la guerra ha causado estragos en la economía norteamericana durante el año anterior.

Agosto   El secretario de Defensa Robert McNamara testifica ante el Congreso y declara que el bombardeo a Vietnam del Norte es infructuoso.

Septiembre   Los comunistas realizan grandes ofensivas. El general Westmoreland fortifica a Khe Sanh.

21 de octubre   En Washington se realizan protestas contra la guerra que duran dos días y que son el tema del libro *Los Ejércitos de la Noche*, de Norman Mailer.

8 de diciembre   La oleada de protestas contra la guerra se hace más activa y organizada. En Nueva York, 585 personas son arrestadas, incluyendo al doctor Benjamin Spock y al poeta Allen Ginsberg. Spock y otros cuatro manifestantes escriben un panfleto titulado *A Call to Resist Illegitimate Authority*, que más tarde es publicado como libro, y que el gobierno utiliza para acusar a Spock. Durante las manifestaciones contra el reclutamiento que tienen lugar en los días siguientes, la policía realiza arrestos en New Haven, Connecticut; Cincinnati; Madison, Wisconsin; y Manchester, New Hampshire. A finales del año hay casi medio millón de norteamericanos en Vietnam.

1968

21 de enero   Batalla de Khe Sanh. Esta aldea estratégica que el general Westmoreland ha fortificado considerablemente y donde ha establecido un gran depósito de armas con miras a lanzar desde allí futuros ataques al Sendero Ho Chi Minh, la ruta de abastecimiento de los comunistas, se convierte en el escenario de uno de los sitios más controvertidos de la guerra. El Vietcong y las tropas norvietnamitas comienzan a sitiar a las fuerzas estadounidenses en Khe Sanh. Muchos norteamericanos como Westmoreland, el presidente Johnson y los medios de comunicación ven en éste una repetición del ataque realizado en 1954 al bastión francés de Dienbienphu. Westmoreland y Johnson hacen todo lo posible por evitar otro desastre y Johnson le dice a uno de sus asesores más antiguos: "No quiero otro maldito Dienbienphu."

Khe Sanh recibe grandes refuerzos y es apoyada por bombardeos masivos efectuados por aviones B-52, evitando así una catástrofe como la sufrida por los franceses. Pero en Estados Unidos, los norteamericanos ven el sitio como si se tratara de un seriado televisivo nocturno. La batalla de Khe Sanh, que tuvo lugar en medio de la Ofensiva Tet (la cual es descrita más adelante), parecer ser un ejemplo más de la determinación de los vietnamitas, quienes sufren entre 10,000 y 15,000 bajas contra 205 norteamericanas. El sitio se prolonga hasta abril. Irónicamente, la base de Khe Sanh será abandonada unos años después, ya que se cancela el ataque programado al Sendero Ho Chi Minh en Laos.

23 de enero   El *USS Pueblo*, un barco espía norteamericano, es capturado por Corea del Norte.

31 de enero La Ofensiva Tet. Aunque se realiza una tregua breve para que los vietnamitas celebren la fiesta lunar de Año Nuevo, el Vietcong lanza una gran ofensiva en Vietnam del Sur y la embajada de Estados Unidos en Saigón es atacada. Hanoi esperaba que el pueblo se revelara en Vietnam del Sur, pero esto no sucede. Aunque la mayoría de los ataques son repelidos, Tet es visto en Estados Unidos como una derrota y un símbolo de la capacidad que tiene el Vietcong para atacar en cualquier lugar. Los informes optimistas sobre el avance norteamericano en la guerra que Westmoreland y otros militares le han suministrado al Congreso y al pueblo norteamericano también sufren un desprestigio considerable.

26 de febrero Las tropas norteamericanas y sudvietnamitas recapturan la ciudad de Hue, tras 26 días de intensos combates. Las fosas comunes demuestran las enormes atrocidades cometidas por el Vietcong y los norvietnamitas tras su retirada. Miles de personas sospechosas de colaborar con el gobierno de Saigón son asesinadas.

29 de febrero El secretario de Defensa Robert McNamara renuncia a su cargo tras concluir que su país no ganará la guerra, siendo reemplazado por Clark Clifford.

12 de marzo El senador Eugene McCarthy, quien se opone abiertamente a la guerra, por poco logra derrotar al presidente Johnson en las primarias demócratas de New Hampshire, lo que supone un fuerte golpe para las aspiraciones presidenciales de Johnson.

16 de marzo Luego de las primarias de New Hampshire, Robert Kennedy anuncia que hará campaña para la nominación presidencial del Partido Demócrata. En este día también se realiza la masacre de My Lai.

31 de marzo El presidente Johnson aparece por televisión y sorprende al país tras anunciar que habrá un alto parcial a los bombardeos, que ofrecerá conversaciones de paz y declarar finalmente que no se postulará para las próximas elecciones.

4 de abril Martin Luther King Jr. es asesinado en Memphis, Tennessee.

23 de abril Miembros de los Estudiantes por una Sociedad Democrática toman cinco edificios de la Universidad de Columbia, en protesta por investigaciones realizadas por esta universidad en asuntos relacionados con la guerra.

10 de mayo Comienzan las negociaciones de paz en París entre Estados Unidos y Vietnam del Norte.

6 de junio Luego de su victoria en las primarias de California, Robert F. Kennedy es asesinado por Sirhan B. Sirhan.

14 de junio El Dr. Benjamin Spock es declarado culpable de ayudar a la evasión de reclutamiento. La sentencia es anulada posteriormente.

26 de agosto Se inaugura en Chicago la Convención Nacional Demócrata. Hubert Humphrey es elegido candidato por este partido, en medio de las protestas contra la guerra y la violenta reacción de la policía.

31 de octubre El presidente Johnson ordena suspender los bombardeos a Vietnam del Norte, en un intento por comenzar de nuevo las negociaciones de paz. El éxito en las conversaciones de París probablemente favorecerá a Hubert Humphrey y a Edmund Muskie.

6 de noviembre En una de las elecciones más disputadas en la historia del país, Richard Nixon y Spiro Agnew derrotan a los candidatos demócratas. George Wallace, quien ha conformado un tercer partido, logra más de 9 millones de votos. A finales de año, las tropas norteamericanas ascienden a 540,000.

1969

25 de enero Los sudvietnamitas y el Vietcong participan en las conversaciones de paz en París.

18 de marzo El presidente Nixon y Henry Kissinger, asesor de seguridad nacional, ordenan el bombardeo secreto a las bases comunistas en Camboya.

14 de mayo   El presidente Nixon propone el retiro simultáneo de las fuerzas norteamericanas y norvietnamitas de Vietnam del Sur.

8 de junio   Nixon anuncia el retiro de 25,000 tropas norteamericanas. Es el primer paso de un plan llamado "vietnamización," cuyo objetivo es transferirle la guerra a los sudvietnamitas.

2 de septiembre   Ho Chi Minh, líder de Viet Nam del Norte desde los años cincuenta, muere en Hanoi a los 79 años.

25 de septiembre   Crece la oposición a la guerra en el Congreso y se proponen diez leyes para el retiro total de las tropas norteamericanas de Vietnam.

15 de octubre   Se realiza el "Moratorium," la primera de muchas protestas contra la guerra. Su propósito es llevar la causa pacifista, que ha nacido en las universidades, hacia las ciudades. Unos 250,000 manifestantes marchan en Washington, liderados por Coretta Scott King, viuda del Dr. Martin Luther King.

3 de noviembre   Nixon pronuncia su discurso de "la mayoría silenciosa" buscando apaciguar las protestas, y dice que casi toda la Nación apoya sus esfuerzos para terminar la guerra.

15 de noviembre   Se realiza en Washington la segunda marcha del "Moratorium."

16 de noviembre   Se divulga la masacre de civiles en My Lai, cometida en 1968. El comandante del Ejército de Estados Unidos William L. Calley es juzgado y condenado por su participación en ella. Las atrocidades de este acto originan un mayor rechazo a la guerra e impulsan a la causa pacifista en Norteamérica.

1 de diciembre   Se instituye el reclutamiento por sorteo con el propósito de terminar con las críticas que dicen que el reclutamiento es selectivo y se da fin al aplazamiento del reclutamiento entre los estudiantes. A finales del año, las tropas norteamericanas se han reducido a 475,200.

1970

18 de febrero Después de un juicio bastante teatral, caracterizado por los actos bufonescos de Abbie Hoffman, Jerry Rubin y otros acusados, los "Siete de Chicago" son absueltos de los cargos por conspiración para incitar a la realización de motines. Son sindicados de cargos menores, pero luego son absueltos.

20 de febrero Henry Kissinger comienza negociaciones secretas de paz con Le Duc Tho, el enviado norvietnamita a París.

20 de abril Nixon promete retirar a 150,000 militares de Vietnam para fines de año. Las tropas norteamericanas sufren menos bajas debido al retiro de varias de sus tropas.

30 de abril Lon Nol derroca al príncipe Sihanouk con la ayuda norteamericana y Nixon anuncia que las fuerzas estadounidenses han atacado enclaves comunistas en Camboya.

4 de mayo Se realiza una manifestación en Kent State University en Ohio, en contra de la guerra en Vietnam y del envío de tropas a Camboya. Los miembros de la Guardia Nacional matan a cuatro estudiantes. Diez días después caen otros dos estudiantes en el Jackson State College, en Mississippi, una universidad predominantemente negra.

7 de octubre Nixon propone un alto al cese al fuego y al día siguiente sugiere de nuevo el retiro conjunto.

23 de noviembre Fracasa un ataque a Vietnam del Norte, en un intento por rescatar a prisioneros de guerra norteamericanos. Continúa el bombardeo masivo a este país. A fines de año, el número de tropas norteamericanas se ha reducido a 334,600.

1971

Enero al febrero Los sudvietnamitas, apoyados por Estados Unidos, comienzan a atacar líneas de abastecimiento del Vietcong en Camboya, pero son derrotados por los comunistas.

29 de marzo   Una corte marcial declara a William Calley culpable de asesinato premeditado en la aldea de My Lai. Al cabo de tres días, el presidente Nixon le cambia la pena por "arresto domiciliario."

13 de junio   El periódico *The New York Times* publica los "Papeles del Pentágono," la historia ultrasecreta de la participación norteamericana en Vietnam suministrada por Daniel Ellsberg, empleado del Pentágono, a Neil Sheehan, redactor de este periódico. Nixon intenta detener su publicación, pues los documentos exponen la duplicidad con la que el gobierno ha manejado el conflicto. La Corte Suprema de Justicia decreta el 30 de junio que el *New York Times* y el *Washington Post* pueden publicar los documentos. Nixon ordena investigar a Ellsberg y se crea un grupo conocido como los "plomeros," cuyo propósito es tratar de detener las "filtraciones." Los "plomeros" expanden sus actividades para elaborar una "lista de enemigos" de Nixon. Otro de sus planes es irrumpir en las oficinas del Comité Nacional Democrático en el Edificio de oficinas de Watergate, en Washington, D.C.

12 de noviembre   El presidente Nixon anuncia el retiro de 45,000 tropas, con lo que permanecen 156,800 norteamericanos en Vietnam.

1972

13 de enero   El presidente Nixon anuncia el retiro de otras 70,000 tropas.

25 de enero   El presidente Nixon informa que Henry Kissinger ha realizado negociaciones secretas con Vietnam del Norte y anuncia públicamente una propuesta de paz que contiene ocho puntos, en la que solicita un cese al fuego y la liberación de todos los prisioneros de guerra norteamericanos a cambio de la salida de las fuerzas estadounidenses de Vietnam.

21 de febrero   Nixon y Kissinger llegan a China para encontrarse con Mao Tse-tung y Chou En Lai, el premier chino.

30 de marzo   Los norvietnamitas lanzan una gran ofensiva en la zona desmilitarizada. Al cabo de cinco semanas, han penetrado muy al Sur.

15 de abril   El presidente Nixon ordena la reanudación de los bombardeos en el Norte, suspendidos tres años atrás.

1 de mayo   La ciudad de Quang Tri cae en poder de Vietnam del Norte.

8 de mayo   El presidente Nixon anuncia la instalación de minas en el puerto de Haiphong y de bombardeos escalados en el Norte.

17 de junio   Cinco personas pertenecientes al Comité para Reelegir al Presidente son arrestadas en las oficinas del Comité Nacional Democrático, en el edificio de Watergate. Posteriormente, G. Gordon Liddy y E. Howard Hunt, dos ex agentes de inteligencia, son arrestados por participar en la irrupción y el posterior encubrimiento por parte de la Casa Blanca, caso que empieza a conocerse como "Watergate."

8 de octubre   Henry Kissinger y Le Duc Tho logran avances significativos en las negociaciones de París. Kissinger regresa a Estados Unidos y dice que la paz está "al alcance." Este anuncio se produce dos semanas antes de las elecciones, en las que George McGovern, senador demócrata por Dakota del Sur que se opone abiertamente a la guerra, se enfrentará a Nixon.

7 de noviembre   Nixon logra una amplia victoria. Después de las elecciones, las conversaciones de paz entre Kissinger y Le Duc Tho se estancan.

18 de diciembre   Estados Unidos reanuda los bombardeos a Vietnam del Norte, que duran once días. Los comunistas dicen que reanudarán las conversaciones de paz cuando se suspendan los bombardeos.

1973

Enero Kissinger reanuda conversaciones de paz con Vietnam del Norte. Se firma un cese al fuego formal y se anuncia públicamente el 27 de enero. El secretario de Defensa Melvin Laird anuncia el final del reclutamiento, pues el Ejército se convierte en una fuerza de voluntarios. Se ha reclutado un total de 2.2 millones de norteamericanos durante la guerra de Vietnam.

29 de marzo Las últimas tropas norteamericanas se retiran de Vietnam.

1 de abril Vietnam del Norte libera a todos los prisioneros de guerra norteamericanos.

30 de abril H. R. Hadelman, John Ehrlichman y John Dean, asesores del presidente Nixon, renuncian luego de informarse que la Casa Blanca ha obstruido las investigaciones sobre Watergate. El 25 de junio, Dean acusa al presidente de haber autorizado el encubrimiento y otro asesor de la Casa Blanca declara que en la oficina oval existe un sistema secreto para grabar las conversaciones.

16 de julio El Senado comienza a investigar los ataques aéreos secretos a Camboya.

14 de agosto Estados Unidos detiene oficialmente los bombardeos a Camboya.

22 de agosto Henry Kissinger asume como secretario de estado.

10 de octubre El vicepresidente Spiro Agnew renuncia luego de declararse *nolo contendere** ante cargos por evasión de impuestos. Nixon nomina a Gerald Ford, líder de la Cámara de Representates, para reemplazar a Agnew. El presidente se ampara en la Vigesimo quinta Enmienda, que le permite llenar la vacante en la vicepresidencia.

---

*Instancia jurídica en la que el sindicado no admite ni niega la culpabilidad y que es aceptada por el juez según la gravedad del delito.

23 de octubre Kissinger y Le Duc Tho reciben el premio Nobel de la Paz. Le Duc lo rechaza, pues los combates continúan en su país.

7 de noviembre El Congreso aprueba la Ley de Poderes de Guerra, que restringe el poder del presidente para enviar tropas a países extranjeros sin la aprobación del Congreso.

1974

Enero Thieu, presidente de Vietnam del Sur, anuncia que la guerra ha comenzado de nuevo. Los comunistas envían tropas y ayuda material al Sur.

30 de julio El Comité Judicial de la Cámara de Representantes aprueba la impugnación del presidente Nixon, basado en tres cargos por "delitos graves y ofensas menores."

9 de agosto Nixon renuncia a la presidencia y es sustituido por Gerald Ford.

8 de septiembre Ford perdona a Nixon por los delitos que "haya cometido o pudiera haber cometido."

1975

En una ofensiva que se prolonga durante seis meses, el Vietcong y los norvietnamitas entran en Vietnam del Sur y Camboya.

13 de abril Estados Unidos evacúa a su personal en Camboya.

17 de abril Pnom Penh, la capital de Camboya (que es rebautizada como Kampuchea), cae en poder de las fuerzas comunistas del Khmer Rojo.

23 de abril El presidente Ford declara que la guerra ha "terminado."

25 de abril Altos oficiales sudvietnamitas salen de Saigón.

29 de abril Salen los últimos norteamericanos de Saigón, el mismo día en que mueren los dos últimos soldados en Vietnam. Al día siguiente, los comunistas se toman esta ciudad.

1977

21 de enero El presidente Jimmy Carter concede el perdón incondicional a la mayoría de los 10,000 hombres que evadieron el reclutamiento durante la guerra.

1982

11 de noviembre Se inaugura el Vietnam Veterans Memorial en Washington, D.C., que rinde homenaje a los 58,000 norteamericanos que perdieron la vida en Vietnam entre 1959 y 1975.

Lectura Recomendada: *The Best and the Brightest*, de David Halberstam; *Vietnam: A History*, de Stanley Karnow; *Our Vietnam: The War, 1954–1975*, de A. J. Langguth.

¿Qué sucedió en Watts?

En la turbulenta década que siguió a la negativa de Rosa Parks a abandonar su silla, el movimiento por los derechos civiles que se agrupó alrededor de Martin Luther King Jr. obtuvo algunos logros en las cortes y en la legislación, e hizo que la igualdad racial fuera una parte importante de la vida norteamericana. Durante casi toda esta década, los negros parecieron dispuestos a aceptar los principios de no-violencia propuestos por King para derrotar la segregación y el racismo. Sin embargo, el ambiente se llenó de efervescencia y muy pronto la situación estuvo a un paso de estallar.

La retórica y las acciones del movimiento por los derechos civiles cambiaron porque el país también había cambiado. La guerra en Vietnam estaba en todo su apogeo. En 1963 fueron asesinados el presidente Kennedy y Medgar Evers (1925–63) líder de la NAACP en Mississippi. El movimiento integracionista que apelaba a la no-violencia fue replicado con violencia y asesinatos. Una iglesia de Birmingham fue bombardeada y cuatro niñas perdieron la vida. Goodman, Schwerner y Chaney fueron asesinados en Mississippi en el verano de 1964. Malcolm X cayó en febrero de 1965. Un mes más tarde, Viola Liuzzo, una activista blanca por los derechos civiles, fue asesinada mientras participaba en una marcha multitudinaria que se dirigía de Selma a Montgomery, dirigida por Martin Luther King, y que era vigilada por el Ejército. Los miembros del Ku Klux Klan que le dispararon iban acompañados por un informante del FBI.

El movimiento, que una vez recibió el sólido respaldo del Consejo para el Liderazgo Cristiano y Sureño de King, así como de la NAACP, que proclamaba su compromiso con las soluciones pacíficas y las decisiones del aparato judicial, se encontraba bajo presión. La violencia reinante había producido una nueva generación de activistas que no tenían la paciencia de King. Hombres como Floyd McKissick del Congreso para la Igualdad Racial (CORE) y Stokely Carmichael del Comité de Estudiantes para la Coordinación de la No-Violencia (SNCC) ya no estaban dispuestos a marchar al son del moderado ritmo de King y preferían el ritmo marcial de la retórica agresiva de Malcolm X. Esta división, producida por la frustración, terminó por fragmentar al movimiento por los derechos civiles. En el verano de 1965, pocos días después de promulgarse la Ley de Derechos de Votación que contribuía a proteger el registro de los votantes negros, la indignación terminó por estallar en Watts, una zona de Los Ángeles.

Ésta no era Los Ángeles de Hollywood, Malibú y Bel-Air. Watts era un barrio ruinoso de casas en mal estado cerca de la autopista que conduce al Aeropuerto Internacional de Los Ángeles. Este distrito, con una población negra del 98 por ciento, hervía durante aquel verano. Todo se había confabulado para el estallido de la furia negra: pobreza, hacinamiento, drogas, desempleo y criminalidad rampantes. Las fuerzas policiales conformadas casi exclusivamente por blancos fueron vistas como una fuerza invasora. El 11 de agosto, un policía detuvo a un joven negro bajo sospecha de conducir embriagado, algo que les sucede con mucha frecuencia a los conductores negros y casi nunca a los blancos. Un grupo de personas comenzó a hacer bromas y a burlarse de la policía, pero su actitud se hizo más agresiva. Pronto comenzaron a circular rumores acerca de la brutalidad policial. El grupo se transformó en una multitud furiosa. El policía pidió refuerzos, y cuando éstos llegaron, fueron recibidos con piedras, botellas y hasta con pedazos de concreto. Al cabo de pocas horas, la multitud se transformó en una turba enfurecida y la frustración de la población negra terminó por estallar.

Watts fue acordonado y hubo una calma temporal. Pero al día siguiente, los ánimos se caldearon nuevamente. Ya en la noche, los pequeños grupos desperdigados se convirtieron en una turba de miles de personas hostiles, furiosas y descontroladas. Las piedras y las botellas fueron reemplazadas por cocteles Molotov y los desórdenes se tornaron en una verdadera rebelión popular. Los propietarios negros fijaron avisos en sus negocios que decían: "Este negocio es nuestro," pero de nada sirvió. Las multitudes los saquearon y de paso robaron armas. Cuando la policía y los bomberos respondieron a la violencia y a los incendios, recibieron una lluvia de balas y de bombas de gasolina. Toda la rabia contenida y la impotencia estalló en una furia ciega y la turba perdió la razón. Cuando Dick Gregory, el conocido cómico y activista, intentó aplacar a las multitudes, recibió un disparo en una pierna y muy pronto Watts quedó envuelta en llamas.

La batalla—pues en eso se convirtió—se prolongó durante varios días y miles de miembros de la Guardia Nacional llegaron para reestablecer el orden. Los guardias emplazaron metralletas en las calles y pronto hubo intercambio de disparos. Era como si Vietnam se hubiera trasladado a Los Ángeles. Seis días después, Watts quedó reducido a llamas y escombros. Un periodista europeo dijo: "Se parece a Alemania durante los últimos meses de la Segunda Guerra Mundial."

El saldo de los seis días que duró el disturbio fue de 34 personas muertas, entre guardias y policías; más de mil heridos, 4,000 detenidos y daños materiales superiores a los 35 millones de dólares.

Pero las consecuencias de Watts no se limitaron al conteo de víctimas, a libretas policiales ni a cálculos de las compañías de seguros. Ya habían ocurrido disturbios raciales en Estados Unidos durante la Segunda Guerra Mundial; en Detroit murieron tantas personas como en Watts. También se habían presentado disturbios más pequeños en el Norte en los años anteriores. Pero Watts pareció señalar un cambio radical en el movimiento por los derechos civiles. Martin Luther King fue insultado cuando recorrió el vecindario. Entristecido por la mortandad y la destrucción, le llamó la atención a un hombre de Watts, quien le replicó: "Nosotros ganamos porque hicimos que todo el mundo nos prestara atención." El poderío "espiritual" de King se estaba desvaneciendo. El nuevo llamado era el del "Poder Negro."

El motín de Watts en el verano de 1965 fue el primero de una larga lista de disturbios raciales que se presentaron durante esta estación en varias ciudades del Norte y del centro del país. En el verano de 1966, también se presentaron motines en varias ciudades, pero las más graves ocurrieron en 1967, especialmente en Newark y en Detroit. Las víctimas de la violencia urbana de ese año ascendieron a más de ochenta.

Se establecieron comisiones presidenciales, se realizaron estudios y se revelaron los resultados. Todos coincidieron en que el problema de fondo era de carácter económico. Como dijo Martin Luther King: "He trabajado para que estas gentes tengan el derecho a comer hamburguesas y ahora tendré que tratar de ayudarles a conseguir el dinero para comprarlas."

Uno de estos estudios, realizado por la Comisión Nacional de Asesoría sobre Desórdenes Civiles, advirtió y predijo que Norteamérica estaba "marchando hacia el establecimiento de dos sociedades, una negra y otra blanca, separadas y desiguales."

Eso fue el 29 de febrero de 1968; un mes más tarde, Martin Luther King fue asesinado en Memphis. Su muerte originó toda una ola de disturbios que causaron una gran destrucción en varias ciudades. James Earl Ray confesó ser el asesino y fue enviado a prisión. Sin embargo, y así como en el caso de JFK, la culpabilidad de Ray—quien murió en 1998—fue puesta en tela de juicio y se especuló acerca de una conspiración mayor.

VOCES AMERICANAS
RALPH NADER, de su libro
Unsafe at Any Speed (1965).

> **Durante más de medio siglo, el automóvil ha traído mortandad, lesiones, dolor y privaciones indescriptibles a millones de personas.**

Pocos políticos del siglo XX han cambiado tanto la vida del país como este abogado hijo de inmigrantes libaneses, nacido en Winsted, Wisconsin. Ralph Nader se graduó de la Universidad de Princeton y de la Facultad de Derecho de Harvard. Comenzó su carrera laboral en el Departamento de Trabajo y realizó una campaña para la "protección del consumidor," en la que defendió los derechos que tienen los consumidores a productos seguros y a un comportamiento ético por parte de las compañías. En su libro más destacado, *Unsafe at Any Speed*, Nader sostiene que la industria automovilística norteamericana está más interesada en las ganancias y en el diseño que en la seguridad de los autos. La Ley de Seguridad del Tráfico Nacional y de Vehículos Automotores de 1966, que estableció nuevos parámetros de seguridad para los autos, se debió en gran parte a las investigaciones realizadas por Nader.

En los últimos años, sus investigaciones han hecho posible que haya un control más estricto a la industría cárnica y avícola, a las minas de carbón y a los gasoductos. Nader divulgó el peligro de los pesticidas, de los aditivos alimenticios, de la radiación emitida por los aparatos de televisión a color, y del uso excesivo de rayos X. En 1971 fundó la empresa Public Citizen Inc., especializada en asuntos energéticos, servicios de salud, reformas tributarias y otros temas relacionados con los consumidores. En 1972, Nader y su equipo realizaron un extenso estudio sobre el Congreso que se publicó con el título *Who Runs the Congress?* En 1982 publicaron otro estudio sobre la administración Reagan titulado, *Reagan's Ruling Class: Portraits of the President's Top One Hundred Officials*. Nader es el co-autor de *The Big Boys: Power and Position in American Business*, publicado en 1986, que analiza la estructura y el control de las corporaciones en los Estados Unidos. Ganó otra batalla en 1989, cuando la General Motors anunció que fabricaría bolsas de aire más grandes para muchos de sus modelos de 1990. Nader ha promovido la seguridad durante más de diez años.

El mismo año en que fue publicado *Unsafe at Any Speed* sucedió un acontecimiento destacado. El Congreso estableció un centro de información sobre el cigarrillo y la salud, y ordenó que todos los paquetes llevaran un aviso que dijera: "Advertencia: El tabaco es nocivo para la salud." Este fue el comienzo de una larga campaña en contra del cigarrillo que transformaría a la sociedad norteamericana como pocos movimientos sociales. Antes de la advertencia realizada por el inspector general de sanidad acerca de la relación que existe entre el tabaco y el cáncer, los cigarrillos eran parte del estilo de vida norteamericano. A finales del siglo XX, las leyes en contra del tabaco convirtieron a los fumadores en una especie de parias, produciendo un gran cambio en los restaurantes y en los sitios de trabajo, pues muchos fumadores se vieron obligados a fumar sólo en los descansos y fuera de las oficinas.

¿Quién fue Miranda?

Para quienes crecieron con una dieta televisiva a base de Joe Friday, *Dragnet*, *Las calles de San Francisco*, *NYPD* y otros programas de detectives, la frase "Léele los derechos" es casi de rigor. Es decir, para todos los programas que se rodaron después de 1966. Pero para los hombres de leyes, el mundo comenzó a descontrolarse ese año.

Ernesto Miranda no era precisamente el tipo de persona que uno crea que iría a cambiar la historia de las leyes. Sin embargo lo hizo, aunque de una forma bastante ruda. Miranda, quien había desertado de la escuela secundaria y tenía un historial delictivo desde su adolescencia, raptó a una adolescente en una sala de cine de Phoenix en 1963, la llevó al desierto y la violó. Debido a su historial, Miranda fue localizado e identificado por la víctima. Luego de realizar una confesión por escrito donde decía que le habían informado sobre sus derechos, recibió una condena de 40 a 55 años en prisión. Pero durante el juicio, el abogado de oficio de Miranda dijo que su cliente no había recibido información sobre su derecho a consejería legal.

La American Civil Liberties Union (Unión Americana de Libertades Civiles) asumió el caso de *Miranda vs. Arizona* y lo llevó a la Corte Suprema en 1966, apelando a la protección contra la autoacusación estipulada en la Quinta Enmienda. El 13 de junio de 1966, la Corte falló a favor de Miranda por una votación de cinco contra cuatro y declaró que el acusado debe recibir información de su derecho a guardar silencio, que sus comentarios pueden ser utilizados en su contra y que tiene derecho a recibir consejería legal durante su interrogación aunque no pueda pagarla.

Dependiendo del punto de vista del lector, esto fue un hito en las libertades civiles y en la protección de los derechos, tanto de los inocentes como de los culpables, o el comienzo del fin de la civilización.

Pero, ¿qué sucedió con Miranda? Fue juzgado de nuevo y sentenciado por cargos de secuestro y violación. Salió en libertad condicional y diez años después de que la Corte inscribiera su nombre en la historia legal, Ernesto Miranda murió de una puñalada que recibió durante una riña en un bar.

VOCES AMERICANAS

MUHAMMAD ALÍ, campeón mundial de boxeo.

Vuelo como una mariposa y pico como una abeja.
Por eso me llaman Muhammad Alí.

Pocos deportistas reflejaron o cambiaron la historia como Muhammad Alí. Su nombre de bautismo era Cassius Marcellus Clay y nació en Louisville, Kentucky, en 1942. Alí se convirtió en boxeador profesional tras ganar la medalla de oro en la categoría de los pesos pesados en los Juegos Olímpicos de 1960. En 1964 ganó el campeonato mundial tras noquear a Sonny Liston. Fue entonces cuando comenzó la controversia sobre este personaje, que se extendió más allá del cuadrilátero de boxeo o del campo deportivo. Cassius Clay, quien fue profundamente influído por Malcolm X, se unió a los Musulmanes Negros o la Nación del Islam en 1967 y se cambió su nombre de esclavo por el de Muhammad Alí. (En realidad, los propietarios de esclavos norteamericanos solían darles nombres de romanos nobles a sus esclavos.) Alí dijo haber lanzado su medalla de oro al río Ohio.

En los próximos años, se convirtió en uno de los boxeadores más peculiares y controvertidos de todos los tiempos; se llegó a decir que era el hombre más famoso del mundo. Era profundamente admirado por su gracia extraordinaria, su velocidad y su técnica boxística, pero también era igualmente criticado por su engreimiento: componía poemas en los que ridiculizaba a sus contrincantes o predecía en versos el asalto en que los noquearía.

Aunque ya era despreciado por esto, su cambio de nombre en 1967 y la adopción de la religión musulmana causaron un gran disgusto en la Norteamérica blanca, que en la década de los sesenta quería que sus deportistas fueran vistos en los escenarios deportivos, pero no escuchados, especialmente si eran "bocones" y presumidos, como muchos consideraban a este boxeador. Pero en la época en que la frase lo "Negro es hermoso" (Black is beautiful) se erigió en el nuevo eslogan de los jóvenes negros y el cantante James Brown cantaba *"Say it loud, I'm black and I'm proud"* (Dilo duro, soy negro y me siento orgulloso), Muhammad Alí era la personificación de ambas frases. Mientras que otros líderes negros como Malcolm X y Martin Luther King desaparecían, Muhammad Alí era alabado por las nuevas generaciones que ya no estaban conformes con el *status quo*.

Y todo cambió aún más en 1967, cuando Alí compuso otra rima:

> *No importa por cuanto tiempo me lo pidan,*
> *En la guerra de Vietnam yo canto esta canción,*
> *No tengo nada en contra del Viet Cong.*

Después de decir que "nunca ningún Viet Cong me ha llamado *nigger*," Alí se resistió a ser entrenado por el Ejército de Estados Unidos, aduciendo razones de carácter religioso. Fue acusado legalmente de resistirse a recibir entrenamiento militar y sentenciado a prisión. Apeló la decisión y evitó ir a la cárcel. Sin embargo, muchas asociaciones boxísticas lo despojaron de su título y Alí se mantuvo tres años y medio alejado del boxeo, aunque continuó siendo una figura pública y sus opiniones sobre la guerra y el racismo en Norteamérica influyeron en toda una nueva generación que se oponía a ambas cosas. Durante la ceremonia de premiación en los Juegos Olímpicos de México de 1968, los atletas norteamericanos agacharon la cabeza y levantaron sus puños a la usanza del saludo del "Poder Negro." Fue un acto temerario que les costó las medallas y que reflejó la profunda división del país.

En 1971, la Corte Suprema de los Estados Unidos anuló la sentencia de Alí y éste hizo una destacada reaparición con una serie de legendarios combates contra Joe Frazier. En 1974, recuperó el título mundial en África tras noquear a George Foreman, el campeón defensor de la corona. A comienzos de 1978, Alí perdió la corona contra Leon Spinks, en una de las derrotas más decepcionantes en la historia del boxeo. Sin embargo, recuperó su corona en la pelea de revancha. En 1979, renunció a su título y anunció su retiro. Pero en 1980, regresó de nuevo y disputó el campeonato del Consejo Mundial de Boxeo contra Larry Holmes, quien derrotó a Alí por nocaut técnico.

Pocos años después, Alí fue diagnosticado con Parkinson, enfermedad que muchos médicos sostuvieron había sido causada por los numerosos golpes recibidos durante su destacada carrera.

¿Qué sucedió en My Lai?

El 16 de marzo de 1968 ocurrió algo "oscuro y sangriento" en una pequeña aldea de Vietnam. Con esas palabras, un veterano de la guerra obligó al Ejército de Estados Unidos a tomarse la molestia de investigar un secreto que no era tal. Norteamérica se vió obligada a mirarse a sí misma, de una forma reservada hasta entonces para los enemigos que habían cometido crímenes de guerra. Con esas palabras, la Nación se enteró de la masacre cometida por soldados estadounidenses contra miembros de la población civil en la aldea de My Lai.

Los soldados de la Compañía Charlie la llamaron "Pinkville" debido al color rosado con que figuraba en los mapas de la provincia de Quang Ngai, pues se sospechaba que la aldea era un enclave del Vietcong. Bajo el comando del teniente William L. Calley, la Compañía Charlie, perteneciente a la 11° División Nortemericana de Infantería, recibió órdenes del capitán Ernest Medina, su comandante, de "arrasar la aldea." En los tres meses anteriores, y sin haber combatido siquiera, la Compañía Charlie había sufrido alrededor de 100 bajas causadas por el fuego a mansalva y las trampas bomba. Frustrados y disgustados por la labor que cumplían en una guerra en la que no había uniformes para diferenciar a los vietnamitas buenos de los malos, los soldados de la Compañía Charlie se prepararon para causarle estragos a un enemigo al que nunca habían podido enfrentarse en una batalla abierta.

Llegaron a la aldea a bordo de un helicóptero y solo encontraron ancianos, mujeres y niños. No había guerrilleros del Vietcong, ni señales de ellos. No encontraron armas ni arroz escondido ni nada que sugiriera que My Lai tuviera relación alguna con la guerrilla. Sin embargo, el teniente Calley ordenó que los aldeanos fueran llevados al centro del poblado para ser abaleados. Los aldeanos indefensos murieron víctimas del fuego de las ametralladoras. Luego, los soldados lanzaron granadas a las chozas, algunas de las cuales estaban habitadas.

Finalmente, algunos sobrevivientes—entre quienes figuraban mujeres y niñas violadas por los norteamericanos—fueron conducidos a una zanja y ametrallados a sangre fría. Algunos de los soldados de la Compañía Charlie se negaron a cumplir las órdenes y uno de ellos dijo más tarde que había sido una "masacre a quemarropa."

Voces Americanas

Varnado Simpson, miembro de la unidad del
teniente Calley, describiendo la masacre de My Lai,
el 16 de marzo de 1968 (citado en el libro
Four Hours in My Lai, de Michael Milton y Kevin Sim).

Ese día en My Lai yo fui personalmente responsable de matar a unas 25 personas. A hombres y mujeres; de dispararles, cortarles la garganta, quitarles el cuero cabelludo, amputarles las manos y cortarles la lengua. Lo hice. Me dejé llevar y no fui el único en hacerlo. Muchos otros lo hicieron. Maté . . . no sabía que podía hacerlo.

Hugh C. Thompson, un piloto de helicópteros que tenía 25 años, vio los cadáveres en la zanja y decidió investigar. Puso su helicóptero entre los soldados norteamericanos y un grupo de niños y le ordenó a su tripulación que le disparara a cualquier estadounidense que tratara de detenerlo. Thompson logró rescatar a algunos niños, pero su acto fue uno de los pocos heroicos en la guerra. Un fotógrafo del Ejército también fue testigo de la masacre. Recibió órdenes de entregar su cámara oficial pero tomó fotografías con otra cámara oculta y retrató la horrenda masacre en la que fueron asesinados más de 560 vietnamitas, principalmente mujeres y niños. Las fotografías revelaron todo el horror de la tragedia, pero eso tardó en suceder. Aunque muchos miembros del comando sabían que algo "oscuro y sangriento" había sucedido aquel día, no se realizó ninguna investigación. En la base, la misión fue reportada como un éxito.

Ronald Ridenhour, un veterano de la Compañía Charlie que no había estado en My Lai, escuchó rumores de sus compañeros. Reunió los hechos en una carta que envió al presidente Nixon, a importantes miembros del Congreso y a oficiales del Departamento de Estado y del

Pentágono. Más tarde, el reportero Seymour Hersh también recibió información sobre la masacre y escribió un reportaje sobre ésta en noviembre de 1968. Al cabo de pocas semanas, el Ejército abrió una investigación, aunque ésta permaneció en secreto. Había transcurrido más de un año desde el genocidio y tendrían que pasar dos años antes de que alguien fuera acusado por la masacre.

Una vez concluyó la investigación del Ejército, varios oficiales que todavía prestaban servicio activo fueron juzgados por una corte marcial de negligencia por haber encubierto una masacre, término que nunca antes se había utilizado entre los miembros del Pentágono. Los que recibieron los castigos más severos fueron rebajados de rango o censurados. Cuatro oficiales—Calley, Medina, el capitán Eugene Kotouc y el teniente Thomas Willingham—fueron juzgados. Medina fue absuelto y posteriormente confesó que había mentido bajo juramento a los investigadores del Ejército. Los otros dos oficiales también fueron absueltos. Sólo el teniente Calley fue encontrado culpable del asesinato premeditado de 22 aldeanos en My Lai, el 29 de marzo de 1971. Dos días después fue condenado a cadena perpetua, pero el presidente Nixon redujo su sentencia a arresto domiciliario debido al gran apoyo que Calley recibió de la opinión pública, que lo consideró un chivo expiatorio. Posteriormente, Calley recibió libertad condicional. Un documental sobre My Lai presentado en 1989 mostró a Calley convertido en un próspero hombre de negocios que se negó a comentar sobre el incidente mientras se subía a un costoso auto extranjero.

Para los derechistas que apoyaban la guerra, la atrocidad de My Lai fue una distorsión de los hechos y Calley fue considerado como una víctima del movimiento "izquierdista" en contra de la guerra. Para quienes se oponían a la guerra, Calley y My Lai representaron la inmoralidad y la injusticia. En cierto sentido, My Lai fue el resultado de obligar a los jóvenes a ir a una guerra que no podían ganar. Se ha demostrado ampliamente que My Lai no fue la única masacre cometida por los soldados norteamericanos en Vietnam; incendiaron aldeas enteras. Como señaló un oficial a comienzos de la guerra, luego de incendiar una aldea: "Tuvimos que destruir esta aldea para salvarla." Esa lógica descabellada simbolizó perfectamente la imposibilidad de la posición norteamericana. Aunque los Estados Unidos arrojaron *siete millones de toneladas* de bombas en Vietnam—el doble de las bombas arrojadas en Europa y Asia en la Segunda Guerra Mundial—en una zona del tamaño de Massachusetts, además de agente naranja y otros exfoliantes, realmente estaban perdiendo la guerra. Los líderes políticos y militares norteamericanos no entendieron la idiosincracia, las tradiciones, la cultura y la historia de los vietnamitas y eso le costó al país una derrota trágica y costosa. Como escribió A. J. Langguth en *Our Vietnam*, una excelente historia de esta guerra: "Los líderes de Vietnam del Norte merecían ganar. Los líderes de Vietnam del Sur merecían perder. Y durante treinta años, los líderes de Estados Unidos decepcionaron a los habitantes de Vietnam del Norte, del Sur y de los Estados Unidos."

Voces Americanas

Neil Armstrong (nacido en 1930), tras ser el primer hombre en pisar la Luna, el 20 de julio de 1969.

Fue un pequeño paso para el hombre pero un gran salto para la humanidad.

Las declaraciones de Armstrong y las imágenes que lo mostraban pisando la superficie lunar fueron vistas y escuchadas en todo el mundo. Este acontecimiento fue la culminación de una carrera obsesiva por llegar a la luna, desafío que comenzó con la humillación sufrida por Norteamérica con el Sputnik (Ver Capítulo Siete). Armstrong y su compañero Buzz Aldrin colocaron la bandera en la superficie lunar y dejaron una placa que decía: "Aquí, hombres del planeta Tierra pisaron por primera vez la Luna en julio 1969 D.C. Vinimos en misión de paz para toda la humanidad."

¿Por qué un allanamiento en Pennsylvania transformó al FBI?

En la noche del 8 de marzo de 1971, unos hombres entraron a las oficinas del FBI en Media, Pennsylvania, y robaron más de mil documentos. Al cabo de dos semanas, los miembros del Congreso y los medios de comunicación recibieron copias del material robado por estos hombres que nunca fueron descubiertos. Uno de los documentos publicados por el periódico *Washington Post* contenía la palabra COINTELPRO. Un abogado y reportero de la cadena NBC solicitó una ley de libertad de información para todos los documentos de COINTELPRO. Luego de una serie de maniobras legales realizadas por el FBI, se reveló uno de los secretos de J. Edgar Hoover: COIN-TELPRO eran las iniciales del Programa de Contra Inteligencia, una campaña ilegal realizada por el FBI durante 25 años, cuyo propósito era hostigar a varias personas. Esta campaña comenzó en 1956 bajo J. Edgar Hoover y su principal objetivo era investigar y debilitar aún más al Partido Comunista que ya estaba en franca decadencia. Grupos y organizaciones como el Partido Socialista de los Trabajadores, los Panteras Negras y el Ku Klux Klan fueron víctimas de las campañas ilícitas del FBI, que apelaba a las calumnias más infantiles, a grabaciones ilegales y a otras tácticas que rayaban en el ridículo. Ronald Kessler escribe en su libro *The Bureau* que durante los primeros días: "Los agentes interrogaban a los dirigentes en sus oficinas para intimidar a sus empleadores . . . colocaban evidencias para que la policía arrestara a los miembros del Partido Comunista y dejaban lo que parecían ser reportes de informantes del FBI en los autos de los dirigentes para que el partido los expulsara por soplones . . . El FBI podía informarles a los padres de una chica que ésta vivía con un comunista sin haberse casado; las estrategias no eran diferentes a las utilizadas por la KGB soviética."

Estas tácticas pasarían por ser bromas divertidas de principiantes, si no fueran tan peligrosas como más tarde se comprobó.

Entre los objetivos de COINTELPRO a comienzos de los años setenta se encontraban los movimientos por los derechos civiles y en contra de la guerra. Cuando algún grupo en contra de la guerra como los "weathermen" o "Whether Underground," recurría a la violencia, Hoover les enviaba a la COINTELPRO. Tras una grabación ilegal realizada a los Panteras Negras, el FBI se enteró que la actriz Jean Seberg estaba encinta. Seberg, una estrella internacional que había actuado en películas clásicas como *Sin aliento* y *Lilith*, era también una crítica de la guerra y del racismo norteamericano y había realizado contribuciones finacieras a los Panteras Negras. Según algunos documentos del FBI, J. Edgar Hoover ordenó que "Jean Seberg . . . debería ser neutralizada." En 1970, el FBI les informó a unos medios complacientes que

Seberg estaba embarazada de un miembro de los Panteras Negras. Aparentemente, la actriz americana había sostenido romances con algunos miembros de esta organización, pero ninguno de ellos era el padre del bebé. Sin embargo, su embarazo se convirtió en noticia internacional y la paternidad del bebé—que aún no había nacido—fue distorsionada por periódicos y revistas como *Newsweek* y *Los Ángeles Times*. El bebé nació prematuramente en 1970 y murió dos días después. Su cadáver fue mostrado en el ataúd para comprobar que era de raza blanca. (Seberg y su esposo Romain Gary, un escritor francés de quien se había separado, demandaron a la revista *Newsweek* en Francia y la revista tuvo que pagarles una indemnización por invasión a la privacidad.) Seberg se sumergió en la melancolía, comenzó a tomar pastillas y alcohol y se suicidó en 1979.

Los rumores sobre Seberg fueron inventados por COINTELPRO, y Hoover ordenó su clausura cuando este programa salió a la luz pública en 1971. Durante varios años, Hoover, quien era el hombre más poderoso de Washington gracias a los archivos secretos que tenía de casi todos los políticos y celebridades de Norteamérica, sobrevivió a las peticiones para que renunciara, siendo director del FBI hasta 1972, año en que murió. Pero muy pronto, el país sabría que COINTELPRO no era el único mecanismo utilizado por el FBI para fines políticos.

¿Por qué Richard Nixon y Henry Kissinger trataron de impedir que el *New York Times* publicara los Papeles del Pentágono?

En el verano de 1971, el presidente Richard Nixon aprendió que lo que uno ignora puede hacerle daño.

En junio de 1971, el periódico *New York Times* publicó un titular que distaba de parecer sensacionalista: "Archivo de Vietnam: Un estudio realizado por el Pentágono revela tres décadas de participación de Estados Unidos." Lo que el titular no decía era que el estudio también dejaba al descubierto treinta años de engaños e ineptitud por parte del gobierno norteamericano.

El periódico dedicó numerosas páginas a la reproducción de miles de documentos, telegramas y memorándums que hacían referencia a la campaña de Estados Unidos en Vietnam. Este material, cuyo título oficial fue *The History of the U.S. Decision Making Process in Vietnam*, se conoció como los Papeles del Pentágono. Aunque Richard Nixon no sabía de su existencia, estos documentos terminaron por derribar tanto a su administración como al establecimiento militar norteamericano.

Esta compilación de documentos, ordenada por Robert McNamara—uno de los más destacados colaboradores de Kennedy y que renunció a su cargo como Secretario de Estado en 1968—incluía investigaciones realizadas por académicos y analistas. Los "papeles" contenían dos millones de palabras. Uno de sus principales artífices era Daniel Ellsberg, un analista de la Rand Corporation, que alguna vez había estado a favor de la guerra, pero que al igual que McNamara, se había desilusionado de ésta. Ellsberg, quien trabajaba en el Instituto Tecnológico de Massachussets después de renunciar a su cargo en Rand, estaba analizando y compilando los documentos. Decidió revelarlos y le entregó una copia a Neil Sheenan, periodista del *New York Times*.

Cuando la historia se reveló, el país se enteró del engaño. Los Papeles del Pentágono, que se remontaban a los años de Truman, revelaron una historia llena de engaños, desacuerdos políticos entre las diferentes administraciones de la Casa Blanca, y mentiras manifiestas. Una de las revelaciones más comprometedoras consistió en una serie de telegramas enviados desde la embajada norteamericana en Saigón, pocas semanas antes de que el primer ministro Diem fuera derrocado con el respaldo de la CIA y luego ejecutado. También se reveló que la Resolución de Tonkin había sido esbozada meses antes de que ocurriera el incidente en aquel golfo. Se revelaron los memorándums que demonstraban que Lyndon Johnson seguía enviando tropas de infantería a Vietnam, mientras que el presidente le informaba al país que no tenía planes a largo plazo sobre el conflicto en ese país.

Los papeles no cubrían la administración de Nixon, que inicialmente reaccionó discretamente y hasta se alegró de la posibilidad del desprestigio que sufrirían los demócratas. Pero Nixon y su asesor de seguridad nacional, Henry Kissinger (nacido en 1923), pronto concluyeron que si esos documentos altamente clasificados llegaban a filtrarse, lo mismo podría suceder con otros secretos. Lo cierto es que el presidente y su asesor ya habían tenido problemas a causa de algunas informaciones filtradas. ¿Cómo podrían elaborar una política de seguridad cuando documentos tan importantes como éstos habían sido fotocopiados y entregados a los periódicos como si se tratara de comunicados de prensa? Existía una segunda preocupación. La revelación de los Papeles del Pentágono generó una fuerte oposición a la guerra que cada vez adquirió mayores proporciones y que se trasladó desde las universidades a los salones del Congreso. Lo primero que hizo la administración fue tratar de impedirle al *New York Times* que publicara esa información. John Mitchell, el fiscal general, amenazó al periódico con formular cargos por espionaje, pero el periódico no se dejó amedrentar. Nixon cabildeó entonces en las cortes y obtuvo un requerimiento judicial que impedía la publicación de los documentos. Pero el fuego comenzado por el periódico se convirtió en una verdadera conflagración. Otros periódicos como el *Washington Post* y el *Boston Globe* también publicaron los documentos. Una corte federal le ordenó al *Washington Post* suspender su publicación y el caso fue llevado a la Corte Suprema. El 30 de junio, la Corte falló seis votos a favor y tres en contra del periódico, amparado en la Primera Enmienda.

Kissinger y Nixon estallaron en furia. El presidente dijo: "Quiero saber quién está detrás de esto . . . Quiero que lo hagan, no importa cuánto cueste."

Cuando Ellsberg fue señalado como el responsable, la Casa Blanca conformó una comisión de con el propósito de investigarlo y sobre todo, de impedir filtraciones, por lo que recibieron el apelativo de "plomeros." Charles Colson, asesor especial del presidente, Egil Krogh, asistente de la Casa Blanca, y otros funcionarios de ésta llamaron a Howard Hunt, ex agente de la CIA y a G. Gordon Liddy, ex agente del FBI. Ambos hombres eran conocidos por su destreza para llevar a cabo operaciones clandestinas. Una de sus primeras misiones fue realizar un allanamiento a las oficinas del psiquiatra de Ellsberg. Este robo a una propiedad sólo fue un poco más exitoso que el siguiente allanamiento planeado por el grupo a un edificio de oficinas llamado Watergate.

Además de desencadenar algunos de los acontecimientos que ocasionarían el escándalo de Watergate, la publicación de los Papeles del Pentágono tuvo otras repercusiones significativas. En lo que al gobierno se refiere, la credibilidad de la seguridad norteamericana sufrió un fuerte golpe que afectó seriamente las operaciones de inteligencia —positivas y negativas— que el país realizaba en todo el mundo. Por otra parte, el movimiento en contra de la guerra recibió nuevos ímpetus y respetabilidad, lo que aumentó la presión sobre Nixon para terminar con la participación de Estados Unidos en Vietnam. Y la decisión de la Corte Suprema de defender el derecho de los periódicos a las restricciones que existían, terminó por reforzar los principios de la Primera Enmienda. Pero el caso de los Papeles del Pentágono también contribuyó a que la "mentalidad de búnker" de la Casa Blanca se radicalizara aún más. El despacho oval comenzó a hacer gala de una actitud defensiva de "nosotros contra ellos." La publicación de los Papeles del Pentágono hizo que Nixon fuera más agresivo en su defensa de la "seguridad nacional," actitud que se extendió a su protección y reelección por cualquier medio y a cualquier costo.

¿Por qué "Jane Roe" demandó a Wade?

"Ser o no ser." Esa era y es la pregunta para Shakespeare y para la Corte Suprema. No hay otro tema que cause tanta polarización a nivel emocional, político o jurídico en la actualidad como el futuro del derecho al aborto.

Muchos estadounidenses creyeron que el asunto se definió el 22 de enero de 1973, día en que la Corte Suprema decidió por siete votos contra dos que era inconstitucional que los estados prohibieran los abortos voluntarios antes del tercer mes de embarazo. La decisión también impuso restricciones a la prohibición que estipulaban los estados a los abortos durante los tres meses siguientes del embarazo.

Todo comenzó con una mujer recibió el seudónimo de Jane Roe, pues quería preservar su identidad. Su verdadero nombre era Norma McCorvey, una mujer soltera que vivía en Texas y que estaba encinta. Quiso abortar, pero no pudo obtener autorización legal para hacerlo. Tuvo el hijo y lo dio en adopción. No obstante, demandó a Henry Wade, fiscal del distrito de Dallas, para que se derogara la legislación tan conservadora que tenía el estado de Texas sobre el aborto. El caso fue llevado a la Corte Suprema, que promulgó un fallo en el caso conocido como *Roe vs. Wade*.

Durante 16 años, el precedente del caso *Roe* influyó en una serie de veredictos judiciales que liberalizaron el aborto en Estados Unidos. Para muchos norteamericanos, el derecho a abortar era una elección de carácter privado y una decisión que les correspondía a las mujeres. Pero para otros millones de norteamericanos, el fallo en el caso *Roe* era simplemente el asesinato decretado por el gobierno.

Los enemigos del aborto, quienes eran mayoritariamente conservadores y que llamaron a su movimiento "pro-vida," tomaron fuerza en la década de los ochenta, respaldaron a Ronald Reagan y contribuyeron a su elección como presidente. El legado de Reagan, a través de sus nombramientos en la Corte Suprema determinó el futuro de *Roe vs. Wade*. En el verano de 1989, la Corte Suprema decidió por una votación de cinco contra cuatro en el caso *Webster vs. Servicios de Salud Reproductiva* conferir a los estados una mayor autoridad para restringir el derecho al aborto. La Corte también anunció que escucharía una serie de casos que le permitirían derogar el veredicto del caso *Roe*. (En 1998, McCorvey declaró su conversión al cristianismo y su alejamiento total del movimiento a favor del aborto. Henry Wade, el fiscal de Dallas que había acusado a Jack Ruby, el asesino de Lee Harvey Oswald, murió en 2001.)

Voces Americanas

De la decisión mayoritaria del Juez Harry A. Blackmun sobre el caso *Roe* (22 de enero de 1973).

La Constitución no menciona específicamente ningún derecho a la privacidad. Sin embargo, por medio de una serie de decisiones, la Corte ha reconocido que el derecho a la privacidad personal, o la garantía de ciertos aspectos inherentes a la privacidad, están contemplados en la Constitución ... También ha expresado claramente que el derecho se extiende a actividades relacionadas con el matrimonio, la procreación, la contracepción, las relaciones familiares, la crianza de los hijos y su educación.

El derecho a la privacidad . . . es suficientemente
amplio como para comprender la decisión de una mujer
para terminar o no su embarazo . . . Necesitamos resolver
la difícil pregunta acerca de cuándo comienza la vida. Si
los expertos en los campos de la medicina, la filosofía y la
teología son incapaces de llegar a un consenso, tenemos
que concluir entonces que en el actual estado del desarrollo del conocimiento humano, el sistema judicial no
está en capacidad de especular acerca de su respuesta.

¿Por qué un robo de poca monta se convirtió en una crisis llamada Watergate y derribó a un presidente poderoso?

Allanamientos y grabaciones ocultas. Plomeros y perjurio. Cintas secretas, pruebas irrefutables de delitos cometidos, fondos para sobornos.

Sabemos que el Watergate no fue "un allanamiento de tercera categoría," como lo definió Ron Ziegler, el secretario de prensa de Nixon.
Esta telenovela de corrupción, conspiración y delitos ampliamente
difundida, sólo se conoció después de un allanamiento realizado a
unas oficinas localizadas en Watergate, un edificio de oficinas. Este
latrocinio casi risible fue solo un piñón en el engranaje del espionaje
doméstico, actos delictivos, fondos ilegales para campañas políticas, listas de enemigos y obstrucción a la justicia que emergieron de la oscuridad con el nombre de "Watergate" y que terminaron por obligar al
presidente Nixon a renunciar, a caer en desgracia y quedar a un paso
de ser juzgado por la justicia.

Aparte de la Guerra Civil y de la guerra de Vietnam, pocos episodios en la historia norteamericana han generado una literatura tan
abundante como el caso de Watergate. Casi todos los participantes en
este incidente terminaron por escribir libros en los que exponían su
propia versión de los hechos. A ellos se sumaron también decenas de
historiadores, periodistas y escritores. La resonancia del caso Watergate
permitió que individuos condenados a prisión como E. Howard Hunt,
lanzaran su carrera como escritor de novelillas de espionaje, tarea a la
que también se dedicaron John Ehrlichman e incluso Spiro Agnew,
otra de las ratas que se hundieron en el barco naufragante en que se

convirtió la segunda administración de Nixon. Hasta G. Gordon Liddy, ex agente del FBI y representante de la derecha más extrema, explotó su papel de fanático y machista a través de una carrera lucrativa que incluyó apariciones como actor invitado en la serie televisiva *Miami Vice,* además de establecer un campo de "sobrevivientes" donde enseñó técnicas de combate a guerreros de fin de semana. Este personaje también se lanzó como conferencista y representó el papel de Liddy—el perro rabioso conservador—contra Timothy Leary, quien una vez fue considerado como el sumo sacerdote de las drogas Psico-délicas.

Las absurdas consecuencias se conjugaron con algunos aspectos cómicos del allanamiento chapucero y con las disculpas infantiles que le suministró la CIA a Howard Hunt para que éste tratara de minimizar el impacto causado por Watergate. Todo eso pareció una ópera cómica ó una sátira despreocupada. Pero esta perspectiva pasa por alto la gravedad de los crímenes cometidos en nombre de la seguridad nacional y de la reelección de Nixon, dos objetivos que un gran número de fanáticos influyentes pusieron en el mismo plano.

VOCES AMERICANAS
RICHARD NIXON,
en las grabaciones del despacho oval.

Me importa un comino lo que pase, pero quiero que bloqueen el caso. No importa que se amparen en la Quinta Enmienda, que lo encubran o cualquier otra cosa con el fin de salvar el plan.

CRONOLOGÍA DE WATERGATE

1972

17 de junio Cinco hombres son arrestados en el edificio de oficinas Watergate, en Washington, D.C., tras entrar ilegalmente a las oficinas del Comité Nacional Demócrata (DNC). Los hombres son sorprendidos con dinero y documentos que demuestran que han sido empleados por el Comité para la Reelección del Presidente (CREEP) y que han entrado ilegalmente con el fin de instalar aparatos para escuchar las conversaciones telefónicas de los líderes demócratas y llevarse documentos referentes a las estrategias que realizará este partido para las elecciones presidenciales. Entre los arrestados figuran un ex agente del FBI, cuatro cubanos anticastristas a quienes les han dicho que el objetivo de la operación era buscar documentos que demostraran los vínculos entre Castro y el Partido Demócrata. Así mismo, son arrestados G. Gordon Liddy y E. Howard Hunt, dos ex asesores de la Casa Blanca que trabajan para el CREEP. Más tarde se sabrá que Hunt fue uno de los agentes de la CIA responsables de planear la invasión a bahía de Cochinos, y que algunos de los cubanos arrestados también participaron en esa operación. Los siete hombres son acusados formalmente el 15 de septiembre. Aunque se comprueba que están relacionados con el CREEP, todos niegan que el Comité y la Casa Blanca hayan estado involucrados en el allanamiento.

7 de noviembre   Una encuesta realizada por Gallup demuestra que menos de la mitad de los norteamericanos ha escuchado hablar del allanamiento, y el presidente Nixon logra una amplia victoria sobre el candidato demócrata George McGovern, en la que el presidente obtiene el 60.8 por ciento del voto popular y 520 de los 537 votos electorales. McGovern, un antiguo senador, sólo gana en el estado de Massachussets y en Washington, D.C.

8 de diciembre   La esposa de E. Howard Hunt muere en un accidente de aviación en Chicago. Llevaba 10,000 dólares en billetes de cien, para comprar el silencio de una persona de esa ciudad.

1973

7 de febrero   Debido a los crecientes rumores sobre actos indebidos, financiamiento ilegal y estrategias políticas sucias cometidas por la administración Nixon, el Senado establece un Comité Selectivo sobre Actividades de la Campaña Presidencial encabezado por Sam Ervin (1896–1985), senador por Carolina del Norte.

23 de marzo   James W. McCord, ex agente de la CIA, uno de los siete hombres condenados por el allanamiento, admite en una carta dirigida al juez John Sirica, que él y otros acusados fueron presionados para guardar silencio sobre el caso. McCord revela que otras personas participaron en el allanamiento y señala como "jefe general" a John Mitchell, un ex fiscal general que se desempeñaba como director del CREEP.

20 de abril   L. Patrick Gray, director temporal de la CIA, renuncia después de admitir que ha destruido evidencias relacionadas con el caso de Watergate, por sugerencia de colaboradores de Nixon de la Casa Blanca.

30 de abril   H. R. Haldeman, jefe del estado Mayor de Nixon, John Ehrlichman, asesor para asuntos domésticos, y el consejor presidencial John Dean III, presentan su renuncia. En un discurso televisado, el presidente Nixon niega tener cualquier conocimiento acerca de la participación encubierta de la Casa Blanca en el allanamiento a las oficinas de Watergate.

11 de mayo   Se suspenden los cargos formulados contra Daniel Ellsberg y Anthony J. Russo por el robo y divulgación de los Papeles del Pentágono. La absolución se ofrece tras conocerse que E. Howard Hunt y G. Gordon Liddy, quienes están involucrados en el caso de Watergate, también allanaron ilegalmente el consultorio del psiquiatra de Ellsberg para tratar de robar su historial clínico.

25 de junio   John Dean testifica ante el Comité del Senado encabezado por Ervin y acusa a Nixon de haber participado en la operación encubierta de Watergate. También declara que el presidente autorizó el pago de dinero a los siete hombres arrestados durante el allanamiento para que guardaran silencio.

16 de julio   En un testimonio que sacude al país, Alexander Butterfield, colaborador de la Casa Blanca, le informa al Comité Ervin que el presidente Nixon grababa en secreto todas las conversaciones de la Oficina oval. Esta sorprendente revelación le ofrece al Comité los medios para reunir pruebas que implican al presidente en el encubrimiento del allanamiento a las oficinas de Watergate. Esto desata también una crisis constitucional sobre el derecho que tiene el presidente a mantener en secreto las grabaciones con el argumento de ser "privilegio del Ejecutivo."

10 de octubre   En un incidente separado que afecta aún más la credibilidad de la Casa Blanca, el vicepresidente Spiro Agnew, el abanderado de la "ley y el orden" en la Casa Blanca, renuncia luego de declararse *nolo contendere* a cargos por evasión de impuestos en la época en que se desempeñó como gobernador de Maryland. Dos días después, el presidente Nixon nomina a Gerald Ford, líder de la minoría en la Cámara de Representantes, para reemplazar a Agnew, de acuerdo con disposiciones contempladas en la Vigésimo quinta Enmienda, que le permiten al presidente llenar la vacante vicepresidencial.

20 de octubre   "Masacre del Sábado en la Noche." El presidente Nixon le ordena al fiscal general Elliot Richardson que despida a Archibald Cox, fiscal especializado del caso Watergate, quien ha rechazado el compromiso realizado por Nixon para revelar una "sinopsis" de las grabaciones. Richardson y William D. Ruckelhaus—su asistente—se niegan a cumplir las órdenes y renuncian. Robert Bork, subsecretario de Justicia—el tercer cargo de mayor importancia en el Departamento de Justicia—despide a Cox. (Los demócratas se vengarán más tarde, cuando Ronald Reagan nominó a Bork para la Corte Suprema en 1988. Esta nominación abrió un acalorado debate acerca de las posiciones de Bork y su nominación fue rechazada por el Senado.) Las renuncias y el despido de Cox levantan una tormenta de protestas en el Congreso y en la Cámara de Representantes, que considera enjuiciar al presidente con el fin de destituirlo.

23 de octubre   El Comité Judicial de la Cámara de Representantes, dirigido por el representante Peter Rodino, anuncia la apertura de una investigación contra el presidente para su destitución. Leon Jaworski es nombrado fiscal especializado en la investigación del caso Watergate, luego del despido de Archibald Cox.

30 de octubre   Nixon acepta a regañadientes entregar las cintas que contienen las conversaciones de la oficina oval y los investigadores se enteran de que faltan dos.

21 de noviembre   Los investigadores descubren que las cintas tienen un lapso de 18 minutos. La Casa Blanca dice que Rosemary Woods, la secretaria de Nixon, borró accidentalmente parte de las grabaciones mientras las transcribía, algo que requeriría grandes conocimientos técnicos debido a la sofisticación del sistema de grabación. (Un análisis realizado a esta cinta en enero de 1974 demostró que la eliminación fue deliberada.)

9 de noviembre   Seis de los acusados en el caso Watergate son sentenciados por su participación en el allanamiento. G. Gordon Liddy es condenado a 20 años, debido en parte a negarse a colaborar con la justicia, E. Howard Hunt recibe una condena de dos años y medio a ocho años de prisión y una multa de 10,000 dólares. Los otros acusados reciben sentencias más leves.

13 de noviembre   Los representantes de dos compañías petroleras se declaran culpables de haber realizado contribuciones ilegales a la campaña de Nixon. Al día siguiente, Maurice Stans, secretario de Comercio y tesorero de la campaña presidencial de Nixon, admite que esperaban este tipo de contribuciones por parte de las grandes corporaciones. Dos días después, otras tres compañías— Goodyear, Braniff Airlines y American Airlines—declaran que también han hecho donaciones de este tipo.

30 de noviembre   Egil Krogh Jr., el director de los "plomeros" de la Casa Blanca, se declara culpable de cargos relacionados con el allanamiento al consultorio del psiquiatra de Daniel Ellsberg.

6 de diciembre   Gerald Ford jura como vicepresidente. Además de haber sido miembro de la Comisión Warren que investigó el asesinato del presidente Kennedy, Ford es conocido por el comentario que Lyndon Johnson hizo acerca de él: "Rayos, no creo que pueda caminar y masticar chicle al mismo tiempo . . . Es un buen tipo, sólo que jugó fútbol americano durante mucho tiempo sin ponerse el casco."

1974

3 de enero   El presidente Nixon invoca el "privilegio del Ejecutivo" y se niega a entregar 500 cintas y documentos solicitados por el Comité del Senado para el caso Watergate.

1 de marzo   Siete oficiales de la Casa Blanca, entre quienes figuran Haldeman, Ehrlichman y el ex fiscal general John Mitchell, son acusados formalmente por conspirar para obstruir la investigación del allanamiento a las oficinas de Watergate.

3 de abril   Luego de varias investigaciones realizadas por un comité independiente del Senado, el presidente Nixon acepta pagar más de 400,000 dólares en impuestos correspondientes a años anteriores. Nixon había realizado deducciones sospechosas, y pagado impuestos correspondientes a un salario de 15,000 dólares, cuando su sueldo era de 200,000 dólares, además de otros ingresos.

29 de abril   En otro discurso televisado, el presidente Nixon ofrece una transcripción editada de 1,200 páginas de las cintas solicitadas por el Comité Judicial de la Cámara y por Jarowski, quienes rechazan las transcripciones.

16 de mayo   Richard Kleindienst, quien reemplaza a Mitchell como fiscal general, se declara culpable de un cargo menor, luego de no haber testificado adecuadamente ante un comité del Senado. Kleindienst es el primer fiscal general en la historia del país en ser declarado culpable de cometer un delito.

24 de julio   La Corte Suprema decreta por unanimidad que el presidente Nixon debe entregar las cintas solicitadas por el fiscal especializado. Ocho horas después, la Casa Blanca anuncia que cumplirá con la orden.

27 de julio   El Comité Judicial de la Cámara aprueba dos artículos para destituir al presidente. Lo acusa de obstrucción a la justicia y de haber violado su juramento presidencial en numerosas ocasiones. Tres días después, el Comité recomienda un tercer cargo por desafío inconstitucional a las ordenanzas del Comité.

5 de agosto   En otro discurso televisado, el presidente Nixon revela las transcripciones de una conversación con H. R. Haldeman, jefe del Estado Mayor. Las transcripciones muestran que seis días después del allanamiento, Nixon ordenó que el FBI suspendiera las investigaciones sobre el caso. Nixon admite no haber incluido esta información en declaraciones anteriores y definió su acto como una "omisión seria." Es la prueba indiscutible que todos estaban buscando. Después del discurso, Nixon pierde el poco apoyo que le restaba en el Congreso.

8 de agosto   El presidente Nixon anuncia su renuncia, que se hará efectiva al mediodía del día siguiente. La decisión del presidente está basada en la declaración que ha dado tres días atrás, en la que destacados congresistas republicanos le han dicho que era muy probable que fuera sometido a juicio y destituido.

9 de agosto   El presidente Nixon renuncia formalmente y viaja a California. El vicepresidente Ford jura como presidente de los Estados Unidos.

21 de agosto   El presidente Ford nomina como vicepresidente a Nelson Rockefeller, el acaudalado gobernador de Nueva York que ha sido tres veces candidato a la nominación presidencial por el Partido Republicano.

8 de septiembre   El presidente Ford le otorga a Richard Nixon un "perdón total, absoluto e irrestricto . . . por todas las ofensas contra Estados Unidos que él . . . haya cometido, pueda haber cometido o participado durante su mandato."

1975

1 de enero   Cuatro ex funcionarios de la Casa Blanca son acusados y declarados culpables de obstrucción. Ellos son H. R. Haldeman, John Ehrlichman, John Mitchell y Robert Mardian, abogado de la Casa Blanca. Kenneth Parkinson, asistente de Nixon, es absuelto. Los cargos contra Charles Colson por el caso Watergate son retirados una vez que éste se declara culpable de delitos relacionados con el allanamiento al consultorio del psiquiatra de Ellsberg. Gordon Strachan, otro de los acusados, es juzgado por separado.

1976

Jimmy Carter logra una estrecha victoria sobre Gerald Ford en las elecciones presidenciales. Además de los problemas económicos que enfrenta el país, la victoria de Carter se atribuye especialmente a la atmósfera de pesimismo que ha dejado el escándalo Watergate y a un rechazo enérgico a Ford por haberle concedido el perdón a Nixon en septiembre de 1974.

El balance final del caso Watergate dejó una lista impresionante de "delitos graves y ofensas menores," según define la Constitución a las ofensas impugnables. Algunas de ellas parecen risiblemente inofensivas si se miran retrospectivamente, pero otras fueron violaciones a la ley, a los ciudadanos y a la Constitución misma. La lista de delitos en el caso Watergate se divide en las cinco categorías siguientes:

1. ALLANAMIENTO DE MORADA

Tras la publicación de los Papeles del Pentágono, Daniel Ellsberg se convirtió en el principal objetivo de los "plomeros." Una de las primeras misiones del grupo fue entrar ilegalmente al consultorio de su psiquiatra y sustraer su historial médico. Aunque lograron entrar, no pudieron encontrar ninguna evidencia incriminatoria o material que comprometiera a Ellsberg.

Algunos de los miembros de este grupo planearon posteriormente el allanamiento a las oficinas del Comité Nacional Democrático con el propósito de instalar equipos de grabación. Este "trabajo" fue ordenado por oficiales de la Casa Blanca, con el conocimiento de algunos de los asesores más cercanos al presidente.

2. CONTRIBUCIONES ILEGALES

Se estableció un fondo secreto controlado por John Mitchell para financiar una campaña de "jugadas sucias" contra varias de las más importantes figuras del Partido Demócrata. Una parte del fondo fue destinada a pagarles a las personas que allanaron las oficinas de Watergate por su "trabajo" y por su silencio.

El fondo secreto se estableció gracias a contribuciones ilegales solicitadas por oficiales del presidente Nixon para su campaña a algunas de las corporaciones más grandes del país, quienes creyeron estar comprando "acceso" al presidente. Se realizaron otras contribuciones para desviar investigaciones criminales o actividades en contra de los *trusts* realizadas por el Departamento de Justicia.

3. JUGADAS SUCIAS

Al igual que los "plomeros," la Casa Blanca conformó otro grupo que tenía la misión de arruinar la reputación y ridiculizar a miembros importantes del Partido Demócrata. En realidad, los demócratas no necesitaban ese tipo de "favores"; podían hacerlo por sí mismos. Las actividades del grupo iban desde pedir pizzas que fueran llevadas a las oficinas del Partido Demócrata, hasta falsificar cartas para desacreditar y ridiculizar a líderes demócratas como los senadores Edmund Muskie y Henry Jackson.

E. Howard Hunt recolectó información sobre los Papeles del Pentágono y falsificó cablegramas insinuando que el presidente Kennedy había ordenado el derrocamiento y asesinato de Diem, el primer ministro vietnamita, en 1963. Hunt también intentó que algunas de las principales revistas noticiosas publicaran esta información, aunque no lo consiguió.

Se creó una extensa "lista de enemigos" en la que figuraban políticos de la oposición, comediantes, reporteros y otras destacadas figuras que la Casa Blanca consideraba desleales. La lista fue utilizada para arruinar a varias personas a través de la labor adelantada por algunas agencias federales. Entre los objetivos se encontraban Jane Fonda, Bill Cosby y Daniel Schorr, periodista de la cadena noticiosa CBS.

4. ENCUBRIMIENTO/OBSTRUCCIÓN A LA JUSTICIA

Los funcionarios de la Casa Blanca, desde el presidente hasta los empleados de más bajo rango, ordenaron el pago —con dineros del fondo ilegal— a los participantes en la conspiración de Watergate y también orquestaron el encubrimiento de la participación de la Casa Blanca en la conspiración.

De manera secreta, el presidente Nixon les prometió clemencia a las personas que realizaron el allanamiento a las oficinas de Watergate a condición de guardar silencio. L. Patrick Gray, director temporal del FBI, que esperaba ser nombrado como director permanente de esta agencia, le entregó al personal de la Casa Blanca los archivos que tenía sobre el caso Watergate.

Nixon ordenó a altos oficiales de la CIA que disuadieran al FBI de no investigar el caso de Watergate.

Las pruebas incriminatorias en contra de E. Howard Hunt fueron destruídas por la Casa Blanca.

Dos de las cintas de la Casa Blanca solicitadas por el fiscal especializado desaparecieron misteriosamente. Un fragmento de 18 minutos de duración perteneciente a otra cinta fundamental para la investigación, fue borrado deliberadamente.

5. REVELACIONES Y DELITOS VARIOS

Nixon había utilizado más de 10 millones de dólares pertenecientes a fondos gubernamentales para realizar mejoras en sus casas privadas de California y Florida, debido a razones de "seguridad." (La Cámara de Representantes no incluyó este cargo como parte de un enjuiciamiento político, pues fue considerado como un delito personal y no en contra del estado.)

Nixon había realizado deducciones ilegales de impuestos sobre documentos que donó a la biblioteca presidencial.

Se reveló la guerra ilegal contra Camboya.

¿Qué se obtuvo a cambio de estos abusos? El presidente Nixon renunció y cayó en desgracia. Sin embargo, fue perdonado rápidamente y recibió el pago de su pensión. En poco tiempo fue "rehabilitado" por su partido y por la prensa, y adquirió de manera gradual la imagen de un "viejo estadista" y experto en política exterior. Nixon murió en 1994 y fue elogiado por el presidente demócrata Bill Clinton, cuya esposa, Hillary, fue asistente del Comité Judicial de la Cámara que realizó las investigaciones para enjuiciar a Nixon. (Posteriormente, ella y su esposo sabrían mucho más sobre el enjuiciamiento político, así como toda la nación, cuando en 1998, Clinton se convirtió en el segundo presidente en la historia norteamericana en ser sometido a un juicio político; ver el Capítulo Nueve.)

Liddy y Hunt fueron enviados a prisión. Liddy escribió un libro titulado *Will*, que fue adaptado para un seriado televisivo. Posteriormente se desempeño como conductor de un programa radial de entrevistas de cobertura nacional, cuyo público era extremadamente conservador. Hunt continuó escribiendo novelas de espionaje. John Mitchell fue encarcelado y perdió su licencia de abogado. Escribió un libro que fue rechazado por su editorial y murió en 1988.

Halderman y Ehrlichman, dos de los colaboradores más cercanos al presidente, también cumplieron sentencias de prisión breves. Ambos escribieron libros exitosos. John Dean pagó cuatro meses de prisión y escribió *Blind Ambition*, su versión del escándalo de Watergate que fue un *best-seller* adaptado también para un seriado televisivo.

Muchos de los otros participantes que tuvieron un papel de menor importancia en este caso cumplieron penas de prisión breves.

Luego del escándalo de Watergate se presentó un verdadero torrente legislativo que hacía referencia a la ética gubernamental, al financiamiento de las campañas políticas y al poder presidencial. Durante los años siguientes se realizaron varias investigaciones que revelaron el verdadero alcance de los abusos cometidos por el FBI y la CIA en nombre de la seguridad nacional. Adicionalmente, varias leyes fueron aprobadas.

El escándalo de Watergate les costó a los republicanos la Casa Blanca en 1976, pues Gerald Ford, quien había perdonado a Nixon, fue derrotado por Jimmy Carter, que lanzó su campaña como un hombre ajeno al poder y que juró eliminar la corrupción en Washington. Entraron en vigencia nuevas leyes sobre el financiamiento de las campañas, para evitar que recibieran fondos ilegales. Todos creyeron que estos abusos estaban controlados y que nadie en la Casa Blanca podría volver a realizar este tipo de actos.

¿Cuál fue el golpe que le dio la OPEP a Estados Unidos en los años setenta?

Los aspectos principales en la agenda internacional de la década de los cincuenta y buena parte de los sesenta fueron las batallas libradas en Europa Oriental, África y Asia como parte de la Guerra Fría. Pero el panorama cambió a finales de los sesenta y comienzos de los setenta. Oriente Medio emergió como el punto más álgido a nivel internacional y se convirtió en un campo político y militar en el que la enemistad, tan antigua como la Biblia, relegó a un segundo plano la rivalidad entre las superpotencias. A medida que israelíes y árabes luchaban por la existencia de Israel y por el futuro de los palestinos, los Estados Unidos quedaron atrapados entre la espada y la pared.

Israel ocupó una posición singular e intocable en la política exterior norteamericana casi desde el momento mismo de su creación en 1948, luego de la guerra por su Independencia. Esta condición tan especial obedeció a una serie de consideraciones filosóficas, religiosas, sociales, políticas y estratégicas. Luego del horror del Holocausto, Estados Unidos les ofreció refugio a los judíos. Los norteamericanos sentían una gran afinidad cultural con los israelíes y vieron con admiración los destacados logros realizados en campos como la agricultura, la industria y la economía en esas tierras desérticas. La determinación con la que este pueblo construyó una Nación pareció reflejar el espíritu pionero que los norteamericanos consideraban románticamente como suyo. Los israelíes, muchos de los cuales eran europeos, así como muchos judíos norteamericanos, hablaban, parecían y actuaban como los estadounidenses.

Por otra parte, los árabes montaban en camellos, vestían túnicas extrañas y cargaban esteras para rezar a horas inusuales. La percepción predominante que tenían los norteamericanos de los árabes era la de un pueblo atrasado y que pareció confirmarse luego de una serie de batallas breves en las que Israel no sólo derrotó con facilidad a unas fuerzas árabes más numerosas, sino que también conquistó territorios en cada uno de estos enfrentamientos. Y mientras que la idea del estado de Israel era ampliamente aceptada, el desplazamiento de los palestinos fue ignorado.

En la escala simplista norteamericana del bien y del mal, Israel fue visto como un estado democrático y pro-occidental. En términos estratégicos, Israel era un país satélite confiable, en contraposición a los inestables territorios árabes. Durante varios años, Norteamérica se encontró en una posición bastante cómoda, pues los estados árabes fueron controlados por las compañías petroleras occidentales.

Pero a medida que el tiempo transcurrió, la firme alianza con Israel dio paso a una posición más resbaladiza, que fue "lubricada" por la diplomacia del petróleo. A comienzos de los sesenta, los árabes empezaron a ganar control sobre este valioso recurso y la balanza del poder comenzó a inclinarse a su favor. La oscilante inclinación hacia los israelíes sufrió su mayor golpe luego de la Guerra del Yom Kippur en octubre de 1973. Una vez más, el Ejército israelí resultó vencedor, pero su aura de invencibilidad se vio empañada. Aunque derrotaron a las fuerzas de varios estados árabes, los egipcios cruzaron el canal del Suez y retomaron los territorios del Sinaí ocupados por los israelíes desde la Guerra de los Seis Días, en 1967.

Pero esto fue sólo un pequeño fragmento de las arenas cambiantes de la política y el poder del Oriente Medio. Las naciones árabes suspendieron el envío de crudo a los Estados Unidos, Japón y Europa Occidental para presionar a los israelíes a devolver los territorios que habían ocupado durante la guerra de 1967. Este boicot, que produjo la primera gran "crisis energética" de los setenta, fue posible gracias a las enormes reservas de petróleo controladas por los países del Oriente Medio, especialmente Arabia Saudita, que era miembro de una organización conocida como la OPEP (Organización de Países Productores Petróleo). Esta organización, conformada en 1960 por los principales exportadores de petróleo, entre quienes figuraban Arabia Saudita, Kuwait, Irán, Irak y Venezuela, carecía de peso económico hasta 1973, cuando el boicot árabe le demostró su poder a un mundo sediento de este mineral y dependiente de otros productos derivados del petróleo. (Además de la gasolina y del aceite para la calefacción, cientos de productos como el plástico, los fertilizantes y la tinta son fabricados con petróleo.)

El boicot causó pánico en Estados Unidos. Se decretaron varias medidas de racionamiento energético que iban desde el cierre de las estaciones de gasolina el día domingo, a un sistema de racionamiento basado en los números de las placas de los autos. Las que terminaban en números pares podían abastecerse de gasolina un día; las que terminaban en números impares podían hacerlo al día siguiente. Los límites de velocidad fueron reducidos. Los fabricantes de autos tuvieron que establecer un rendimiento de gasolina por millaje en sus autos. Las compañías automovilísticas estadounidenses, que habían ignorado el mercado de los autos baratos y de bajo consumo de gasolina iniciado por los europeos y los japoneses, vieron cómo se derrumbaba su imperio otrora imperturbable, debido al gran consumo de combustible de sus autos. Súbitamente, una generación que no estaba acostumbrada a los sacrificios propios de la Depresión y de la Segunda Guerra Mundial reaccionó airadamente a la idea de que un puñado de árabes pudiera obstaculizar ese símbolo de la gran libertad americana, consistente en poseer y conducir un auto. A medida que las filas en las estaciones de gasolina se hacían más largas, la frustración desencadenó en peleas e incluso en homicidios en las gasolineras. Así, una parte del tejido americano se fue deshilando. Cuando el boicot árabe fue levantado en marzo de 1974, el futuro ya se había alterado para siempre. Los miembros de la OPEP advirtieron el poder que tenían. Antes del boicot, el precio del petróleo era de tres dólares por barril y en 1974 se elevó a casi doce dólares. Además, el final del boicot no trajo consigo un regreso a los viejos precios. Éstos se mantuvieron altos y fueron controlados por los árabes, quienes advirtieron que podían hacer fluir petróleo a borbotones o suministrarlo con cuentagotas. Los países no árabes miembros de la OPEP, como Venezuela y Nigeria, vieron con muy buenos ojos que elevaran a su antojo el precio del petróleo. Rápidamente, las empresas petroleras norteamericanas también incrementaron sus precios y obtuvieron ganacias cuantiosas a expensas de la economía estadounidense.

Los años de racionamiento del petróleo y de un panorama económico diferente ocasionado por el dominio de la OPEP dieron lugar a las más altas tasas de desempleo desde la Depresión, así como a una inflación que alcanzó niveles históricos. Se produjo una combinación de bajo crecimiento y un aumento en los precios que en términos económicos se conoce como *stagflation*, que propinó un severo golpe al prestigio y a la confiabilidad que inspiraba Norteamérica. La economía estadounidense, que una vez se había cimentado en el petróleo y en la mano de obra barata, se quedó sin ninguna de las dos.

Se puso en marcha un ciclo inflacionario de dos dígitos que se apoderaría del país durante una década confusa y que los líderes de la Nación eran incapaces de controlar. La crisis, que comenzó durante los últimos días de la administración de Nixon, se convirtió en el problema de Ford. Además de la decepción causada por el escándalo de Watergate, su incapacidad para erradicar la inflación le valió ser derrotado por Jimmy Carter en las elecciones de 1976, quien de paso se convirtió en el primer presidente sureño desde Woodrow Wilson.

Aunque el país tuvo dificultades para convertirse en un consumidor más eficiente de energía y adaptarse a las nuevas realidades económicas, también comenzó a buscar otras fuentes de energía. Durante el mandato de Carter, el Congreso destinó fondos para el desarrollo de energía solar, eólica y de combustibles sintéticos. Sin embargo, varios golpes estaban por venir. En 1978, Muhammad Reza Sha Pahlavi (1919–80), el sha de Irán, dictador militar que había llegado al poder en 1954 gracias a un golpe de estado respaldado por la CIA, fue derrocado por una revolución fundamentalista islámica liderada por el ayatollah Ruhollah Jomeini (1900–89). Irán suspendió la exportación de crudo y desató otro racionamiento, aunque en menor escala. Un año después, el futuro energético de la nación se oscureció luego de un gran accidente en un reactor nuclear en Three Mile Island, Pennsylvania, que afectó seriamente el desarrollo de la energía nuclear que se había planeado en Norteamérica. Y para empeorar las cosas, ese mismo año la OPEP anunció un fuerte incremento en los precios del petróleo.

Pero la situación en Irán pasó a desempeñar un papel protagónico en la vida norteamericana y terminó por opacar el logro histórico alcanzado por Carter gracias a su mediación para que Egipto e Israel firmaran un tratado de paz en 1978. El 4 de noviembre de 1979, unos 500 iraníes irrumpieron en la embajada norteamericana en Teherán y capturaron a 90 diplomáticos estadounidenses, dando comienzo así a una crisis de rehenes que arruinó cualquier posibilidad de que gobernara con eficacia y fuera reelegido. El fracaso de Carter para lograr el rescate de los rehenes, luego de una desastrosa misión que terminó con ocho norteamericanos muertos en el desierto iraní, pareció simbolizar la impotencia norteamericana.

En 1980, Estados Unidos aceptó el llamado de un hombre que parecía representar los ideales y la fuerza tradicionales de Norteamérica. Ronald Reagan (1911–2004), antigua estrella de cine y ex gobernador de California, derrotó fácilmente a Carter en las elecciones de 1980, tras prometer restaurar el prestigio, el poder y la salud económica del país. Durante los primeros días del mandato de Reagan — y como si fuera la última bofetada a Jimmy Carter y el presagio de la buena fortuna de la que disfrutaría el nuevo presidente — los rehenes fueron liberados por Irán.

VOCES AMERICANAS
Del discurso "Crisis de Confianza," pronunciado por
JIMMY CARTER (15 de julio de 1979).

Toda la legislación del mundo no puede solucionar los problemas de Norteamérica. Así que quiero hablarles esta noche sobre un tema más importante aún que la energía o la inflación. Quiero hablarles sobre una amenaza fundamental a la democracia norteamericana . . .

La amenaza es casi invisible en apariencia. Es una crisis de confianza. Es una crisis que golpea el alma, el corazón y el espíritu de nuestra voluntad nacional. Esta crisis se manifiesta en el creciente escepticismo acerca del significado de nuestras propias vidas y en la pérdida de unas metas comunes favorables a nuestra nación. La erosión de nuestra confianza en el futuro está amenazando con destruir el tejido social y político de Norteamérica.

¿En qué consistió la "economía vudú?"

Si hay algo que los norteamericanos detestan de un presidente, es que éste les dé sermones. A Norteamérica le gusta que le levanten la moral, que el entrenador le diga al país que a lo único que hay que tenerle miedo es al "miedo mismo." A Norteamérica le gustan los llamados con trompetas. A los norteamericanos les gusta que les digan que son los mejores. Cuando Estados Unidos se burló del discurso de la "Crisis de Confianza," el presidente Carter aprendió tardíamente la lección. Sin embargo, Ronald Reagan la sabía de corazón y también entendió un precepto político fundamental: desde las épocas prerevolucionarias de James Otis, a este país no le gustan los impuestos.

Cuando Ronald Reagan realizó su campaña en 1980, prometió reducir los impuestos, el déficit gubernamental y la inflación, así como reconstruir el sistema defensivo de la nación. Uno de sus rivales en las primarias republicanas dijo que esto sólo se podía hacer "con espejos." Otro republicano definió la plataforma de Reagan como la "economía vudú." Fue George Bush, el futuro vicepresidente y presidente. Bush se rió de su comentario, pero Reagan sonrió de último cuando fue elegido por una amplia mayoría, llevando al poder a una nueva coalición conservadora que juró dar marcha atrás a lo que consideraba como el perjuicio causado por los demócrata liberales que habían controlado la economía y la política social norteamericana durante varias décadas. La coalición de Reagan estaba conformada por los "neoconservadores"—una serie de ideólogos políticos que le dieron un nuevo rostro a la vieja línea anticomunista—; la llamada "mayoría moral," ala religiosa de la extrema derecha liderada por el reverendo Jerry Falwell, cuyas soluciones a los problemas del país consistían en restaurar las oraciones religiosas en las escuelas públicas, la prohibición del aborto y la reducción del papel del gobierno en las políticas sociales; los conservadores sureños que acataron el llamado de Reagan al fortalecimiento del sistema defensivo norteamericano y, tal vez lo más importante pero lo menos visible, una mayoría obrera que vio cómo sus salarios se reducían notablemente debido a los impuestos y una interminable espiral inflacionaria.

La base teórica de los programas económicos de Reagan fue denominada como la "economía de oferta." La premisa básica era que si se reducían los impuestos, las personas producirían más bienes y gastarían más dinero, creando así más trabajos y una mayor prosperidad. A su vez, esto haría que el gobierno recibiera más dinero. Y si esto se complementaba con reducciones significativas a gastos gubernamentales "inoficiosos," los ingresos permitirían equilibrar el presupuesto. Los seguidores de Reagan señalaron incluso el hecho de que John F. Kennedy—un héroe demócrata—había tenido una idea similar en 1963, cuando promovió la reducción de impuestos tras decir: "Cuando la marea sube, eleva a todos los botes."

Esta idea no era nada nueva. El presidente Carter también propuso la reducción de los impuestos y el tamaño del gobierno, así como unos créditos más limitados para controlar la inflación. Anteriormente, otra administración republicana también había utilizado una estrategia similar. Herbert Hoover intentó lo mismo durante la Depresión; en ese entonces la "economía de oferta" se llamaba la "economía de la filtración."

El paquete económico de Reagan, que contó con un gran respaldo popular y con el de un bloque de congresistas demócratas sureños llamados los *boll weevils*, fue aprobado en 1981 por un Congreso que no opuso resistencia. Pero el alivio no fue inmediato y la economía norteamericana no tardó en entrar en una recesión total y devastadora. La tasa de desempleo era muy alta, la inflación siguió su curso, las bancarrotas y cierres de negocios se dispararon y las granjas familiares fueron subastadas. La Junta de la Reserva Federal, dirigida por Paul Volcker durante los gobiernos de Carter y Reagan, cuya meta era erradicar la inflación del sistema económico, adoptó una política de altas tasas de interés para acelerar la economía. Si no había créditos fáciles, no se podían construir casas ni vender autos, y los negocios y fábricas reducirían sus ganancias o se arruinarían.

El petróleo había sido el detonante de la presión inflacionaria y el eventual derrumbe en su precio ayudó a aliviar esa presión. La anterior escasez de petróleo se convirtió en un superávit, originado por la recesión internacional. La mordaza que la OPEP le había puesto a las economías occidentales comezó a aflojarse gracias a la nueva competencia de otros países productores de petróleo que no pertenecían a esta organización, como México, Noruega y Gran Bretaña. Los miembros de la OPEP se vieron súbitamente anegados en un petróleo que no encontraba compradores y vieron disminuír su influencia, mientras trataban de mantener precios artificialmente elevados a través de cuotas de producción que sus mismos miembros incumplían una y otra vez.

El beneficiario de esta situación fue Ronald Reagan. La caída en los precios del petróleo señaló el comienzo de la recuperación. El corazón del dragón inflacionario fue extirpado y Reagan quedó como San Jorge. Otras políticas suyas a favor de los negocios, tales como la liberalización de la industria y la derogación de las leyes antitrust, aceleraron la recuperación. Las tasas de desempleo comenzaron a disminuir y la inflación, que era del 12 por ciento, disminuyó a menos del 5 por ciento. Las leyes sobre la reducción de impuestos aprobadas en 1981 — que serían ejecutadas por etapas — contribuyeron al florecimiento de los mercados financieros. Estos produjeron una cosecha que fue una verdadera bonanza para las clases más adineradas, pero de la que la clase pobre y media recogió pocos frutos.

El cambio en la política tributaria se vio acompañado de una nueva aproximación a los gastos gubernamentales. Los presupuestos aprobados por Reagan redujeron drásticamente los gastos domésticos en las áreas que más afectaban a los pobres y que fue el legado de la Gran Sociedad de LBJ. La asistencia social (welfare), las subvenciones para vivienda, la capacitación laboral, los tratamientos a drogadictos y los sistemas de transporte masivo cayeron bajo el rubro de gastos inoficiosos por parte del gobierno. Pero el déficit federal aumentó rápidamente a pesar de los recortes a estos programas y de la aprobación de cambios a la gravación de impuestos para estimular los ingresos del gobierno. Además de las reducciones originadas por el recorte a los impuestos, el principal culpable del déficit fue el aumento en el presupuesto de defensa. Aunque Reagan prometía estar reduciendo el presupuesto, lo que realmente hizo fue supervisar la transferencia masiva de fondos del sector doméstico al Pentágono. Durante varios años, los conservadores se quejaron de que los programas sociales de carácter liberal habían tratado de resolver los problemas "metiéndoles dinero." Y, bajo el presidente Reagan, los conservadores pretendieron solucionar la "fragilidad" del sistema defensivo norteamericano aplicando el mismo método.

Voces Americanas

Thomas K. Jones, oficial del programa de defensa durante la administración de Reagan, en entrevista concedida a Robert Scheer, reportero del periódico *Los Angeles Times.*

Cava un hueco, cúbrelo con dos puertas y luego échale escombros encima . . . Todos van a cavar huecos si hay suficientes palas.

En su libro *With Enough Shovels* publicado en 1982, Robert Scheer sostiene que T. K. Jones fue el responsable de administrar el multimillonario programa de defensa civil que parecía descansar en cerciorarse que Norteamérica tuviera muchas puertas, escombros y palas para construir refugios nucleares. Este fue el programa de Scheer para salvar vidas estadounidenses y para—en unos cuantos años—encaminar de nuevo al país hacia una guerra nuclear total con la Unión Soviética.

¿Qué le sucedió al transbordador espacial *Challenger*?

El Proyecto Manhattan que desarrolló la bomba atómica fue el logro científico más destacado del siglo XX, pero el programa espacial que llevó a Estados Unidos a la Luna casi le arrebata el primer lugar. El programa Apolo representó el pináculo de los logros humanos y el momento culminante de la NASA.

Su punto más bajo fue durante el trágico accidente ocurrido en la fría mañana del 28 de enero de 1986. El décimo lanzamiento del transbordador espacial *Challenger* estaba programado como la vigésimoquinta misión del transbordador. Francis R. (Dick) Scobee era el comandante de la misión. Los otros cinco tripulantes de la NASA eran Gregory B. Jarvis, Ronald E. McNair, Ellison S. Onizuka, Judith A. Resnick y Michael J. Smith. No obstante, esta misión era diferente; Christa McAuliffe, una profesora de secundaria de Concord, New Hampshire y madre de dos hijos, había ganado un concurso que eligió al primer "pasajero ciudadano" en el espacio. Haber elegido a McAuliffe era parte del excelente sentido de relaciones públicas que tenía la NASA. ¡Lástima que su dominio del clima, la ingeniería y de la física no hubiera sido tan afinado!

El programa del transbordador espacial, que una vez había captado el entusiasmo decidido de los estadounidenses por la exploración espacial, pasó a ser algo casi común. El lanzamiento de transbordadores espaciales se volvió tan predecible como los vuelos de las aerolíneas. Y al igual que sucedía con las compañías aéreas, la NASA también podía retrasarse. En 1986, la agencia espacial estaba muy retrasada y con un gran déficit presupuestario. Los congresistas encargados del presupuesto estaban buscando objetivos y tanto la NASA como el programa espacial—plagados por la burocracia—, se habían convertido en un blanco muy fácil. David Stockman, director de presupuesto de la administración Reagan, había tratado de que se eliminaran todas las misiones tripuladas de la NASA. Reagan se opuso, pues creía que la sociedad todavía se dejaba seducir por la magia de los programas espaciales.

Tal como se había vuelto una molesta costumbre con los vuelos de los transbordadores, la misión del *Challenger* también se había postergado debido a retrasos en el lanzamiento. A pesar de las advertencias realizadas por representantes del constructor del transbordador, los oficiales de la NASA desestimaron las inquietudes de los ingenieros y ordenaron que el despegue se realizara a las 11:38 a.m. La temperatura en la Florida era de 36 grados Fahrenheit. Cuando habían transcurrido 73 segundos del despegue y mientras la nación veía a la primera mamá astronauta, el *Challenger* se desintegró en el espacio y se convirtió en una bola de fuego a una altura de 46,000 pies (14,020 metros). Entre los televidentes sorprendidos que estaban presenciando el lanzamiento se encontraban los padres de McAuliffe y su hermana. Las cámaras captaron la expresión de los espectadores, que en cuestión de segundos pasó de la emoción a la estupefacción y a la incredulidad. Millones de niños en todo el país también estaban viendo a la profesora que había viajado al espacio.

El concepto de "astronautas civiles" apareció a medida que el programa del transbordador fue evolucionando desde sus primeros días experimentales. Su primera misión orbital comenzó el 12 de abril de 1981, día en que el transbordador *Columbia* fue lanzado. Los astronautas John W. Young y Robert L. Crispen estaban encargados de los controles. La misión, que duró 54 horas, fue impecable. Siete meses después, la nave realizó un segundo vuelo orbital, demostrando que podía utilizarse de nuevo.

Los cuatro vuelos iniciales llevaban dos pilotos por vuelo, pero pronto el número de tripulantes fue de cuatro y posteriormente de siete u ocho. Además de los dos pilotos, la tripulación de los transbordadores recibió a "especialistas," expertos que realizaban investigaciones científicas, así como a "tripulantes especialistas," término que suponía la presencia de personas expertas en la operación espacial, pero que cada vez fue más ambiguo. Este término no tardó en aplicarse a una gran variedad de pasajeros, como por ejemplo, a un senador y a un príncipe árabe cuya presencia en el transbordador era más ceremoniosa que científica. Ellos fueron los primeros pasajeros que no eran astronautas; la NASA pensaba enviar en un futuro a periodistas y artistas. La profesora Christa McAuliffe fue la primera "pasajera ciudadana" que iba a dictar clases desde el espacio, una estrategia publicitaria cuidadosamente planeada por la NASA.

Después del desastre, el presidente Reagan nombró una comisión especial para determinar la causa del accidente. Sus catorce integrantes estaban liderados por William P. Rogers, ex secretario de estado, quien desde un comienzo aclaró que la NASA saldría indemne, por lo menos ante la opinión pública. Uno de sus integrantes era Neil Armstrong, el héroe espacial, así como Sally Ride, la primera mujer en haber viajado al espacio. En junio de 1986, la comisión informó que el accidente había sido causado por una falla en el anillo-O de uno de los cohetes secundarios del transbordador.

¿Un anillo-O? Cualquiera pensaría que se trata del anillo de caucho que va en la tapa de los frascos de conservas cerrados a presión. Las versiones más sofisticadas de estos anillos sellaban la unión entre las dos partes inferiores de los cohetes secundarios. El punto más álgido de las audiencias se presentó cuando Richard P. Feynman, quien no sólo era miembro de la comisión sino también veterano del Proyecto Manhattan y uno de los físicos más destacados del país, sumergió un pedazo de un anillo-O en un vaso de agua helada. Utilizó una abrazadera que había conseguido en una ferretería y comprobó que el caucho frío se resquebrajaba fácilmente. La falla en el diseño de la unión y el frío inusual que hizo el día del lanzamiento hicieron que los anillos-O se reventaran, una posibilidad que se presentó durante las pruebas realizadas a uno de los contratistas fabricantes del transbordador.

La comisión había establecido la causa física del desastre, pero el motivo principal del accidente fue la decisión de apresurar el lanzamiento para justificar el programa de los transbordadores espaciales que cada vez sufría un mayor retraso y que estaba costando más de lo calculado inicialmente. El hecho de que la NASA se negara a modificar el calendario de las clases escolares que daría Christa McAuliffe desde el transbordador, también contribuyó a la decisión de realizar el lanzamiento aquel día, así como el deseo del presidente Reagan de no postergar la fecha. "Él se dirigiría al Estado de la Unión aquella misma noche y pensaba referirse a McAuliffe y al transbordador. Aunque durante las audiencias de la comisión se presentaron pruebas de que el lanzamiento obedeció a razones políticas, muchos críticos creyeron que la NASA cedió a la presión para no alterar la fecha del lanzamiento.

¿Por qué Ronald Reagan fue llamado el "presidente de teflón?"

Ronald Reagan tenía un buen truco. Cuando los periodistas que estaban detrás de los sitios acordonados le hacían preguntas, él se llevaba la mano al oído y se disculpaba por no poder escuchar. En realidad, el presidente tenía problemas auditivos. Pero cuando se trataba de varios asuntos políticos, su olfato era casi inmejorable. Bien fuera que se ganara al público con algún comentario, que contara una anécdota para ganar puntos en una alocución, o que actuara como el líder de una Nación adolorida, Reagan estaba bien sintonizado con un público que lo quería, tal como lo reconocen incluso sus críticos más acérrimos. Sin embargo, muchas de las consideraciones sobre sus ocho años en la Casa Blanca y sobre el período que siguió al final de su presidencia son vistas de un modo diferente. Lo retratan como a un presidente abstraído y desinteresado que no preguntaba nada, que ignoraba muchos detalles y que permitió que los subalternos hicieran lo que querían. La revelación de que la primera dama consultaba y le hacía mucho caso a la astróloga Joan Quigley, parecía no importarle al presidente. Como escribió Bob Woodward: "La práctica secreta de decidir horarios basados en la astrología era irritante e irracional. Donald Regan —jefe del estado Mayor de la Casa Blanca— creía que éste era el secreto más celosamente guardado en el recinto presidencial." Casi todas las memorias escritas por ex funcionarios de la administración Reagan —especialmente David Stockman y Donald Regan— así como varios libros sobre la administración de Reagan escritos por periodistas como *The Power Game*, de Hedrick Smith y *The Acting President*, de Bob Schieffer y Gary Paul Gates, ofrecen la imagen de un presidente mal informado y poco comprometido, con mala memoria y poco interés en los detalles.

Sin embargo, Ronald Reagan tuvo unos márgenes de aprobación extraordinarios, si hemos de confiar en las encuestas. La gran capacidad que tenía para que las controversias y los problemas surgidos durante su administración le resbalaran, fue el motivo para que recibiera el apelativo ligeramente peyorativo de "el presidente de teflón." Parte de esta imagen de "teflón" se debió simplemente a su extraordinaria suerte. El hecho de que los rehenes norteamericanos cautivos en la embajada de Estados Unidos en Teherán fueran liberados cuando asumió la presidencia sin que hacer nada para contribuir a su liberación, pareció darle al mandato de Reagan una buena dosis de suerte para alcanzar logros por simple casualidad. Esta percepción se vio reforzada cuando sobrevivió a un intento de asesinato el 30 de marzo de 1981 y muchos medios informaron sobre las bromas que hizo el presidente en la sala de emergencia. Sin embargo, cuando George Bush le sucedió en el cargo, el médico presidencial de Reagan señaló que se debería haber invocado la Vigésimo quinta Enmienda para transferirle temporalmente los poderes presidenciales al vicepresidente Bush cuando Reagan estuvo bajo anestesia general y se recuperaba de una cirugía de emergencia. (En 1985, Bush se convirtió en el primer presidente suplente bajo la Vigesimo quinta Enmienda, mientras Reagan era operado de cáncer.)

Sin embargo, éste salió incólume de la sala de cirugía y su imagen se vio más fortalecida aún ante la luz pública. El aumento de la aprobación de su gestión luego del intento de asesinato, le ayudó a obtener en el Congreso la reducción de impuestos y el aumento en el presupuesto que buscaba para el Pentágono. Después de una generación de presidentes fracasados y caídos en desgracia, los analistas políticos se maravillaban ante el poder de Reagan. Su aura de invencibilidad y su amabilidad personal le permitieron salir avante luego de diversos escándalos en las más altas esferas de su administración, de los que se sacudió con una sonrisa, un gesto o un encogimiento de hombros. Hasta la vergüenza pública de que su esposa le susurrara lo que tenía que decirles a los periodistas fue algo que no hizo mella en su armadura. La revelación de la corrupción masiva por parte de un gran número de sus funcionarios—el llamado factor inferior presente durante su administración—siguió presentándose después del final de su mandato. En el verano de 1989, se reveló un nuevo escándalo que comprometía al Departamento de Vivienda y Desarrollo Urbano (HUD), dirigido por Samuel Pierce, un miembro del gabinete a quien Reagan no reconoció en una fiesta celebrada en Rose Garden.

Hasta los mayores errores políticos parecían resbalarle. Cuando los terroristas bombardearon los dormitorios de los Marines de los Estados Unidos en Beirut, matando a 239 *marines* que estaban asignados a un lugar sin defensas y cuya presencia no tenía otra justificación que hacer valer los intereses norteamericanos en la zona, Reagan asumió la "responsabilidad" sin que su imagen ni popularidad sufrieran daño alguno. Un ataque aéreo norteamericano contra el palacio del líder libio Moammar Gaddafi dejó un saldo de dos pilotos estadounidenses muertos, así como algunos civiles, incluyendo uno de los hijos del dictador. Sin embargo, la popularidad de Reagan aumentó considerablemente luego de lo que realmente fue un intento de asesinato.

Pero la armadura de Reagan sufrió su prueba más difícil con los eventos que se denominaron como el caso Irán-contras. Aunque es probable que nunca se sepa toda la verdad sobre este caso, el presidente Reagan escapó ileso de la controversia, si bien su administración quedó algo debilitada durante el período final.

Los "hechos" del caso Irán-contra todavía están rodeados de misterio, cubiertos por el silencio y las negativas de muchos de sus protagonistas, incluyendo al director de la CIA, William Casey, quien falleció antes de que la prensa y el público supieran de su participación. La situación se remontó a un problema presente desde el mandato de Jimmy Carter hasta la inauguración de Reagan: los rehenes norteamericanos en Irán. A diferencia del dilema al que se vio enfrentado Carter, cuando el personal diplomático norteamericano fue capturado por un brazo armado del gobierno iraní y cuyo paradero era conocido, la situación que enfrentó Reagan fue diferente. Varios rehenes eran mantenidos por separado en el Líbano, un país fragmentado por una guerra civil caótica, en la que participaron facciones misteriosas con supuestos vínculos con el gobierno iraní. Adicionalmente, uno de los rehenes era William Buckley, director de la CIA en Beirut, algo que seguramente sabían sus captores. Reagan sufrió en carne propia el drama de los rehenes y de sus familiares, pero declaró en público que no cedería a las demandas terroristas, pues esto contribuiría a fomentar futuros actos semejantes.

En el verano de 1985, Robert McFarlane, asesor nacional de seguridad de Reagan, fue abordado por un grupo de israelíes que le ofrecieron un plan para liberar a los rehenes. El plan incluía la participación de un dudoso comerciante de armas de nacionalidad iraní, quien propuso que Teherán liberara a los rehenes a cambio de unos pocos centenares de misiles antitanque norteamericanos que Irán necesitaba para continuar la guerra entablada con Irak. McFarlane vio en esta propuesta la oportunidad para liberar a los rehenes y también para establecer contacto con los representantes "moderados" del gobierno iraní. Luego de la cirugía en la que le extirparon algunos tumores cancerígenos, Reagan se reunió con sus asesores para discutir el intercambio de los rehenes por armas. El Secretario de Estado George Schultz y el secretario de Defensa Casper Weinberger se opusieron de plano. (Posteriormente, los dos secretarios dirían que George Bush también estuvo presente, afirmación que éste negó, pues dijo que siempre estuvo al margen del caso Irán-contras.) Durante esa reunión no se llegó a ninguna decisión y tanto Schultz como Weinberger creyeron que el asunto había terminado ahí.

Pero según McFarlane, Reagan le dio el visto bueno a esta operación. El presidente declaró que no recordaba haberlo hecho y lo cierto es que no existe una prueba formal de que haya tomado tal decisión. Se realizó el primer envío de armas y un rehén fue liberado. El comerciante de armas iraní declaró que Buckley, el primer rehén que McFarlane quería que fuera liberado, había sido torturado y asesinado. El segundo envío de armas, a cargo de Oliver North, un teniente coronel de los marines y diputado del Consejo de Seguridad de McFarlane, fracasó y ningún rehén fue liberado.

Mientras continuaban las negociaciones con Irán, la administración Reagan se vio envuelta en otra empresa de su política exterior: el respaldo a los contras, la fuerza rebelde que pretendía derrocar a los sandinistas, el régimen marxista de Nicaragua. El Congreso norteamericano controlado por los demócratas hizo valer su posición en la lucha por el poder con la Casa Blanca sobre la ayuda a los contras y aprobó una enmienda que suspendía todos los fondos destinados al grupo rebelde. En respuesta, la Casa Blanca solicitó dinero en el extranjero para los contras, y tanto los sauditas como varios conservadores republicanos adinerados donaron grandes sumas. Ya se tenía el dinero, pero el problema era su desembolso. Aunque al presidente Reagan le advirtieron que enviar dichos fondos podría costarle un juicio político, el plan siguió adelante y la misión se le encomendó a Oliver North, el mismo hombre que estaba encargado de la situación de los rehenes.

El hombre a quien posteriormente Reagan llamó un "héroe nacional," incluso después de despedirlo, fue visto por algunos funcionarios de la Casa Blanca como un fanático, ávido de poder, que alucinaba y era aficionado a mentir sobre sus contactos y cercanía con el presidente para llevar a cabo su misión. North, veterano de Vietnam y anticomunista recalcitrante, también había participado en el diseño de una ofensiva militar para derrocar al gobierno marxista de la isla caribeña de Grenada con el pretexto de rescatar a unos estudiantes de medicina norteamericanos que se encontraban allí.

North reclutó a varios personajes con conexiones con la CIA y los estamentos militares para que le ayudaran a realizar su guerra secreta en Nicaragua. Uno de estos hombres era Richard Secord, ex general de la Fuerza Aérea. Por esta época, alguien—pues nadie aceptó ser su autor—propuso que las ganancias obtenidas por la venta de armas a Irán fueran destinadas para financiar a los contras, de donde surgió el término Irán-contras. Casey, director de la CIA, estuvo de acuerdo con la idea, se convirtió en el benefactor de North en la Casa Blanca y luego impulsó este plan, que terminó por convertirse en una empresa encubierta permanente que evadió la supervisión realizada por el Congreso a las operaciones secretas de la agencia.

Una de las varias ironías de este lío fue la revelación del caso por parte de una revista más bien desconocida del Oriente Medio, que informó que McFarlane y North habían estado en Teherán y que el primero intentó enviarle una Biblia y un pastel de cumpleaños a Jomeini como gesto de buena voluntad. A los pocos días del informe, la maraña comenzó a desanudarse en la Casa Blanca y Reagan, que parecía aturdido, realizó una serie de conferencias de prensa y declaraciones contradictorias en las que fue objetado de inmediato. El 13 de noviembre de 1986, Reagan se había dirigido a toda la Nación y dicho que los Estados Unidos le habían enviado a Irán "una pequeña cantidad de armas defensivas" y que "no hemos intercambiado a los rehenes por armas ni por ninguna otra cosa," afirmaciones que eran completamente falsas.

Inmediatamente se estableció una comisión presidencial integrada por el senador John Tower, un republicano conservador (quien más tarde sería rechazado por el Senado como el secretario de Defensa de George Bush debido a su fama de bebedor y mujeriego); el ex senador Edmund Muskie, Secretario de Estado de Jimmy Carter; y el general retirado Brent Scowcroft, antiguo subalterno de Henry Kissinger. El informe de la Comisión Tower publicado a comienzos de 1987, reprochó con severidad al presidente Reagan. En el prólogo a una versión del informe, R. W. Apple Jr., corresponsal del *New York Times* en Washington, escribió sobre las conclusiones de éste:

> La junta describió una imagen de un Ronald Reagan muy diferente al que el mundo se había acostumbrado en los últimos seis años. No había rastro de la sonrisa desencajada, del gesto natural, del aire confidente que había exhibido durante todas las crisis anteriores; éste era el retrato de un hombre confundido, distraído y tan alejado, que fracasó por completo en controlar la implementación de su visión de una iniciativa que liberara a los rehenes norteamericanos y reestableciera la influencia estadounidense en Irán, con toda su importancia estratégica actual y futura. De hecho, en ciertas ocasiones el informe hace que el presidente parezca el habitante de la tierra del nunca jamás de las políticas imaginarias.

A la Comisión Tower le siguió una investigación del Congreso en la que todos los engaños, las mentiras a este órgano y a la opinión pública, además de la gran cantidad de dineros ilegales que pasaron por varias manos corruptas, comenzaron a descubrirse. Aunque los abusos del caso Irán-contras nunca fueron tomados con la misma seriedad que los de Watergate, sus implicaciones eran bastante serias: un presidente que parecía fuera de contacto con la realidad y que permitía que empleados de baja graduación controlaran aspectos importantes de la política exterior sin ninguna supervisión; una operación secreta de la CIA para engañar al Congreso; el intento por desobedecer las leyes arguyendo un tecnicismo, maniobra que hasta los asesores más cercanos al presidente le advirtieron que podía ameritar un juicio político en su contra. Con el recuerdo todavía vívido de la renuncia de Richard Nixon y de su desgracia pública, la posibilidad de otro juicio político estaba muy latente.

Después del caso Irán-contras, el almirante Poindexter, el general de la Fuerza Aérea Richard Secord, Albert Hakim (un traficante de armas iraní de nacionalidad norteamericana) y Oliver North, fueron acusados por un gran jurado de conspirar para desviar ilegalmente las ganacias obtenidas por la venta de armas a Irán a los contras nicaragüenses. En 1989, una corte federal declaró a Oliver North culpable de tres cargos relacionados con el caso Irán-contras, incluyendo la alteración y destrucción de evidencias. Sin embargo, el juez del caso dijo que North era una "víctima" y le dio una sentencia suspendida, 1,200 horas de servicio comunitario en un programa para recuperación de drogadictos y una multa de 150,000 dólares que seguramente pagó con las altas sumas de dinero recibidas por sus conferencias. Poindexter fue encontrado culpable de cinco cargos y recibió una sentencia de cinco meses de prisión. North había trabajado para Robert C. McFarlane y John M. Poindexter, quienes fueron asesores nacionales de seguridad. En 1989, McFarlane se declaró culpable de no haber informado al Congreso durante la investigación que adelantó. En 1990, Poindexter fue declarado culpable de conspiración, de mentir y obstruir al Congreso.

Pero ninguna de las sentencias se hizo efectiva. En 1987, North y Poindexter testificaron durante las audiencias realizadas en el Congreso sobre el caso Irán-contras, y recibieron inmunidad gracias a sus declaraciones. Las cortes anularon los anteriores veredictos de culpabilidad contra North y Poindexter, arguyendo que los testimonios ofrecidos en 1987 pudieron haber influido en sus juicios. Sólo una persona, el ex agente de la CIA Thomas G. Clines, pagó una pena de prisión. Fue sentenciado a pagar 19 meses por evasión de impuestos sobre el dinero recibido por esta operación.

En 1992, Caspar Weinberger, secretario de Defensa de Reagan, fue acusado de mentirle al Congreso y a investigadores del gobierno sobre el caso Irán-contras. Pero Weinberger, quien fue sentenciado por Lawrence Walsh, recibió el perdón presidencial por parte de Bush, en 1992. Bush también concedió perdones a varios de los protagonistas de este escándalo. Elliot Abrams y Alan Fiers Jr., se declararon culpables de ocultar información al Congreso. Duane Clarridge había sido acusado de siete cargos por perjurio y esperaba ser sentenciado. Clair George fue acusado de dos cargos de perjurio y declaraciones falsas y también esperaba la sentencia cuando fue perdonado.

La participación de Bush en el escándalo Irán-contras permaneció en la oscuridad. Durante la investigación, éste dijo que estaba "por fuera del circuito." Cuando Bush perdió las elecciones en 1992 en las que buscaba ser reelegido, algunos fragmentos de sus diarios entregados al fiscal especializado Walsh, revelaron que Bush recibió información acerca del progreso del intercambio de rehenes por armas en 1986. En su libro *Shadow*, Bob Woodward informó que Bush había dicho: "Creo que, a largo plazo, los aspectos positivos, como la liberación de los rehenes y el contacto con los moderados, compensarán esto." Finalmente, escribe Woodward: "Los informes demuestran que Bush asisitió a muchas reuniones en las que se discutió la venta de armas a Irán, pero Walsh creía que no había desempeñado un papel importante . . . Algunos de los principales asesores de seguridad nacional de Reagan, incluido el Secretario de Estado Shultz, coincidían con esta opinión. Consideraban que Bush era una figura decorativa, que estaba muy cerca del presidente pero muy lejos para tomar una decisión importante."

El 18 de enero de 1994, el fiscal especializado Lawrence Walsh dio a conocer el informe final del caso Irán-contras. Decía que las operaciones de este caso "violaron las leyes y políticas de los Estados Unidos" y criticaba a las administraciones de Reagan y de Bush por su participación en el encubrimiento. Sin embargo, Walsh reconoció que no existía ninguna prueba contundente que inculpara al presidente de autorizar o tener conocimiento de desviar las ganancias de la venta de armas a Irán para financiar a los contras.

El caso Irán-contras fue una aventura potencialmente peligrosa que bien podría ser el escenario desarrollado por un escritor sobre la forma en que funcionan las cosas al interior del gobierno norteamericano. Sólo que Oliver North no era un personaje fícticio; y casos como el suyo demuestra porqué se hace necesario que exista el sistema de equilibrio de poderes.

(Dos de los protagonistas de este escándalo, Elliot Abrams y John Poindexter resurgieron en 2002, en la administración de George W. Bush. Abrams, que fue perdonado por Bush padre, fue nombrado por George W. Bush como director para Asuntos del Oriente Medio. John M. Poindexter, que fue asesor nacional de seguridad de Reagan y cuyos cinco cargos por felonías fueron desestimados, fue nombrado para dirigir un controvertido programa del Pentágono que tiene por objeto reunir información sobre sospechosos de terrorismo, luego de los ataques del 11 de septiembre).

Voces Americanas
Ryan White, quien fue infectado con SIDA luego de haber tomado medicamentos para la hemofilia, dirigiéndose a una comisión presidencial sobre SIDA (1988).

Me enfrenté a la muerte cuando tenía trece años. Fui diagnosticado con una enfermedad asesina: el SIDA. Los médicos me dijeron que no contagio la enfermedad. Me dieron seis meses de vida, pero como soy un luchador, me tracé varias metas. Decidí llevar una vida normal, asistir a la escuela, estar con mis amigos y disfrutar de las actividades cotidianas.

Los directivos de la escuela donde estudiaba me dijeron que no tenían pautas para estudiantes con SIDA . . . Comencé una serie de batallas legales mientras tomaba clases por teléfono. Finalmente, obtuve el derecho a asistir a la escuela, pero el mal ya estaba ahí . . . Debido a la falta de información sobre el SIDA, a la discriminación, al miedo, al pánico y a los rumores que rodeaban mi caso, me convertí en el blanco de las bromas sobre Ryan White.

Ryan murió en 1990, a los 18 años de edad.

¿Cuál fue la "plaga gay?"

Casi todos los libros de historia le dan preponderancia a las fechas y a los discursos, pero no mencionan aspectos aparentemente irrelevantes como los gérmenes y todo lo que sucede al interior de los dormitorios. Sin embargo, estos aspectos tienen una relación más estrecha con la historia que la mayoría de los reyes, generales, o veredictos judiciales.

Debido a los escrúpulos de profesores, académicos y editores, además de la ética puritana tan rígida, temas como el sexo, las enfermedades y la muerte siempre han estado por fuera de los libros de historia.

Lo cierto es que durante las décadas de los ochenta y de los noventa, el sexo y las enfermedades pasaron a formar parte indisoluble de la historia norteamericana, pues una nueva y terrible enfermedad transformó por completo la forma en que el país concebía y se comportaba con respecto al sexo.

"Extraño cáncer es detectado en 41 homosexuales," fue el titular que apareció el 3 de julio de 1981 en el *New York Times*. El artículo, escrito por el doctor Lawrence K. Altman, quien escribía artículos médicos para este periódico, decía que los médicos estaban recibiendo información sobre un pequeño pero inquietante número de pacientes que morían en circunstancias misteriosas de una modalidad extraña y letal de cáncer. "Se desconoce la causa del brote," escribió Altman, "y todavía no existen pruebas de que sea contagiosa."

En 1981, poco sabía Altman o cualquier otra persona, que la aparición de esta extraña modalidad cancerígena era la etapa preliminar y visible de una de las epidemias más letales en la historia de la humanidad, que no sólo dejaría millones de muertos, sino que también transformaría por completo los comportamientos sociales, la actitud hacia el sexo y las relaciones humanas. El misterio de carácter médico descrito por Altman no era otra cosa que la plaga internacional del SIDA. Poco más de veinte años después de su publicación—el primero de más de 900 que escribió sobre el tema—el SIDA/VIH ha afectado a más de 60 millones de personas en todo el mundo y causado la muerte a más de 20 millones de víctimas, según informa la Organización Mundial de Salud (OMS),* dependencia de la ONU.

Pocos años antes de que Altman publicara su primer artículo, la comunidad médica había anunciado uno de sus mayores triunfos: la erradicación de la viruela. El último caso de la aparición natural de esta enfermedad se reportó en Somalia, en 1977, y el último caso

---

* Según estadísticas recientes de la UNICEF y la OMS, el 70 por ciento de los infectados con SIDA/VIH viven en la África sub-sahariana y muchas personas no conocen su verdadero estado de salud debido a la precariedad de la medicina en África. El SIDA ha dejado a más de 13 millones de huérfanos.

conocido sucedió un año después, tras un accidente en un laboratorio en Inglaterra. (Dos muestras de esta enfermedad están en poder de un laboratorio ruso y de otro norteamericano.) Luego del triunfo anunciado, la comunidad médica respiró con confianza, pues también se realizaron grandes avances contra el polio, la fiebre amarilla y varias enfermedades letales.

Pero luego apareció esta misteriosa afección. Los norteamericanos le prestaron poca importancia cuando se conocieron sus primeros síntomas en 1981, pues parecía limitarse a unos pocos "casos especiales" de homosexuales y adictos que se aplicaban drogas intravenosas. La afección fue identificada por primera vez como una enfermedad "nueva" en 1980 y 1981, por médicos de Los Ángeles y Nueva York, quienes reconocieron que todos los pacientes habían sido homosexuales saludables y jóvenes que padecían extrañas modalidades de cáncer y neumonía.

Comenzó a difundirse el rumor sobre una "plaga gay" entre la comunidad homosexual. Uno de los rumores más inquietantes era el que afirmaba que alguien estaba contagiando a los homosexuales con esta nueva enfermedad. Algunos médicos la llamaron GRID (Gay Related Immune Deficiency) antes de que los Centros para el Control de Enfermedades la llamaran SIDA (por sus iniciales de "síndrome de inmuno deficiencia adquirida").

En un comienzo, la respuesta a la creciente epidemia fue lenta, debido a una gran variedad de factores, entre los que se incluían el recorte federal a los fondos para las investigaciones médicas, la competencia entre los médicos por ser los primeros en publicarla y la desinformación de los aspectos básicos de esta enfermedad que tenía la opinión pública. Luego, el SIDA comenzó a manifestarse en jóvenes hemofílicos y en las compañeras sexuales de los hombres infectados y la alarma creció. Las enormes dimensiones del problema se hicieron manifiestas, pues la sociedad advirtió que los bancos de sangre podían estar contaminados, lo que produjo una ola de pánico. Éste siguió vigente, a pesar de conocerse las causas y manifestaciones de la enfermedad. Transcurrió algún tiempo antes de que se supiera que el SIDA es la fase final y letal producida por la infección con el virus de inmuno deficiencia humana (VIH). El nombre hace referencia al hecho de que el virus causa un daño severo al sistema inmunológico, la principal defensa que tiene el organismo contra las enfermedades. Una vez que este virus fue descubierto en 1983 en el Instituto Pasteur de París, el equipo del National Cancer Institute de Bethesda, Maryland, dirigido por el doctor Robert Gallo, desarrolló una prueba sanguínea en 1985 para detectar el virus. Estas pruebas para detectar rastros de VIH se han aplicado a todas las donaciones de sangre realizadas en los Estados Unidos desde 1985, así como para analizar tejidos almacenados de personas fallecidas desde finales de los cincuenta, los cuales revelaron que algunas personas habían muerto de SIDA.

Durante las primeras épocas de esta enfermedad, la prevalencia del SIDA entre los homosexuales y los drogadictos contribuyó a que fuera marginalizada y los infectados estigmatizados. En términos comunitarios, las ciudades pequeñas tuvieron posiciones divididas acerca de si debían o no permitirles a los estudiantes con SIDA asistir a las escuelas, un tema que salió a la luz pública con el caso de Ryan White. Las escuelas también comenzaron a discutir sobre el papel que deberían cumplir en educar a los estudiantes para la prevención de esta enfermedad. La distribución de condones y el uso de "agujas limpias," que buscaba que los drogadictos dejaran de utilizar agujas hipodérmicas, se convirtieron súbitamente en temas de debate.

La comunidad religiosa norteamericana se dividió entre quienes denunciaron a las víctimas del SIDA como "inmorales" y otros grupos religiosos que actuaron con mayor compasión. Pero muchos norteamericanos, aunque temerosos de esta enfermedad que ponía de manifiesto realidades nada agradables, sintieron que era una enfermedad ajena, hasta que el SIDA comenzó a cobrar víctimas muy conocidas, entre quienes figuraba Rock Hudson, el actor que murió en julio de 1985. Símbolo sempiterno de la virilidad masculina y del entretenimiento "integral," Hudson protagonizó películas al lado de divas como Elizabeth Taylor y Jennifer Jones y se convirtió en un ícono de los años sesenta tras realizar varias comedias románticas y cándidas junto a Doris Day que se transmitieron por la televisión, medio en el que realizó una exitosa carrera con *McMillan and Wife*, un programa de detectives presentado durante seis temporadas. El SIDA era una enfermedad extraña antes de la muerte de Hudson, pero toda la Nación sufrió un gran impacto cuando vio a su antiguo ídolo demacrado y completamente delgado. Su muerte contribuyó a generar un debate nacional sobre la enfermedad. Muy pronto, otras figuras del cine, del mundo artístico y hasta de los deportes fallecieron o declararon haber contraído esta enfermedad. Tal fue el caso de Arthur Ashe, campeón de tenis que fue infectado durante una transfusión sanguínea mientras era operado y que murió de SIDA en 1993. Magic Johnson, la estrella del baloncesto que jugaba en Los Angeles Lakers, anunció en 1991 que estaba infectado con VIH y se retiró, pero luego regresó temporalmente, en una prueba fehaciente de los progresos realizados en el tratamiento de la enfermedad y en el cambio de actitud.

No hubo un solo aspecto de la vida norteamericana que no fuera permeado por la epidemia de SIDA/VIH durante las dos últimas décadas del siglo XX. La economía sufrió un gran impacto, pues se destinaron enormes cantidades de dinero para controlar la enfermedad y a los enfermos. Los presupuestos de hospitales, aseguradoras médicas, instalaciones para la investigación de la medicina en el país, agencias gubernamentales y privadas de salud pública, así como de asistencia social fueron llevados al límite.

La epidemia del SIDA alteró enormemente el panorama norteamericano. En 1992, los dos partidos incluyeron en sus convenciones a voceros de las víctimas de esta enfermedad, en discursos televisados en horarios de máxima audiencia. Palabras como condones o sexo anal, nunca antes mencionadas en público, pasaron a formar parte intrínseca del lenguaje popular. Por otra parte, el SIDA contribuyó de varias formas a sacar del clóset al homosexualismo en Norteamérica. La homosexualidad, que anteriormente era todo un tabú o mencionada casi en secreto, comenzó a ser debatida de manera abierta y se vio acompañada de un nuevo activismo político por parte de la comunidad gay. La propia palabra "gay" formó parte del nuevo léxico del país, y hasta el periódico *New York Times* terminó por aceptarlo.

Los servicios de salud y las investigaciones científicas se politizaron y radicalizaron. El movimiento por los derechos de los gays no se conformó con el simple aumento de fondos para investigar el SIDA, sino que comenzó a presionar por una nueva legislación que eliminara la discriminación institucionalizada que existía contra los homosexuales en todo el país. Estas exigencias no fueron aceptadas de manera uniforme; las mujeres, envalentonadas por el éxito de los activistas para conseguir fondos destinados a la investigación del SIDA, denunciaron abiertamente la disparidad de los fondos destinados a las investigaciones sobre el cáncer de seno. Las paredes de todo el sistema de investigaciones médicas, que había sido territorio casi exclusivo de los hombres blancos, comenzaron a desplomarse.

Las pérdidas causadas por el SIDA no pueden resumirse solamente en cifras. Así como toda una generación de jóvenes norteamericanos fue exterminada durante la Guerra Civil, millones de personas en todo el mundo murieron a causa del SIDA. Sus muertes no sólo fueron trágicas; la pérdida de su industriosidad, ingenuidad, inventiva y potencial es realmente incalculable. Veinte años después de su aparición, los científicos no sabían con seguridad cómo, cuándo o dónde había evolucionado el virus del SIDA e infectado a las primeras víctimas. Una de las teorías más aceptadas es la que sostiene que el VIH evolucionó de unos virus que afectaban a los monos africanos y que fueron transmitidos de alguna forma al género humano.

Lectura Recomendada: *And the Band Played On*, de Randy Shilts.

VOCES AMERICANAS
EDMUND WHITE (nacido en 1940), escritor
norteamericano, en el libro *Status of Desire: Travels in
Gay America* (Epílogo a la edición de 1986).

La epidemia del SIDA ha levantado un gran tronco podrido y revelado la vida retorcida debajo de él, pues abarca de manera simultánea los principales aspectos de nuestra existencia: sexo, muerte, poder, dinero, amor, odio, enfermedad y pánico. Ningún otro fenómeno ha sido tan apremiante en Norteamérica desde la guerra de Vietnam.

ANTHONY PERKINS (1932–92), actor norteamericano,
recordado por su papel de Norman Bates
en la película *Psycho* (citado póstumamente en
Independent on Sunday, 20 de septiembre de 1992).

He aprendido más acerca del amor, del desprendimiento y de la comprensión humana en esta gran aventura en el

mundo del SIDA, de lo que lo había hecho en el mundo despiadado y competitivo en el que había transcurrido mi vida.

¿Qué pasó con el Imperio del Mal?

El juicio a largo plazo que le haga la historia a Reagan todavía tendrá que esperar, pero el uso y el abuso sufrido durante más de doce años por fuera de la presidencia no han acabado con su capa de teflón. Ronald Reagan, a quien se le diagnosticó el mal de Alzheimer en 1994, fue un presidente muy querido por la opinión pública. (Una encuesta realizada por Gallup en 1999 mostró que muchos norteamericanos pensaban que saldría mejor librado que muchos otros presidentes modernos del país.) Sin embargo, los historiadores lo critican fuertemente. En una encuesta realizada luego de sus dos mandatos, los historiadores y politólogos lo clasificaron en el puesto 22 entre los 40 presidentes del país que había tenido Estados Unidos hasta ese entonces.

Obviamente, muchas de estas opiniones fueron expresadas por adversarios políticos. Para sus admiradores, el éxito logrado por el presidente para transformar el estado de ánimo del país, reducir las tasas de impuestos marginales que eran del 70 por ciento y haber alterado el terreno político en Norteamérica, lo ubican en el panteón de los grandes presidentes. Sus críticos señalan sus errores, especialmente la creación de una deuda nacional enorme; las malas empresas de su política exterior, como el caso Irán-contras, y la falta de visión que tuvo su ayuda a los rebeldes afganos que combatieron a las tropas soviéticas que invadieron su país. La ayuda otorgada a los mujaidines contribuyó a debilitar a los soviéticos, pero la ausencia de un compromiso permanente con el problema afgano le permitió a esta nación sumergirse en el caos y vacío de poder que dieron lugar a grupos como los talibanes o Al Qaeda. Pocos años después de que Reagan hubiera terminado su último mandato, la enorme deuda producida por las políticas de su administración fue señalada como el factor responsable del estancamiento económico del país. No obstante, el *boom* de la década de los noventa, que produjo un superávit en el presupuesto —así fuera temporalmente— contribuyó a borrar las peores secuelas de este lunar.

Sin embargo, lo más probable sea que Reagan ocupe un lugar destacado en la historia por su papel en la transformación de la relación con la Unión Soviética y por haber sido uno de los artífices del desmembramiento del bloque comunista soviético en Europa. Aunque esto sólo se dio en 1991, cuando George Bush —su sucesor— ya estaba en la Casa Blanca, el futuro parecía estar anunciado a finales de su segundo término presidencial. La Unión Soviética estaba en franca decadencia desde mucho tiempo atrás. Su sistema industrial completamente ineficiente, la corrupción oficial, los graves problemas sociales y políticos, la competencia no sólo de Estados Unidos sino de Japón, China y otras naciones emergentes de Asia, los movimientos independentistas en varias de las repúblicas soviéticas —algunos de los cuales eran islámicos— y la larga, costosa y desgastadora guerra en Afganistán, fueron factores que debilitaron el control que el Kremlin tenía sobre su imperio. La economía soviética se encontraba en un estado tan precario que fue quizá la causa principal del derrumbe soviético. Durante muchos años, la Unión Soviética destinó el 25 por ciento de su presupuesto para gastos militares que resultaron improductivos. (En comparación, Estados Unidos destinó entre el 4 y el 6 por ciento de su producto interno bruto, que era mucho mayor, para este rubro.) Mientras el resto del mundo marchaba a pasos agigantados hacia el siglo XXI y realizaba profundos desarrollos tecnológicos y un intercambio comercial cada vez mayor, la Unión Soviética tenía una economía tercermundista anclada en los años cincuenta y un sistema agrícola que parecía del siglo XIX.

A pesar de sus graves problemas de infraestructura, el poderío militar soviético, el tamaño de su ejército y su control autoritario sobre el bloque de Europa Oriental, determinaron las relaciones con los Estados Unidos durante más de 40 años.

Prácticamente no hubo un solo aspecto de la vida o de la historia norteamericana que no estuviera marcado por la competencia conocida como la Guerra Fría.

El segundo término de Reagan coincidió con la aparición de Mijail Gorbachev como el líder de la Unión Soviética. Los dos mandatarios establecieron una relación que desencadenó una nueva era de cooperación entre las dos naciones. En una reunión cumbre realizada en 1987 en Islandia, firmaron el primer tratado en la historia para reducir sus arsenales nucleares. Cuando Reagan terminó su segundo mandato en enero de 1989, el muro de Berlín, que durante mucho tiempo fue un símbolo de la división entre Alemania y Europa, todavía estaba en pie. Un año después, el muro fue derribado. Alemania fue unificada en 1990 y el imperio soviético se desintegró. Gorbachev dejó el poder el 25 de diciembre de 1991. Luego de una revolución sorprendentemente breve y pacífica, la Guerra Fría llegó a su fin, al igual que el comunismo europeo, que durante muchos años estuvo controlado por la brutal represión soviética. Gorbachev, que recibió el premio Nobel de la Paz en 1990, había hecho historia. Otros personajes que contribuyeron al derrumbamiento del sistema soviético y al fin de la Guerra Fría fueron Margaret Thatcher de Inglaterra, George Bush, Helmuth Kohl, canciller de Alemania. A éstos se suman Lech Walesa, líder sindical polaco y el papa Juan Pablo II, el primer pontífice proveniente de un país comunista, cuyos viajes a Europa Oriental incrementaron la oposición a los soviéticos que existía en esta región. Como escribió Lou Cannon: "El legado que dejó en materia de política exterior . . . brilla más a la luz de la retrospectividad. Reagan desarrolló un programa militarista basado en la creencia de que la Unión Soviética era muy débil en términos económicos para competir en una carrera armamentista y que se sentaría a negociar si era presionada por Occidente. *Reagan también lanzó un mensaje de libertad que, según él, podía inspirar a los europeos orientales y penetrar en la Unión Soviética.* Muchos políticos creían que estas ideas eran ingenuas y se alarmaron por los comentarios tan provocadores que hizo Reagan sobre el comunismo, particularmente cuando definió a la Unión Soviética como al 'Imperio del Mal.' Sin embargo, los tiempos cambiaron."

Lectura Recomendada: *President Reagan: The Role of a Lifetime,* de Lou Cannon.

VOCES AMERICANAS
Frase que COLIN POWELL, Asesor Nacional de
Seguridad, le dijo a Ronald Reagan
en su último día en la Casa Blanca.

Señor presidente, hoy el mundo está calmado.

Colin Luther Powell nació en 1937 en la ciudad de Nueva York y sus padres eran inmigrantes jamaiquinos. Con la ayuda de un programa de acción afirmativa que pretendía incrementar el número de estudiantes minoritarios en las universidades, Powell se graduó del City College of New York y obtuvo un MBA de la George Washington University. Nombrado segundo teniente del Ejército en 1958, sirvió en Vietnam en la Division 23 de 1968 a 1969 y luego comandó tropas en Corea del Sur, Alemania Occidental y en los Estados Unidos. En 1986, Powell fue comandante general del "Fifth Corps" en Frankfurt, Alemania y el presidente Reagan lo nombró en 1987 asesor nacional de seguridad, siendo la primera persona de raza negra en llegar a esa posición. Powell continuaría su exitosa carrera durante la década siguiente.

En la primavera de 2002, Rusia fue invitada a formar parte de la OTAN, organización que había sido creada para contrarrestar el poderío militar soviético. Aunque Rusia se unió a esta alianza militar como miembro sin derecho al voto, fue un acto que supuso un cambio muy notable en la historia de Europa, Norteamérica y del mundo.

CAPÍTULO NUEVE

DEL IMPERIO DEL MAL AL EJE DEL MAL

¿Cuál fue la Operación Tormenta del Desierto?

Hitos de la Guerra del Golfo

¿Cómo se reduce a un presidente?

¿Puede ser presidente un hombre llamado Bubba?

¿Quién realizó un Contrato con América?

¿Qué es "es?"

¿Qué significa "exhuberancia irracional?"

La importancia de la Reserva Federal: Glosario de términos financieros y de *Fedspeak*

¿Qué sucedió con las balotas?

¿Dónde está Fox Mulder cuando lo necesitamos?

Norteamérica en el 2000: panorama estadístico.

Para muchos norteamericanos, los años de Reagan marcaron un rompimiento radical con la prolongada era de post-Vietnam y post-Watergate del país, así los déficits presupuestarios crecieran peligrosamente. Wall Street tambaleaba gracias a otro escándalo —esta vez se trataba de la manipulación de "bonos basura." La crisis bancaria le estaba costando billones de dólares a los contribuyentes. El *crack* se convirtió en una epidemia que trajo consigo una oleada de delitos en las ciudades, y el espectro del SIDA había redefinido por completo a la sociedad norteamericana. Sin embargo, por lo menos en la superficie, los años de Reagan parecían haber restaurado la confianza en el país. Y el principal beneficiario de esta sensación de bienestar fue su vicepresidente George Bush.

¿Cuál fue la Operación Tormenta del Desierto?

Desde muy pronto, pareció casi seguro que Bush sería elegido para un segundo mandato.

Durante sus dos primeros años como presidente, Bush había presenciado el sorprendente derrumbe del comunismo en Europa. En una inversión de la teoría del dominó, que sostenía que el comunismo obtendría victorias sucesivas en países como Vietnam si Estados Unidos lo permitía, el muro de Berlín se vino abajo. Alemania Oriental y Occidental se unificaron, las naciones antes oprimidas abrazaron la democracia, y lo que no era menos sorprendente, la Unión Soviética, la eterna rival a la que Ronald Reagan había llamado el "Imperio del Mal," se desintegró sin derramar una sola gota de sangre. Pero aunque el Imperio del Mal se desmantelaba y la Guerra Fría que había durado medio siglo también se desvanecía, el punto más alto de la presidencia de Bush se presentaría en el Oriente Medio, una región detestada por todos los presidentes norteamericanos desde Truman. La crisis se desató cuando el dictador iraquí Saddam Hussein invadió a Kuwait, un país rico en petróleo, en agosto de 1990. Bush mobilizó a la Naciones Unidas contra Saddam Hussein y ordenó un plan defensivo denominado Operación Escudo del Desierto, que tenía por objeto proteger las extensas zonas petrolíferas de Arabia Saudita. Aunque existía una retórica considerable sobre la protección de la libertad, era poco razonable decir que Estados Unidos iría a la guerra para defender la democracia en naciones que, como Kuwait o Arabia Saudita, eran monarquías en las que los partidos políticos estaban prohibidos y las mujeres todavía eran tratadas como propiedad. Si Irak invadiera a Arabia Saudita, controlaría el 40 por ciento de las reservas mundiales de petróleo. Esta posibilidad era muy preocupante, pues Saddam Hussein había demostrado querer seguir los pasos de Josif Stalin, su modelo principal.

Los Estados Unidos lideraron una coalición de 39 países y con la aprobación de las Naciones Unidas lanzaron la Operación Tormenta del Desierto, una guerra aérea devastadora, seguida de una ofensiva terrestre que duró cien horas y que fue el momento dorado de George Bush.

Bush era el decimocuarto vicepresidente en alcanzar la presidencia y el primer vicepresidente en terminar su mandato para asumir como presidente, desde Van Buren, en 1836. Cuando George Bush recibió un retrato de Van Buren el día de su posesión, lo más seguro es que no hubiera mencionado que Van Buren había servido un solo término, pues perdió la reelección debido al terrible estado de la economía en aquella época. ¡Y luego hay quienes piensan que la historia no se repite!

HITOS DE LA GUERRA DEL GOLFO

2 de agosto   El Consejo de Seguridad de la ONU expide una resolución condenando la invasión iraquí.

6 de agosto   El Consejo de Seguridad de la ONU impone un embargo que prohibe el comercio con Irak, a excepción de medicamentos y de alimentos en ciertas circunstancias.

7 de agosto   Estados Unidos anuncia el envío de tropas al golfo Pérsico para defender a Arabia Saudita de un posible ataque iraquí.

25 de agosto   El Consejo de Seguridad de la ONU autoriza el uso de la fuerza para llevar a cabo el embargo a Irak.

29 de noviembre   El Consejo le da permiso a los miembros de la coalición de "utilizar todos los medios necesarios" para expulsar a Irak de Kuwait, si no lo hace antes del 15 de enero de 1991. Irak no se retira.

1991

17 de enero   La ofensiva aérea comienza a las 3:00 a.m. El objetivo de la coalición es eliminar la capacidad de Irak para lanzar ataques; desmantelar las instalaciones de armas biológicas, químicas y nucleares y reducir la capacidad defensiva de Irak. A fines de febrero, la ofensiva aérea ha reducido el número de tropas iraquíes a casi 183,000 hombres. Muchos han muerto o desertado.

Irak responde al ataque aéreo aliado lanzando misiles Scud en zonas pobladas de Israel y Arabia Saudita. Aunque son rudimentarios e imprecisos para los estándares militares occidentales, estos misiles soviéticos tienen un enorme poder psicológico, pues causan pánico en las ciudades donde caen. Uno de los mayores temores es que Saddam Hussein incluya armas químicas o biológicas en estos misiles, tal como lo ha hecho para suprimir a los kurdos, una minoría étnica de Irak. Los ataques a Israel tienen como fin involucrar a esta nación en el conflicto. Sin embargo, Israel se abstiene de participar, facilitando así la unidad de la coalición.

24 de febrero   Alrededor de las 4:00 a.m., las fuerzas de la coalición lanzan un triple ataque. Las tropas norteamericanas y francesas invaden a Irak desde Arabia Saudita, al occidente de las fortificaciones iraquíes en Kuwait. Avanzan rápidamente en dirección norte hacia Irak hasta llegar al río Éufrates, con el fin de suprimir las líneas de abastecimiento iraquíes y de prevenir la retirada de las tropas de ésta nación. Las fuerzas norteamericanas y británicas entran a Irak desde Arabia Saudita. Avanzan por el norte de Irak y luego se dirigen al este para atacar a las tropas iraquíes. Las tropas de la coalición, conformadas por *marines* de Estados Unidos y por fuerzas de Egipto, Kuwait, Arabia Saudita y Siria, atacan a las tropas iraquíes en varios puntos del sur de Irak. Las tropas avanzan con gran facilidad a través de las fortificaciones iraquíes y unos 63,000 soldados de esta nacionalidad se rinden.

27 de febrero   Saddam Hussein ordena el retiro de sus tropas de
Kuwait, que ya se encuentran rodeadas.

28 de febrero   La coalición termina todas sus operaciones militares
a las 8:00 a.m., casi cien horas después del comienzo del ataque
terrestre. Las bajas norteamericanas ascienden a 148 muertos y siete
personas desaparecidas.

La Guerra del Golfo sólo duró 42 días: 38 días de intensos bombardeos y cuatro días de combates terrestres. La coalición liderada por
Estados Unidos derrotó al Ejército de Saddam, penetró por el sur de
Irak y por Kuwait y liberó a éste último país. El presidente Bush y sus
asesores cumplieron con los términos establecidos por la ONU para el
ataque contra Irak, pues suspendieron la ofensiva contra Irak, no atacaron a Bagdad ni derrocaron a Saddam Hussein. (Diez años después,
las consecuencias de esa decisión afectarían a muchos de estos hombres. Tras los ataques del 11 de septiembre en los Estados Unidos y de
la guerra en Afganistán, una buena parte de ellos formaban parte del
poder: Colin Powell, del jefe del estado Mayor conjunto durante la
guerra de Golfo, fue el secretario de estado durante el primer mandato
de George W. Bush, el cuadragésimo tercer presidente, e hijo del cuadragésimo primer presidente. Dick Cheney, secretario de Defensa
durante la Guerra del Golfo, es el actual vicepresidente del país.)

La Guerra del Golfo dejó devastada a Irak. Alrededor de 100,000
soldados iraquíes murieron, además de un gran número de civiles.
Carreteras, puentes, fábricas e instalaciones petroleras quedaron demo-
lidas. Los sistemas de purificación y tratamiento de agua no podían
funcionar sin energía eléctrica y el embargo comercial ocasionó serios
problemas económicos a Irak. En marzo de 1991, terminaron por estallar los levantamientos de los kurdos y de los musulmanes chiítas a
quienes el presidente Bush les prometió una ayuda que nunca llegó.
Sin embargo, las tropas iraquíes sofocaron en abril las rebeliones de un
modo brutal y contundente.

En ese mismo mes, Irak aceptó los términos establecidos para un
cese al fuego y el Consejo de Seguridad de la ONU declaró el fin de la
guerra. Por medio de este acuerdo, Irak aceptó destruir todas sus armas
químicas y biológicas, así como las instalaciones para producir este tipo

de armas y aquellas que pudieran estar produciendo armas nucleares. Luego del cese al fuego, la ONU continuó el embargo para presionar a Irak a cumplir con los términos establecidos.

VOCES AMERICANAS
GEORGE BUSH, tras aceptar la nominación
presidencial republicana en 1988.

Si el Congreso me presiona para subir los impuestos, les diré que no; seguirán presionándome y les diré que no. Volverán a insistir y les diré: "Lean mis labios: no habrá nuevos impuestos."

¿Cómo se reduce a un presidente?

Con esta rápida victoria sobre Irak, en la que Estados Unidos sufrió pocas bajas, los niveles de popularidad de Bush se elevaron como un misil Patriota, arma defensiva aclamada tras neutralizar los misiles Scud. Antes de la Guerra del Golfo, Bush también se había anotado otro triunfo, cuando las tropas norteamericanas entraron a Panamá y capturaron a Manuel Noriega, el dictador acusado por una corte de Estados Unidos bajo la sindicación de delitos de narcotráfico. Con esta operación y con la victoria en Kuwait, el prestigio norteamericano y el "nuevo orden mundial" de Bush parecían inigualables.

Pero todos los misiles que se elevan terminan por caer. Así como la confiabilidad, precisión y desempeño de los misiles Patriotas fueron cuestionados después de la guerra, el resplandor de las estrategias en materia de política exterior de Reagan-Bush se desvaneció, opacado por un vertiginoso descenso de la euforia de postguerra. El desempleo aumentó debido a las altas tasas de interés impuestas por la Reserva Federal para controlar la inflación de la economía. La nueva política corporativa de "reducción," es decir, de despidos laborales, hizo que aumentaran los niveles de desempleo, con la salvedad de que se trataba de otra clase de desempleo. La reducción se aplicó tanto a los profesionales que creían haber alcanzado la seguridad laboral, como a los obreros que estaban más acostumbrados al ciclo tradicional de despidos y reintegros. Bush fue visto como un mandatario sin contacto con el norteamericano promedio y sus estrategias publicitarias de comprar calcetines en un centro comercial lo hicieron ver más desconectado aún de la realidad.

Los norteamericanos estaban irritados y George Bush no era su único objectivo. El Congreso también fue objeto de un fuerte escrutinio, una vez que la Cámara de Representantes se viera sacudida por una serie de escándalos. El representante Jim Wright y el demócrata Tony Coelho renunciaron tras ser investigados por faltas contra la ética. Y como si esto fuera poco, el escándalo de la oficina de correos del Congreso, donde se descubrió el privilegio que tenían algunos miembros para girar cheques a su antojo, fue visto por la mayoría de los norteamericanos como fraude. Para el típico estadounidense, el Congreso desperdiciaba el dinero mientras el país caía en picada. A comienzos de su mandato, Bush tuvo que enfrentar la peor crisis bancaria desde la Gran Depresión de los años treinta. Entre 1980 y 1990, más de mil instituciones de préstamo y ahorro se vinieron abajo y varios cientos más estuvieron al borde de la bancarrota debido a préstamos que no fueron pagados, a la regulación insuficiente y a los fraudes y malos manejos del sector bancario. Pocos después de asumir como presidente, Bush propuso una legislación para rescatar y reestructurar este sector. Los contribuyentes tuvieron que pagar más de 400,000 millones de dólares para que el gobierno pudiera mantener a flote varios bancos, uno de los cuales era el Silverado Savings, de Colorado, y del que Neil Bush— el tercer hijo del presidente—era miembro de la junta directiva.

Los crecientes déficits presupuestales y la gran preocupación que existía acerca del manejo de la atención médica, terminaron por magnificar los problemas. La sombría atmósfera nacional se oscureció aún más con el candente debate en torno al aborto legal, al que el presidente Bush se opuso en una clara contradicción con su posición inicial sobre el tema. Las tensiones ocasionadas por la "brecha de género" aumentaron cuando la profesora de leyes Anita Hill declaró que Clarence Thomas, el candidato de Bush para suceder en la Corte Suprema a Thurgood Marshall (1908–93)—toda una leyenda de los derechos civiles—la había acosado sexualmente cuando ella era su asistente. El país se asombró una vez más en octubre de 1991, cuando dos personas respaldaron esta acusación en las audiencias del Senado. Thomas negó la acusación, dijo que estaba siendo perseguido por una "multitud linchadora" y finalmente recibió la aprobación del Senado por un margen de 52–48. Sin embargo, el desagradable incidente, en el que tanto Hill como Thomas fueron blancos de ataques ofensivos, contribuyó a oscurecer más el ambiente que se vivía en el país en términos partidistas, de género y raciales.

La dimensión de este malestar se materializó en los disturbios raciales que asolaron a Los Ángeles en abril de 1992, cuando cuatro policías fueron absueltos tras la violenta paliza que le propinaron a Rodney King en 1991. En vista de estos disturbios, los peores en toda una generación y que se prolongaron durante dos días, el presidente Bush tuvo que enviar tropas de *marines* y del Ejército para mantener la paz en esta ciudad. Cincuenta y dos personas murieron en los disturbios y más de 600 edificaciones se incendiaron, muchas de las cuales quedaron reducidas a cenizas.

Pero para los electores norteamericanos, el pecado más grave de George Bush pareció ser el incumplimiento a su promesa con respecto a los impuestos. Cuando el presidente aceptó imponer nuevos impuestos con el propósito de reducir el déficit en 1990, la Operación Tormenta del Desierto quedó valiendo tanto como la arena del desierto. Desde la época de la colonia, los norteamericanos detestaban los impuestos y tenían reservado un infierno para los presidentes que los aumentaran, especialmente luego de prometer que no lo harían. Con la recesión apretándole el cuello, George Bush se desmoronó en las encuestas y su tasa de aprobación del 90 por ciento se desplomó poco antes de las elecciones de 1992.

Voces Americanas

Es la economía, estúpido.

Cartel en la sede de la campaña presidencial de
Bill Clinton, atribuído a James Carville,
director de la campaña.

¿Puede ser presidente un hombre llamado Bubba?

Aunque no pasará a la historia como uno de los pronunciamientos presidenciales más destacados, como aquel que dice: "No te preguntes qué puede hacer el país por ti; pregúntate qué puedes hacer por el país," el comentario realizado por Bill Clinton: "La probé una vez, pero no la aspiré," es ciertamente memorable.

Durante las batallas por las primarias de 1992, los periodistas le preguntaron a Bill Clinton si había fumado marihuana en su época de estudiante y su respuesta hizo que muchos norteamericanos se retorcieran de la risa. Clinton nació en 1946, obtuvo una beca Rhodes para estudiar en Oxford, donde escapó a la era de reclutamientos de la guerra de Vietnam y fue gobernador de Arkansas. Clinton tuvo que enfrentar muchas preguntas incómodas durante su campaña de 1992. Pero los norteamericanos estaban más interesados en un candidato que resolviera los problemas del país y no si había fumado o no marihuana, evadido el reclutamiento, o si era mujeriego. Bubba Clinton, quien prometió reformas y se lanzó como "abanderado del cambio" fue, en compañía de su fórmula, el senador Al Gore, el primer *baby boomer* en llegar a la Casa Blanca, luego de unas elecciones caracterizadas por la candidatura de H. Ross Perot (nacido en 1930) en representación de un tercer partido.

Perot, que obtuvo una popularidad considerable después de criticar el gran tamaño del gobierno y el gasto gubernamental excesivo, ganó miles de millones de dólares con su compañía Electronic Data Systems, la cual tenía jugosos contratos con el gobierno. Perot financió su campaña con su fortuna personal y se lanzó como candidato independiente con un programa que anunciaba la revisión de la estructura gubernamental. Su estilo informal y su actitud confiada sedujeron a millones de sufragantes norteamericanos que estaban completamente desencantados con los dos partidos políticos tradicionales, cuyas diferencias parecían ser mínimas y que parecían más interesados en conseguir fondos y conservar el poder. Perot fue visto como un millonario excéntrico cuando suspendió abruptamente su campaña heterodoxa y poco antes de las elecciones, sorprendió de nuevo al país tras reanudar su campaña.

La imagen más imborrable de los debates televisados fue la del presidente George Bush mirando su reloj durante el debate celebrado en Richmond, Virginia, como si su limosina estuviera mal estacionada, con el motor encendido y el parquímetro contando. Cuando le sugirieron que le imprimiera más fuego a su campaña, se dedicó a insultar a sus adversarios y se refirió a Clinton y a Perot como "tipos." A Gore, un ambientalista que había escrito un libro sobre los riesgos del calentamiento global, lo llamó el "hombre de ozono." Pero una semana antes de las elecciones, el fiscal especializado del caso Irán-contras anunció que Caspar Weinberger sería enjuiciado por un gran jurado y las conjeturas sobre la participación de Bush en ese escándalo volvieron a ocupar los titulares.

Perot, quien obtuvo casi 20 millones de votos (el 19 por ciento del total), recibió la adhesión de partidarios desencantados de Bush y es probable que haya inclinado la balanza a favor de Clinton y Gore, quienes obtuvieron el 43 por ciento de los votos, comparado con Bush, que recibió el 37 por ciento. Posteriormente, Bush argumentaría que el enjuiciamiento de Weinberger y el hecho de que Alan Greenspan, presidente de la Reserva Federal, no rebajara las tasas de interés con la rapidez suficiente, que le impidió llegar por segunda vez a la Casa Blanca. Pero al igual que otros terceros partidos exitosos, Ross Perot y su Partido Reformista probablemente marcaron la gran diferencia e inclinaron la balanza en una Norteamérica infeliz y dividida.

Lectura Recomendada: *Shadow: Five Presidents and the Legacy of Watergate*, de Bob Woodward; *First in His Class: The Biography of Bill Clinton*, de David Maraniss.

VOCES AMERICANAS
BARRY GOLDWATER (1909–98), senador retirado
por Arizona, líder de la corriente conservadora
del Partido Republicano, comentando sobre
los homosexuales en el Ejército.

No se necesita ser heterosexual para combatir y morir por la patria. Sólo se necesita tener puntería.

¿Quién realizó un Contrato con América?

Es probable que fuera una "luna de miel," pero Clinton debía estar preguntándose cuándo comenzaría la diversión, pues no había terminado de desempacar sus maletas en la Casa Blanca cuando la breve "luna de miel" llegó a su fin. Clinton, que había prometido levantar la prohibición a los homosexuales en el Ejército, se encontró con un Pentágono que se negaba a hacer esto. El nuevo presidente aceptó el compromiso de "No preguntes, no hables" y retiró su promesa, presagiando así las múltiples ocasiones en las que se retractó en asuntos políticos y personales y que caracterizarían los dos primeros años de su presidencia.

Sus dos candidatos para fiscal general fueron rechazados en lo que se conoció como el Nanny-gate, emplear a inmigrantes ilegales para cuidar niños y no pagar impuestos por ellos. Lani Guiner, una mujer de raza negra perteneciente al mundo académico, ampliamente respetada y nominada para el Departamento de Justicia, fue atacada como una "reina de cuota" y Clinton retiró su candidatura para no enfrentar la arremetida de los republicanos. La veracidad de las acusaciones contra Guinier fue algo que nunca se puso en tela de juicio, pero lo cierto fue que se desató un nuevo estilo de ataques disfrazados de sugerencias y aprobaciones por parte del Congreso. Las disputas y los ataques a los nominados por el presidente siempre se mantuvieron alejados de la opinión pública. Tradicionalmente se había considerado que la nominación de funcionarios por parte del presidente era una de sus prerrogativas y aunque anteriormente varios nominados presidenciales habían sido rechazados, la mayoría de los presidentes lograban que sus candidatos fueran ratificados en sus cargos. Pero gracias a las nuevas reglas, auxiliadas e instigadas por canales noticiosos que funcionaban las 24 horas y que estaban sedientos de escándalos, el proceso terminó por pervertirse. El tono personal de los ataques se incrementó luego de las nominaciones de Bork y de Thomas y los republicanos esperaban que les pagaran con la misma moneda.

Estos reveses que sufrió la agenda de Clinton durante sus primeros meses, opacaron la lenta recuperación de la economía y de manera más sorprendente aún, la reducción del déficit. En 1993, asumiendo que los norteamericanos no querían saber más de déficits excesivos, Clinton le apostó a un paquete de impuestos (que incluían una fuerte reducción del déficit). Algunas de las victorias que obtuvo el presidente fueron a aprobación de un tratado de libre comercio con México y Canadá (conocido como NAFTA) y un gran paquete de medidas contra el crimen que incluía nuevos controles a las armas de fuego pequeñas. Ésta se llamó la Ley Brady en honor a James Brady, el secretario de prensa de la Casa Blanca que quedó paralítico durante el atentado cometido contra Ronald Reagan. Sin embargo, sus pasos en falso opacaron sus éxitos. Algunas críticas eran casi triviales, como la que sindicaba al presidente de pagar 200 dólares por un corte de cabello, pero otras obedecieron a casos más serios. El enfrentamiento en Waco, Texas, con David Koresh, líder de una secta, terminó en un desastre ya que el asalto realizado por el FBI ocasionó un pavoroso incendio. Clinton, quien fue continuamente acusado de ser un mujeriego, acusaciones que fueron desestimadas durante la campaña para las primarias, también se vio perseguido por la demanda realizada por una mujer por supuesto acoso sexual por parte de Clinton cuando fue gobernador de Arkansas. La demanda no tuvo mayor eco inicialmente y fue desestimada como otra "pataleta." No obstante, estas historias se relacionaron con una investigación que se venía adelantando sobre inversiones y negocios de bienes raíces que Clinton y su esposa realizaron en Arkansas, conocidas como el caso Whitewater. Cuando Vincent Foster, asesor de la Casa Blanca y gran amigo de Clinton, se suicidó, su muerte también fue asociada con éste caso y muy pronto se desató toda una atmósfera de investigaciones sobre posibles escándalos en las esferas oficiales de Washington.

Los tropiezos de sus políticas, las incomodidades personales y los pasos en falso, culminaron en la derrota de la piedra angular de Clinton en materia legislativa: su revisión al sistema de atención médica. El primer error de Clinton—establecer una comisión que evaluara las políticas del sistema de atención médica—probablemente se debió al nombramiento de su esposa, Hillary Rodham Clinton, para liderar dicha comisión. La primera dama, quien era una figura controvertida, se entrometió en el Congreso para proponer un ambicioso plan de atención médica que cubriera a todos los norteamericanos. Sin embargo, los Clinton vieron cómo se desvanecía su plan, pues el Congreso lo rechazó y la industria de los seguros médicos también realizó un fuerte lobby en su contra. Este enérgico rechazo al programa más importante de Clinton sería un presagio de lo que sucedería en las elecciones de 1994.

Los republicanos obtuvieron el control de la Cámara de Representantes por primera vez en 40 años, lo que se constituyó en un verdadero terremoto político. Este partido estaba liderado por Newt Gingrich, quien anunció una serie de medidas conservadoras conocidas como el "Contrato con América," que prometía una larga lista de programas que los republicanos de derecha querían instaurar: una enmienda para equilibrar el presupuesto, el aumento del presupuesto militar, límites al tiempo servido por los congresistas, una enmienda para prohibir la legalización del aborto y una reforma al sistema de asistencia social. Esta serie de propuestas contaron con el respaldo de la mayoría republicana en el Senado, lo que hacía evidente una lucha entre la Casa Blanca y el Congreso, a medida que los Estados Unidos se acercaban a las últimas elecciones presidenciales del siglo XX.

Clinton, político brillante y con un gran talento para el nuevo mundo del *talk show* de la política, logró apropiarse de algunas de las propuestas contenidas en el Contrato con América. Al mismo tiempo, se movió hábilmente hacia una postura política de centro y le prestó más atención a Dick Morris, un consejero muy influyente, que a sus asesores políticos. En noviembre de 1995, Clinton recuperó el control cuando se enfrentó a Gingrich y al Congreso republicano, que terminó con el cierre temporal del gobierno de los Estados Unidos.

Varios trabajadores federales que no eran indispensables fueron enviados a sus casas durante algunos días por que no había dinero para pagarles. El grueso de la población escasamente advirtió que el gobierno había dejado de funcionar. Clinton también se apropió de uno de los puntos principales del Contrato con América al liderar una gran reforma al sistema de asistencia social, a pesar de la oposición del Partido Demócrata, su aliado tradicional.

Fue también durante el debate que el presidente sostuvo a mediados de noviembre de 1995 con Newt Gingrich y con la Cámara controlada por los republicanos sobre el presupuesto, que Clinton reparó en una practicante de la Casa Blanca llamada Monica Lewinsky.

Lectura Recomendada: *All Too Human: A Political Education,* de George Stephanopoulos.

VOCES AMERICANAS
HILLARY RODHAM CLINTON, primera dama, en el
programa televisvo *Today* (27 de enero de 1998).

Esto comenzó como una investigación a un negocio sobre
tierras que no se realizó. En 1992 le dije a todo el mundo:
"perdimos dinero" . . . y es la verdad. El fiscal tiene motivaciones políticas y está aliado con los adversarios políticos de derecha de mi esposo . . . Creo que ésta es una
batalla. Es decir, sólo basta con ver a las personas que
están involucradas en este caso; ya nos han atacado en
ocasiones anteriores . . . Esta vasta conspiración de derecha ha estado maquinando contra mi esposo desde el día
en que anunció su candidatura presidencial.

¿Qué es "es"?

En el mundo mediático en que se ha convertido la política, en que el
"foto-op" se ha consolidado como el principal medio de comunicación,
los presidentes y sus equipos son cada vez más sensibles a la "imagen."
Y para el público, son esas imágenes—que no siempre son las favoritas
de los mandatarios—las que permanecen en la historia.

Actualmente, las únicas fotografías que vemos de Nixon son aquella
en la que aparece brindando con el líder chino durante la visita histórica que marcó el punto más alto de su mandato, o en aquella otra en
que hacía la V de victoria, mientras abordaba el helicóptero que lo
sacaría de la Casa Blanca luego de caer en desgracia. Ronald Reagan
casi siempre aparece sonriendo subido en un caballo en su rancho de
California, o rindiendo homenaje a las víctimas de la guerra en el
monumento del Día D en Normandía. Jimmy Carter quedó inmorta-
lizado vistiendo un suéter de lana tejida, mientras que les decía a los
norteamericanos que graduaran los termostatos debido a la crisis energética.

También está la foto imborrable de Bill Clinton señalando con el
dedo mientras declaraba indignado el 26 de junio de 1998: "Yo no tuve
relaciones sexuales con esa mujer, la señorita Lewinsky. Nunca le he

dicho a alguien que mienta, ni una sola vez, nunca. Esas acusaciones son falsas."

En realidad, no eran falsas. No todas por lo menos. Y el 19 de diciembre de 1998, Bill Clinton fue el segundo presidente en la historia de los Estados Unidos en ser impugando por la Cámara de Representantes. (El primero fue Andrew Johnson, el sucesor de Lincoln.) El Comité Judicial, controlado por los republicanos, envió a la Cámara cuatro cláusulas para impugnar al presidente, pero sólo dos de ellas fueron aceptadas.

La extensa y deslucida lista del juicio político a Clinton se remonta a los escándalos en la época en que fue fiscal general y gobernador de Arkansas y que continuó durante su presidencia, pero también está profundamente enraizada en la cultura e historia de Washington. Desde los setenta y luego del escándalo de Watergate, el mundo de la política norteamericana se deshizo de cualquier rastro de decoro. La habitación que se reservaba para las disputas políticas a puerta cerrada, se transformó en la forma despiadada y en la que "todo" valía, que caracterizó al debate político de las décadas de los ochenta y noventa, y que contó con la complicidad absoluta de los medios que funcionaban las 24 horas del día. En la nueva era de los cables noticiosos permanentes y de las noticias por Internet, la prensa dejó de regirse por las reglas de la "vieja escuela" que nunca mostraron a FDR en su silla de ruedas y que permitían hacerse los de la vista gorda cuando se enteraba de las numerosas aventuras sexuales del presidente Kennedy. La crudeza de los ataques realizados a Robert Bork y Clarence Thomas fue parte de un nuevo juego de poder en el que ganar era lo único que importaba.

Ayudado y encubierto por su esposa Hillary, quien permaneció a su lado durante la famosa entrevista del programa televisivo *60 Minutes*, donde la pareja confesó que tenía problemas matrimoniales, Clinton pudo evadir los rumores sobre líos de faldas en la campaña presidencial de 1992. Pero en 1994 apareció un nuevo caso. Una mujer de Arkansas llamada Paula Corbin Jones demandó a Clinton por haberla acosado sexualmente mientras era gobernador. Este caso salió a la luz pública en la misma época en que los Clinton eran investigados por Kenneth Clark, un fiscal especializado que examinaba el caso Whitewater y otros dos casos separados. El primero era sobre el uso inadecuado de archivos del FBI por parte de la Casa Blanca, mientras el segundo consistía en unos registros de facturación que habían desaparecido de la firma de abogados de Little Rock, Arkansas, en la que trabajaba Hillary. Las investigaciones de Starr eran inconcluyentes y el equipo legal de Clinton estaba retrasando exitosamente la demanda realizada por Jones hasta después de las elecciones de 1996, en las que Clinton logró una amplia victoria sobre Robert Dole, el veterano senador y candidato republicano a la presidencia, y en las que Ross Perot logró resultados muy inferiores a su campaña anterior.

A pesar de estas investigaciones de alto perfil y de estar en medio de su campaña por la reelección, Clinton se involucró con Monica Lewinsky. En 1991, esta practicante tenía 21 años. Entre el primer encuentro que sostuvieron y marzo de 1997, fecha en que terminó su período de prácticas, Lewinsky tuvo en repetidas ocasiones lo que la mayoría de las personas llamaría "sexo" con el presidente Clinton, en la oficina oval. Sin embargo, Clinton definió esta palabra de una forma diferente.

La investigación de Starr y la demanda de Jones estaban en curso cuando los abogados de Jones fueron informados por Linda Tripp sobre la relación que habían sostenido Clinton y Lewinsky. Tripp era una ex empleada de la Casa Blanca que trabajaba en el Pentágono, adonde Lewinsky había sido transferida. Tripp había grabado en secreto la conversación que sostuvo con la joven, en la que ésta le hablaba de su relación con el presidente. Clinton fue interrogado bajo juramento por los abogados de Jones y el presidente negó que hubiera existido una relación. Starr se enteró de esto y comenzó a investigar la posibilidad de formular cargos contra el presidente por perjurio y obstrucción de la justicia. En un testimonio que fue filmado, los fiscales le preguntaron a Clinton: "¿Eso es correcto?" y el presidente, conocido por su habilidad para jugar con las palabras, respondió, "Depende de cuál sea el significado de la palabra 'es.'"

En septiembre de 1998, justo antes de las elecciones para el Congreso realizadas a mitad del período presidencial, Starr le entregó un informe de su investigación al Congreso (aunque no dijo que los Clinton habían sido exonerados de las investigaciones sobre el uso indebido de los archivos del FBI y de los registros de facturación de la firma de abogados). Cuando se reveló el informe de Starr en el que afirmaba que en la Casa Blanca se practicaba sexo oral durante las llamadas oficiales a los congresistas y los medios informaron sobre las manchas de semen en el vestido de Lewinsky, la opoinión pública pareció dividirse en tres: los que odiaban a Clinton, los que lo defendían y una tercera facción considerable que prefería que el asunto fuera dejado a un lado y que el gobierno cumpliera su deber. Los republicanos, ávidos de escándalos, acosaron al presidente a la menor oportunidad, pero malinterpretaron el sentimiento de muchos norteamericanos. Los demócratas lograron revertir sorpresivamente la tradición electoral y obtuvieron cinco sillas en la Cámara de Representantes. (Tradicionalmente, el partido en el poder pierde escaños al sexto año de la presidencia.) Los análisis post-electorales señalan que los electores estaban cansados de la obsesión que tenían los republicanos en armar un escándalo. Newt Gingrich, el líder de la "revolución" conservadora republicana, invertió diez millones de dólares en propaganda de última hora para atacar a Clinton y fue señalado como el responsable del fracaso electoral de su partido. Gingrich anunció su retiro de la Cámara de Representantes cuando faltaba menos de una semana para las elecciones.

El transfondo del motivo presentado por Starr para impugnar al presidente se reducía a un incidente desagradable en el que éste había mentido bajo juramento y probablemente les había pedido a otras personas que hicieran lo mismo. Estos fueron los cargos argumentados por la Cámara de Representantes el 19 de diciembre de 1998, cuando el presidente fue enjuiciado por perjurio y obstrucción de la justicia.

En un incidente casi absurdo que ilustra el tenor de aquellos tiempos, el juicio al presidente se vio casi opacado cuando, el mismo día, Robert Livingston, congresista por Luisiana y presidente designado de la Cámara de Representantes, quien reemplazaría a Newt Gingrich, anunció que se retiraba de este órgano. Su renuncia ocurrió de un modo dramático, pues Larry Flynt, el editor de la revista *Hustler*, descubrió que Livingston había tenido al menos cuatro relaciones extramaritales. En otras palabras, la revolución se estaba devorando a sí misma.

Aparte del caso de Richard Nixon, quien seguramente hubiera sido destituído en caso de no haber renunciado, el Congreso había realizado quince juicios políticos desde el primer caso, acaecido en 1799. Doce de éstos involucraban a jueces, uno a un miembro del gabinete, otro a un senador y sólo uno a un presidente: Andrew Johnson. Como resultado de estos juicios, siete funcionarios (todos jueces federales) fueron retirados de sus cargos; dos casos fueron desestimados y seis terminaron en absolución. Aunque estos casos ofrecían antecedentes históricos limitados, la mayoría de las preguntas acerca de este tipo de juicios eran bastante claras. Durante las audiencias del caso Watergate, el Comité Judicial de la Cámara preparó un enjuiciamiento para destituir al presidente. Una de las jóvenes abogadas que trabajaron en ese caso era una recién graduada de Yale, llamada Hillary Clinton.

Durante la preparación de la Constitución de 1787, los Padres de la Constitución debatieron intensamente los requisitos para realizar este tipo de juicios, pues reconocieron las consecuencias tan serias que tendría retirar a un funcionario público de su cargo, especialmente si había sido elegido por voto popular. El borrador del documento estipulaba la destitución del presidente sólo por cargos de soborno y de traición. Luego de debatir acaloradamente acerca de cómo debería efectuarse la destitución, George Mason sugirió una frase perteneciente a la antigua legislación inglesa: *"High crimes and misdemeanors"* (delitos graves y faltas menores). Esta frase fue la que causó la mayor controversia. Para la mayoría de las personas, el sentido moderno de la palabra "misdemeanor" se refiere a una falta menor. Pero muchos historiadores sostienen que cuando la Constitución fue redactada, "high misdemeanors" se refería específicamente a ofensas contra el estado o la sociedad, a diferencia de un delito cometido contra las personas o propiedad.

Alexander Hamilton, quien se vio envuelto en un escándalo debido a su conducta sexual, expuso este concepto en *El Federalista*. Para Hamilton, una ofensa impugnable tenía que ser "de una naturaleza que podría ser denominada apropiadamente como POLÍTICA, pues se relaciona especialmente con faltas cometidas contra la sociedad misma." Esta fue la razón por la que en 1974 el Comité Judicial rechazó una cláusula para impugnar al presidente Nixon por cometer fraude sobre sus impuestos de renta personales. Aún así, muchos procesos de impugnación y ciertamente el realizado a Andrew Jackson, tuvieron motivaciones políticas. Como dijo Gerald Ford en 1970 cuando era miembro de la Cámara de Representantes: "Una ofensa impugnable es la que sea considerada como tal por mayoría en la Cámara de Representantes en un momento dado de la historia."

El 7 de enero de 1999, el juicio con miras a la destitución del presidente adelantado por el Senado fue abierto formalmente por William H. Rehnquist, presidente de la Corte Suprema. La mayoría republicana del Senado parecía anunciar que el presidente sería declarado culpable debido a motivaciones estrictamente partidarias. En el primer cargo por perjurio, diez senadores republicanos se unieron a los demócratas y declararon inocente al presidente por 55 votos a favor y 45 en contra. Y en el segundo cargo por obstrucción a la justicia, cinco republicanos se unieron a los demócratas para un empate de 50 votos a favor y 50 en contra, y Clinton pudo terminar su mandato presidencial. En su penúltimo día como presidente, su equipo de abogados llegó a un acuerdo, y el presidente quedó eximido de ser acusado de cargos criminales. Clinton admitió haber realizado declaraciones falsas bajo juramento y entregó su licencia de abogado. El presidente también aceptó indemnizar a Paula Jones. De haberlo hecho anteriormente, posiblemente hubiera evitado que el escándalo con Monica Lewinsky hubiera salido a la luz pública.

Cuando Clinton terminó su mandato, un informe final presentado por Robert Ray, quien sucedió a Kenneth Starr, concluyó en marzo de 1992 que los fiscales no tenía pruebas suficientes que demostraran que el presidente o su esposa hubieran cometido algún delito. Sin embargo, el informe decía: "Las ofensas cometidas por el presidente Clinton tuvieron un impacto significativamente adverso en la comunidad, que afectó sustancialmente la opinión que el público tenía sobre nuestro sistema legal." Los defensores de Clinton desestimaron el informe de la misma forma en que desestimaron todos los cargos contra el presidente. Estos cargos fueron el resultado de un ataque partidario realizado a un mandatario a quien muchos republicanos conservadores despreciaban profundamente. El informe también señaló el fin de una época. El Congreso permitió la anulación de la ley que había creado la figura del fiscal especializado, un vestigio de los días de Watergate.

¿Podría decirse que esta larga telenovela afectó el curso de la historia? De manera más concreta, ¿afectó la política? Muchos críticos de Clinton sostienen que esto último ocurrió. Durante el escándalo de Lewinsky, el presidente ordenó ataques aéreos en dos ocasiones: uno contra Irak y otro contra supuestas bases terroristas en Sudán y Afganistán, donde se creía que podría estar un saudí relativamente desconocido pero muy rico, sospechoso de organizar actividades terroristas: Osama bin Laden. Los republicanos condenaron abiertamente estos actos como "cortinas de humo," con los que el presidente buscaba desviar, la atención prestada al escándalo y obtener popularidad. Luego de un segundo ataque norteamericano con misiles, lanzado en respuesta al bombardeo de las dos embajadas norteamericanas, el republicano Trent Lott, líder de la mayoría en el Senado, declaró abiertamente: "Tanto la naturaleza de las medidas presidenciales como la época en que ocurrieron están sujetas a preguntas." Gerald Solomon, un representante a la Cámara republicano, fue más lejos aún: "Nunca se puede subestimar a un presidente desesperado," declaró en una conferencia de prensa. "¡Qué otra opción le quedaba para que la impugnación pasara a un segundo plano o fuera incluso aplazada!" (Posteriormente, Clinton fue criticado por no haber atacado a bin Laden con más contundencia).

Las verdaderas motivaciones que tuvo Clinton para realizar la mayor operación militar de sus dos mandatos—liderar una alianza de la OTAN que atacó a Yugoslavia en marzo de 1999, para detener la política de "limpieza étnica" contra los albanos en la provincia de Kosovo—también fueron cuestionadas. Tras el desmembramiento de la Unión Soviética, los países comunistas de Europa Oriental sufrieron transformaciones. Algunos, como Polonia y Checoslovaquia lo hicieron de manera pacífica, pero en Yugoslavia las cosas fueron diferentes. Este país se desintegró y se presentaron fuertes hostilidades religiosas y étnicas en las varias repúblicas en que quedó fragmentado el país. Croacia, Eslovenia y Macedonia declararon su independencia en 1991; Bosnia-Herzegovina les siguió en 1992; y Serbia y Montenegro permanecieron como la República de Yugoslavia.

Se presentaron cruentos combates, especialmente en Bosnia, donde los serbios realizaron una "limpieza étnica" de la población musulmana. El Acuerdo Dayton—un plan de paz—fue elaborado por Estados Unidos y firmado por Bosnia, Serbia y Croacia en diciembre de 1995, siendo la OTAN la responsable de implementarlo. Pero en la primavera de 1999, los Estados Unidos lideraron las fuerzas de la OTAN y realizaron bombardeos aéreos para que Yugoslavia suspendiera su campaña de expulsar a los albanos de la región de Kosovo. El periodista Bob Woodward escribió sobre esta decisión: "El presidente Clinton arguyó razones humanitarias para realizar los ataques en conjunto con la OTAN, a fin de detener la limpieza étnica en Kosovo. Sin embargo, esta decisión estuvo revestida de un componente ad hoc cargado de negligencia. La lección más clara de las guerras de Vietnam y del Golfo parecía haber sido ingnorada. Cuando se va a la guerra, hay que establecer objetivos políticos claros y asegurarse de que se destina la suficiente fuerza militar para garantizar el éxito. No obstante . . . en el fondo había sospechas innegables de que las medidas de Clinton estuvieron motivadas por la necesidad que tenía de reivindicarse personalmente y por su deseo político de hacer algo grandioso y audaz para que los historiadores se concentraran menos en su juicio político." En última instancia, la campaña militar contra Yugoslavia en Kosovo resultó ser todo un éxito y el poderío de la Fuerza Aérea norteamericana destruyó la capacidad funcional de Yugoslavia. En junio de 1999 se logró un acuerdo de paz y las tropas de la OTAN entraron a Kosovo. El presidente Slobodan Milosevic fue depuesto luego de la derrota yugoslava. Posteriormente fue arrestado y extraditado a La Haya en 2001, donde un tribunal de la ONU lo juzgó por crímenes contra la humanidad. En un veredicto histórico en agosto de 2001, un tribunal de la ONU declaró al general bosnio Radislav Krstic culpable de genocidio por su participación en el asesinato de más de cinco mil musulmanes en 1995.

Es probable que el tiempo arroje más luz sobre el legado de Clinton y la forma en que su enjuiciamiento político influirá sobre él. Entre tanto, la evaluación realizada por el periodista Jeffrey Toobin en su libro *A Vast Conspiracy*, parece apropiada: "Seguramente será recordado como el blanco de un juico político imprudente e injusto. Pero igualmente, la historia acechará a Clinton por su papel en este apocalipsis político y por tal razón, a pesar de sus esfuerzos más loables, el presidente sólo puede culparse a sí mismo."

Lectura Recomendada: *A Vast Conspiracy: The Real Story of the Sex Scandal That Nearly Brought Down a President*, de Jeffrey Toobin.

Voces Americanas

Voces Americanas
Alan Greenspan, Presidente de la Reserva Federal,
en testimonio ante el Comité Bancario del Senado
(26 de febrero de 1997).

La cautela parece estar particularmente garantizada en referencia al fuerte incremento en los precios de las acciones ordinarias durante los dos últimos años. Como es de esperarse, estas ganacias han despertado preguntas acerca de la sostenibilidad.

Desde comienzos de 1995 hasta el día en que Greenspan realizó las declaraciones arriba mencionadas, el promedio industrial Dow Jones subió en un 80 por ciento.

¿Qué significa "exhuberancia irracional?"

Salvó al mundo en tres o cuatro ocasiones. Le costó la reelección a Bush en 1992. Hizo ricos a muchos norteamericanos tras originar un fuerte incremento en los mercados. Cuando en 1996 utilizó la frase "exhuberancia irracional" para expresar su temor de que el mercado bursátil estuviera muy elevado, la economía mundial tembló. Fue el causante de una recesión y de un desplome en la bolsa en 2001. Puede saltar por entre rascacielos. No es un pájaro ni un avión. Es el presidente de la Reserva Federal.

¿Quién es Alan Greenspan, el "presidente de la Fed" y cómo llegó a ser el hombre más poderoso del mundo?

Hasta hace relativamente poco, sólo un puñado de norteamericanos había escuchado hablar de la Junta de la Reserva Federal o le importaba quién era el presidente de ésta. Pero con Alan Greenspan, el presidente de esta entidad se convirtió en una de las personas más poderosas del mundo. A mediados de los noventa, todas sus declaraciones y apariciones en la televisión eran tratadas con la misma reverencia que la que alguna vez tuvo el oráculo de Delfos en la antigua Grecia. Una cadena noticiosa financiera creó incluso un *briefcase index*, en un intento humorístico para determinar si el volumen del maletín del presidente de la Fed podría ofrecer alguna señal sobre las medidas que tomaría, que podían terminar con fortunas personales y con la economía de toda una nación con una sola palabra. A la vez que "ver a Greenspan" se convirtió en pasatiempo nacional en la década de los noventa, muchas personas se hicieron una pregunta: ¿quién era este hombre y qué era lo que hacía?

La Junta de la Reserva Federal fue creada como el Banco Central de los Estados Unidos en 1913 después de la aprobación de la Ley de la Reserva Federal. Esta entidad, que es una agencia gubernamental regulatoria e independiente, tiene por objeto preservar y proteger una economía flexible pero estable. Para hacer esto, controla el dinero y dirige la política monetaria del país (en términos simples, son las medidas que se toman para ver cuánto dinero existe teóricamente en la economía en un momento dado, que también se conoce como la oferta monetaria). Adicionalmente, la Reserva Federal regula a los bancos. La ley de 1913 fue modificada, y en 1978, la Ley para el Empleo Total y el Crecimiento Balanceado le ordenó a la Reserva Federal que intentara el máximo crecimiento sostenible de la economía y el máximo nivel de empleo, y que fijara también unos precios estables, es decir, que combatiera la inflación.

Pero como dicen algunas personas, "ese es el problema." La economía (también conocida como la "ciencia funesta") tradicionalmente sostiene que el crecimiento es bueno, pero no si se presenta en demasía. Una economía que crece con mucha rapidez conducirá inevitablemente a la inflación, que en términos simples significa que se necesita mucho dinero para adquirir pocos bienes, o que la demanda es superior a la oferta. El aumento del empleo también es positivo, lo que no sucede cuando éste es muy alto. En teoría, cuando muchas personas tienen trabajo, el precio de la mano de obra aumenta y produce inflación. En la típica información ofrecida por los textos de economía, una cierta tasa de desempleo es necesaria e incluso deseable, pues limita el aumento del valor de la mano de obra y frena la demanda de los consumidores, ayudando a mantener los precios estables.

Hasta el *boom* económico de mediados de los noventa, los economistas ortodoxos decían que la tasa de desempleo no debería ser inferior al 6 por ciento, pues de lo contrario se presentarían unos niveles de inflación muy peligrosos.

¿Qué significan entonces términos como "crecimiento sostenible" y "máximo empleo?" Estas son dos de las principales preguntas que debe tener en cuenta la Reserva Federal cuando establece medidas que pueden determinar en última instancia el precio de la hipoteca de una casa o del préstamo para adquirir un auto, las ganacias que mantienen con vida a las corporaciones y al mercado bursátil, e incluso, quién será el próximo presidente.

Oficialmente, el sistema de la Reserva Federal incluye un consejo de miembros con sede en Washington, D.C., así como doce bancos distritales de la Reserva Federal y sus sucursales. Los siete miembros del sistema de la Reserva Federal son nominados por el presidente y confirmados por el Senado para servir por un período de 14 años, nombramientos que son casi vitalicios para que las consideraciones políticas a corto plazo no influyan en las deliberaciones y decisiones que adopte la Reserva Federal. Pero al igual que la Corte Suprema, la Fed sabe muy bien en qué dirección están soplando los vientos políticos. El presidente y el vicepresidente del consejo de gobernantes también son nombrados por el presidente de la república y confirmados por el Senado. Los períodos son de cuatro años y no existen límites al número de períodos que puedan servir (Greenspan fue nombrado para su cuarto período en 2000, que finalizó en junio de 2004). Existen doce bancos de la Reserva Federal en Atlanta, Boston, Chicago, Cleveland, Dallas, Minneapolis, Kansas City, Nueva York, Filadelfia, Richmond, St. Louis y San Francisco. Estos bancos supervisan la industria bancaria, regulan los billetes y monedas en circulación, cambian la mayoría de los cheques bancarios y facilitan la transferencia de pagos.

La importancia de la Reserva Federal: Glosario de términos financieros y de *Fedspeak**

Consejo de gobernantes: Está conformado por siete gobernantes nombrados individualmente por el presidente de la Nación y confirma-

---

* Jerga de la Reserva Federal.

dos por el Senado para servir por un período de catorce años. El presidente del Consejo es nombrado por el presidente del país para servir por un período de cuatro años y también se desempeña como miembro. El Consejo controla la tasa de descuentos y cada uno de sus miembros lo es también del Comité Federal de Mercado Abierto.

Bonos, billetes y pagarés: Un bono es un pagaré u obligación en la que el prestatario—generalmente el gobierno o una corporación— acepta pagarle al prestador—un individuo o institución inversora— el valor del préstamo ("valor nominal") al final de un período de tiempo establecido. Este es uno de los mecanismos principales que tienen los gobiernos y las empresas para conseguir el dinero en efectivo que les permita seguir funcionando. Los bonos gubernamentales o corporativos se negocian en el mercado abierto y sus precios se mueven en dirección opuesta a las tasas de interés.

El Departamento del Tesoro de los Estados Unidos emite varias clases de valores: generalmente, los *bonos del Tesoro* tienen una fecha de vencimiento que fluctúa entre los diez y los treinta años (generalmente, los que tienen treinta son descontinuados); los *pagarés del Tesoro* son valores que tienen una validez superior a un año pero inferior a diez; y las *letras del Tesoro* son valores que tienen una validez que oscila entre trece semanas y un año. Estos tres valores emitidos por el Departamento del Tesoro son conocidos generalmente como bonos y considerados como inversiones seguras que tienen poco o ningún riesgo para su capital (la inversión original). Las corporaciones también emiten bonos que por lo general tienen un rendimiento más alto de intereses así, como mayores riesgos. Existen muchos tipos de bonos corporativos que son clasificados según sus niveles de riesgo. Los más riesgosos, que usualmente ofrecen el crédito más bajo pero el rendimiento potencial más alto, son conocidos como "bonos basura."

Déficit/superávit del presupuesto: Cuando el gobierno gasta más dinero anualmente que el que recibe por concepto de impuestos, gravámenes y otras modalidades tributarias, se dice que hay un *déficit*. El déficit acumulado resulta en la *deuda nacional*. Los fuertes déficits tienden a generar tasas más altas de interés, pues el gobierno compite por el capital con las empresas privadas y con los consumidores. Pero algunos economistas sostienen que el gasto deficitario es necesario para estimular la economía, crear empleos, o cuando se presentan períodos de crisis (en tiempos de guerra). El *superávit* puede entonces ahorrarse para futuros gastos presupuestales, utilizarse para amortiguar la deuda o devolvérseles a los contribuyentes por medio de reducción de impuestos.

Banco Central: Es un banco nacional que funciona para controlar y estabilizar la moneda y el crédito en la economía de un país, labor que generalmente realiza controlando las tasas de interés (*política monetaria*). La Reserva Federal es el Banco Central de los Estados Unidos.

Índice de Precios al Consumidor (IPC): Es el cálculo del cambio promedio en el tiempo de los precios que pagan los consumidores por ciertos bienes y servicios. El IPC, que se anuncia mensualmente, es considerado como el cálculo más amplio de la tasa de *inflación* de un país. El Índice de Precios del Productor, o IPP, es otro mecanismo para calcular los precios pagados por los productores—fábricas, industriales, agricultores, etcetera—para elaborar y entregar sus productos. Si los precios de los productores son altos, los precios pagados por los consumidores casi siempre se incrementarán, pues los negocios cobran el incremento en sus costos. Durante los noventa, muchos economistas sostenían que el IPC exageraba las tasas de inflación real en casi un uno por ciento, debido a dificultades para medir los precios a nivel nacional y a las comparaciones obsoletas.

Tasa de descuento: Es la tasa promedio de interés que los doce Bancos de la Reserva Federal le cobran a los bancos privados, a las sociedades de ahorro y préstamos, a los bancos de ahorros y a las cooperativas de crédito cuando éstas reciben préstamos de la Fed. Esta tasa es controlada por el Consejo de gobernantes y ha sido el principal mecanismo utilizado por la Fed para establecer sus políticas de intereses en los últimos tiempos.

Tasa de fondos federales: Es la tasa promedio de interés a la que se negocian los fondos federales en un día. La Fed influye en las tasas de interés *flexibilizando* o *restringiendo* por medio de la venta o compra de bonos del Tesoro de Estados Unidos. Esta tasa, que es controlada por el Comité para el Mercado Abierto de la Reserva Federal (FOMC), es la que un banco le cobra a otro por hacer préstamo nocturno, una importantísima tasa de interés a corto plazo. La tasa de fondos afecta las condiciones crediticias del país y es el principal recurso que tiene la Fed para combatir la inflación y el lento crecimiento económico o recesión (contracción de la economía).

Flexibilización y restricción: La Fed le inyecta dinero al sistema bancario de la Nación comprando bonos del Tesoro de Estados Unidos para que haya un mayor acceso al crédito (flexibilización). Esto hace que la *tasa de fondos de la Reserva* disminuya, lo que le facilita a consumidores y empresas pedir préstamos financieros. La flexibilización es utilizada generalmente para combatir el lento crecimiento de la economía o recesión (crecimiento negativo), así como para estimular el crecimiento de la economía, pues los consumidores y las empresas pueden comprar más bienes.

Para *restringir* el crédito, la Fed vende bonos del Tesoro de Estados Unidos, lo que produce el retiro de dinero del sistema bancario. Como el excedente monetario ha disminuido, los bancos son más reticentes a prestar dinero y tanto los consumidores como las empresas tienen mayores dificultades para recibir préstamos. Cuando las tasas de interés a corto plazo aumentan, generalmente el crecimiento económico se hace más lento. La principal herramienta que tiene la Fed para combatir la inflación es la restricción de créditos.

Comité de Mercado Abierto de la Reserva Federal (FOMC): Es un comité que se reúne ocho veces al año (aproximadamente cada seis semanas) para evaluar el estado de la economía y establecer los parámetros de la Fed para la venta y compra de valores del gobierno en el mercado libre. Dirigido por el presidente de la Reserva, el FOMC está conformado por los siete gobernantes y por los presidentes de los doce Bancos de la Reserva Federal. Sólo doce miembros del comité tienen derecho al voto: los siete gobernantes de la Fed, el presidente del Banco de la Reserva Federal de Nueva York y cuatro de los once presidentes de los bancos de esta entidad, quienes tienen derecho al voto durante períodos rotatorios de un año.

Política monetaria: Son las medidas adoptadas por el Banco Central para influir en las tasas de interés y en la oferta de dinero que existe en el país.

Productividad: En términos simples, es el cálculo de la producción promedio por trabajador/hora. En términos ideales, el aumento en la productividad genera una eficiencia que permite reducir los costos de los consumidores y el aumento en las ganancias, las cuales pueden ser compartidas con los trabajadores, elevando así el nivel de vida. La productividad es considerada como un componente fundamental para frenar la inflación, pues los precios de los bienes disminuyen porque son más baratos de producir.

Durante la década de los noventa, Alan Greenspan acogió la teoría que sostiene que el aumento rápido y duradero en la productividad de los Estados Unidos —gracias a los avances tecnológicos y a una fuerza laboral más educada y calificada, entre otros factores— fueron los principales responsables de la expansión económica sostenida y de la baja inflación.

Recesión: Es una disminución a nivel nacional de la actividad económica caracterizada por una reducción en las compras, en las ventas y en la producción, unida a un aumento del desempleo. Muchos economistas consideran que la economía de un país está en recesión cuando la producción de bienes y servicios cae durante seis meses o dos trimestres consecutivos. Cuando la recesión es de proporciones considerables y se prolonga, se convierte en *depresión*.

Acciones: Son certificados que representan la propiedad parcial en una corporación y el derecho a las ganacias y activos de la firma. Las acciones de corporaciones rentables generalmente ofrecen el pago de dividendos, una porción de las ganacias de la corporación distribuidas entre los accionistas. Básicamente, el valor de una acción suele aumentar y disminuir según la compañía pueda o no cumplir con las ganancias esperadas.

Durante la labor desempeñada por Greenspan en la Fed, que comenzó en 1987, la economía norteamericana ha obtenido algunos logros significativos. Desde 1991 y durante diez años, la economía tuvo un crecimiento firme y rápido, con una inflación relativamente baja. Se crearon trabajos a un ritmo que batía récords y las tasas de desempleo cayeron a niveles desconocidos en tiempos de paz. Se controló la inflación, las corporaciones obtuvieron buenas ganancias, las personas tenían trabajo y un número inusitado de ciudadanos invirtió en el mercado bursátil, especialmente por medio de los planes de retiro ofrecidos por sus compañías. Todo parecía estar "bien," como diría Rizitos de Oro.

Las nuevas tecnologías, la paz relativa a nivel mundial luego del final de la Guerra Fría, el crecimiento de los mercados globales y un comercio más libre, fueron señalados como los motores del engranaje económico. Pero para muchas personas, el cerebro detrás de este sorprendente giro económico era el a veces inescrutable Alan Greenspan.

Greenspan, quien es el presidente del Consejo desde 1987, fue nombrado por Ronald Reagan para reemplazar a Paul Volcker, de filiación demócrata. De estatura imponente, fumador de cigarros y con una personalidad fuerte, Volcker fue el responsable de establecer unas tasas de interés extremadamente altas, en un intento por combatir la inflación excesiva de finales de los setenta. Fue presidente de la Fed desde 1979 hasta 1987 y su amarga medicina contra la inflación, consistente en altas tasas de interés, funcionó a largo plazo y redujo la inflación del 13.3 por ciento a solo el 1.1 por ciento. Sin embargo, esta medida fue responsable en gran parte de la incapacidad que tuvo Jimmy Carter para reactivar la economía, una de las principales razones por las que fue derrotado fácilmente por Ronald Reagan en 1980. El equipo político de Reagan se aseguraría de nombrar a un presidente de la Fed que no le hiciera el mismo daño al presidente del país.

El nuevo presidente de la Fed era un economista republicano que había amasado una fortuna gracias a sus predicciones económicas y un ferviente partidario del libre mercado. Nacido en Nueva York en 1926, Alan Greenspan fue un niño que creció en la época de la Depresión. Su madre trabajaba como vendedora en una tienda de muebles y su padre—un analista de la bolsa de valores autodidacta—se divorciaron cuando Alan tenía tres años. Estudió en la George Washington High School, en el Alto Manhattan, donde coincidencialmente iba tres años atrás de Henry Kissinger, el futuro Secretario de Estado. Luego estudió piano y clarinete en lo que más tarde sería la Juilliard School of Music, pero abandonó sus estudios al cabo de dos años para tocar en una *big band*. Amante de los números y las estadísticas, Alan estudió economía en la New York University al tiempo que tocaba en la banda, y se graduó con honores summa cum laude en 1948. Greenspan recibió un maestría en economía en 1950. En 1952 se casó con una pintora que le dio a conocer la obra de Ayn Rand, un novelista norteamericana nacida en Rusia, cuyas obras más conocidas son *The Fountainhead* (1943) y *Atlas Shrugged* (1957). Rand, quien estaba en contra del socialismo y de la religión, promulgó el objetivismo, una filosofía económica y moral basada en el individualismo y en los intereses personales. Greenspan fue un fiel discípulo de Rand: rechazó la interferencia del gobierno y antepuso el individuo a la sociedad.

Durante la década de los cincuenta, Greenspan y un socio formaron un equipo de consultoría económica que amasó una fortuna considerable durante los años del *boom* de la postguerra vaticinando los cambios en la economía. En los años setenta fue asesor económico del presidente Ford. Recibió muchos elogios luego de presidir una comisión bipartidaria que normalizó el sistema de seguridad social. Más tarde, trabajó en el sector privado y luego recibió el llamado de Reagan.

En agosto de 1987, dos meses después de asumir la presidencia de la Fed, Greenspan tuvo que enfrentar una crisis en Wall Street de proporciones semejantes a la de 1929. En un solo día de octubre, conocido como el *crash* del 87, el mercado bursátil perdió 508 puntos más del 22 por ciento de su valor. Las instituciones financieras más grandes del país, que corrían el riesgo de sufrir enormes pérdidas por inversiones realizadas y por el dinero que les debían sus clientes, estuvieron en peligro de derrumbarse. Fue una repetición potencial del gran *crash* de 1929, cuando el colapso del mercado bursátil afectó a varios bancos y el sistema bancario terminó por desmoronarse. Si una o varias de las compañías del complejo mundo de las finanzas no hubieran realizado sus pagos, o si se hubieran atrasado en hacerlo, podría haberse desencadenado un devastador efecto dominó. Al día siguiente en la mañana, Greenspan hizo un anuncio: "El Banco de la Reserva Federal, fiel a sus responsabilidades como Banco Central de la Nación, afirmó hoy su disposición para servir como fuente de liquidez, con el fin de respaldar al sector financiero."

Esta declaración que pretendía calmar los nervios de Wall Street, hubiera sido irrelevante de no estar respaldada por medidas. Como si se tratara de dos niños que pretenden detener con sus manos el agua que se sale de los diques, Greenspan y el presidente del Banco de la Fed de Nueva York llamaron a los ejecutivos de los bancos más grandes del país y les extendieron los créditos a algunos de sus deudores más insolventes, prometiendo que la Fed los respaldaría. Esto se hizo detrás de bambalinas; se violaron algunas reglas, pero fue esto precisamente lo que la Fed no hizo en 1929. Y esta vez, los diques se mantuvieron en pie.

La maniobra realizada por Greenspan lo convirtió en el héroe de Wall Street. Cinco días después de la crisis del mercado bursátil, un titular del *Wall Street Journal* anunció: "Pasó la prueba: el nuevo presidente de la Fed es aclamado por controlar el *crash*." Greenspan transformó su éxito en poder. Antes de la era Greenspan, el FOMC votaba como un órgano en todas las modificaciones que se le hacían a las tasas de interés. Luego del *crash* de 1987, Greenspan persuadió a sus colegas para que le confirieran mayores poderes para alterar el proceso. Aunque las diferentes medidas tomadas por la Fed eran sometidas para su votación —bien fuera para aumentar o disminuir las tasas de interés— el momento y el porcentaje de la variación quedaron en manos de Greenspan. Como escribe Bob Woodward sobre este cambio de rumbo, el FOMC "básicamente le cedió el control operativo a Greenspan."

El cargo de presidente de esta entidad, que era muy poderoso, se hizo todavía mayor. Este poder podría ser peligroso en otras manos, pero el consenso es que las medidas rápidas y decididas y las promesas de apoyo confidenciales realizadas por la Fed evitaron que el desastre fuera mucho mayor. Durante los próximos años, Greenspan evitó otras catástrofes financieras potenciales a nivel mundial, incluyendo las enormes pérdidas sufridas por los bancos en la década de los noventa, el colapso del peso mexicano en 1994, el "contagio asiático" de 1998, en el que las nuevas economías emergentes de este continente se desplomaron, el colapso del rublo ruso después de la caída del comunismo y el fracaso de la firma de inversiones Long Term Capital Management.

Si esta compañía hubiera quebrado, habría causado la bancarrota a muchos bancos grandes, lo que su vez habría podido desatar otro terrible efecto dominó con consecuencias catastróficas para los mercados financieros.

Greenspan logró contener la crisis tras llegar a un consenso con los directores de los bancos centrales, haciendo gala de una destreza y un dominio de los detalles más precisos sobre el funcionamiento de la economía norteamericana. Fue reconocido por su capacidad para controlar la inflación, lo que le dio seguridad a Wall Street. Greenspan advirtió que las antiguas reglas económicas habían cambiado. Y lo que es más importante aún, trabajó incansablemente con expertos en estadística y notó que gracias a los cambios tecnológicos y otras mejoras en la productividad, la economía podía crecer, mientras el desempleo podía bajar y la inflación permancía bajo control.

Irónicamente, este banquero y combatiente de la inflación, que también era republicano, fue considerado como uno de los responsables de la derrota presidencial de un candidato de su mismo partido. Varios republicanos, incluido el mismo George Bush, dijeron posteriormente que Greenspan había sido el responsable de su derrota en 1992. En una entrevista que le hizo el *Wall Street Journal* algunos años después, Bush dijo: "Creo que yo hubiera sido reelegido si las tasas de interés se hubieran rebajado más, pues la recuperación que estábamos teniendo hubiera sido más visible. Lo nombré de nuevo (a Greenspan) y él me decepcionó." Aunque algunos economistas coinciden en señalar que la reducción de las tasas de interés realizadas por la Fed se dieron demasiado tarde y de forma my lenta durante la recesión de 1991, las verdaderas causas de la derrota electoral de Bush probablemente obedecen a otros factores más complejos que las decisiones tomadas por Greenspan con respecto a las tasas de interés, y tengan que ver más con la candidatura de Perot.

Otra consecuencia no exenta de ironía es la otra clave del éxito de Greenspan: su alianza con el presidente Clinton en el diseño de lo que muchos economistas creen que fue la consolidación del *boom* financiero de los noventa. Los dos realizaron un pacto para mantener unas tasas de interés bajas, pero el presidente tenía que trabajar con el Congreso para reducir el déficit federal. Las negociaciones de Clinton con Greenspan y su habilidad para trabajar con el Congreso y obtener una reducción de déficit, podría considerarse como el logro más importante del presidente. Algo que tal vez termine por remover la mancha de haber sido el segundo presidente de los Estados Unidos en ser sometido a un juicio político.

El otro asunto que han discutido los economistas y otros profesionales es si Alan Greenspan tenía la razón en 1996. ¿Sí hubo una exhuberancia irracional? ¿Cuál fue la causa del *meltdown* masivo que produjo el debilitamiento de Wall Street desde el año 2000? En poco tiempo, el promedio de acciones de la NASDAQ, que se había disparado a 5,000 gracias a la gran cantidad de dinero invertido en nuevas compañías teconológicas, en empresas de Internet y en compañías "punto com," cayó a menos de dos mil. El promedio industrial de Dow Jones, que subió a más de 11,000 puntos en el 2000, descendió por debajo del rango de 9.500 y luego se movió a 7,500, a medida que Norteamérica sufría la primera recesión en una década y las personas aprendían que las acciones podían subir y bajar. La histeria tecnológica, la mentalidad de burbuja, la tendencia a imitar lo que hacen los demás, los analistas financieros y los corredores de bolsa que decían que todo era "comprable," contribuyeron a inflar los precios de las acciones. Adicionalmente, la revelación de posibles fraudes cometidos contra accionistas por parte de las corporaciones y contadores que tergiversaban sus ganancias y alteraban las cuentas, fueron factores que contribuyeron a saturar los mercados financieros.

En muchos sentidos, el *meltdown* del mercado bursátil del año 2000 fue comparable a las grandes pérdidas de 1929, solo que este *crash* afectó a unas industrias específicas y no causó un impacto tan severo al sector bancario. La regulación federal a la que estuvieron sujetos los mercados bursátiles y los bancos durante varias décadas, así como una economía más diversa y sólida que la de 1929, hicieron posible la prevención de una catástrofe financiera a nivel global de la misma magnitud que el gran *crash* de 1929.

Lectura Recomendada: *Maestro: Greenspan's Fed and the American Boom*, de Bob Woodward.

¿Qué sucedió con las balotas?

"Quienes votan no deciden nada. Quienes cuentan los votos lo deciden todo." Josif Stalin, a quien se le atribuye esta frase, bien podría estar sonriendo en el paraíso socialista, si es que existe uno. Seguramente, al dictador soviético le hubieran encantado las elecciones presidenciales que se llevaron a cabo en los Estados Unidos en el año 2000 y los extraños incidentes que ocurrieron en Florida. El mismo William "Boss" Tweed—el famoso "manejador" de todos los asuntos políticos de Nueva York—también hubiera dejado escapar una sonrisa. El día de las elecciones de 1871, Tweed dijo: "¿Qué pueden hacer ustedes mientras sea yo quien cuenta los votos?"

Todo hubiera sido bastante cómico si no se tratara de algo tan importante. Los ciudadanos de la nación más rica, poderosa y desarrollada en términos tecnológicos del planeta, que estaba a un paso de poner en órbita la Estación Espacial Internacional a 300 millas de altura sobre la Tierra, se vieron reducidos a sostener balotas de papel contra la luz para ver si habían sido perforadas o no. Mientras el mundo veía cómo el estado de la Florida se sumergía en una verdadera confusión electoral, Estados Unidos centraba su atención en los pequeños círculos de papel que quedan tras perforar una tarjeta. A Norteamérica, que temía la llegada el año 2000, año en que podría desatarse el Y2K, un virus informático que podía destruir toda la información mundial y el soporte tecnológico, le bastó el simple hecho de perforar tarjetas de papel para que se desatara un verdadero caos.

Hacía mucho tiempo que no se presentaban unas elecciones presidenciales tan disputadas—las de Nixon contra Kennedy, para ser más exactos. Hacía ya mucho tiempo que los norteamericanos habían presenciado unas elecciones que perdiera el candidato con la mayor cantidad de votos populares. Esta situación se presentó en las controvertidas elecciones de 1888, en las que Grover Cleveland ganó el voto popular pero Harrison obtuvo el voto electoral y alcanzó la presidencia. Sin embargo, este tipo de situaciones son las extrañas y verdaderas excentricidades de la política presidencial norteamericana. En el día de las elecciones del año 2000 se enfrentaron el vicepresidente y el hijo del candidato derrotado ocho años atrás, en las elecciones de 1992. El vicepresidente, que disfrutaba los frutos de una de las etapas económicas más exitosas y prolongadas en la historia del país, tenía las cartas a su favor. La economía, si bien estaba cediendo, todavía era sólida: la inflación era baja y las tasas de empleo eran altas. Generalmente, la prosperidad es favorable para el candidato que está en el poder. Había una paz relativa a nivel mundial. La intervención norteamericana en Bosnia había sido todo un éxito y pocos estadounidenses habían perdido la vida. Claro que existían problemas, pero para Al Gore, el más delicado era apropiarse de todos los aspectos positivos de los años Clinton y al mismo tiempo distanciarse de los escándalos que estuvieron a un paso de costarle la presidencia.

Al otro lado estaba George W. Bush, dos veces gobernador de Texas. Considerado como una persona de poco peso intelectual, Bush se presentó como un candidato "conservador y compasivo" que le devolvería el honor y la dignidad a una Casa Blanca manchada con la conducta reprobable de Clinton. Los dos candidatos habían sobrevivido a unas duras batallas primarias. Gore se había enfrentado a una insurgencia encabezada por Bill Bradley, antiguo senador por Nueva Jersey, que obtuvo la prestigiosa beca Rhodes en sus años de estudiante y fue basquetbolista profesional que jugó con los Knicks de Nueva York, con quien simpatizaban los representantes del ala más liberal del Partido Demócrata. Bush se había enfrentado a una fuerte campaña popular lanzada por John McCain, senador por Arizona, republicano conservador profundamente admirado como héroe de guerra y sobreviviente a un largo cautiverio en una prisión de Hanoi. Ambos candidatos salieron maltrechos de las dos campañas primarias y realizaron una campaña presidencial poco memorable, en la que ninguno se destacó. No deja de ser interesante que uno de los antecedentes históricos más importantes —que Joseph Lieberman, senador por Connecticut, haya sido el primer candidato judío a la vicepresidencia— hubiera pasado casi desapercibido.

Estas elecciones también contaron con dos importantes candidatos independientes que le añadieron una dosis de intriga a la disputa. Ralph Nader, defensor de los consumidores, representó al Partido Verde, una facción liberal y ambientalista. Patrick Buchanan, el ex candidato republicano y archiconservador declarado, había logrado controlar el Partido de la Reforma de Perot. Pero ninguno de estos dos candidatos fue incluido en los debates que sostuvieron los candidatos de los dos partidos principales y todo parecía anunciar que tendrían muy poco impacto en el voto nacional. Pero como dijo Tip O'Neill, el famoso congresista por Massachusetts y líder de la Cámara de Representantes: "Toda política es local." Y lo cierto es que tanto Nader como Buchanan demostrarían tener un impacto en varias elecciones locales que resultaron ser importantes.

Las encuestas no daban a ningún candidato como favorito. Norteamérica parecía estar dividida en dos. Y por una vez, las encuestas acertaron. Cuando los puestos de votación cerraron en todo el país en horas de la noche, todo parecía indicar que las elecciones serían muy disputadas, aunque Al Gore parecía tener una ligera ventaja. Las cadenas de televisión anunciaron el triunfo de Gore en el estado de Florida, lo que le daba a este candidato los votos electorales para llegar a la presidencia. Los globos de la victoria comenzaron a elevarse. Sin embargo, no tardarían en reventar. En un sorprendente revés, los canales televisivos se retractaron de sus proyecciones. Las elecciones en este estado estaban siendo muy disputadas como para declarar a un ganador.

Horas antes, los oficiales del Partido Demócrata de Florida comenzaron a recibir informes de sufragantes de varios distritos electorales que se sentían confusos, pues creían haber marcado erróneamente sus tarjetas de votación. Muchos de ellos eran judíos retirados, tradicionalmente fieles al Partido Demócrata, y creían haber votado por Patrick Buchanan, al que muchos judíos consideraban antisemita, especialmente por los comentarios que había realizado sobre Adolf Hitler. Otros votantes creyeron haber perforado dos veces sus tarjetas y se preguntaron si sus votos tendrían validez. Simultáneamente, Ralph Nader había obtenido alrededor de 100,000 votos en Florida. No era una cifra inmensa, pero se presumía que sus votos habían sido depositados por electores más liberales, reformistas e independientes que probablemente habrían votado por Gore si Nader no hubiera participado en las elecciones.

En las primeras horas de la mañana, las cadenas de televisión terminaron por retractarse por completo y declararon a George Bush como el ganador en este estado, lo que le daba la presidencia. Gore llamó a Bush para reconocer su triunfo. Sin embargo, el candidato demócrata se retractó de reconocer su victoria, pues le informaron que los resultados en Florida eran muy cerrados. Asimismo, los medios también se retractaron de declarar a Bush como el ganador en ese estado. Florida, gobernada por Jeff Bush, hermano del candidato presidencial, era considerada como un estado clave en las elecciones, pero nadie había sospechado lo importante y caótico que sería.

Al día siguiente de las elecciones, Gore tenía una ventaja tanto en el voto popular como en los votos electorales, con 255 contra 246 que tenía Bush. Se necesitaban 270 votos electorales para obtener la presidencia. Aunque no se conocían los resultados en otros dos estados, las elecciones dependían de lo que sucediera en Florida, que tenía 25 votos electorales.

Antes de terminar el día, ambos partidos entablaron demandas por irregularidades en algunos condados de Florida. Mientras que el conteo incompleto de los votos le daba a Bush una ventaja de 1,784 votos, lo que obligaba a un conteo mecánico de todos los votos de Florida, los electores mayoritariamente demócratas de Palm Beach demandaron las elecciones en su condado. Su reclamo se basaba en las "tarjetas mariposa," las tarjetas electorales de papel en las que los nombres de los candidatos aparecían en dos columnas. Los sufragantes debían perforar un hueco que correspondiera al nombre de su candidato, pero muchos electores, especialmente el gran número de retirados que eran políticamente activos, se confundieron con la tarjeta y depositaron sus votos en las primeras horas de la mañana.

Muchos electores temieron haber votado involuntariamente por Buchanan y algunos, conscientes de haber cometido un error, hicieron una segunda perforación en lugar de pedir una nueva tarjeta electoral. Las tarjetas con dos perforaciones fueron invalidadas. Durante el transcurso del mes siguiente, Florida se transformó en un campo armado de abogados desafiantes y de asesores políticos que trataban de influir en las cortes y en la opinión pública. Los dos partidos entablaron batallas en las cortes locales, del condado, estatales y federales, para ver cuáles votos deberían ser contados de nuevo, quiénes deberían hacerlo y si de acuerdo con las leyes de Florida era ya demasiado tarde. Finalmente, el primero de diciembre la Corte Suprema de los Estados Unidos escuchó los argumentos una vez que el candidato republicano—George Bush—apelara el caso. El 4 de diciembre esta misma corte anuló una decisión de la Corte Suprema de Justicia de Florida que extendía el plazo para la certificación de los votos y devolvió el caso a la Corte estatal para que ésta le diera solución. El equipo legal de George Bush apeló de nuevo a la Corte Suprema de Justicia de los Estados Unidos tras la decisión de la Corte Suprema de Florida. Ésta ordenaba el conteo manual de todas las balotas en las que el voto por un candidato a la presidencia no estuviera registrado por las máquinas, y validó 383 votos de recuentos parciales en dos condados de Florida.

El 9 de diciembre, la Corte Suprema decidió por cinco votos a favor y cuatro en contra supender el conteo manual de votos, mientras se realizaba una audiencia de apelación presentada por Bush. El 11 de diciembre, la Corte Suprema de Justicia de los Estados Unidos escuchó los argumentos de las dos partes. Finalmente, en medio de un ambiente muy dramático, la Corte emitió a las diez de la noche del 12 de diciembre dos fallos sin firmar que anulaban la orden de recontar los votos expedida por la Corte Suprema de Florida. En términos técnicos, la Corte Suprema de Justicia de los Estados Unidos le confirió a la Corte de Florida la autoridad para examinar el caso, pero al mismo tiempo señaló que no había tiempo para un recuento de votos debido al vencimiento de los plazos constitucionales.

En una alocución televisada el 13 de diciembre, Al Gore reconoció el triunfo de Bush, quien se dirigió a la Nación como el presidente electo. Por primera vez desde que John Quincy Adams fue elegido, Norteamérica tenía otra familia donde padre e hijo eran presidentes. Sin embargo, más importante aún era que por primera vez en la historia del país, la Corte Suprema había jugado un papel decisivo en las elecciones presidenciales. Los resultados finales mostraron que Gore había obtenido un mayor número de votos populares: 51,003,894 (el 48.41 por ciento del voto popular) contra 50,495,211 (el 47.89 por ciento) obtenidos por Bush, una diferencia de 508,683 votos y casi la mitad del uno por ciento del voto popular. Ralph Nader obtuvo 2,834,410 votos, menos del 3 por ciento del total. Sin embargo, este candidato obtuvo 97,488 votos en Florida y muchos analistas políticos coinciden en señalar que Nader cumplió el papel de aguafiestas, pues le quitó votos a Gore no sólo en Florida sino también en otros estados donde las elecciones fueron muy disputadas.

Patrick Buchanan, el republicano archiconservador que se convirtió en el polémico candidato del Partido Reformista, solo obtuvo 446,743 votos, apenas el 0.42 por ciento del total de los votos. En 1992, Ross Perot había conseguido el 19 por ciento del voto popular bajo la bandera del Partido Reformista y cuatro años después logró obtener más de ocho millones de votos. Pero el controvertido Buchanan, quien le escribía los discursos al presidente Nixon, dividió y le restó influencia al Partido Reformista. Sin embargo, era evidente que su candidatura había perjudicado a Gore debido a la confusión que se presentó con las tarjetas electorales en Florida, donde Buchanan obtuvo 17,484 votos.

Aunque la debacle en la Florida fue el centro de la atención mundial durante 36 días, lo que estaba en juego en las elecciones no era sólo el estado; es cierto que el centro de la atención del drama postelectoral estuvo constituido por este estado y por las batallas legales y conferencias de prensa que tuvieron lugar en él. También es cierto que muchos de los análisis posteriores a las elecciones resaltaron que lo más seguro es que Gore hubiera ganado en este estado de no haber sido por Nader, por Buchanan y por la gran cantidad de votos invalidados. Sin embargo, los resultados oficiales señalaron que Bush obtuvo 271 votos electorales contra 266 de Gore. (Gore debería haber obtenido 267, pero un elector de Washington, D.C., se abstuvo.)

Algo que pasó casi desapercibido fur que el vicepresidente, que era el beneficiario del mayor *boom* económico de los tiempos modernos y quien tenía a su favor la paz y la prosperidad relativas de aquel entonces, podría haber llegado a la Casa Blanca si hubiera ganado en sólo uno de los varios estados que habían votado cuatro años atrás por la fórmula Clinton-Gore:

Tennessee   estado natal de Gore, donde él y su padre fueron elegidos como senadores. Este estado, que cuenta con 11 votos electorales, fue ganado por Clinton en 1992 y en 1996.

Arkansas   Con 6 votos electorales, el estado natal del presidente Clinton también votó por el Partido Demócrata en 1992 y 1996. Sin embargo, Bush ganó en este estado por 50,000 votos.

West Virginia   Otro estado en el que Clinton obtuvo una clara victoria en 1992 y 1996 y le dio a Bush 5 votos electorales por una diferencia de 40 votos populares. Uno de los factores más importantes para el triunfo de Bush fue la gran contribución económica que realizó la industria carbonífera a su campaña, pues sería una de las grandes beneficiadas con su política ambiental. Ésta incluía nuevas regulaciones que eliminaban las restricciones a la remoción de cimas montañosas. La gran cantidad de tierra y piedra derivada de esta técnica era arrojada a ríos y a cauces de agua, algo que prohibían las antiguas estipulaciones de la Agencia de Protección Ambiental.

Ohio   De todos los estados ganados por Clinton en 1992 y 1996 y que Gore no pudo ganar, éste era el que tenía el mayor número de votos en el Colegio Electoral: 21. Ohio, que una vez fue considerado como un estado mayoritariamente demócrata, fue ganado por Bush. (Aunque Nader obtuvo más de 100,000 votos en Ohio, su candidatura jugó un papel irrelevante en este estado más que en cualquier otro.)

New Hampshire   Las elecciones más disputadas se realizaron en este pequeño estado de Nueva Inglaterra que tenía 4 votos electorales. De haber ganado allí, Gore hubiera llegado a la presidencia. Fue el único estado de Nueva Inglaterra en el que Bush ganó y donde Clinton había ganado en 1992 y 1996. De los casi 600,000 votos sufragados en este estado, Bush ganó por un estrecho margen de 7,211 votos. Ralph Nader pudo cumplir un papel fundamental en este estado tan independiente y particular, pues obtuvo más de 22,000 votos, muchos de los cuales correspondían a votantes liberales y reformistas que de otra forma hubieran votado por el candidato demócrata.

Gran parte de los comentarios sobre estas elecciones tan extraordinarias y extrañas se centró en el papel sin precedentes desempeñado por la Corte Suprema. ¿Puede decirse que la Corte presidida por Rehnquist—y que estaba dividida entre cinco jueces conservadores (William Rehnquist, Sandra Day O'Connor, Antonin Scalia, Clarence Thomas y Anthony Kennedy) y cuatro jueces un poco más liberales (Stephen Breyer, David Souter, Ruth Bader Ginsburg y John Paul Stevens)—actuó correctamente? ¿Se excedió la Corte en sus limitaciones legales al decidir el curso de la elección? La respuesta a esta pregunta parecer depender obviamente de la filiación política de quien la responda. En un lado estaban los republicanos que pensaron que la decisión de la Corte era perfectamente aceptable y que consideraron que ésta tenía que anular un fallo viciado y parcializado en términos políticos promulgado por la Corte Suprema estatal de Florida, que era mayoritariamente demócrata. Aún así, esto echaba por tierra la reciente tradición adquirida por el Partido Republicano de aceptar ciegamente los derechos que tenían los estados. Esta fue la opinión expresada por un experto legal republicano, quien sostuvo que la decisión no fue muy razonable ni bien expresada, pero que fue la correcta.

En la atmósfera altamente partidista que se presentó luego de esta decisión, era difícil encontrar un conservador que no estuviera de acuerdo con la Corte Suprema. Sin embargo, John J. DiIulio fue uno de los pocos que se atrevió a disentir. El 25 de diciembre de 2000 escribió en la revista *Weekly Standard:* "Para cualquier conservador que realmente respete el federalismo, la opinión de la mayoría es difícil de respetar . . . Los argumentos que terminaron la batalla y que le 'dieron' la presidencia a Bush son falsos en el mejor de los casos. Esto perseguirá a los conservadores y confundirá o debilitará la posición conservadora en pro de un gobierno limitado, de la supremacía legislativa y de un respeto universal a la autoridad estatal, pública y local debidamente constituídas." El autor concluye: "Hubo una época en que los conservadores preferirían perder unas elecciones presidenciales arduamente disputadas, incluso contra un candidato y partido de quienes esperaran lo peor, que instaurar el imperialismo judicial, disminuir el respeto hacia el federalismo o condescender con los errores y la desconfianza de oficiales legislativos debidamente elegidos . . . Aparte de los resultados deseados, ésta es una ley constitucional nociva."

Al otro lado del espectro estaban (especialmente demócratas o seguidores de Gore) quienes pensaron que la decisión había sido todo un atropello. Alan Dershowitz, de la Universidad de Harvard, dijo que esa decisión era "la decisión más corrupta en toda la historia de la Corte Suprema." Era difícil encontrar a un partidario de Gore que pensara que la Corte había actuado correctamente. Uno de los personajes más disgustados fue Vincent Bugliosi, quien en un *best-seller* titulado *The Betrayal of America,* señaló que la decisión mayoritaria no sólo estaba equivocada, sino que había incurrido en una conducta criminal: "Considerando las intenciones criminales que se esconden detrás de la decisión, los expertos jurídicos y los historiadores deberían anteponer este fallo al de los casos *Dred Scott* y *Plessy vs. Ferguson*, como el pecado más grave de la Corte. El derecho que tienen todos y cada uno de los estadounidenses a que sus votos sean contados y a que sea el pueblo norteamericano—y no cinco jueces—el que decide quién es su presidente, fueron echados por la borda de una forma cruel y yo diría que hasta criminal por la mayoría de la Corte, para instaurar su propia ideología política."

La gran mayoría de los norteamericanos no pareció compartir la indignación de Bugliosi—y debería señalarse que casi la mitad de los norteamericanos con capacidad de voto no sufragó—quienes aparentemente respiraron con alivio de que la Corte Suprema resolviera el misterio electoral en que estaba sumido el país. La actitud predominante parecía ser que cualquier decisión era preferible a no tomar ninguna y a las interminables disputas de abogados en Florida.

Después de las elecciones, la cercanía en los votos, las estrategias políticas de los dos candidatos y la actuación de la Corte Suprema fueron asuntos que se discutieron y debatieron durante varios meses. Pero el verdadero escándalo de las elecciones se presentó tras revelarse la gran cantidad de votos invalidados en las elecciones de los Estados Unidos, debido a problemas en las máquinas de votación y a otras irregularidades propias de las elecciones. Estos votos no contados casi nunca influían en los resultados, así que los medios no les prestaron mucha atención a los votos no contados, a los "contados dos veces" o a los que tenían "marcación doble," que fueron rechazados en las elecciones oficiales. Pero en el 2000, cuando cada voto tuvo un gran valor, los norteamericanos se dieron cuenta de que sus votos podían ser desechables. Y no debe sorprender que la mayoría de los votos que nunca se contaron provenían especialmente de los distritos más pobres, compuestos por poblaciones minoritarias, donde se gasta la menor cantidad de dinero para modernizar las máquinas de votación y garantizar que cada voto, supuestamente considerado como el más preciado tesoro que tienen los norteamericanos, sea contado.

La desintegración de millones de votos, aunada al hecho de que el voto popular haya sido eclipsado por el Colegio Electoral—vestigio del temor que existía en el siglo XIX a un exceso de democracia—por lo menos avivó, así haya sido temporalmente, el llamado a deshacerse de una vez por todas de ese instrumento. Si alguna vez fue útil en garantizar que el presidente fuera electo por una población diversa en términos geográficos y no sólo por los habitantes de los estados más poblados, este tipo de lógica dejó de existir para muchos analistas.

El fuerte interés público por las elecciones del 2000, el debate sobre la notable injerencia de la Corte Suprema en las políticas presidenciales y la presión para que se adelantara una reforma electoral que incluyera la eliminación del Colegio Electoral, ocuparon un lugar importante en los debates adelantados en la nación, aunque por un período muy breve.

El país terminó por pensar que "aquí no ha pasado nada" y se estableció una atmósfera de conformismo acerca del resultado de las elecciones, a excepción quizá de algunos demócratas que realmente creían que su candidato era el "verdadero" presidente.

Pero en términos generales, las extrañas elecciones del 2000 fueron casi olvidadas un año después y eclipsadas por los eventos del 11 de septiembre de 2001.

Lectura Recomendada: *Too Close to Call: The Thirty-Six Day Battle to Decide the 2000 Election*, de Jeffrey Toobin; *Bush vs. Gore: The Court Cases and the Commentary*, editado por E. J. Dionne Jr. y William Kristol.

¿Dónde está Fox Mulder cuando lo necesitamos?

¿Recuerdan la rima infantil sobre la niña que tenía un bucle en la mitad de la frente? "Cuando era buena, era muy, muy buena, pero cuando era mala, era terrible."

Esta rima resume la historia del FBI durante los últimos 20 años. Para decirlo de otra manera, los agentes de esta organización a veces se comportaban muy bien, pero otras veces se comportaban muy mal.

Para una generación más antigua de televidentes norteamericanos, el FBI era perfecto. Todas las semanas, un agente del FBI, representado por Efrem Zimbalist Jr., resolvía un crimen en menos de una hora con la ayuda de los archivos de esta oficina. Para cuando apareció el programa *Los expedientes-X*, una nueva generación desilusionada, harta de encubrimientos, conspiraciones e ineptitud, vio al FBI como una oficina que adelantó campañas de desinformación y que tuvo unos líderes malvados. La verdad puede estar "ahí," como decía todas las semanas el agente Fox Mulder de *Los expedientes-X*, pero probablemente se encuentra en algún lugar de la visión del FBI ofrecida por los programas televisivos.

La historia reciente de este departamento—al igual que otras agencias de inteligencia o encargadas de velar por el cumplimiento de las leyes como el Servicio de Inmigración y Naturalización (INS), el Departamento para la Lucha contra la Droga (DEA), la Oficina para el Alcohol, el Tabaco y las Armas de Fuego (BATF) y la CIA—son una mezcla de éxitos soprendentes y de fracasos estruendosos y avergonzantes.

- **Ruby Ridge:** El enfrentamiento entre los agentes federales y la familia Weaver en Ruby Ridge, Idaho, fue uno de los ejemplos más discutibles y controvertidos sobre los abusos del poder federal, que provocó a un segmento de la población norteamericana que desconfiaba del gobierno. El incidente de Ruby Ridge comenzó cuando varios alguaciles trataron infructuosamente de arrestar a Randall Weaver, un separatista blanco y cristiano. Éste vivía con su familia en una cabaña remota ubicada en las montañas del norte de Idaho, cerca de Ruby Ridge, y sus posiciones racistas y antisemitas le hubieran parecido absurdas a la gran mayoría de los norteamericanos. Randall Weaver no asistió a una audiencia en la que sería acusado de vender armas sin registro—dos escopetas con el cañón recortado—a un agente encubierto de la BATF en 1989. Su ausencia se debió a que la Corte le envió una carta con la fecha errada. Sin embargo, ésta emitió una orden de arresto en su contra. (Más tarde, un jurado determinó que Weaver fue víctima de una trampa, aunque la investigación del Departamento de Justicia concluyó que ésta no era ilegal.) El 21 de agosto de 1992, mientras los agentes requisaban la propiedad de Weaver—que más tarde se comprobó que era un acto ilegal por parte de los agentes—uno de los perros comenzó a ladrar y un agente federal le disparó. Posteriormente, también se descubrió que el agente le lanzó piedras al perro para que se agitara. Hubo un intercambio de disparos y Sammy —de 14 años e hijo de Weaver— recibió un disparo en la espalda mientras huía del enfrentamiento. El tiroteo continuó y un agente federal también perdió la vida.

Al día siguiente, un agente del FBI le disparó a Weaver mientras recogía el cadáver de su hijo. Weaver intentó entrar a la cabaña con dos de sus compañeros. Su esposa Vicki estaba fuera de la puerta con un niño en sus brazos. El agente disparó de nuevo y la mujer murió de inmediato. Los códigos del FBI señalan que la fuerza letal puede utilizarse cuando se trata de proteger a alguien de un peligro inmediato. Así está estipulado en la Constitución y lo han establecido también numerosos fallos judiciales.

Durante el juicio, el gobierno sostuvo que Weaver y otro hombre fueron ultimados porque habían amenazado con dispararle a un helicóptero del FBI, pero el juez desestimó la acusación por falta de pruebas. Un jurado de Idaho encontró a Weaver y a otro hombre inocentes de los cargos más graves formulados en su contra. Gerry Spence, abogado de Weaver, dijo más tarde: "Hoy, un jurado ha dicho que no se puede asesinar a alguien simplemente por llevar una placa, para luego encubrir esos homicidios y enjuiciar a los inocentes."

Una investigación realizada por el Departamento de Justicia en 1994, que fue una de las revisiones más exhaustivas realizadas al FBI, concluyó que los agentes de esta oficina se habían excedido en su reacción a la amenaza de violencia. También señaló que establecieron una política de disparar en el acto que violaba los reglamentos internos de la oficina, así como las restricciones al poder policial contenidas en la Cuarta Enmienda. El FBI castigó a los doce agentes y empleados, incluyendo a Larry Potts, el jefe de la división criminal en aquella época, aunque posteriormente fue promovido a un cargo de mayor rango.

Lectura Recomendada: *From Freedom to Slavery: The Rebirth of Tyranny in America*, de Gerry Spence.

- **Waco:** El 28 de febrero de 1993, el Departamento de Alcohol, Tabaco y Armas de Fuego adscrito al Departamento del Tesoro, realizó un desastroso ataque a un destartalado conjunto cerrado en Mount Carmel, Texas, diez millas al este de Waco. Más de cien agentes llevaban órdenes de arresto expedidas contra la secta religiosa davidiana y contra su líder, David Koresh, por violaciones de armas. Koresh, quien había abandonado la escuela secundaria, era un personaje carismático, cuyas delirantes opiniones sobre la Biblia y sobre el inminente apocalipsis cautivaba a sus seguidores. Al igual que los líderes de otras sectas, Koresh utilizó su liderazgo religioso para perseguir fines sexuales. Predicaba que las mujeres de su secta debían tener relaciones sexuales con él a fin de ser verdaderas discípulas, y supuestamente, era el padre de unos doce niños que tuvo con diferentes "esposas", algunas de las cuales tenían apenas doce años de edad. Se dice que Koresh utilizaba técnicas de manipulación mental con sus seguidores. Un ambiente espartano, la rendición de todos los bienes y la lealtad incondicional fueron utilizados para crear un mundo en el que los miembros de la secta dependían totalmente de él. La disciplina, a menudo inhumana, era aspecto central de la metodología implementada por Koresh. Los niños eran azotados hasta sangrar. Los adultos eran sumergidos por la fuerza en pozos sépticos. No obstante, muchos miembros de la secta tenían trabajos fuera del conjunto cerrado, a pesar de que las prácticas de esta secta eran extrañas, inmorales y hasta ilegales. Koresh también se enfrascó en un ambicioso proyecto para armarse. Fue debido a estas armas, que incluían rifles de asalto, cientos de miles de municiones y piezas para fabricar armas, que la BATF realizó el allanamiento. Nunca se supo cuál de los dos bandos fue el primero en disparar en esta fracasada operación.

Los sobrevivientes davidianos dijeron que sólo dispararon cuando los agentes federales lo hicieron antes que ellos. Cuatro agentes de la BATF y varios miembros de la secta davidiana perdieron la vida.

Ese mismo día, el presidente Clinton le ordenó al FBI que asumiera el caso. La estrategia inicial de este departamento fue hacerles la vida imposible a los miembros de la secta. Cercaron el perímetro de las instalaciones, alumbraron la casa durante las 24 horas y produjeron sonidos que reventaban los tímpanos.

Koresh se valió de esto para reforzar sus predicciones sobre el apocalipsis que se avecinaba y para hacerse más mesiánico a los ojos de sus seguidores. Cuando las negociaciones, que se prolongaron durante 51 días, fracasaron, y tras considerar que las vidas de los niños que estaban en la casa corrían peligro, la fiscal general Janet Reno aprobó un plan para lanzar un ataque que pusiera fin a la resistencia, el cual fue aprobado el 18 de abril por el presidente Clinton. El FBI pensaba aumentar la presión utilizando gas CS, un tipo de gas mucho más nocivo que el lacrimógeno. Esta decisión se tomó a pesar de que como dijera James Bovard en su libro *Lost Rights:* "Pocos meses antes, el gobierno de los Estados Unidos había firmado un tratado internacional que prohibía el uso de este gas en enfrentamientos armados, pues se reconoció que sus efectos eran tan violentos que su uso era sencillamente inmoral. Sin embargo, el tratado internacional no le prohibió al gobierno norteamericano utilizar el gas CS contra sus ciudadanos." A pesar de los temores sobre un suicidio colectivo, tal como había sucedido en Guyana cuando Jim Jones les quitó la vida a 900 miembros de su secta, el FBI lanzó su ataque hacia las seis de la mañana. Un tanque abrió huecos cerca de la entrada al conjunto y roció gas CS. En respuesta, los miembros de la secta dispararon a los tanques. A las nueve de la mañana, un tanque destrozó la puerta del conjunto y el FBI creyó que la resistencia había terminado. Sin embargo, los agentes de esta oficina continuaron lanzando gases y disparos de tanque, con el objetivo de que los miembros de la secta se rindieran. Alrededor del mediodía aparecieron nubes de humo, y muy pronto el conjunto estalló en llamas, las cuales aumentaron por los fuertes vientos que azotaban a la región. Los agentes entraron a la casa y encontraron a varios niños en un pozo de concreto lleno de agua, ratas y excrementos. No había autos de bomberos, pues el FBI pensaba que correrían peligro si se desataba un intercambio de disparos.

Cuando terminó la conflagración, 80 davidianos, incluidos 27 niños, fueron identificados como víctimas del incendio. Siete, incluyendo a Koresh, tenían disparos en la cabeza. Casi de inmediato se rumoró que el FBI había causado el incendio en forma deliberada.

Las investigaciones posteriores, respaldadas por las pruebas ofrecidas por aparatos auditivos que habían sido instalados secretamente en el interior del conjunto, indicaron que el fuego interno fue causado por los davidianos, pues se grabó una frase en la que alguien decía: "Enciendan el fuego." Se detectó la presencia de kerosene y gasolina en la ropa de algunos miembros de la secta, pero existe la posibilidad de que el incendio hubiera sido causado por el asalto de las fuerzas gubernamentales. Luego del incidente, dos miembros del BATF fueron despedidos, aunque posteriormente fueron reintegrados en cargos de menor rango. Ningún agente del FBI fue sancionado y ocho miembros de la secta davidiana fueron acusados de cargos que iban desde violaciones de armas hasta homicidio intencional.

El país siempre había apoyado al FBI y a sus prácticas, pero su actuación en los dos casos produjo un gran impacto en la opinión pública. Según dice Ronald Kessler en su libro *The Bureau*: "En 1999, la mayoría de la población creía que el FBI había asesinado a personas inocentes en Waco . . . y en Ruby Ridge."

- **Oklahoma City:** El incidente de Waco tuvo serias consecuencias. El 19 de abril de 1995, durante el segundo aniversario del incendio de Waco, un camión-bomba explotó frente al edificio federal Alfred P. Murrah en el centro de Oklahoma City, destruyendo la fachada central y matando a 168 personas, 19 de las cuales eran niños. Inmediatamente, la sospecha recayó en terroristas árabes, en vista del atentado terrorista que habían perpetrado al World Trade Center en 1993. Pero al cabo de pocas horas, el FBI localizó un fragmento del camión utilizado en el ataque y descubrió que había sido rentado en Kansas.

A los pocos días, Timothy McVeigh fue identificado como el principal sospechoso de haber realizado el atentado con la bomba. McVeigh, un veterano condecorado de la Guerra del Golfo, fue detenido para ser enjuiciado por un agente patrullero estatal de Oklahoma por conducir sin placas y por llevar un arma escondida. Su cómplice Terry Nichols también fue capturado y aceptó testificar contra su compañero. McVeigh fue encontrado culpable y condenado a la pena de muerte. Pero aunque el FBI actuó bien, las cosas salieron mal. Pocos días antes de la ejecución de McVeigh, programada para mayo de 2001, el FBI le dijo al abogado del culpable que no le habían entregado 3,000 páginas con documentos relacionados con el caso. La ejecución de McVeigh fue aplazada por John Ashcroft, el nuevo fiscal general, para que los abogados de McVeigh revisaran los documentos. Éstos no tuvieron ninguna influencia en el caso, aparte de retrasar la ejecución y de hacer quedar mal al FBI. McVeigh fue ejecutado en junio de 2001, siendo la primera ejecución de carácter federal en Norteamérica desde 1963.

- **El Unabomber:** Los Estados Unidos vivieron una plaga de cartas bomba entre 1978 y 1998. La mayoría de ellas, que consistían en cientos de clavos, pedazos de cuchillas de afeitar y fragmentos metálicos, eran enviadas como correo normal y explotaban cuando las víctimas las abrían. Como las primeras de estas bombas fueron dirigidas a profesores de ciencias y de ingeniería, así como a ejecutivos de aerolíneas, el FBI denominó al responsable de estas cartas como el "Unabomber" (UNA: universidades y aerolíneas).

  El unabomber realizó 16 atentados que dejaron un saldo de tres personas muertas, 23 heridas y millones de personas sumidas en el pánico.

  En 1995, los medios recibieron un manifiesto de 35,000 palabras escrito por el unabomber, en el que éste declaraba a la industria moderna y a la tecnología como sus objetivos. Según este documento, la única forma de restaurar la autoestima de la humanidad era destruyendo las instituciones que promovían las innovaciones tecnológicas. El FBI gastó 50 millones de dólares y 17 años en rastrear al Unabomber, en lo que fue la cacería humana más prolongada y costosa en toda la historia.

- **Olympic Park:** Cuando un artefacto explosivo estalló el 26 de julio en medio de los Juegos Olímpicos de Atlanta, los agentes del FBI sospecharon de inmediato de un guardia de seguridad que había informado a la policía sobre una mochila abandonada 23 minutos antes que estallara la bomba. El guardia, Richard Jewell, ayudó a evacuar la zona luego de la explosión que dejó dos personas muertas. Tres días después, un periódico local informó que Jewell era una víctima inocente de una investigación defectuosa y de unos medios sedientos de encontrar un culpable. Posteriormente, el FBI centró su atención en Eric Robert Rudolph, un fugitivo acusado de haber puesto bombas en clínicas de abortos en Birmingham, Alabama y Atlanta. (Rudolph fue capturado en el 2003 luego de una intensa persecución.)

- **Los Álamos:** Una vez más, el FBI pensó en otra clase de bombas, pero todo resultó ser un fiasco. La oficina se lanzó a la persecución de un espía que supuestamente les vendía secretos de energía atómica a los chinos. Cuando una persona de esta nacionalidad desertó a Taiwan y entregó varios documentos clasificados, las sospechas recayeron de inmediato en Wen Ho Lee, un científico chino-americano que trabajaba en el laboratorio nuclear de Los Álamos desde 1978. El Departamento de Energía comenzó a investigar el caso pero luego instruyó al FBI para lo asumiera. En realidad, nadie estaba seguro de que alguien hubiera extraído información secreta. Sin embargo, Wen Ho Lee fue acusado en 1999 de copiar secretos correspondientes a la bomba atómica. Al acusado no se le concedió fianza, fue encadenado y detenido en condiciones muy estrictas mientras esperaba a ser enjuiciado, pero éste se declaró inocente. El caso se derrumbó, pero más tarde, Lee aceptó declararse culpable de un cargo menor por haber realizado copias y por manejo indebido de información sobre seguridad nacional, por lo que fue sentenciado a una pena que ya había cumplido. Nunca se demostró que Lee—ni que ninguna otra persona—hubiera vendido documentos a los chinos y una vez más, el FBI malogró una investigación de alto perfil. Un fiscal federal que investigó el caso dijo: "El caso fue un paradigma de cómo es que no se debe manejar ni conducir un importante caso de contrainteligencia." (A finales del 2002, Lee declaró que no había podido encontrar trabajo en ningún laboratorio o universidad.)

- **Walker/Ames/Hanssen:** El caso de Wen Ho Lee fue uno más en la serie de casos de espionaje que suscitaron muchos interrogantes sobre la capacidad de contraespionaje del FBI. Uno de estos fue el caso Walker. John Walker, un especialista en comunicaciones de la Marina de los Estados Unidos y su hijo Michael, realizaron labores de espionaje para los soviéticos y les vendieron importantes secretos de la Marina durante 17 años sin ser detectados. Walker comenzó a espiar en 1968 y escapó a la vigilancia que el FBI mantenía en la embajada soviética en Washington. John invitó a su hermano

Arthur, un comandante retirado de la Marina que trabajaba con un contratista de defensa, para hacer parte de la cadena de espionaje. John Walker sólo fue descubierto cuando se divorció y su ex esposa le advirtió al FBI sobre sus actividades. Fue arrestado en mayo de 1985, en compañía de su hijo, su hermano y otro cómplice. John fue condenado a cadena perpetua luego de colaborar con las autoridades, su hijo recibió 25 años de prisión, Arthur fue condenado a tres cadenas perpetuas concurrentes y a una multa de 250,000 dólares, mientras que el cuarto cómplice fue condenado a 265 años de cárcel y a pagar una multa de 410,000 dólares.

El segundo gran fracaso de contrainteligencia de esta época fue una operación de la CIA que terminó por afectar al FBI. Aldrich Ames, hijo de un funcionario de la CIA, se unió a esta agencia en 1962. Comenzó a espiar para los soviéticos a mediados de los años ochenta, pero la CIA y el FBI tardaron varios años en enterarse de sus actividades, a pesar de que Ames llevaba un estilo de vida muy superior al que le permitía su salario. Aunque ganaba 70,000 dólares anuales, tenía un Jaguar y vivía en una casa que valía medio millón de dólares. El FBI había observado durante varios años que Ames se reunía con agentes soviéticos, pero no pudo hacer mayor cosa, pues a pesar de solicitarle a la CIA que realizara una investigación, ésta agencia nunca lo hizo. Posteriormente se descubrió que Ames había recibido 2.5 millones de dólares de los soviéticos desde 1985 y traicionado más de cien operaciones de la CIA. Ames fue capturado en 1994, se declaró culpable y fue sentenciado a cadena perpetua sin la posibilidad de obtener libertad condicional.

Aunque se consideró que los casos de Walker y Ames habían sido grandes fracasos de inteligencia, palidecieron a comparación del daño causado por Robert Hanssen, un agente del FBI que trabajaba para los soviéticos y tenía acceso a los secretos gubernamentales más delicados. Hanssen, un ex policía de Chicago, se incorporó al FBI en 1976 y tres años después comenzó a venderles documentos clasificados a los soviéticos. Su esposa se enteró de sus actividades y le hizo confesarse con un sacerdote católico, quien le dijo que donara el dinero recibido por concepto de espionaje a la Madre Teresa. Hanssen continuó realizando labores de espionaje, le vendió secretos a la KGB en las décadas de los ochenta y noventa, y expuso a agentes dobles que trabajaban para los Estados Unidos. En enero de 2001, Hanssen fue arrestado y acusado de espionaje a favor de los rusos. Se declaró culpable de vender seis mil páginas de documentos, además de diskettes de computador a los rusos durante 21 años. La labor de espionaje adelantada por Ames produjo más muertes que los actos de Hanssen, quien entregó información mucho más delicada. Éste recibió cadena perpetua—aunque sin posibilidad de obtener libertad condicional—pues el FBI y la CIA necesitaban de su cooperación.

En el libro *The Bureau*, Ronald Kessler resume el caso de este espía: "Hanssen creía que el FBI nunca lo capturaría, ni aún si sacaba información de un computador oficial del FBI . . . [que] podía hacer circular historias eróticas en Internet utilizando su verdadero nombre e hipotecar su casa por una fuerte suma sin levantar ninguna sospecha. El FBI fue tan complaciente que cuando un técnico encontró software *hacker* en su computador, nadie le hizo preguntas. Tampoco se investigaron las actividades que realizó durante los últimos cinco años, tal como debe hacerse con todos los agentes del nivel de Hanssen."

Todos estos reveses, que deben ser sopesados con los notables éxitos del FBI en materia de contrainteligencia y que a menudo pasan desapercibidos, serían motivo de vergüenza para las agencias, preocupantes para los contribuyentes norteamericanos y tal vez sorprendentes, de no haber sido por los eventos del 11 de septiembre de 2001. Menos de un año después de los ataques terroristas que ocurrieron en esta fecha, comenzaron a aparecer reportes sobre informaciones importantes que algunos agentes del FBI recogieron sobre terroristas islámicos que planeaban un ataque con aviones. Estas revelaciones se dieron a conocer después de que oficiales de la administración y el director del FBI declararan que no habían recibido advertencias sobre un posible ataque.

Es evidente que muchos agentes del FBI sabían de la posibilidad de un ataque terrorista. Un agente de Phoenix advirtió a través de una nota escrita, que unos hombres del Oriente Medio con supuestas conexiones con grupos terroristas, se estaban registrando en escuelas de aviación. Esta nota fue recibida en las oficinas del FBI en Washington y Nueva York, pero no se adelantó ningún operativo. Un hombre fue arrestado en agosto, antes de los ataques, debido a su comportamiento sospechoso en una escuela de aviación, pero los informes de la escuela no fueron tomados muy en serio por los altos mandos. Otros documentos de 1993 relacionados con las bombas que explotaron en el World Trade Center nunca fueron traducidos del árabe al inglés. La CIA también recibió informaciones similares sobre posibles secuestros de aviones, pero las dos agencias eran conocidas por su fuerte territorialidad. La orden que expidió el Congreso para que la CIA no se inmiscuyera en tareas de espionaje dentro del país—promulgada después de que se revelaran los abusos cometidos por la CIA en los años setenta—también obstaculizó el intercambio de una información que pudo ser valiosa. No se sabe aún cuál era el nivel de alerta del FBI y si fue o no incapaz de relacionar importantes claves sobre los ataques terroristas. En junio de 2002, el presidente Bush ordenó una reorganización completa de los organismos de inteligencia y de seguridad doméstica y los fusionó en un departamento a nivel de gabinete creado a fines de 2002.

Voces Americanas
Gerry Spence, abogado de Randy Weaver,
del libro *From Freedom to Slavery* (1995).

> Estas son épocas peligrosas. Cuando sentimos miedo, queremos que nos protejan, pero como no podemos protegernos de actos tan terroríficos como los asesinatos masivos con bombas, nos sentimos tentados a acudir al gobierno, que siempre está dispuesto a protegernos a cambio de nuestra libertad. Ante lo cual es pertinente preguntarnos: ¿Qué tanta libertad estamos dispuestos a sacrificar a cambio de semejante promesa?

Las palabras de Spence, escritas luego de la bomba puesta en el edificio de Oklahoma City en 1995, fueron terriblemente premonitorias. Siete años después de los ataques terroristas del 11 de septiembre, la posibilidad enunciada por Spence en referencia al incidente de

Oklahoma sería la medida que adoptaría la administración de Bush ante la nueva amenaza terrorista.

Norteamérica en el 2000: panorama estadístico.

La Constitución de los Estados Unidos exige que cada diez años se realice un censo para otorgar sillas en el Congreso. El primer censo del país fue realizado en 1790, poco después de que Washington asumiera como presidente. Tardó 18 meses en realizarse y un total de 3.9 millones de personas fueron contadas.

La naturaleza del censo aumentó a medida que la nación crecía. Durante el transcurso de las décadas se fueron incorporando preguntas sobre la economía —sobre las fábricas, la agricultura, la minería y la pesca. Las primeras preguntas de orden social se hicieron en el censo de 1850. En 1940, el Departamento del Censo comenzó a utilizar técnicas estadísticas de muestreo y en 1950 aparecieron las computadoras.

El censo del año 2000 reveló que el primero de abril de ese año, la población total de Estados Unidos era de 281,421,906 de habitantes, lo que marcaba un incremento del 13.2 por ciento con respecto a 1990. Las mujeres eran un poco más numerosas que los hombres (143,368,000 mujeres y 138,054,000 hombres). El aumento de 32.7 millones de habitantes era el mayor ocurrido entre un censo y otro, y superaba incluso al aumento demográfico de 28 millones registrado entre 1950 y 1960, durante la década del *babyboom*. La región que registraba el más rápido crecimiento era el Oeste; y los estados de mayor crecimiento eran Nevada, Arizona, Colorado e Idaho. California, el estado más grande, registró el mayor aumento poblacional: 4,1 millones de habitantes adicionales. Reflejando el movimiento poblacional hacia el Oeste y hacia el Sur, el centro demográfico del país (que consiste en una medición estadística) se movió 12,1 millas hacia el Sur y 32.5 millas hacia el Oeste, en un punto cerca de Edgar Springs, Missouri. El Departamento del Censo también realiza un cálculo constante de la población norteamericana. Tomando el censo del año 2000 como punto de partida, se calcula que cada 8 segundos se presenta un nacimiento, cada 14 segundos ocurre una muerte, cada 34 segundos llega un nuevo inmigrante y cada 3,202 segundos regresa un norteamericano al país. Esto significa un aumento neto de *una persona cada 11 segundos.*

En términos políticos, el censo mostró cambios en la composición del Congreso, donde 21 de las 435 sillas de la Cámara de Representantes fueron relocalizadas de acuerdo con los cambios demográficos y donde la mayoría de las nuevas sillas pasaron del Norte y del Medio Oeste hacia el Sur y el Oeste.

Los beneficiados fueron (por estados y número de nuevas sillas): Arizona 2; California 1; Colorado 1; Florida 2; Georgia 2; Nevada 1; Carolina del Norte 1; Texas 2.

Los perdedores fueron: Connecticut 1; Illinois 1; Indiana 1; Michigan 1; Mississippi 1; Nueva York 2; Ohio 1; Oklahoma 1; Pennsylvania 2; Wisconsin 1.

Como el Colegio Electoral está conformado según el número de sillas en el Congreso, estos cambios tuvieron un efecto en las elecciones presidenciales de 2004.

El sueño americano también ha cambiado. La promocionada visión de los años cincuenta con un padre, una madre, dos hijos, un perro y una casa con garaje para dos autos es cosa del pasado, una noción romántica que difícilmente existió en Norteamérica. Los nuevos hogares son más pequeños. Aquellos conformados por parejas casadas disminuyeron y fueron un poco más de la mitad de todos los hogares. Las personas que vivían solas, la segunda forma de vida más popular en el país, representaron más de la cuarta parte del total de hogares.

Los hogares conformados por madres solteras permanecieron en el 12 por ciento de todos los hogares, mientras que los hombres solteros aumentaron al 4 por ciento. Los hogares constituidos por parejas en unión libre representaron el 5 por ciento. El modelo de vida descrito en el programa *Leave it to Beaver* pasó a ser una especie en vías de extinción. La nación también envejeció. La edad promedio de los Estados Unidos en el año 2000 era de 35.3 años, la más alta registrada en la historia. El aumento reflejó el envejecimiento de la generación del *babyboom,* conformada por las personas nacidas entre 1946 y 1964. Aunque muchas personas consideron los noventa como una década de prosperidad económica, la pobreza aumentó en once estados. Con respecto a los salarios semanales, la información del censo reveló que quienes ganaban más fueron los que recibieron los mayores aumentos y que quienes tenían salarios bajos obtuvieron aumentos mucho más bajos. En otras palabras, la marea alta elevó a todos los botes, pero algunos se elevaron más que otros, o como dice George Orwell en su libro *Rebelión en la granja:* "Todos los animales son iguales pero algunos animales son más iguales que otros."

El aspecto más impactante es que la pobreza infantil sigue siendo uno de los peores lunares del país. En términos generales, la tasa oficial de pobreza infantil fue del 16 por ciento, superior a la registrada en las décadas de los sesenta y setenta, cuando estuvo alrededor del 14 por ciento. Aunque la pobreza infantil se haya reducido, los Estados Unidos están retrasados en este aspecto en comparación con otras naciones desarrolladas. Los niños más pobres del país tienen niveles de vida más bajos que el 10 por ciento inferior de cualquier otra nación excepto Inglaterra.

Y aunque los líderes políticos del país dicen que "ningún niño será ignorado," la tasa de mortandad infantil de Estados Unidos ocupa el puesto número 33 en el mundo, un poco inferior a la de Cuba. Así mismo, se determinó que el 18 por ciento de las mujeres estadounidenses no tenían acceso a atención médica prenatal. La cacareada Ley de Reforma a la Asistencia Social de 1996, que prometía que la gente pasara de la "asistencia a los trabajos," sólo consiguió emplear a personas en trabajos en los que seguían siendo oficialmente pobres o estaban cerca de la línea de pobreza. Y para aclarar qué es lo que el gobierno norteamericano define como pobreza, el límite para una familia de cuatro personas era un ingreso de 16,954 dólares anuales en 1999, aproximadamente lo que gana el típico empleado de Wal-Mart al año cumpliendo jornadas laborales de 40 horas semanales.

El censo de 2000 reveló una Norteamérica más diversa en términos raciales. Por primera vez, las personas censadas tuvieron la oportunidad de elegir una o más categorías raciales y casi 7 millones de personas (2.4 por ciento) aprovecharon la oportunidad. De los 275 millones de personas que sólo señalaron una raza, el 75.1 por ciento dijo ser de raza blanca, el 12.3 por ciento negros o afroamericanos, el 0.9 por ciento indios norteamericanos o nativos de Alaska, y el 3.6 por ciento asiáticos. Una pregunta separada recogió información sobre los orígenes hispanos o latinos. Los hispanos, que pueden ser de cualquier raza, ascendieron a 35.3 millones, constituyendo alrededor del 13 por ciento de la población.

Sin embargo, los patrones de segregación ejercida por los blancos contra las minorías continuaron presentándose, a pesar de los progresos realizados por éstas en aspectos como ingresos y educación. Pero el sueño de tener una casa propia, algo que generalmente es considerado como el tiquete de oro para alcanzar el sueño americano, continúa siendo algo difícil de alcanzar para este segmento de la población.

¿Cuáles fueron las buenas noticias? El censo de 2000 reveló que los norteamericanos que contaban con instalaciones sanitarias separadas de la casa y con duchas en la cocina habían caído por debajo del millón, por primera vez en la historia del país. Uno de los aspectos más significativos es que, diez años después de los violentos disturbios de Los Ángeles (tras la absolución de cuatro policías de raza blanca por la salvaje paliza que le propinaron a Rodney King) el progreso ha sido notable. Dos oficiales de alto rango del Departamento de Política Exterior del primer mandato de George W. Bush eran de raza negra. Y, más sorprendente aún, eran negros republicanos. Una de ellas es Condoleezza Rice, asesora nacional de seguridad durante el primer mandato de Bush. El otro es Colin Powell, quien con frecuencia señala que ascendió en los estamentos militares gracias a las políticas de acción afirmativa. Se convirtió en uno de los oficiales de más alta graduación en el Pentágono durante el gobierno de George Bush padre y luego fue el primer secretario de estado de raza negra. No hay duda que, de haberse lanzado—o si lo hace en un futuro—Powell sería un candidato presidencial con credibilidad. La institución militar—a la que Powell perteneció—es considerada en términos generales como la institución más integrada en términos raciales de la sociedad norteamericana.

Entre el creciente número de líderes corporativos negros se destacan el director de American Express y de AOL Time Warner, la compañía de medios más grande del mundo. La hija de unos aparceros fue nombrada como rectora de la Brown University, uno de los cargos más prestigiosos en el mundo académico. La mujer más poderosa, influyente y admirada en los medios norteamericanos—y tal vez en toda la Nación—es Oprah Winfrey. Durante le entrega de los Oscar en

el año 2000, dos actores negros—Denzel Washington y Halle Berry—
recibieron el codiciado galardón. Dos de los deportistas más admirados
del país, de los que sólo basta señalar su primer nombre, Michael y
Tiger también son negros. En otras palabras, Norteamérica ha superado las políticas de "fachada" de forma notable y significativa.

Está claro que la movilidad social, el poder corporativo, los logros
deportivos y en la industria del entretenimiento son sólo una parte de
la historia. Muchos aspectos del país todavía están divididos en blanco
y negro. La pobreza y el desempleo aún afectan mucho más a las
minorías que a la Norteamérica blanca. Cómo pueden ser resueltas
estas disparidades es una pregunta que todavía no tiene respuesta. Las
políticas de acción afirmativa han sido objeto de fuertes críticas por
otorgar "cuotas" injustas que resuelven la discriminación que existió
en el pasado, para discriminar actualmente y de manera injusta a la
población blanca, bien sea en admisiones universitarias o en prácticas
empresariales. Varios académicos negros respetables señalan que Norteamérica debería pagarles "indemnizaciones" a los descendientes de
esclavos norteamericanos, tal como se hizo con los norteamericanos de
origen japonés detenidos durante la Segunda Guerra Mundial y con
las víctimas del Holocausto.

Los nativos norteamericanos también sostienen que merecen más
del gobierno, después del trato recibido durante varios siglos.

VOCES AMERICANAS
GEORGE W. BUSH, de su discurso sobre Estado
de la Unión (enero de 2002).

Nuestro . . . objectivo es evitar regímenes que apoyen el
terrorismo que amenace a Norteamérica o a nuestros amigos y aliados con armas de destrucción masiva. Algunos de
estos regímenes han estado muy calmados desde el 11 de
septiembre. Pero sabemos cuál es su verdadera naturaleza.
Corea del Norte es un régimen que se está armando con
misiles y armas de destrucción masivas, mientras que sus
ciudadanos mueren de hambre. Irán también busca de
manera activa este tipo de armas y exporta el terror, mientras que unos pocos líderes que nadie ha elegido reprimen

la esperanza de libertad que tiene el pueblo iraní. Irak
sigue mostrando su hostilidad hacia Norteamérica y
exportando el terror . . . estados como éstos y sus aliados
terroristas constituyen el Eje del Mal y se están armando
para amenazar la paz mundial.

Este discurso, pronunciado pocos meses después de los ataques
terroristas y de la guerra contra Afganistán, podría pasar a la historia
como el discurso emblemático de este presidente. La frase "Eje del
Mal," que pretende captar la imagen del Eje conformado por Alemania, Japón e Italia durante la Segunda Guerra Mundial, es más simbólica, antes que la definición de una alianza real entre estos países. Irak
e Irán son naciones vecinas pero distantes que sostuvieron una guerra
devastadora hace una década. Corea del Norte es un país completamente arruinado. No obstante, la administración de Bush considera
que estas tres naciones financian, entrenan y respaldan a los terroristas.
Después de todo, estos son los turbulentos efectos de la historia.

Edward Gibbon, el gran historiador, dijo que la historia es "poco más
que el registro de los crímenes, disparates y desgracias de la humanidad." Voltaire señaló que la historia es una broma que los vivos le
hacían a los muertos. Thomas Carlyle sostuvo que la historia es una
"destilación de humor" y Henry Ford afirmó que la historia es "más o
menos tonterías."

Esta historia de Norteamérica tiene un poco de ésto y de aquello.
Lo cierto es que la historia *no* es aburrida. La historia es viva, humana
y siempre cambiante. Necesitamos reescribirla y aprender de ella.

Norteamérica ha sobrevivido a muchas cosas. A una Revolución, a
una Guerra Civil, a dos Guerras Mundiales, a depresiones y recesio-
nes, a presidentes y políticos malos y buenos, a una Guerra Fría que
estuvo a un paso de causar una destrucción masiva en varias ocasiones.
Y más recientemente, a un ataque terrorista que sacudió los cimientos
de la seguridad y del sentido de confianza de la nación.

A medida que comienza a dar sus primeros pasos inciertos en el
nuevo siglo, se hace imprescindible recordar la historia de Estados
Unidos. Después de todo, lo que ha pasado es sólo el preámbulo.

EPÍLOGO

Atrapado en la pista de despegue del aeropuerto de Dallas-Fort Worth cuando el piloto dio a conocer el insondable informe sobre dos aviones que se habían estrellado contra el World Trade Center, quedé separado de mi familia en el bajo Manhattan. Solo pensé una cosa: ¡Quiero regresar a casa!

Mi viaje de regreso fue largo y extraño. Comenzó accidentalmente en el Depósito de Libros Escolares de Texas. Solo y en una ciudad lejana, fui a donar sangre y a comprar un tiquete de tren para viajar a Nueva York. Al enterarme de que los cupos estarían agotados durante varios días, salí de la estación de Amtrack sin saber a dónde me dirigía. Me encontré cruzando la Plaza Dealey y mirando el "promontorio." Me detuve en el Kennedy Memorial para tocar el monumento al presidente caído, en un esfuerzo por poner mi mano en un lugar concreto que me conectara con el resto de Norteamérica. Este punto en Dallas había sido el epicentro del primer impacto fuerte de mi vida, uno de esos momentos que se convierten en la referencia obligada para toda una generación. "¿En dónde estabas cuando escuchaste la noticia?" Pasé por el Depositorio de Libros, que había sido transformado en un museo sobre otra época del temor y la incertidumbre norteamericana, y yo sólo quería ir a la "zona cero" para estar con mi familia.

Como era imposible encontrar un pasaje en avión, tren o autobús, decidí rentar un auto. Abrí el atlas para establecer la ruta de regreso y muchos de los nombres de sitios que estaban entre Texas y Nueva York me resultaron familiares. Sin embargo, no advertí que me encontraría con 1,600 millas de historia norteamericana teñida de sangre.

En un comienzo, me pareció casi normal atravesar las planicies de Texas, mientras trataba de estar sintonizado con la demencia por medio de la gangosa señal de la Radio Pública Nacional. El numeroso tráfico se deslizaba por la autopista interestatal y varios camiones de Fed Ex y de la UPS trataban de llenar el vacío dejado por el que una vez fue el confiable transporte aéreo. Algunos camiones exhibían letreros escritos a mano que decían: "Insumos para Nueva York."

Como necesitaba dormir, hice mi primera parada en un motel de Little Rock. Sin proponérmelo, la imagen se desplegó en mi mente con toda claridad: bajo la mirada de las tropas federales, unos jóvenes negros trataban de ingresar a la escuela mientras una multitud blanca y exaltada les gritaba, escupía e insultaba. Terror en Norteamérica. Al día siguiente en las horas de la mañana, mientras cruzaba la extensa autopista a través de Mississippi y me aproximaba a Memphis, surgió otra imagen: Martin cayendo. Terror en Norteamérica.

Cuando pasaba por Tennessee, un aviso señalaba otro fragmento de la historia: "Parque Estatal de Nathan Bedford Forrest", en honor a un general confederado que comandó las tropas durante la masacre de soldados negros de la Unión. Posteriormente, Forrest fue uno de los fundadores del Ku Klux Klan. Terror en Norteamérica.

Avancé varias millas y me encontré con otro aviso: "Campo de batalla Shiloh," un sitio manchado de sangre donde 13,000 soldados de la Unión y 11,000 soldados confederados perdieron la vida durante los dos días que duró la batalla, en abril de 1862. El campo de batalla era un escenario terrorífico y los sobrevivientes no podían caminar sin tropezar con los cadáveres de los soldados fallecidos. Allí, los muertos fueron más numerosos que la sumatoria de las bajas norteamericanas en la Revolución, la Guerra de 1812 y la guerra contra México. Uno de los testigos de aquella carnicería fue una joven que buscaba a su esposo— un soldado—, así como muchos neoyorquinos buscaban desesperadamente a sus seres queridos después del colapso del World Trade Center producido por el ataque terrorista. Esa mujer, que fue obligada a servir como enfermera, describió el horrible espectáculo del cúmulo de miembros amputados reunidos en una carpa médica. Terror en Norteamérica.

Nashville y los avisos que señalaban a Hermitage, cuna del presidente Andrew Jackson, el "Viejo Hickory" de los libros de historia. Los indios le decían "Cuchillo afilado" a este personaje que inició los "traslados" que dejaron a miles de indios sin sus hogares ancestrales y que terminó en el sanguinario Sendero de las Lágrimas. Terror en Norteamérica.

Cerca de Knoxville estaban los avisos de Oak Ridge, el extraño y bucólico nombre de una población construida para albergar a los científicos que trabajaron en el Proyecto Manhattan. Las imágenes confusas del World Trade Center se fundieron con Hiroshima envuelta en una nube de humo. Terror en Norteamérica.

Abandoné el terreno plano y comencé a subir las colinas de Cumberland, pasé por Virginia y Shenandoah Valley, y me detuve para hacer el circuito de la Guerra Civil. Vi los avisos de Winchester, población que cambió de manos más de 70 veces mientras los estadounidenses combatían entre sí durante la larga y cruenta Guerra Civil. Otro aviso: "Harper's Ferry," donde John Brown, el fanático abolicionista hizo estallar el polvorín. Para algunos, fue un terrorista, para otros un mártir norteamericano.

Crucé la línea Mason-Dixon y llegué a Hagerstown y a Sharpsburg, Maryland, donde se puede hacer un recorrido por Antietam, escenario de la batalla más sangrienta en la historia del país. Terror en Norteamérica.

Llegué a Pennsylvania. Los campos fértiles por los que las hambrientas tropas de Robert E. Lee marcharon bajo el sol calcinante de septiembre. El maíz no estaba maduro, pero las olas doradas del cereal estaban llenas de promesas. Pasé por Gettysburg y volvieron las imágenes de otro baño de sangre durante tres días de julio de 1863. Terror en Norteamérica.

Pasé por Harrisburg, donde la población huyó despavorida de Robert E. Lee. Luego seguí hacia el este y me acerqué a Nueva York. Vi un aviso que señalaba a Filadelfia, la "Ciudad del Amor Fraternal," donde varios hombres conspiraron contra el gobierno. ¿Los Patriotas Americanos? Para el Parlamento inglés, eran los rebeldes y terroristas americanos.

Mientras me aproximaba al puente George Washington luego de viajar durante poco más de 40 horas, el presidente estaba en la iglesia.

Parecía hablarse más de venganza y de ponerle fin al terror que de redención. En ese momento, Norteamérica pareció estar a las puertas de una caverna larga y oscura, alumbrando con linternas que casi no podían penetrar en la oscuridad.

Así como el tiempo pareció detenerse con Pearl Harbor, con la muerte de Franklin D. Roosevelt, con el asesinato de John F. Kennedy y con la llegada del hombre a la luna, el secuestro de los cuatro aviones de pasajeros y la muerte y destrucción que siguió marcaron un hito en la vida de los estadounidenses. Nadie olvidará en dónde estaba cuando escuchó la noticia.

Los ataques que desencadenaron la guerra de Estados Unidos contra el terrorismo fueron simples, pero letales y efectivos. Los 19 secuestradores —cinco en cada uno de los dos vuelos de American Airlines, el número 11 y el número 77; otros cinco en el vuelo 175 de United Airlines y cuatro en el vuelo 93 de esta misma aerolínea—, escogieron aviones que llevaban poco peso pero que iban con el combustible necesario para hacer un viaje transcontinental.

Todavía es muy temprano para evaluar el impacto histórico que tuvieron los ataques terroristas a Norteamérica y la lucha contra el terrorismo en Afganistán y otros lugares. Muchos de los hechos acerca del ataque tendrán que ser descubiertos o revelados. Y seguramente, el tiempo alterará la percepción que se tenga sobre los hechos. Menos de un año después del 11 de septiembre, esto es todo lo que se sabe. A diferencia de los informes iniciales, que señalaban que más de seis mil personas habían muerto en los ataques terroristas, las cifras finales demostraron que el saldó de víctimas fue de 3,047 personas. Esta tragedia se constituyó en el primer ataque al territorio norteamericano perpetrado por fuerzas extranjeras desde la Guerra de 1812. Luego del ataque, el gobierno de los Estados Unidos centró su atención en la cadena terrorista de Al Qaeda y su líder Osama bin Laden, con sede en Afganistán. El 7 de octubre de 2001, Estados Unidos y Gran Bretaña, al lado de otros pocos aliados, lanzaron una gran ofensiva contra Al Qaeda y el régimen talibán de Afganistán, que ofrecía un refugio seguro a bin Laden.

Pocos meses después del ataque, el FBI reconoció que algunos de sus agentes habían escrito mensajes donde expresaban su preocupación por la posibilidad de que árabes que estudiaban aviación en Estados Unidos realizaran un ataque terrorista en territorio norteamericano. Es probable que nunca conozcamos lo que sabían los organismos norteamericanos de inteligencia.

El 11 de septiembre lo cambió todo. Durante las semanas y meses iniciales hubo una avalancha de apoyo y patriotismo en el país. La labor desempeñada por muchos individuos heroicos que murieron en el ataque mientras trataban de ayudar a las víctimas, mostró lo mejor del espíritu norteamericano. Pareciera como si cada generación pudiera producir los héroes que necesita.

Y, sin embargo, ¿qué tanto ha cambiado? El Congreso continúa debatiendo leyes oscuras. Los niños todavía desaparecen. Las oscilaciones del mercado bursátil atemorizan al país. No obstante, algo fundamental parecer haber cambiado. Es probable que algún día, los historiadores se refieran a la Norteamérica de fines de 2002 como a la "Era de la Confianza Perdida." En un corto espacio de tiempo, los norteamericanos perdieron la fé en las agencias gubernamentales, incluyendo el FBI y la CIA. La Iglesia, en particular la católica, sufrió un golpe devastador cuando varios sacerdotes fueron denunciados por acosar a menores. Las bancarrotas de varias corporaciones y los escándalos de corrupción en que se vieron involucradas empresas como Enron, Tyco, Global Crossing y WorldCom, hizo añicos la confianza que los estadounidenses tenían en la seguridad financiera del país.

Con frecuencia, la historia es la narración de unos pocos pasos hacia delante por cada uno que se da hacia atrás. Pero, ¿en dónde termina? ¿El 11 de septiembre será solo otro aviso más en el sangriento mapa de la historia norteamericana?

He aprendido que las preguntas son mucho más fáciles que las respuestas.

Kenneth Davis
Nueva York
Diciembre de 2002.

APÉNDICE 1

La Carta de Derechos y Otras Enmiendas Constitucionales

En una reunión celebrada el 25 de septiembre de 1789 en la ciudad de Nueva York, el primer Congreso sometió doce cambios a la Constitución, llamados artículos o enmiendas, para que fueran ratificados por los estados. Estas enmiendas hacían referencia a ciertos derechos individuales y estatales que no estaban señalados específicamente en la Constitución. Diez de estos artículos, propuestos originalmente, como las Enmiendas Tercera a Decimosegunda, fueron ratificadas en 1791 y actualmente se les conoce como las Enmiendas Primera a Décima, o Carta de Derechos. Las otras dos enmiendas de la lista original que contenía doce, no fueron ratificadas por el suficiente número de estados en aquella época. La primera se refería a la distribución de representantes, y la segunda al pago de los congresistas, que fue ratificada en 1992 y se convirtió en la Enmienda Vigésimo séptima.

Desde 1791, se han realizado otros 17 cambios a la Constitución, un proceso que comienza cuando el Congreso propone una enmienda que debe ser aprobada tanto en la Cámara de Representantes como en el Senado por una mayoría de dos tercios. Aunque las convenciones estatales pueden proponer enmiendas, todas las existentes han sido propuestas por el Congreso. Se necesitan tres cuartas partes de los estados para su ratificación, algo que normalmente hacen las legislaturas estatales, aunque hay una excepción (ver la Enmienda Vigesimo primera).

Enmienda Uno

Prohíbe el establecimiento de religiones. Garantiza la libertad religiosa, de expresión, de prensa, el derecho a reunirse y a levantar peticiones ante el gobierno.

El Congreso no aprobará ninguna ley con respecto al establecimiento de religión alguna, o que prohíba el libre ejercicio de la misma o que coarte la libertad de palabra o de prensa; o el derecho del pueblo a reunirse pacíficamente y a solicitar del Gobierno la reparación de agravios.

Enmienda Dos

Garantiza el derecho limitado a tener y portar armas.

Siendo necesaria para la seguridad de un estado libre una milicia bien organizada, no se coartará el derecho del pueblo a tener y a portar armas.

Esta enmienda, una de las más ambiguas y controvertidas, tenía por objeto asegurar la eficacia de las milicias, que supuestamente protegerían a los ciudadanos contra los indios, las agresiones extranjeras o contra el poder del gobierno federal, en una época en la que aún no existía un ejército regular.

La interpretación que se le da actualmente es que no contempla la propiedad ilimitada de armamento, sino que simplemente evita que el gobierno federal desarme a los miembros de la Guardia Nacional. En decisiones anteriores, la Corte Suprema ha fallado de forma consistente que la Segunda Enmienda no restringe a los estados, de tal forma que los gobiernos locales y estatales son libres de promulgar leyes para el control de las armas si así lo quisieran. Con respecto a las leyes federales, desde el caso *Estados Unidos vs. Miller*, presentado en 1939, en el que se debatió el tema de unas escopetas con el cañón recortado, las cortes han declarado enfáticamente en que la Segunda Enmienda sólo confiere el derecho *colectivo* a tener y portar armas, que debe tener una "relación razonable con la preservación de la eficacia de una milicia bien organizada." El Congreso ha impuesto muchas restricciones a la fabricación, venta, transferencia y posesión de armas y todos estos estatutos han sido considerados como constitucionales.

No todos están de acuerdo con esa intrpretación, aunque data ya de más de 60 años. Como escribe el experto en temas constitucionales Leonard W. Levy: "La Segunda Enmienda es tan vaga como ambigua. Algunos piensan que sustenta el derecho colectivo de las milicias estatales de tener armas, mientras que otros, tal vez más acertados en las intenciones originales, sostienen que esta enmienda protege el derecho de los individuos a portar armas."

Ninguna administración había desafiado el llamado derecho colectivo establecido por *Miller* en 1939, hasta que en 2002 el fiscal general John Ashcroft anunció que el Departamento de Justicia trataría de desafiar la visión colectiva de la posición a favor de los derechos individuales, una posición fuertemente apoyada por la Asociación Nacional del Rifle. En mayo de ese año, el gobierno dijo que la Segunda Enmienda protegía los derechos de los individuos a "poseer y portar armas de su propiedad, pero que estaban sujetos a restricciones razonables con el fin de evitar la posesión de éstas por personas inapropiadas. También se autorizaba la restricción para poseer ciertos tipos de armas que sean particularmente adecuadas para ser utilizadas con fines delictivos."

Enmienda Tres

Establece condiciones para el alojamiento de soldados.

En tiempos de paz ningún soldado será alojado en casa alguna sin el consentimiento del propietario, ni tampoco lo será en tiempos de guerra sino de la manera prescrita por la ley.

Esta enmienda, que surgió como reacción al alojamiento forzoso de tropas británicas en Norteamérica durante la época colonial antes de que alcanzara su independencia, nunca ha sido la base para ninguna decisión de la Corte Suprema desde que fue adoptada. En términos simples, la enmienda significa que el Ejército no puede utilizar las casas de los ciudadanos para alojar a sus tropas si así lo estimara necesario. El único caso significativo en que la Tercera Enmienda fue invocada se dio cuando unos guardias de prisión estaban en huelga y vivían en casas que eran propiedad del estado de Nueva York. Mientras los guardias estaban en huelga, el estado de Nueva York envió a tropas de la Guardia Nacional a sus casas, pero las cortes decidieron que la enmienda no se aplicaba en este caso.

Enmienda Cuatro

Ofrece el derecho a no ser víctimas de registros y allanamientos irrazonables.

> *No se violará el derecho del pueblo a la seguridad de sus personas, hogares, documentos y pertenencias contra registros y allanamientos irrazonables, y no se expedirá ningún mandamiento, sino en virtud de causa probable, apoyado por juramento o promesa y que describa en detalle el lugar que ha de ser allanado y las personas o cosas que han de ser detenidas o incautadas.*

Esta enmienda, que está en el centro del debate sobre los "derechos de los delincuentes," busca proteger la seguridad personal y privada como esenciales para la libertad. Esto significa que ninguna persona puede ser arrestada salvo por una orden judicial expedida específicamente contra un individuo por un delito concreto. Los arrestos sin órdenes judiciales pueden realizarse en el caso de un delito serio, cuando la policía arresta a alguien que es sospechoso de un crimen. Si se realiza un arresto de este tipo, un juez debe determinar si existe una causa razonable para mantener a esa persona en custodia. Un policía también puede arrestar a alguien que cometa una infracción menor (*misdemeanor*) en su presencia.

Enmienda Cinco

Garantiza provisiones para la acusación y el debido proceso penal, impone restricciones a juzgar dos veces a una persona por el mismo delito y estipula que la propiedad privada no puede ser tomada si no existe una compensación.

> *Ninguna persona será obligada a responder por delito capital o infamante, sino en virtud de denuncia o acusación por un gran jurado, salvo en los casos que ocurran en las fuerzas de mar y tierra, o en la milicia, cuando se hallen en servicio activo en tiempo de guerra o de peligro público; ni podrá nadie ser sometido por el mismo delito dos veces a un juicio que pueda ocasionarle la pérdida de la vida o la integridad corporal; ni será compelido en ningún caso criminal a declarar contra sí mismo, ni será privado de su vida, de su libertad o de su propiedad, sin el debido procedimiento de ley; ni se podrá tomar propiedad privada para uso público, sin justa compensación.*

Muchas personas creen que quienes se amparan en esta enmienda "están ocultando algo." Si no tienen nada que ocultar, piensan ellos, deberían decir la verdad. Pero la idea detrás del derecho a no declarar en contra de sí mismo forma parte de una tradición de razonamiento que comienza con la presunción de inocencia y que tuvo por objeto controlar el poder del gobierno. La Carta de Derechos, escrita por personas que conocían muy de cerca el poder ilimitado que tenían la monarquía y la Iglesia para obligar a los ciudadanos a rendir indagatoria, antepuso los intereses de los individuos por encima de los del estado. Bajo esta enmienda, la Constitución ordena a los estados que la culpabilidad sea establecida con pruebas independientes. Así, los ciudadanos están protegidos contra los posibles abusos por parte del gobierno.

Enmienda Seis

Garantiza el derecho a un juicio rápido, con testigos y consejería legal.

En todas las causas criminales, el acusado gozará del derecho a un juicio rápido y público, ante un jurado imparcial del estado y distrito en que el delito haya sido cometido, distrito que será previamente fijado por la ley; a ser informado de la naturaleza y causa de la acusación; a carearse con los testigos en su contra; a que se adopten medidas compulsivas para la comparecencia de los testigos que cite a su favor y a la asistencia de abogado para su defensa.

Esta enmienda protege los derechos individuales en los procedimientos penales. Los autores de la Carta de Derechos, quienes vieron cómo los regímenes monárquicos encarcelaban o desaparecían a sus ciudadanos, redactaron protecciones específicas contra esa posibilidad. Los juicios rápidos y públicos, en lugar de las inquisiciones secretas, los juicios con la presencia de jurados en el distrito donde se haya cometido el delito, el derecho a confrontar a los acusadores y la garantía de representación legal son los cimientos del sistema judicial estadounidense.

Enmienda Siete

Garantiza el derecho a un juicio con presencia de un jurado en los casos civiles federales.

En litigios en derecho común, en que el valor en controversia exceda los veinte dólares, se mantendrá el derecho a juicio por jurado y ningún hecho fallado por un jurado será revisado por ningún tribunal de los Estados Unidos, sino de acuerdo con las reglas del derecho común.

Esta enmienda ofrece el derecho a un juicio con presencia de un jurado en una corte federal cuando el perjuicio o daño supera los veinte dólares. La Constitución no requiere la presencia de un jurado en casos civiles en cortes estatales.

Enmienda Ocho

Garantiza que no habrá fianzas ni multas excesivas, ni castigos crueles e inusitados.

No se exigirán fianzas excesivas, ni se impondrán multas excesivas, ni castigos crueles e inusitados.

Esta enmienda, que también ofrece protección a los derechos de los acusados, permite que el acusado pague una fianza que sirve como garantía de que regresará al juicio, a fin de no estar detenido y poder preparar su defensa. Un juez puede determinar factores como la gravedad del delito y el historial delictivo para decidir si permite o no que el acusado salga bajo fianza.

La frase "castigos crueles e inusitados" ha causado una controversia mucho más fuerte, pues ha sido mencionada para condenar la pena de muerte. De acuerdo con los actuales fallos de la Corte, la pena de muerte no es considerada como cruel ni inusitada, aunque Estados Unidos es uno de los pocos países industrializados en aplicar esta pena.

Argumento disuasivo: Un argumento aceptado por muchos es que la pena de muerte actúa como un elemento disuasor que previene crímenes futuros. Sin embargo, las estadísticas no respaldan este argumento. De hecho, algunas estadísticas sugieren lo contrario. Una investigación realizada por el *New York Times* concluyó que durante los últimos 20 años, los niveles de homicidio en los estados donde existe la pena de muerte han sido entre 50 y 100 por ciento más altos que en aquellos estados donde no existe. La pena capital no existe en doce estados, y los niveles de homicidio en diez de ellos es inferior al promedio nacional. De los siete estados que presentan las tasas más bajas de homicidio, cinco no tienen la pena de muerte. La menor tasa de homicidios del país es la de Iowa, que abolió la pena de muerte en 1965. Por otra parte, de los 27 estados con las mayores tasas de homicidios, sólo dos no tienen la pena de muerte.

Es innegable que las tasas de homicidio están determinadas con frecuencia por muchos otros factores como el demográfico, el desempleo y la pobreza. Sin embargo, los estados que no tienen la pena de muerte presentan unas tasas de homicidio inferiores a las de los estados con los que tienen muchas similitudes en otros aspectos. Dakota del Norte, que no tiene la pena de muerte, tiene una tasa de homicidios más baja que Dakota del Sur o que Wyoming. Massachusetts, estado donde la última ejecución fue en 1947, tiene una tasa de homicidios inferior a la de Connecticut. La tasa de homicidios en West Virginia, que no aplica la pena de muerte, es 30 por ciento inferior a la de Virginia, el estado vecino que tiene una de las tasas de ejecución más altas del país.

Argumento económico: Los que están a favor de la pena de muerte suelen mencionar los altos costos que representa el mantener a los presos en las cárceles.

Los que rechazan la pena de muerte señalan que los costos de los litigios legales son mucho más altos que los costos de encarcelamiento, pues en muchos casos se presentan apelaciones que tardan mucho tiempo en resolverse, incrementando así los costos del proceso de manera notoria.

Argumento sobre la injusticia racial: Los críticos de la pena de muerte señalan la enorme disparidad, pues la gran mayoría de los condenados a pena de muerte pertenecen a minorías raciales.

Argumento sobre las irregularidades: ADN, pruebas falsas o inapropiadas, mala conducta policial y procedimientos incorrectos por parte de los acusadores, han demostrado ser factores por los que se han anulado sentencias de pena de muerte en años recientes.

Lo más grave es que una vez que se ha llevado a cabo una ejecución no hay marcha atrás. Quienes se oponen a la pena de muerte señalan que la ejecución de una persona inocente no compensa los beneficios potenciales que pueda tener la pena de muerte.

Argumento punitivo: Quienes favorecen la pena de muerte a pesar de todos los argumentos en su contra, suelen señalar, como último recurso, que es el único castigo que corresponde al crimen cometido. También argumentan los varios crímenes cometidos por presos contra compañeros de prisión o contra guardias carcelarios.

Los opositores sostienen que la vida en prisión, sin la posibilidad de obtener la libertad condicional, puede ser un castigo más severo que una muerte rápida e indolora causada por la inyección letal.

El terrorista Timothy McVeigh fue ejecutado en 2001, año en que la Nación estaba revisando sus posturas frente a la pena capital. El gobernador de Illinois, un republicano conservador que ha respaldado este castigo, y el gobernador demócrata de Maryland, anunciaron la suspensión temporal de las ejecuciones después de que varias sentencias capitales fueron anuladas en estos dos estados. En algunos de los casos, las nuevas pruebas de ADN comprobaron la inocencia de un acusado; se concluyó que otras sentencias se habían basado en pruebas inválidas o en comportamientos indebidos por parte de investigadores, técnicos o acusadores.

En 2002, la Corte Suprema promulgó dos fallos que reflejaron una actitud diferente hacia la pena de muerte. En el primer caso, la Corte falló que la ejecución de un retrasado mental era un castigo cruel e inusitado. En el otro caso, la Corte decidió que deben ser los jurados y no los jueces quienes determinen si debe imponerse o no la pena de muerte.

Enmienda Nueve

Establece el derecho a la interpretación de la Constitución.

La enumeración de ciertos derechos en la Constitución no se interpretará en el sentido de denegar o restringir otros derechos que se haya reservado el pueblo.

Esta enmienda se refiere al núcleo de la Constitución y se basa en la idea de que todos los seres humanos tienen ciertos derechos fundamentales. Algunos de éstos están específicamente mencionados ("enumerados") en la Constitución, pero otros no. Alexander Hamilton creía que la Carta de Derechos tenía un error porque estipulaba ciertos derechos que ofrecían protecciones específicas, pero le ofrecía al gobierno la libertad de tomar medidas con respecto a aquellos que no estuviera especificados. Con el fin de proteger estos derechos, incluyendo aquellos que fueron expresados en la Declaración de la Independencia como "vida, libertad y búsqueda de la felicidad," esta enmienda cubre los derechos fundamentales que no están enunciados por la Constitución. La Novena Enmienda es el argumento central en el debate sobre el derecho a la privacidad. Este concepto, que nunca fue mencionado de forma específica en la Constitución, fue establecido inicialmente en 1965 por la Corte Suprema en un caso sobre dispositivos contraceptivos, y se aplicó en varios casos posteriores. Pero la mayoría de las personas lo conocen como la base del caso *Roe vs. Wade* (1973), el veredicto más polémico y divisivo en la historia reciente, que legalizó el aborto. La Corte también reconoció que el derecho de una mujer a elegir la contracepción o el aborto es "fundamental a la dignidad y autonomía personal." (En la sección "¿Por qué Jane Roe demandó a Wade?," el lector encontrará mayor información.)

Enmienda Diez

Establece los derechos de los estados de acuerdo con la Constitución.

Las facultades que esta Constitución no delegue a los Estados Unidos, ni prohíba a los estados, quedan reservadas a los estados respectivamente o al pueblo.

Esta enmienda era una especie de "seguridad a prueba de fallos" establecida para calmar los temores de que un gobierno central con carácter nacional pudiera excederse en sus atribuciones. Ha sido también la piedra angular del principio que promulga los derechos que tienen los estados, pero no disminuye ni aumenta la autoridad del gobierno federal.

Enmienda Once

Establece reglas para demandar a los estados.

[Propuesta por el Congreso en 1794; declarada como ratificada en 1798; aunque posteriormente se descubrió que fue ratificada en 1795.]

El poder judicial de los Estados Unidos no será interpretado en el sentido de extenderse a los litigios en derecho o en equidad, adelantados o seguidos contra uno de los estados de la Unión por ciudadanos de otro estado, o por ciudadanos o súbditos de cualquier estado extranjero.

La enmienda prohíbe que una persona demande a un estado en una corte federal sin el consentimiento del estado. Enmendó la Sección 2 del Artículo II, que parecía proveer que un estado podía ser demandado en una corte federal por los ciudadanos de ese o de otro estado. La enmienda sólo se aplica a demandas realizadas por individuos. No contempla que el gobierno federal demande a un estado, o que un estado demande a otro. Las subdivisiones de los estados no están exentas de ser demandadas en las cortes federales, de tal manera que un ciudadano puede demandar a una ciudad, condado, junta escolar o cualquier otra entidad municipal.

Enmienda Doce

Establece la forma en que se elige al presidente y al vicepresidente.
[Propuesta en 1803; ratificada en 1804.]

Los compromisarios se reunirán en sus respectivos estados y votarán por votación secreta para presidente y vicepresidente, uno de los cuales por lo menos, no será residente del mismo estado que ellos; designarán en sus papeletas la persona votada para presidente y en papeleta distinta la persona votada para vicepresidente y harán listas distintas de todas las personas votadas para presidente y de todas las personas votadas para vicepresidente, con indicación del número de votos emitidos en favor de cada una, listas que serán formadas y certificadas y remitidas por ellos debidamente selladas a la sede del Gobierno de los Estados Unidos, dirigidas al presidente del Senado. Éste, en presencia del Senado y la Cámara de Representantes, abrirá todos los certificados y se procederá a contar los votos. La persona que obtenga el mayor número de votos para el cargo de presidente, será presidente si tal número constituye la mayoría del número total de los compromisarios nombrados; y si ninguna persona obtuviese tal mayoría, entonces de entre las tres personas que obtengan el mayor número de votos para presidente, la Cámara de Representantes elegirá inmediatamente, por votación secreta, al presidente. Pero al elegir al presidente, los votos se emitirán por estados, teniendo un voto la representación de cada estado; a este fin, el quórum consistirá de un miembro o miembros de dos terceras partes de los estados, siendo necesaria la presencia la mayoría de todos los estados para

la elección. [Y si la Cámara de Representantes, cuando el derecho
de elegir recaiga sobre ella, no elige presidente antes del cuarto día
del mes de Marzo siguiente, entonces el vicepresidente actuará
como presidente, al igual que en el caso de muerte u otra incapa-
cidad constitucional del presidente.]

    Será Vicepresidente, si dicho número equivale a la mayoría del
número total de compromisarios designados. Si ninguna persona
obtiene mayoría, entonces el Senado elegirá al Vicepresidente de
entre las dos personas que obtengan el mayor número de votos. A
este fin el quórum consistirá de las dos terceras partes del número
total de senadores, requiriéndose la mayoría del número total para
la elección. Ninguna persona inelegible constitucionalmente para
el cargo de presidente será elegible para el de vicepresidente de los
Estados Unidos. [El fragmento en corchetes fue suplantado por la
Sección "e" de la Vigésima Enmienda en 1933.]

En las elecciones presidenciales estadounidenses, un sufragante no
vota realmente por el candidato, sino que deposita su voto por un
grupo de electores presidenciales, conocidos como la "lista de candidatos," elegida por los partidos políticos del estado, quien está alineada
con el candidato de ese partido. (En la sección "¿El Colegio Electoral
es un partido escolar?" del Apéndice 2 se encontrará mayor información.) El número de electores en cada estado es igual al número com-
binado de senadores y representantes a la Cámara por ese estado. En el
sistema electoral para presidente, donde el triunfador "lo gana todo,"
los electores del estado pasan al triunfador del voto popular en ese
estado, sin importar qué tan estrecho haya sido el triunfo. Fue esto lo
que permitió que George Bush fuera elegido en el 2000 por la minoría
del voto popular. Esta situación se había presentado dos veces en la
historia del país. La primera fue en 1876, cuando Rutheford B. Hayes
derrotó a Tilden a pesar de obtener la minoría del voto popular. Y en
1888, cuando William Harrison derrotó a Grover Cleveland con la
minoría del voto popular.

    (Las Enmiendas Decimotercera, Decimocuarta y Decimoquinta
son conocidas como las Enmiendas de la Reconstrucción. Ver la sección ¿Qué fue la Reconstrucción?)

Enmienda Trece

Elimina la esclavitud.

[Propuesta por el Congreso en enero de 1865; ratificada en diciembre de 1865.]

Ni la esclavitud ni la servidumbre involuntaria existirán en los Estados Unidos o en cualquier lugar sujeto a su jurisdicción, salvo como castigo por un delito del cual la persona haya sido debidamente convicta.

El Congreso tendrá facultad para hacer cumplir las disposiciones de esta enmienda mediante legislación adecuada.

Esta enmienda prohibió la esclavitud en los Estados Unidos. Recientemente, la enmienda ha surgido en otros contextos tales como en la servidumbre, en que un deudor es retenido para pagar su deuda con trabajo. Sin embargo, el enlistamiento militar no es considerado como servidumbre involuntaria, ni tampoco exige que las personas que reciban asistencia económica tengan que trabajar. Algunos estudiantes que objetan el servicio comunitario obligatorio han basado sus argumentos en esta enmienda, pero hasta ahora, todas las cortes han rechazado este tipo de objeciones.

Enmienda Catorce

Les confiere la ciudadanía a los antiguos esclavos.

[Propuesta por el Congreso en junio de 1866; ratificada en julio de 1868.]

Sección 1

1. Toda persona nacida o naturalizada en los Estados Unidos y sujeta a su jurisdicción, será ciudadana de los Estados Unidos y del estado en que resida.

2. Ningún estado aprobará o hará cumplir ninguna ley que restrinja los privilegios o inmunidades de los ciudadanos de los Estados Unidos;

3. Ningún estado privará a persona alguna de su vida, de su libertad o de su propiedad, sin el debido procedimiento de ley.

4. Ni negará a nadie, dentro de su jurisdicción, la igual protección de las leyes. [Las Secciones 2, 3 y 4 de esta enmienda, que se refieren a aspectos de la Guerra Civil, son actualmente obsoletos.]

Sección 5

El Congreso Cumplirá, mediante la legislación pertinente, las provisiones de este artículo.

Ante todo, esta enmienda declaró que los negros eran ciudadanos y creó la ciudadanía nacional independiente de la ciudadanía estatal. Esto fue un rechazo a la famosa decisión sobre el caso *Dred Scott*, en 1857. Todos los niños nacidos en los Estados Unidos son ciudadanos, excepto los que sean hijos de extranjeros enemigos en tiempos de guerra y los hijos de diplomáticos extranjeros. (Los hijos de ciudadanos norteamericanos nacidos en el extranjero también son considerados como estadounidenses de nacimiento, según una ley aprobada en 1934.)

La Cláusula 2, los "privilegios e inmunidades", significa que los derechos propios de la ciudadanía estadounidense no pueden ser coartados por los estados.

La Cláusula 3, que menciona el "debido procedimiento" significa que las leyes no pueden ser arbitrarias y deben ser aplicadas con justicia. Ésta, más que ninguna otra, ha sido tema de casos llevados ante la Corte Suprema.

La Cláusula 4 se refiere básicamente a las leyes discriminatorias de un estado contra cualquier grupo de individuos y su objetivo inicial fue eliminar la discriminación racial. Esta cláusula fue la base para la decisión del caso *Brown vs. Junta de Educación* (1954), que falló que la segregación priva a las personas de la igualdad de oportunidades.

La Cláusula 5 estipula la autoridad constitucional bajo la cual fueron aprobadas las Leyes de Derechos Civiles de los sesenta. Estas leyes prohibían la discriminación racial en múltiples aspectos entre los que se encontraban el empleo, las escuelas, las instalaciones públicas, la vivienda y los bienes raíces.

Enmienda Quince

Les otorga el voto a los negros.
[Propuesta por el Congreso en febrero de 1869; ratificada en febrero de 1870.]

Sección 1
Ni los Estados Unidos ni ningún estado de la Unión negará o coartará a los ciudadanos de los Estados Unidos el derecho al sufragio por razón de raza, color o condición previa de esclavitud.

Sección 2
El Congreso tendrá la facultad para hacer cumplir las disposiciones de esta enmienda mediante legislación adecuada.

Considerada por muchos como la más importante de todas las enmiendas, el derecho al voto es la voz que tienen los ciudadanos para elegir a las personas que les garantizarán sus otros derechos. Esta enmienda rechazó la negación del derecho al voto basada en la raza o el color. El derecho se aplica a todas las elecciones estatales, locales y primarias de los partidos. (Por supuesto, el sexo fue otro asunto que sólo fue resuelto con la ratificación de la Decimonovena Enmienda en 1920.)

Enmienda Dieciseis

Autoriza las contribuciones sobre ingresos.
[Propuesta por el Congreso en julio de 1909; ratificada en febrero de 1913.]

El Congreso tendrá facultad para imponer y recaudar contribuciones sobre ingresos, sea cual fuere la fuente de que se deriven, sin prorrateo entre los diversos estados y sin considerar ningún censo o enumeración.

Se puede decir que es la enmienda menos apreciada de todas, pero se volvió tan obligatoria como tener que morirse. La primera contribución sobre ingresos fue impuesta durante la Guerra Civil. En 1895, la

Corte Suprema falló que las contribuciones sobre la renta eran inconstitucionales. Esta enmienda fue adoptada para superar este fallo y le
permite al Congreso establecer impuestos a cualquier tipo de ingresos.

Enmienda Diecisiete

Estipula la elección directa de senadores.

[Propuesta por el Congreso en mayo de 1912; ratificada en abril de
1913.]

*El Senado de los Estados Unidos se compondrá de dos senadores
por cada estado, elegidos por el pueblo de éste por un período de
seis años y cada senador tendrá derecho a un voto. Los electores
de cada estado deberán poseer los requisitos necesarios para ser
electores de la rama más numerosa de las Asambleas Legislativas
estatales.*

*Cuando en el Senado ocurran vacantes en la representación
de algún estado, la autoridad ejecutiva de tal estado convocará a
elecciones para cubrir tales vacantes, disponiéndose que la Asamblea Legislativa de cualquier estado podrá facultar a su ejecutivo
a extender nombramientos provisionales hasta que el pueblo
cubra las vacantes por elección, en la forma que disponga la
Asamblea Legislativa.*

*Esta enmienda no será interpretada en el sentido de afectar la
elección o término de ningún senador elegido antes de que se con-
valide la misma como parte de la Constitución.*

Antes de que esta enmienda fuera ratificada, los senadores de los
Estados Unidos eran elegidos por las legislaturas estatales bajo el Artículo I, Sección 3 de la Constitución. La enmienda también estipula
los nombramientos por el gobernador de un estado en el que haya una
vacante por muerte o renuncia.

Enmienda Dieciocho

Prohíbe el alcohol.

[Propuesta por el Congreso en diciembre de 1917; ratificada en
enero de 1919.]

1. *Transcurrido en año después de la ratificación de esta enmienda, quedan prohibidas la fabricación, venta o transportación dentro de, así como la importación o la exportación desde los Estados Unidos y todo territorio sujeto a su jurisdicción, de bebidas embriagantes.*

2. *El Congreso y los diversos estados tendrán facultad concurrente para hacer cumplir las disposiciones de esta enmienda mediante legislación adecuada.*

3. *Esta enmienda no surtirá efecto alguno a menos que las Asambleas Legislativas de los diversos estados la ratifiquen como enmienda a la Constitución, conforme a lo preceptuado en ésta, dentro de siete años contados a partir de la fecha en que el Congreso la someta a la consideración de los estados.*

Esta prohibición histórica del alcohol que comenzó en el período conocido como la Prohibición, fue aprobada por una mayoría abrumadora en las legislaturas estatales. Fue adoptada por todos los estados, salvo por Connecticut y Rhode Island.

La Decimoctava Enmienda y la Prohibición fueron derogadas en 1933, con la ratificación de la Vigesimo primera Enmienda.

Enmienda Diecinueve

Establece el voto femenino a nivel nacional.

[Propuesta por el Congreso en junio de 1919; ratificada en agosto de 1920.]

El derecho de sufragio de los ciudadanos de los Estados Unidos no será negado o coartado por los Estados Unidos o por ningún estado por razón de sexo.

El Congreso tendrá facultad para hacer cumplir las disposiciones de esta enmienda mediante legislación adecuada.

Aunque fue ratificada, esta enmienda fue rechazada por los siguientes estados: Maryland, Mississippi, Louisiana, Carolina del Sur y Virginia. Aunque les garantizaba a las mujeres el derecho al voto, los estados podían formular sus requisitos. La enmienda tampoco exigía que los estados les permitieran a las mujeres servir como jurados o ser elegibles para cargos públicos. Desde entonces, todos los estados lo han permitido.

Enmienda Veinte

Establece las fechas en que se asumen los cargos para la presidencia, vicepresidencia y el Congreso.

[Propuesta por el Congreso en marzo de 1932; ratificada en enero de 1933.]

1. *El término del presidente y vicepresidente expirará al mediodía del vigésimo día de enero y el de los senadores y representantes al mediodía del tercer día de enero, de los años en los cuales tal término hubiese expirado de no haberse ratificado esta enmienda; y entonces empezará el término de sus sucesores.*

2. *El Congreso se reunirá por lo menos una vez al año y tal sesión comenzará al mediodía del tercer día de enero, a menos que por ley se fije otra fecha.*

3. *Si en la fecha en que el presidente haya de empezar a desempeñar su cargo, el presidente electo hubiere muerto, el vicepresidente electo será el presidente. Si no se hubiese elegido presidente antes de la fecha en que debe empezar a desempeñar su cargo, o si el presidente dejare de tomar posesión, entonces el vicepresidente electo actuará como presidente hasta que un presidente quede habilitado; y el Congreso podrá por ley proveer para el caso en que ni el presidente ni el vicepresidente electo reúnan los requisitos necesarios, declarando quién actuará entonces como presidente, o el modo en que se seleccionará el que haya de actuar como tal, debiendo dicha persona actuar en esa capacidad hasta que se designe un presidente o un vicepresidente que reúna los requisitos necesarios.*

4. *El Congreso podrá por ley proveer para el caso del fallecimiento de cualquiera de las personas de entre las cuales la Cámara de Representantes pueda elegir un presidente, cuando sobre ella recaiga el derecho de tal elección y para el caso del fallecimiento de cualquiera de las personas de entre las cuales el Senado pueda elegir un vicepresidente, cuando sobre dicho Senado recaiga el derecho de tal elección.*

5. Las secciones 1 y 2 empezarán a regir el decimoquinto día del mes de octubre siguiente a la ratificación de esta enmienda.

6. Esta enmienda no surtirá efecto alguno a menos que las Asambleas Legislativas de tres cuartas partes de los diversos estados la ratifiquen como enmienda a la Constitución, dentro de siete años contados a partir de la fecha en que les sea sometida.

Antes de que esta enmienda fuera ratificada, el presidente electo y el Congreso asumían sus funciones en marzo, luego de las elecciones de noviembre. Este interregno databa del siglo XVIII, cuando los viajes y las comunicaciones eran mucho más lentos y el gobierno tenía un ritmo muy diferente. Sin embargo, significaba que el Congreso, que se reunía en diciembre, podía incluir oficiales derrotados que llevaban a cabo asuntos legislativos y ejecutivos del gobierno, en lo que se conoció como la sesión del "caso perdido." Por supuesto que el presidente en ejercicio continúa en el poder hasta que el presidente electo asuma funciones en enero. El presidente todavía ejerce sus funciones mientras el Congreso no realice sesiones y muchas de los nombramientos y decisiones más controvertidos se realizan durante este período.

La antigua sesión del Congreso levanta sesiones antes de las elecciones y las nuevas sesiones comienzan en enero, cuando los congresistas elegidos aumen sus funciones. La sección 3 se refiere a un problema ocasionado por la Decimosegunda Enmieda. Según ésta, los tres candidatos a la presidencia con las votaciones más altas son enviados a la Cámara de Representantes en caso de que el Colegio Electoral no declare a nadie como el ganador. Es posible que ninguno de los tres candidatos obtenga la mayoría de votos en la Cámara, donde cada estado tiene un voto. Esta sección declara que el vicepresidente electo servirá como presidente hasta que la Cámara elija a un ganador por mayoría; y si no hay un vicepresidente electo, la Cámara decidirá quién debe ejercer como presidente.

Enmienda Veintiuno

Anula la Prohibición.

[Propuesta por el Congreso en febrero de 1933; ratificada en diciembre de 1933. Fue rechazada por Carolina del Sur.]

1. *La enmienda XVIII a la Constitución de los Estados Unidos queda por la presente derogada.*

2. *La transportación o importación de bebidas embriagantes a cualquier estado, territorio o posesión de los Estados Unidos, para entrega o uso en los mismos, en violación de las leyes allí en vigor, queda por la presente prohibida.*

3. *Esta enmienda no surtirá efecto alguno a menos que haya sido ratificada como enmienda a la Constitución por convenciones en los diversos estados, conforme a lo preceptuado en la Constitución, dentro de los siete años contados a partir de la fecha en que el Congreso la someta a la consideración de los estados.*

Aunque esta enmienda anula la prohibición federal del licor, también les da a los estados todo el poder para promulgar sus propias leyes acerca de la venta de licor dentro de su jurisdicción. Varios gobiernos estatales, de los condados y municipales continuaron ejerciendo la Prohibición. Sin embargo, ésta dejó de existir en 1966.

Esta es la única enmienda en haber sido ratificada por convenciones y no por las legislaturas estatales.

Enmienda Veintidos

Establece los términos presidenciales.

[Propuesta por el Congreso en marzo de 1947; ratificada en febrero de 1951.]

Nadie podrá ser elegido más de dos veces para el cargo de presidente y nadie que haya ocupado el cargo de presidente, o que haya actuado como presidente por más de dos años del término para el cual fue elegida otra persona, podrá ser elegido más de una vez para el cargo de presidente. Pero este artículo no se aplicará a persona alguna que ocupara el cargo de presidente cuando dicho artículo fue propuesto por el Congreso y no impedirá que cualquier persona que esté ocupando el cargo de presidente o actuando como presidente, durante el término en que este artículo entre en vigor, ocupe el cargo de presidente o actué como presidente durante el resto de dicho término.

Esta enmienda fue propuesta y ratificada luego de los cuatro términos presidenciales de Franklin D. Roosevelt, algo inigualado y sin precedentes en la historia del país. Establece un límite de dos términos presidenciales, excepto en caso de un vicepresidente que haya sucedido al presidente pero sirva dos años o menos del término de su predecesor. Harry Truman, quien sirvió más de tres años del cuarto término de FDR y fue elegido para otro término presidencial, sólo habría podido postularse para un tercer término bajo la provisión especial de esta enmienda. Lyndon B. Johnson sirvió solo un año del primer término presidencial de Kennedy. Fue reelegido en 1964 y era elegible para postularse de nuevo en 1968, pero prefirió no hacerlo. Si se hubiera postulado y ganado las elecciones, habría servido un total de nueve años.

Enmienda Veintitres

Les confiere el voto presidencial a los votantes del Distrito de Columbia.

[Propuesta por el Congreso en junio de 1960; ratificada en marzo de 1961.]

1. Por constituir la sede del Gobierno de los Estados Unidos, el Distrito nombrará en la forma que lo disponga el Congreso:

Un número de compromisarios de presidente y vicepresidente que será igual al número total de senadores y representantes en el Congreso a que el Distrito tendría derecho si fuera un estado, pero en ningún caso mayor que el número de electores del estado menos poblado; dichos electores se nombrarán además de los elegidos por los estados, pero se considerarán, para los fines de la elección de presidente y vicepresidente, como electores nombrados por un estado; y se reunirán en el Distrito y realizarán las funciones prescritas por la Duodecima Enmienda.

2. El Congreso tendrá facultad para hacer cumplir las disposiciones de este artículo mediante legislación adecuada.

Antes de esta enmienda, los votantes del Distrito de Columbia no podían votar en las elecciones presidenciales. Esta enmienda garantiza que el Distrito siempre tendrá un mínimo de tres votos electorales, pues el estado más pequeño tiene dos senadores y por lo menos un representante a la Cámara. En 1970, el Congreso aprobó un solo delegado a la Cámara de Representantes. Este miembro no puede votar en el hemiciclo pero puede hacerlo en el comité y participar. El Distrito no tiene representación en el Senado. Si el Distrito de Columbia fuera contado como el estado número 51, sería el decimoquinto estado en población, detrás de Vermont y delante de Wyoming, según el censo del año 2000.

Enmienda Veinticuatro

Prohíbe las contribuciones de capitación en las elecciones federales.

[Propuesta por el Congreso en agosto de 1962; ratificada en enero de 1964.]

1. El derecho que tienen los ciudadanos de los Estados Unidos de votar en cualquier elección primaria, o de otra naturaleza, de presidente o vicepresidente, de electores de presidente o vicepresidente, o de senador o representante en el Congreso, no les será negado o restringido por los Estados Unidos o por cualquier estado por razones de falta de pago de cualquier impuesto de capitación o de otra naturaleza.

2. El Congreso tendrá facultad para hacer cumplir las disposiciones de este artículo mediante legislación adecuada.

Aunque algunos estados impusieron ciertos impuestos de capitación—por ejemplo, el impuesto para poder votar—, después de la época de Reconstrucción que siguió a la Guerra Civil, muchos estados sureños decretaron impuestos con el fin exclusivo de limitar la participación del voto negro. Esta enmienda, que fue aprobada durante el período de la legislación de los derechos civiles que incluía la Ley de Derechos de Votación de 1964, tiene por objeto eliminar un obstáculo más para que todos los estadounidenses puedan votar.

Enmienda Veinticinco

Establece reglas en caso de incapacidad presidencial y para su sucesión.

[Propuesta por el Congreso en julio de 1965; ratificada en febrero de 1967.]

1. *En caso de destitución, muerte o renuncia del presidente, el vicepresidente reemplazará al presidente.*

2. *Cuando ocurra una vacante en el cargo de vicepresidente, el presidente designará un vicepresidente, quien tomará posesión de su cargo una vez que ambas Cámaras del Congreso confirmen su designación por mayoría de votos.*

3. *Cuando el presidente transmita al presidente pro témpore del Senado y al presidente de la Cámara de Representantes su declaración por escrito de que se encuentra imposibilitado para desempeñar los deberes y atribuciones de su cargo y mientras no les envíe por escrito una declaración en contrario, tales deberes y atribuciones serán desempeñadas por el vicepresidente con el carácter de presidente interino.*

4. *Cuando el presidente y la mayoría de cualesquiera de los principales funcionarios de los departamentos ejecutivos, o de otros cuerpos que el Congreso establezca por ley, transmitan al presidente pro témpore del Senado y al presidente de la Cámara de Representantes su declaración por escrito de que el presidente se encuentra imposibilitado para desempeñar los deberes y atribuciones de su cargo, el vicepresidente asumirá inmediatamente los deberes y atribuciones del cargo con el carácter de presidente interino.*

En lo sucesivo, cuando el presidente transmita al presidente pro témpore del Senado y al presidente de la Cámara de Representantes su declaración por escrito de que no existe incapacidad, el presidente reanudará los deberes y atribuciones de su cargo, a menos que el vicepresidente y la mayoría de cualesquiera de los principales funcionarios de departamento ejecutivo o de otros cuerpos que el Congreso establezca por ley transmitan al presidente pro témpore del Senado y al Presidente de la Cámara de Representantes, dentro del plazo de cuatro días, su declaración por escrito de que el presidente se encuentra imposibilitado para desempeñar los deberes y atribuciones de su cargo. Entonces el Congreso decidirá el asunto, reuniéndose para ese objeto dentro del término de cuarenta y ocho horas, si no está en período de sesiones. Si el Congreso, dentro de los veintiún días posteriores al recibo de esta última declaración por escrito, o dentro de veintiún días de la fecha en que deba reunirse si el Congreso no está en período de sesiones, determina, por voto de los tercios de ambas Cámaras, que el presidente está imposibilitado para desempeñar los deberes y atribuciones de su cargo, el vicepresidente continuará desempeñándolas con el carácter de presidente interino; si no, el presidente reanudara el desempeño de los deberes y atribuciones de su cargo.

Esta enmienda establece reglas claras para la sucesión presidencial, bien sea debido al fallecimiento, destitución, renuncia o incapacidad del mandatario. También cubre la sucesión temporal y definitiva del vicepresidente. Llena un vacío constitucional en caso de enfermedad del presidente y establece una solución en caso de que la enfermedad sea grave. Esta enmienda fue invocada por primera vez en 1985, cuando el presidente Reagan fue operado de cáncer y el vicepresidente George Bush se convirtió en el primer "presidente encargado." En 2002, el vicepresidente Cheney también actuó como presidente encargado cuando el presidente George W. Bush fue sedado para ser sometido a una colonoscopía. Algunos analistas y médicos creen que esta enmienda debió ser invocada en 1981, cuando Ronald Reagan fue sometido a una cirugía luego del atentado que sufrió.

Enmienda Veintiseis

Les confiere el derecho al voto a las personas que tengan 18 años de edad.

[Propuesta por el Congreso en marzo de 1971; ratificada en junio de 1971.]

1. El derecho al voto de los ciudadanos de los Estados Unidos de dieciocho años de edad o más, no será negado ni restringido por los Estados Unidos ni por ningún estado a causa de la edad.

2. El Congreso tendrá el poder para hacer valer este artículo mediante la legislación adecuada.

Esta enmienda, propuesta durante la guerra del Vietnam, cuando muchos jóvenes de dieciocho años fueron reclutados para combatir aunque no podían votar, y cuando muchos otros protestaban verbalmente contra la guerra, fue ratificada con más celeridad que ninguna otra en la historia de los Estados Unidos. En aquella época, la edad mínima para consumir alcohol en casi todos los estados era de 18 años, aunque la edad ha sido aumentada a 21 años en la mayoría de éstos. El único caso judicial notable relacionado con esta enmienda fue la exitosa demanda interpuesta por estudiantes universitarios que querían registrarse para votar en las ciudades donde estudiaban. La Corte concluyó que los jóvenes tenían el derecho de hacerlo.

Enmienda Veintisiete

Limita el aumento de los salarios al personal del Congreso.
[Ratificada en junio de 1992.]

No tendrá efecto ninguna ley que varíe la compensación por los servicios de los senadores y representantes.

Si la Vigesimo sexta Enmienda fue la que se aprobó con mayor rapidez, esta fue la que más tardó en aprobarse. Es sorprendente que el Congreso se hubiera tardado casi 200 años en limitar la posibilidad de aumentar el salario de sus miembros. Para ser exactos, fueron los estados los que se tardaron en hacerlo.

Esta enmienda, que retrasa el aumento en el pago de salarios a miembros del Congreso hasta que los nuevos congresistas sean elegidos, fue redactada por James Madison como parte de la Carta de Derechos original y propuesta al Congreso en 1789. Sin embargo, sólo fue ratificada en 1992, después de la indignación ante aspectos como la inactividad de los congresistas, el poder de sus miembros, los déficits presupuestales y las numerosas alzas salariales que entraron en vigencia inmediatamente después de su promulgación. Los estados que ratificaron esta enmienda a fines del siglo XVIII no tuvieron que hacerlo de nuevo. Aunque teóricamente ésta enmienda le niega a un miembro del Congreso votar para aumentar su propio salario, la gran mayoría de los congresistas en ejercicio que hacen campaña para su reelección sólo tienen que esperar unos pocos meses para que el aumento se haga efectivo.

APÉNDICE 2

¿El Colegio Electoral es un Partido Escolar? Introducción a las Elecciones Presidenciales

Las estadísticas finales sobre las elecciones presidenciales de 2000 mostraron que el 51.2 por ciento de los estadounidenses en edad de votar participaron en esta oportunidad para elegir al mandatario. Muchas democracias emergentes, sin tradición sufragante, tienen un mejor desempeño en este sentido. George W. Bush fue elegido con 50,459,211 votos, un poco más del 47.87 por ciento del voto popular. (Los 50,992,335 votos que obtuvo Al Gore representaron el 48.38 por ciento del voto popular).

Aunque estos resultados representaron un ligero incremento con respecto al 49 por ciento de la votación en las elecciones de 1996, en las que Clinton enfrentó a Dole, el hecho es que casi la mitad de los norteamericanos en edad de votar no se molestan en hacerlo. Son muchos los que se han preguntado por qué se presenta este fenómeno, en los que hay niveles de abstención tan altos. Muchos críticos de la política moderna de los Estados Unidos señalan como responsable a la banalidad de las elecciones presidenciales, en las que abundan el "maquillaje" y las imágenes televisivas, pero que no tienen "sustancia."

La percepción pública acerca de la irregularidad de las elecciones de 2000 hizo que muchos sufragantes se indignaran al saber que sus balotas no fueron contadas.

No hay duda de que existe una gran apatía en este país hacia las elecciones, pues muchos consideran que todo seguirá igual sin importar quién sea el presidente, lo cual es una actitud que puede desencadenar en situaciones riesgosas.

Otra razón por la que algunas personas no se molestan en votar para presidente, es que éste es un proceso largo y confuso. Esta breve introducción a las políticas presidenciales tiene por objeto eliminar una parte del misterio que envuelve al sistema de elección presidencial.

¿Qué es el Colegio Electoral?

Ningún aspecto del sistema norteamericano ha sido más incomprendido y desconcertante que el Colegio Electoral. Las personas adultas palidecen y tartamudean cuando les preguntan en qué consiste éste órgano, el cual es materia de debate cada cuatro años y que parece ser un enigma para aquellas personas que creen que los electores deciden quién será el presidente.

Al igual que casi todas las otras creaciones del sistema político norteamericano, el Colegio Electoral fue el resultado de un acuerdo. Cuando los Padres Fundadores se sentaron a redactar la Constitución y a pensar en las reglas para elegir al presidente, sólo existió una certeza: George Washington sería el primero. Como dijo Benjamin Franklin a los delegados: "El primer hombre al timón será bueno, pero nadie sabe cómo serán los que siguen."

La respuesta obvia parecía ser la elección popular directa. Sin embargo, muchos de los Padres Fundadores se oponían a esta idea, pues pensaban que un exceso de democracia era peligroso. Con el fin de mantener el control sobre el proceso presidencial, crearon un Colegio Electoral, en el que cada estado tuviera un número de "electores" presidenciales igual al número de senadores y representantes que tuviera en el Congreso. Estos "electores," escogidos por los medios que cada estado decidiera, votarían por dos candidatos. Quien obtuviera la mayoría de los votos electorales sería el presidente y quien obtuviera la segunda votación sería el vicepresidente.

Pero el mecanismo más seguro de este sistema era el acuerdo de que si no había un claro ganador luego de los votos electorales, la elección del nuevo presidente estaría en manos de la Cámara de Representantes, donde cada estado contaba con un voto. En una época en que los partidos políticos no existían, todo indicaba que salvo por George Washington, ningún otro candidato obtendría los votos necesarios para ser elegido presidente y las verdaderas decisiones serían tomadas por los ilustres hombres del Congreso.

Poco después de Washington, se realizaron dos elecciones en las que no hubo un ganador y el caso fue enviado a la Cámara de Representantes. En 1800, Thomas Jefferson y Aaron Burr—ambos del mismo partido—obtuvieron 73 votos electorales cada uno. Las elecciones pasaron a la Cámara, que nombró a Jefferson como presidente. Después de esta elección, la Decimosegunda Enmienda estipuló el voto separado para presidente y vicepresidente. Y en 1824, Andrew Jackson obtuvo la mayoría del voto popular, pero no alcanzó la mayoría de los votos electorales, y la Cámara de Representantes se inclinó por John Quincy Adams.

No obstante, la misma situación se presentó en otras dos ocasiones. En 1876, Samuel Tilden derrotó a Rutheford B. Hayes en el voto popular. Pero luego de unas elecciones fraudulentas, Hayes obtuvo el suficiente número de votos electorales para llegar a la presidencia de manera ilegítima. Y en 1888, Grover Cleveland ganó el voto popular pero fue derrotado por Benjamin Harrison en el Colegio Electoral.

En el 2000, el Colegio Electoral estaba conformado por los 435 miembros de la Cámara y los cien miembros del Senado, además de los tres votos electorales pertenecientes al Distrito de Columbia. ¿Quiénes eran los electores? Estas personas, que no pueden pertenecer al Congreso, son básicamente leales, o miembros de bajo rango, que los partidos políticos de sus estados escogen para cumplir con el papel altamente ceremonial de despositar los votos electorales decididos el día de las elecciones. No obstante, no existe ninguna ley que estipule que estos electores deban votar por el candidato elegido popularmente por su partido. Esta laguna de vieja data puede conducir a votos que representan una protesta simbólica, como el de un elector de West

Virginia que en 1988 votó por Lloyd Bentsen para presidente, en lugar de hacerlo por Michael Dukakis. La tradición y la lealtad partidaria han dictado que el Colegio Electoral respalde la decisión popular el día de las elecciones.

Es difícil justificar la existencia del Colegio Electoral, pero éste sigue vigente básicamente porque la mayoría de las personas creen en el viejo adagio que dice: "No lo repares si no está malo." En términos generales, el sistema del Colegio Electoral respaldó durante más de cien años el voto popular, hasta las elecciones del 2000. Las promesas de una reforma o enmienda constitucional para eliminarlo se hundieron luego de los atentados del 11 de septiembre.

No obstante, este órgano cumple otra función —deliberada o no— que puede ser buena o mala, dependiendo del punto de vista del lector: el Colegio Electoral hace casi imposible que un tercer partido suponga un serio desafío a los candidatos de los dos partidos tradicionales, pues crea una suerte de barrera constitucional a favor de éstos. De este modo, el candidato de un tercer partido queda reducido a hacer una campaña simbólica o, en algunos casos, a quitarle votos a uno de los candidatos y afectar así el resultado de las elecciones.

Un intento realizado en 1979 para enmendar la Constitución y abolir el Colegio Electoral y reemplazarlo por la elección presidencial directa, fue rechazado por el Senado. Pero este tema reaparece cada cuatro años y la gente se pregunta sorprendida por qué los Estados Unidos cuentan con este organismo anticuado, que fue creado con el fin exclusivo de privar al electorado de su poder.

¿Qué es un caucus?

Probablemente derivado de la palabra algonquina *caucauasu* ("quien aconseja"), los primeros caucus políticos eran encuentros en los que los líderes de los partidos elegían a sus candidatos y discutían asuntos relacionados con sus partidos. Estos caucus fueron los primeros "cuartos llenos de humo" en que los poderosos jefes de los partidos determinaban quién sería el candidato presidencial.

En el lenguaje político moderno, la palabra "caucus" está ligada de manera indisociable a Iowa, sede del primer caucus estatal en la temporada de la campaña presidencial. En los caucus de este estado, los miembros de los partidos de las ciudades pequeñas se reúnen para elegir a un candidato. Este proceso, que no es de carácter obligatorio y donde tampoco se eligen los delegados para la convención nacional nominatoria, se ha convertido en una especie de termómetro para medir la fortaleza de un candidato y acaparar la atención de los medios. La importancia de este pequeño grupo natural ha sido inflada de manera desproporcionada desde que un desconocido gobernador de Georgia llamado Jimmy Carter ganó los caucus de Iowa en 1976 y se convirtió en un personaje ampliamente conocido. La importancia de Iowa se vio reducida en las elecciones de 1988, cuando el representante Richard Gephardt ganó el caucus demócrata de Iowa y desapareció rápidamente del abanico presidencial. La actual importancia de Iowa en este sentido es una creación de los medios.

¿Qué es una primaria?

A diferencia del caucus, que es una reunión de carácter público, una elección primaria es básicamente una nominación estatal de carácter secreto por medio de una balota, en la que los candidatos se disputan los cupos de candidatos estatales de sus partidos para la convención nacional. La primera primaria se celebró en Minnesota en 1900, costumbre que no tardó en ser adoptada por otros estados.

Tradicionalmente, las primarias se celebran primero en New Hampshire, que ha terminado por convertirse en una prueba importante para los candidatos. Una de las primarias de New Hampshire más famosas en la historia reciente fue en 1968, cuando el senador Eugene McCarthy fue derrotado en las elecciones ante el presidente Lyndon B. Johnson, aunque por un margen tan estrecho que éste decidió no postularse a las elecciones presidenciales, en las que participó inicialmente el senador Robert Kennedy antes de ser asesinado.

Pero al igual que el caucus de Iowa, la importancia de New Hampshire es completamente desproporcionada con respecto a su población y al número de delegados que le ofrece al candidato ganador.

Luego de una serie de reformas partidarias realizadas tanto por demócratas como por republicanos, las elecciones primarias han adquirido más importancia que antes para determinar los candidatos. A diferencia de épocas pasadas, en que los nominados eran escogidos por líderes que controlaban bloques enteros de delegados, actualmente las primarias proveen la mayoría de los delegados, permitiéndole a un candidato asegurar su nominación, mucho antes de la convención por la candidatura a la presidencia.

¿Qué es el cómputo de delegados?

Todos los caucus y las primarias tienen una meta: acumular el suficiente número de delegados a la convención, por la candidatura a la presidencia. Antes de las reformas de fines de los sesenta y de los setenta, la mayoría de los delegados eran sólo unos mercenarios políticos controlados por los barones de sus partidos, quienes en última instancia eran los que elegían al candidato. La tendencia reciente de elegir directamente a los delegados a la convención para escoger el candidato a través de las primarias presidenciales, ha disminuído el poder de quienes están a la sombra y le ha conferido mucho más poder al electorado.

El cómputo de delegados es simplemente el total de delegados comprometidos con un candidato en la convención para elegir presidente. El candidato que tenga la mayor votación obtiene la nominación. En años pasados, pocos candidatos sabían cuáles eran las apuestas de los partidos antes de la convención para elegir candidato. El drama, el suspenso y las negociaciones furtivas que acompañaban la lista de votos en las convenciones, han sido reemplazados por los vistosos concursos que básicamente sólo afirman el candidato que ha obtenido el número suficiente de delegados durante las primarias. Aunque las reglas partidarias son flexibles y cambian continuamente para estar a tono con las tendencias políticas, la ascendencia de las primarias sobre el antiguo sistema de los jefes políticos significa que los días de las convenciones nominativas de punto muerto probablemente hayan quedado atrás.

Presidentes De Los Estados Unidos Y Sus Administraciones

Año* Presidente (partido)	Adversario
1. 1789 George Washington	—
VP: John Adams	

Sólo diez estados participaron en las primeras elecciones presidenciales. La legislatura de Nueva York no escogió electores; Carolina del Norte y Rhode Island aún no habían sido ratificados por la Constitución.

1792 George Washington	—
VP: John Adams	
2. 1796 John Adams (Federalista)	Thomas Jefferson (Dem. Rep.)
VP: Thomas Jefferson	

* Este año se refiere al calendario en que fue elegido el presidente, en cuyo caso su término comienza el mes de enero del año siguiente.

3. 1800 Thomas Jefferson   John Adams, Aaron Burr
             (Dem.-Rep.)
             VP: Aaron Burr

Antes de que establecerse un sistema claro de dos partidos y elecciones separadas para presidente y vicepresidente, muchas veces se presentaban tres ó cuatro candidatos a la presidencia y a menudo eran del mismo partido. El caso más conocido fue en 1800. Jefferson, que era el candidato no oficial a la presidencia por su partido y Burr, los dos representando al Partido Demócrata-Republicano, quedaron empatados tras obtener 73 votos electorales. John Adams y Charles C. Pinckney, los candidatos por el Partido Federalista, obtuvieron 65 y 64 votos respectivamente. Las elecciones fueron decididas por la Cámara de Representantes, en la llamada Revolución de 1800 (ver Capítulo Tres).

1804 Thomas Jefferson   Charles Pinckney
          (Dem.-Rep.)   (Federalista)
          VP: George Clinton

Estas fueron las primeras elecciones en las que los sufragantes votaron para presidente y para vicepresidente en balotas separadas.

4. 1808 James Madison   Charles Pinckney
             (Dem.-Rep.)   (Federalista)
             VP: George Clinton
1812 James Madison   De Witt Clinton
          (Dem.-Rep.)   (Federalista)
          VP: Elbridge Gerry
5. 1816 James Monroe   Rufus King
             (Dem.-Rep.)   (Federalista)
             VP: Daniel D. Tompkins
1820 James Monroe   John Quincy Adams
          (Dem.-Rep.)
          VP: Daniel D. Tompkins
6. 1824 John Quincy Adams   Andrew Jackson
             (Dem.-Rep.)   (Dem.)
             VP: John C. Calhoun

En las elecciones de 1824 hubo cuatro candidatos legítimos a la presidencia: John Quincy Adams, Andrew Jackson, Henry Clay y William

H. Crawford. Jackson obtuvo el mayor número de votos populares y electorales, pero no alcanzó el número de votos electorales necesarios para obtener la presidencia. Las elecciones quedaron en manos de la Cámara de Representantes, que se inclinó por John Quincy Adams cuando Clay, el poderoso líder de este órgano, lo respaldó en lo que se conoció como el "negocio corrupto."

7. 1828 Andrew Jackson   John Quincy Adams
         (Dem.)   (Dem.-Rep)
         VP: John C. Calhoun
   1832 Andrew Jackson (Dem.)   Henry Clay
         VP: Martin Van Buren

El 26 de septiembre de 1831, el Partido Antimasónico, uno de los "terceros partidos" realmente serios, eligió a William Wirt como su candidato en la primera Convención donde se eligieron candidatos. Wirt terminó en el cuarto lugar, con dos votos electorales.

8. 1836 Martin Van Buren (Dem.)   William H. Harrison (Whig)
         VP: Richard M. Johnson
9. 1840 William H. Harrison   Martin Van Buren (Dem.)
         (Whig)
         VP: John Tyler
10. 1841 John Tyler (Whig)

Tras la muerte de Harrison debido a una neumonía pocos meses después de su elección, Tyler fue el primer vicepresidente en asumir la presidencia a causa de la muerte del mandatario en ejercicio, el 6 de abril de 1841. Tyler mantuvo el mismo gabinete de Harrison y no nombró a nadie en el cargo de vicepresidente. No existió ninguna provisión constitucional para reemplazar al vicepresidente sino hasta 1967, año en que se ratificó la Vigesimo quinta Enmienda.

11. 1844 James K. Polk (Dem.)   Henry Clay (Whig)
         VP: George M. Dallas
12. 1848 Zachary Taylor (Whig)   Lewis Cass (Dem)
         VP: Millard Fillmore
13. 1850 Millard Fillmore (Whig)
         (Sucedió a Taylor luego de su muerte en julio de 1850.)

14. 1852 Franklin Pierce (Dem.)   Winfield Scott (Whig)
     VP: William R. King

15. 1856 James Buchanan (Dem.)   John C. Frémont (Rep.)
     VP: John C. Breckinridge

16. 1860 Abraham Lincoln (Rep.)   John C. Breckinridge
                          (Dem.)
                          John Bell (Unión
                            Constitucional),
                          Stephen Douglas (Dem.)
     VP: Hannibal Hamlin

   1864 Abraham Lincoln (Unión)   George McClellan (Dem.)
     VP: Andrew Johnson (Dem.)

17. 1865 Andrew Johnson
       (Sucedió a Lincoln luego de ser asesinado el 15 de
         abril de 1865.)

18. 1868 Ulysses S. Grant (Rep.)   Horatio Seymour (Dem.)
     VP: Schuyler Colfax

   1872 Ulysses S. Grant (Rep.)   Horace Greeley
                           (Republicano Liberal)
     VP: Henry Wilson

Greeley y B. Gratz Brown fueron los candidatos por los Republicanos Liberales y por los Demócratas del Norte en las elecciones de 1872. Greeley murió el 29 de noviembre de este año, antes de que sus 66 electores votaran. Cuatro candidatos, incluído Brown, se repartieron 63 votos de Greeley.

19. 1876 Rutherford B. Hayes (Rep.)   Samuel J. Tilden (Dem.)
     VP: William A. Wheeler

Tilden obtuvo una pequeña mayoría en el voto popular y encabezó el Colegio Electoral, pero le faltó un voto para alcanzar el número necesario de votos electorales. Se disputaron 22 votos electorales, pues Florida, Luisiana, Carolina del Sur y Oregon enviaron dos juegos de devoluciones cada uno. Tilden sólo necesitaba uno de éstos para ser presidente. El director del Partido Republicano reclamó que Hayes había ganado los 22 votos y la disputa se prolongó hasta marzo de 1877. La votación estuvo empañada por un fraude masivo, especialmente en el Sur. El Congreso fue el encargado de resolver la situación y la comisión conformada por este órgano le dio las elecciones a Hayes, en una clara muestra de alineamiento partidista. Hayes le había prometido al Sur poner fin a la Reconstrucción y expulsar las tropas federales de sus estados.

20. 1880 James A. Garfield (Rep.)   Winfield S. Hancock (Dem.)
VP: Chester A. Arthur
21. 1881 Chester A Arthur (Rep.)
22. 1884 Grover Cleveland (Dem.)   James G. Blaine (Rep.)
VP: Thomas A. Hendricks
23. 1888 Benjamin Harrison (Rep.)   Grover Cleveland (Dem.)
VP: Levi P. Morton

En las elecciones de 1888, Cleveland ganó el voto popular con el 48.6 por ciento de los votos depositados, pero perdió las elecciones en el Colegio Electoral, donde Harrison ganó por 233 votos contra 168.

24. 1892 Grover Cleveland (Dem.)   Benjamin Harrison (Dem.)
VP: Adlai E. Stevenson
25. 1896 William McKinley (Rep.)   William J. Bryan (Dem.)
VP: Garret Hobart
1900 William McKinley (Rep.)   William J. Bryan (Dem.)
VP: Theodore Roosevelt
26. 1901 Theodore Roosevelt (Rep.)
(Sucedió a McKinley, tras ser asesinado el 14 de
septiembre de 1901.)
1904 Theodore Roosevelt (Rep.)   Alton B. Parker (Dem.)
Eugene V. Debs (Socialista)
VP: Charles Warren Fairbanks
27. 1908 William H. Taft (Rep.)   William J. Bryan (Dem.)
Eugene V. Debs (Socialista)
VP: James S. Sherman
28. 1912 Woodrow Wilson (Dem.)   Theodore Roosevelt
(Progresivo),
William Taft (Rep.)
VP: Thomas R. Marshall
1916 Woodrow Wilson (Dem.)   Charles E. Hughes (Rep.)
VP: Thomas R. Marshall

29. 1920 Warren G. Harding (Rep.)   James M. Cox (Dem.)
VP: Calvin Coolidge

30. 1923 Calvin Coolidge (Rep.)
(Sucedió a Harding, quien murió de un paro cardíaco el 2 de agosto de 1923.)

1924 Calvin Coolidge (Rep.)   John W. Davis (Dem.)
VP: Charles G. Dawes

31. 1928 Herbert C. Hoover (Rep.)   Alfred E. Smith (Dem.)
VP: Charles Curtis

32. 1932 Franklin D. Roosevelt (Dem.)   Herbert C. Hoover (Rep.)
VP: John Nance Garner

1936 Franklin D. Roosevelt (Dem.)   Alfred M. Landon (Rep.)
VP: John Nance Garner

1940 Franklin D. Roosevelt (Dem.)   Wendell Willkie (Rep.)
VP: Henry A. Wallace

1944 Franklin D. Roosevelt (Dem.)   Thomas E. Dewey (Rep.)
VP: Harry S Truman

33. 1945 Harry S Truman (Dem.)
(Sucedió a Roosevelt luego de su muerte el 12 de abril de 1945.)

1948 Harry S Truman (Dem.)   Thomas E. Dewey (Rep.)
VP: Alben W. Barkley

34. 1952 Dwight D. Eisenhower (Rep.)   Adlai Stevenson (Dem.)
VP: Richard M. Nixon

1956 Dwight D. Eisenhower (Rep.)   Adlai Stevenson (Dem.)
VP: Richard M. Nixon

35. 1960 John F. Kennedy (Dem.)   Richard M. Nixon (Rep.)
VP: Lyndon B. Johnson (Dem.)

36. 1963 Lyndon B. Johnson
(Sucedió a Kennedy luego de ser asesinado el 22 de noviembre de 1963.)

1964 Lyndon B. Johnson (Dem.)   Barry Goldwater (Rep.)
VP: Hubert H. Humphrey

37. 1968 Richard M. Nixon (Rep.)   Hubert H. Humphrey (Dem.)

VP: Spiro T. Agnew

1972 Richard M. Nixon (Rep.)   George McGovern (Dem.)
VP: Spiro T. Agnew
VP: Gerald Ford

Agnew, compañero de fórmula de Nixon y ex gobernador de Maryland, fue acusado de fraude tributario y de recibir sobornos mientras era ejecutivo de condado. Agnew se declaró nolo contendere al cargo de evasión fiscal y renunció a la vicepresidencia. Nixon se amparó en la Vigesimo quinta Enmienda, promulgada en 1967 para garantizar la sucesión ordenada en caso de la muerte o renuncia del presidente, y eligió a Gerald Ford en reemplazo de Agnew. El nombramiento de Ford fue aprobado por el Congreso.

38. 1974 Gerald Ford (Rep.)

Ford sucedió a Nixon luego de su renuncia el 9 de agosto de 1974, como consecuencia del escándalo de Watergate. Nelson Rockefeller, gobernador de Nueva York, fue nombrado como vicepresidente por Gerald Ford, quien se amparó en la Vigesimo quinta Enmienda.

39. 1976 Jimmy Carter (Dem.)   Gerald Ford (Rep.)
VP: Walter Mondale

40. 1980 Ronald Reagan (Rep.)   Jimmy Carter (Dem.)
VP: George Bush

1984 Ronald Reagan (Rep.)   Walter Mondale (Dem.)
VP: George Bush

41. 1988 George Bush (Rep.)   Michael Dukakis (Dem.)
VP: J. Danforth Quayle

42. 1992 William Jefferson Clinton   George Bush (Rep.)
(Dem.)   H. Ross Perot (Ind.)
VP: Albert Gore Jr.

1996 William Jefferson Clinton   Robert Dole (Rep.)
(Dem.)   H. Ross Perot (Ind.)
VP: Albert Gore Jr.

43. 2000 George W. Bush (Rep.)   Albert Gore Jr. (Dem.)
VP: Richard Cheney

44. 2004 George W. Bush (Rep.)   John Kerry (Dem.)
VP: Richard Cheney

BIBLIOGRAFÍA

La siguiente selección de lecturas y referencias comienza con libros e historias que cubren amplios temas generales y amplias secciones de la historia de los Estados Unidos. Esta guía de temas generales preside una lista de los libros referenciados por los distintos capítulos de esta obra.

La gran cantidad de referencias, y su amplitud en tratar los temas, no permitía realizar un sistema de pie de páginas tradicional al momento de documentar esta historia. De esta manera, y buscando simplificar la lectura, he decidido mencionar todas las citas directamente en el texto. El resto de fuentes utilizadas están incluidas en las listas a continuación.

Traté igualmente de utilizar obras generales que aun están disponibles o que son de fácil acceso a través de bibliotecas publicas, al igual que obras publicadas recientemente que incluyen la investigación académica más actualizada.

Andrew, Christopher. *For the President's Eyes Only: Secret Intelligence and the American Presidency from Washington to Bush.* New York: HarperCollins, 1995. Exhaustiva historia de los espías americanos y su influencia en los presidentes estadounidenses.

Bennett, Lerone, Jr. *Before the Mayflower: A History of Black America* (5th ed.). Chicago: Johnson Publishing, 1982. Un trabajo estándar que evalúa el impacto de los negros en América y describe la historia de la raza negra en los Estados Unidos.

Bettmann, Otto L. *The Good Old Days—They Were Terrible!* New York: Random House, 1974. Una divertida corrección a la comúnmente aceptada noción de que tiempos anteriores siempre fueron mejores, describiendo una variedad de temas que incluyen la educación, la polución y el trabajo.

Boller, Paul F., Jr. *Presidential Campaigns.* London: Oxford University Press, 1984. Una divertida reexaminación de la historia del curioso proceso de elección de los presidentes en los Estados Unidos. Una muestra de historia fascinante, entretenida y llena de anécdotas.

————. *Presidential Wives: An Anecdotal History.* New York: Oxford University Press, 1988. Al igual que sus libros anteriores acerca los presidentes, esta obra ofrece una única visión a las primeras damas apoyada con fascinantes y reveladoras anécdotas acerca de su papel en la historia de este país.

Brandon, William. *The American Heritage Book of Indians.* New York: American Heritage, 1963. Una excelente historia ilustrada llena en detalles acerca la vida e historia de los indígenas.

Buckley, Gail. *American Patriots: The Story of Blacks in the Military from the Revolution to Desert Storm.* New York: Random House, 2001. La desconocida historia del papel jugado por los negros en la historia militar de los Estados Unidos.

Burns, James McGregor. *The American Experiment: The Vineyard of Liberty.* New York: Knopf, 1982.

————. *The American Experiment: The Workshop of Democracy.* New York: Knopf, 1985.

————. *The American Experiment: The Crosswinds of Freedom.* New York: Knopf, 1989. Siempre lúcido y entretenido, Burns es un politólogo centrista en sus interpretaciones. Estos tres volúmenes comprenden desde la creación de la constitución hasta la administración de Ronald Reagan.

Carroll, Andrew, ed. *Letters from a Nation.* New York: Kodansha Press, 1997. Una recolección de cartas personales escritas a lo largo de más de 350 años de historia estadounidense. Escrita por personajes reconocidos y desconocidos, esta obra se constituye en una fantástica visión personal de la historia.

Colbert, David, ed. *Eyewitness to America: 500 Years of American History in the Words of Those Who Saw It Happen.* New York: Pantheon, 1997. Narrativas documentales y opiniones personales que generan un fascinante y muy humano montaje de los hechos ocurridos, algunos famosos y otros no tanto. Al igual que las cartas personales editadas por Carroll, esta obra ofrece una visión personal de los hechos históricos.

Cook, Chris, with Whitney Walker. *The Facts on File World Political Almanac: From 1945 to Present (4th Ed.).* New York: Checkmark Books, 2001. Una referencia muy valiosa a los eventos contemporáneos en política internacional, incluyendo tratados, elecciones y definiciones políticas.

Cowan, Tom, and Jack Maguire. *Timelines of African-American History: 500 Years of Black Achievement.* New York: Roundtable Press/Perigee, 1994. Una referencia muy útil que presenta año a año los hitos de la historia negra en América.

Cunliffe, Marcus. *The Presidency.* New York: American Heritage, 1968. Más que una simple cronología, está obra es una un acercamiento temático de un historiador que analiza los hombres que han influenciado y definido la presidencia estadounidense.

Eskin, Blake, and the Editors of *George* Magazine. *The Book of Political Lists. New York: Villard,* 1998. Una guía de referencia irreverente y entretenida que cubre desde presidentes con sangre real hasta políticos abiertamente homosexuales.

Evans, Sara M. *Born for Liberty: A History of Women in America.* New York: Free Press, 1989. Un buen análisis del papel de la mujer en la creación de los Estados Unidos.

Fitzgerald, Frances. *America Revised: History Schoolbooks in the Twentieth Century.* Boston: Little, Brown, 1979. Un estudio revelador de los textos que esculpieron el pensamiento estadounidense a través de la historia.

Friedman, Lawrence M. *Crime and Punishment in American History.* New York: Basic Books, 1993. Una visión panorámica del crimen y el castigo desde la era colonial hasta los tiempos modernos.

Greenberg, Ellen. *The House and Senate Explained: The People's Guide to Congress.* New York: Norton, 1996. Una guía de referencia simple acerca los procedimientos y prácticas del Congreso de los Estados Unidos.

———. *The Supreme Court Explained.* New York: Norton, 1997. Una guía sencilla acerca los misterios de cómo la Corte Suprema de la nación recibe, trata y decide los casos jurídicos.

Grun, Bernard. *The Timetables of History: A Horizontal Linkage of People and Events.* New York: Simon & Schuster, 1975. Una cronología de la historia mundial, que cubre temas de política, cultura, ciencia y otras áreas. Es un texto muy útil para observar la historia estadounidenses dentro del contexto histórico mundial.

Heffner, Richard D. *A Documentary History of the United States.* New York: New American Library, 1985. La historia estadounidense a través de los principales discursos, escritos, decisiones de la Corte Suprema y otros documentos escritos.

Hirsch, E. D., Jr. *Cultural Literacy: What Every American Needs to Know.* Boston: Houghton Mifflin, 1987. Lo que no sabemos y por que.

Hirsch, E. D., Jr., Joseph F. Kett, and James Trefil. *The Dictionary of Cultural Literacy.* Boston: Houghton Mifflin, 1988. Lo que necesitamos saber en pequeñas dosis.

Hofstadter, Richard, and Clarence L. Ver Steeg. *Great Issues in American History: From Settlement to Revolution, 1584–1776*. New York: Vintage, 1958. Este y los siguientes volúmenes de la serie se constituyen en una presentación de la historia a través de escritos, discursos y decisiones de la Corte Suprema. Incluye ensayos interpretativos.

———. *Great Issues in American History: From the Revolution to the Civil War, 1765–1865*. New York: Vintage, 1958.

———. *Great Issues in American History: From Reconstruction to the Present Day, 1864–1981*. New York: Vintage, 1982.

Hoxie, Frederick E., ed. *Encyclopedia of North American Indians*. Boston: Houghton Mifflin, 1996. Excelente referencia que cubre todos los aspectos de la vida indígena norteamericana, desde la prehistoria hasta los tiempos modernos.

Hoyt, Edwin P. *America's Wars and Military Excursions*. New York: McGraw-Hill, 1987. Una visión enciclopédica pero entretenida de las batallas en América, grandes y pequeñas, crueles y buenas.

Hymowitz, Carol, and Michele Weissman. *A History of Women in America*. New York: Bantam, 1978. Una útil perspectiva de los hitos logrados por la mujer y su papel en la historia y sociedad estadounidense.

Irons, Peter. *A People's History of the Supreme Court*. New York: Viking Penguin, 1999. Historia de la Corte Suprema desde una perspectiva crítica.

Josephy, Alvin M., Jr. *500 Nations: An Illustrated History of North American Indians*. New York: Knopf, 1994. Esta obra suntuosamente ilustrada va con un documental de televisión que recuenta la historia estadounidense desde el punto de vista de los nativos.

Kennedy, Randall. *Nigger: The Strange Career of a Troublesome Word*. New York: Pantheon, 2002. Un fascinante y corto libro que describe los orígenes y usos de esta controversial palabra.

Kohn, George Childs, ed. *The New Encyclopedia of American Scandal*. New York: Facts on File, 2001. Cubriendo desde el caso Abscam hasta el caso Zenger, esta obra incluye en escándalo Lewinsky al igual que el de O.J. Simpson.

Lavender, David. *The American Heritage History of the West*. New York: American Heritage, 1965. Historia ilustrada con mucha información útil aunque relativamente desactualizada.

McEvedy, Colin. *The Penguin Atlas of North American History to 1870*. New York: Penguin, 1988. Utilizando un mapa cambiante de Norte América, el autor de esta obra traza el curso de la historia norteamericana desde la prehistoria hasta la Guerra Civil.

McPherson, James M., general ed. *"To the Best of My Ability": The American Presidents*. New York: Dorling Kindersley, 2000.

Miller, Nathan. *Star-Spangled Men: America's Ten Worst Presidents*. New York: Scribner's, 1998. Puede usted adivinar quienes son los diez peores presidentes? Esta obra incluye una entretenida, audaz y muy subjetiva lista que incluye a Carter, Taft, Coolidge y Nixon. Kennedy y Jefferson no están en la lista pero se les considera "sobrevalorados".

Morison, Samuel Eliot. *The Oxford History of the American People*. London: Oxford University Press, 1965. Esta es la historia tal y como se aprende en la escuela, con un acercamiento tradicional que tiende a pasar rápidamente sobre los momentos áridos de la historia estadounidense mientras que celebra la nobleza del progreso histórico del país.

Ravitch, Diane, and Chester Finn. *What Do Our Seventeen-Year-Olds Know?* New York: Harper & Row, 1987. Este es un estudio controversial, escrito con recursos monetarios del *National Endowment for the Humanities*, que generó furor al encontrar la sorprendente carencia de conocimiento básico de historia estadounidense y literatura entre los bachilleres de diecisiete años.

Schlesinger, Arthur M., general ed. *The Almanac of American History* (revised and updated ed.). New York: Barnes & Noble, 1993. Desde el año 986 hasta 1982, esta obra es un compendio día a día de eventos importantes. Incluye ensayos introductorios y cortas descripciones de personas importantes y eventos significativos en la historia estadounidense. Es una muy valiosa fuente de referencia.

Shenkman, Richard. *Presidential Ambition: How the Presidents Gained Power, Kept Power, and Got Things Done*. New York: HarperCollins, 1999. Una interesante perspectiva, desde adentro, del poder en la Casa Blanca.

Spitzer, Robert J., ed. *The Politics of Gun Control (2nd ed.)*. New York: Seven Bridges Press, 1998. Una colección de artículos periodísticos y académicos relacionados con la historia y el significado de la Segunda Enmienda.

Wade, Wyn Craig. *The Fiery Cross: The Ku Klux Klan in America*. New York: Simon & Schuster, 1987. Traza el desarrollo del Ku Klux Klan a partir del final de la Guerra Civil hasta tiempos modernos.

Waldman, Carl. *Atlas of the North American Indian (rev. ed.)*. New York: Facts on File, 2000.

Williams, T. Harry. *The History of American Wars: From 1745 to 1918*. New York: Knopf, 1985. Esta obra, que quedó sin terminar por la muerte del autor, presenta una muy buena interpretación de los hechos ocurridos durante las guerras americanas durante el periodo tratado.

Whitney, David C. *The American Presidents*. Garden City, N.Y.: Doubleday, 1985. Una referencia muy básica de los presidentes estadounidenses hasta Reagan, con pequeñas biografías y breves descripciones de los eventos ocurridos durante cada administración.

World Almanac. *The Little Red, White and Blue Book*. New York: Pharos Books, 1987. Una breve cronología de la historia americana desde los tiempos de Colón.

Zinn, Howard. A *People's History of the United States*. New York: Harper &

Row, 1980. Esta obra revisionista trata la historia estadounidense desde la perspectiva de los " perdedores" (indígenas, mujeres, negros, los pobres, etc.). Sirve como una útil y necesaria corrección a las tradicionales perspectivas históricas como las de Morison y otros historiadores tradicionales.

Capítulo 1. Un Mundo Nuevo y Valiente

Bailyn, Bernard. *The Peopling of British North America.* Knopf, 1986.

———. *Voyagers to the West: A Passage in the Peopling of America on the Eve of the Revolution.* New York: Knopf, 1986.

Boorstin, Daniel J. *The Americans: The Colonial Experience.* New York: Random House, 1958.

Desowitz, Robert S. *Who Gave Pinta to the Santa Maria? Torrid Diseases in a Temperate World.* Mew York: Norton, 1997. Una historia de las enfermedades en América, incluyendo el intercambio de enfermedades con Europa luego de la llegada de Colón.

Diamond, Jared. *Guns, Germs and Steel: The Fates of Human Societies.* New York: Norton, 1998. Esta obra ganadora del Premio Pulitzer examina los orígenes de sociedades y culturas y provee una explicación convincente de porqué hay diferencias tan grandes en el desarrollo de diferentes lugares. Ofrece una excelente descripción del proceso de población de América y el conflicto entre europeos y los aborígenes americanos.

Granzotto, Gianni. *Christopher Columbus.* Garden City, N.Y.: Doubleday, 1985. Escrita por un historiador italiano, esta obra es una extenso y realista retrato del descubridor europeo de América.

Jennings, Francis. *The Invasion of America: Indians, Colonialism and the Cant of Conquest.* Chapel Hill: University of North Carolina Press, 1975. Como su título lo indica, esta obra se aleja de la visión tradicional del descubrimiento de América por parte de los europeos, optando por la palabra invasión para describir los hechos.

Klein, Herbert S. *The Middle Passage: Comparative Studies in the Atlantic Slave Trade.* Princeton, N.J.: Princeton University Press, 1978. Una historia tradicional de la trata de esclavos.

Kurlansky, Mark. *Cod: A Biography of the Fish That Changed the World.* New York: Walker, 1997. Esta obra describe la razón verdadera del por que los europeos atravesaron el Atlántico y que los alimentó durante la travesía. Es una fascinante historia acerca de qué tan dependiente de la búsqueda de pescado fue el asentamiento en Norte América.

Lauber, Patricia. *Who Discovered America.* New York: Random House, 1970. Un libro para jóvenes adultos que provee una buena introducción a la historia precolombina de América.

Magnusson, Magnus, and Hermann Palsson. *The Vinland Sagas: The Norse Discovery of America.* New York: Penguin, 1965.

McNeill, William H. *Plagues and Peoples.* New York: Anchor Books, 1977.

Una obra que describe como las enfermedades han impactado y alterado el curso de la historia.

Morison, Samuel Eliot. *Christopher Columbus, Mariner*. New York: New American Library, 1985.

————. *The European Discovery of America: The Northern Voyages*. London: Oxford University Press, 1971.

————. *The European Discovery of America: The Southern Voyages*. London: Oxford University Press, 1974. Estos dos volúmenes han sido acortados y combinados por Morison en *The Great Explorers*. New York: Oxford University Press, 1978.

Nash, Gary. *Red, White and Black: The Peopling of Early America*. New York: Prentice-Hall, 1974. Una fuerte versión revisionista de la llegada de los europeos a América.

Parkman, Francis. *France and England in America* (2 vols.). New York: Library of America, 1983. Escribiendo para el público general a mediados del siglo diecinueve, Parkman es uno de los primeros grandes escritores de historia.

Quinn, David Beers. *England and the Discovery of America: 1481–1620*. New York: Knopf, 1974.

————. *Set Fair for Roanoke: Voyages and Colonies, 1584–1606*. Chapel Hill: University of North Carolina Press, 1985.

Smith, John. *Captain John Smith's History of Virginia*. New York: Bobbs-Merrill, 1970. La ampliamente descriptiva y sospechosa versión de la vida y tiempos del legendario explorador y aventurero John Smith.

Snell, Tee Loftin. *The Wild Shores: America's Beginnings*. Washington, D C.: National Geographic Society, 1974.

Stannard, David E. *American Holocaust: The Conquest of the New World*. New York: Oxford University Press, 1992. Un recuento detallado de la destrucción masiva de sociedades y millones de personas luego del arribo de los europeos a América.

Capítulo 2. Digamos Que Se Está Gestando una Revolución

Alden, John R. *George Washington: A Biography*. Baton Rouge: Louisiana State University Press, 1970. Concisa biografía en un solo tomo que se deja leer fácilmente.

Boatner, Mark M., III. *Encyclopedia of the American Revolution*. New York: McKay, 1996. Este libro único es una muy completa y distinguida fuente de referencia a los nombres, sitios y eventos de la revolución.

Brands, H. W. *The First American: The Life and Times of Benjamin Franklin*. New York: Doubleday, 2000. Una profunda y animada recolección de la primera celebridad estadounidense y probablemente la persona más interesante del siglo dieciocho.

Brookhiser, Richard. *Founding Father: Rediscovering George Washington*. New

Bibliografía

York: Free Press, 1996. Una "biografía moral" que descubre el papel fundamental que jugó Washington en la creación de los Estados Unidos.

Butterfield, L. H., Marc Friedlander, and Mary-Jo Kline, eds. *The Book of Abigail and John: Selected Letters of the Adams Family.* Boston: Harvard University Press, 1975.

Cohen, I. Bernard. *Science and the Founding Fathers: Science in the Political Thought of Thomas Jefferson, Benjamin Franklin, John Adams & James Madison.* New York: Norton, 1995. Una mirada intrigante al significado del conocimiento científico de estos cuatros padres de la patria y el impacto de tal conocimiento en sus políticas, tema que usualmente no está incluido en la mayoría de biografías. I

Commager, Henry Steele. *The Empire of Reason: How Europe Imagined and America Realized the Enlightenment.* Doubleday/Anchor, 1977.

Cunliffe, Marcus. *George Washington: Man and Monument* (rev. ed.). Boston: Little, Brown, 1984.

Demos, John. *Entertaining Satan: Witchcraft and the Culture of Early New England.* London: Oxford University Press, 1982.

———. *The Unredeemed Captive: A Family Story from Early America.* New York: Knopf, 1994. Esta premiada obra es un recuento de la vida colonial en Nueva Inglaterra, enfocada en la captura de una joven muchacha que decide quedarse con sus captores de origen indígena.

Draper, Theodore. *A Struggle for Power: The American Revolution.* New York: Times Books, 1996. Profunda e fascinante perspectiva de los años que inmediatamente precedieron la Revolución.

Edgar, Walter. *Partisans and Redcoats: The Southern Conflict That Turned the Tide of the American Revolution.* New York: Morrow, 2001. Una valiosa historia de la usualmente despreciada campaña en Carolina del Norte y Carolina del Sur que degeneraron en la rendición inglesa.

Ellis, Joseph J. *Founding Brothers: The Revolutionary Generation.* New York: Knopf, 2001. Un best-seller que retrata a los fundadores claves—John Adams, Aaron Burr, Benjamin Franklin, Alexander Hamilton, Thomas Jefferson, James Madison, and George Washington—enfocado en la crucial década de 1790.

Fenn, Elizabeth A. *Pox Americana: The Great Smallpox Epidemic of 1775–82.* New York: Farrar, Straus and Giroux, 2001. Una fascinante obra que explora el usualmente despreciado papel que juegan las enfermedades en la historia. En este caso, trata la plaga que atacó durante la revolución estadounidense que inclusivo mató más gente que la misma guerra.

Ferling, John. *Setting the World Ablaze: Washington, Adams, Jefferson, and the American Revolution.* New York: Oxford University Press, 2000.

Fleming, Thomas. *Liberty! The American Revolution.* New York: Viking, 1997. Excelente libro compañero de la serie de televisión que traza la lucha estadounidense por su independencia.

Flexner, James Thomas. *Washington: The Indispensable Man*. Boston: Little, Brown, 1969. Este volumen resume el material que se encuentra en los cuatro tomos de Flexner, otra biografía estándar de Washington.

Franklin, Benjamin. *The Autobiography and Other Writings*. New York: Signet, 1961.

Freeman, Douglas S. *George Washington: A Biography*. New York: Scribner's, 1985. Un resumen de los siete volúmenes que constituyen la biografía de Washington escrita por Freeman, considerada otro estándar de la vida del padre de la patria.

Hawke, David Freeman. *Everyday Life in Early America*. New York: Harper & Row, 1988. Uno de los tomos de la serie que describe la vida diaria de los americanos a través de las eras.

Hill, Frances. *A Delusion of Satan: The Full Story of the Salem Witch Trials*. New York: Doubleday, 1995. Una fascinante historia de las notorias cacerías de brujas de 1691.

Hofstadter, Richard. *America at 1750: A Social History*. New York: Knopf, 1971.

Jennings, Francis. *The Creation of America: Through Revolution to Empire*. New York: Cambridge University Press, 2000. Una historia alternativa que muestra los colonistas como conquistadores y a la revolución como una rebelión que buscaba el control de la América conquistada.

Kerber, Linda K. *Women of the Republic: Intellect and Ideology in Revolutionary America*. Chapel Hill: University of North Carolina Press, 1980.

Ketchum, Richard M. *Saratoga: Turning Point of America's Revolutionary War*. Una descripción vivida de una de las batallas más importantes en la historia estadounidense, la batalla de 1777 al norte del estado de Nueva York que previno a los ingleses el control de rió Hudson.

―――. *The Winter Soldiers*. Garden City, N.Y.: Doubleday, 1973. Historia militar de los meses entre la Declaración de Independencia y la crucial victoria de Navidad en Trenton y luego en Princeton.

Kitman, Marvin. *George Washington's Expense Account*. New York: Simon and Schuster, 1970. Una cómica y reveladora obra que examina línea a línea la historia contada por el Comandante al Congreso después de la guerra.

Langguth, A. J. *Patriots: The Men Who Started the American Revolution*. New York: Simon & Schuster. Una vivida y amena historia de la revolución y las personalidades detrás de ella.

Levin, Phyllis Lee. *Abigail Adams: A Biography*. New York: St. Martin's, 1987. Una exhaustiva biografía de una de las personalidades más intrigantes de los Estados Unidos. (Ver también McCullough, *John Adams*)

McCullough, David. *John Adams*. New York: Simon & Schuster, 2001. Obra ganadora del premio Pulitzer que se concentra en uno de los arquitectos de la revolución, segundo presidente y padre fundador de la dinastía de los Estados Unidos.

Maier, Pauline. *American Scripture: Making the Declaration of Independence.* New York: Knopf, 1997. Una excelente descripción de la "verdadera historia" de la creación de la Declaración del Segundo Congreso Continental.

Nash, Gary B. *The Urban Crucible: Northern Seaports and the Origins of the American Revolution.* Boston: Harvard University Press, 1986. El papel jugado por la clase trabajadora en la búsqueda de la independencia.

Norton, Mary Beth. *Liberty's Daughters: The Revolutionary Experience of American Women.* Boston: Little, Brown, 1980. Explora el ampliamente despreciado segmento dentro de la historia estadounidense: el papel de la mujer en la Guerra de la Independencia.

Paine, Thomas. *Common Sense, The Rights of Man and Other Essential Writings.* New York: Meridian, 1984. (Existen muchas otras ediciones de los escritos de Paine).

Peterson, Marshall D., ed. *The Portable Thomas Jefferson.* New York: Viking, 1975.

Quarles, Benjamin. *The Negro in the American Revolution.* Chapel Hill: University of North Carolina Press, 1961. Un importante y poco tratado capítulo de la historia estadounidense.

Rossiter, Clinton. *The First American Revolution.* New York: Harcourt Brace & World, 1956. Esta obra estándar de bolsillo contiene la primera parte del libro escrito por Rossiter: *Seedtime of the Republic.*

——, ed. *The Federalist Papers: Hamilton, Madison and Jay.* New York: Mentor, 1961.

Tuchman, Barbara W. *The First Salute: A View of the American Revolution.* New York: Knopf, 1988. El dos veces ganador del premio Pulitzer examina los puntos claves de la revolución estadounidense, enfocándose en la intervención de Francia y Holanda y en la decisiva campaña que culminó en la victoria de Yorktown.

Wilkins, Roger. *Jefferson's Pillow: The Founding Fathers and the Dilemma of Black Patriotism.* Boston: Beacon Press, 2001. Examina las decisiones a las que se enfrentaron aquellos que luchaban a favor de la libertad pero mantuvieron esclavos.

Wills, Garry. *Inventing America: Jefferson's Declaration of Independence.* Garden City, N.Y.: Doubleday, 1978. Un profundo análisis de la composición de la Declaración.

Zall, Paul M., ed. *The Wit and Wisdom of the Founding Fathers.* Hopewell, N.J.: Ecco Press, 1996. Citas y aforismos que mostraban el lado liviano, usualmente no tratado, de Washington, Adams, Franklin y Jefferson.

CAPÍTULO 3. EL CRECIMIENTO DE UNA NACIÓN

Adams, Henry. *History of the U.S.A. During the Administration of Thomas Jefferson, 1801–1805.* New York: Library of America, 1986.

————. *History of the U.S.A. During the Administration of James Madison, 1809–1817.* New York: Library of America, 1986.

Adler, Mortimer J. *We Hold These Truths: Understanding the Ideas and Ideals of the Constitution.* New York: Macmillan, 1987.

Alderman, Ellen. *In Our Defense: The Bill of Rights in Action.* New York: Morrow, 1991. Una excelente discusión para los aficionados al tema jurídico de los dilemas afrontados en *Bill of Rights* cuando aparecen "derechos" en conflicto, con fascinantes ejemplos de casos reales.

Ambrose, Stephen. *Undaunted Courage: Meriwether Lewis, Thomas Jefferson, and the Opening of the American West.* New York; Simon & Schuster, 1996. Una excitante descripción de una de las grandes aventuras de la historia Americana: la expedición a través de la desconocida América luego de la compra de Louisiana.

Bergon, Frank, ed. *The Journals of Lewis and Clark.* New York: Viking Penguin, 1989.

Boorstin, Daniel J. *The Americans. The National Experience.* New York: Random House, 1965. La obra que le sigue a *The Colonial Experience*, cubriendo historia norteamericana desde la revolución hasta la guerra civil.

Brodie, Fawn. *Thomas Jefferson: An Intimate History.* New York: Norton, 1974. Controversial "psicobiografía" que revivió el tema de la relación amorosa entre Jefferson y su esclava Sally Hemings.

Daniels, Jonathan. *Ordeal of Ambition: Jefferson, Hamilton and Burr.* Garden City, N.Y.: Doubleday, 1970.

Davis, William C. *Three Roads to the Alamo: The Lives and Fortunes of David Crockett, James Bowie, and William Barret Travis.* New York: Harper-Collins, 1998. Una prodigiosa historia de uno de los eventos de mayor trato mitológico en la historia de los Estados Unidos: la toma del fuerte del Alamo en la guerra por la independencia de Texas de México.

Ehle, John. *Trail of Tears: The Rise and Fall of the Cherokee Nation.* Garden City, N.Y.: Doubleday, 1988.

Fleming, Thomas. *Duel: Alexander Hamilton, Aaron Burr, and the Future of America.* New York: Basic Books, 1999. Una fascinante descripción de los fatales duelos y el extraordinario encuentro de personalidad y política a principios del siglo diecinueve.

Gordon-Reed, Annette. *Thomas Jefferson and Sally Hemmings: An American Controversy.* Charlottesville, Va.: University Press of Virginia, 1997. Con variados argumentos, el autor de esta obra presenta sin pasiones la evidencia de ambas posiciones del famoso caso, favoreciendo al final la posibilidad de que en efecto existió la notoria relación.

Gutman, Herbert G. *The Black Family in Slavery and Freedom.* New York: Random House, 1976. Muy importante obra en el ámbito académico.

Hendrickson, Robert A. *The Rise and Fall of Alexander Hamilton.* Van Nostrand Reinhold, 1981. Un resumen de la obra *Hamilton I* y *Hamilton II* del mismo autor.

Jahoda, Gloria. *The Trail of Tears: The Story of the American Indian Removal, 1813–1855*. New York: Holt, Rinehart and Winston, 1975.

Ketcham, Ralph, ed. *The Anti-Federalist Paper and the Constitutional Convention Debates*. New York: Mentor, 1986. (Otras ediciones están disponibles) El texto de los ensayos publicados que oponían a la Constitución. (ver también Rossiter, *The Federalist Papers*)

Kitman, Marvin. *The Making of the President, 1789*. New York: Harper & Row, 1989. Entretenida mirada a la primera "campaña" presidencial.

Larkin, Jack. *The Reshaping of Everyday Life: 1790–1840*. New York: Harper-Collins, 1988. Un tomo de varios que examinan la vida diaria de los americanos.

Lavender, David. *The Way to the Western Sea: Lewis and Clark Across the Continent*. New York: Harper & Row, 1989. Una excitante narrativa de la épica expedición realizada después de la compra de Louisiana.

Lester, Julius. *To Be a Slave*. New York: Dial, 1968. Un excelente libro para jóvenes adultos que describe la vida de un esclavo.

Levy, Leonard W. *Original Intent and the Framers' Constitution*. New York: Macmillan, 1988. Negando argumentos de derecha e izquierda, esta obra es una reconstrucción de lo que los arquitectos de la Constitución tuvieron en mente, y por que pensaban que no importaba lo que pensaran.

Malone, Dumas. *Jefferson and His Times* (6 vols.). Boston: Little, Brown, 1948–81. Está es la biografía estándar de Jefferson, aunque hoy en día ya existen muchas otras obras con puntos de vista diferentes acerca de su vida.

Morris, Richard. *The Forging of the Union: 1781–1789*. New York: Harper & Row, 1987. Un recuento básico de la creación de la Constitución.

———. *Witnesses at the Creation: Hamilton, Madison, Jay and the Constitution*. New York: Holt, Rinehart & Winston, 1985. Examina el impacto de estos tres hombres en la redacción y ratificación de la Constitución.

Padover, Saul K. *Jefferson*. New York: Harcourt Brace & World, 1942. Una inteligente biografía de un solo tomo que está un poco desactualizada luego de recientes descubrimientos.

Rogin, Michael P. *Fathers and Children: Andrew Jackson and the Destruction of the American Indian*. New York: Knopf, 1975. Una mirada detallada al record de Jackson con respecto al tema indígena.

Rossiter, Clinton, ed. *The Federalist Papers*. New York: Mentor, 1999. (Existen muchas otras ediciones.) Una recolección de la serie de ensayos escritos por Alexander Hamilton, James Madison y John Jay a favor de la defensa de la Constitución mientras se debatía su ratificación por los estados.

CAPÍTULO 4. HACIA LA GUERRA CIVIL Y LA RECONSTRUCCIÓN

Bernstein, Iver. *The New York City Draft Riots.* New York: Oxford University Press, 1990. Profundo y erudito tratamiento de la amotinación de 1863 luego de la creación del Acto de Reclutamiento y que dejó cientos de muertos en Nueva York.

Catton, Bruce. *The American Heritage Picture History of the Civil War.* New York: American Heritage, 1960.

————. *The Coming Fury.* Garden City, N.Y.: Doubleday, 1961.

————. *Gettysburg, the Final Fury.* Garden City, N.Y.: Doubleday, 1968.

————. *Never Call Retreat.* Garden City, N.Y.: Doubleday, 1965.

————. *A Stillness at Appomattox.* Garden City, N.Y.: Doubleday, 1953.

————. *Terrible Swift Sword.* Garden City, N.Y.: Doubleday, 1963.

————. *This Hallowed Ground.* Garden City, N.Y.: Doubleday, 1956. Clásica historia militar, aunque un poco desactulizada luego de nuevas obras publicadas recientemente.

Davis, Burke. *The Long Surrender.* New York: Random House, 1985. Excelente descripción de los últimos días de la guerra.

————. *Sherman's March.* New York: Random House, 1980. Excelente historia de la desafortunada Marcha al Mar.

Douglass, Frederick. *Narrative of the Life of Frederick Douglass.* New York: Signet, 1968. (Otras ediciones están disponibles). Originalmente escrito y publicado en 1845, esta autobiografía de un esclavo auto-didacta es un clásico americano y probablemente la crítica mas elocuente de la esclavitud jamás escrita.

Eisenhower, John S. D. *So Far from God: The U.S. War with Mexico, 1846–1848.* New York: Random House, 1989. Una narración de la Guerra con México escrita por el hijo del presidente.

Foner, Eric. *Reconstruction: America's Unfinished Revolution.* New York: Harper & Row, 1988. Un enorme libro que examina los aspectos sociales, políticos y económicos de este período tan controversial.

Foote, Shelby. *The Civil War: A Narrative* (3 vols.). New York: Random House, 1958–74. Una narrativa a veces conocida como la "Odisea Americana".

Kaplan, Justin. *Walt Whitman: A Life.* New York: Simon & Schuster, 1980. Uno de los mejores retratos del poeta y su época.

Kolchin, Peter. *American Slavery: 1619–1877.* New York: Hill & Wang, 1993. Una obra bastante erudita y bien documentada, pero muy útil historia de la esclavitud en los Estados Unidos.

Kunhardt, Philip B., Jr., Philip B. Kunhardt III, and Peter W. Kunhardt. *Lincoln: An Illustrated Biography.* New York: Knopf, 1992. Una foto biografía espectacularmente ilustrada que acompaña la serie de televisión.

Litwack, Leon F. *Been in the Storm So Long: The Aftermath of Slavery.* New York: Knopf, 1979. Una obra estándar de la vida después de la Guerra para los antes esclavos.

Lowery, Thomas P. *The Story the Soldiers Wouldn't Tell: Sex in the Civil War*. Mechanicsburg, Pa.: Stackpole Books, 1994. Una mirada fascinante al bajo mundo de la Guerra—desde burdeles hasta enfermedades venéreas hasta la homosexualidad del siglo diecinueve.

McFeely, William S. *Frederick Douglass*. New York: Norton, 1991. Excelente historia del antes esclavo que se convirtió en defensor de la abolición de la esclavitud.

———. *Grant: A Biography*. New York: Norton, 1981. La vida de este soldado y presidente en un solo volumen.

McPherson, James M. *Battle Cry of Freedom: The Civil War Era*. London: Oxford University Press, 1988. Este premiado libro es una indispensable historia de la Guerra y los eventos que la precedieron.

Mellon, James. *Bullwhip Days: The Slaves Remember*. New York: Weidenfeld & Nicolson, 1988. Compilado durante la Depresión, esta obra junta las reminiscencias de la vida de los últimos esclavos vivientes.

Mitchell, Lt. Col. Joseph B. *Decisive Battles of the Civil War*. New York: Putnam's, 1955.

Oates, Stephen B. *Fires of Jubilee: Nat Turner's Fierce Rebellion*. New York: Harper & Row, 1975.

———. *To Purge This Land with Blood: A Biography of John Brown*. New York: Harper & Row, 1970.

———. *With Malice Toward None: The Life of Abraham Lincoln*. New York: Harper & Row, 1977. Esta biografía de Lincoln es una de los mejores y más balanceados recuentos de su vida y sus tiempos. Escrita en un solo volumen.

Rosengarten, Theodore. *Tombee: Portrait of a Cotton Planter*. New York: Morrow, 1986. Usando diarios del momento, el autor recrea un retrato vívido de la vida de las plantaciones del sur en este premiado libro.

Sears, Stephen W. *The Landscape Turned Red: The Battle of Antietam*. New York: Ticknor & Fields, 1983. Una descripción muy completa de una de las batallas más sangrientas de la historia Americana.

Stampp, Kenneth M. *The Peculiar Institution: Slavery in the Ante-Bellum South*. New York: Knopf, 1956.

———, ed. *The Causes of the Civil War*. New York: Spectrum/Prentice-Hall, 1974. Una colección de ensayos académicos que tratan las causas sociales, económicas, políticas y morales que ocasionaron la Guerra.

Ward, Geoffery C., with Ric Burns and Ken Burns. *The Civil War*. New York: Knopf, 1990. Libro que acompaña la premiada serie de television de PBS.

Winik, Jay. *April 1865: The Month That Saved America*. New York: HarperCollins, 2001. Una narrativa best-seller que trata el crucial último mes antes de la Guerra civil.

Capítulo 5. Cuando los Monopolios No Eran Nigún Juego

Adams, Henry. *The Education of Henry Adams: An Autobiography*. Boston: Houghton Mifflin, 1988.

Addams, Jane. *Twenty Years at Hull-House*. New York: Macmillan, 1910. Un relato personal del formidable reformador que empezó una de los primeros asentamientos de casas en el país, ubicado en Chicago.

Anbinder, Tyler. *Five Points: The Nineteenth-Century New York City Neighborhood That Invented Tap Dance, Stole Elections, and Became the World's Most Notorious Slum*. New York: Free Press, 2001. Retrato del bajo mundo de Nueva York.

Brady, Kathleen. *Ida Tarbell: Portrait of a Muckraker*. New York: Putnam, 1984. La cruzada de un periodista.

Brown, Dee. *Bury My Heart at Wounded Knee: An American Indian History of the American West*. New York: Holt, Rinehart and Winston, 1970. Un clásico moderno, contando la historia desde la perspectiva de un indígena.

Chernow, Ron. *The House of Morgan: An American Banking Dynasty and the Rise of Modern American Finance*. New York: Grove Press, 1990. Esta biografía de la primera familia financiera estadounidense fue la ganadora del National Book Award.

———. *Titan: The Life of John D. Rockefeller*. New York: Random House, 1998. Esta excelente biografía del hombre que ha sido llamado el Jekyll y Hyde del capitalismo americano: un audaz ladrón de cuello blanco y uno de los mayores filántropos de los Estados Unidos.

Collier, Peter, and David Horowitz. *The Rockefellers: An American Dynasty*. New York: New American Library, 1977. Una popular historia de la familia escrita por un par de agudos periodistas, enfocada en el surgimiento de John D. Rockefeller.

Connell, Evan S. *Son of the Morning Star: Custer and the Little Bighorn*. Berkeley, Calif.: North Point Press, 1984.

Dray, Philip. *At the Hands of Persons Unknown: The Lynching of Black America*. New York: Random House, 2002. Una historia completa de los aspectos sociales y culturales del linchamiento de miles de negros entre 1880 y la II Guerra Mundial.

Ferguson, Niall. *The Pity of War*. New York: Basic Books, 1999. Una recopilación monumental de la primera Guerra Mundial y sus consecuencias.

Fussell, Paul. *The Great War and Modern Memory*. London: Oxford University Press, 1975. Libro premiado acerca la experiencia británica en las trincheras de la Guerra entre 1914 y 1918, enfocado en la literatura que tal experiencia produjo.

Hofstadter, Richard. *The Age of Reform: From Bryan to F.D.R., 1890–1940*. New York: Knopf, 1955.

Josephson, Matthew, *The Politicos*. New York: Harcourt Brace, 1963.

———. *The Robber Barons*. New York: Harcourt Brace, 1934. Un clásico americano que trata el corrupto origen de algunas de las fortunas americanas.

Kaplan, Justin. *Lincoln Steffens: A Biography*. New York: Simon & Schuster, 1974. La vida de uno de los más prominentes *periodistas investigativos*.

———. *Mr. Clemens and Mark Twain*. New York: Simon & Schuster, 1966.

Karnow, Stanley. *In Our Image: America's Experience in the Philippines*. New York: Random House, 1989. Un fascinante estudio del largo involucramiento de América en las Filipinas, a partir de la Guerra Hispanoamericana y la insurrección, hasta los eventos posteriores a la caída de la dictadura Marcos por parte de Corazón Aquino.

Keegan, John. *The First World War*. New York: Knopf, 1999. Escrito por uno de los historiadores militares más prominentes de América.

Lewis, David Levering. *W. E. B. Du Bois: A Biography of a Race, 1868–1919*. New York: Henry Holt, 1993. Ganadora del Pulitzer en 1994, esta biografía es una pieza definitiva acerca el arquitecto esencial del movimiento de los derechos civiles en los Estados Unidos.

Manchester, William. *The Arms of Krupp: 1587–1968*. Boston: Little, Brown, 1964. La historia de las familias alemanes dedicadas a las armas provee un relato fascinante del surgimiento del militarismo en Alemania y el papel que este jugó en ambas guerras mundiales.

Marshall, S. L. A. *World War I*. New York: American Heritage, 1964. Un historiador militar, el autor se concentra en las confrontaciones armadas, con mucho menos énfasis en las causas, efectos y consecuencias de largo plazo de la Guerra.

McCullough, David. *The Great Bridge*. New York: Simon & Schuster, 1972. La fascinante historia de la construcción del puente de Brooklyn.

———. *Mornings on Horseback*. New York: Simon & Schuster, 1981. Un excelente biografia del joven Teddy Roosevelt.

———. *The Path Between the Seas: The Creation of the Panama Canal, 1870–1914*. New York: Simon & Schuster, 1977. La épica historia de la creación del canal.

Menand, Louis. *The Metaphysical Club: A Story of Ideas in America*. New York: Farrar, Straus and Giroux, 2001. Ganadora del Pulitzer de historia, esta "historia intelectual" examina el impacto de cuatro personas, incluyendo Oliver Wendell Holmes y William James, que cambiaron la manera de pensar de los estadounidenses acerca la educación, democracia y otras nociones filosóficas.

Morris, Edmund. *The Rise of Theodore Roosevelt*. New York: Coward, McCann & Geohegan, 1979. Una admirable, balanceada y excelente historia de la vida de Roosevelt que llega hasta su primera inauguración.

———. *Theodore Rex*. New York: Random House, 2001. Un excelente relato de los años como presidente de Roosevelt que le sigue a *The Rise of Theodore Roosevelt*.

Painter, Nell Irvin. *Standing at Armageddon: The United States, 1877–1919.* New York: Norton, 1987. Un fascinante retrato del país durante este periodo de transición de potencia menor a imperio.

Tuchman, Barbara. *The Guns of August.* New York: Macmillan, 1962. Ganadora del Pulitzer, esta obra describe los eventos en Europa que llevaron a la primera guerra mundial y al primer enfrentamiento en la Batalla del Marne.

———. *The Zimmerman Telegram.* New York: Macmillan, 1966. Un relato del escándalo diplomático y de la conspiración entre Alemania y México que ayudo a empujar a Estados Unidos a la primera guerra mundial.

Williams, John Hoyt. *A Great and Shining Road: The Epic Story of the Transcontinental Railroad.* New York: Times Books, 1988.

Woodward, C. Vann. *The Strange Career of Jim Crow* (3d rev. ed.). London: Oxford University Press, 1974.

CAPÍTULO 6. DEL BOOM A LA BANCARROTA Y DE NUEVO AL GRAN BOOM

Allen, Frederick Lewis. *The Big Change: America Transforms Itself: 1900–1950.* New York: Harper & Row, 1952. Un clásico escrito por uno de los más grandes historiadores-periodistas de la primera mitad del siglo veinte.

———. *Only Yesterday: An Informal History of the 1920s.* New York: Harper & Row, 1931.

———. *Since Yesterday: The 1930s in America.* New York: Harper & Row, 1939. Una historia socio-cultural de la vida durante la Depresión.

Armor, John, and Peter Wright. *Manzanar: Photographs by Ansel Adams*; *Commentary by John Hersey.* New York: Times Books, 1988. UNa crónica detallada del campo de internado Sino-americano, ilustrado por un documental fotográfico realizado por Ansel Adams.

Berg, A. Scott. *Lindbergh.* New York: Putnam's, 1998. Ganador del Pulitzer, esta definitiva obra relata la dramática y luego heroica y trágica caída del controversial aviador.

Blum, John Morton. *V Was for Victory: Politics and American Culture During World War II.* New York: Harcourt Brace Jovanovich, 1976.

Brooks, John. *Once in Golconda: A True Drama of Wall Street, 1920–1938.* New York: Norton, 1969.

Chang, Iris. *The Rape of Nanking: The Forgotten Holocaust of World War II.* New York: Basic Books, 1997. Una apasionante narrativa de una de las grandes atrocidades de la segunda guerra mundial: el asalto a la población civil de Nanking en China por parte de los japoneses en 1937.

Collier, Peter, and David Horowitz. *The Fords: An American Epic.* New York: Summit, 1987.

Davis, Kenneth S. *FDR: The New York Years, 1928–1933.* New York: Random House, 1985.

———. FDR: *The New Deal Years, 1933–1937*. New York: Random House, 1986.

Flood, Charles Bracelen. *Hitler: The Path to Power*. Boston: Houghton Mifflin, 1989. Una biografía que documenta el surgimiento de Hitler al poder luego de la I Guerra Mundial y la depresión.

Fussell, Paul. *Wartime: Understanding and Behavior in the Second World War*. London: Oxford University Press, 1989.

Gentry, Curt. *J. Edgar Hoover: The Man and the Secrets*. New York: Norton, 1991. Una biografía detallada del "mayor policía" de los Estados Unidos que tuvo un poder inusitado por casi cincuenta años.

Galbraith, John Kenneth. *The Great Crash*. Boston: Houghton Mifflin, 1955.

———. *A Life in Our Times: Memoirs*. Boston: Houghton Mifflin, 1981. Una biografía por el economista, diplomático e historiador, especialmente interesante por las experiencias de Galbraith como miembro del equipo de investigación del lanzamiento de bombas que realizaron visitas a Alemania y Japón después de la guerra y concluyeron que era inconcluso probar una saturación de lanzamiento de bombas en ambos países.

Goodwin, Doris Kearns. *No Ordinary Time: Franklin and Eleanor Roosevelt: The Home Front in World War II*. New York: Simon & Schuster, 1994. Todo lo que una biografía debe contener: los personajes de la historia retoman vida en esta brillante narrativa de la vida dentro de la Casa Blanca durante la segunda guerra mundial.

Hersey, John. *Hiroshima*. New York: Knopf, 1946. El clásico relato de las consecuencias del bombardeo de Hiroshima.

Kazin, Alfred. *On Native Grounds*. New York: Harcourt Brace & World, 1942. Una fascinante y fácil de leer colección de crítica literaria enfocada en los principales escritores estadounidenses de 1930 y 1940.

Keegan, John. *The Second World War*. New York: Viking, 1989. Acompañada de muchas fotografías e ilustraciones, esta extensa obra comprende, según el autor, "el mayor evento individual de la historia de la humanidad."

Ketchum, Richard M. *The Borrowed Years: 1938–1941, America on the Way to War*. New York: Random House, 1989. Una excelente historia de como los Estados Unidos esperó su entrada a la guerra en Europa que concluye con una convincente recreación de los días que precedieron a Pearl Harbor.

Kurzman, Dan. *Fatal Voyage: The Sinking of the USS Indianapolis*. New York: Atheneum, 1990. La horrenda historia de como el barco estadounidense que cargaba partes vitales de la bomba atómica fue bombardeado ocasionando una tremenda perdida de vidas humanas.

Lash, Joseph P. *Eleanor and Franklin*. New York: Norton, 1971. Simpática pero fascinante historia por parte de alguien muy cercano a la familia.

Leckie, Robert. *Delivered from Evil: The Saga of World War II*. New York: Harper & Row, 1987. Enorme volumen de la historia de la guerra.

Madigan, Tim. *The Burning: Massacre, Destruction, and the Tulsa Race Riot of 1921*. New York: St. Martin's, 2001. Horroroso caso de estudio del peor motín urbano en la historia de los Estados Unidos.

Manchester, William. *American Caesar: Douglas MacArthur, 1880–1964*. Boston: Little, Brown, 1978. Esta esplendida biografía de MacArthur es admirable sin negar los fracasos del general. La vida de MacArthur como soldado, al igual que la de su padre, cubren casi todas las facetas del involucramiento militar de Estados Unidos desde la guerra hispano-americana hasta la guerra de Corea.

———. *The Glory and the Dream: A Narrative History of America, 1932–1972*. Boston: Little, Brown, 1974.

———. *Goodbye, Darkness: A Memoir of the Pacific*. Boston: Little, Brown, 1979.

McCullough, David. *Truman*. New York: Simon & Schuster, 1992.

McElvaine, Robert S. *The Great Depression: America, 1929–1941*. New York: Times Books, 1993. Una completa historia de la época.

Mencken, H. L. *A Choice of Days*. New York: Vintage, 1980. Esta es una colección de extractos de tres obras autobiográficas escritas por el prominente periodista y crítico social americano.

Morgan, Ted. *FDR: A Biography*. New York: Simon & Schuster, 1985. Una inteligente y accesible biografía.

Persico, Joseph E. *Roosevelt's Secret War: FDR and World War II Espionage*. New York: Random House, 2001. Una historia detallada del uso que hacía Roosevelt de los espías. Trata muchas preguntas intrigantes, y argumenta que Roosevelt no "dejó" que sucediera Pearl Harbor.

Powers, Richard Gid. *Secrecy and Power: The Life of J. Edgar Hoover*. New York: Free Press, 1987. Una sólida y objetiva historia de la vida de uno de los hombres más poderosos de Estados Unidos: el director del FBI.

Rhodes, Richard. *The Making of the Atomic Bomb*. New York: Simon & Schuster, 1986. Ganador del premio Pulitzer, una historia de la política y la gente detrás del lanzamiento del las primeras bombas atómicas sobre el Japón.

Stinnet, Robert. *Day of Deceit: The Truth About FDR and Pearl Harbor*. New York: Simon & Schuster, 2000. Basándose en documentos que recientemente fueros desclasificados, el autor argumenta que los planes de ataque japoneses eran conocidos del gobierno americano que quería empujar al Japón a declarar la Guerra, a costa de miles de vidas americanas.

Taylor, A. J. P. *The War Lords*. New York: Penguin, 1976. Una recopilación de conferencias dadas por un prominente historiador ingles. Este libro ofrece breves biografías de los cinco hombres que estuvieron a la cabeza de la segunda guerra mundial: Mussolini, Hitler, Churchill, Stalin, and Roosevelt.

Terkel, Studs. *"The Good War": An Oral History of World War II*. New York: Pantheon, 1984.

————. *Hard Times: An Oral History of the Great Depression.* New York: Pantheon, 1970. La vida durante los peores años de la depression contada por un periodista.

Toland, John. *Adolf Hitler.* Garden City, N.Y.: Doubleday, 1976. Una biografía bestseller de Hitler, contada por un famoso historiador.

————. *Infamy: Pearl Harbor and Its Aftermath.* Garden City, N.Y.: Doubleday, 1982.

————. *Rising Sun: The Decline and Fall of the Japanese Empire.* New York: Random House, 1970.

Watt, Donald Cameron. *How War Came: The Immediate Origins of the Second World War.* New York: Pantheon, 1989.

Wyden, Peter. *Day One: Before Hiroshima and After.* New York: Simon & Schuster, 1984.

CAPÍTULO 7. LOS COMUNISTAS, LA CONTENCIÓN Y LA GUERRA FRÍA

Blair, Clay. *The Forgotten War: America in Korea, 1950–1953.* New York: Times Books, 1987.

Brady, James. *The Coldest War: A Memoir of Korea.* New York: Crown, 1990. Las vívidas memorias de la Guerra de Corea contadas por un reconocido periodista, que se centra en el hecho poco recordado de que en tan solo 3 años murieron tantos hombres como en todo el transcurso de la guerra de Vietnam.

Caute, David. *The Great Fear: The Anti-Communist Purge Under Truman and Eisenhower.* New York: Simon & Schuster, 1978. Una excelente historia de los miedos anti-comunistas.

Garrow, David J. *Bearing the Cross: Martin Luther King, Jr., and the Southern Christian Leadership Conference.* New York: Morrow, 1986. Una balanceada y honesta biografía, ganadora de premios, de Martin Luther King y el movimiento que encabezó.

Halberstam, David. *The Fifties.* New York: Villard, 1993. Un acertado análisis de las corrientes socials e históricas en los Estados Unidos de la posguerra.

————. *The Children.* New York: Random House, 1998. Una historia social del movimiento de derechos civiles que se centra en los heroes desconocidos de la época.

Kluger, Richard. *Simple Justice: The History of* Brown v. Board of Education *and Black America's Struggle for Equality.* New York: Knopf, 1976. Un trabajo académico estándar sobre el tema.

Miller, Merle. *Plain Speaking.* New York: Putnams, 1974. Esta "historia oral" de Harry S. Truman presenta un vívido retrato del presidente que se ha vuelto más y más apreciado a medida que pasa el tiempo.

Newhouse, John. *War and Peace in the Nuclear Age.* New York: Knopf, 1988. El libro que acompaña la serie de PBS que cuenta la historia de las armas nucleares y las rivalidades entre superpotencias nucleares.

Oakley, J. Ronald. *God's Country: America in the Fifties*. New York: Dembner Books, 1986.

Tanenhaus, Sam. *Whittaker Chambers*. New York: Random House, 1997. La biografía definitive de la fiigura esencial en uno de los casos más controvertidos de la historia de los Estados Unidos: cuando Whittaker Chambers acusó a Alger Hiss de ser un espía comunista.

Weinstein, Allen. *Perjury: The Hiss-Chambers Case*. New York: Random House, 1997. Una version actualizada de una historia completa y detallada de un sensacional caso de espías, con material tomado de las agencies de espionaje de la antigua Unión Soviética, la KGB y GRU (inteligencia military).

CAPÍTULO 8. LA ANTORCHA ES ENTREGADA

Barrett, Lawrence I. *Gambling with History: Reagan in the White House*. Garden City, N.Y.: Doubleday, 1983. Escrito por un corresponsal de la revista Time, este fue uno de los primeros libros en evaluar el mandato de Reagan de manera negativa, y constituye una útil historia de sus primeras épocas como presidente de los Estados Unidos.

Belin, David. *Final Disclosure: The Full Truth About the Assassination of President Kennedy*. New York: Scribner's, 1988. A diferencia de otros libros m'as sensacionalistas acerca del asesinato del presidente Kennedy, este libro escrito por un miembro de la commisión Warren niega con acierto las ideas conspiracionalistas que rodean el asesinato de Kennedy.

Bernstein, Carl, and Bob Woodward. *All the President's Men*. New York: Simon & Schuster, 1974. Dos periodistas cuentan su historia del escándalo de Watergate.

Beschloss, Michael R., ed. *Reaching for Glory: Lyndon Johnson's Secret Tapes, 1964–1965*. New York: Simon & Schuster, 2001. Grabaciones hechas en el despacho oval durante la época crucial de la guerra de Vietnam.,

Bilton, Michael, and Kevin Sim. *Four Hours in My Lai*. New York: Viking, 1992. Historia exaustiva de las atrocidades sucedidas en Vietnam, contada por dos productores de television que entrevistaron soldados envueltos en masacres civiles.

Cannon, Lou. *President Reagan: The Role of a Lifetime*. New York: Public Affairs, 2000. Escrito por un reportero californiano que cubrió a Reagan durante más de 25 años, este es un excelente tomo acerca de los años que pasó Reagan en la Casa Blanca.

Caro, Robert. *The Years of Lyndon Johnson: Master of the Senate*. New York: Knopf, 2002. El tercer tomo en una serie galardonada acerca de Johnson. Este volumen cubre los doce años durante los cuales Johnson estuvo en el senado hasta su selección como vicepresidente de Kennedy.

Carroll, Peter N. *It Seemed Like Nothing Happened: The Tragedy and Promise of America in the 1970s*. New York: Holt, Rinehart and Winston, 1982.

Caute, David. *The Year of the Barricades: A Journey Through 1968.* New York: Harper & Row, 1988. Retrato del año que cambió a los Estados Unidos.

Collier, Peter, and David Horowitz. *The Kennedys: An American Drama.* New York: Summit, 1984. Aunque un poco sensacionalista, este libro presenta una historia documentada acerca del ascenso de esta ponderosa familia real Americana. Particularmente interesante por su análisis del patriarca Kennedy: Joseph P. Kennedy Sr.

Davis, John H. *The Kennedys: Dynasty and Disaster.* New York: McGraw-Hill, 1984. Otra mirada un poco sensacionalista, escrita por un familiar de Jacqueline Kennedy Onasis. Incluye muchos rumores y especulación, pero está basado en revelaciones documentadas.

Dickstein, Morris. *Gates of Eden: American Culture in the Sixties.* New York: Basic Books, 1977. Una examinación de la política Americana a través de la literatura y la cultura de la época.

Eichenwald, Kurt. *The Informant.* New York: Broadway Books, 2000.

Epstein, Edward Jay. *Inquest: The Warren Commission and the Establishment of Truth.* New York: Viking, 1966. Uno de los primeros y más violentos ataques a los análisis de la comisión Warren.

FitzGerald, Frances. *Fire in the Lake: The Vietnamese and the Americans in Vietnam.* Boston: Atlantic-Little, Brown, 1972. Un clásico para comprender la razón de ser de la participación y el fracaso de los Estados Unidos en Vietnam.

Friedan, Betty. *The Feminine Mystique.* New York: Norton, 1963. El clásico sobre el cual se basó el movimiento Americano feminista.

Gitlin, Todd. *The Sixties: Years of Hope, Days of Rage.* New York: Bantam, 1987.

Hackworth, Col. David H., and Julie Sherman. *About Face: The Odyssey of an American Warrior.* New York: Simon & Schuster, 1989. Un fascinante libro escrito por un soldado que peleó tanto en Corea como en Vietnam, y terminó convirtiéndose en un algo así como un renegado del surese asiático.

Haing Ngor. *A Cambodian Odyssey.* New York: Macmillan, 1987. Una historia, escrita en primera persona, de lo sucedido después de la caída de Cambodia a manos de los comunistas, por el doctor convertido en actor que hizo el papel de Dith Pran en la película *The Killing Fields*.

Halberstam, David. *The Best and the Brightest.* New York: Random House, 1972. El clásico análisis hecho por intelectuales y académicos acerca de Kennedy quien propulsó a Estados Unidos a la guerra en Vietnam.

Hersh, Seymour M. *My Lai 4: A Report on the Massacre and Its Aftermath.* New York: Random House, 1970.

———. *The Price of Power: Kissinger in the Nixon White House.* New York: Summit, 1983.

Karnow, Stanley. *Vietnam: A History.* New York: Viking Penguin, 1983. Un libro indispensable sobre la guerra de Vietnam.,.

Langguth, A. J. *Our Vietnam: The War, 1954–1975.* New York: Simon & Schuster, 2000. Una exelente historia de toda la guerra de Vietnam escrita por un periodista del *New York Times.*

Lukas, J. Anthony. *Nightmare: The Underside of the Nixon Years.* New York: Viking, 1976. Una historia completa y exaustiva de los años Watergate, y una obra definitiva acerca de la caída de Nixon.

Miller, Merle. *Lyndon: An Oral Biography.* New York: Putnam's, 1980.

Peers, William R. *The My Lai Inquiry.* New York: Norton/Presidio Press, 1979.

Posner, Gerald. *Case Closed: Lee Harvey Oswald and the Assassination of JFK.* New York: Random House, 1993. Argumenta que Oswald fue el único asesino de JFK.

Safire, William. *Before the Fall: An Inside View of the Pre-Watergate White House.* Garden City, N.Y.: Doubleday, 1975.

Scheer, Robert. *With Enough Shovels: Reagan, Bush and Nuclear War.* New York: Random House, 1982. Una perturbante examinación de la posición de Reagan acerca de las armas y la posibilidad de "ganar" una guerra nuclear.

Schieffer, Bob, and Gary Paul Gates. *The Acting President.* New York: Dutton, 1989. Una interesante sobrevista a los ocho años del mandato de Reagan escrita por un periodista de televisión.

Schlesinger, Arthur M. *A Thousand Days: JFK in the White House.* Boston: Houghton Mifflin, 1965 Una fascinate mirada a la presidencia de Kennedy.

Shilts, Randy. *And the Band Played On: Politics, People, and the AIDS Epidemic.* New York: St. Martin's Press, 1999. Uno de los primeros libros en examinar la historia del SIDA, y dar un punto de visto bastante crítico de la respuesta política y médica a la crisis.

Smith, Hedrick. *The Power Game: How Washington Works.* New York: Random House, 1988.

Srodes, James. *Allen Dulles: Master of Spies.* Washington, D.C.: Regnery, 1999. Una masiva biografía del hombre que creó la CIA y que con su hermano el secretario de estado John Foster Dulles guió la política exterior estadounidense durante la segunda guerra mundial.

Sumners, Harry G. *Vietnam War Almanac.* New York: Facts on File, 1985. Una guía enciclopédica a la guerra, incluye mapas, una introducción histórica y una cronología detallada.

The Tower Commission Report: The Full Text of the President's Special Review Board: Introduction by R. W. Apple, Jr. New York: Bantam, 1987. Un acusatorio análisis de los fracasos de Reagan al dejar que ocurriera el escándalo de los Contras.

White, Theodore. *America in Search of Itself: The Making of the President, 1956–1980.* New York: Harper & Row, 1982. Un análisis de los presidentes de los últimos treinta y cinco años.

Wyden, Peter. *Bay of Pigs: The Untold Story.* New York: Simon & Schuster, 1979. Una fascinante narrative que cuenta la historia del desastroso intento de invasión a Cuba.

X, Malcolm, with Alex Haley. *The Autobiography of Malcolm X.* New York: Grove Press, 1964. Un clásico contemporáneo americano. La historia de un joven que pasó de ser un criminal a convertirse en uno de los americanos más influyentes de su generación.

Capítulo 9. Del Imperio del Mal al Eje del Mal

Bennett, William J. *Why We Fight: Moral Clarity and Terrorism.* New York: Doubleday, 2002. Una justificación de la guerra contra el terrorismo post-septiembre 11 en Afganistán y en el resto del mundo.

Beschloss, Michael R., and Strobe Talbott. *At the Highest Levels: The Inside Story of the End of the Cold War.* Boston: Little, Brown, 1993. Una exaustiva historia de lo que bien puede ser el evento más importante del siglo veinte: la caída de la Unión Soviética.

Bovard, James. *Lost Rights: The Destruction of American Liberty.* New York: St. Martin's/Palgrave, 2000.

Bugliosi, Vincent. *The Betrayal of America: How the Supreme Court Undermined the Constitution and Chose the President.* New York: Thunder's Mouth Press/Nation Books, 2001. Un punto de vista sesgado acerca del papel que jugó la Corte Suprema en las elecciones del 2000.

Dionne, E. J., Jr. and William Kristol, eds. *Bush v. Gore: The Court Cases and the Commentary.* Washington, D.C.: Brookings Institution Press, 2001. Una recopilación de las decisiones de la corte y comentarios editorials por periodistas y académicos prominentes de ambos lados del ámbito legal.

Drew, Elizabeth. *The Corruption of American Politics: What Went Wrong and Why.* Woodstock, N.Y.: Overlook Press, 2000. Un corresponsal veterano de Washington da una mirada incisive al papel que juega el financiamiento de las campañas políticas en Estados Unidos.

Ehrenreich, Barbara. *Nickel and Dimed: On (Not) Getting By in America.* New York: Henry Holt, 2001.

Frazier, Ian. *On the Rez.* New York: Farrar, Straus and Giroux, 2000. Una mirada incisiva a la vida contemporanea de los indios nativos en la reserve indígena de Pine Ridge en Dakota del Sur.

Friedman, Thomas L. *From Beirut to Jerusalem.* New York: Farrar, Straus, & Giroux, 1989 (updated 1995). Obra ganadora del Pulitzer acerca de la política en el Medio Oriente. Un excelente análisis de la historia de la region y el involucramiento de los Estados Unidos en la política del Medio Oriente.

Gitlin, Todd. *Media Unlimited: How the Torrent of Images and Sounds Overwhelms Our Lives.* New York: Metropolitan Books, 2001.

Halberstam, David. *War in a Time of Peace: Bush, Clinton, and the Generals.* New York: Scribner's, 2001.

Kessler, Ronald. *The Bureau: The Secret History of the FBI.* New York: St. Martin's, 2002. Cubre la historia del FBI desde su creación hasta los ataques de septiembre 11. Una historia inteligente hecha por un reportero investigativo que trabajaba para el *Washington Post* y el *Wall Street Journal.*

Maraniss, David. *First in His Class: The Biography of Bill Clinton.* New York: Simon & Schuster, 1995. Una biografía política de primera categoría que termina la noche en que Clintos anuncia su candidature a la presidencia de los Estados Unidos.

O'Rourke, P. J. *Parliament of Whores: A Lone Humorist Tries to Explain the Entire U.S. Government.* New York: Atlantic Monthly Press, 1991.

Palast, Greg. *The Best Democracy Money Can Buy: An Investigative Reporter Exposes the Truth About Globalization, Corporate Cons, and High Finance Fraudsters.* London: Pluto Press, 2002. Una mirada al lado malo de el ascenso de la economía mundial y de algunas poderosas instituciones como el Banco Mundial escrita por un periodista investigativo.

Phillips, Kevin. *Wealth and Democracy: A Political History of the American Rich.* New York: Broadway Books, 2002. Un historiador conservador analiza el impacto que tiene la riqueza sobre la democracia en los Estados Unidos.

Spence, Gerry. *From Freedom to Slavery: The Rebirth of Tyranny in America.* New York: St. Martin's, 1995. Stephanopoulos, George. *All Too Human: A Political Education.* Boston: Little, Brown, 1999. Una fascinante mirada a la campaña de Clinton y sus años en la Casa Blanca escrita por un fiel seguidor.

Toobin, Jeffrey. *Too Close to Call: The Thirty-six Day Battle to Decide the 2000 Election.* New York: Random House, 2001. Una historia periodística de la controversia Gore-Bush en la Florida.

————. *A Vast Conspiracy: The Real Story of the Sex Scandal That Nearly Brought Down a President.* New York: Simon & Sch~~~~ ~~~~Considerado por muchos como el análisis más balancead~ troversial escándalo Clinton-Lewinsky.

Wills, Garry. *A Necessary Evil: A History of Amer~* Simon & Schuster, 1999.

————. *Under God: Religion and American Politi~* Schuster, 1990.

Woodward, Bob. *The Commanders.* New York: Simon & Sch~ toria de la decision que se tomó de entrar a la guerra del ~ el famoso periodista de Watergate.

————. *Maestro: Greenspan's Fed and the American Boom.* New York: Simon & Schuster, 2000.————. *Shadow: Five Presidencies and the Legacy of Watergate.* New York: Simon & Schuster, 1999. Una exploración de cómo los cambios que surgieron después del escándalo Watergate afectó los gobiernos de Ford, Carter, Reagan, Bush, and Clinton.

AGRADECIMIENTOS

Son muchas las personas que me han ofrecido ayuda a través de sus ideas y estímulo desde que este libro fue publicado por primera vez. La serie *Don't Know Much About*® ha tenido éxito gracias al apoyo, amistad, compromiso y trabajo incansable de muchas personas, a todas las cuales quiero agradecer. En primera instancia, quiero darles las gracias a mis padres por los numerosos viajes a Fort Ticonderoga, Gettysburg, Freedomland y todos los lugares que me mostraron el aspecto humano de la historia. Desde muy temprano, entendí que la historia no se remite sólo a los libros, sino que tiene que ver con personas de carne y hueso que hicieron cosas reales en lugares de verdad: la historia no sería tan "aburrida" si pudiéramos transmitirles esto a los estudiantes.

Quiero agradecer a todos mis amigos de la Agencia Literaria David Black por sus sugerencias, labor incansable y amistad: a David Black, Leigh Ann Eliseo, Gary Morris, Susan Raihofer, Laureen Rowland, Joy Tutela, Jason Sacher y a Doron Taleporos.

Esta nueva edición es posible gracias al apoyo y entusiasmo de muchos amigos nuevos que he conseguido en mi nueva casa editorial, y estoy muy agradecido con todas las personas de HarperCollins que hicieron que este libro fuera posible, incluyendo a Cathy Hemming, Susan Weinberg, Carie Freimuth, Christine Caruso, Laurie Rippon, Roberto de Vicq de Cumptich, David Koral, Elliott Beard, Camillo LoGiudice y Leslie Cohen. Estoy muy agradecido también con Gail Winston y Christine Walsh —mi equipo editorial— por su apoyo y colaboración.

Entre quienes me ayudaron a realizar la edición original de este libro, quiero darle las agracias a Mark Gompertz, mi editor original, quien fue el primero en apoyarme, y cuya amistad tengo en alta estima. Quiero agradecer también a Mark Levine y a Steve Boldt por sus sugerencias y comentarios. Así mismo, a Michael Morris (quien ya no está entre nosotros), por compartir conmigo sus conocimientos sobre el tema de los indios norteamericanos. También quiero agradecerle a Marga Enoch por su amistad, apoyo y solidaridad durante mi carrera.

Muchos lectores, profesores, padres de familia, y estudiantes han compartido conmigo su pasión por la historia, y quiero agradecerles por esto, así como a todas las personas que me han escrito. Sus comentarios y manifestaciones de apoyo significan mucho para mí. Uno de mis mayores placeres durante los últimos 13 años ha sido viajar alrededor del país y conocer a los libreros que ocupan un lugar tan destacado en el éxito de este libro. Yo, que también fui librero, lanzo tres vivas en honor a quienes sacan los libros de las cajas, los acomodan en los estantes, y los venden realizando comentarios sinceros y honestos sobre el valor que tiene la palabra escrita.

Finalmente, quiero agradecer especialmente a mi familia. A mis hijos, Jenny y Colin, por su paciencia, humor, respaldo y amor. Y a mi esposa Joann, quien desde hace mucho tiempo tuvo la sabiduría para invitarme a escribir sobre las cosas que amo, quiero manifestarle mi eterna gratitud.

Í N D I C E

abolicionistas, 176, 188, 219, 363
aborígenes, 12–15. *Véa también* indios
aborto, *Roe v. Wade*, 544–45, 662
Abrams, Elliot, 575, 576
acciones, 615
Acheson, Dean, 440
Actividades Antiamericanas de la Cámara
    de Representantes, 444
Acuerdo Dayton, 607
Adams, Abigail, 103, 363
Adams, Charles Francis, 289
Adams, John, 72, 75, 76, 81, 84–85, 89,
    103, 109, 111, 136, 140, 141, 153,
    155, 685
Adams, John Quincy, 174, 175, 178, 180,
    190, 625, 681, 686, 687
Adams, Samuel, 72, 73, 75, 85, 89, 91, 137
Addams, Jane, 324, 325
Administración para el Progreso de Obras,
    388
Administración para la Recuperación
    Nacional, 386, 389–90
Administración para le Desarrollo de la
    Agricultura, 385, 390
Afrika Korps, 414
Agencia Central de Inteligencia (CIA),
    412, 460
Agnew, Spiro T., 521, 526, 546, 550, 690,
    691
Agricultural Adjustment Administration
    (AAA), 385
águila, símbolo en el Gran Sello, 136
Aguinaldo, Emiliano, 314, 315
Al Qaeda, 650
Alabama, 171, 177, 234, 467
El A'lamo, 192
Alaska, 3, 13
Albania, Segunda Guerra Mundial, 404
alcohol, Prohibición, 359–62
Alden, John, 33

Aldrin, Buzz, 539
Alemania, 309; antes de Hitler, 391;
    fascistas, 395–96; Primera Guerra
    Mundial, 336, 338, 339, 341, 343,
    344, 345; Segunda Guerra Mundial,
    396, 397, 405, 406, 407, 408, 409,
    413, 417, 418, 421, 423
Alemania Occidental, 423, 589
Alemania Oriental, 423, 427, 589
Alexander, James, 64
algodón, 176, 203
algonquinos (indios), 43
Alí, Muhammad, 534–35
Alianza para el Progreso, 489
Allen, Ethan, 77, 92
Allen, Frederick Lewis, 376
Almagro, Diego de, 20
Altgeld, John, 299–300
Altman, Lawrence K., 578
Alvarez, Everett, Jr., 510
"amenaza roja," 443
America First, 372
American Federation of Labor (AFL),
    300–301, 326
American National Security Agency
    (ANSA), 446
American Railway Union, 300
American Tobacco Company, 322
American Women Suffrage Association
    (AWSA), 364
Ames, Aldrich, 638
Ames, Oakes, 288
Amherst, Jeffrey, 68
Andagoya, Pascual de, 19
Anderson, "Bloody Bill," 252
André, John, 82
Andrew, Christopher, 401
anillo-O, 568
Anthony, Susan B., 364–65
anti-federalistas, 137

anticonceptivos, 362, 483
antisemitismo, 370–71, 389
Anzio, 417
apaches (indios), 279, 281
Apple, R.W., Jr., 574
Arabia Saudita, 590, 591
arapaho (indios), 279
arawak (indios), 5–6, 19
Argentina, 20
Arizona, 208, 341
Arkansas, 177, 183, 193, 234, 236, 243, 252, 471–72, 626
armada española, 22, 24
armas, derecho a mantener y portar, 142
Armstrong, Neil, 539
Arnold, Benedict, 77, 79, 82, 92, 105–7
Arthur, Chester A., 689
Artículos de la Confederación, 80, 108, 117–18
Ashcroft, John, 636, 655
Ashe, Arthur, 581
Asia, ruta de Europa a, 3, 6–7, 10, 22–23, 39, 43
Asociación Nacional Norteamericana para el Voto Femenino, 364
Asociación Nacional para el Voto Femenino, 364
Asociación Norteamericana para el Voto Femenino, 364
astranautas, 566–68
ataques terroristas de 9/11, 640–41, 650
"Atila del Oeste," 256
Atlantic Charter, 408
Attucks, Crispus, 71
Austin, Stephen F., 192
Austria: Primera Guerra Mundial, 332, 336, 345, 346; Segunda Guerra Mundial, 396, 403
automóviles, 368–69, 559
aviones, 321, 371, 391–92
aztecas (indios), 14, 19
azúcar, Ley del Azúcar (1764), 70

Babecock, Orville, 289
baby boomers, 437, 596, 641, 642
bacalao, 10, 11, 12, 29, 43
Bacon, Sir Francis, 56
Bacon, Nathaniel, 55–57
Badoglio, Pietro, 416
Bahamas, 4–5, 9
bahías: Chesapeake, 39, 83, 170; de Cochinos, 489–94; Delaware, 170; Hudson, 23, 44
Balboa, Vasco Núñez de, 19
Baltimore, 172
Banco Central, 613
bandera norteamericana, 108–9, 284

Barbie (muñeca), 477–78
Barkley, Alben W., 690
"barones ladrones," 287–94
Barton, William, 136
Bataan, 411
batallas: Antietam, 246; Ap Bac, 613; Ardenas, 420, 425; Ball's Bluff, 244; Bataan, 411; "Battle of the Bulge," 420; Bennington, 79; Bladensburg, 171; Brandywine, 79; Breed's Hill, 97, 101; Buena Vista, 207; Bull Run, 243, 246; Bunder Hill, 77; Cedar Mountain, 246; Chancellorsville, 249; Chickamauga, 252; Chippewea, 171; Churubusco, 210; Cold Harbor, 254; colina de San Juan, 314; Concord, 101; Cowpens, 83; Custer, 279–81; del Atlántico, 405; El Caney, 314; Five Forks, 257; Fort Lee, 78; Fredericksburg, 248; Germantown, 79, 111; Gettysburg, 250; Gran Bretaña, 392–93, 406; Guadalcanal, 413, 414; Guilford Courthouse, 83, 97; Horseshoe Bend, 171; Iwo Jima, 422; Jackson, 250; Khe Sanh, 518, 519; Las Guasitas, 314; Lexington, 101; Little Bighorn, 279–81, 282; Long Island, 78; Manila Bay, 313; Mar de Bismarck, 414; Mar de Coral, 412; Marne, 337, 344; Midway, 412; Monmouth, 96, 97; Murfreesboro, 248; My Lai, 522, 524, 536–39; Nueva Orleáns, 169, 172, 173; Okinawa, 422, 423; Resaca de la Palma, 206; Santiago, 317; Saratoga, 79, 92; Shiloh, 245; siete días, 246; Spotsylvania, 253; Stalingrado, 413; Tarawa, 416; Thames, 170; Veracruz, 208; Watts, 529–31; White Plains, 78; Wilderness, 253
"Battle of the Bulge," 420
Bauregard, P.T., 210
Beaumont, Gustave de, 185
Beauregard, Gen. Pierre G.T., 241, 243
Beirut, 570, 571
Bélgica, 309; Primera Guerra Mundial, 334, 337; Segunda Guerra Mundial, 397, 405, 420
Belin, David W., 504–5
Bell, John, 688
Bellamy, Edward, 474
Bellamy, Francis, 284
Bellow, Saul, 438
Bennet, Lerone, 187, 273, 307
Benton, Sen. Hart, 224
Bentsen, Lloyd, 682
Berkeley, Lord John, 42, 56

Berkman, Alexander, 292
Berlín, 421, 423, 427, 585
Bermuda, 19
Bermúdez, Juan, 19
Bien Hoa, 512, 515
Big Foot (jefe indio), 282
Bill of Rights, 60
bin Laden, Osama, 607, 650
Bismarck ("Canciller de Hierro"), 332
Black Coyote (indio), 282–83
Black Elk (chamán indio), 284
Black Hawk, 183
Blackmun, Harry A., 545
Blaine, James G., 689
blitzkrieg nazi, 397
The Bloody Tenent of Persecution, 38
Bloomer, Amelia, 364
Boggs, T. Hale, 503
boicot árabe, 559, 560
boicot de Montgomery, 467–70
bolcheviques, 343
bomba atómica, 405, 423–24, 430–33, 512
bonos del Tesoro, 612, 614
Bonus Army (Bonus Expeditionary Force), 381
Booth, John Wilkes, 258, 263
Booz, E.C., 191
Borínquen, 19
Bork, Robert, 550, 598, 602
Bosnia, 622
Bosnia-Herzegovina, 607
Boston, 71–74, 78, 117–19, 151
Bovard, James, 634
Bowie, Jim, 193
Bradbury, Ray, 474
Braddock, Edward, 68
Bradford, William, 33, 35, 53
Bradley, Bill, 622
Brady, James, 599
Braggs, Gen. Braxton, 252
Brands, H.W., 130
Brasil, 16, 17, 21
Braun, Eva, 423
Breckinridge, John C., 688
Brewster, William, 33
Brodie, Fawne, 164
Brook Farm (comunidad utópica), 195, 211
Brooks, Gwendolyn, 463
Brooks, Van Wyck, 211
Brown, B. Gratz, 688
Brown, Henry, 305
Brown, John, 215, 224, 232–34
Brown II, 469–70
Brown vs. Consejo de Educación, 463–67
brujas de Salem, 57–61

Bryan, William Jennings, 304, 329, 335, 338, 367, 689
Buchanan, James, 224, 226, 688
Buchanan, Patrick, 622, 623, 625, 626
Buckley, William, 571
Bugliosi, Vincent, 628–29
Buis, Dale, 512
Bull Moose Party, 329
Bull Run, batallas, 243, 246
Bunche, Ralph J., 464
Bunyan, John, 324
Burgoyne, Gen. John, 106
Burns, James McGregor, 121, 427
Burnside, Ambrose, 247, 248, 255
Burr, Aaron, 134, 154, 160–62, 681, 686
Bush, George, 562–63, 570, 572, 576, 585, 589, 593–95, 597, 609, 619, 691
Bush, George W., 576, 592, 621–30, 640, 644, 645, 664, 679, 691
Bush, Neil, 594
Butterfield, Alexander, 549

Caballeros de la Camelia Blanca, 272
Caballeros del Trabajo, 299, 300, 302
La Cabaña del Tío Tom (Stowe), 219–21
Caboto, Giovanni, 10–11
Caboto, Sebastián, 10, 22
"cacerías de brujas," 443
Caén, 419
Calhoun, John C., 178, 215, 217, 686, 687
California, 157, 206, 208, 217, 238, 528–31
Callender, James Thomson, 150, 163
Calley, William L., 522, 524, 536, 538
Calvert, Cecil, 36
Camboya, 523, 526, 527
Cameron, Simon, 244
"camisas negras," 394, 395
"camisas pardas," 395
Campaña Peninsular, 245, 246
campañas presidenciales, 178
Campbell, Judith, 488, 491, 504
campos de concentración, 415, 425
Canadá, 43, 66, 68, 84, 169, 172
Canal de la Mancha, 339
Canal de Panamá, 317–20
Canal del Suez, 334
Canby, Gen. Edward R.S., 258
Canby, William J., 109
Cannon, Lou, 585
Canonicus, 54
Capone, Al, 361
Caporeal, Linda, 59
Los Caras Pálidas, 272
carboneros, 298–99
Carlos I (rey de Inglaterra), 35, 38
Carlos II (rey de Inglaterra), 41, 47

Carmichael, Stokely, 529
Carnegie, Andrew, 288, 291, 294
Carolina del Norte, 234, 236, 243; colonia, 11, 24, 49; esclavos y, 177; Guerra Civil, 256, 257, 258; Revolución norteamericana, 82, 83
Carolina del Sur, 122, 139, 187, 234; colonia, 13, 20–21, 49, 56; esclavos y, 177; Guerra Civil, 241, 257; Revolución norteamericana, 78, 82, 83, 93
carpetbaggers, 270–71
Carranza, Venustiano, 331
Carroll, Charles, 129
Carson, Rachel, 495
Carta de Derechos (Constitución), 120, 139, 653
cartas-bomba, 356
Carter, Jimmy, 404, 484, 528, 554, 560–62, 563, 571, 601, 616, 683, 691
Carter, Robert "King," 145
Carter III, Robert, 145
Carteret, George, 42
Cartier, Jacques, 42, 43
Carver, John, 33
Casa de los Burgueses, 30–31, 33
Casement, Sir Roger, 340
Casey, William, 471, 573
Cass, Lewis, 216, 687
Castro, Fidel, 490, 491
Catorce Puntos, 344, 345
caucus, elecciones, 682–83
cemeterios militares, 267
censos; (1790), 144–45; (1820), 177; (1860), 238–40; (2000), 641–43
Central Intelligence Agency (CIA), 412, 437, 460, 490–93, 514, 574
Central Pacific, 288
Cervera, General, 315
Challenger (transbordador espacial), 566–68
Chamberlain, Neville, 404, 405
Chambers, Whittaker, 443, 444
Champlain, Samuel de, 43
Chaney, James, 507, 528
Charbonneau, 159
Charleston (SC), 78, 82, 96, 241
Chase, Salmon, 248, 273
checks and balances, 126–28
Checoslovaquia, 607; Primera Guerra Mundial, 346, 347; Segunda Guerra Mundial, 396, 397, 404
Cheney, Dick, 592, 691
Cherbourg, 419
Chernow, Ron, 290
cherokee (indios), 182, 183, 184
cheyennes (indios), 279, 280

Chiang Kai-shek, 424, 426, 431–32, 455
chibchas (indios), 20
chickasaw (indios), 183
Chicos de Green Mountain, 92
Chile, 11, 13
China: Guerra de Corea, 454–55; Mao Tse-Tung, 443; ruta de Europa a, 3, 6–7, 10, 22–23, 39, 43; Segunda Guerra Mundial, 396, 399, 408
Chisholm, Jesse, 286
choctaw (indios), 183
Chou En Lai, 524
Chouart, Medard, 44
Church, Angelica Schuyler, 150
Church, Dr. Benjamin, 85
Churchill, Winston, 404, 405, 408, 414, 416, 421, 425, 431, 438
"Cien Días," 385
cigarillos, salud y, 532
Cinco Tribus Civilizadas del Sudeste, 183
Ciudad de México, 15, 20
Civilian Conservation Corps (CCC), 385
Clark, George Rogers, 81, 88, 92, 159
Clark, Henry, 176
Clark, Kenneth, 602
Clark, William, 159, 160
Clarridge, Duane, 575
clase trabajadora, 326
Clay, Cassius Marcellus, 534
Clay, Henry, 169, 178, 179, 190–91, 205, 217, 222, 687
Cleveland, Grover, 293, 300, 303, 304, 621, 664, 681, 689
Clines, Thomas G., 575
Clinton, Bill, 556, 595, 596, 598–604, 619, 622, 626, 627, 633, 691
Clinton, De Witt, 686
Clinton, George, 137, 138, 161, 686
Clinton, Henry, 80, 82, 107
Clinton, Hillary Rodham, 599, 601, 602, 605
Clinton, Gen. James, 81
"Codigos Negros," 266
Coelho, Tony, 594
Cohn, Roy, 449
COINTELPRO, 540–41
Colegio Electoral, 629–30, 680–82
Colfax, Schuyler, 288, 688
Collier, John, 283
Colombia, 20
Colón, Cristóbal, 3–8, 16–18, 19
Colón, Hernando, 17
Colonias: guerras europeas, 66; trece colonias originales, 21–49
Colorado, 209
Colson, Charles, 553
Columbia (transbordador espacial), 567

comanches (indios), 279
Comando Americano de Asistencia Militar a Vietnam (MACV), 513
Comisión de Títulos e Intercambio (SEC), 386
Comisión para la Igualdad de Oportunidades de Empleo, 497–98
Comisión sobre el Estaatus de las Mujeres, 497
Comisión Tower, 574
Comisión Warren, 501–5
Comité de Actividades Antiamericanas (HUAC), 444, 448
Comité de Estudiantes para le Coordinación de la No-Violencia (SNCC), 529
Comité de Mercado Abierto de la Reserva Federal (FOMC), 614–15
Comité para la Reelección del Presidente (CREEP), 548
Committee for Industrial Organization (CIO), 387
compañía de *holdings*, 292
Compañía Holandesa de las Indias Occidentales, 39–40, 41
Compra de la Caminata, 47
Compra de Luisiana, 173, 176
Compromiso de Connecticut, 123
Compromiso de Missouri, 175–78, 193, 221, 227
cómputo de delegados, 684
comunidades utópicas, 195, 211
comunismo, 356, 443, 451
comunismo cubano, 491
comunistas, 438, 439, 511
Confederación, 234, 239–41, 247
Confederación de Nueva Inglaterra, 37, 38
Conferencia de Casablanca, 414
Conferencia de Teherán, 416
Conferencia de Yalta, 421, 425–27
Congreso, "equilibrio de poderes" (Constitución), 126–28
Congreso Continental, 74–76, 87, 89, 101
Congreso para la Igualdad Racial (CORE), 529
Connecticut, 36, 37, 41, 49, 139, 177, 187
conquistadores españoles, 14, 18, 54
consejo de gobernantes, 611–12
Consejo para el Liderazgo Cristiano y Sureño, 529
Constitución, 122, 126, 137, 143–44, 605; Carta de Derechos, 120, 139, 653; Compromiso de Connecticut, 123; Convención Constitucional, 120–26; defectos de, 144; enmiendas, 128, 142–44, 166, 227, 653–78; "equilibrio de poderes," 126–28; esclavitud,

175–76; Padres de la Constitución, 121–22, 124, 140; Plan de Nueva Jersey, 122; Plan de Virginia, 122, 123–24; Preámbulo, 126; religión y, 128–36
Constitución confederada, 240–41
"Contrato de América," 600
control de armas, 142
Convención Constitucional, 93, 120–26
Coolidge, Calvin, 351, 368, 369, 690
Cooper, John S., 503
Copley, John, 72
copperheads, 260, 263
CORE, 529
Corea, Guerra de. *Véase* Guerra de Corea
Cornwallis, 83, 95, 97
Corolario de Roosevelt, 323
Coronado, Francisco de, 20
Corregidor, 409
Corte de Appomattox, 210
Corte Suprema, 128, 146, 627; *Brown II*, 469–70; *Brown vs. Consejo de Educación*, 463–67; caso Dred Scott, 226–29; decisión de *Henderson*, 465; decisión de *McLaurin*, 465; decisión de *Sweatt*, 465; elección de 2000, 624–25, 627, 628; *Estados Unidos vs. Miller*, 655; *jueces de medianoche*, 155; Ley de Conscripción, 343; *Marbury vs. Madison*, 155–56; *Miranda vs. Arizona*, 533; Muhammad Alí, 535; Papeles del Pentágono, 524, 541–43, 552; pena de muerte, 661; *Plessy vs. Ferguson*, 305, 306, 464, 467; poder judicial, 128; *Roe v. Wade*, 544–45, 662; *Schechter vs. Estados Unidos*, 390; siglo XXI, 594; *Webster vs. Servicios de Salud Reproductiva*, 545
Cortés, Hernán, 19
"Cortina de Hierro," 425, 438
Cosby, Bill, 555
Cosby, William, 64
Cosway, María, 164
Cotton, John, 38
Coughlin, Padre Charles, 396
coureurs de bois, 44
cowboys, 285–86
Cox, Archibald, 550
Cox, James M., 368, 690
Craft, William y Ellen, 218
Crane, Stephen, 325
crash de 1929, 377
Crawford, William H., 178
Crazy Horse (jefe indio), 279, 280, 281
"crecimiento sostenible," 611
Crédit Mobilier, 288, 289

creek (indios), 183, 184
crisis bancaria (1980's), 594
crisis de los misiles cubanos, 494–95
"crisis energética" de los setenta, 559
Crispen, Robert L., 567
Croacia, 607
Crockett, Dave, 193
Cromwell, Oliver, 41
Cruz de Oro, 303–5
cuáqueros, 46
Cuba, 5, 11, 18, 313, 316; bahía de
    Cochinos, 489–94; crisis de los misiles
    cubanos, 494–95
Cuerpos Civiles de Conservación, 385
Cuerpos de Paz, 489
Custer, George Armstrong, 279–81
Custis, Martha Dandridge, 99
Czolgosz, Léon, 317

Dabney, Virginius, 164
Dakota del Norte, 159
Dakota del Sur, 280, 282
Dallas, George M., 687
"La Danza Fantasma," 282
Darrow, Clarence, 367
Davis, Gen. Benjamin O., 410–11
Davis, Jefferson, 207, 234, 236, 245, 258
Davis, John W., 690
Dawes, Billy, 76
Dawes, Charles G., 690
Dayton, John, 121
de Gama, Vasco, 7
de Gaulle, Charles, 406, 419
de Grasse, 83, 98
de Lesseps, Ferdinand, 317
de Moscoso, Luis, 20
de Soto, Hernando, 20
Dean, John, 526, 549
debates Lincoln Douglas, 230–31
Debs, Eugene V., 300, 327, 329, 343, 368,
    689
Decatur, Stephen, 161
Declaración de la Independencia, 78,
    103–5, 128–29
Declaración de Potsdam, 431
déficit, 612
deísmo, 130
DeLancey, James, 64
Delaware, 41, 42, 49, 139, 177, 238
delaware (indios), 23
democracia jacksoniana, 180–81
democracia jeffersoniana, 180–81
demócratas, 222, 223, 260
deportes, 441–42, 534–35, 645
depresión económica, 615; "Gran
    Depresión," 373–80, 384–89; pánico
    en 1929, 373–80; siglo XIX, 290

derecho a mantener y portar armas, 142
derecho a reunirse, 142
derechos femeninos, 364–65, 496
derechos fundamentales, 143
Dershowitz, Alan, 628
desobediencia civil, 210
Destino Manifiesto, 205, 209, 224
detención, de norteamericanos de origen
    japonés, 410, 428
deuda nacional, 612–13
Dewey, Almirante, 313, 315
Dewey, Thomas E., 420, 690
Día "D," 417
Día de Acción de Gracias, 35
Día de Armisticio, 345
Día de la Decoración, 267
Día de los Veteranos, 345
Día V-E, 423
Días, Bartolomé, 7
Dickenson, Susanna, 193
Dienbienphu, 512, 519
DiIulio, John J., 628
Dinamarca, Segunda Guerra Mundial,
    397, 405
Dinwiddie, Robert, 67
discriminación racial, 304–5, 306–9, 319,
    330, 415, 437; Brown II, 469–70;
    Brown vs. Consejo de Educación,
    463–67; Rosa Parks, 467–70;
    "separados pero iguales," 304–5, 464,
    469; tropas federales in Little Rock,
    Arkansas, 471–72; Véase también
    esclavitud
discurso de Gettysburg, 252
"Disparo que se Escuchó en Todo el
    Mundo," 75–76, 77
disturbios raciales, 353, 530, 595
dixícratas, 471
Doctrina Monroe, 173–75, 323
Doctrina Truman, 438–39
"documentos de la calabaza," 442–46
Los Documentos Federalistas, 93
documentos federalistas, 138–39
Dodd, Samuel C.T., 292
Dole, Robert, 603, 691
Doniphan, Alexander, 207
Donovan, William, 412
Dos Passos, John, 351
doughboys, 381
Douglas, Stephen, 217, 223, 229, 688
Douglass, Frederick, 212–14, 252, 308, 364
Douglass, Lewis, 251, 252
Drake, Sir Francis, 21, 24
Draper, Theodore, 75
Dred Scott vs. Sandford, 226–29
DuBois, W.E.B., 133, 327–28, 352
Dukakis, Michael, 72, 682

Dulles, Allen, 444, 461, 490, 503
Dulles, John Foster, 444, 461, 490
Dunkerque, 406
Duong Van Minh, Gen., 514
Dylan, Bob, 484

E pluribus unum, 136–37
Earhart, Amelia, 391–92, 496–97
Early, Gen. Jubal, 254, 256
East India Company, 73
edificio federal Alfred P. Murrah, 635
educación: *Brown vs. Consejo de Educación*, 463–67; tropas federales in Little Rock, Arkansas, 471–72
Edwards, Jonathan, 62, 134
Ehrlichman, John, 526, 546, 552, 553, 557
Einstein, Albert, 405, 431
Eisenhower, Dwight D., 381, 415, 423, 426, 427, 437, 452, 456, 458, 459, 466, 476, 485, 491, 512, 690
"Eje del Mal," 646
Ejecutivo, "equilibrio de poderes" (Constitución), 127
Ejército Continental, 80, 81, 84, 90, 95, 113
elecciones: caucus, 682–83; Colegio Electoral, 629–30, 680–82; cómputo de delegados, 684; del año 2000, 621–30, 664, 679; enmiendas constitucionales, 270, 366, 663–64; primaria, 683–84; sufragistas, 363–66
electores, 140
Ellison, Ralph, 463
Ellsberg, Daniel, 524, 542, 543, 549, 551, 554
Ellsworth, Elmer, 243
emancipación de esclavos, 246, 247
Emerson, John, 227
Emerson, Ralph Waldo, 233
enfermedades infecciosas: indios y, 184; puritanos y, 35; sífilis, 7–8; transmitidas por los españoles, 7, 17, 19; viruela, 19
"enganchamiento," 172
enmiendas constitucionales, 128, 142–44, 166, 653–78; uno, 142, 654; dos, 142, 654–55; tres, 143, 653, 655–56; cuatro, 143, 656; cinco, 143, 227, 368, 657; seis, 143, 657–58; siete, 143, 658; ocho, 143, 659–61; nueve, 143, 661–62; diez, 143, 662; once, 662–63; doce, 653, 663–64; trece, 266, 665; catorce, 267, 305, 306, 665–66; quince, 270, 667; dieciseis, 339, 667–68; diecisiete, 330, 668;

dieciocho, 359, 668–69; diecinueve, 366, 496, 669–70; veinte, 670–71; veintiuno, 671–72; vientidos, 166, 452, 672–73, 681; ventitres, 673–75; venticuatro, 674; veinticinco, 570, 675–76; ventiseis, 676–77; ventisiete, 677–78
Enmiendas de la Reconstrucción, 664
Enrique el Navegante, 6–7
Epstein, Edward Jay, 504
Equal Employment Opportunities Commission (EEOC), 497
"equilibrio de poderes" (Constitución), 126–28
Era de la Reconstrucción, 265–67, 270–71
Era de las Máquinas, 174
Era del Jazz, 351, 361
era industrial, 201, 203, 277–78, 287–94
ergot, 59
Eriksson, Leif, 9
Ervin, Sam, 548
escándalos: Camarilla del Whiskey, 289; Crédit Mobilier, 288, 289; de Harding, 368; Irán-contra, 571, 573–76; presidencial, 602–5; siglo XIX, 367; Teapot Dome, 351, 367–69; Watergate, 484, 525, 546–57, 605
esclavitud: *La Cabaña del Tío Tom*, 219–21; Constitución, 175–76; Constitución confederada, 240–41; Convención Constitucional, 123, 175; en los nuevos territorios, 226; esclavos liberados, 266; "Ferrocarril Subterráneo," 214–16; Guerra Civil, 203–4; Jefferson y, 165; Kansas, 224; negros libres, 218; Pacto de 1850, 216–19; Proclamación de Emancipación, 246, 247; rebeliones, 187–88; tráfico de esclavos, 31–32, 33, 175; "tres quintas partes," 176; Washington y, 152–53
escuelas: *Brown vs. Consejo de Educación*, 463–67; refugios atómicos, 475; tropas federales in Little Rock, Arkansas, 471–72
Eslovenia, 607
España: Armada de, 22, 24; colonización por, 4, 16–21, 49; guerra civil, 396, 404; guerra contra, 309–17; Revolución norteamericana, 81
especias orientales, 6
espionaje, 446–47, 456, 637
esquimales, 14
Essex Junto, 161
estados, libres vs. esclavistas, 176–77
Estados Confederados de América, 234

Estados Unidos: bandera, 108–9; Gran
    Sello, 136–37; juramento, 284;
    mansión presidencial, 172; *The Star
    Spangled Banner,* 172
Estados Unidos vs. Miller, 655
Estatuto para le Libertad Religiosa, 134
Estrecho de Bering, 13
Estudiantes por una Sociedad Democrática
    (SDS), 516
Etiopía, 396
Evers, Medgar, 528
evolución, 367
expedición de Lewis y Clark, 158–60
exploración de las estrellas, 472–76
exploradores escandinavos, 9
exploradores irlandeses, 10

Fairbanks, Charles Warren, 689
Fall, Albert B., 368
Falwell, Rev: Jerry, 563
Farragut, Gen. David, 245, 255
fascistas, 394–97, 404
Faubus, Orville, 471
FBI, 539–41, 630–40, 650
Federación Norteamericana para la
    Paternidad Planeada, 362
Federal Deposit Insurance Corp. (FDIC),
    385
Federal Emergency Relief Administration
    (FERA), 386
federalistas, 137–39, 153, 154
Felipe II (rey de España), 21
Fernando (rey de España), 4, 16, 18
Fernando, Archiduque Francisco, 332,
    334, 336
ferrocarríl, 272, 278, 288–89, 317, 322
"Ferrocarril Subterráneo," 214–16
Feynman, Richard P., 568
fiebre del oro de 1849, 209
Fiers, Alan, Jr., 575
Fiesta del té de Boston, 72–74
Filadelfia, 79, 121, 144, 147
Filipinas, 313, 316, 323, 408, 409, 411,
    420, 421, 423, 453
Fillmore, Millard, 217, 218–19, 221, 225,
    687
Fisk, James, 290
Fitzgerald, F. Scott, 351, 361
Fleming, Thomas, 113, 124, 131, 134,
    148
flexibilización, 614
Florecimiento de Nueva Inglaterra, 211
Florida, 19, 20, 21, 157, 177, 183, 234
flota mercante, siglo XVI, 39
Foch, Gen. Ferdinand, 344
Fonda, Jane, 555
Foner, Eric, 271

Ford, Gerald R., 484, 503, 526, 527, 550,
    551, 553, 554, 560, 605, 617, 691
Ford, Henry, 369–71, 379, 396
Foster, Vincent, 599
Fox, George, 46
Fracastoro, Girolamo, 8
Francia, 309, 332; colonización por, 4, 39,
    43–46, 49, 68–69, 156–57; Guerra
    Francesa e India, 65–69; guerras, 66;
    indios y, 53–54; Primera Guerra
    Mundial, 332, 334, 337, 346;
    Revolución norteamericana, 78, 80,
    81, 83; Segunda Guerra Mundial,
    396, 397, 404, 405, 406, 419, 423;
    sífilis en, 7; Vietnam, 511, 512
"Francia Libre," 419
francmasonería, 132–33
Franco, Francisco, 404
Frank, Barney, 225
Franklin, Benjamin, 62, 86–87, 102, 103,
    108, 111, 121, 130–31, 133, 134, 136
Franklin, James, 86
Franklin, Temple, 87
Franklin, William, 86, 87
Free Soil, 216, 222
Frémont, John C., 224–25, 244, 256, 688
Frick, Henry Clay, 291–92
Friedan, Betty, 496, 497
Frobisher, Martin, 22
Fuchs, Klaus, 434, 446
"Fuente de la Eterna Juventud," 19
fuertes: Clatsop, 159; Donelson, 244;
    Duquesne, 67, 68; Fisher, 256;
    George, 170; Henry, 244; Mandan,
    159; Moultrie, 82; Orange, 39;
    Sumter, 241; Ticonderoga, 77, 78, 79,
    92, 101, 105; Union, 159; Wagner,
    251
fuerza laboral, organizaciones de, 298–301

Gaddafi, Moammar, 571
Gage, Thomas, 74, 75, 76, 77
Gall (jefe indio), 278, 280
Gallo, Robert, 580
Galloway, Joseph, 74
Galt, Edith, 365–66
Gandhi, Mahatma, 211
Garay, Juan de, 20
Garfield, James A., 288, 689
Garner, John Nance, 382, 690
Garrison, William Lloyd, 188, 209, 212,
    213, 363
"garrote," 321–23, 484
Garrow, David J., 469, 499
Gates, Gary Paul, 569
Gates, Gen. Horatio, 82, 83, 92–93, 106
General Motors, 460

George, Clair, 575
Georgia, 139, 177, 184, 234; colonia, 49; Guerra Civil, 252, 253, 256
Gerónimo, 281
Gerry, Elbridge, 124, 170, 686
gerrymander, 170
Gettysburg, 250
"GI Bill," 418
Giancanna, Sam, 488, 490–91
Giap, Gen., 512
Gibbon, Edward, 646
Gilbert, Sir Humphrey, 22, 24
ginebra de "bañera," 361
Gingrich, Newt, 600
Ginsburg, Allen, 518–19
Goethals, George W., 320
Gold, Harry, 446–47
Goldman, Emma, 292
Goldwater, Barry, 506, 509, 515, 597, 690
golfo de Leyte, 420
golfo de México, 45
golfo de St. Lawrence, 43
Gompers, Samuel, 300, 301
Good, Sarah, 57
Goodman, Andrew, 507, 528
Gorbachev, Mijail, 584, 585
Gordon-Reed, Annette, 164
Gore, Albert, Jr., 596, 597, 622–27, 691
Gorgas, William, 319
Gosnold, Bartholomew, 12, 28
Gould, Jay, 289–90, 299
Gracia, Segunda Guerra Mundial, 407
Gran Bretaña: Primera Guerra Mundial, 332, 335, 336, 340; Segunda Guerra Mundial, 392–93, 396, 404, 406, 423
Gran Compromiso (Constitución), 123
"Gran Depresión," 373–80, 384–89
El Gran Despertar, 62–63, 130, 134
Gran Flota Blanca, 323
Gran Sello de los Estados Unidos, 136–37
Granger, Gordon, 268
granjeros, populistas, 301–3
Grant, Ulysses S., 244, 250, 253, 254, 261, 263, 269, 270, 290, 293, 317, 688
Gray, L. Patrick, 549, 555
Grecia, 438, 439
Greeley, Horace, 209, 688
Greene, Nathanael, 77, 83
Greenglass, David y Ruth, 446–47
Greenhow, Rose, 225
Greenspan, Alan, 609–11, 615–19
Grew, Joseph, 400, 408
GRID (Gay Related Immune Deficiency), 579
Grier, Robert, 227
Griffith, D.W., 508
Groenlandia, 9, 14

Guadalcanal, 413, 414
Guam, 418, 419
Guanahani, 4
Guerra Civil: causas, 202–4; Confederación, 234, 239–41; costos de, 258–59; discurso de Gettysburg, 252; hitos de, 224, 241–58; Proclamación de Emancipación, 246, 247; razones por el suceso del Norte, 261–62; Reconstrucción, 265–67, 270–71; secesión, 234–37
Guerra Civil española, 396, 404
Guerra de Corea, 450–60; consecuencias de, 458–59; hitos de, 452–58
Guerra de Vietnam, 509–28; hitos de, 511–28; Resolución de Tonkin, 509–10, 515, 542
Guerra del Golfo, 591–93
Guerra en Vietnam, 484
Guerra Fría, 425, 445, 483, 585, 589
Guerra Mundial Primera. *Véase* Primera Guerra Mundial
Guerra Mundial Segunda. *Véase* Segunda Guerra Mundial
Guerra Revolucionaria. *Véase* Revolución norteamericana
guerras: civil española, 396, 404; contra España, 309–17; contra México, 204–10; de 1812, 168–73; de Corea, 450–60; de la Liga de Augsburgo, 66; de la reina Ana, 66; de la Sucesión austríaca, 66; de la Sucesión española, 66; de los Seis Días, 539; de los Siete Años, 66, 69; de Vietnam, 484; del Golfo, 591–93; del rey Guillermo, 60; del rey Jorge, 66; del Yom Kippur, 559; Francesa e India, 65–69; indias, 54; mundial primera, 332–48, 395, 460; mundial segunda, 394–425; *Véase también* Guerra Civil; Revolución norteamericana
gueto de Varsovia, 415
Guevara, Che, 491
Guillermo, Káiser, 333
Guiner, Lani, 598

Haiphong, 517, 525
Haití, 5, 157, 310
Hakim, Albert, 574–75
Halberstam, David, 460, 462
Haldeman, H.R., 526, 549, 552, 553, 557
Hale, Nathan, 78
Hale, Nathaniel, 87
Haley, Alex, 501
Hall, Prince, 133
Halleck, Gen. Henry W., 245, 253
Halsey, William, 413

Hamilton, Alexander, 89, 112, 125, 137, 138, 140, 146–51, 152, 153, 154, 161–62, 605
Hamilton, Andrew, 63, 64
Hamlin, Hannibal, 688
Hancock, John, 73, 75, 87, 131
Hancock, Winfield S., 210, 689
Handler, Ruth, 477
Hanna, Mark, 304–5, 317
Hanoi, 517
Hanson, John, 121
Hanssen, Robert, 638–39
Harding, Warren G., 351, 368, 690
Harlan, John Marshall, 306
Harper's Ferry, 215, 233
Harrison, Benjamin, 293, 303, 689
Harrison, William Henry, 167, 170, 190, 191, 621, 664, 681, 687
Hauptmann, Bruno, 372
Hawaii, 310, 316
Hawkins, John, 31
Hawthorne, Nathaniel, 211
Hay, John, 311
Hayes, Rutherford B., 293, 664, 681, 688
Haymarket Squaare, 298–301
Hays, John, 97
Hays, Mary McCauley, 97
Haywood, "Big Bill," 327, 356
Hearst, William Randolph, 311, 312, 382, 488
Hefner, Hugh, 478
Hein, Piet, 40
Heller, Joseph, 483
Hemings, Eston, 164
Hemings, Sally, 163–65
Hemingway, Ernest, 351
Hendricks, Thomas A., 689
Henry, Patrick, 73, 75, 87–88, 89, 121, 137
Herjolfsson, Bjarni, 9
héroes, 285
Hersey, John, 487
Hersh, Seymour, 538
hessianos, 101
Heyerdal, Thor, 14
Hickok, James Butler "Wild Bill," 286
"Hijos de la Libertad," 70, 74, 75
Hill, Anita, 594, 595
Hill, Frances, 59
Hill, Joe, 327
Hindenburg, President, 390–91
hippies, 483
Hiroshima, 424, 430–33, 434
Hispaniola, 5, 17, 157
Hiss, Alger, 443–46
Hitler, Adolf, 15, 390–91, 393–94, 395–96, 397, 403, 404, 405, 408, 414–15, 419, 423

Ho Chi Minh, 347, 511, 522
Hobart, Garret, 689
Hoffman, Abbie, 523
Hofstadter, Richard, 384
Hojeda, Alonso de, 16, 18
Holandia, 22, 39, 40, 53–54
Hollywood, 352
Holocausto, 425, 428, 441
Hombre de Kennewick, 13
Home Owners Loan Corporation, 385
Hong Kong, 409
Hood, Gen. John B., 254, 256
Hooker, Gen. Joseph, 249
Hooker, Thomas, 36
Hoover, Herbert, 352, 360, 373, 374, 379, 380, 382, 388, 393
Hoover, J. Edgar, 357, 446, 447, 508, 540–41
Hopkins, Harry, 388
Horacio, 136
House, Edward M., 338
House Unamerican Activities Committee (HUAC), 444, 448
Houston, Sam, 193, 236
Howe, Gen. Sir William, 78, 79
Howells, William Dean, 325
Hudson, Henry, 23, 39
Hudson, Rock, 580–81
Hudson Bay Company, 23, 44
Hue, 520
huelgas, 291–92, 298
Hughes, Charles Evans, 340, 689
hugonotes, 20
Hull, Cordell, 408
Hull, Gen. William, 169
Humphrey, Hubert H., 515, 690
hunkpapa sioux (indios), 278, 279, 281
Hunt, E. Howard, 525, 543, 546, 547, 548, 549, 551, 555–57
Huronea, 43
hurones (indios), 42, 43
Hussein, Saddam, 589, 592
Hutchinson, Anne, 36
Hutchinson, Thomas, 70
Huxley, Aldous, 474

Iglesia Anglicana, 32, 38
Iglesia de Cristo, 76, 145
Iglesia de Jesucristo de los Santos de los U'ltimos Días. Véase mormones
Iglesia Episcopal, 129, 134
igualdad de los sexos, 363
Illinois, 177, 227
Imperio otomano, 347
impuesto, del azúcar, 70
Impuesto al Whiskey, 160

incas (indios), 14, 19, 20
independencia, 103; *Véase también* Declaración de la Independencia
India, 408
Indiana, 167, 177
Índice de Precios al Consumidor (IPC), 613
indios: batalla de Custer, 279–81; Cinco Tribus Civilizadas del Sudeste, 183; Colón y, 5–6; colonias y, 27–29, 31, 33, 35, 40–41, 43, 44, 47, 53–57; conquistadores y, 14–15; enfermedades infecciosas, 184; Guerra Francesa e India, 65–69; Lewis y Clark, 159; llegada de, 12–15; masacres por conquistadores, 54; *New Deal*, 283; Osceola, 184; Pocahantas, 3, 27–29; recompensas por cabelleras, 55, 68; Sacagawea, 159, 160; Sendero de las Lágrimas, 182–85; Sequoya, 184; siglo XIX, 182, 278, 279–82; siglo XX, 283; Tecumseh, 167, 169, 170; Wounded Knee, 282–83
Indochina, 408, 511, 512
Industrial Workers of the World (IWW), 326
Inglaterra: colonización por, 4, 10–11, 12, 18, 21–25, 39, 41, 43, 44; Guerra de 1812, 168–73; guerras, 66, 69; indios y, 53–54; reforma religiosa, 32; Revolución norteamericana, 77–81, 84; *Véase también* Gran Bretaña
inmigración, 356, 358
Insull, Samuel, 374–75, 378
internamiento, de norteamericanos de origen japonés, 410, 428
inuit (indios), 14
invasión de Anzio, 417
inventos, siglo XIX, 201
Irak, 347, 590, 592
Irán, 460–61, 561, 572
Irán-contra, 571, 573–76
iroqueses (indios), 43, 44
Isabel (reina de España), 4, 16, 18
Isabel (reina de Inglaterra), 21, 22, 24
isla de Baffin, 22
Isla de Wake, 409
Isla Leyte, 420
Islas Marianas, 418, 419
Islas Salmón, 413
Israel, 558–59, 591
istmo de Panamá, 17–18, 19
Italia: exploración por, 11, 16; fascistas, 394–97; Segunda Guerra Mundial, 397, 404, 405, 409, 415, 416
Iwo Jima, 422

Jackson, Andrew, 149, 171, 172, 173, 178, 179–81, 189, 192, 279, 686, 687
Jackson, James T., 243
Jackson, Gen. Thomas J. ("Stonewall" Jackson), 243, 246
Jacobo I (rey de Inglaterra), 25
Jamaica, 19
James, Jesse, 252
James Bay, 23
James Fort, 25, 26
Jamestown, 18, 21, 25–26, 31, 43, 49
Japón, 323, 337; ataque a Pearl Harbor, 397–403, 409, 428; bomba atómica, 405, 423–24, 430–33; Segunda Guerra Mundial, 396, 397–403, 408, 409, 411, 418, 419, 421–23, 426
Jarvis, Gregory B., 566
Jay, John, 74, 111, 138, 146
The Jefferson Bible, 134
Jefferson, Martha Wayles Skelton, 163
Jefferson, Thomas, 73, 75, 85, 88–89, 103–5, 119, 121, 129, 130, 134, 135–36, 146–50, 154, 157, 158, 160, 163–66, 169, 176, 201, 681, 685, 686
"Jim Crow," 306–9, 319, 330
Jiménez de Quesada, Gonzalo, 20
Johnson, Andrew, 258, 263, 265–66, 269–70, 293, 602, 688
Johnson, Lyndon B., 502, 506, 509, 515–21, 673, 683, 690
Johnson, Magic, 581
Johnson, Richard M., 687
Johnston, Gen. Albert S., 245, 258
Johnston, Joseph E., 243, 250, 254
Jolliet, Louis, 44, 45
Jolson, Al, 352
Jomeini, Ayatollah Ruhollah, 462, 561, 573
Jones, Christopher, 32
Jones, Jim, 634
Jones, John Paul, 79, 81, 94
Jones, Mary Harris "Mother," 327
Jones, Paula, 602, 606
Jones, Thomas K., 565
Jorge II (rey de Inglaterra), 67
Jorge III (rey de Inglaterra), 69, 100–101, 107, 110
Joseph (jefe indio), 281
Josephson, Matthew, 287
"El Joven Hickory," 205
Juan Pablo II (papa), 585
judíos: antisemitismo, 389; campos de concentración, 415; gueto de Varsovia, 415; Henry Ford y, 370–71; Israel, 558–59; *The Protocols of the Elders of Zion*, 370–71; Segunda Guerra Mundial, 415, 424–25, 428
jueces de medianoche, 155

Juegos Olímpicos de Atlanta, explosión, 636
"Jueves Negro," 376
Juneteenth, 269
Junta de la Reserva Federal, 610
juramento, 284

"kamikazis," 420
Kampuchea, 527
Kansas, 222–25, 252
Karlsefni, Thorfinn, 9
Karnow, Stanley, 510
Kaufman, Irving R., 447
Kearney (destructor), 408
Keegan, John, 402
Keller, Helen, 327, 347–48
Kennedy, George F., 439
Kennedy, John F., 429, 483, 485–88, 489, 491, 493, 495, 497, 501–5, 508, 513, 528, 551, 602, 673, 690
Kennedy, Joseph P., 374, 386
Kennedy, Joseph, Sr., 487
Kennedy, Robert F., 487, 488, 520, 521
Kent State University, 523
Kentucky, 169, 177, 238
Kerensky, Alexandr, 341, 343
Kerouac, Jaqck, 438
Kessler, Ronald, 357, 358, 635, 639
Key, Francis Scott, 172
Khe Sanh, 518, 519
Khmer Rojo, 527
Kimmel, Almirante, 409
King, Coretta Scott, 487, 522
King, Martin Luther, Jr., 211, 468, 487, 499, 508, 520, 530, 531
King, Rodney, 595
King, Rufus, 686
King, William R., 688
Kissinger, Henry, 521, 523, 524, 525, 526, 527, 541, 542, 617
Kitty Hawk, 321
Kleindienst, Richard, 552
Kluger, Richard, 466
Know-Nothings, 223
Knox, Henry, 94–95, 146
Kohl, Helmuth, 585
Koresh, David, 599, 633–35
Kosovo, 607, 608
Kotouc, Eugene, 538
Kroch, Arthur, 487
Krogh, Egil, Jr., 551
Krstic, Radislav, 608
Krueger, Ivan, 374, 378
Kruschev, Nikita, 494
Ku Klux Klan, 272–73, 353, 358, 529
kurdos, 591

Kurlansky, Mark, 10, 11
Kuwait, 589, 590, 591

La Salle, 44
Lafayette, marqués de, 79, 95–96
Lafitte, Jean, 173
lago Champlain, 172
lago Erie, 170
lago Michigan, 44, 46
lago Superior, 44
Laird, Melvin, 526
Landon, Alfred M., 389, 690
Lane, Harriet, 225
Lane, Mark, 504
lanzallamas, 333
Laud, William, 38
Lawrence, Capt. James, 170
Le Duc Tho, 523, 525, 527
Lease, Mary Elizabeth, 303
leathernecks, 161
LeClerc, General, 419
Lee, Ann Carter, 226
Lee, Gen. Charles, 78, 96
Lee, Gen. Henry, 81, 226
Lee, Madre Ann, 195
Lee, Mary Custis, 225, 226
Lee, Richard Henry, 73, 89, 103, 104
Lee, Gen. Robert E., 210, 225, 226, 242, 245, 246, 253, 257, 262, 267
Lee, Wen Ho, 637
Lend-Lease, 392–93, 397, 406, 407
letras del Tesoro, 612
Levitt, William J., 437
Levy, Leonard W., 126
Lewinsky, Monica, 600, 601, 603, 604
Lewis, John L., 386
Lewis, Meriwether, 158, 159
Lewis, Sinclair, 351–52
leyes: Brady, 599; Contra el Intercambio, 166–67; Contra Extranjeros, 153; Contra la Sedición, 144, 153; Contra los Esclavos Fugitivos, 219; de Acuartelamiento, 74, 143; de Administración de la Justicia, 74; de Clay, 176; de Clayton Antitrust, 330; de Confiscación, 246; de Conscripción, 343; de Derechos Civiles (1866), 266; de Derechos Civiles (1964), 497, 499–500, 506; de Derechos de Votación, 506, 529; de Espionaje, 343; de Medicamentos y Alimentos Puros, 322–23, 325; de Moneda Legal, 248; de Neutralidad, 396, 405; de Poderes de Guerra, 527; de Québec, 74; de Readaptación de los Hombres en Servicio, 418; de Reclutamiento, 245, 249, 251; de

Reorganización del Ejército, 339; de Reserva Federal, 330, 610; de Seguridad del Tráfico Nacional y de Vehículos Automotores, 532; de Sellos (1765), 70, 71, 86; de Servicio Selectivo, 343; de Servicio y Entrenamiento Selectivo, 407; de Townshend, 71, 72; de Voluntarios del Ejército, 313; del Azúcar (1764), 70; del Censo, 144; del Embargo, 166; del Puerto, 74; Hawley-Smoot, 379; Homestead de 1867, 271, 297; "intolerables," 74; Kansas-Nebraska, 223; NIRA, 387; para el Empleo Total y el Crecimiento Balanceado, 610; para Extranjeros, 144; para la Reconstrucción, 267; para la Recuperación de la Industria Nacional, 386; Registro de Extranjeros, 406; Reguladora de Massachusetts, 74; Sherman Antitrust, 294, 322; Smith, 406; Títulos Federales, 385–86; Volstead, 360

Leyte, 420

Líbano, 347, 571

libertad de culto, 142

libertad de expresión, 142

libertad de la prensa, 142

libertad religiosa, 135

El Libro del Mormón, 195

Liddy, G. Gordon, 525, 543, 548, 549, 551, 556

Lieberman, Joseph, 622

Lifton, David, 504

Liga de Naciones, 344, 345, 346, 347, 393

Liga de Paz, 341

"limpieza étnica," 607

Lincoln, Abraham, 229–32, 237–38, 242, 249, 256, 257, 688; asesinato, 258, 262–63; carácter y vida, 259–61; debates Lincoln Douglas, 230–31; discurso de Gettysburg, 252; Guerra Civil, 242, 249, 253, 257; Proclamación de Emancipación, 246, 247, 248

Lincoln, Gen. Benjamin, 118–19

Lindbergh, Charles, 371–73, 396

"Línea de Hindenburg," 345

líneas férreas, 272, 288–89

Lippman, Walter, 382–83

Little Rock (AR), 471–72

Liuzzo, Viola, 528–29

Livingston, Robert, 604

Livingstone, Robert, 103, 157

"lobos marinos," 22

Locke, John, 129–30

Lodge, Henry Cabot, 310, 312, 315, 316, 486

Lon Nol, 523

Longstreet, Gen. James, 210, 246

Los Álamos, espionaje, 637

Lott, Trent, 607

Lowell, Francis Cabott, 174

Luce, Henry, 488

Luis XIV (rey de Francia), 44, 78

Luis XVI (rey de Francia), 110

Luisiana, 44, 49, 156–58, 173–74, 177, 234

Lusitania, hundimiento, 334–36, 338

MacArthur, Gen. Douglas, 343, 381, 401, 410, 411, 420, 423, 424, 452–57

maccarthismo, 447–50

Macedonia, 607

Maddox (destructor), 510, 514, 515

Madigan, Ti, 354

Madison, Dolley, 171–72

Madison, James, 122, 134, 135, 137, 138, 139, 142, 147, 155–56, 167, 169, 171, 173, 686

Magallanes, 7

Mahan, Alfred, 310

Mailer, Norman, 438, 518

Maine, 41, 177

Maine (acorazado), 311–12

Malcolm X, 500–501, 528

mamuts, 13

Manchester, William, 391, 392

Manchukúo, 393

Manhattan, 40, 54

mansión presidencial, 172

Mao Tse-tung, 424, 443, 524

mapas, 7

Mar de Coral, 412

Marbury vs. Madison, 155–56

Marcha de la Muerte de Bataan, 411

Mardian, Robert, 553

María Antonieta (reina de Francia), 110

María de Escocia (reina de Inglaterra), 22

Marine Corps, 161

Marion, Francis, 96

Marquette, Jacques, 44, 45–46

Marshall, George C., 344, 433, 440

Marshall, James, 209

Marshall, John, 155, 162

Marshall, Thomas R., 689

Marshall, Thurgood, 133, 466, 467, 594

"Martes Negro," 376

Maryland, 121, 129, 139, 177, 238; colonia, 36, 49; Guerra Civil, 246, 254

"masa azul," 152

Masacre de Boston, 71–72, 91

masacre de Pottawatomie, 232

"Masacre del Sábado en la Noche," 550
Mason, George, 119–20, 122, 124, 605
Mason, James Murray, 217
masones, 131, 132–33
Massachusetts, 66, 139, 170, 187; colonia, 36, 38, 46, 49; esclavos y, 177; Guerra Civil, 249; Rebelión de Shays, 117–19, 151
Massachusetts Bay, colonia de, 58
Massachusetts Bay Charter, 36
Massasoit, 35, 54
Mather, Cotton, 61
Mather, Increase, 58
Matowaka, 27
"máximo empleo," 611
maya (indios), 14
Mayflower (nave), 32, 34
McAuliffe, Gen. Anthony, 420
McAuliffe, Christa, 566–68
McCain, John, 622
McCarthy, Eugene, 520, 683
McCarthy, Sen. Joseph, 447–50, 474
McClellan, George, 210, 245, 246, 247, 256, 262, 688
McCloy, John J., 503
McClure (revista), 324
McCord, James W., 549
McCormick, Cyrus, 201
McCormick Reaper, 299
McCullough, David, 319, 320
McFarlane, Robert, 571–72, 575
McGovern, George, 438, 525, 691
McHenry, William, 218
McKinley, William, 305, 310, 311, 312, 313, 315, 316, 689
McKissick, Floyd, 529
McNair, Ronald E., 566
McNamara, Robert, 518, 520, 542
McNeill, William H., 7–8
McPherson, James, 236
McVeigh, Timothy, 635, 636, 661
Meade, Gen. George, 250
Medina, Ernest, 536, 538
Mellon, Andrew, 380
meltdown económica de 2000, 620
Memorial Day, 267–68
Menand, Louis, 237
Mencken, H.L., 366–67, 382–83
Menéndez de Avilés, Pedro, 20
menonitas, 48
Merrimac (barco), 245
Metacom, 54–55
métodos anticonceptivos, 362, 483
México, 15, 20, 192, 204–10, 330–31, 336
Michigan, 177, 193
Midway, 412
Milosevic, Slobodan, 608

Minuit, Peter, 40, 42
Minutemen, 75–76
Miranda, Ernesto, 533
Miranda vs. Arizona, 533
misiles, 593
misiles cubanos, crisis de, 494–95
misiles dirigidos, 418
Mississippi, 177, 183, 234, 507–8; Guerra Civil, 245, 250, 253
Mississippi in llamas (película), 507–8
Missouri, 175, 177, 195, 236, 238; Guerra Civil, 244, 252
Mística femenina (Friedan), 496–98
Mitchell, John, 322, 549, 552, 553, 554, 557
Mitchell, Margaret, 202
mito cowboy, 285–86
Moctezuma, 19
Modoc, mito de, 10
mohicanos (indios), 23, 54
Molly Maguires, 299
Mondale, Walter, 691
monedas de oro, 304
Monitor (barco), 244, 245
monopolios, 294
Monroe, James, 138, 150, 157, 173–75, 686
Monroe, Marilyn, 478
Montana, 159, 280
Montenegro, 607
Montgomery, Bernard, 414
Monticello, 89
Montreal, 43, 68
Morgan, Daniel, 83, 96–97, 105, 106
Morgan, John P., Jr., 288
Morgan, John P., Sr., 287, 288, 290–91, 304, 322, 329, 338, 357, 376, 379
Morin, Relman, 470
Morison, Samuel Eliot, 33
mormones, 194, 195–96
Moroni, 195
Morris, Dick, 600
Morris, Gouverneur, 124, 125
Morris, Lewis, 64
Morris, Robert, 121
Morrow, Anne Spencer, 372
Morse, Samuel, 201
Morton, Levi P., 689
Morton, Nathaniel, 37
Mossadegh, Mohammad, 461
Mott, Lucrecia, 363
movimiento ecológico, 496
movimiento feminista, 364, 496
movimiento fundamentalista islámico, 462
movimiento por los derechos civiles, 528; Véase también negros

movimiento "pro-vida," 545
movimientos abolicionistas, 176
Mozart, Wolfgang Amadeus, 132
"muckrakers," 324–25
mujeres: anticonceptivos, 362, 483;
     "formidables veinte," 361–62;
     igualdad de, 363–64; líderes, 497–98,
     644; *Mística femenina*, 496–98; *Rosie
     the Riveter*, 415; Segunda Guerra
     Mundial, 415; sufragistas, 363–66
Mundos Novus, 16, 19
muro de Berlín, 585
Murrow, Edward R., 449
Muskie, Edmund, 521, 573
Mussolini, Benito, 394, 396, 405, 415
My Lai, 522, 524, 536–39

NAACP, 133, 327–28, 529
Naciones Unidas, 425, 426, 453
Nader, Ralph, 531–32, 622, 623, 627
NAFTA, 599
Nagasaki, 424, 434
"Nanny-gate," 598
Nantucket, 41
Napoleón Bonaparte, 156, 171, 187
narragansett (indios), 38, 54
Narrative and Times of Frederick Douglass,
     212
NASA: *Challenger*, 566–68; *Columbia*,
     567; programa Apolo, 475, 566
Nast, Thomas, 296
Nation, Carrie, 360
National American Woman Suffrage
     Association (NAWSA), 364
National Organization for Women
     (NOW), 498
National Recovery Administration (NRA),
     386, 388, 389–90
National Woman Suffrage Association
     (NWSA), 364
Natividad (fuerte), 5
nativismo, 353
Naumkeag, 36
navajos (indios), 279
Nazis, 395; *Véase también* Alemania;
     Hitler
"negocio corrupto," 178
negros: boicot de Montgomery, 467–70;
     Brown vs. Consejo de Educación,
     463–67; discriminación racial, 304–5,
     306–9, 319, 330, 415, 437; disturbios
     raciales del siglo XXI, 353–55; "Jim
     Crow," 306–9, 319, 330; negros libres,
     218; Rosa Parks, 467–70; "separados
     pero iguales," 304–5, 464, 469; siglo
     XXI, 463–67; soldados negros, 249,
     410–11; tropas federales in Little

Rock, Arkansas, 471–72; Watts,
     528–31; *Véase también* esclavitud
neoconservadores, 563
Nevada, 208
New Deal, 352, 383, 384–85, 387, 390,
     443, 497, 507
New Hampshire, 49, 139, 177, 627,
     683
The New York Weekly Journal, 64
Newport, John, 25
Newton, Sir Isaac, 129
nez perce (indios), 281
Ngo Dinh Diem, 509, 512, 513, 542
Nguyen Cao Ky, Gen., 516
Nguyen Khanh, Gen., 514
Nicaragua, 572
Nichols, Terry, 635
Nimitz, Chester, 409, 417
Niña (nave), 4
Nixon, Richard M., 443, 444, 445, 458–59,
     483, 485–88, 491, 521, 522, 524, 525,
     541, 547, 550–56, 560, 601, 604, 690,
     691
Noble Orden de los Caballeros del
     Trabajo, 299
Noriega, Manuel, 593
Norris, George W., 342
norteamericanos de origen japonés,
     internamiento de, 410, 428
North, Oliver, 572, 573–76
Noruega, Segunda Guerra Mundial, 397,
     405
Nueva Amsterdam, 39–42, 49, 54
Nueva Escocia, 44, 84
Nueva Francia, 43
Nueva Holanda, 39
Nueva Inglaterra: colonia, 29, 32–39, 43,
     44; guerras indias, 54, 66; religión y,
     129
Nueva Jersey, 139; colonia, 42, 49;
     esclavitud y, 177; Revolución
     norteamericana, 78, 81
Nueva Orleáns, 157, 169
Nueva Suecia, 42, 48, 49
Nueva York, 137, 139, 187; colonia, 39–42,
     49, 56, 70; esclavitud y, 177;
     población, 177; Revolución
     norteamericana, 78, 82
Nuevo México, 13, 20, 21, 206, 208–9,
     217, 341

objetivismo, 617
Océano Pacífico, 18, 19
Ofensiva Tet, 519, 520
Office of War Information (OWI), 412
Oficina de Información sobre la Guerra,
     412

Oficina de Oportunidades Económicas, 506

oglala (indios), 284

Oglethorpe, James, 49

Ohio, 177, 627

Ojeda, Alonso de, 16, 18

Okinawa, 422, 423

Oklahoma City, 635

Olney, Richard, 300

Olympic Park (Atlanta), 636–37

Oneida (comunidad utópica), 195

O'Neill, Tip, 623

Onizuka, Ellison S., 566

Operación Cedar Falls, 518

Operación Escudo del Desierto, 590

Operación *Overlord*, 417–18

Operación Tormenta del Desierto, 590, 595

Oppenheimer, J. Robert, 431

Ordenanza del Noroeste, 227

Oregon, 173, 177, 205, 206, 217, 238

Oregon (acorazado), 317

Organización de Países Productores Petróleo (OPEP), 559, 564

Organización del Tratado del Atlántico Norte (OTAN), 439, 585

Organización Nacional de Mujeres, 498

Organización para la Unidad Afro-Americana, 501

organizaciones fraternales, 132

Oriente Medio, siglo XXI, 557–61, 589

oro: fiebre del oro de 1849, 209; "Viernes Negro," 290

Orwell, George, 474, 643

Osburn, Sarah, 58

Osceola, 184

O'Sullivan, John L., 194

Oswald, Lee Harvey, 503, 504

Otis, James, 70, 89, 91

Ovnard, Chester, 512

Pacto de 1850, 216–19

Pacto de Munich, 404

Pacto del Mayflower, 33–34

Padres de la Constitución, 121–22, 124, 140

pagarés del Tesoro, 612

Pahlavi, Mohammad Reza, 461, 561

Paine, Thomas, 77, 90, 102, 137

Paine, Tom, 221

Países Bajos, Segunda Guerra Mundial, 397, 405

paiutes (indios), 282

Palmer, A. Mitchell, 356, 357

Panamá, 319

Pánicos: (1837), 190; (1929), 373–80

Pankhurst, Emmeline, 365

"Papeles del Pentágono," 524, 541–43

Paraguay, 20

Parker, Alton B., 689

Parkinson, Kenneth, 553

Parks, Rosa, 467–70

Parris, Samuel, 57

Partido Antimasónico, 132, 687

Partido de *Bull Moose*, 328–31

Partido de la Reforma, 622

Partido Demócrata, 189, 222, 223, 260

Partido Federalista, 140, 149, 154–55, 173

Partido Nacional Socialista, 395

Partido Populista, 301–3, 304, 308

Partido Reformista, 597, 625–26

Partido Republicano, 222, 223

Partido Socialista, 327

Partido Verde, 622

Paso del Nordeste, 22–23, 39

Patterson, Orlando, 165

Patton, George S., 371, 414, 419

Paul, Alice, 365, 366

Peale, Norman Vincent, 437

Pearl Habor, ataque a, 397–403, 409, 428

Pelham, Henry, 72

películas, 352

pena de muerte, 661

Penn, William, 46

Pennsylvania, 67, 139; colonias, 13, 46–48, 49; esclavos y, 177; Guerra Civil, 250; población, 177; Rebelión de Whiskey, 151; Revolución norteamericana, 79

Perkins, Anthony, 582

Perkins, Frances, 497

Perot, H. Ross, 596, 603, 622, 626, 691

Perry, Matthew C., 221

Perry, Capt. Oliver, 170

Pershing, Gen. John J., 331, 343, 344

Persico, Joseph, 401

Perú, 13, 19, 20

pesticidas, 495–96

Peter, Paul and Mary, 484

petróleo, 460, 557–61, 564

Phillips, Kevin, 294

Phips, William, 58

pieles, comerciantes de, 43

Pierce, Franklin, 221, 222, 224, 688

Pierce, Samuel, 570

Pinckney, Charles C., 154, 686

Pinckney, Thomas, 153, 154

Pinta (nave), 4

Pitcher, Molly, 97

Pitt, William, 68

Pizarro, Francisco, 19–20

Plan Marshall, 439, 440, 489, 490

Planned Parenthood Federation of America, 362

"Plata libre," 304

Playboy, 478
Pleiku, 516
Plessy, Homer, 305
Plessy vs. Ferguson, 305, 306, 464, 467
Plunkitt, George Washington, 297
Plymouth, 34, 49
Plymouth Company, 25
Plymouth Rock, 34
Pnom Penh, 527
población; censo de 1790, 144–45; censo
    de 1820, 177; censo de 1860, 238–40
"El Pobre Richard," 81
Pocahantas, 3, 27–29
poder judicial, 128
"poder Negro," 530, 535
Poe, Edgar Allan, 196–97
Poindexter, John M., 574, 575, 576
política monetaria, 615
Polk, James K., 205, 206, 687
Polo, Marco, 6, 7
Polonia, 346, 397, 404, 405, 415, 426, 427,
    607
Pomp, 160
Ponce de León, Juan, 11
pools, 374
Poor Richard's Almanac (Franklin), 86
Pope, Gen. John, 246
populistas, 301–3
Portugal, colonización por, 4, 16–17, 31,
    43
Posner, Gerald, 505
Powell, Colin, 585–86, 592, 644
Powhatan, 25, 26, 27, 29
Preámbulo (Constitución), 126
Prescott, Samuel, 76
"presidente de teflón," 569–70
presidentes, 685–91; campañas
    presidenciales, 178; elección del año
    2000, 621–30, 664; "equilibrio de
    poderes" (Constitución), 127;
    mansión presidencial, 172; número
    de términos presidenciales, 165–66;
    vigesimosegunda enmienda, 452;
    Véase también elecciones
primaria, 683–84
Primer Congreso Continental, 74–76, 101
Primera Guerra Mundial, 332–48, 395,
    460; hitos de, 336–46; *Lusitania,*
    334–36; muerte del archiduque
    Fernando, 332, 334 precio de, 346–47
Princip, Gavrilo, 332, 336
Proclamación de Amnistía y
    Reconstrucción, 253
Proclamación de Emancipación, 246, 247,
    248
productividad, 615
"El Profeta" (Tenskwatawa), 167

programa Apolo, 475, 566
Programa de Contra Inteligencia, 540
Programa para la Recuperación Europea,
    440
Prohibición, 359–62
promedio industrial Dow Jones, 609, 620
Prosser, Gabriel, 188
The Protocols of the Elders of Zion, 370–71
Provincetown, 32
Proyecto Manhattan, 405, 423–24, 431
Public Citizen Inc., 532
pueblos (indios), 279
puente terrestre, 3, 13
Puerto Rico, 11, 19, 314–15, 316
Pulitzer, Joseph, 311
Pullman Car Company, 300
puritanos, 32–39, 54, 129
Pusan, 453
Putnam, Israel, 97
Pyongyang, 455, 456

Quang Tri, 525
Quantrill, William C., 252
Quayle, J. Danforth, 691
Québec, 43, 44
Quetzalcoatl, 19
Quinn, David Beers, 25, 27

racismo: en los deportes, 442; "Jim Crow,"
    306–9, 319, 330; "separados pero
    iguales," 304–5, 464, 469; *Véase
    también* discriminación racial;
    segregación racial
Raleigh, Sir Walter, 24
Rand, Ayn, 617
Rankin, Jeannette, 366
rapé, 5
Ray, James Earl, 531
Reagan, Ronald, 166, 484, 485, 545, 561,
    562, 564, 567, 569–77, 583–85, 589,
    601, 616, 617, 691
rebeliones: de Nat Bacon, 55–57; de Shays,
    117–19, 151; de Whiskey, 151
recesión, 615
"recompensa por caballerías," 55, 68
Reconstrucción, 265–67, 270–71
Reconstruction Finance Corporation, 380
Red Cloud (jefe indio), 279, 280, 281
rednecks, 507
redondez de la tierra, 7
Redpath, James, 267
refugios atómicos, 475
Regan, Donald, 569
"registros y allanamientos irrazonables,"
    143
"regresar a los principios básicos," 474
Rehnquist, William H., 606

Remington, Fred, 311
Reno, Janet, 634
representatividad, Convención Constitucional, 122
República de Vietnam, 512; *Véase también* Guerra de Vietnam; Vietnam
República Dominicana, 5, 18, 157
republicanos, 154, 222, 223
Reserva Federal, 610–20
Resnick, Judith A., 566
Resolución de Tonkin, 509–10, 515, 542
Reuben James (destructor), 408
Revere, Paul, 72, 75–76, 90–91, 131
Revolución de 1800, 153–55
Revolución Industrial, 174, 201, 202, 368
Revolución norteamericana, 53–113; combatantes de raza negra, 113; costo de, 112; hitos de, 77–84; patriotas, 84–92; soldados, 92–101; Tratado de París, 68, 84, 111–12; victoria, 110–13
revolución socialista, Rusia, 333
"Rey Philip," 54, 55
Reynolds, James, 150
Reynolds, María, 150
Rhode Island, 72, 121; colonia, 36, 38, 47, 49; esclavos y, 177; Revolución norteamericana, 82
Riboud, Barbara Chase, 164
Rice, Thomas Dartmouth, 307
Richardson, Elliot, 550
Ridenhour, Ronald, 537
Ridge, Ruby, 631–32
Ridgway, Gen. Matthew B., 457
Riesman, David, 438
Riis, Jacob, 325
ríos: Amazonas, 18; Arkansas, 44, 46; Bighorn, 280; Charles, 76; Chicago, 46; Clearwater, 159; Columbia, 159; Cumberland, 82; Delaware, 79; Elba, 422; Grande, 205; Hudson, 41, 107; Kankakee, 46; Mississippi, 20, 44, 45, 183, 184; Ohio, 184; Tippecanoe, 167; Wabash, 167; Yalu, 455
Rivoire, Apollos, 90
Robards, Rachel, 179
Roberts, Sam, 447
Robertson, Pat, 132
Robinson, Jackie, 441–42
Rochambeau, conde de, 97–98
Rockefeller, John D., 292, 356
Rockefeller, Nelson, 553
Rockwell, Norman, 415
Rodino, Peter, 550
Roe v. Wade, 544–45, 662
Rogers, Buck, 474
Rogers, William P., 568
Rolfe, John, 29

Rommel, Erwin, 414
Roosevelt, Eleanor, 383, 496–97
Roosevelt, Franklin D., 133, 328, 352, 368, 382, 383–84, 387, 388, 389, 392–94, 396, 397–416, 420, 421, 423, 425, 426, 427–29, 442, 461, 673, 690
Roosevelt, Kermit, 461
Roosevelt, Theodore, 248, 296–97, 310, 312–15, 316, 317, 319, 321, 323, 327–29, 340, 461, 689
Roselli, John, 488, 490–91
Rosenberg, Julius y Ethel, 446–47, 456
Rosencrans, Gen. William, 252
Rosewood (FL), 354
Rosie the Riveter, 415
Ross, Betsy, 109
Rostow, Walt, 513
Rough Riders, 313, 314, 339
Rowland, Dick, 353
Rubin, Jerry, 523
Ruby, Jack, 502, 504, 545
Ruckelhaus, William D., 550
Rudolph, Eric Robert, 636
Rusia, 585; Primera Guerra Mundial, 332, 336, 343, 344, 346; revolución socialista, 333; Segunda Guerra Mundial, 397, 405, 408, 413; *Véase también* Unión Soviética
Rusia zarista, 333
"rusos blancos," 344
Russell, Richard B., 503
Russo, Anthony J., 549
ruta de las especias, 6
"ruta de Oxbow," 194–95
Rutherford, Lucy, 427
Rutledge, John, 122

sac (indios), 183
Sacagawea, 159, 160
Sacco, Nicola, 356–58
Sachs, Alexander, 405
Sagas de Vinland, 9
"Las Sagradas Escrituras," 443
Saigón, 509, 513, 517, 527
Saint Mary (colonia), 36
Saipan, 418
Salem, 36, 57–58
Salinger, J.D., 438
"salvajes de Hesse," 101
salvajismo, 15
Samoset, 35
Sampson, Deborah, 98
San Agustín, 20, 21
San Brandano, 10
San Jacinto, 193
San Salvador, 4
Sánchez, José María, 191

The Sandy Foundation Shaken, 47
Sanger, Margaret, 361, 497
"sangrienta Kansas," 224, 252
Santa Anna, 192, 208
Santa Maria (nave), 4, 5
santee sioux (indios), 279
Santo Domingo, 18, 156, 157
Sarajevo, 332, 334, 336
satélites al espacio, 472–76
SAVAK, 462
scalawags, 271
Schechter vs. Estados Unidos, 390
Scheer, Robert, 565
Schieffer, Bob, 569
Schorr, Daniel, 555
Schultz, George, 572
Schuyler, Philip, 93, 106
Schwerner, Michael, 507, 528
Scobee, Francis R. (Dick), 566
"Scopes Monkey Trial," 366–67
Scott, Dred, 226–29
Scott, Gen. Winfield, 170, 171, 184, 207,
    208, 210, 211–12, 242, 688
Scowcroft, Brent, 574
Scripps, John, 260
Seberg, Jean, 540–41
secesión, 234–37
Secord, Richard, 573, 574
Securities and Exchange Commission
    (SEC), 386
segregación racial, 304–5, 442; *Brown II*,
    469–70; *Brown vs. Consejo de
    Educación*, 463–67; Rosa Parks,
    467–70; "separados pero iguales,"
    304–5, 464, 469; tropas federales in
    Little Rock, Arkansas, 471–72
Segunda Guerra Mundial, 394–425;
    ataque a Pearl Harbor, 397–403, 409,
    428; bomba atómica, 405, 423–24,
    430–33; Conferencia de Yalta, 421,
    425–27; costos de, 424–25; fascistas,
    394–97, 404; hitos de, 403–24; judíos
    y, 415, 424–25; *Rosie the Riveter*,
    415
Segundo Congreso Continental, 76–77
Selfridge, THomas, 321
sello, de los EE.UU., 136
seminoles (indios), 182–83, 184–85
Sendero Bozeman, 280
Sendero de las Lágrimas, 182–85
Sendero de Oregon, 194
Sendero de Santa Fe, 194
Sendero Ho Chi Minh, 519
Sendero Mormón, 194
Sentido Común (Paine), 77, 90, 101–2,
    221
"separados pero iguales," 304–5, 464, 469

Sequoya, 184
Serbia, 607
Seúl, 456
Seward, William, 263
Seymour, Horatio, 269
Sha de Irán, 460–61, 484, 561
shakers, 195
"Sharp Knife," 182
shawnee (indios), 167–68
Shays, Daniel, 118
Sheehan, Neil, 524, 542
Sheridan, Gen. Philip, 256
Sherman, James S., 689
Sherman, Sen. John, 294
Sherman, Roger, 103, 123
Sherman, Gen. William Tecumseh, 250,
    253, 254, 255, 256, 261, 278
Shippen, Margaret, 106
Shriver, Eunice, 489
Shriver, Sargent, 489
Shurtleff, Robert, 98
Sicilia, invasion de, 415
SIDA/VIH, 577–82
"Siete de Chicago," 523
sífilis, 7–8
Sihanouk, Príncipe, 523
Simpson, Varnado, 537
Sims, Thomas, 218
Sinatra, Frank, 488
Sinclair, Upton, 324, 325
sioux (indios), 279
Sirhan, Sirhan B., 521
Siria, 346
sistema legal americano, 60–61
Sitting Bull (jefe indio), 279, 282
Sloat, John, 206
Smith, Alfred E., 374, 382, 690
Smith, Hedrick, 569
Smith, Howard W., 497
Smith, Hyrrum, 196
Smith, John, 3, 26–27, 27–29, 34
Smith, Joseph, 195
Smith, Gen. Kirby, 258
Smith, Margaret Bayard, 181
Smith, Michael J., 556
SNCC, 529
socialismo, 326
Sociedad Ameericana Antiesclavista, 209,
    212
Sociedad de Amigos, 46
Sociedad de Cincinnati, 95
sociedades fraternales, 95
sociedades paramilitares para supremacía
    blanca, 272–73
soldados: ley de Servicio Selectivo, 343;
    negros, 249
Sorensen, Theodore, 487

Southern Christian Leadership Conference (SCLC), 469–70
Spence, Gerry, 632
Spencer, George, 271
Spirit of St. Louis, 371
Spock, Benjamin, 437, 518, 519, 521
Sputnik, 472–75
Squanto, 35
Srodes, James, 461, 490
Stalin, Joseph, 416, 421, 425, 426, 431, 433–34, 621
Stalingrado, batalla de, 413
Standard Oil, 292, 324, 329
Standish, Miles, 33
Stanford, Leland, 288
Stans, Maurice, 551
Stanton, Edwin, 244, 264
Stanton, Elizabeth Cady, 363, 364
The Star Spangled Banner, 172
Starr, Ellen Gates, 324
Starr, Kenneth, 603, 606
Steffens, Lincoln, 324
Steinbeck, John, 387
Stevens, John, 319
Stevens, Sen. Thaddeus, 265, 271
Stevenson, Adlai, 458, 459, 690
Stevenson, Adlai E., 689
Stockman, David, 566, 569
Stockton, David, 206
Stone, Oliver, 501, 502
Stowe, Calvin, 219
Stowe, Harriet Beecher, 219
Strachan, Gordon, 553
Strong, Josiah, 309
Stuyvesant, Peter, 41
suburbios, 437
Sudetenland, 396, 404
suffragettes inglesas, 365
sufragistas, 363–66
Sullivan, Gen. John, 81, 100
Summers, Charles, 265
Sumter, Charles, 96
supremacía blanca, 272–73
Surratt, Mary, 263
Sutter, Johann, 209
Swift & Co. vs. United States, 322

tabaco, 5, 29
Tadoussac, 43
Taft, Robert A.., 393
Taft, William Howard, 320, 328–29, 330, 689
taínos (indios), 16, 17
Tammany Hall, 295
Taney, Roger, 227, 228, 235
tanques, 333
Tarbell, Ida M., 324

tasa de descuento, 613
tasa de fondos federales, 613–14
Tasquantum, 35
Taylor, Frederick W., 369
Taylor, Gen. Maxwell, 513
Taylor, Gen. Richard, 258
Taylor, Zachary, 205, 207, 216, 221, 687
té, Fiesta del té de Boston, 72–74
Teapot Dome, 351, 367–69
Tecumseh, 167, 169, 170
telégrafo, 201
"Telegrama de Zimmermann," 336, 341
televisión, 437, 533
"Tengo un sueño," 499
Tennessee, 173, 177, 184, 234, 236, 626; Guerra Civil, 243, 244, 245, 249, 252–53
Tennessee Valley Authority (TVA), 385
Tenochtitlán, 15
Tenskwatawa ("El Profeta"), 167
Terranova, 10, 11, 24, 43, 408
territorios: Arkansas, 177; Florida, 177; Luisiana, 156; Michigan, 177; Missouri, 177; Oregon, 205, 206, 217
terroristas, ataques de 9/11, 640–41, 650
teton sioux (indios), 279
Texas, 157, 205, 209, 217, 234, 236, 341
Texas vs. White, 273
Thatcher, Margaret, 585
Thomas, Clarence, 594, 595, 598, 602
Thomas, Gen. George H., 252
Thomas, Seth, 174
Thompson, Hugh C., 537
Thompson, William, 463
Thomson, Charles, 136
Thoreau, Henry David, 210, 233
Tilden, Samuel J., 293, 296, 664, 681, 688
timbres, 70–71
Tinian, 418
"Tío Tom," 307
"Tippecanoe y Tyler también," 190
Tituba, 58
Tocqueville, Alexis Charles Henri Clerel de, 185–87
Tolomeo, 16
Tompkins, Daniel D., 686
tories, 190
Toussaint L'Ouverture, 157, 187
Tower, John, 573
trabajadores: American Federation of Labor (AFL), 300–301, 326; organizaciones de, 298–301; United Auto Workers (UAW), 460; United Mine Workers (UMW), 322, 386
transbordador espacial, 566–68
trascendentalistas, 211

tratados: Gante, 172, 173; Guadalupe
 Hidalgo, 208; Paris (1763), 68; París
 (1782), 84, 111–12; Portsmouth, 323;
 Versalles, 345, 346, 395, 511
Travis, William B., 192
"tres quintas partes," 176
Triana, Rodrigo de, 4
Tripp, Linda, 603
Trist, Nicholas P., 208
Truman, Harry S., 423, 429–33, 438–39,
 443, 452, 453, 455–57, 511, 673, 690
"trusts," 289–93, 302, 322
Tubman, Harriet, 215
Tulsa, 353
Turner, Nat, 188
Turquía, 347, 438, 439
"Tuskegee Airmen," 411
Twain, Mark, 277, 360
Tweed, William "Boss," 138, 295, 621
Tyler, John, 190, 191, 687

U Thant, 515
"Última batalla de Custer," 280
Unabomber, 636
Unión de Mujeres Cristianas por la
 Abstinencia, 360
Unión Soviética, 485, 584, 589; crisis de
 los misiles cubanos, 494–95;
 Gorbachev, Mijail, 584; Guerra Fría,
 425, 445; petróleo, 460; Segunda
 Guerra Mundial, 397, 408, 413, 426;
 Sputnik, 472–75; *Véase también* Rusia
United Auto Workers (UAW), 460
United Mine Workers (UMW), 322, 386
Upham, James B., 284
Utah, 196, 208, 217

V-1 misiles, 418
V-2 cohetes, 420
Valley Forge, 80
Van Buren, Martin, 183, 189, 190, 193,
 216, 687
Vanderbilt, Cornelius, 289
Vanguard (cohete), 475
Vanzetti, Bartolomeo, 356–58
Varsovia gueto, 415
Venezuela, 17
Vermont, 79, 177
Verrazano, Giovanni de, 11
Vesey, Denmark, 188
Vespuccio, Américo, 15–16, 18, 19
Vichy, 406
Víctor Manuel (rey de Italia), 416
Victoria (reina de Inglaterra), 243
"El Viejo Hickory," 180
"Viernes Negro," 290
Vietcong, 519, 520, 521, 523

Vietminh, 511
Vietnam, 409, 451, 452, 484, 495; *Véase
 también* Guerra de Vietnam
Vietnam Veterans Memorial, 528
"vietnamización," 522
VIH/SIDA, 577–82
Villa, Pancho, 330–31
Vinland, 9
Vinson, Fred M., 465
Virginia, 122, 135, 137, 139, 234, 236;
 Casa de los Burgueses, 30–31, 33;
 colonia, 13, 24, 31, 43, 49; esclavos y,
 177; Guerra Civil, 242, 243, 245, 246,
 248, 249, 253, 254, 257; indios, 55;
 Jamestown, 18, 21, 25–26, 31, 43, 49;
 población, 144; Revolución
 norteamericana, 67, 81, 83, 95
Virginia Company, 25, 30, 31, 32
viruela, 19
Volcker, Paul, 564, 616
von Braun, Werner, 418
voto; decimonovena enmienda
 (Constitución), 366; decimoquinta
 enmienda (Constitución), 270;
 sufragistas, 363–66 *Véase también*
 elecciones

Waco, 599, 632–35
Wade, Ben, 265
Wade, Henry, 544, 545
Wahunsonacock, 27
Wainwright, Gen. Jonathan, 410, 411
Walden Pond, 210
Walker, John, 636–37
Wallace, George, 521
Wallace, Henry A., 690
Wallace, Gen. Lew, 254
Walsh, Lawrence, 576
Walton, J.C., 358
wampanoags (indios), 35, 54
wappinger (indios), 54
Warner, Charles Dudley, 277
Warren, Earl, 465, 466, 467, 503
Warren, Joseph, 91
Warren, Mercy Otis, 91–92
Wasamegin, indios puritanos y, 35
Washington, Booker T., 308, 309, 317, 329
Washington, George, 65, 67, 69, 77, 78,
 80, 82, 93, 95, 96, 98–101, 102, 108,
 113, 121, 122, 130, 131–33, 134,
 139–41, 150–53, 685
Washington, Martha Custis, 141, 152–53,
 226
Watergate (escándalo), 484, 525, 546–57,
 605
Watts, 528–31
Watts, Stephen, 206

Wayle, John, 163
Wayne, Gen. Anthony, 81
Weaver, Randall, 631, 632
Webster, Daniel, 190, 217, 222
Webster vs. Servicios de Salud Reproductiva,
    545
Weems, Mason Locke, 98
Weinberger, Caspar, 575
Weinberger, Casper, 572
Welch, Joseph N., 450
West, Benjamin, 100
West Virginia, 238, 250, 626–27
Westmoreland, Gen. William, 514, 519
Wheeler, Joseph, 314
Wheeler, William A., 688
whigs, 190, 221, 222
White, Edmund, 582
White, Hugo, 190
White, Ryan, 577, 580
Whitefield, George, 62
Whitman, Walt, 264
Whitney, Eli, 174, 201
Whitney, William, 293
Whyte, William, 438
Wicks, Hamilton S., 297
Wilkinson, James, 162, 171
William P. Frye (barco), 337
Williams, Rev. John, 61
Williams, Roger, 36, 37–39, 54
Williamson, Hugh, 130–31
Willingham, Thomas, 538
Willkie, Wendell, 407
Wilson, Charles "Engine," 459
Wilson, Henry, 288, 688
Wilson, Woodrow, 320, 329, 330, 331, 335,
    339–43, 346, 365, 511, 689

Winfrey, Oprah, 644
Winslow, Edward, 33
Winthrop, John, 36
Wirt, William, 132
Wirz, Henry, 258
Wisconsin, 46, 227
"wobblies," 326–27, 356
Wolfe, James, 68
Women's Christian Temperance Union
    (WCTU), 360, 364
Wood, Leonard, 313, 314, 339
Woodland, 9
Woods, Rosemary, 551
Woodward, Bob, 569, 576, 608
Works Progress Administration (WPA), 388
Wounded Knee, 282–83
Wovoka (indio), 282
Wright, Jim, 594
Wright, Wilbur y Orville, 320, 321
Wyatt, Thomas, 31
Wyden, Peter, 433
Wyoming, 209

Y2K, 621
Yakolev, Anatoli, 446
Yorktown, 83, 95
Young, Brigham, 196
Young, John W., 567
Younger, Cole, 252
Yugoslavia, 346, 347, 407, 607, 608

Zapata, Emiliano, 331
zar de Rusia, 341
Zenger, John Peter, 63, 64–65
Ziegler, Ron, 546
Zimmermann, Arthur, 341